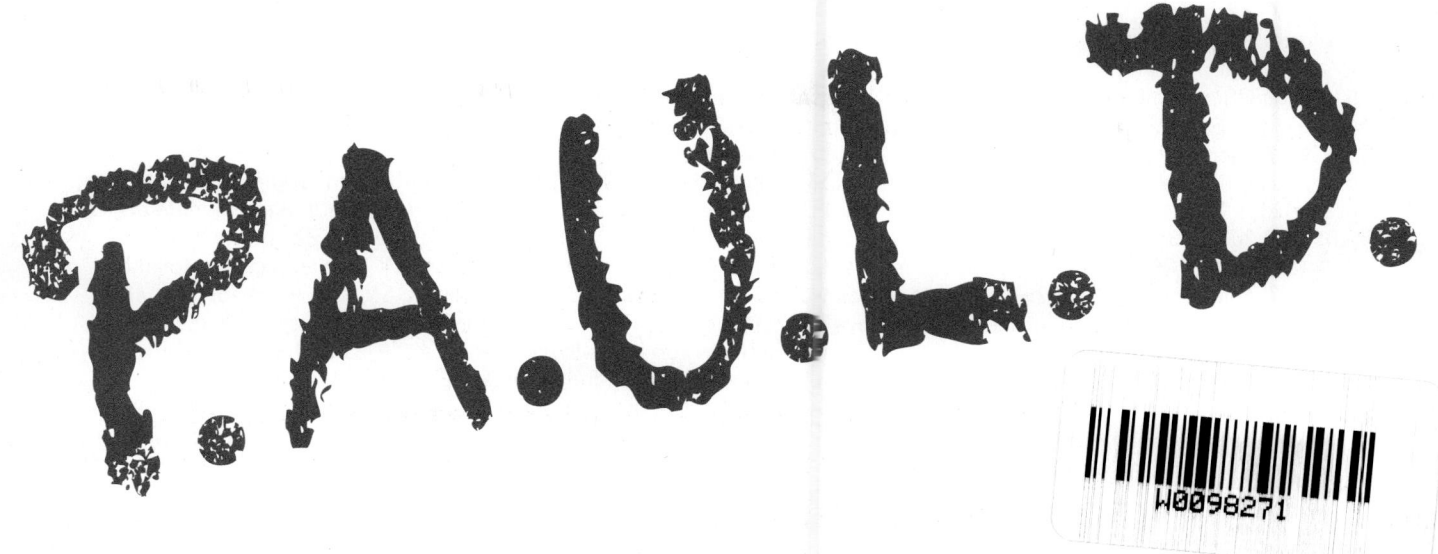

Persönliches Arbeits- und Lesebuch *Deutsch*

Lehrerband

Herausgegeben von:
Johannes Diekhans und Michael Fuchs

Erarbeitet von:
Markus Apel, Thomas Bartoldus,
Johannes Diekhans, Lukas Diekhans,
Michael Fuchs, Sandra Greiff-Lüchow,
Dietrich Herrmann, Frank Radke,
Siegfried G. Rojahn, Luzia Schünemann,
Timotheus Schwake, Achim Sigge,
Martin Zurwehme

Bildquellenverzeichnis

S. 39: Rafik Schami: Eine Hand voller Sterne, Deutscher Taschenbuch Verlag, München 1995; S. 100: Picture-Alliance GmbH/dpa; S. 104: akg-images GmbH; S. 122: Reinhild Kassing/Verlagsarchiv Schöningh; S. 162: © Gerhard Mester; S. 228: © Heritage Images/Getty Images; S. 235: © Maria Austria/MAI; S. 237: ullstein bild – ullstein bild; S. 238: ullstein bild; S. 281: Illustration: Daniel Matzenbacher; S. 313: Jupp Wolter (Künstler), Haus der Geschichte, Bonn; S. 358: JIM-Studie 2014, Medienpädagogischer Forschungsverbund Südwest, www.mpfs.de, Angaben in Prozent. Basis: alle Befragten, n = 1.200; S. 352: Zeichnungen: Thomas Plaßmann aus: ZeusKids „Meine Reporterschule", © ZeusMedienwelten/FUNKE MEDIENGRUPPE; S. 368: © picture-alliance/dpa; S. 373: Foto: Andreas Götte; S. 394: © plainpicture/Hollandse Hoogte/Sabine Joosten; S. 402: F.A.Z.-Foto/Lucas Wahl; S. 442: © bpk/Kupferstichkabinett, SMB/Jörg P. Anders; S. 445: bpk; S. 469: © SpeedKingz/shutterstock.com; S. 472: © David Bergmann; S. 475: ullstein bild – Granger Collection; S. 481: Werner König: dtv-Atlas Deutsche Sprache. Mit Grafiken von Hans-Joachim Paul. © 1978, 1994, 2007 dtv Verlagsgesellschaft mbH & Co. KG, München. (o.); Hermann Bausinger, Deutsch für Deutsche. Dialekte, Sprachbarrieren, Sondersprachen, Ffm. 2015 (u.); S. 496: picture alliance/dpa-Zentralbild; S. 497: picture-alliance/Maximilian Schönherr; S. 499, 503: akg-images; weitere: Verlagsarchiv Schöningh

Sollte trotz aller Bemühungen um korrekte Urheberangaben ein Irrtum unterlaufen sein, bitten wir darum, sich mit dem Verlag in Verbindung zu setzen, damit wir eventuell erforderliche Korrekturen vornehmen können.

westermann GRUPPE

© 2016 Bildungshaus Schulbuchverlage
Westermann Schroedel Diesterweg Schöningh Winklers GmbH
Braunschweig, Paderborn, Darmstadt

www.schoeningh-schulbuch.de
Schöningh Verlag, Jühenplatz 1–3, 33098 Paderborn

Das Werk und seine Teile sind urheberrechtlich geschützt.
Jede Nutzung in anderen als den gesetzlich zugelassenen Fällen bedarf der vorherigen schriftlichen Einwilligung des Verlages.
Hinweis zu § 52a UrhG: Weder das Werk noch seine Teile dürfen ohne eine solche Einwilligung gescannt und in ein Netzwerk gestellt werden.
Dies gilt auch für Intranets von Schulen und sonstigen Bildungseinrichtungen.
Für Verweise (Links) auf Internet-Adressen gilt folgender Haftungshinweis:
Trotz sorgfältiger inhaltlicher Kontrolle wird die Haftung für die Inhalte der externen Seiten ausgeschlossen. Für den Inhalt dieser externen Seiten sind ausschließlich deren Betreiber verantwortlich. Sollten Sie daher auf kostenpflichtige, illegale oder anstößige Inhalte treffen, so bedauern wir dies ausdrücklich und bitten Sie, uns umgehend per E-Mail davon in Kenntnis zu setzen, damit beim Nachdruck der Verweis gelöscht wird.

Druck A^2 / Jahr 2017
Alle Drucke der Serie A sind im Unterricht parallel verwendbar.

Umschlaggestaltung: Nora Krull, Bielefeld; Fotos: PhotoAlto/images.de, Coverpicture/Erwin Wodicka, © Marie C. Fields/shutterstock
Druck und Bindung: westermann druck GmbH, Braunschweig

ISBN 978-3-14-028035-8

Inhaltsverzeichnis

Statt eines Vorworts – P.A.U.L. D. von A–Z   11

Rafik Schami – orientalischer Geschichtenerzähler und Brückenbauer zwischen den Welten   15

Vorüberlegungen zur Einheit   15

Didaktische Aufbereitung der Unterkapitel   17

   Eine Hand voller Sterne – Der Sohn eines Bäckers aus Damaskus erzählt   17
   Zwischen zwei Welten – Tuma, der Einwanderer, erzählt   27
   Alles nur Vorurteile ... – Rafik Schami über die Deutschen   35
   Arbeitsblatt 1: Eine Rezension untersuchen und einen Jugendroman beurteilen   39
   Bewertungsbogen zur Leistungsüberprüfung/Klassenarbeit (AB 1)   41
   Arbeitsblatt 2: Eine Rezension untersuchen (1)   43
   Arbeitsblatt 3: Eine Rezension untersuchen (2)   44
   Arbeitsblatt 4: Eine Rezension untersuchen (3)   45
   Arbeitsblatt 5: Rezensionen zu vier Büchern von Rafik Schami   46
   Lösung (AB 1 – 5)   47
   Arbeitsblatt 6: Einen Lexikonartikel untersuchen   50
   Lösung (AB 6)   51
   Arbeitsblatt 7: Rafik Schami: Eine Hand voller Sterne (Der Streit) – Charakterisierung des Ich-Erzählers   52
   Arbeitsblatt 8: Rafik Schami: Eine Hand voller Sterne (Der Plan) – Die Entwicklung des Konflikts zwischen dem Ich-Erzähler und seinem Vater   53
   Arbeitsblatt 9: Frank Radke: Syrien – Geschichte und politische Situation (Zusammenfassung)   54

Leistungsüberprüfung – Selbstevaluation – Klassenarbeit   55

   Bewertungsbogen zur Leistungsüberprüfung/Klassenarbeit 10   56
   Bewertungsbogen zur Leistungsüberprüfung/Klassenarbeit 11   58
   Bewertungsbogen zur Leistungsüberprüfung/Klassenarbeit 12   60
   Bewertungsbogen zur Leistungsüberprüfung/Klassenarbeit 13   62
   Bewertungsbogen zur Leistungsüberprüfung/Klassenarbeit 14   64

Stimmungen – In Gedichten sich selbst aussprechen   66

Vorüberlegungen zur Einheit   66

Didaktische Aufbereitung der Unterkapitel   67

   „Ich will nicht sein, so wie ihr mich wollt" – Den eigenen Weg suchen   67
   Ich und die Natur: Bäume – Gedichte beschreiben und deuten   77
   Arbeitsblatt 1: Ein verwürfeltes Gedicht wiederherstellen   89
   Arbeitsblatt 2: Das lyrische Ich eines Liedtextes charakterisieren und ihm einen fiktiven Brief schreiben   90
   Lösung (AB 2)   91
   Arbeitsblatt 3: Einen Vergleich erklären – Ludwig Uhland: Einkehr   92
   Lösung (AB 3)   93
   Arbeitsblatt 4: Einen Prosatext in ein Gedicht umschreiben   94

Lösung (AB 4)   95
Arbeitsblatt 5: Ein Gedicht nach bestimmten Aspekten untersuchen   96
Bewertungsbogen zur Leistungsüberprüfung/Klassenarbeit (AB 5)   97
Arbeitsblatt 6: Ein Gedicht analysieren (1)   100
Bewertungsbogen zur Leistungsüberprüfung/Klassenarbeit (AB 6)   101
Arbeitsblatt 7: Ein Gedicht analysieren (2)   104
Bewertungsbogen zur Leistungsüberprüfung/Klassenarbeit (AB 7)   105

Leistungsüberprüfung – Selbstevaluation – Klassenarbeit   108

Von Grenzsituationen und ungewöhnlichen Ereignissen – Kurzgeschichte und Novelle   109

Vorüberlegungen zur Einheit   109

Didaktische Aufbereitung der Unterkapitel   110

Menschen in Grenzsituationen – Kurzgeschichten   110
Von einem ungewöhnlichen Ereignis   118
Arbeitsblatt 1: Eine Kurzgeschichte mithilfe von Fragen untersuchen   121
Lösung (AB 1)   125
Arbeitsblatt 2: Eine Kurzgeschichte analysieren (1)   127
Bewertungsbogen zur Leistungsüberprüfung/Klassenarbeit (AB 2)   129
Arbeitsblatt 3: Eine Kurzgeschichte analysieren (2)   132
Bewertungsbogen zur Leistungsüberprüfung/Klassenarbeit (AB 3)   135
Arbeitsblatt 4: Einen inneren Monolog verfassen   138
Bewertungsbogen zur Leistungsüberprüfung (AB 4)   139

Leistungsüberprüfung – Selbstevaluation – Klassenarbeit   140

Bewertungsbogen zur Leistungsüberprüfung/Klassenarbeit 141

Das Lernen lernen – Referate   143

Vorüberlegungen zur Einheit   143

Didaktische Aufbereitung der Unterkapitel   143

1. Die Vorbereitung eines Referats   143
2. Die Präsentation   146
3. Ein Referat beurteilen   148

„Rund um die Schule" – Informieren und argumentieren   150

Vorüberlegungen zur Einheit   150

Didaktische Aufbereitung der Unterkapitel   151

1. Ein guter Lehrer/eine gute Lehrerin: Wer oder was ist das? – Einen Sachverhalt klären   151
2. Argumentieren statt behaupten   153
3. Die eigene Meinung schriftlich strukturiert darstellen – Das lineare Argumentieren   155
4. Handyverbot in der Schule? – Das antithetische Argumentieren   156
5. Übungen zum Argumentieren   158
Arbeitsblatt 1: Eine Karikatur analysieren (1)   160
Lösung (AB 1)   161

Arbeitsblatt 2: Eine Karikatur analysieren (2)   162
Lösung (AB 2)   163
Arbeitsblatt 3: Methode: Fishbowl-Diskussion   164
Arbeitsblatt 4: Argumentieren: „Das Handy in der Schule verbieten? Auf gar keinen Fall ...!"   166
Lösung (AB 4)   167
Arbeitsblatt 5: Einen Leserbrief verfassen (1)   168
Lösung (AB 5)   169
Arbeitsblatt 6: Die Antwort auf einen Leserbrief untersuchen (1)   170
Lösung (AB 6)   171
Arbeitsblatt 7: Die Antwort auf einen Leserbrief untersuchen (2)   172
Lösung (AB 7)   173
Arbeitsblatt 8: Einen Leserbrief untersuchen (1)   174
Arbeitsblatt 9: Einen Leserbrief untersuchen (2)   175
Arbeitsblatt 10: Einen Leserbrief verfassen (2)   176
Bewertungsbogen zur Leistungsüberprüfung/Klassenarbeit (AB 10)   177
Arbeitsblatt 11: Eine antithetische Argumentation verfassen (Pro-und-Kontra-Erörterung)   179
Bewertungsbogen zur Leistungsüberprüfung/Klassenarbeit (AB 11)   180

Leistungsüberprüfung – Selbstevaluation – Klassenarbeit   182

Richtig zu schreiben kann man lernen   183

Vorüberlegungen zur Einheit   183

Didaktische Aufbereitung der Unterkapitel   183

1. Fehlerschwerpunkte erkennen   184
2. Rechtschreibprobleme durch einfache Verfahren lösen   184
3. Auf die Bedeutung achten   185
4. Auf die Wortart achten   187
5. Nicht für alles gibt es Regeln – Ausnahmen   190
6. Von Atmosphäre bis Zylinder – Fremdwörter   192
7. Die Silbentrennung   195
Arbeitsblatt 1: Auf die Bedeutung kommt es an   196
Lösung (AB 1)   197

Leistungsüberprüfung – Selbstevaluation – Klassenarbeit   198

„Liebste Kitty ..." – Anne Frank   199

Vorüberlegungen zur Einheit   199

Didaktische Aufbereitung der Unterkapitel   201

„... dass ich ein Bündelchen Widerspruch bin" – Das Mädchen Anne Frank   201
„... das Elend für uns Juden begann" – Leben unter deutscher Besatzung   208
„Ich hatte solche Angst ..." – Das Leben im Hinterhaus   213
„... ich litt (und leide) an Stimmungen" – Die Tochter Anne Frank   217
„Ich will fortleben auch nach meinem Tod" – Das Anne Frank Haus und die Tagebücher   225
Arbeitsblatt 1: Lexikonartikel über Leben und Werk Anne Franks   228

Arbeitsblatt 2: Methode – ein Buch vorstellen 230
Arbeitsblatt 3: Tagebucheintrag Anne Franks vom 8. Juli 1942 232
Arbeitsblatt 4: Eine zusammenfassende Übersicht zu einem Sachtext anfertigen 233
Arbeitsblatt 5: Den Stichwortzettel zu einem Kurzvortrag untersuchen und beurteilen 234
Arbeitsblatt 6: Anne Franks Beschreibung des Verstecks im Hinterhaus 235
Arbeitsblatt 7: Personenkonstellation zur Situation im Hinterhaus 236
Arbeitsblatt 8: Einen Sachtext untersuchen 237
Lösung (AB 8) 239
Arbeitsblatt 9: Fragen zum Inhalt des Sachtextes „Die Geschichte der Tagebücher" von Dorothea Waldherr und Ute Hiddemann beantworten 240
Lösung (AB 9) 241
Arbeitsblatt 10: Tagebuchauszüge analysieren, vergleichen und beurteilen 243
Bewertungsbogen zur Leistungsüberprüfung/Klassenarbeit (AB 10) 244
Arbeitsblatt 11: Einen Tagebucheintrag analysieren und vergleichen 247
Bewertungsbogen zur Leistungsüberprüfung/Klassenarbeit (AB 11) 248

Leistungsüberprüfung – Selbstevaluation – Klassenarbeit 251

Bewertungsbogen zur Leistungsüberprüfung/Klassenarbeit (AB 12) 252
Bewertungsbogen zur Leistungsüberprüfung/Klassenarbeit (AB 13) 254
Bewertungsbogen zur Leistungsüberprüfung/Klassenarbeit (AB 14) 256
Bewertungsbogen zur Leistungsüberprüfung/Klassenarbeit (AB 15) 258

„Wer wagt es ..." – Schillers Balladen 261

Vorüberlegungen zur Einheit 261

Didaktische Aufbereitung der Unterkapitel 262

„Friedrich Schiller aus der Gruft geholt?!" – Annäherung an einen Autor 262
„Wer wagt es ..."?! – Schillers Balladen 264
Arbeitsblatt 1: Einen Sachtext analysieren 279
Lösung (AB 1) 280
Arbeitsblatt 2: Friedrich Schiller charakterisieren 281
Arbeitsblatt 3: Eine Inhaltsangabe zu Friedrich Schillers Ballade „Die Bürgschaft" überarbeiten 282
Bewertungsbogen zur Leistungsüberprüfung/Klassenarbeit (AB 3) 283
Arbeitsblatt 4: Den Inhalt einer Ballade wiedergeben, einen Textabschnitt untersuchen und die Textart nachweisen 285
Bewertungsbogen zur Leistungsüberprüfung/Klassenarbeit (AB 4) 286

Leistungsüberprüfung – Selbstevaluation – Klassenarbeit 288

Wirklich, möglich, nur gedacht, gewünscht ... – Der Modus einer Aussage 289

Vorüberlegungen zur Einheit 289

Didaktische Aufbereitung der Unterkapitel 289

1. Wäre es so, dann ... 289
2. Vom Dürfen, Sollen, Müssen ... – Modalverben 293
3. Paul meint, ein Junge habe ... – Die indirekte Rede 295

Arbeitsblatt 1: Ein Gedicht beschreiben und deuten und in eine moderne Fassung bringen   299
Lösung (AB 1)   300
Arbeitsblatt 2: Modalverben   301
Lösung (AB 2)   302
Arbeitsblatt 3: Fehlerhafte Konjunktivformen korrigieren   303
Lösung (AB 3)   305
Arbeitsblatt 4: Direkte Rede – indirekte Rede (1)   306
Lösung (AB 4)   307
Arbeitsblatt 5: Direkte Rede – indirekte Rede (2)   308
Lösung (AB 5)   309
Arbeitsblatt 6: Direkte Rede – indirekte Rede (3)   310
Lösung (AB 6)   312
Arbeitsblatt 7: Eine Karikatur und ein Gedicht beschreiben und deuten   313
Bewertungsbogen zur Leistungsüberprüfung/Klassenarbeit (AB 7)   314

Leistungsüberprüfung – Selbstevaluation – Klassenarbeit   316

Gutenberg und die Folgen   317

Vorüberlegungen zur Einheit   317

Didaktische Aufbereitung der Unterkapitel   318

Gutenbergs Erfindung am Beginn einer neuen Zeit   318
Gutenberg in der Epoche der Renaissance   322
Bücher vom Mittelalter bis heute   324
Arbeitsblatt 1: Einen Sachtext gegliedert beschreiben   327
Lösung (AB 1)   329
Arbeitsblatt 2: Die Argumentation eines Sachtextes untersuchen   330
Lösung (AB 2)   332
Arbeitsblatt 3: Einen Zeitungstext mit einem Sachtext vergleichen   333
Lösung (AB 3)   335
Arbeitsblatt 4: Einen Sachtext untersuchen   336
Lösung (AB 4)   337
Arbeitsblatt 5: Analyse eines literarischen Textes   338
Bewertungsbogen zur Leistungsüberprüfung/Klassenarbeit (AB 5)   340

Leistungsüberprüfung – Selbstevaluation – Klassenarbeit   342

Bewertungsbogen zur Leistungsüberprüfung/Klassenarbeit (AB 6)   343

„Dahinter steckt ein kluger Kopf" – Zeitungsleser wissen mehr   345

Vorüberlegungen zur Einheit   345

Didaktische Aufbereitung der Unterkapitel   346

1. Der Aufbau einer Tageszeitung   346
2. Die Entstehung einer Nachricht im Lokalteil einer Tageszeitung   348
3. Der Zeitungsbericht   349
4. Nachrichten aus aller Welt – Nachrichtenagenturen melden   351

5. Und so berichtet die Boulevardpresse   353
6. Nachgefragt – ein Interview führen   354
7. Als Reporter unterwegs – eine Reportage verfassen   355
8. Meine Meinung – ein Ereignis kommentieren   356
Arbeitsblatt 1: Eine Grafik untersuchen   358
Lösung (AB 1)   360
Arbeitsblatt 2: Vom Ereignis zur Nachricht   361
Arbeitsblatt 3: Einen Polizei-Pressebericht in eine Zeitungsnachricht umformen   363
Lösung (AB 2/3)   364
Arbeitsblatt 4: Einen Zeitungsbericht untersuchen   365
Lösung (AB 4)   367
Arbeitsblatt 5: Einen Bericht einer Boulevard-Zeitung untersuchen   368
Lösung (AB 5)   369
Arbeitsblatt 6: Ein Interview untersuchen   370
Lösung (AB 6)   372
Arbeitsblatt 7: Eine Reportage untersuchen   373
Lösung (AB 7)   375
Arbeitsblatt 8: Eine Fernsehkritik untersuchen   376
Lösung (AB 8)   377
Arbeitsblatt 9: Einen Zeitungbericht und einen Kommentar untersuchen   378
Bewertungsbogen zur Leistungsüberprüfung/Klassenarbeit (AB 9)   380

Leistungsüberprüfung – Selbstevaluation – Klassenarbeit   382

Bewertungsbogen zur Leistungsüberprüfung/Klassenarbeit (AB 10)   383

Das Lernen lernen – Sachtexte zusammenfassen   385

Vorüberlegungen zur Einheit   385

Didaktische Aufbereitung der Unterkapitel   385

1. Die inhaltliche Zusammenfassung eines Sachtextes   385
2. Die Aufgaben von Textabschnitten erfassen   389
3. Hier kannst du üben   391
Arbeitsblatt 1: Einen Sachtext zusammenfassen (1)   394
Lösung (AB 1)   396
Arbeitsblatt 2: Einen Sachtext zusammenfassen (2)   398
Bewertungsbogen zur Leistungsüberprüfung/Klassenarbeit (AB 2)   400
Arbeitsblatt 3: Einen Sachtext zusammenfassen (3)   402
Bewertungsbogen zur Leistungsüberprüfung/Klassenarbeit (AB 3)   404

Leistungsüberprüfung – Selbstevaluation – Klassenarbeit   407

Was will ich werden? – Auf der Suche nach einem Praktikumsplatz   408

Vorüberlegungen zur Einheit   408

Didaktische Aufbereitung der Unterkapitel   409

1. Was interessiert mich? – Was kann ich?   409
2. Werbung in eigener Sache – Bewerbungsschreiben, Lebenslauf und Vorstellungsgespräch   410

Arbeitsblatt 1: Sich um einen Ausbildungsplatz bewerben   412
Arbeitsblatt 2: Ein Bewerbungsschreiben überarbeiten   413
Lösung (AB 2)   414
Arbeitsblatt 3: Einen Lebenslauf überarbeiten   416
Lösung (AB 3)   417

Leistungsüberprüfung – Selbstevaluation – Klassenarbeit   419

Der Sturz des Ikarus – Ein literarisches Motiv   420

Vorüberlegungen zur Einheit   420

Didaktische Aufbereitung der Unterkapitel   421

Ikarus – Ein Held?   421
Der Sturz des Ikarus im Bild   427
Arbeitsblatt 1: Ein Gedicht zum Motiv „Der Sturz des Ikarus" untersuchen   430
Lösung (AB 1)   431
Arbeitsblatt 2: Einen Sachtext erschließen und zusammenfassen   432
Lösung (AB 2)   434
Arbeitsblatt 3: Einen Sachtext zu einem Gemälde erschließen und untersuchen   435
Lösung (AB 3)   436
Arbeitsblatt 4: Einen wertenden Sachtext zu einem Gemälde untersuchen   437
Lösung (AB 4)   438
Arbeitsblatt 5: Einen Liedtext zum Motiv „Der Sturz des Ikarus" untersuchen   439
Bewertungsbogen zur Leistungsüberprüfung/Klassenarbeit (AB 5)   440
Arbeitsblatt 6: Ein Bild beschreiben   442
Bewertungsbogen zur Leistungsüberprüfung/Klassenarbeit (AB 6)   443
Arbeitsblatt 7: Einen Holzschnitt zum Motiv „Der Sturz des Ikarus" beschreiben   445
Bewertungsbogen zur Leistungsüberprüfung/Klassenarbeit (AB 7)   446

Leistungsüberprüfung – Selbstevaluation – Klassenarbeit   448

Die deutsche Sprache und ihre europäischen Verwandten – Aus Sprachvergleichen lernen   449

Vorüberlegungen zur Einheit   449

Didaktische Aufbereitung der Unterkapitel   451

1. Die indoeuropäische Sprachfamilie und die deutsche Sprache   451
2. Wörter haben eine Geschichte: Wortverwandtschaften und Bedeutungsunterschiede erklären   453
3. Die Sprachen in der Sprache – Dialekte des Deutschen   458
4. Andere Sprachen, andere Satzbaumuster – Unterschiede erkennen und berücksichtigen   460

Arbeitsblatt 1: Wichtige Perioden der Wortentlehnung im Deutschen   468
Arbeitsblatt 2: „Handy" – ein Anglizismus?   469
Lösung (AB 2)   471
Arbeitsblatt 3: Deutsch-englische Sprachbeziehungen   472
Lösung (AB 3)   474
Arbeitsblatt 4: Deutsche Sprache, schwerer Satzbau?   475
Lösung (AB 4)   476

Arbeitsblatt 5: Der Einfluss des Lateinischen auf die deutsche Sprache   477
Bewertungsbogen zur Leistungsüberprüfung/Klassenarbeit (AB 5)   479
Arbeitsblatt 6: Standardsprache und Dialekt   481
Bewertungsbogen zur Leistungsüberprüfung/Klassenarbeit (AB 6)   482

Leistungsüberprüfung – Selbstevaluation – Klassenarbeit   484

„Kopfkino" – Hörspiele untersuchen, verstehen, produzieren   485

Vorüberlegungen zur Einheit   485

Didaktische Aufbereitung der Unterkapitel   487

1. Was ein Hörspiel alles bewirken kann: das Beispiel „Krieg der Welten" (1938) nach H.G. Wells   487
2. Wie ein Hörspiel entsteht – ein Blick hinter die Kulissen   492
3. Eine Ballade in ein Hörspiel verwandeln: „Die Bürgschaft" von Friedrich Schiller   494

Arbeitsblatt 1: Die Produktion eines Hörspiels   496
Lösung (AB 1)   498
Arbeitsblatt 2: Eine Ballade in ein Hörspiel verwandeln (1) – Textarbeit   499
Lösung (AB 2)   502
Arbeitsblatt 3: Eine Ballade in ein Hörspiel verwandeln (2) – Umsetzung   503
Lösung (AB 3)   504
Arbeitsblatt 4: Ein Theaterstück zu einem Hörspieltext umarbeiten (Kopiervorlage)   505
Arbeitsblatt 5: Aus einer Mindmap einen Sachtext erstellen   506
Bewertungsbogen zur Leistungsüberprüfung/Klassenarbeit (AB 5)   507

Leistungsüberprüfung – Selbstevaluation – Klassenarbeit   509

Üben, wiederholen und mehr   510

Vorüberlegungen zur Einheit   510

Didaktische Aufbereitung der Unterkapitel   510

1. Zuhören und Informationen verarbeiten   510
2. Wortarten   513
3. Aktiv und Passiv   516
4. Satzglieder   517
5. Keine Nebensache – Nebensätze   519
6. s-Laute   526
7. Lang ausgesprochene Vokale   528
8. Nominalisierungen/Substantivierungen   532
9. Zusammen- und Getrenntschreibung   534
10. Das Komma   539

Statt eines Vorworts – P.A.U.L. D. von A–Z

Auftaktseite Die einzelnen Einheiten beginnen fast ausnahmslos mit einer Doppelseite, die neben Illustrationen und Arbeitsaufträgen auch einen Einstiegstext enthalten, der unmittelbar an die Schülerinnen und Schüler gerichtet ist. Dieser Einstiegstext informiert über die thematischen Schwerpunkte, die zu erwerbenden Kompetenzen und das Ziel der Arbeit. Auf diesem Weg soll die Motivation der Lernenden geweckt und eine didaktisch gewünschte Transparenz geschaffen werden. Die Aufträge knüpfen an die Schülererfahrungen an und leiten unmittelbar in den Erarbeitungsprozess ein, indem z. B. auf das abgedruckte Bildmaterial Bezug genommen wird.

Arbeitsaufträge Die den Texten zugeordneten Arbeitsfragen spiegeln den konkreten didaktischen Prozess innerhalb einer Stunde wider. Sie bieten die Möglichkeit, selbst initiierte Lernprozesse zu gestalten, und erleichtern der Lehrerin und dem Lehrer die Vorbereitung. Ein deutliches Gewicht liegt dabei auf textanalytischen Zugriffsweisen, darüber hinaus werden immer wieder handlungs- und produktionsorientierte Aufträge angeboten, die den Verstehensprozess initiieren, begleiten und absichern sollen (s. auch „Fordern und fördern").

Arbeitsheft Zu jedem Schülerband gehört ein Arbeitsheft mit ausführlichem Übungs- und Differenzierungsmaterial. Zugunsten der Übungsdichte sind die Arbeitshefte zurückhaltend illustriert. Sie enthalten ein eingelegtes Lösungsheft zur individuellen Kontrolle.

Bebilderung – grafische Gestaltung Dem Buch liegt eine ruhige, ästhetische Seitengestaltung zugrunde. Die Abbildungen sind so ausgewählt worden, dass sie die Vorstellungsbildung der Lernenden nicht behindern. Zahlreiche Abbildungen werden mithilfe der Arbeitsaufträge funktionalisiert und so in den Lernprozess integriert, dass sie zum Verstehen beitragen. Dort, wo es angemessen erscheint, werden auch Originalbebilderungen aus Primärtexten übernommen.

CD-ROM Die diesem Kommentarband beigelegte CD-ROM enthält alle Arbeitsblätter, Lösungsblätter und zahlreiche Vorschläge für Klassenarbeiten mit den entsprechenden Beurteilungsbögen in einem Format, das eine individuelle Gestaltung und damit auch eine problemlose Anpassung an die jeweilige Lerngruppe und die gewünschte Lernsituation ermöglicht (s. auch „Lehrerkommentar").

Fordern und fördern Die im Schülerband aufbereiteten Themen fordern und fördern bei allen Beteiligten eine gewünschte Anstrengungskultur. Die Fülle an Lern- und Übungsmaterial ermöglicht es der Lehrkraft, im Hinblick auf ihre konkrete Lerngruppe auszuwählen und Prozesse individueller Förderung zu initiieren. Ausgangspunkt der Erarbeitung ist dabei jedoch immer die systematische Vermittlung eines Basiswissens. Dabei wurde bewusst auf eine Qualifizierung der Aufgabenformate im Sinne von „schwer – weniger schwer – leicht" verzichtet, weil dies der Individualität von Lerngruppen nicht gerecht würde. Das Aufgabenformat „Was ihr noch machen könnt", das immer wieder auftaucht, kommt der Tatsache entgegen, dass manche Schülerinnen und Schüler schneller arbeiten und Zusatzmaterial benötigen, um den Lernprozess im Hinblick auf ihre Voraussetzungen zu intensivieren.

Die didaktische Aufbereitung der einzelnen Kapitel ist zudem immer wieder so angelegt, dass die Schülerinnen und Schüler sich z. B. in kooperativen Lernformen und in Tischgruppenarbeit einzelne Lerngegenstände selbstständig erschließen. In den Bänden 5 bis 9 enden fast alle Einheiten mit „Kleine(n) Übungen zur Lernkontrolle", die eine entsprechende Selbstevaluation ermöglichen.

INFO Farblich gekennzeichnete Kästen, die mit der Überschrift „INFO" versehen sind, bündeln erworbenes Wissen aus den unterschiedlichen Aufgabenbereichen des Faches Deutsch in systematischer Weise.

Inhaltsverzeichnis Das Inhaltsverzeichnis des Schülerbandes besitzt eine Doppelstruktur. Links finden die Schülerinnen und Schüler jeweils die thematische Ausrichtung der Einheiten mit den entsprechenden Unterkapiteln. Rechts sind die Kompetenzen aufgelistet, die im Verlauf des Erarbeitungsprozesses erworben werden können. Fett gedruckte Formulierungen verweisen auf solche Kompetenzen, die in besonderer Weise akzentuiert werden.

Lehrerkommentar Der Lehrerkommentar führt zunächst in die Einheiten ein und nennt noch einmal dezidiert die Kompetenzen, die jeweils vermittelt werden. Daran schließt sich die didaktische Aufbereitung des Kapitels/der Unterkapitel mit entsprechenden Lösungen der Aufgaben an. Eingefügt sind zahlreiche Tafelbilder, die im Verlauf der Erarbeitung erstellt werden können und den Lernerfolg dauerhaft sichern sollen. Es folgen in der Regel kopierfähige Arbeitsblätter und den Abschluss bilden Vorschläge zur Selbstevaluation und zur Leistungsüberprüfung mit entsprechenden Beurteilungsbögen (s. auch „CD-ROM").

Medien Insgesamt kommt ein weiter Medienbegriff zum Tragen. Das Leitmedium des Faches Deutsch – das Buch – wird ausführlich thematisiert. Gleichzeitig lernen die Schülerinnen und Schüler, mit modernen Medien wie dem Internet umzugehen und dieses kritisch und qualifizierend zur Recherche einzusetzen. Umfassend werden die Schüler zudem in die Filmanalyse eingeführt.

Methoden/ Methodenkästen Die Schülerbände legen ein besonderes Gewicht auf die Vermittlung methodischer Kompetenzen, die in besonderer Weise das selbstständige, individuelle Lernen ermöglichen. Von Band 5 bis Band 8 wird eine Einheit angeboten, die sich unmittelbar mit dem Thema „Das Lernen lernen" beschäftigt und vielfältige Kompetenzen auf unterschiedlichen Gebieten vermittelt. Darüber hinaus sind zahlreiche Methodenkästen – farblich hervorgehoben und durch ein Symbol (Werkzeugkasten) gekennzeichnet – abgedruckt, die unterschiedliche Ausrichtungen haben. In den Methodenkästen werden z. B. Umgehensweisen mit Medien und Sachtexten thematisiert, textanalytische Zugriffsweisen beschrieben, Hilfen zur Textproduktion und -überarbeitung gegeben und vieles mehr.

Projekte Innerhalb der Bände werden keine ausgearbeiteten Projekte vorgestellt, welche die Lehrpersonen und die Lerngruppen sehr stark festlegen würden. Vielmehr enden stattdessen zahlreiche Einheiten mit Projektideen, die im Wesentlichen von den Schülerinnen und Schülern selbstständig umgesetzt werden können.

Rechtschreibung Jeder Schülerband enthält eine ausgewiesene Einheit, in der den Schülerinnen und Schülern Lösungsstrategien im Bereich der Rechtschreibung vermittelt werden. Darüber hinaus werden ausgewählte Rechtschreibprobleme gesondert thematisiert. Die Auswahl der Übungen orientiert sich dabei an unterschiedlichen Strategien und Lernertypen. Der

Umfang der Übungen ermöglicht zudem eine Differenzierung und Individualisierung innerhalb des Lern- und Übungsprozesses.

Zu den Übungen gehören auch zahlreiche Diktate, die – auch in Anknüpfung an die Grundschule – auf unterschiedliche Weise eingesetzt werden können: als Blockdiktat, als Partnerdiktat, als Dosen-, Schleich- oder Fächerdiktat.

Reflexion über Sprache

In besonders systematischer Weise werden grammatische Phänomene vermittelt, wobei immer wieder Möglichkeiten des entdeckenden Lernens eröffnet werden. Der Bereich „Reflexion über Sprache" wird darüber hinaus im Sinne einer integrativen Didaktik mit anderen Aufgabenbereichen des Faches Deutsch dort verknüpft, wo dieses funktional ist und dem Anspruch nach systematischem Lernen nicht im Wege steht. Zahlreiche Übungen helfen, das Gelernte zu sichern.

BiBox – Digitale Lehrermaterialien

In der digitalen Version des Lehrerbandes sind die Materialien den Seiten und Kapiteln des Lehrwerks zugeordnet, sodass auf einen Blick alle vorhandenen Lehrerband-Materialien (Arbeitsblätter, Lösungen, Bewertungsbögen zur Leistungsüberprüfung/Klassenarbeit) zu einer Lehrwerkeinheit zu sehen sind.

Sachtexte

Neben den literarischen Texten stellen Sachtexte einen weiteren Schwerpunkt in der Textauswahl dar. Auch in der Auseinandersetzung mit ihnen wird dezidiert das Leseverstehen der Schülerinnen und Schüler geschult, indem unterschiedliche Methoden im Umgang mit diesen Texten erlernt werden. Mindestens eine Einheit pro Band hat den Umgang mit Sachtexten explizit zum Thema. Dabei werden auch diskontinuierliche Texte einbezogen.

Spiralcurriculum

Die Schülerbände sind in der Gesamtheit so konzipiert, dass bestimmte Curriculumelemente immer wieder aufgegriffen und erweitert werden. Jeder Band enthält
- eine Lyrikeinheit mit Schwerpunkten im Bereich methodischer Zugänge und des Sprechens,
- eine Einheit, in der ein Autor oder eine Autorin vorgestellt wird,
- eine Einheit zum Thema „Theater",
- eine oder mehrere Einheiten, in denen explizit Textarten erarbeitet werden,
- eine Einheit, in der Zugänge zu Sachtexten vermittelt werden,
- eine Einheit zum Bereich „Miteinander sprechen/argumentieren",
- eine Einheit zum Thema „Das Lernen lernen" und
- eine Methodeneinheit zur Rechtschreibung.

Textauswahl

Die Schülerbände enthalten zum einen ein umfassendes Repertoire traditioneller, bewährter Texte. Darüber hinaus sind auch zahlreiche moderne Texte aufgenommen worden, die unmittelbar dem Leseverhalten und -interesse der Schülerinnen und Schüler entstammen. Die abgedruckten und didaktisierten Auszüge aus Kinder- und Jugendbüchern sollen zum Lesen motivieren. Darüber hinaus werden immer wieder weitergehende Lesehinweise gegeben, die zum thematischen Kontext passen.
Die Einheiten sind zum Teil thematisch ausgerichtet, immer wieder werden jedoch auch unmittelbar Textarten in den Mittelpunkt gerückt, um ein fachspezifisches Wissen zu vermitteln.

Zuhören

Zu jedem Schülerband gibt es eine Doppel-CD mit einer Auswahl der im Buch enthaltenen Texte, schülergerecht aufbereitet und attraktiv vorgetragen von professionellen Sprechern bzw. Schauspielern. Im konkreten Unterrichtsgeschehen können die gesprochenen Texte als motivierender Einstieg eingesetzt werden, um anschließend im Sinne einer rezeptionsästhetischen Didaktikkonzeption das erste Verständnis zu erfragen und daraus Erarbeitungsschwerpunkte abzuleiten. Möglich ist es natürlich auch, die gesprochenen Texte ins Zentrum einer Stunde zu stellen, um mithilfe von Stichwortkonzepten die wahrgenommenen Informationen festzuhalten, diese z. B. in Form einer Mindmap zu systematisieren und in mündlichen Vorträgen zu präsentieren – eine Kompetenz, die im Unterricht verschiedenster Fächer von großer Bedeutung ist.

Rafik Schami – orientalischer Geschichtenerzähler und Brückenbauer zwischen den Welten (S. 16–37)

Vorüberlegungen zur Einheit

Der Bestsellerautor Rafik Schami gilt als einer der prominentesten und bedeutendsten Vertreter der deutschsprachigen Migrantenliteratur. Er wurde 1946 als Mitglied der christlichen Minderheit in der Hauptstadt Syriens, Damaskus, geboren. Als Chemiestudent gab er in der Altstadt von Damaskus von 1965 – 1970 die Wandzeitung „Al-Muntalek" mit heraus. Diese Zeitung kritisierte die ungerechten gesellschaftlichen Verhältnisse in Syrien und das herrschende Regime. 1971 floh Rafik Schami dann in die Bundesrepublik Deutschland, um sich der Verhaftung und drohender Folter in Syrien zu entziehen. Hier schlug er sich mit Gelegenheitsarbeiten in Restaurants, Kaufhäusern und auf Baustellen durch. Er studierte weiter Chemie und beendete dieses Studium 1979 mit der Promotion. 1971 begann er, Beiträge für Anthologien und Zeitschriften in arabischer Sprache zu verfassen, die er dann selbst ins Deutsche übersetzte. Direkt auf Deutsch schreibt Schami seit 1977. Als freier Schriftsteller arbeitet er seit 1982. Er veröffentlichte neben Reden, Kolumnen und Tagebuchaufzeichnungen vor allem Erzählungen (z. B. „Die Sehnsucht fährt schwarz") und Romane für Jugendliche (z. B. „Eine Hand voller Sterne") und für Erwachsene (z. B. „Die dunkle Seite der Liebe"). Für sein Werk wurde Rafik Schami mit vielen Literaturpreisen ausgezeichnet (z. B. 1993: Adelbert-von-Chamisso-Preis; 2003: Wellheimer Literaturpreis; 2007: Nelly-Sachs-Preis der Stadt Dortmund u. v. a.).

In seinen Romanen und Erzählungen schreibt Rafik Schami über Fremdheits- und Exilerfahrungen. Erinnerungen an das Damaskus seiner Kindheit, Außenseitertum, die Forderung nach Toleranz gegenüber Fremden und Minderheiten oder den Nahostkonflikt. Diese Themen behandelt der Autor ohne moralischen Zeigefinger, sondern fantasievoll, anekdotenhaft, humoristisch und arabesk im Stile und in der Tradition der orientalischen Geschichtenerzähler.

In dem **ersten Teilkapitel (S. 18–28)** lernen die Schüler den ersten Bestseller Schamis, den 1987 erschienenen Jugendroman „Eine Hand voller Sterne", kennen. Im Mittelpunkt steht dabei der Generationskonflikt in einer traditionellen Bäckerfamilie in Damaskus. Der Vater will seinen begabten Sohn, den Ich-Erzähler, gegen dessen Willen zwingen, die Bäckerei zu übernehmen. Im Zusammenhang mit dem Roman beschäftigen sich die Schüler mit den problematischen politischen Verhältnissen in Syrien und damit, wie diese in dem Roman verarbeitet werden. Methodisch wird anhand der Hauptfiguren die Figurencharakterisierung geübt.

Im **zweiten Teilkapitel (S. 29–34)** steht im Mittelpunkt, wie Rafik Schami die Fremdheitserfahrungen der orientalischen Auswanderer mit der westlichen Kultur verarbeitet. Die dazu gewählten Ausschnitte aus Schamis Roman „Der Erzähler der Nacht" ermöglichen den Schülern einen fremden und humorvollen Blick auf die eigene westliche Kultur und ihre Unterschiede zur orientalischen.

Dieser Aspekt wird im **dritten Teilkapitel (S. 35–36)** vertieft durch ein Interview mit Rafik Schami, in dem er über seine Erfahrungen in Deutschland berichtet und die Forderung, dass Ausländer sich den Deutschen anpassen müssten, in humorvoller Weise infrage stellt.

Die Einheit wird mit einigen **Projektideen** abgeschlossen **(S. 37)**, die den Schülerinnen und Schülern eine umfassendere Auseinandersetzung mit dem Autor Rafik Schami und seinem Werk oder mit den Schicksalen und Erfahrungen von Migranten ermöglichen.

Zentrale Kompetenzen, die in dieser Einheit geschult werden, sind:
- Ergebnisse von Textuntersuchungen darstellen und präsentieren,
- produktive Formen auf Texte anwenden und zum Ausdruck des eigenen Textverständnisses nutzen,
- grundlegende Lesetechniken und -strategien anwenden,
- Informationen aus Texten zielgerichtet entnehmen sowie dabei entsprechende Methoden anwenden (z. B. Texte gliedern, Teilüberschriften finden, Texte zusammenfassen, eine Mindmap erstellen),
- zentrale Textinhalte erschließen und Intentionen sowie Wirkungen von Texten erkennen,
- sprachliche Gestaltungsmittel in ihren Wirkungszusammenhängen erkennen,
- Zusammenhänge zwischen Texten, historischen Kontexten und Leben des Autors herstellen,
- eigene Deutungen von Texten entwickeln, am Text belegen und sich mit anderen darüber verständigen,
- analytische Methoden anwenden (z. B. Texte untersuchen, vergleichen, kommentieren),
- literarische Figuren charakterisieren,
- sich argumentativ mit Sachverhalten auseinandersetzen.

Zum Einstieg machen sich die Schülerinnen und Schüler ein erstes Bild vom Autor und seinem Werk, indem sie die Buchvignetten und die Zeitungsausschnitte auf S. 16–17 (**Auftaktdoppelseite**) beschreiben. Dann können die Eindrücke der Schüler darüber, was typisch für den Autor und seine Bücher ist, in Form eines Ideensterns festgehalten werden.

Als Nächstes kann in einem Brainstorming gesammelt werden, was die Schüler mit dem Begriff Orient verbinden. Häufig ist der Begriff im Sinne einer romantisierenden Wahrnehmung des Orients als exotische Märchenwelt verklärend positiv besetzt. Gleichzeitig wird die Region aufgrund der schwierigen politischen Lage der Vergangenheit und Gegenwart häufig mit Krieg und Terror in Verbindung gesetzt. Die Vorstellungen der Lernenden können dann später damit verglichen werden, was die Schüler in den Auszügen aus dem Roman „Eine Hand voller Sterne" über das Leben in Syrien erfahren.

Der Einstieg kann dadurch vertieft werden, dass die Schüler sich gegenseitig Rezensionen der abgebildeten Romane vorstellen. Dazu erarbeiten sie in Gruppen arbeitsteilig mithilfe der **Arbeitsblätter 1–4, S. 39–45,** jeweils eine Rezension. Arbeitsblatt 1 kann auch als Klassenarbeit eingesetzt werden. In diesem Fall müsste die Lehrkraft diese Phase entsprechend modifizieren. Die Ergebnisse dieser Erarbeitung sollten die Schüler in der jeweiligen Spalte des **Arbeitsblattes 5, S. 46,** in Stichworten sichern. In einem zweiten Schritt werden die Gruppen im Sinne der Methode des Gruppenpuzzles neu gebildet, indem sich mindestens vier Schüler mit verschiedenen Rezensionen zusammenfinden. In diesen Gruppen stellen sich die Lernenden die in den ersten Gruppen erarbeiteten Rezensionen gegenseitig vor. Die Ergebnisse dieser Vorstellungsrunde werden gesichert, indem die Schüler das Arbeitsblatt 5 vervollständigen. Im anschließenden Klassengespräch können sich die Schülerinnen und Schüler darüber austauschen, welche der vorgestellten Bücher sie aus welchen Gründen interessant bzw. nicht interessant finden.

Um die erste Annäherung an den Autor abzuschließen, erhalten die Schülerinnen und Schüler einen Lexikonartikel über Rafik Schami (s. **Arbeitsblatt 6, S. 50**). Sie entnehmen dem Moderationstext im Schülerband auf S. 16 und dem Lexikonartikel die wichtigsten Informationen und erstellen einen tabellarischen Lebenslauf des Autors. Als Hinführung zum folgenden Teilkapitel können die Schüler die im Lexikonartikel gegebenen Angaben zum Inhalt des Jugendbuchs „Eine Hand voller Sterne" herausarbeiten.

Didaktische Aufbereitung der Unterkapitel

Eine Hand voller Sterne – Der Sohn eines Bäckers aus Damaskus erzählt (S. 18–28)

Der Jugendroman ist in Form eines Tagebuches geschrieben. Der Leser begleitet den 14-jährigen Ich-Erzähler, den Sohn eines syrischen Bäckers aus Damaskus, dreieinhalb Jahre lang dabei, wie er in den 70er-/80er-Jahren in der Altstadt von Damaskus aufwächst und seine Bestimmung, Journalist zu werden, verwirklicht. Dabei scheint der Plan, Journalist zu werden, anfangs aussichtslos zu sein, weil der Vater seinen Sohn zwingen will, wie er Bäcker zu werden und in der familieneigenen Bäckerei zu arbeiten. Gegen den Willen des Vaters wird der Junge von seinem Lehrer, der an das schriftstellerische Talent des Jungen glaubt und es fördert, und seinem Onkel Salim, dem im positiven Sinne „verrückten" Geschichtenerzähler der Familie, unterstützt. Salim überredet den Jungen auch, nicht einfach wegzulaufen, als der Vater ihn von der Schule nehmen möchte, sondern bei seiner Familie zu bleiben. Einen weiteren Mentor findet der Ich-Erzähler in dem Journalisten Habib, der zwar für eine Regierungszeitung arbeitet, aber kritisch gegen das Militärregime eingestellt ist. Durch die Beziehung zu Habib wächst der Wunsch des Bäckerjungen, als Journalist gegen Folter, Unterdrückung und Verfolgung zu kämpfen. Eines Tages wird sein Vater bei einer willkürlichen Verhaftungswelle von der Geheimpolizei festgenommen und gefoltert. Einige Zeit später geschieht dasselbe wegen eines kritischen Artikels mit Habib. Danach will Habib nur noch als Übersetzer arbeiten. Der Bäckerjunge überredet ihn aber, mit ihm und einigen seiner Schulfreunde sowie Nadia – der ersten große Liebe des Ich-Erzählers und Tochter eines Geheimdienstlers – zusammen eine Untergrundzeitung zu gründen. Habib lässt sich überreden und sie bilden eine Untergrundgruppe, die die „Sockenzeitung" herstellt. Die Zeitung nennen sie so, weil sie ihre kritischen Berichte über die Missstände in Syrien vertreiben, indem sie sie in Socken verstecken, die sie auf dem Basar, in Restaurants oder in Cafés verkaufen. Die „Sockenzeitung" wird ein großer Erfolg. Es wird sogar im Ausland darüber berichtet. Dementsprechend wird die Untergrundgruppe von den staatlichen Stellen verfolgt. Nach der fünften Ausgabe wird Habib von der Geheimpolizei gefangen genommen. Am Ende weiß der Leser nicht, ob Habib die Gefangenschaft überstehen und wann er freigelassen wird. Die Jugendlichen beschließen aber, die Sockenzeitung weiter herauszugeben, um – wie es im letzten Satz des Romans heißt – den „Militärs [zu] zeigen, wie viele Habibs dieser gefangene Journalist zur Welt gebracht hat".

Der Streit (S. 18–21)
Die Textauszüge auf S. 18–20 stammen aus dem ersten Fünftel des Jugendbuches. Die Schülerinnen und Schüler erhalten ein Bild von den Lebensumständen des Ich-Erzählers. Im Mittelpunkt steht der Generationskonflikt mit dem Vater. Der traditionell orientierte

Vater hält es für selbstverständlich, dass sein Sohn nicht weiter zur Schule geht, sondern wie er als Bäcker arbeitet (vgl. Z. 127–131). Als sein Vater eine weitere Arbeitskraft braucht, will er seinen Jungen von der Schule nehmen, damit dieser seine Pflicht gegenüber der Familie in der Bäckerei erfüllt: „[...] wozu [hat] er schließlich einen Jungen in die Welt gesetzt [...], wenn dieser ihm nicht hilft." (Z. 143 ff.) Der intellektuell begabte und schulisch erfolgreiche Sohn hasst die eintönige Plackerei als Bäcker und „will nicht lebendig in einer Bäckerei begraben sein" (Z. 135 f.). Er möchte stattdessen als Journalist im Namen der „Wahrheit" (Z. 62) gegen die Missstände und die Willkür der Regierung in Syrien etwas tun. Der Bäckerjunge will im Gegensatz zu seinem Vater mehr von der Welt sehen als die Bäckerei. Er will als Journalist „reisen und schreiben" (Z. 136). Deshalb schwört er bei Gott, dass er gegen den Willen des Vaters „niemals Bäcker werde" (Z. 140). Auf der Seite des Ich-Erzählers stehen bei diesem Streit die Mutter und sein fünfundsiebzigjähriger Onkel Salim, der früher Kutscher gewesen ist und die „besten Geschichten von Räubern, Königen und Feen" (Z. 26 f.) erzählt. Die Mutter ist „stolz" (Z. 89) auf die Leistungen ihres Jungen in der Schule und versucht, den Vater zu beeinflussen, den Jungen auf der Schule zu lassen (vgl. Z. 121–126). Salim hat als Erster im Ich-Erzähler den Wunsch geweckt, Journalist zu werden (Z. 52–67). Als der Vater den Jungen später zwingen will, in der Bäckerei zu arbeiten, mischt er sich ein. Offensichtlich, um den Jungen vor dem Vater in Schutz zu nehmen (vgl. Z. 148 f.).

Aufgabe 1
S. 20

Die Schülerinnen und Schüler tauschen sich über ihre ersten Leseeindrücke aus. Dann erfolgt eine genaue Untersuchung der Textauszüge, bei der sie alles zusammentragen, was sie über den Ich-Erzähler erfahren. Die Ergebnisse können gesichert werden, indem die Schüler **Arbeitsblatt 7, S. 52,** ausfüllen.
Folgendes sollten die Schüler am Text über den Ich-Erzähler herausarbeiten (s. dazu auch Aufgabe 3, S. 21):

äußere Lebensumstände: Der Ich-Erzähler ...
– ist 14 Jahre alt und der Sohn eines Bäckers.
– lebt in Syrien im „Ostteil der Stadt Damaskus" (Z. 7).
– wohnt in einem typischen orientalischen Lehmhaus mit Innenhof (vgl. Z. 11–15).
– verbringt viel Zeit mit seinen Freunden auf der „Straße" (Z. 16).
– besitzt „drei Freunde" (Z. 22): Onkel Salim, Mahmud, Josef.
– ist der „Klassenbeste" (Z. 73).
– soll nach dem Willen seines Vaters Bäcker werden (vgl. Z. 130 f.).
– ...

Verhalten, Eigenschaften und Einstellungen: Der Ich-Erzähler ...
– fände es „schön, wenn [er] Journalist werden könnte" (Z. 66 f.).
– möchte als Journalist der „Regierung mit ihrer Armee und der Polizei Angst" (Z. 55 f.) machen, indem er die „Wahrheit" (Z. 62) ans Licht bringt, die die Mächtigen „verstecken" (Z. 63 f.).
– stellt sich vor, dass er als Journalist reist und schreibt (vgl. Z. 136) und ein freies und gefährliches (vgl. Z. 64 f.) Leben führt.
– ist gut in der Schule. Er ist ehrgeizig und stolz darauf, dass er der „Klassenbeste" ist (Z. 73), obwohl er nur „der Sohn [eines] Bäckers" (Z. 83 f.) ist.
– hasst die Arbeit in der Bäckerei (vgl. Z. 117–120 und 134 ff.).
– besitzt große Willensstärke. Er nimmt sich vor, sich nicht dem Willen seines Vaters zu beugen, „koste es, was es wolle" (Z. 147).
– ...

Beziehung zu anderen Figuren:

- Mahmud und Josef sind in seinem Alter und die besten Freunde des Ich-Erzählers (vgl. Z. 23–24).
- Sein Onkel Salim ist 75 Jahre alt; auch er zählt zu den besten Freunden des Bäckerjungen. Der Junge bewundert Salim für seine Fähigkeit, Geschichten zu erzählen (vgl. Z. 25–27), und für sein Wissen darüber, „was in der Welt passiert" (Z. 37 f.). Salim weckt im Ich-Erzähler den Wunsch, Journalist zu werden (vgl. Z. 52–67), und nimmt ihn gegen den starrsinnigen Vater in Schutz (vgl. Z. 148 f.).
- Die Mutter ist im Gegensatz zum Vater „stolz" (Z. 89) auf die Leistungen ihres Sohnes. Sie versteht den Kummer ihres Sohnes über den Vater und versucht indirekt, den Vater umzustimmen (vgl. Z. 121–126).
- Der Vater interessiert sich nur für das Geschäft (vgl. Z. 99 f.). Er will, dass sein Sohn wie er Bäcker wird. Dabei ist er gegenüber seinem Sohn gefühlskalt. Es interessiert ihn nicht, was dieser eigentlich will. Die Schule lehnt er ab (vgl. Z. 106 f.). Er hält das Interesse seines Sohnes an der Schule für lebensferne Tagträumerei (vgl. Z. 112 f. u. Z. 128–131). Insgesamt versteht er nicht, was in seinem Sohn vorgeht, und verhält sich ihm gegenüber unnachgiebig und tyrannisch.

Aufgabe 2
S. 20

Vertiefend wird der Streit zwischen dem Vater und Sohn beurteilt. Dabei ist darauf zu achten, dass der Vater nicht einfach einseitig verurteilt werden sollte. Ohne die Bäckerei könnte die Familie nicht überleben. Deshalb ist sie dem Vater so wichtig. Aus der Sicht des Vaters hat er seinem Sohn eine sichere Zukunft aufgebaut.

Im Gegensatz zum Vater denkt der Sohn idealistisch und individualistisch. Das sichere Einkommen durch die Bäckerei und die Familientradition sind für ihn gegenüber der Möglichkeit, als Journalist etwas an den gesellschaftlichen Verhältnissen zu ändern und sich selbst zu verwirklichen, unwichtig. Nachdem die jeweiligen Gründe der beiden Kontrahenten gegenübergestellt worden sind, können die Schülerinnen und Schüler zusammenfassend beurteilen, worin sich die Haltungen des Vaters und des Sohnes grundsätzlich unterscheiden. Die Ergebnisse dieses Unterrichtsgesprächs über den Konflikt könnten in folgendem **Tafelbild** festgehalten werden:

Rafik Schami: Eine Hand voller Sterne – Der Streit des Ich-Erzählers mit dem Vater über seine Zukunft

Überzeugungen und Ziele des Vaters:	Überzeugungen und Ziele des Sohnes:
Der Vater ... – braucht Hilfe in der Bäckerei (vgl. Z. 101–105). – hält es für die Pflicht des Sohnes, dass er ihm hilft (vgl. Z. 142–146). – denkt, dass die Schule seinem Jungen nicht hilft, später ein Auskommen zu haben (vgl. Z. 128–131). – ist überzeugt, dass er seinem Jungen eine gute Zukunft bietet (vgl. Z. 112–113). – hält es für wichtiger, dass der Junge von der Arbeit als Bäcker leben kann, als dass er etwas weiß bzw. über eine gute Bildung verfügt. – verlangt von seinem Sohn, die Familientradition, Bäcker zu werden, fortzuführen. – ...	Der Sohn ... – will nicht nur für „die Kunden und [das] Geld" (Z. 100) leben. – möchte ganz anders als sein Vater leben, z. B. nicht körperlich, sondern geistig arbeiten und reisen (vgl. Z. 135–140). – möchte als Journalist etwas an den Missständen in der Welt ändern (vgl. Z. 52–67). – empfindet ein Leben als Bäcker als sinnlos (vgl. Z. 134–137). – hält Bildung für wertvoller als eine Handwerksausbildung. – ...

Für den Vater sind materielle Dinge wichtig und er glaubt, dass die Tradition das Leben bestimmen sollte.

Für den Sohn sind ideelle Dinge wichtig. Er will sich selbst verwirklichen und sich dem Zwang der Tradition verweigern.

TRADITION
MATERIELLE SICHERHEIT

INDIVIDUALITÄT
FREIHEIT/GERECHTIGKEIT

unterschiedliche Vorstellungen eines „guten Lebens" bzw. einer „guten und sinnstiftenden Lebensführung"

TAFELBILD

Aufgabe 3
S. 21

Mithilfe der Mindmap überführen die Schülerinnen und Schüler die gesammelten Informationen in eine strukturierte Darstellung. Diese dient als Grundlage für die Figurencharakterisierung an späterer Stelle.

Lösungsvorschlag:

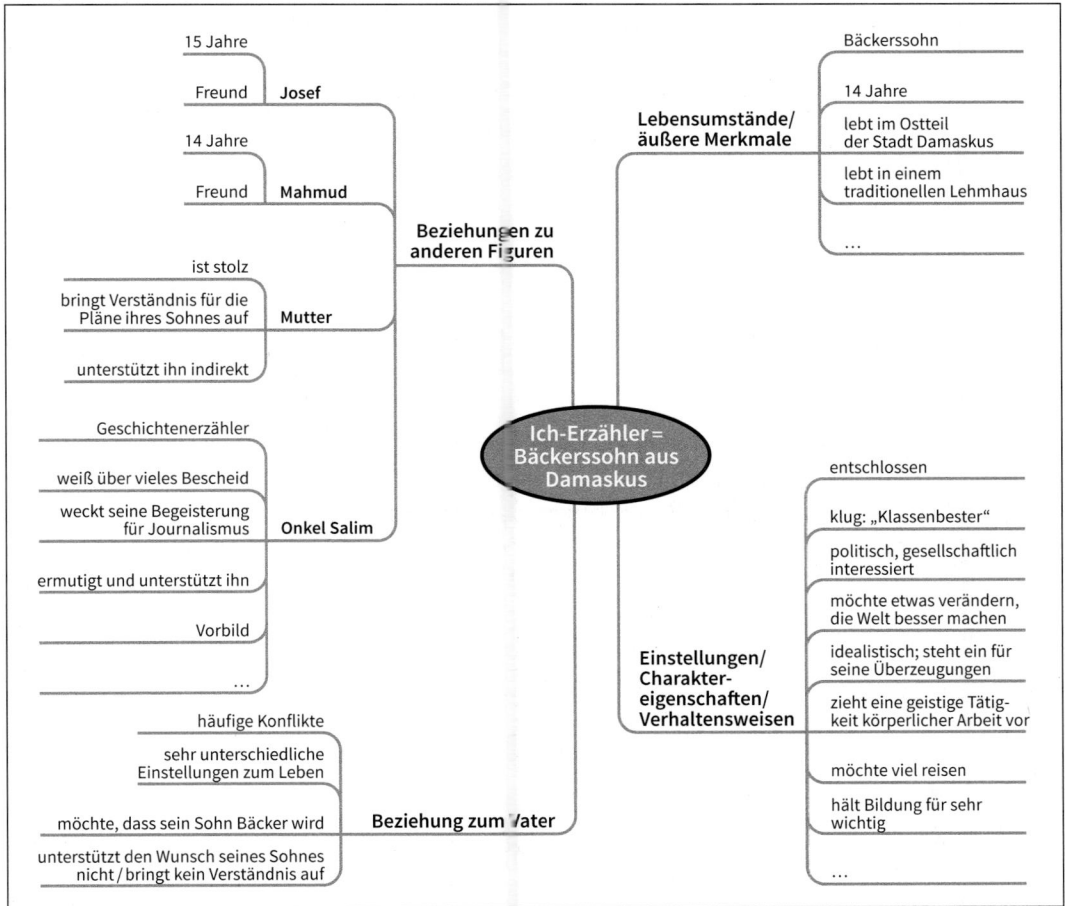

Aufgabe 4
S. 21

Die Schreibaufträge verlangen, den vorher analysierten Konflikt produktionsorientiert auszugestalten. Die Schülerinnen und Schüler besprechen ihre Texte dahin gehend, inwieweit sie inhaltlich dem zu Aufgabe 2 Erarbeiteten entsprechen und die Standpunkte der Figuren passend erfassen.

Der Plan (S. 22–24)

In den Textauszügen auf S. 22–23 wird erzählt, wie der Konflikt um den Schulbesuch des Sohnes weitergeht. Der Vater lässt den Jungen erst einmal nach dem Ende der Ferien zur Schule gehen. Anscheinend hat er eingelenkt. Schnell wird aber deutlich, dass er sich hinter dem Rücken seines Sohnes an die Schule gewandt hat, um ihn in naher Zukunft von der Schule zu nehmen. Der Lehrer Katib wendet sich daraufhin an den Vater, um ihn umzustimmen. Es kommt zum Streit zwischen den beiden, der damit endet, dass der Vater den Lehrer aus der Bäckerei wirft. Auch die Mutter und Onkel Salim können den Vater nicht umstimmen. Der Ich-Erzähler ist wütend, verzweifelt und hat „jetzt jeden Tag Krach" (Z. 90) mit seinem Vater. Er beschließt, seine Familie und Damaskus zu verlassen und nach Aleppo zu fliehen. Die Textauszüge geben nicht mehr wieder, dass der Ich-Erzähler seine Flucht dann doch nicht realisiert. Nach einem Gespräch mit seinem Onkel Salim entschließt er sich, weiter in Damaskus bei seiner Familie zu bleiben.

Nach der Bearbeitung der Tagebuchauszüge auf den Seiten 18–20 sollten die Schülerinnen und Schüler erst einmal im Sinne eines antizipierenden Lesens mögliche Entwicklungen des Konfliktes entwickeln. Danach lesen sie die Textauszüge auf den Seiten 22–23. Nach einem kurzen Austausch darüber, inwieweit sich ihre Erwartungen erfüllt bzw. nicht erfüllt haben, untersuchen sie dann die Textauszüge näher.

Aufgabe 1
S. 23

In einem ersten Schritt verschaffen sich die Schülerinnen und Schüler einen Überblick über den Konflikt. Dies kann mithilfe des **Arbeitsblatts 8, S. 53,** geschehen oder die Schüler entwickeln eine entsprechende Gliederung in ihrem Heft. Ein möglicher Überblick könnte wie folgt aussehen und in sprachlich reduzierter Form an der **Tafel** festgehalten werden:

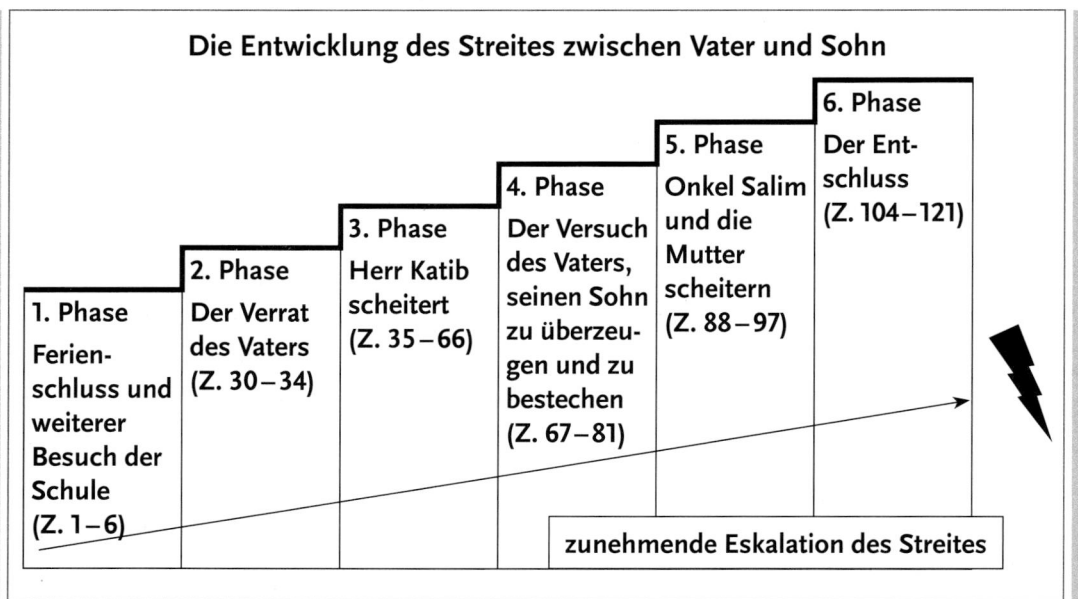

TAFELBILD

1. Phase: Der Ich-Erzähler darf wieder zur Schule gehen. Der Vater scheint sein Verbot vergessen zu haben. Das Verhältnis zwischen beiden ist angespannt.

2. Phase: Der Vater hat den Sohn betrogen und „hingehalten" (Z. 34). Hinter dem Rücken des Sohnes meldet er sich bei der Schule und teilt dort mit, dass er plane, den Sohn von der Schule zu nehmen. Der Sohn fühlt sich verraten und ist tief enttäuscht von seinem Vater.

3. Phase: Der Lehrer kommt in die Bäckerei, um den Vater umzustimmen. Dieser bleibt bei seiner Entscheidung, verhält sich grob gegenüber Herrn Katib und wirft den Lehrer hinaus. Der Ich-Erzähler schämt sich für das Verhalten des Vaters (vgl. Z. 45 ff.), wagt aber nicht, entsetzt und eingeschüchtert durch den Vater, offen zu sagen, was er denkt (vgl. Z. 53 f.). Er ist verzweifelt und traurig: „Ich […] fing an zu heulen." (Z. 53 f.)

4. Phase: Der Sohn redet nicht mehr mit seinem Vater. Deshalb versucht dieser, dem Ich-Erzähler sein Verhalten zu erklären. Er sagt, dass der Junge als Bäcker viel Geld verdienen könne (vgl. Z. 72–76). Auch ihn habe man „einfach in die Bäckerei gesteckt" (Z. 71 f.), berichtet der Vater, und es sei ihm schwergefallen, die Schule aufzugeben. Aber es sei halt das Familien-„Schicksal" (Z. 79), Bäcker zu werden, wenn man als Sohn eines Bäckers geboren werde. Der Sohn lässt sich aber nicht beschwichtigen und reagiert trotzig: „Ich will nicht!!!" (Z. 80)

5. Phase: Onkel Salim und die Mutter reden mit dem Vater, aber er lässt sich nicht umstimmen. Die Situation spitzt sich zu. Der Sohn hat „jetzt jeden Tag Krach mit [seinem Vater]" (Z. 90 f.). Als der Junge droht, dass er „abhauen werde" (Z. 92 f.), nimmt der Vater dies nicht ernst (vgl. Z. 94 f.).

6. Phase: Der Ich-Erzähler erträgt die Situation mit dem Vater nicht mehr: „Ich muss hier raus, sonst gehe ich kaputt" (Z. 102 f.) und „Nichts mehr hält mich hier" (Z. 120 f.). Enttäuscht beschließt er, nach Aleppo zu fliehen – „weit weg von der Hand meines Vaters und den Tränen meiner Mutter" (Z. 104 ff.) –, um dort ein neues Leben zu beginnen.

Aufgabe 2
S. 23

Die Schülerinnen und Schüler können hier auch auf die Ergebnisse der Aufgaben 1 und 2, S. 20, zurückgreifen. Der Konflikt zwischen Vater und Sohn basiert auf zwei grundsätzlich verschiedenen Lebenseinstellungen. Dem Vater geht es vor allem um materielle Sicherheit und Erfüllung traditioneller Vorstellungen („Er schaute mich überrascht an und sagt, dass sei unser Schicksal.", Z. 78–79), seinem Sohn dagegen um Selbstbestimmung und Individualisierung. Anders als der Vater hinterfragt er die familiären sowie gesellschaftlichen Zustände. Besonders deutlich wird dieser Konflikt, als der Vater versucht, seinen Sohn durch ein hohes „Taschengeld" (Z. 73) zu bestechen. In seinem materialistischen Weltbild stellt dies durchaus eine sinnvolle Strategie dar. Da sein Sohn aber andere, idealistische Ziele im Leben verfolgt, verschlimmert er den Konflikt so eher nur.
Die Schülerinnen und Schüler werden erwartungsgemäß die Position des Sohnes einnehmen, da er das größere Identifikationspotenzial besitzt und sein Streben nach Selbstbestimmung und Auflehnung am ehesten einem jugendlichen Lebensgefühl entspricht. Gleichzeitig sollte aber auch die Position des Vaters berücksichtigt und respektiert werden. Letztlich geht es ihm um eine materielle Absicherung der Familie, welche darüber hinaus die Basis für die günstige Entwicklung des Sohnes gelegt hat.

Aufgabe 3
S. 23

Die Schülerinnen und Schüler untersuchen die Auseinandersetzung zwischen dem Vater des Ich-Erzählers und dem Lehrer, Herrn Katib. Dazu suchen sie Textstellen heraus, die die Haltung der beiden in Bezug auf den Schulbesuch des Bäckerjungen verdeutlichen. Diese stellen sie in Form einer Tabelle gegenüber und fassen dann ihre Deutung des Konflikts und die Haltungen der beiden Kontrahenten in Form eines Resümees zusammen. Eine von den Schülern entwickelte Darstellung ihrer Textuntersuchung und -deutung könnte so aussehen:

**Rafik Schami: Eine Hand voller Sterne –
Der Streit des Vaters mit dem Lehrer Herrn Katib**

Der Lehrer Herr Katib …	Der Vater des Ich-Erzählers …
– „besucht" (Z. 35) den Vater, um dem Ich-Erzähler zu helfen.	– ignoriert den Lehrer zunächst und missachtet seine Autorität (vgl. Z. 38–39).
– hält dem Vater vor, dass er einen „Fehler" (Z. 36) mache, wenn er seinen Sohn „aus der Schule" (Z. 37) nehme.	– besteht darauf, dass es den Lehrer „nichts angehe" (Z. 43 f.), was er mit seinem Sohn mache.
– appelliert an das Gewissen des Vaters, dass es „die Pflicht der Eltern" (Z. 55) sei, ihren Kindern eine möglichst gute Bildung und die Förderung ihrer Begabungen zu ermöglichen.	– behauptet, dass seinen Sohn „die Schule nicht mehr interessiere" (Z. 50 f.).
	– beruft sich darauf, dass die Schulpflicht „nur bis zur 5. Klasse" (Z. 58.) gelte und er dieser nachgekommen sei.
	– wird während des Streits „stocksauer" (Z. 63) und wirft den Lehrer einfach aus der Bäckerei.
Der Lehrer will unbedingt, dass der Ich-Erzähler eine höhere Bildung erhält. Gegenüber dem Vater ist er aber ohnmächtig.	**Der Vater ist gegen den weiteren Schulbesuch. Er begründet seine Entscheidung nicht, sondern beruft sich ausschließlich auf seine Macht als Vater.**

TAFELBILD

Aufgabe 4 S. 23	Hier könnten z. B. Angaben zur Beziehung des Sohnes zu dem Lehrer Herrn Kabib, zum Vater-Sohn-Konflikt oder zu den Charaktereigenschaften des Ich-Erzählers ergänzt werden.
Aufgabe 5 S. 23	Die Charakterisierung kann vorbereitet werden, indem der Methodenkasten auf S. 24 gemeinsam gelesen wird. Zu den einzelnen Punkten der Charakterisierung können dann mündlich Stichworte gesammelt und es es kann mit der Mindmap (Aufgabe 3, S. 21) gearbeitet werden. Die Schülerinnen und Schüler verfassen auf dieser Grundlage und im Rückgriff auf die vorherige Arbeit an den Jugendbuchauszügen eine schriftliche Charakterisierung des Ich-Erzählers. Diese Aufgabe kann auch zur Leistungsüberprüfung gestellt werden. In diesem Fall sollte vorher eine Charakterisierung einer der anderen Figuren verschriftlicht und besprochen werden.
Aufgabe 6 S. 23	Hier erhalten die Schülerinnen und Schüler weitere Anregungen zum Verfassen einer Figurencharakterisierung (Aufgabe a) und zu einer produktionsorientierten Auseinandersetzung mit dem Inhalt der Tagebuchauszüge (Aufgabe b). Hier liegt ein besonderer Schwerpunkt auf den Gründen, die den Ich-Erzähler dazu bewogen haben, Damaskus zu verlassen. Ferner wird ein Perspektivwechsel angeregt, indem das Geschehene aus Sicht der Familie (Onkel und Vater) sowie aus Sicht des Lehrers beleuchtet wird (Aufgaben c und d).
	Frank Radke: Syrien – Geschichte und politische Situation (S. 25–28) Rafik Schami spielt in seinem Jugendroman oft auf die politischen Missstände in Syrien an – wie z. B. Willkür und Gewalt der Regierung und der Armee, Unterdrückung der Meinungsfreiheit oder Kriegstreiberei. In dem Sachtext erhalten die Schülerinnen und Schüler einen Überblick über die politische Situation und die Geschichte Syriens. Auf dieser Grundlage können sie dann untersuchen, welche politischen und gesellschaftlichen Zustände in dem Jugendbuch mit welcher Absicht verarbeitet werden. Als Hinführung zu dem Text sollten sich die Schüler zunächst anhand einer Weltkarte oder eines Globusses die geografische Lage Syriens vergegenwärtigen. Alternativ oder ergänzend können evtl. tagesaktuelle Ereignisse besprochen werden.
Aufgabe 1 S. 27	Die Schülerinnen und Schüler gehen so vor, wie es in dem Methodenkasten auf S. 174 beschrieben wird. Sie überfliegen den Text, nehmen die Überschrift und die Abbildung zur Kenntnis und tauschen sich darüber aus, worum es in dem Text gehen könnte. Dann gliedern sie den Text, finden passende Überschriften für die einzelnen Sinnabschnitte und arbeiten die wichtigsten Informationen mithilfe entsprechender Markierungen heraus. Zur Sicherung des Textinhaltes fertigen sie eine stichwortartige Zusammenfassung an. Dabei können sie mit dem **Arbeitsblatt 9, S. 54,** arbeiten. Eine mögliche Zusammenfassung könnte folgendermaßen aussehen:

Frank Radke: Syrien – Geschichte und politische Situation

Religionen und Sprachen (Z. 1–15)
- 7. Jahrhundert: Gründung des Islams durch den Propheten Mohammed
    - ➔ Prägung Syriens durch die islamische Religion (ca. 80 % der syrischen Bevölkerung)
    - ➔ Durchsetzung der arabischen Sprache
    - ➔ Christen bilden arabisch sprechende Minderheit (ca. 9 % der syrischen Bevölkerung)
- Zeit der römischen Herrschaft: Ausbreitung des Christentums

Geschichte Syriens: Anfang des 20. Jahrhunderts bis zum Jahre 2000 (Z. 16–26)
- Anfang des 20. Jahrhunderts: Aufteilung der Region durch die Europäer nach dem Sieg über die Türken
    - → Syrien wird französische Kolonie (1916)
    - → Grenzziehung am Verhandlungstisch
- 1946: Unabhängigkeit Syriens
    - → instabile innenpolitische Verhältnisse
    - → häufige Putsche und Machtwechsel
- 1963: Baath-Regierung („Sozialistische Partei der Arabischen Renaissance") übernimmt die Macht
    - → Unterdrückung der Bevölkerung durch Militär- und Geheimpolizei
    - → keine Presse- und Meinungsfreiheit
    - → wiederholte Wiederwahl bei „Scheinwahlen"

Kriege unter der Baath-Regierung (Z. 26–75)
- 1967: israelisch-arabischer Sechstagekrieg
    - → Verlust der Golanhöhen
    - → bis heute kein Friedensabkommen
- 1973: 4. israelisch-arabischer Krieg
    - → Angriff auf Israel gemeinsam mit Ägypten
- 1976: Beteiligung am Bürgerkrieg im Libanon
    - → Ausweitung des Machtbereichs durch teilweise Besetzung des Libanon
- 1980–88: Parteinahme für den Iran im iranisch-irakischen Golfkrieg
- 1991: Parteinahme für die Amerikaner gegen den Irak im 2. Golfkrieg

Syrien nach dem Tod von Hafez al-Assad (Z. 76–96)
- 2000: Wahl des neuen Präsidenten Baschar al-Assad
    - → Enttäuschung der Hoffnung vieler Oppositioneller auf demokratische und freiheitliche Verhältnisse in Syrien
- Verschlechterung der wirtschaftlichen Situation infolge einer Überfinanzierung des Militär- und Sicherheitsapparats
- Verstärkung der sozialen Ungleichheit

„Arabischer Frühling" (Z. 97–127)
- Dezember 2010: Beginn der Aufstände in Tunesien
    - → Sturz des Machthabers Ben Ali
- Ausbreitung der Protestbewegung begünstigt durch soziale Medien
    - → Rücktritt Mubaraks in Ägypten
    - → Bürgerkrieg in Libyen mit 10000 Toten; Sturz des Machthabers Gaddafi im Oktober 2011

Proteste gegen Baschar al-Assad und Bürgerkrieg (Z. 127–153)
- Frühjahr 2011: Proteste in Syrien gegen den Machthaber Assad
- 130 000 Tote bis Februar 2014
- bewaffnete Kämpfe zwischen Regimegegnern und Streitkräften der syrischen Regierung
- Erstarken der islamistischen Extremisten
    - → insgesamt drei Konfliktparteien: Rebellen, Regierung, Islamisten

Verlauf und Folgen des Bürgerkrieges (Z. 154–186)
- 2013: dramatische Verschlechterung der humanitären Situation in Syrien
  - → 22 Millionen Syrer sind auf externe Unterstützung angewiesen
  - → 3 Millionen Syrer sind in das benachbarte Ausland geflohen; 6 Millionen Syrer sind im Land auf der Flucht
  - → Zusammenbruch des Gesundheits- und Bildungssystems
  - → Hunger und extreme Gewalt
  - → Versorgung der Menschen mit Hilfsgütern aufgrund des Bürgerkrieges schwierig, z. T. unmöglich
- 2014: Scheitern von Friedensgesprächen zwischen der Regierung und den Rebellen

Aufgabe 2
S. 28

Die Schülerinnen und Schüler suchen aus den Jugendbuchauszügen die Textstellen heraus, die auf die gesellschaftlichen und politischen Zustände in Syrien eingehen. Sie beziehen sich auf die in dem Sachtext gegebenen Informationen. Dass diese Zustände kritisiert werden sollen, lässt sich anhand des Verhaltens der Figuren erkennen: Über Onkel Salim wird erzählt, dass er den Versprechen der neuen Regierung nicht glaubt, weil er zu oft erlebt hat, dass eine neue Regierung, die durch einen Putsch an die Macht gekommen ist, die alte beschuldigt hat, sich aber sonst nichts in Syrien geändert hat. Der Vater sieht keinen Sinn in dem Krieg, den die neue Regierung propagiert. Er hasst die Kriegstreiberei und hat Angst davor, dass sie wieder in einen neuen Krieg mündet. Der Ich-Erzähler berichtet lakonisch über den Putsch, dass es dieses Jahr schon der zweite sei. Auch hier wird deutlich, dass nur die Machthaber wechseln, während sich an der Unterdrückung und dem Elend der Bevölkerung nichts verändert. Die Ergebnisse dieser Textarbeit und -deutung können in folgendem **Tafelbild** zusammengefasst werden:

Rafik Schami: Eine Hand voller Sterne – Darstellung der politischen und historischen Zustände in Syrien

Darstellung der Zustände in dem Roman:	Bezüge zum realen Syrien:
– Onkel Salim sagt, dass ein Journalist klug und mutig sei (S. 19, Z. 53 ff.) und alle Regierungen Angst vor der Wahrheit haben.	– Unterdrückung der Presse- und Meinungsfreiheit in Syrien/Gewalt der Regierung gegenüber der Bevölkerung durch Militär und Geheimpolizei
– Der Ich-Erzähler berichtet über den Putsch wie über etwas Alltägliches (S. 22, Z. 8 ff.).	– ständige Putsche nach der Unabhängigkeit Syriens/instabile Machtverhältnisse/fehlende Demokratie
– Onkel Salim glaubt den Versprechungen der neuen Regierungen nicht mehr (S. 22, Z. 18 ff.).	– fehlende Demokratie mit freien Wahlen/alle Präsidenten haben ihre Macht mit Gewalt gesichert
– Der Vater hat Angst davor, dass die neue Regierung einen Krieg beginnt (S. 22, Z. 25 ff.).	– Beteiligung des Baath-Regimes an verschiedenen Kriegen gegen Israel und den Iran
– …	– …

Aussage-/Wirkungsabsichten:
→ Die Zustände in Syrien werden kritisiert.
→ Der Leser wird für die gesellschaftlich-politische Lage in Syrien sensibilisiert.
→ Die kritikwürdigen Zustände werden so dargestellt, dass der Leser sie als Missstände verurteilt.
→ …

TAFELBILD

Aufgaben 3a und 3b S. 28	Die Schülerinnen und Schüler erhalten hier Anregungen, wie sie sich zu den bisher angesprochenen Kontexten des Jugendbuchs (Syrien, Nahostkonflikt, Biografie des Autors) weitere Informationen besorgen können. Sie wählen ein Thema aus, das sie besonders interessiert, recherchieren und arbeiten dazu in Kleingruppen und präsentieren ihre Ergebnisse der Klasse. Nach der Verteilung der Themen wird vor der Recherche gemeinsam der Methodenkasten auf S. 154 erarbeitet, damit die Schüler wissen, wie sie vorgehen können, um ihre Ergebnisse angemessen zu präsentieren.
Aufgaben 3c bis 3e S. 28	Die Schülerinnen und Schüler stellen die abgebildeten Bücher Rafik Schamis vor. Hilfen, wie sie bei einer Buchvorstellung vorgehen können, erhalten die Schüler in dem Schülerband P.A.U.L. D. 7 auf S. 103. Die Informationen können den Schülern auch mithilfe des **Arbeitsblattes 2** zu der „Anne Frank"-Einheit zur Verfügung gestellt werden (s. **S. 230f.**).

Zwischen zwei Welten – Tuma, der Einwanderer, erzählt (S. 29–34)

In diesem Kapitel geht es um Auszüge aus dem Roman „Erzähler der Nacht", in denen die westliche Kultur aus der Perspektive eines orientalischen Einwanderers beschrieben wird. Rafik Schami erzählt augenzwinkernd und ironisch, wie syrische Auswanderer die Unterschiede zwischen den orientalischen und den westlichen bzw. amerikanischen Lebensgewohnheiten erleben. Dabei werden beide Seiten kritisch gesehen und ihre Eingefahrenheiten humoristisch dargestellt.

Tumas zweites Leben (S. 29–31)

Die Auszüge stammen aus Rafik Schamis Roman „Erzähler der Nacht". Die Rahmenhandlung besteht darin, dass „der beste Geschichtenerzähler von Damaskus", der Kutscher Salim, auf einmal verstummt. Um Salim von seiner Stummheit zu erlösen, müssen ihm seine sieben Freunde jeweils in einer Nacht eine Geschichte erzählen. Die Geschichten der Freunde, die sie in sieben aufeinander folgenden Nächten erzählen, bilden den eigentlichen Inhalt des Romans. In der dritten Nacht erzählt Tuma, der lange Zeit in Amerika gelebt hat, Salim und seinen Freunden seine Lebensgeschichte.

Tuma beginnt, indem er einleitend allgemein über das Leben der Emigranten berichtet und für sich persönlich bilanziert, was ihm das Leben in der Fremde gebracht hat. Ehrlich erzählt er seinen Freunden, dass das Leben als Emigrant ein ständiger Kampf um das Überleben gewesen sei: „Ein Fluch, sage ich euch" (Z. 13). Nachdem er in seine syrische Heimat zurückgekehrt ist, leidet er darunter, dass die Syrer glauben, in Amerika könne jeder problemlos reich werden. Es „schmerzt" (Z. 28) ihn die „Verachtung" (Z. 29) der Leute, die meinen, er sei nur zurückgekehrt, weil er in Amerika versagt habe. In Tumas Augen liegt diese Haltung darin begründet, dass diejenigen, die nicht ausgewandert seien, keine realistische Vorstellung von dem Leben in Amerika hätten. Sie glaubten nur, was sie sich wünschten. Wenn ihnen jemand die Wahrheit erzähle, sagten sie, „das stimmt nicht" (Z. 23f.), und hielten denjenigen für einen „Idiot[en]" (Z. 25).

Tuma ist zurückgekehrt, weil im Alter die „Sehnsucht" (Z. 33) nach seiner Heimatstadt gewachsen ist. Er hat den Menschen zeigen wollen, dass er „als Mensch stärker [ist] als Krieg, Hunger und Meer" (Z. 39f.). Allerdings interessieren sich die Menschen in seiner Heimat nur dafür, warum er nicht reich geworden ist, und nicht dafür, was „die Fremde [ihm] gebracht" hat. Darauf geht Tuma dann ein. Er erzählt seinen Freunden, was ihm die Fremde „gegeben und genommen" (Z. 44f.) habe. Vor allem sei er durch das neue Leben mutig geworden, früher sei er ein „Angsthase" (Z. 49) gewesen. Auch habe er gelernt, ohne den Schutz der „Sippe" (Z. 56) allein auf sich gestellt und frei zu leben. Am prägendsten ist die Erfahrung in der Fremde für Tuma gewesen, sich nicht ausdrücken zu können. Auch nachdem er Englisch gelernt hatte, habe er nur die „Zunge eines Kindes" (Z. 118) gehabt. Die kulturellen Unterschiede haben dazu geführt, dass die Menschen in Amerika nicht erfahren haben, was Tuma als Menschen ausmacht, weshalb er sich von ihnen nicht verstanden fühlte. Er hat auch die Erfahrung gemacht, dass das Nichtwissen der Amerikaner über die orientalische Welt dazu geführt habe, dass, „was auch immer [er] erzählte, die Einheimischen dort [...] es für ein Ammenmärchen [hielten]" (Z. 122–124). Sie haben darauf bestanden, dass sich Tuma als der Fremde anpassen sollte (vgl. Z. 130 f.), haben sich aber nicht wirklich für ihn und seine Heimat interessiert. Vielmehr haben sie ihn durch die Brille ihrer Vorurteile bewertet. So ist der syrische Christ Tuma in den Augen der meisten Amerikaner ein muslimischer Türke gewesen. Auf Tumas Richtigstellungen hat er von den meisten die borniete Antwort erhalten: „Es ist egal, alles sind Türken [...]" (Z. 128 f.).

Aufgabe 1
S. 31

Die Fragen dienen als Analyseschwerpunkte für die Textarbeit. Sie können auch arbeitsteilig in Gruppen beantwortet werden. Dabei können die Schülerinnen und Schüler z. B. zu folgenden Ergebnissen kommen:

- Das Leben der Emigranten beschreibt Tuma – in der für ihn typischen Sprachverwendung – sehr bildlich als besonders hart, gar als „Fluch" (Z. 13): „Das Brot war ein Reiter, und die Emigranten rannten mit hängender Zunge zu Fuß hinter ihm her." (Z. 11 ff.) Anders als viele seiner Landsleute denken, sei es keinesfalls selbstverständlich, in Amerika viel und leicht Geld zu verdienen (vgl. Z. 19 ff.). Eine besondere Herausforderungen bilden die kulturellen Unterschiede und das Desinteresse vieler Amerikaner an ihm und seiner Kultur (s. u.), welche bei Tuma ein Gefühl der Einsamkeit auslösten: „Wie willst du den Leuten erzählen, die von all dem, was dich ausmacht, nur eine blasse Ahnung haben?" (Z. 112 ff.)

- Tuma ist nicht aus „Sehnsucht nach Heimat, Vaterland" (Z. 34 f.) zurückgekehrt. Vielmehr war es die Sehnsucht nach seiner Heimatstadt und insbesondere der Art und Weise, wie die Menschen dort leben, die ihn zurück nach Latakia getrieben hat (vgl. Z. 36). An seinen Landsleuten ärgern ihn die Vorurteile und die „Verachtung" (Z. 29) gegenüber Rückkehrern. In ihren Augen sei er ein Versager, da er „nicht als Millionär[.] zurück[gekehrt]" (Z. 27 f.) sei, obwohl man sich laut des Glaubens seiner Landsleute in Amerika doch „nur nach den Dollarscheinen zu bücken [brauche]" (Z. 20 f.). Besonders stört ihn, dass die Menschen sich nur für die materielle Seite der Emigration interessieren, ihn aber nicht nach seiner ideellen, geistigen und persönlichen Entwicklung fragen: „Keiner fragt dich, was hat dir die Fremde gebracht?" (Z. 42 f.)

- Den größten Unterschied zwischen Syrien und Amerika sieht Tuma in der Art und Weise, wie die Menschen ihr tägliches Leben gestalten. In Syrien seien insbesondere die Gemeinschaft und die Eingebundenheit des Einzelnen in ihr ausschlaggebend; in Amerika seien die Menschen dagegen Einzelkämpfer: „In Latakia lebten wir wie die Bienen, der Einzelne galt nichts, die Sippe alles. [...] In Amerika leben die Leute wie die Gazellen, jeder für sich allein, auch wenn sie alle zusammengehen." (Z. 55–60) Dadurch fehle es den Menschen im Westen zwar einerseits an Sicherheit und Geborgenheit, andererseits könne man deshalb aber auch freier leben (vgl. Z. 60 ff.).

- Tuma ist in seinen Augen vor allem mutiger geworden: „Im ersten Leben war ich ein Angsthase, von Bord des Schiffes ging ich als Löwe in die Neue Welt." (Z. 48–50) Angesichts des Verlusts von „Eltern und Heimat" (Z. 51 f.) nimmt er die scheinbaren Bedrohungen des Alltags jetzt mit mehr Gelassenheit hin: „Von nun an war jede

Bedrohung nicht mehr als das Gackern einer Henne." (Z. 52 f.) Diese Entwicklung (Z. 53 ff.: „Ich bekam in der Fremde einen mir bis dahin fremden Mut.") erklärt er sich dadurch, dass er – anders als in seiner Heimatstadt – auf sich allein gestellt war und nicht mehr den Schutz der Sippe genoss (vgl. Z. 55–61).

- In Amerika hatte Tuma vor allem zu anderen „Fremde[n]" (Z. 81) Kontakt. Die Amerikaner begegneten ihm meist mit Vorurteilen und Desinteresse; für sie war er immer nur der Türke (vgl. Z. 129). Das hat in Tuma das Gefühl der Einsamkeit verstärkt, da er sich nicht richtig verständigen konnte, selbst nachdem er Englisch sprechen konnte: „Wie willst du Leuten erzählen, die von all dem, was dich ausmacht, nur eine blasse Ahnung haben?" (Z. 112–114) Seine Erzählungen haben die Amerikaner bloß für „Ammenmärchen" (Z. 124) gehalten. Auch dass Tuma zwar Araber, aber dennoch Christ ist, passt nicht in die festgefahrene Vorstellung vieler Amerikaner, deren Denken eher durch ein verklärtes Orientverständnis geprägt ist: „Da wäre Aladins Wunderlampe für sie leichter zu schlucken." (Z. 136 f.)

Abschließend können die Arbeitsergebnisse zusammengetragen und an der **Tafel** gebündelt werden:

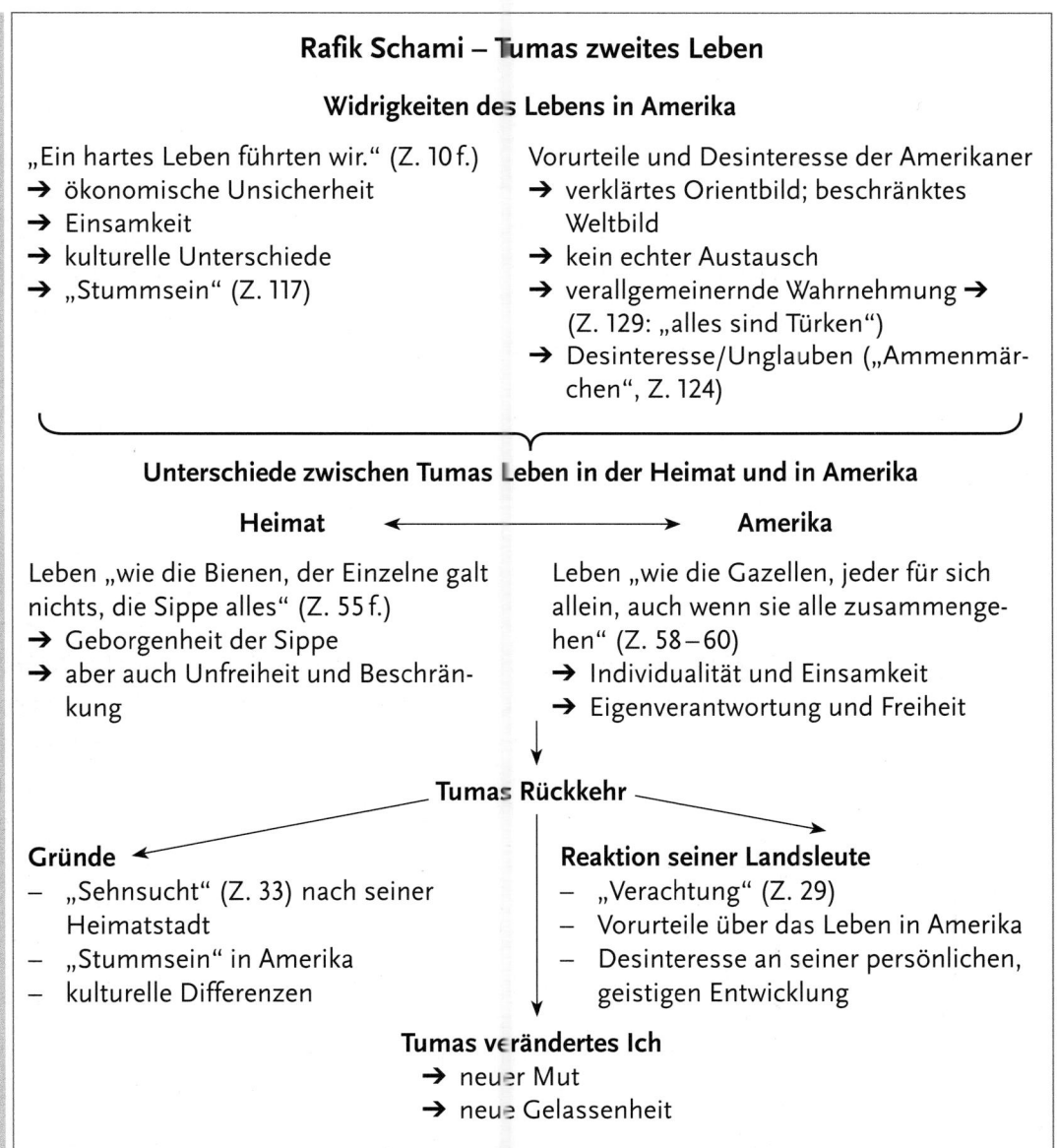

TAFELBILD

Aufgabe 2
S. 31

Die Schülerinnen und Schüler erläutern und deuten die Aussage Tumas, dass die Stummheit in der Fremde schlimmer sei als die angeborene. Sie stellen heraus, dass mit der „Stummheit in der Fremde" (Z. 97) folgende Aspekte gemeint sind:
- die Nichtbeherrschung der Sprache
- die Schwierigkeit, sich in einer Fremdsprache so auszudrücken wie in der Muttersprache
- der Wegfall kultureller Gemeinsamkeiten als Grundlage einer gemeinsamen Kommunikation
- ein gegenseitiges Nichtverstehen und Fremdbleiben, das aufgrund der verschiedenen Lebensgewohnheiten, Einstellungen und Wertmaßstäbe besteht
- …

Aufgabe 3
S. 31

Die Sprechweise Tumas ist durch die Übernahme englischer Idiome geprägt. Diese Phänomene weisen die Schülerinnen und Schüler durch entsprechende Textstellen nach. Dabei können sie auf folgende Textstellen eingehen:
- „well" (Z. 3 u. 87); „you know" (Z. 7); „shit" (Z. 35); „okay" (Z. 46)

Viele Sprachbilder Tumas zeigen hingegen, dass er aus dem Orient kommt und dort aufgewachsen und beheimatet ist. Seine Prägung durch die unterschiedlichen Kulturkreise spiegelt sich auch in seiner Sprache wider. Folgende Sprachbilder können die Schüler in diesem Zusammenhang benennen, erläutern und deuten:
- „von Bord des Schiffes ging ich als Löwe in die Neue Welt" (Z. 49 f.): Tuma beschreibt hier, wie er durch den Verlust der Heimat mutiger geworden ist.
- „Von nun an war jede Bedrohung nicht mehr als das Gackern einer Henne" (Z. 52 f.): Der Vergleich zeigt, dass Tuma nach dem Verlust von „Eltern und Heimat" (Z. 51 f.) alle anderen Gefahren als gering ansieht.
- „In Latakia lebten wir wie die Bienen" (Z. 55): Hier verdeutlicht der Vergleich, dass in Syrien nicht der Einzelne zählt, sondern das Eingebundensein des Einzelnen in seine Sippe. Der Einzelne gilt, wie die einzelne Biene, nichts, während die Sippe, wie der Schwarm im Leben einer Biene, zugleich Schutz, höchstes Ziel und Lebensorientierung darstellt.
- „In Amerika leben die Leute wie Gazellen, jeder für sich allein, auch wenn sie zusammengehen" (Z. 58–60): Dieser Vergleich kontrastiert das Leben in Syrien und in Amerika. In Syrien leben die Menschen wie die Bienen eingebunden in die Gemeinschaft des Schwarms bzw. der Sippen. Dagegen leben die Menschen in Amerika in der Perspektive des Erzählers wie die Gazellen: Der Einzelne bleibt immer auf sich gestellt, auch wenn er sich wie die Gazellen zu einer Gemeinschaft zusammenschließt.
- „Dort nimmt einer allein ein Boot … Hier musst du … mit ins Boot nehmen, wenn du den Fluss zum neuen Ufer überqueren willst" (Z. 62–67): Auch die Bootsmetapher zeigt die unterschiedliche Lebensweise in den beiden Kulturen. In Amerika ist der Einzelne allein, aber „frei, etwas Neues zu wagen" (Z. 60 f.). Er muss es nur wagen. Dagegen binden in Syrien die verwandtschaftlichen Beziehungen den Einzelnen. Entscheidungen und die Gestaltung des eigenen Lebensweges sind nur im Rahmen dessen möglich, was die Sippe zulässt.
- „Worte sind unsichtbare Juwelen, die nur die sehen, denen sie entzogen wurden" (Z. 93 f.): Mit dieser Metapher weist Tuma darauf hin, dass sich manche im Alltag nicht bewusst sind, wie wertvoll es ist, sich in der Muttersprache ausdrücken zu können und sie mit anderen zu teilen.
- „Ich bin mit dem Herzen eines Löwen und der Geduld eines Kamels in die Fremde gegangen, doch Mut und Geduld halfen mir nicht gegen mein Stummsein." (Z. 114–117): Tuma erzählt hier in Bildern davon, dass er sich von den anfänglichen

Schwierigkeiten, sich mit den Amerikanern zu verständigen, nicht hat abschrecken lassen, sondern sein Bestes getan hat, um sich mit ihnen zu verständigen. Allerdings haben all sein Mut und seine Geduld nicht geholfen, die Fremdheit zwischen ihnen zu überwinden.
- „Die Fremde schenkte mir die Zunge eines Kindes" (Z. 117 f.): Die Metapher verdeutlicht noch einmal, dass Tuma es in seiner neuen Heimat niemals geschafft hat, sich so auszudrücken, wie er es sich gewünscht hat. Was immer er erzählt hat, immer haben ihm wie einem Kind die Möglichkeiten gefehlt, das zu sagen, was er sagen wollte, oder so zu reden, dass seine Gesprächspartner ihn wirklich verstanden hätten.
- „Da wäre Aladins Wunderlampe für sie leichter zu schlucken" (Z. 136 f.): Tuma beschreibt hier bildhaft die Unmöglichkeit, die Vorurteile der Amerikaner zu überwinden. Der Erklärung, dass jemand „Araber und Christ zugleich" (Z. 135 f.) sein kann, würden sie aufgrund ihrer Vorurteile und Klischees in Bezug auf die arabische Welt nicht glauben.
- ...

Nach dem Zusammentragen der sprachlichen Bilder, derer sich Tuma bedient, fassen die Schülerinnen und Schüler zusammen, woran der Leser erkennt, dass diese Bilder aus dem Orient stammen. Als Bildspender dienen die Natur (z. B. Löwen, Gazellen, Kamele) und die Kultur des Orients (z. B. Fährboote, Juwelenhandel, Märchen).

Aufgabe 4 S. 31

Abschließend beurteilen die Schülerinnen und Schüler, inwiefern sie Tumas positive Einstellung zu seinem Leben in der Fremde teilen können. Hat Tumas Auswanderung aus ihrer Sicht mehr Vor- oder Nachteile für diesen mit sich gebracht? In seiner persönlichen Wahrnehmung hat er u. a. an Persönlichkeit gewonnen, d. h., er ist mutiger, reifer und gelassener geworden: „Mich machte die Fremde sehr reich. Nicht an Geld, sondern an einem zweiten Leben." (Z. 47 f.) Dafür musste er Familie, Freunde und auch seine Kultur für eine lange Zeit zurücklassen. Auch nach seiner Rückkehr wird er nicht von allen freundlich und offen in seiner Heimat empfangen.

Weiter können die Schüler darüber diskutieren, ob sie sich selbst ein Leben in der Fremde vorstellen könnten, welche Erwartungen sie daran knüpfen und inwieweit diese den von Tuma erzählten entsprechen. Ein möglicher Schreibauftrag wäre in diesem Zusammenhang:

- „Verfasse einen persönlichen Brief an Tuma. Schreibe ihm, was du über seine Erfahrungen und sein Leben in der Fremde denkst. Teile ihm auch mit, ob du dir vorstellen könntest, in der Fremde zu leben, und welche Erwartungen du an ein solches Leben hast."

Tumas unglaubliche Geschichten (S. 32–34)

Im zweiten Teil seiner Erinnerungen erzählt Tuma auf anekdotenhafte Weise von den Unterschieden der orientalischen und westlichen Kultur. Tuma berichtet, wie er versucht habe, in Amerika beim Einkaufen so zu handeln, wie er es von den Basaren in Damaskus her kannte. Bald habe er eingesehen, dass das Handeln in Amerika vergeblich sei, und habe „es aufgegeben" (Z. 82). Danach unterhält er sich mit den Freunden über andere Sitten der Amerikaner, die gänzlich verschieden von den orientalischen sind, z. B. über das Feiern des Geburtstages, den Umgang mit dem Tod oder die Behandlung von Haustieren. Die Reaktionen der Freunde zeigen, dass die Andersartigkeit der amerikanischen Lebensweise ihnen derart unverständlich bleibt, dass sie Tumas Berichte als „Märchen" (Z. 90) und „Lügen" (Z. 157) abtun und sich weigern, ihnen Glauben zu schenken. Die Freunde empören sich so sehr über die vermeintliche Unverschämtheit Tumas, sie mit den für sie unglaublichen Berichten über die Amerikaner zum Besten zu halten, dass Tuma mit seinem Grundsatz, „nur die Wahrheit" (S. 29, Z. 16) über seine Erlebnisse in Amerika zu erzählen, bricht. Um seine Freunde nicht noch mehr gegen sich aufzubringen, lügt er angesichts der Unverbesserlichkeit seiner Bekannten auf die Fragen, ob die Amerikaner auch Friseure und Friedhöfe für ihre Hunde hätten: „‚Nein, nein', log Tuma müde und verzweifelt." (Z. 194)

Humorvoll werden in diesen Romanauszügen die Probleme von Emigranten in der westlichen Kultur und das Problem, dass man aufgrund der kulturellen Prägungen die eigenen Wertvorstellungen und Verhaltensweisen für „normal" hält, thematisiert. Tuma kann anfangs nicht begreifen, dass man, ohne zu feilschen, ein Geschäft abschließt. Deshalb macht er sich in den Augen der Verkäuferin lächerlich, obwohl er sich in seinen Augen richtig verhält. Er muss erst lernen, dieses Verhalten abzulegen.

Diese Episode zeigt, dass jeder Verhaltensweisen und Wertvorstellungen mitbringt, die in einem anderen kulturellen Kontext deplatziert und lächerlich wirken können. Rafik Schami wirbt hier indirekt um Verständnis für ein derartiges Agieren von Fremden. So ist das harsche Verhalten der Verkäuferin wohl durchaus als Negativbeispiel zu sehen. Schüler können sicher ähnliche Situationen (z. B. anhand von Begrüßungskonventionen o. Ä.) für sich entwickeln, in denen es ihnen wie Tuma ergehen könnte. Weiter enthalten die Auszüge einen Appell an den Leser, gegenüber der Andersartigkeit der Kulturen offen zu sein und sie zu akzeptieren. Tuma vermag weder den Amerikanern das arabische Leben noch seinen syrischen Freunden das amerikanische näherzubringen (vgl. Z. 127–130). Unverbesserlich, engstirnig und selbstbezogen reagieren beide. Sie glauben Tuma einfach nicht, weil sie ihre eigenen Maßstäbe an das Fremde anlegen. Die anderen Sitten werden jeweils als falsch, verrückt oder unglaubwürdig abgelehnt, wobei die Geltung der eigenen Lebenspraxis als selbstverständlich vorausgesetzt wird. Die Unverbesserlichkeit der Zuhörer Tumas (vgl. Z. 127) ist zugleich ein Aufruf an den Leser, diese im Umgang mit fremden Kulturen in Richtung von Toleranz und Interesse zu überwinden.

Aufgabe 1
S. 34

Ein erster Austausch über die Eindrücke der Schülerinnen und Schüler kann mit der Frage angeregt werden, ob sich Tuma nach ihrer Meinung bei dem Versuch, die Jacke zu kaufen, lächerlich gemacht habe. Anschließend arbeiten die Schüler am Text die Unterschiede zwischen der arabisch-orientalischen und der amerikanisch-westlichen Kultur heraus, von denen Tuma erzählt. In einer tabellarischen Übersicht halten sie diese Unterschiede fest. Eine solche Übersicht könnte folgendermaßen aussehen:

> **Rafik Schami: Tumas unglaubliche Geschichten – Die Unterschiede zwischen orientalischer und westlicher Kultur**
>
> **Die Amerikaner ...**
> - gehen in „Shop[s]" (Z. 13) einkaufen und „handeln" (Z. 23) nicht.
> - schmücken „ihre Friedhöfe" (Z. 86), halten sie sauber und gehen dort „spazieren" (Z. 88).
> - „tun so, als würde der Tod ihnen nichts ausmachen" (vgl. Z. 122–124).
> - finden ihren „Birthday wichtiger als Ostern" (Z. 140 f.).
> - behandeln ihre Hunde oft „besser als den Menschen" (Z. 163 f.). Sie haben über „zwanzig Sorten" (Z. 179) Hundefutter, „Friseur[e]" (Z. 181) für Hunde und „Hundefriedh[öfe]" (Z. 192).
> - ...
>
> **Die Araber ...**
> - kaufen im „Basar" (Z. 21) ein, indem sie um die Waren feilschen.
> - halten Friedhöfe für „Ort[e] der Vernichtung" (Z. 111), lassen sie wie die Toten „verfallen" (Z. 113 ff.) und meiden sie.
> - wollen „den Tod lieber heute als morgen vergessen" (Z. 119 f.).
> - essen „Feigen" (Z. 132), reiten „Kamele" (Z. 132), haben „Kaffeehauserzähler[.]" (Z. 146) und „Dampfb[äder]" (Z. 147).
> - feiern „tagelang Hochzeit [...] und [beweinen] noch länger ihre Toten" (Z. 133 f.).
> - feiern keine Geburtstage (vgl. Z. 135 f.).
> - würden nie in einem Haus feiern, in dem jemand „gerade gestorben ist" (Z. 144 f.).
> - ...

TAFELBILD

Aufgabe 2
S. 34

Die Schülerinnen und Schüler beschreiben die Reaktionen der Zuhörer und die Entwicklung des Gesprächverlaufs. Die Zuhörer Tumas zeigen deutlich, dass sie seinen Berichten keinen Glauben schenken. Am Ende sind sie wütend, dass Tuma darauf besteht, er erzähle die Wahrheit. Angesichts der Engstirnigkeit und des Ärgers seiner Bekannten über seine in ihren Augen unglaublichen Geschichten lenkt Tuma am Ende ein und belügt sie, um seine Ruhe zu haben. Auf folgende Aspekte des Gesprächverlaufs und -verhaltens der Zuhörer können die Schüler eingehen:

- Anfänglich „empör[en]" (Z. 12) sich Tumas Freunde nur über die Geschäfte der Amerikaner und sind „erstaunt" (Z. 22).
- Aber schon „die Augen [...] Salims bezichtigen [Tuma] der Lüge" (Z. 24 f.), als er erzählt, dass die Amerikaner nicht feilschen.
- Der Bericht Tumas über den Umgang der Amerikaner mit den Friedhöfen führt dazu, dass die Freunde Tuma unterstellen, er belüge sie schamlos. Bei dem Wort Friedhof „fleh[en]" (Z. 95) sie, dass Gott Schaden von ihnen abwende. Über die Berichte Tumas sind sie „empört" (Z. 91), „schüttel[n] den Kopf" (Z. 92) oder „zürnen" (Z. 112). Sie sind empört darüber, dass Tuma mit einem solchen Tabuthema wie dem Umgang mit dem Tod Späße treibt und es benutzt, um ihnen „Märchen" (Z. 90) aufzutischen.
- Die Stimmung schlägt währenddessen derart um, dass Faris, der Minister, der weiß, dass Tuma recht hat, diesen nicht unterstützt, sondern ihn angesichts der Empörung und des Ärgers über dessen Berichte lieber „dem Zorn der Herrenrunde" (Z. 99) überlässt.
- Nach den Berichten über die Behandlung der Hunde in Amerika greifen die Zuhörer Tuma an. Er solle aufhören, sie auf den Arm zu nehmen (vgl. Z. 156–159). Sie machen sich lustig über Tuma, indem sie ihn mit eigenen – vermeintlichen – „Märchen" über die Haltung von Hunden in Amerika konfrontieren. Um Tuma lächerlich zu machen, fragen sie ihn, ob es Hunderestaurants, -friseure und -friedhöfe in Amerika gebe. Da

Tuma bemerkt, dass er nur den Zorn, die Empörung und den Unglauben seiner Bekannten vergrößert, wenn er bei der Wahrheit bleibt, entschließt er sich, „müde und verzweifelt" (Z. 194), zu lügen.

Aufgabe 3 S. 34

An einzelnen Stellen untersuchen die Schüler und Schülerinnen, wie der Autor hier Komik erzeugt. Sie entsteht größtenteils durch das Unverständnis der orientalischen Zuhörer in Bezug auf das dem westlichen Leser als „normal" geltende Verhalten. Im Einzelnen können die Schüler dabei auf folgende Stellen eingehen:
- Das fehlende Feilschen in den amerikanischen Geschäften wird von Isam empört kommentiert: „‚Wenn sie nicht handeln, was tun sie dann, Fliegen klatschen?'" (Z. 11 f.) Dies wirkt komisch, weil die modernen Einkaufscenter in Amerika mit den orientalischen Kleinhändlerbasaren gleichgesetzt werden.
- Das Verhalten Tumas bei dem Versuch, die Jacke zu kaufen, wirkt ebenfalls komisch. Sein in Syrien angemessenes Verhalten wirkt in dem Kontext eines modernen westlichen Kaufhauses lächerlich.
- Die Reaktionen der Zuhörer auf die Berichte über die amerikanischen Friedhöfe wirken aufgrund der für den westlichen Leser erst nicht nachvollziehbaren Empörung und des übertriebenen Entsetzens komisch. Das, was der westliche Leser als selbstverständlich kennt, ist in den Augen von Tumas Zuhörern das Verhalten von „Verrückte[n]" (Z. 117).
- Mit einem ähnlichen Gegensatz wird dann im Folgenden Komik erzeugt. Tuma erzählt, dass die Amerikaner ihm nicht glauben wollten, dass in Syrien die Menschen auf Kamelen ritten, Feigen äßen, Kaffeehauserzähler und Dampfbäder hätten. Diese Aufzählung evoziert beim Leser die Vorstellung einer hinter der modernen Zivilisation zurückgebliebenen Gesellschaft. Ali dreht den Spieß aber einfach um und fragt, ob die Amerikaner die „Barbaren" (Z. 149) – also die zivilisatorisch Zurückgebliebenen – seien, wenn sie dies alles nicht kennen würden.
- Ebenfalls komisch sind die Sticheleien, mit denen sich die Zuhörer über Tumas Berichte in Bezug auf den Umgang der Amerikaner mit ihren Hunden lustig machen. Sie selber meinen, Tuma mithilfe von skurrilen und irrsinnigen Übertreibungen lächerlich zu machen. Dabei entspricht jedoch das, was sie als völlige Verrücktheiten (z. B. die Existenz von Friseuren und Friedhöfen für Hunde) Tuma entgegenhalten, den Gegebenheiten in Amerika. Dieses Verhalten der Zuhörer zeigt auf komische Art und Weise Übertreibungen in Bezug auf den Umgang mit Haustieren in der westlichen Kultur auf.
- Am Ende wirkt aufgrund der Übertreibung der Vergleich der Situation Tumas mit der von „Moses, Jesus und Mohammed" (Z. 195 f.) komisch. Der Engstirnigkeit seiner Zuhörer wären auch die drei Religionsstifter nicht gewachsen gewesen. Solche „Weggenossen" (Z. 196 f.) wie Tumas Zuhörer hätten sie nie für ihre neuen Lehren gewinnen können. Sie wären wie Tuma gescheitert.

Aufgabe 4 S. 34

In kleinen Gruppen formulieren die Schüler abschließend thesenartig mögliche Textintentionen, stellen ihre Ergebnisse der Klasse vor und erläutern sie. Als mögliche Textintentionen könnten genannt werden:
- dem Leser bewusst machen, dass die Normalität der eigenen Wertvorstellungen und des eigenen Verhaltens relativ ist
- Appell an den Leser, gegenüber fremden Kulturen interessiert und offen zu sein
- die Darstellung, wie fremd die westliche Kultur für die arabische Welt ist
- die Kritik an der Unverbesserlichkeit vieler Menschen, die eigene Kultur für die höherwertige zu halten und andere als minderwertig anzusehen
- …

Alles nur Vorurteile ... – Rafik Schami über die Deutschen (S. 35–36)

In diesem Kapitel wird das Thema des vorherigen Kapitels wieder aufgegriffen. Es geht um die Wahrnehmung unterschiedlicher Kulturen aus einer jeweils eigenen, kulturell geprägten Perspektive. Konkret geht Rafik Schami hier auf seine eigenen Erfahrungen als ein „zugereiste[r] Orientale[r]" ein und hinterfragt in ironischer und humorvoller Art etwa die Forderung vieler Deutscher, dass Fremde sich anpassen müssten.

Aufgabe 1
S. 35

Die Schülerinnen und Schüler sammeln in einem Brainstorming möglichst viele Dinge und Eigenschaften, die für sie typisch deutsch sind. Diese Vorstellungen können dann später mit dem verglichen werden, was Rafik Schami in seiner Glosse als typisch deutsch bezeichnet. Als Hinführung zu dem Zeitungsartikel können die Schüler darüber diskutieren, ob jemand aus dem Orient wohl die gleichen oder andere Dinge und Eigenschaften für typisch deutsch halten würde. Die Schülerinnen und Schüler lesen dann den Zeitungsartikel Schamis mit dem Auftrag, herauszufinden, was Rafik Schami für typisch deutsch hält. Anschließend erfolgt ein erster Austausch über den Textinhalt.

Rafik Schami: Erfahrungen eines zugereisten Orientalen (S. 35–36)
In glossenhafter Form geht Rafik Schami in diesem Zeitungsartikel auf verschiedene Erfahrungen ein, die er als orientalischer Emigrant in Deutschland gemacht hat. Zuerst nimmt er ironisch-humorvoll zu der Forderung vieler Deutscher Stellung, dass sich die Fremden in Deutschland anpassen müssten. Diese Forderung sei „Humbug" (Z. 4f.) und zum „[T]otlachen" (Z. 12f.). Sie scheitere schlicht daran, dass man unter globalen Verhältnissen nicht bestimmen könne, was „denn deutsch an den Deutschen" (Z. 19) bzw. ihrem „Lebensstil" (Z. 20) sei.

Im zweiten Abschnitt (Z. 32–55) legt Schami dar, welches Bild er aufgrund eigener Vorurteile von den Deutschen besitzt. Dabei greift er auf gängige Klischees zurück, z. B. die Deutschen seien belehrend, larmoyant oder in Bezug auf die Pflichterfüllung übereifrig. Diese Kritik mildert er am Ende ironisch ab. Er wisse selbst, relativiert er seine vorherigen Urteile, dies sei nicht die Wahrheit, sondern es handele sich nur um Vorurteile. Aber so fragt er rhetorisch, wie könne „ein armseliger Ausländer" (Z. 57) die Frage beantworten, was deutsch sei, wenn „selbst der geniale Nietzsche" (Z. 58) dies nicht konnte.

Im Folgenden berichtet Schami darüber, wie sich sein Verhalten in Deutschland verändert habe. Er bringe bei Einladungen dem Gastgeber etwas mit, was in Arabien eine Beleidigung wäre (vgl. Z. 60–66). Weiter richte er sich nach „den Abfahrtzeiten der Züge" (Z. 66f.) und halte seine „Termine" (Z. 67) pünktlich ein. Nach dreißig Jahren könne er auch beim „Leichenschmaus" (Z. 68f.) lachen, was in seiner Heimat undenkbar wäre. Am Ende geht er darauf ein, dass er auch nach dreißig Jahren noch das Handeln vermisse, und erklärt die Bedeutung des Handelns für den Orientalen. Es sei ein „Vergnügen, das vielen Deutschen fremd" (Z. 77f.) sei. Handeln sei für den Orientalen das Ausüben verschiedener „Künste" (Z. 79) wie z. B. „Sprechen, Schauspielern [oder] Rhetorik" (Z. 79f.). Der wirtschaftliche Erfolg schwebt dabei zwar über dem Handeln als „Belohnung" (Z. 82), bleibt aber gegenüber dem Handeln selbst zweitrangig.

Aufgabe 2
S. 36

Die Gliederung wird gemeinsam erarbeitet. Aufgrund der Schwere des Textes können den Schülern die Anzahl der Sinnabschnitte oder die Überschriften der einzelnen Sinnabschnitte vorgegeben werden. Sie ergänzen dann anhand des Textes in Partnerarbeit passende Überschriften oder die Zeilenangaben. Die vollständige Gliederung könnte so aussehen:

Rafik Schami: Erfahrungen eines zugereisten Orientalen – Gliederung

Z. 1–32: Auseinandersetzung und Ablehnung der Forderung vieler Deutscher nach Anpassung der Fremden

Z. 33–55: Rafik Schamis eigene Vorstellungen bzw. Vorurteile über das, was typisch deutsch ist

Z. 56–73: Prägungen und Verhaltensveränderungen Rafik Schamis durch das Leben in Deutschland

Z. 74–83: Sehnsucht Schamis nach dem Handeln und die Bedeutung des Handelns für einen Orientalen

TAFELBILD

Zu den weiteren in der Aufgabe genannten Punkten können die Schülerinnen und Schüler den Text arbeitsteilig untersuchen und sich ihre Ergebnisse gegenseitig vorstellen. Dabei können der dritte und vierte Punkt von einer Gruppe bearbeitet werden. Der letzte Punkt eignet sich auch als nachbereitende Hausaufgabe. Die Kleingruppen visualisieren ihre Untersuchungsergebnisse in Form von **Tafel-/Folienbildern** oder **Plakaten**. Hilfestellung für die Erarbeitung und Präsentation der Ergebnisse in Form eines Kurzvortrages erhalten die Schüler in dem Methodenkasten auf S. 154. Zu folgenden Ergebnisse könnten die einzelnen Gruppen kommen:

Rafik Schami: Erfahrungen eines zugereisten Orientalen – Kritik und Ablehnung der Forderung vieler Deutscher nach Anpassung der Fremden

Gründe für die Ablehnung der Forderung, die Fremden müssten sich anpassen:
- vollständige Anpassung ist unmöglich (vgl. Z. 6 ff.)
- unklare Vorstellungen; nicht definiertes Endziel:
  → Was muss „der Fremde leisten", um als einer der Ihren zu gelten? (Z. 11)
  → Was ist „deutsch an den Deutschen?" (Z. 19)
  → zahlreiche „fremde" Einflüsse prägen bereits die deutsche Gesellschaft und Lebensweise (vgl. Z. 19–25)

> Wenn überhaupt, stammen nur „30 Prozent" davon, was die Deutschen tun, „noch von ihnen" (Z. 27).

↓

Rafik Schamis Fazit

- Man dürfte höchstens von den Fremden fordern, dass sie „30 Prozent dessen, was wir tun und lassen, befolgen" (Z. 29 f.).
  → Ironie: Schami fordert statt Anpassung, dass jeder Fremde größtenteils so leben sollte, wie er es für richtig halte.
- Die Forderung nach Anpassung ist „Humbug" (Z. 4 f.) und zum „[T]otlachen" (Z. 12 f.).
  → Ironisierung der übertriebenen und unbegründeten Anpassungsforderung vieler Deutscher an die Ausländer

TAFELBILD

Rafik Schami: Erfahrungen eines zugereisten Orientalen – Was ist „typisch deutsch"?

Die Deutschen ...

- sind ehrgeizig/erfolgreich (Z. 45 f.: „beste Schüler").
- sind belehrend (Z. 46: „schlimmste Oberlehrer").
- sind skurril/ein bisschen verrückt (Z. 46–48: „Er liegt am liebsten am Strand, um brauner als die Pakistanis zu werden").
- sind spießig (Z. 48 f.: „in Kleinigkeiten [...] heldenhaft kompromisslos").
- besitzen einen engen Horizont (Z. 49 f.: „bei allen großen Dingen verliert er [...] den Überblick").
- sind leichtgläubig (Z. 50 f.: „man kann ihn leicht verkohlen").
- sind autoritätsgläubig und feige (Z. 51–53: „leistet [...] Gehorsam im Voraus und Widerstand im Nachhinein").
- sind wehleidig/fühlen sich abgelehnt (Z. 53 f.: „Er jammert über alle, die die Deutschen hassen").
- mögen sich selber nicht (Z. 54 f.: „die größten Deutschhasser sind die Deutschen selbst").

! Der Autor mildert seine Kritik ab.

- Eine genaue Definition des Deutschen sei unmöglich.
- Er könne nur auf „Vorurteile" (Z. 44) zurückgreifen.

↓

Ausführungen werden in einen ironischen Kontext gesetzt, weil der Autor nicht die Sympathie seiner Leser verlieren möchte.

TAFELBILD

Rafik Schami: Erfahrungen eines zugereisten Orientalen – Erfahrungen der Prägung durch das Leben in Deutschland

- **In einigen Punkten hat Rafik Schami während seiner „[d]reißig Jahre[n] in Deutschland" (Z. 60) das Verhalten der Deutschen übernommen.**

  Rafik Schami ...
  - bringt bei einer Einladung ein Gastgeschenk mit, was in „Arabien undenkbar [...] wäre" (Z. 65 f.).
  - ist pünktlich geworden (vgl. Z. 66 ff.).
  - verhält sich bei Beerdigungen wie die Deutschen (Z. 68–70: „lache [...] beim Leichenschmaus, statt [...] laut zu weinen").
  - isst Eis im Winter, was für die Araber „völlig verrückt" (Z. 72) sei.

- **Aber auch „nach dreißig Jahren" (Z. 74 f.) vermisst er „das Handeln" (Z. 75).**

  - Das Handeln ist für die Orientalen nicht nur notwendig, sondern sie verbinden damit ein den Deutschen fremdes „Vergnügen" (Z. 77).
  - Es ist für sie eine Kunst aus „Sprechen, Schauspielern, Rhetorik, Kräfte messen und [...] immer wieder aus einer Sackgasse eine Kreuzung zu zaubern" (Z. 79–82).
  - Die „Belohnung" (Z. 82) bzw. die Motivation für diese Anstrengungen ist der Reiz, einen „wirtschaftliche[n] Vorteil" (Z. 83) erzielen zu können.

TAFELBILD

Aufgabe 3
S. 36

Rafik Schami drückt durch die Relativierung der Kritik seine Sympathie für die Deutschen bzw. die deutsche Gesellschaft und ihren Lebensstil aus. Gleichzeitig möchte er wiederum die Sympathien seiner deutschen Leser nicht verlieren. Im Einzelnen kann auf folgende Textstellen eingegagnen werden:

Der Autor stellt aber immer wieder heraus, dass das, was er sagt, auch nicht stimmen könne, weil ...
- man über das „Volk, in dem man lebt" (Z. 35), keine „genauere[n] Angaben" (Z. 34) machen könne.
- er „hier mitten unter den Deutschen" (Z. 37 f.) nicht in der Lage sei, eine „vernünftige Definition für den Deutschen" (Z. 42 f.) zu finden. Er könne deshalb nur auf seine „Vorurteile" (Z. 44) zurückgreifen.
- die Frage so schwer sei, dass selbst „geniale" (Z. 58) Philosophen sie nicht beantworten konnten: „[A]ber wie soll ein armseliger Ausländer wissen, was deutsch ist, wenn selbst der geniale Nietzsche das nicht wusste?" (Z. 56–59)

Aufgabe 4
S. 36

Durch den Vergleich können mögliche Übereinstimmungen, aber auch Differenzen zwischen den Schülervorstellungen und denen des Autors herausgestellt werden. Dies kann in einer Diskussion darüber münden, inwiefern es sich bei vermeintlich „typisch deutschen Eigenschaften" um Vorurteile handelt und woher diese stammen. Ferner kann – ganz im Sinne des Autors – thematisiert werden, inwiefern in Zeiten von Globalisierung, Transnationalisierung und Pluralisierung überhaupt noch von typisch nationalen Eigenschaften gesprochen werden kann.

Aufgabe 5
S. 36

Im Sinne eines Abschlusses setzen sich die Schülerinnen und Schüler mit den Aussagen Schamis kritisch auseinander, indem sie einen Leserbrief als Antwort auf den Text verfassen. Dabei können sie einzelne Ansichten des Autors wie z. B. die Ablehnung der Forderung nach Anpassung oder das Bild der Deutschen von sich weisen bzw. kontrovers diskutieren. Anschließend legen sie ihre Meinung zu den Ansichten Schamis in Form eines Leserbriefs begründet dar. Dabei beachten sie die Hinweise in dem Methodenkasten auf S. 262. Diese Aufgabe kann auch zur Leistungsüberprüfung gestellt werden.

Arbeitsblatt 1

Eine Rezension untersuchen und einen Jugendroman beurteilen

Miriam Fritsch: Rezension von Rafik Schamis Roman „Eine Hand voller Sterne"

„Eine Hand voller Sterne" zeigt die Lebenswelt eines 14-jährigen Bäckerjungen aus Damaskus (Syrien). Über zwei Jahre lang berichtet der Junge in seinem Tagebuch von seinen Erlebnissen und Gedanken. Sein Vater möchte, dass er mit in der Bäckerei arbeitet, doch der Junge würde viel lieber in die Schule gehen, und sein Traum ist es, eines Tages Journalist zu werden, was in Syrien kein ungefährlicher Beruf ist. Er erzählt von der Schule, seinen Freunden, seiner Familie und auch von Nadia, die er liebt. Obwohl viel Armut und Ungerechtigkeit in Damaskus existiert, gibt es auch viele schöne Momente in dem Leben des Bäckerjungen. Einer dieser Augenblicke ist der Tag, an dem sein Gedicht in einem schönen Gedichtband veröffentlicht wird, was er u. a. einem engagierten Lehrer zu verdanken hat.

Der Leser erfährt in dem Buch viel über das Leben eines normalen Kindes in Syrien, einem Land, in dem vieles anders ist als in Deutschland, in dem Kinder und Jugendliche aber auch ähnliche Träume haben wie die Kinder hier.

Zu Beginn des Buches erscheint einem die Erzählung ein wenig langweilig, doch schon nach kurzer Zeit findet man Interesse am Leben des pfiffigen Bäckerjungen, und man verfolgt gespannt seine Erlebnisse und hofft mit ihm, dass seine Träume wahr werden. Die Erlebnisse und somit auch die Tagebucheinträge werden zum Ende des Buches hin immer spannender, denn zunehmend geht es nicht nur um kleine Erfahrungen in der Schule oder in der Familie, sondern auch um Leben und Tod.

Das Buch „Eine Hand voller Sterne" ist in einer einfachen, aber dennoch schönen Sprache geschrieben, sodass sich das Buch gut lesen lässt. Sicherlich erscheint es einem manchmal so, dass die Sätze für Tagebucheinträge eines 14-Jährigen sehr ausformu-

liert sind (so kommt u. a. auch wörtliche Rede vor), aber dennoch spiegeln sie immer die Sichtweise eines Teenagers wider.

Insgesamt ist dieses Buch von Rafik Schami, der selbst in Damaskus geboren wurde, ein sehr schönes Buch für Kinder ab ca. 12 Jahren. Zum Vorlesen eignet es sich jedoch weniger gut, da es durch Einträge, die teilweise kaum länger als ein Satz sind, sehr zerstückelt wirken würde.

„Eine Hand voller Sterne" war auf der Auswahlliste des Deutschen Jugendliteraturpreises 1988. [...]

(www.rote-dorn.de; 03.11.2007)

Arbeitsblatt 1

1 Untersuche die Rezension von Miriam Fritsch. Achte dabei auf folgende Punkte:
- Was sagt die Autorin zum Inhalt des Romans?
- Welche Wertungen nimmt sie vor und wie begründet sie ihre Urteile?

2 Verfasse auf der Grundlage der dir bekannten Textauszüge eine eigene Bewertung des Jugendromans „Eine Hand voller Sterne" von Rafik Schami.

Bewertungsbogen 1

Bewertungsbogen zur Leistungsüberprüfung/Klassenarbeit

Name:	
Schulhalbjahr/Datum:	
Klasse:	
Fachlehrer/in:	
Thema der Unterrichtsreihe:	Eine Hand voller Sterne – Der Sohn eines Bäckers erzählt
Thema der Klassenarbeit:	Eine Rezension untersuchen und einen Jugendroman beurteilen
Aufgaben:	s. Arbeitsblatt 1

A Inhaltliche Leistungen

Aufgabe 1

	Du hast die Rezension von Miriam Fritsch untersucht.	maximale Punktzahl	erreichte Punktzahl
1	Du hast dargelegt, was die Autorin zum Inhalt des Romans sagt. Folgende Punkte hast du dabei angeführt:		
	– Der Roman zeigt die „Lebenswelt eines 14-jährigen Bäckerjungen aus Damaskus" (Z. 1–2).	3	
	– Der Junge berichtet über zwei Jahre lang in seinem Tagebuch über sein Leben.	3	
	– Der Vater des Jungen möchte, dass dieser Bäcker wird. Der Junge möchte aber weiter zur Schule gehen und träumt davon, Journalist zu werden.	3	
	– Der Leser erfährt viel über die Schule, die Freunde und die Familie des Jungen. Auch erzählt der Junge von „Nadia, die er liebt" (Z. 11).	3	
	– Das Leben des Jungen in Damaskus ist von „viel Armut und Ungerechtigkeit" (Z. 11f.) geprägt. Trotzdem hat sein Leben „auch viele schöne Momente" (Z. 12f.). Ein solcher Moment ist die Veröffentlichung eines seiner Gedichte in einem Gedichtband. Diese Veröffentlichung hat er „einem engagierten Lehrer zu verdanken" (Z. 16f.).	3	
	– ...		
2	Du legst dar, welche Wertungen Miriam Fritsch vornimmt und wie sie diese begründet. Dabei gehst du auf folgende Punkte ein:		
	– Zu Beginn des Buches erscheint der Roman „ein wenig langweilig" (Z. 24), da es vor allem um die Erfahrungen des Jungen mit der Schule und der Familie geht. Der Roman wird aber „immer spannender" (Z. 30), da es im Laufe der Handlung „auch um Leben und Tod" (Z. 32f.) geht.	3	
	– Der Leser verfolgt die „Erlebnisse" (Z. 27) des Bäckerjungen auch im Laufe der Lektüre immer gespannter, weil er hofft, dass „die Träume [des Jungen] wahr werden" (Z. 27f.).	3	
	– Das Buch lässt sich „gut lesen" (Z. 36), weil es „in einer einfachen, aber dennoch schönen Sprache geschrieben" (Z. 34ff.) ist.	3	
	– Es spiegelt sich in dem Tagebuch des Jungen „die Sichtweise eines Teenagers wider" (Z. 40f.), auch wenn es an einigen Stellen für einen vierzehnjährigen Jungen „sehr ausformuliert" (Z. 38f.) ist.	3	

© Schöningh Verlag

Bewertungsbogen 1

	– Fritsch empfiehlt das Buch für Kinder ab 12 Jahren, weist aber darauf hin, dass es sich zum Vorlesen aufgrund vieler sehr kurzer Tagebucheinträge wenig eignet. Das Buch würde deshalb vorgelesen „sehr zerstückelt wirken" (Z. 47). – ...	3	
	Gesamtpunktzahl für Aufgabe 1	**30**	

Aufgabe 2

		maximale Punktzahl	erreichte Punktzahl
	Du hast auf der Grundlage der dir bekannten Textauszüge eine eigene Bewertung des Jugendromans „Eine Hand voller Sterne" von Rafik Schami verfasst.		
1	Dabei hast du dargelegt, inwiefern dir der Roman gefallen oder nicht gefallen hat.	4	
2	Du hast zwei bis drei überzeugende Gründe für deine Beurteilung des Romans ausgeführt.	8	
	Gesamtpunktzahl für Aufgabe 2	**12**	
A	**Gesamtpunktzahl**	**42**	

B Darstellungsleistungen

		maximale Punktzahl	erreichte Punktzahl
1	Deine Rechtschreibung, Zeichensetzung und Grammatik sind fehlerfrei.	5	
2	Du formulierst genau, sachlich und abwechslungsreich.	3	
3	Deine Ausführungen sind nachvollziehbar, schlüssig und gut verständlich.	3	
B	**Gesamtpunktzahl**	**11**	
	Gesamtpunktzahl A und B	**53**	

Die Leistungsüberprüfung/Klassenarbeit wird mit der Note

_____ **bewertet.**

_____
Datum   Unterschrift

Zuordnung der Punkte zu den Notenstufen

Note	Punkte
sehr gut	53 – 46
gut	45 – 39
befriedigend	38 – 31
ausreichend	30 – 24
mangelhaft	23 – 10
ungenügend	9 – 0

Arbeitsblatt 2

Eine Rezension untersuchen (1)

Eva Felka: Rezension von Rafik Schamis Roman „Erzähler der Nacht"

Im Buch „Erzähler der Nacht" von Rafik Schami geht es um Salim, einen ehemaligen Kutscher und ausgezeichneten Geschichtenerzähler, der plötzlich auf mysteriöse Weise verstummt.
Salims Geschichte spielt in Damaskus. Dort war er Kutscher. Wohlgemerkt: WAR. Denn er hat sich zur Ruhe gesetzt und erzählt jetzt wie vorher wunderschöne Geschichten, die er auf seinen Fahrten von A nach B und zurück gesammelt hat. Doch eines Morgens im August 1959 ist er fast verstummt. Mit achtzehn Worten erklärt er seinen Freunden, was letzte Nacht passiert ist: Eine Fee sei ihm erschienen, die sagte, sie sei seine Helferin beim Erzählen gewesen. Wenn er sich bei seinen Geschichten so verschachtelt habe, dass er selbst nicht mehr herausfand, sei sie ihm zu Hilfe geeilt. Doch nun sei sie alt und könne ihm nicht mehr helfen. Er müsse sich eine neue, junge Fee suchen, die seinen Erzählungen problemlos folgen könne. Doch die bekäme er nur, wenn er vorher innerhalb von drei Monaten sieben einzigartige Geschenke erhielte. „Was denn für Geschenke?", fragte Salim. Doch das habe der Elfenkönig selbst ihr nicht verraten, das müsse er schon selbst herausfinden. Und er solle vorsichtig sein mit seinen Worten, denn jetzt habe er nur noch einundzwanzig. „Noch einundzwanzig Worte?" „Achtzehn!" Und sie verschwand.
Diese Schilderung packt er so gut wie möglich in siebzehn Worte, denn in der Nacht hat er ein weiteres vergeudet. Als er noch hinzusetzen will, dass er selbst nicht so ganz daran glaube, bringt er keine Silbe, keinen Schrei, keinen Laut mehr hervor. Seine Freunde fangen an zu rätseln, was die sieben Geschenke sein könnten. Ali, der Schlosser, ist sich sicher, dass damit nur sieben Einladungen gemeint sein können. Doch der Versuch schlägt fehl. Auch Junis' Vorschlag, Salim sieben Weine kosten zu lassen, stellt sich als falsch heraus. Musa, der Friseur, glaubt zu wissen, dass der stumme Erzähler sieben Parfümsorten riechen müsse, siebenmal an jeder Flasche. Doch auch das funktioniert nicht. Sieben Hosen und Hemden vermögen ihn genauso wenig zu heilen wie der Gang zu sieben Beamten. Tuma, der „Emigrant", hat schließlich die rettende Idee. Dem Witwer müssen sieben Geschichten erzählt werden, dann kann er wieder sprechen.
Doch es bleibt nicht allzu viel Zeit. Die drei Monate sind fast um. Jeden Abend hören sich die Männer eine Geschichte an, die einer von ihnen erzählt. Am letzten Tag vor dem Ende der drei Monate schließlich ist Ali an der Reihe. Doch die Runde wartet lange auf ihn. Als nur noch vier Stunden bleiben, erscheint der Schlosser endlich – mit seiner Frau, die die siebte Geschichte erzählen soll. Aber die anderen sind gegen diese Variante und ein heftiger und langer Streit entbrennt. Und die Zeit wird immer knapper ...
[...]
Ich finde, dass „Erzähler der Nacht" ein sehr schönes Buch ist. Beim Lesen fühlte ich mich wie in einem orientalischen Märchen, auch wenn ich manches Mal aus dieser Welt herausgerissen wurde durch Jahreszahlen, Ventilatoren oder Transistorradios. Es wurde vor allem dadurch interessant, dass sich die Geschichten der Freunde ineinander verstrickten. Einzelheiten der einen Erzählung waren der Kern der nächsten und so bildete sich ein richtiger Geschichtenkranz. Auch sehr gut gemacht war, dass es in dem Buch nicht nur um die Erzählungen selber, sondern auch um die Erzählkunst an sich ging. Viele Nebenbemerkungen helfen, sich ein Bild davon zu machen, wie man am besten eine Geschichte beginnt, sich merkt, ausformuliert. Alles in allem ist „Erzähler der Nacht" ein wunderschönes Märchen, das auch gut für Jugendliche und Erwachsene geeignet ist. Ich würde es in jedem Fall weiterempfehlen, besonders an Leute, die gerne fantasiereiche Geschichten und Romane lesen.

(www.home.arcor.de/tauchermuschel/buchliste78/erzähler.htm; 03.11.2007)

1 Untersuche die Rezension. Achte dabei auf folgende Punkte:
- Was sagt die Autorin zum Inhalt des Romans?
- Welche Wertungen nimmt sie vor und wie begründet sie ihre Urteile?

Arbeitsblatt 3

Eine Rezension untersuchen (2)

Rezension von Rafik Schamis Roman „Der ehrliche Lügner"

Sadik, der Geschichtenerzähler, braucht 1001 Lügen, um der Wahrheit näherzukommen. In der Erinnerung mischen sich seine Geschichten mit dem Leben der alten Stadt Morgana. Und er erinnert sich an den Circus India, der mit seinen Tieren eines Tages nach Morgana kam und wegen des Bürgerkriegs für lange Zeit bleiben musste. Ohne den Circus hätte Sadik die Geschichten vielleicht nie erzählt. Oder war es seine Liebe zu Mala, der Seiltänzerin, die ihn zum Erzähler machte?
Der Anfang des Buches:
„Ich heiße Sadik, aber nicht einmal das ist sicher. Denn bereits das erste Wort, das ich sprach, war gelogen. Ich war damals nicht einmal sechs Monate alt. An jenem Tag kam mein Vater von der Arbeit und beachtete mich nicht Das ärgerte mich. Stunden später bückte er sich zu mir herunter. Ich dachte mit geschlossenen Augen über meine Zukunft nach. Mein Vater merkte nichts davon und fragte mich laut, ob ich noch lebe. Ich kochte vor Wut, und da ich wusste, dass mein Vater nichts mehr hasste, als mit meiner Mutter verwechselt zu werden, streckte ich ihm meine Ärmchen entgegen und nannte ihn ‚Mama'. Das war meine erste Lüge, und sie wirkte. ‚Aus deinem Sohn wird nichts!', sagte er zornig zu meiner Mutter. Er irrte sich gewaltig. In meinem langen Leben habe ich viel gesehen und erlebt, Ruhm und Wissen erworben, Elend und Qualen durchlitten. Und wenn wieder einmal der Todesengel kommt und mich fragt, ob ich bereit sei, dann werde ich diesmal, anders als in der Vergangenheit, ja sagen, weil ich in einem einzigen Aufenthalt auf der Erde ein so erfülltes Leben genossen habe, dass es für zehn Menschen reicht." Rahmenerzählung: Der alte Sadik besucht eine Zirkusvorstellung und glaubt, in der Seiltänzerin seine große Liebe Mala zu erkennen. Doch bevor er sich Sicherheit verschaffen kann, ist der Zirkus bereits weitergezogen.

Während er auf Nachrichten aus dem neuen Quartier wartet, erinnert er sich an seine Jugendzeit, als er in Malas Zirkus Abend für Abend als Geschichtenerzähler auftrat, und er erzählt alle seine alten Geschichten nochmal für den Leser. Sadik wird in der fiktiven arabischen Stadt Morgana (!) geboren und lebt dort. Während ein indischer Zirkus dort Station macht, bricht der Bürgerkrieg aus, und die Zirkusleute dürfen die Stadt nicht verlassen. In den langen Wochen ihres unfreiwilligen Aufenthalts gehen die Vorstellungen weiter, und Sadik gehört bald zu den Attraktionen des allabendlichen Programms. Er erzählt und erzählt. Von seinen 100 Verwandten, seinen Nachbarn, seinen Freunden – Erfundenes, Tatsächliches, Erlogenes: vom alltäglichen Freud und Leid des Miteinanderlebens, vom Pech, vom Glück, von aberwitzigen und merkwürdigen Ereignissen. Für jeden, von dem er erzählt, bringt er ein Tier, das denjenigen symbolisiert, mit in die Vorstellung. Die einzelnen Geschichten sind z. T. miteinander verschachtelt; er erzählt Geschichten, wie und wem er Geschichten erzählt; die Personen einzelner Geschichten tauchen in anderen wieder auf usw. Ein völlig chaotisches, kunterbuntes Buch, ironisch, nachdenklich, skurril. Wenn ich längere Zeit am Stück gelesen habe, schwirrte mir der Kopf, auch angesichts der Vielzahl der Personen (die man sich weder merken kann noch merken muss).
Ein modernes „Tausendundeine Nacht". Wer Bücher mit orientalischem Flair und Märchen mag, wird an diesem Buch seine helle Freude haben. Über das Ende war ich zunächst etwas enttäuscht, aber inzwischen denke ich: Es ist gut so, denn was Wahrheit ist und was Lüge, will man eigentlich gar nicht wissen.
(Marie)

(„Rafik Schami – Der ehrliche Lügner", 5. Okt. 2007, www.buechertreff.de [02.05.2016])

1 Untersuche die Rezension. Achte dabei auf folgende Punkte:
- Was sagt die Autorin zum Inhalt des Romans?
- Welche Wertung nimmt sie vor und wie begründet sie ihr Urteil?

Eine Rezension untersuchen (3)

Rezension von Rafik Schamis Geschichtensammelband „Die Sehnsucht fährt schwarz"

Rafik Schamis Biografie ist interessant und macht seine Bücher verständlicher: Er wurde 1946 in Damaskus geboren, wurde neben vielen anderen Jobs auch Journalist und siedelte 1971 in die Bundesrepublik über. Nach Arbeiten auf Baustellen und in Fabriken studierte er Chemie, promovierte und ist seit 1982 freier Schriftsteller.
Aus seinem Leben schwingt viel in den Büchern mit. Hier fließen in den Geschichten seine Jugenderinnerungen, Mystisches, Märchen und Selbsterlebtes zusammen.
[...]
Das Buch, das ich vorstellen möchte, heißt „Die Sehnsucht fährt schwarz" und fällt aus dem bisherigen Rahmen. Statt Märchenhaftem trägt Rafik Schami die Geschichten von „Ausländern" vor, also Gastarbeitern aus allen möglichen Ländern, die in Deutschland leben. Jeder von ihnen hat seine Geschichte zu erzählen, von schönen Dingen und von Heimweh und Diskriminierung, von ihrer Resignation oder auch von ihrer Verschmitztheit im Umgang mit den fremdartigen Deutschen.
In einer Geschichte erfährt Jesus, wieder auf die Erde zurückgekehrt, dass es schwierig ist, in den Formularen der Ausländerbehörde klar seine Herkunft anzugeben. An anderer Stelle erkennt er, dass sich seit zweitausend Jahren nichts geändert hat.

In der Geschichte „Die gepanzerte Haut" fragt ein Türke einen Deutschen: „Reden Sie immer so miserables Deutsch?", nachdem er von ihm mehr gestikulierend als sprechend gefragt wurde.
Oft spürt man den Witz neben der Traurigkeit in den Geschichten. Mal kann man lachen über das Buch, und oft staunte ich über den Zynismus, der nur ganz nebenbei plötzlich erscheint und gleich darauf wieder verschwunden ist. Verstehen kann das Buch jeder. Die Sprache ist leicht und abwechslungsreich.
Rafik Schami klagt nicht an, er zeigt auch keine „Betroffenheit". Aber er berichtet, lässt die fiktiven Personen für ein paar Seiten aus ihrem Leben erzählen und selber darüber reflektieren, zeigt die Hoffnungslosigkeit und die Resignation, aber auch die Freude am Leben der Leute im fremden Land. Es ist – wie schon geschrieben – ein Buch, das aus dem Rahmen fällt. Zum gemütlichen Vorlesen am Feuer eignet es sich eigentlich nicht, dazu sind die Geschichten zu viel „Stachel". Sie enden offen und hinterlassen bei mir einen nachdenklichen Geschmack. [...]

(Bund der Pfadfinderinnen und Pfadfinder Landesverband Bayern e. V. (BdP Bayern), 05.05.1993)

1 Untersuche die Rezension. Achte dabei auf folgende Punkte:
- Was sagt der Autor zum Inhalt des Romans?
- Welche Wertungen nimmt er vor und wie begründet er seine Urteile?

Arbeitsblatt 5

Rezensionen zu vier Büchern von Rafik Schami

Titel des Buches	Information zum Inhalt	Beurteilung des Rezensenten
„Eine Hand voller Sterne"		
„Erzähler der Nacht"		
„Der ehrliche Lügner"		
„Die Sehnsucht fährt schwarz"		

1 Haltet in Stichworten in der entsprechenden Spalte eure Ergebnisse der Untersuchung der Rezensionen fest.

2 Stellt euch eure Ergebnisse gegenseitig vor. Haltet jetzt in Stichworten fest, was die Mitglieder der anderen Gruppen euch über die übrigen drei Rezensionen vorstellen.

Lösung 1–5

Rezensionen zu vier Büchern von Rafik Schami

Titel des Buches	Information zum Inhalt	Beurteilung des Rezensenten
„Eine Hand voller Sterne"	– Der Roman zeigt die Lebenswelt eines 14-jährigen Bäckerjungen aus Damaskus. – Der Junge berichtet über zwei Jahre lang in seinem Tagebuch über sein Leben. – Der Vater des Jungen möchte, dass dieser Bäcker wird. – Der Junge möchte aber weiter zur Schule gehen und träumt davon, Journalist zu werden. – Der Leser erfährt viel über die Schule, die Freunde und die Familie des Jungen. Auch erzählt der Junge von Nadia, die er liebt. – Das Leben des Jungen in Damaskus ist von viel Armut und Ungerechtigkeit geprägt. Trotzdem hat sein Leben auch viele schöne Momente. Ein solcher Moment ist die Veröffentlichung eines seiner Gedichte in einem Gedichtband. Diese Veröffentlichung hat er einem engagierten Lehrer zu verdanken.	– Zu Beginn des Buches erscheint der Roman ein wenig langweilig, da es vor allem um die Erfahrungen des Jungen mit der Schule und der Familie geht. Der Roman wird aber immer spannender, da es im Laufe der Handlung auch um Leben und Tod geht. – Der Leser verfolgt die Erlebnisse des Bäckerjungen auch im Laufe der Lektüre immer gespannter, weil er hofft, dass „die Träume des Jungen wahr" werden. – Das Buch lässt sich gut lesen, weil es in einer einfachen, aber dennoch schönen Sprache geschrieben ist. – Es spiegelt sich in dem Tagebuch des Jungen die Sichtweise eines Teenagers wider, auch wenn es an einigen Stellen für einen vierzehnjährigen Jungen sehr ausformuliert ist. – Fritsch empfiehlt das Buch für Kinder ab 12 Jahren, weist aber darauf hin, dass es sich zum Vorlesen aufgrund vieler sehr kurzer Tagebucheinträge wenig eignet. Das Buch würde deshalb vorgelesen sehr zerstückelt wirken.
„Erzähler der Nacht"	– Hauptfigur ist Salim, ein ehemaliger Kutscher und ausgezeichneter Geschichtenerzähler, der im August 1959 auf geheimnisvolle Weise verstummt. – Salim erklärt seinen Freunden, eine Fee sei ihm erschienen. Diese habe ihm bisher bei seinem Geschichtenerzählen geholfen. Jetzt sei sie zu alt, um ihm weiterhin helfen zu können. Salim müsse sich eine neue, jüngere Fee suchen. Diese erhalte er, wenn er innerhalb von drei Monaten sieben einzigartige Geschenke bekäme. – Salim muss dies seinen Freunden mit achtzehn Worten erklären, da er mit dem Erscheinen der alten Fee nur noch 25 Worte sprechen kann. Als er diese Worte gesprochen hat, kann er keinen Laut mehr von sich geben. – Die Freunde Salims rätseln, was sie Salim zu seiner Erlösung schenken können. Sie probieren erfolglos	– Es ist ein sehr schönes Buch, weil der Leser sich wie in einem orientalischen Märchen fühlt. – Der Roman ist dadurch interessant, dass die einzelnen Geschichten miteinander verwoben sind. Einzelheiten der einen Geschichte bilden den Kern der nächsten, sodass ein richtiger Geschichtenkranz entsteht. – Sehr gut ist auch, dass es nicht nur um die Erzählungen der Freunde geht, sondern auch um die Kunst des Erzählens selbst ein Thema ist. Durch viele Bemerkungen erfährt der Leser, wie man am besten eine Geschichte beginnt, sich merkt und ausformuliert. – Das Buch kann besonders Menschen, die gerne fantasiereiche Geschichten und Romane lesen, empfohlen werden und ist gleichermaßen für Erwachsene und Jugendliche geeignet.

© Schöningh Verlag

	- verschiedene Geschenke wie Weine kosten lassen, Hemden oder Hosen aus. - Tuma hat schließlich die richtige Idee. Salim müssten sieben Geschichten erzählt werden, damit er wieder sprechen kann. - Die drei Monate sind jetzt fast herum. Die Männer treffen sich jeden Abend und erzählen reihum eine Geschichte. - Am letzten Tag soll Ali die siebte Geschichte erzählen. Er kommt erst mit seiner Frau, die die letzte Geschichte erzählen sollen, als nur noch vier Stunden bleiben. Die anderen sind aber dagegen, dass Alis Frau die Geschichte erzählen soll. Darüber entbrennt ein langer Streit und die Zeit für Salim wird immer knapper.	
„Der ehrliche Lügner"	- Das Buch handelt von Sadik, einem Geschichtenerzähler, in dessen Geschichten sich verschiedene Lebenserinnerungen mischen. Allerdings weiß man nie, ob die Geschichten Sadiks wahr oder reine Fantasien sind. - Der Roman besitzt eine Rahmenerzählung. Sadik besucht eine Zirkusvorstellung. In der Seiltänzerin glaubt er, seine große Liebe Mala zu erkennen. Der Zirkus ist aber schon weitergezogen, bevor Sadik klären kann, ob sich wirklich um Mala handelt. Während Sadik auf Nachrichten von dem neuen Ort des Zirkus wartet, erinnert er sich an seine Jugendzeit, in der er in Malas Zirkus als Geschichtenerzähler aufgetreten ist. - Sadik lebte danach in der arabischen Stadt Morgana. Als eines Tages der indische Zirkus Malas in Morgana Station macht, bricht der Bürgerkrieg los. Die Stadtbewohner und die Zirkusleute dürfen deshalb die Stadt wochenlang nicht verlassen. - Die Aufführungen des Zirkus gehen weiter und Sadik tritt in dem Zirkus äußerst erfolgreich als Geschichtenerzähler auf. Die Geschichten, die er damals in Malas Zirkus erzählt hat, erzählt er jetzt dem Leser noch einmal.	- Da die Geschichten vielfach miteinander verwoben und verbunden sind, ist es ein kunterbuntes, chaotisches, aber ironisches und skurriles Buch. - Aufgrund der vielen Figuren ist das Buch auch verwirrend, weil der Leser sich die Vielzahl der Figuren und die Einzelheiten der vielen Geschichten Sadiks nicht merken kann. - Leser, die orientalische Märchen mögen, werden aber große Freude an dem Buch haben. - Am Anfang ist man vielleicht über das Ende enttäuscht. Nach einiger Zeit wird man aber denken, dass man gar nicht genau wissen will, was Wahrheit und Lüge bei Sadiks Geschichten ist, da es um das Erzählen der Geschichten selbst geht.

Lösung 1–5

	– Am Ende erfährt der Leser dann aber nicht, was an Sadiks Erzählungen über sein Leben wahr, erfunden oder erlogen war.
„Die Sehnsucht fährt schwarz"	– In dem Buch werden die Geschichten von Gastarbeitern aus allen möglichen Ländern erzählt. – Themen der Geschichten sind Heimweh, Diskriminierung, Resignation und Umgang mit den fremdartigen Deutschen. – In einer Geschichte kehrt Jesus zurück. Er hat Schwierigkeiten mit der Ausländerbehörde, da er seine Herkunft nicht in den Formularen anzugeben vermag. Am Ende erkennt er, dass sich in Bezug auf den Umgang mit Fremden in zweitausend Jahren nichts geändert hat. – In einer anderen Geschichte fragt ein Türke einen Deutschen, ob dieser immer so miserables Deutsch spreche. Der Deutsche hatte aus dem Vorurteil heraus, dass alle Türken nur wenig Deutsch könnten, zuvor versucht, sich vor allem mit Händen und Füßen mit dem Türken zu verständigen.	– Das Buch wird verständlicher, wenn man die Biografie Rafik Schamis kennt. Der Autor kam 1971 in die BRD und arbeitete zunächst auf Baustellen und Fabriken. Dann studierte er Chemie und ist seit 1982 freier Schriftsteller. – Die Geschichten sind zugleich geprägt von Witz, Traurigkeit und stellenweise von Zynismus. – Aufgrund der leichten und abwechslungsreichen Sprache kann das Buch jeder verstehen. – Rafik Schami klagt in dem Buch nicht an, er zeigt auch keine Betroffenheit, sondern lässt die Figuren einfach aus ihrem Leben über die Hoffnungslosigkeit, Resignation und Freude am Leben im fremden Land erzählen. – Das Buch macht den Leser nachdenklich und enthält auch bittere Kritik, deshalb eignet es sich nicht zum gemütlichen Lesen oder Vorlesen.

© Schöningh Verlag

Arbeitsblatt 6

Einen Lexikonartikel untersuchen

Annika Ernst: Rafik Schami

Rafik Schami
geb. 1946 in Damaskus (Syrien)

Leben
Die Erfahrung, einer Minderheit anzugehören, hat Schami von frühester Kindheit geprägt. Denn der Autor wurde als Kind christlicher Eltern in einem überwiegend islamischen Land geboren. Seine Mutter stammt aus einem christlich-aramäischen Dorf und sprach die Minderheitensprache Aramäisch, während in Syrien überwiegend Arabisch oder Französisch gesprochen wurde. Diese Erfahrungen des Außenseitertums sollten künftig auch für Schamis literarische Arbeit von Bedeutung sein. So war Schami von 1966 bis 1969 in Damaskus Mitherausgeber und Autor einer kritischen Wandzeitung, die schließlich verboten wurde. 1971 kam Schami in die Bundesrepublik Deutschland. Er arbeitete auf Baustellen und in Fabriken als Gastarbeiter, bis er ein Chemiestudium begann, das er 1979 mit der Promotion abschloss. Anschließend arbeitete Schami in der Chemie-Industrie. Seit 1982 ist er freier Schriftsteller.

Leben und Werk
Schon im Alter von 19 Jahren schreibt Schami erste Märchen. Nachdem er sich in der Bundesrepublik für das Leben als Schriftsteller entschieden hat, gründet er in den Achtzigerjahren eine Literaturgruppe („Südwind") und einen interkulturellen Literatur- und Kunstverein („PoLiKunst").
Seine Bücher und Texte verfasst der Autor zunächst auf Arabisch, um sie dann selbst ins Deutsche zu übersetzen. Seit 1977 schreibt Schami direkt auf Deutsch. Damit gehört Schami zu den ersten Migrantenautoren (Autoren, die in ein fremdes Land gezogen sind) in Deutschland, die in den Siebzigerjahren beginnen, das literarische Erbe und die Kultur ihres Herkunftslandes mit ihren Erfahrungen in der Fremde zu verschmelzen und für deutschsprachige Leser zu verarbeiten. So engagiert sich Schami mit seinen Werken für Völkerverständigung und interkulturelle Literatur.
Das Werk Rafik Schamis ist geprägt von einem märchenhaften, teils fantastischen, stets aber fantasievollen und oft schlitzohrigen Stil. Schami schreibt Erzählungen und Romane für Kinder, Jugendliche und Erwachsene. Seine Werke setzen sich zum einen mit der Problematik des Fremdseins auseinander, vermitteln aber zugleich Kultur, Politik und persönliche Erlebnisse aus der syrischen Heimat des Autors. So bietet Schami in dem Erzählband „Der Fliegenmelker" (1985) märchenhafte, reale oder fantastische Geschichten aus seiner Kindheit. Ebenfalls um die Freude an farbigen, lustigen und verdrehten Geschichten und den Spaß am Erzählen geht es in dem Roman „Erzähler der Nacht" (1989). Mit der politischen Situation Syriens befasst sich Schami in seinem Jugendbuch „Eine Hand voller Sterne" (1987). Hier beschreibt ein Bäckersohn in seinen Tagebuchaufzeichnungen sein Leben in Damaskus. Zwei Menschen stehen für ihn im Mittelpunkt: der Geschichtenerzähler Salim und der politische Journalist Habib. Habib schreibt für eine Untergrundzeitung, die sich gegen das Militärregime wendet. Der Junge beginnt, begeistert von dem Engagement Habibs, mit seinen Freunden heimlich die Untergrundzeitung zu verbreiten. Doch schließlich wird Habib verhaftet.
Für seine Bücher erhielt Schami zahlreiche Preise, darunter den Züricher Jugendbuchpreis „La vache qui lit", den „Preis der Leseratten" des ZDF und den Adelbert-von-Chamisso-Preis. Mehrere Titel standen auf der Auswahlliste zum Deutschen Jugendliteraturpreis.

(Aus: Lexikon Deutsch. Kinder- und Jugendliteratur. Autorenportraits und literarische Begriffe, Stark Verlag, Freising 1998, S. 129–130)

1 Erstelle mithilfe des Lexikonartikels eine tabellarische Übersicht über das Leben des Schriftstellers Rafik Schami.

2 Fasse mit eigenen Worten zusammen, was das Besondere am Schreiben Rafik Schamis ist.

Einen Lexikonartikel untersuchen

Annika Ernst: Rafik Schami

Aufgabe 1

1946	– Geburt in Damaskus (Syrien)
1946–1966	– Kindheit: Erfahrung der Angehörigkeit zur christlichen Minderheit in einem islamischen Land – Erfahrung des Außenseitertums – Verfassen erster Märchen
1966–1969	– Mitherausgeber und Autor einer kritischen Wandzeitung in Damaskus – Verbot der Wandzeitung durch die Regierung
1971–1979	– Einreise Schamis in die BRD – Arbeit auf Baustellen und in Fabriken – Aufnahme eines Chemiestudiums – Abschluss des Chemiestudiums mit dem Doktortitel – Arbeit als Schriftsteller zunächst auf Arabisch mit anschließender Übersetzung ins Deutsche
seit 1977	– Arbeit als Schriftsteller direkt auf Deutsch
1979–1982	– Arbeit in der Chemieindustrie
seit 1982	– freier Schriftsteller – Gründung der Literaturgruppe „Südwind" und des interkulturellen Literatur- und Kunstvereins „PoLiKunst" – Auszeichnung der Bücher mit zahlreichen Preisen: Züricher Jugendbuchpreis „La vache qui lit"/Preis der Leseratten des ZDF/Adelbert-von-Chamisso-Preis – mehrere Titel wurden auf die Auswahlliste des Deutschen Jugendliteraturpreises aufgenommen
1985	– Erzählband „Fliegenmelker": Geschichten aus der Kindheit Schamis
1987	– Jugendbuch „Eine Hand voller Sterne": politische Situation in Syrien
1989	– Roman „Erzähler der Nacht": lustige und verdrehte Geschichten und Freude am Erzählen als Themen

Aufgabe 2

Das Besondere am Schreiben von Rafik Schami ist:
– Rafik Schami ist einer der ersten Migrantenautoren.
– Literatur und Kultur seines Herkunftslandes werden mit den Erfahrungen als Migrant verbunden und für deutsche Leser in seinen Büchern aufgearbeitet.
– Der Autor engagiert sich für Völkerverständigung und interkulturelle Literatur.
– Sein Werk zeichnet sich durch einen märchenhaften, teils fantastischen, stets fantasievollen und oft auch schlitzohrigen Stil aus.
– …

Rafik Schami: Eine Hand voller Sterne (Der Streit) – Charakterisierung des Ich-Erzählers

Äußere Lebensumstände	Verhalten, Eigenschaften und Einstellungen	Beziehung zu anderen Figuren

1 Halte in Stichworten fest, was der Leser in den Romanauszügen über den Ich-Erzähler erfährt.

(Lös. s. S. 18–19)

Arbeitsblatt 8

Rafik Schami: Eine Hand voller Sterne (Der Plan) – Die Entwicklung des Konflikts zwischen dem Ich-Erzähler und seinem Vater

1. Phase (Z. – Z.) _____ _____	
2. Phase (Z. – Z.) _____ _____	
3. Phase (Z. – Z.) _____ _____	
4. Phase (Z. – Z.) _____ _____	
5. Phase (Z. – Z.) _____ _____	
6. Phase (Z. – Z.) _____ _____	

1 Die Entwicklung des Konflikts lässt sich sinnvoll in sechs Phasen einteilen. Ergänze in der linken Spalte die Zeilenangaben für die jeweilige Phase und finde eine passende Überschrift.

2 Halte in der rechten Spalte in Stichworten fest, was sich in den einzelnen Phasen ereignet und wie der Sohn die Situation jeweils erlebt.

(Lös. s. S. 22)

© Schöningh Verlag

Arbeitsblatt 9

Frank Radke: Syrien – Geschichte und politische Situation (Zusammenfassung)

- Religionen und Sprachen (Z. 1–15)

- Geschichte Syriens: Anfang des 20. Jahrhunderts bis zum Jahre 2000 (Z. 16–26)

- Kriege unter der Baath-Regierung (Z. 26–75)

- Syrien nach dem Tod von Hafez al-Assad (Z. 76–96)

- „Arabischer Frühling" (Z. 97–127)

- Proteste gegen Baschar al-Assad und Bürgerkrieg (Z. 127–153)

- Verlauf und Folgen des Bürgerkrieges (Z. 154–186)

Halte in Stichworten die Informationen fest, die du in den jeweiligen Sinnabschnitten in dem Text zur Geschichte und politischen Situation Syrien erhältst.

(Lös. s. S. 24–25)

Leistungsüberprüfung – Selbstevaluation – Klassenarbeit

1. **Eine Rezension untersuchen und einen Jugendroman beurteilen**
   (Arbeitsblatt 1, S. 39 f., Bewertungsbogen 1, S. 41 f.)

2. **Eine literarische Figur charakterisieren**
   Text: Rafik Schami: Eine Hand voller Sterne (SB, S. 18–20, S. 22–23)
   Aufgabe: Verfasse eine Charakterisierung des Bäckerjungen.
   Bewertungsbogen: Bewertungsbogen 10, S. 56 f.

3. **Eine literarische Figur charakterisieren**
   Text: Rafik Schami: Eine Hand voller Sterne (SB, S. 18–20, S. 22–23)
   Aufgabe: Verfasse eine Charakterisierung des Vaters des Ich-Erzählers.
   Bewertungsbogen: Bewertungsbogen 11, S. 58 f.

4. **Einen Brief einer literarischen Figur verfassen**
   Text: Rafik Schami: Eine Hand voller Sterne (SB, S. 18–20, S. 22–23)
   Aufgabe: Stell dir vor, der Bäckerjunge hätte seiner Freundin Nadia einen Abschiedsbrief geschrieben, bevor er Damaskus verlässt. Schreibe einen möglichen Brief. Erkläre dabei, welche Gründe den Bäckerjungen zu seiner Flucht veranlasst haben.
   Bewertungsbogen: Bewertungsbogen 12, S. 60 f.

5. **Einen Tagebucheintrag einer literarischen Figur schreiben**
   Text: Rafik Schami: Erzähler der Nacht (SB, S. 29–34)
   Aufgabe: Stell dir vor, einer der Freunde Salims berichtet in seinem Tagebuch über die unglaublichen Geschichten, die der Emigrant Tuma erzählt hat. Verfasse einen möglichen Tagebucheintrag. Mache dabei deutlich, wie der Tagebuchschreiber die Amerikaner sieht und was er von Tumas Erzählungen hält.
   Bewertungsbogen: Bewertungsbogen 13, S. 62 f.

6. **Eine Stellungnahme zu einem Zitat verfassen**
   Text: Rafik Schami: Erfahrungen eines zugereisten Orientalen (SB, S. 35–36)
   Aufgabe: Rafik Schami schreibt: „Aber ich kann mich totlachen, wenn ich die Forderung nach Anpassung von Deutschen höre."
   Erkläre, wie diese Aussage Schamis zu verstehen ist und welche Gründe er für seine Auffassung anführt. Nimm anschließend Stellung dazu.
   Bewertungsbogen: Bewertungsbogen 14, S. 64 f.

Bewertungsbogen 10

Bewertungsbogen zur Leistungsüberprüfung/Klassenarbeit

Name:	
Schulhalbjahr/Datum:	
Klasse:	
Fachlehrer/in:	
Thema der Unterrichtsreihe:	Eine Hand voller Sterne – Der Sohn eines Bäckermeisters
Thema der Klassenarbeit:	Eine literarische Figur charakterisieren
Aufgaben:	Verfasse eine Charakterisierung des Bäckerjungen.

A Inhaltliche Leistungen

	Du hast eine Charakterisierung des Bäckerjungen verfasst.	maximale Punktzahl	erreichte Punktzahl
1	Dazu hast du einen Einleitungssatz mit den Angaben – Figur (Ich-Erzähler/14-jähriger Bäckerjunge aus Damaskus), – Titel des Jugendbuches (Eine Hand voller Sterne), – Autor (Rafik Schami) und – einer kurzen Vorstellung der Figur (Der 14-jährige Ich-Erzähler soll die Bäckerei des Vaters übernehmen, er möchte aber Journalist werden.) formuliert.	1 1 1 3	
2	Du hast die äußeren Lebensumstände des Bäckerjungen dargelegt: Der Bäckerjunge – ist 14 Jahre alt und Sohn eines Bäckers, – lebt im christlichen Viertel von Damaskus, – soll wie sein Vater Bäcker werden, – ist der Klassenbeste und möchte weiter zur Schule gehen, – verbringt seine Zeit vor allem mit seinen drei Freunden (Mahmud, Josef und Onkel Salim), – …	2 2 2 2 2	
3	Du hast die Zukunftspläne, typischen Charaktereigenschaften und Einstellungen des Bäckerjungen dargelegt. Der Bäckerjunge – möchte unbedingt Journalist werden, um die Regierung zu kritisieren und die Zustände in Syrien zu verbessern, – will auf keinen Fall die Bäckerei des Vaters weiterführen, – ist sehr willensstark, da er sich den Willen des Vaters nicht aufzwängen lassen will, – ist sehr mutig, da er aufgrund des Streites mit dem Vater ohne weitere Unterstützung von zu Hause flieht und in der Fremde Journalist werden will, – …	3 3 3 3	

© Schöningh Verlag

4	Du hast die Beziehung des Bäckerjungen zu den anderen Figuren, insbesondere zu seinem Vater, dargestellt:		
	– Der Vater will den Jungen entgegen dessen Begabungen und Willen zwingen, Bäcker zu werden und die Bäckerei zu übernehmen, um die Tradition in der Familie fortzuführen.	3	
	– Der Junge hasst die Arbeit in der Bäckerei und weigert sich, den Willen des Vaters zu erfüllen.	3	
	– Der Konflikt steigert sich, als der Vater den Jungen ohne dessen Wissen von der Schule nimmt, damit er nun in der Bäckerei arbeitet.	3	
	– Da es von nun an nur noch Streit mit dem Vater gibt und der Junge die Arbeit in der Bäckerei hasst, flieht der Junge am Ende von zu Hause.	3	
	– Er will in Aleppo alles daran setzen, seinen Traum, Journalist zu werden, zu verwirklichen.	3	
	– Unterstützt wird der Junge gegen den Vater von seiner Mutter, Onkel Salim und seinem Klassenlehrer. Alle drei versuchen, den Vater umzustimmen, scheitern aber damit.	3	
	– …		
5	Du hast abschließend die Figur des Bäckerjungen aus deiner Sicht nachvollziehbar und begründet bewertet.	8	
	Gesamtpunktzahl für Aufgabe 1	**54**	
A	**Gesamtpunktzahl**	**54**	

B Darstellungsleistungen

		maximale Punktzahl	erreichte Punktzahl
1	Deine Rechtschreibung, Zeichensetzung und Grammatik sind fehlerfrei.	8	
2	Du formulierst genau, sachlich und abwechslungsreich.	5	
3	Deine Ausführungen sind nachvollziehbar, schlüssig und gut verständlich.	5	
B	**Gesamtpunktzahl**	**18**	

Gesamtpunktzahl A und B	**72**

Die Leistungsüberprüfung/Klassenarbeit wird mit der Note

bewertet.

Zuordnung der Punkte zu den Notenstufen

Note	Punkte
sehr gut	72 – 63
gut	62 – 53
befriedigend	52 – 43
ausreichend	42 – 32
mangelhaft	31 – 14
ungenügend	13 – 0

Datum   Unterschrift

© Schöningh Verlag

Bewertungsbogen 11

Bewertungsbogen zur Leistungsüberprüfung/Klassenarbeit

Name:	
Schulhalbjahr/Datum:	
Klasse:	
Fachlehrer/in:	
Thema der Unterrichtsreihe:	Eine Hand voller Sterne – Der Sohn eines Bäckermeisters erzählt
Thema der Klassenarbeit:	Eine literarische Figur charakterisieren
Aufgaben:	Verfasse eine Charakterisierung des Vaters des Ich-Erzählers.

A Inhaltliche Leistungen

	Du hast eine Charakterisierung des Vaters des Ich-Erzählers verfasst.	maximale Punktzahl	erreichte Punktzahl
1	Dabei hast du einen Einleitungssatz mit den Angaben – Figur (Vater des Ich-Erzählers, einem 14-jährigen Jungen aus Damaskus), – Titel des Jugendbuches (Eine Hand voller Sterne), – Autor (Rafik Schami) und – einer kurzen Vorstellung der Figur (Der Vater führt eine Bäckerei in der Altstadt und will, dass sein begabter Sohn diese übernimmt, obwohl dieser unbedingt Journalist werden will.) formuliert.	2 2 2 2	
2	Du hast die äußeren Lebensumstände des Vaters dargelegt: Der Vater – lebt mit seiner Frau und seinem Sohn, dem 14-jährigen Ich-Erzähler, in einem typisch orientalischen Lehmhaus in Damaskus, – führt eine Bäckerei in der Altstadt von Damaskus, – arbeitet sehr hart, um seine Familie zu ernähren, – lebt trotz der harten Arbeit mit seiner Familie in eher bescheidenen Verhältnissen.	2 2 2 2	
3	Du hast die Zukunftspläne, typischen Charaktereigenschaften und Einstellungen des Vaters des Bäckerjungen dargelegt: Der Vater – hat kein Verständnis für die Pläne und Person seines Sohnes, – denkt traditionell-konservativ und hält es deshalb für die Pflicht des Sohnes, die Bäckerei fortzuführen, – verhält sich gegenüber seinem Sohn autoritär, herrisch und oft auch gefühlskalt. So nimmt er ihn ohne Rücksprache einfach von der Schule und zwingt ihn, in der Bäckerei zu arbeiten. – ist auch äußerst stur. Deshalb können ihn weder seine Frau, Onkel Salim noch der Klassenlehrer zum Einlenken bewegen. – ist überzeugt, dass die Bäckerei seinem Jungen eine sichere Zukunft bietet, und hält die Pläne seines Jungen für sinnlose Fantasien, – glaubt vor allem, dass materielle Dinge im Leben wichtig sind und die Tradition das Leben bestimmt.	3 3 3 3 3 3	

© Schöningh Verlag

Bewertungsbogen 11

4	Du hast die Beziehung des Vaters zu den anderen Figuren, insbesondere zu seinem Sohn, dargelegt:	
	– Der Vater verhält sich wie ein typisches Familienoberhaupt. Er will ungefragt über seinen Sohn bestimmen dürfen. Dabei lässt er keine Widerworte seines Sohnes zu oder sucht auch nicht das Gespräch mit diesem. Deshalb wird das Verhältnis der beiden immer zerrütteter, bis der Junge am Ende wegen des Vaters von zu Hause wegläuft, da er den Streit mit seinem Vater nicht mehr ertragen kann.	5
	– Der Vater verhält sich auch gegenüber dem Klassenlehrer, seiner Frau und Onkel Salim uneinsichtig. Mit allen streitet er darüber, ob der Junge weiter die Schule besuchen darf. Von keinem lässt er sich aber etwas sagen.	5

A Gesamtpunktzahl	**44**

B Darstellungsleistungen

		maximale Punktzahl	erreichte Punktzahl
1	Deine Rechtschreibung, Zeichensetzung und Grammatik sind fehlerfrei.	6	
2	Du formulierst genau, sachlich und abwechslungsreich.	4	
3	Deine Ausführungen sind nachvollziehbar, schlüssig und gut verständlich.	4	

B Gesamtpunktzahl	**14**

Gesamtpunktzahl A und B	**58**

Die Leistungsüberprüfung/Klassenarbeit wird mit der Note

_____ bewertet.

Zuordnung der Punkte zu den Notenstufen

Note	Punkte
sehr gut	58–50
gut	49–42
befriedigend	41–34
ausreichend	33–26
mangelhaft	25–11
ungenügend	10–0

_____
Datum   Unterschrift

© Schöningh Verlag

Bewertungsbogen 12

Bewertungsbogen zur Leistungsüberprüfung/Klassenarbeit

Name:	
Schulhalbjahr/Datum:	
Klasse:	
Fachlehrer/in:	
Thema der Unterrichtsreihe:	Eine Hand voller Sterne – Der Sohn eines Bäckers erzählt
Thema der Klassenarbeit:	Einen Brief einer literarischen Figur verfassen
Aufgaben:	Stell dir vor, der Bäckerjunge hätte seiner Freundin Nadia einen Abschiedsbrief geschrieben, bevor er Damaskus verlässt. Schreibe einen möglichen Brief. Erkläre dabei, welche Gründe den Bäckerjungen zu seiner Flucht veranlasst haben.

A Inhaltliche Leistungen

	Du hast einen möglichen Abschiedsbrief des Bäckerjungen an seine Freundin Nadia verfasst.	maximale Punktzahl	erreichte Punktzahl
1	Dabei hast du die Gefühle und Gedanken des Bäckerjungen in Bezug auf seine bevorstehende Flucht verdeutlicht. Dabei bist du auf folgende Punkte eingegangen:		
	– Der Junge bedauert, Nadia, die er sehr mag, zurücklassen zu müssen.	3	
	– Auch fällt ihm der Abschied wegen seiner Freunde, seiner Mutter sowie seines Onkels Salim schwer.	3	
	– Er ist froh, dass er seinen Vater nicht mehr sehen muss und er auch der Plackerei in der Bäckerei entkommen kann.	3	
	– Der Junge erhofft sich ein besseres Leben in Aleppo und ist sehr zuversichtlich, dass es ihm trotz aller Schwierigkeiten gelingen wird, zunächst bei einer Zeitung arbeiten zu können und später Journalist zu werden.	3	
2	Dabei hast du die Gründe, die der Bäckerjunge für seine Flucht hat, dargelegt. Dabei bist du auf folgende Punkte eingegangen:		
	– Er findet es ungerecht, dass sein Vater ihn einfach ohne sein Wissen von der Schule genommen hat.	3	
	– Der Junge möchte unbedingt Journalist werden und hasst die Arbeit in der Bäckerei.	3	
	– Er ist nicht der Meinung des Vaters, dass die Tradition im Leben zählt, sondern er will über sich selbst bestimmen.	3	
	– Es ist dem Jungen nicht wichtig, dass ihm die Bäckerei ein gutes Auskommen bietet. Ihm geht es vor allem um nicht materielle Ziele, wie z. B. als Journalist die Zustände in Syrien offen anzuklagen.	3	
	– Die ständigen Streitereien mit seinem Vater sind derart eskaliert, dass er es zu Hause einfach nicht mehr aushält.	3	
A	**Gesamtpunktzahl**	**27**	

© Schöningh Verlag

Bewertungsbogen 12

B Darstellungsleistungen

		maximale Punktzahl	erreichte Punktzahl
1	Du hast die Form eines persönlichen Briefes beachtet.	2	
2	Deine Rechtschreibung, Zeichensetzung und Grammatik sind fehlerfrei.	5	
3	Du formulierst abwechslungsreich und vermittelst dem Leser die Gefühle und Gedanken des Jungen auch über eine passende Wortwahl.	3	
4	Deine Ausführungen sind nachvollziehbar, schlüssig und gut verständlich.	3	
B	**Gesamtpunktzahl**	**13**	
Gesamtpunktzahl A und B		**40**	

Die Leistungsüberprüfung/Klassenarbeit wird mit der Note

_____ **bewertet.**

_____
Datum   Unterschrift

Zuordnung der Punkte zu den Notenstufen

Note	Punkte
sehr gut	40–35
gut	34–29
befriedigend	28–24
ausreichend	23–18
mangelhaft	17–8
ungenügend	7–0

© Schöningh Verlag

Bewertungsbogen 13

Bewertungsbogen zur Leistungsüberprüfung/Klassenarbeit

Name:	
Schulhalbjahr/Datum:	
Klasse:	
Fachlehrer/in:	
Thema der Unterrichtsreihe:	Zwischen zwei Welten – Tuma, der Einwanderer, erzählt
Thema der Klassenarbeit:	Einen Tagebucheintrag einer literarischen Figur schreiben
Aufgaben:	Stell dir vor, einer der Freunde Salims berichtet in seinem Tagebuch über die unglaublichen Geschichten, die der Emigrant Tuma erzählt hat. Verfasse einen möglichen Tagebucheintrag. Mache dabei deutlich, wie der Tagebuchschreiber die Amerikaner sieht und was er von Tumas Erzählungen hält.

A Inhaltliche Leistungen

	Du hast einen Tagebucheintrag von einem der Freunde Salims über dessen unglaubliche Geschichten verfasst.	maximale Punktzahl	erreichte Punktzahl
1	Du hast Tumas Auswanderungserfahrungen dargelegt. Dabei bist du auf folgende Punkte eingegangen:		
	– Tuma hat in Amerika ein hartes Leben geführt.	3	
	– Vor allem hat er darunter gelitten, dass er sich auf Englisch nie so ausdrücken konnte wie in seiner Muttersprache.	3	
	– In Amerika hat er viel Desinteresse und Vorurteile erlebt.	3	
	– Es ärgert ihn, dass seine Landsleute nach seiner Rückkehr ihn verachteten, weil er nicht als Millionär zurückgekehrt ist.	3	
	– Das Leben in der Fremde hat Tuma vor allem mutiger und selbstbewusster werden lassen. Vorher war er ein Angsthase. In Amerika musste er ein „Löwe" sein.	3	
2	Du hast dargelegt, was Tuma über die Unterschiede des Lebens der Amerikaner und Orientalen erzählt. Dabei hast du folgende Punkte angeführt:		
	– Die Amerikaner feilschen nicht, sondern haben feste Preise.	3	
	– In Amerika lebt jeder für sich, während in Syrien jeder fest in seine Familie und Sippe eingebunden ist.	3	
	– Die Amerikaner schmücken ihre Friedhöfe und gehen dort spazieren, in der Heimat Tumas meiden die Menschen die Friedhöfe als Orte der Vernichtung.	3	
	– Die Menschen in Amerika feiern ihren Geburtstag, die Menschen in Syrien nicht.	3	
	– Nach einer Beerdigung wird in Amerika im Hause des Verstorbenen eine Totenfeier abgehalten. Ein Orientale würde nie in einem Haus feiern, in dem gerade jemand gestorben ist.	3	
	– Die Amerikaner behandeln ihre Hunde oft wie Menschen. Dies wäre für einen Orientalen unvorstellbar.	3	

Bewertungsbogen 13

3	Du hast deutlich gemacht, was der Tagebuchschreiber von Tumas Berichten über die Amerikaner hält. Dabei gehst du auf folgende Punkte ein: – Er findet, dass Tuma maßlos übertreibt und seinen Zuhörern Ammenmärchen auftischt. – Er kann sich aufgrund seiner eigenen Wertvorstellungen nicht vorstellen, dass Tuma die Wahrheit sagt.	3 3	

A	Gesamtpunktzahl	39

B Darstellungsleistungen

		maximale Punktzahl	erreichte Punktzahl
1	Deine Rechtschreibung, Zeichensetzung und Grammatik sind fehlerfrei.	5	
2	Du formulierst abwechslungsreich und vermittelst dem Leser die Gefühle des Tagebuchschreibers auch über eine passende Wortwahl.	3	
3	Deine Ausführungen sind nachvollziehbar, schlüssig und gut verständlich.	3	

B	Gesamtpunktzahl	11

Gesamtpunktzahl A und B	50

Die Leistungsüberprüfung/Klassenarbeit wird mit der Note

bewertet.

_____

Datum   Unterschrift

Zuordnung der Punkte zu den Notenstufen

Note	Punkte
sehr gut	50–44
gut	43–37
befriedigend	36–30
ausreichend	29–23
mangelhaft	22–10
ungenügend	9–0

© Schöningh Verlag

Bewertungsbogen 14

Bewertungsbogen zur Leistungsüberprüfung/Klassenarbeit

Name:	
Schulhalbjahr/Datum:	
Klasse:	
Fachlehrer/in:	
Thema der Unterrichtsreihe:	Alles nur Vorurteile … – Rafik Schami über die Deutschen
Thema der Klassenarbeit:	Eine Stellungnahme zu einem Zitat verfassen
Aufgaben:	Rafik Schami schreibt: „Aber ich kann mich nur totlachen, wenn ich die Forderung nach Anpassung von Deutschen höre." 1. Erkläre, wie diese Aussage Schamis zu verstehen ist und welche Gründe er für seine Auffassung anführt. 2. Nimm anschließend Stellung dazu.

A Inhaltliche Leistungen

Aufgabe 1

		maximale Punktzahl	erreichte Punktzahl
	Du hast die Bedeutung der Aussage Schamis erläutert und seine Gründe für die mit der Aussage vertretene Auffassung dargelegt.		
1	Dabei bist du auf folgende Punkte eingegangen: – Schami hält die Forderung für übertrieben, weil eine völlige Anpassung gar nicht möglich ist. – Es ist auch nicht klar, was der Fremde tun muss, um sich anzupassen. – Die Deutschen haben selbst keine Vorstellung davon, was ein Fremder tun muss, um als einer der ihren zu gelten. – Zudem prägen zahlreiche „fremde" Einflüsse die deutsche Gesellschaft und Lebensweise der Deutschen.	4 4 4 4	
	Gesamtpunktzahl für Aufgabe 1	**16**	

Aufgabe 2

		maximale Punktzahl	erreichte Punktzahl
	Du hast eine begründete Stellungnahme zu dem Zitat verfasst.		
1	Du hast dich begründet der Auffassung Schamis angeschlossen, dass die Forderung nach Anpassung der Fremden übertrieben und unbegründet ist. Oder: Du hast der Auffassung Schamis begründet widersprochen (z. B. mit dem Gegenargument, dass eine Gesellschaft einen gemeinsamen Lebensstil und Wertekonsens benötigt).	8	
	Gesamtpunktzahl für Aufgabe 2	**8**	
A	**Gesamtpunktzahl**	**24**	

Bewertungsbogen 14

B Darstellungsleistungen

		maximale Punktzahl	erreichte Punktzahl
1	Deine Rechtschreibung, Zeichensetzung und Grammatik sind fehlerfrei.	5	
2	Du formulierst genau, sachlich und abwechslungsreich.	3	
3	Deine Ausführungen sind nachvollziehbar, schlüssig und gut verständlich.	3	
B	**Gesamtpunktzahl**	**11**	
	Gesamtpunktzahl A und B	**35**	

Die Leistungsüberprüfung/Klassenarbeit wird mit der Note

_____ bewertet.

_____
Datum   Unterschrift

Zuordnung der Punkte zu den Notenstufen

Note	Punkte
sehr gut	35 – 31
gut	30 – 26
befriedigend	25 – 21
ausreichend	20 – 16
mangelhaft	15 – 7
ungenügend	6 – 0

© Schöningh Verlag

Stimmungen – In Gedichten sich selbst aussprechen (S. 38–61)

Vorüberlegungen zur Einheit

„Ich" ist eines der am häufigsten in Gedichten verwendeten Wörter: Seit Jahrhunderten gilt Lyrik als „subjektivste" der drei traditionellen literarischen Gattungen und daher als Medium der Selbstdarstellung. Im ersten Teil dieser Unterrichtseinheit (S. 40–48) für jugendliche Achtklässler, die sich noch in der Entwicklung befinden und meist noch keine in sich gefestigten Persönlichkeiten sind, kommt in den ausgewählten Gedichten und Songs neben diesem Aspekt der Selbstaussprache eine fragende, noch suchende Grundhaltung hinzu. Immer wieder geht es darum, den „eigenen Weg" zu suchen, sich in Auseinandersetzung mit der Umwelt über die eigenen Wünsche und Vorstellungen klar zu werden. Dabei werden in den verschiedenen Texten Themen aufgegriffen, die für Jugendliche dieser Altersstufe relevant sind (vgl. u., S. 67 ff.).

Im zweiten Teil der Unterrichtsreihe geht es dann spezieller um das Verhältnis des lyrischen Ichs zur Natur, insbesondere zu Bäumen. Nachdem in das erste Unterkapitel moderne Autoren (Jandl, Kunert, Enzensberger) und mehrere recht aktuelle Songs aufgenommen wurden (Wir sind Helden, Tim Bendzko, Christina Stürmer), um den Jugendlichen einen einfachen, altersangemessenen Zugang zur Beschäftigung mit Lyrik zu ermöglichen, werden hier mehr traditionelle Texte angeboten (Uhland, Eichendorff, Mörike), wobei die Gedichte weitgehend chronologisch angeordnet sind (vgl. u., S. 77 ff.).

In methodischer Hinsicht wechseln textanalytische mit produktionsorientierten und kreativen Aufgabenstellungen ab. Das Verfassen einer ausführlichen schriftlichen Gedichtanalyse, wie es häufig von den Schülerinnen und Schülern in Klassenarbeiten gefordert wird, wird im Laufe der gesamten Unterrichtsreihe schrittweise eingeführt und immer wieder geübt (Sprachliche Bilder untersuchen, S. 48; Versmaß und Reimschema, S. 50; Sprachliche Gestaltungsmittel bestimmen, S. 53; Ein Gedicht beschreiben und deuten, S. 55; Randbemerkungen anbringen, S. 56, Aufgabe 3; Weitere Tipps sammeln, S. 57, Aufgabe 4).

Im Einzelnen werden folgende Kompetenzen vermittelt:
- ein Gedicht sinnentsprechend vortragen,
- Versmaß und Reimschema ermitteln sowie ihre Wirkung beurteilen,
- die Bildlichkeit eines Gedichts und ihre Wirkung untersuchen,
- die sprachlichen Gestaltungsmittel eines Gedichts und ihre Wirkung untersuchen,
- eine schriftliche Gedichtanalyse verfassen,
- Gedichte anhand vorgegebener oder selbst gewählter Kriterien vergleichen,
- Texte nach bestimmten inhaltlichen und/oder formalen Vorgaben produzieren.

Der Einstieg in die Unterrichtseinheit kann über Abbildungen und Aufgaben auf der **Auftaktdoppelseite** erfolgen. Die linke Hälfte (S. 38) bezieht sich dabei auf den ersten Teil des Kapitels („Den eigenen Weg suchen"), die rechte Hälfte auf den zweiten Teil („Ich und die Natur: Bäume – Gedichte beschreiben und deuten").

Aufgaben 1 und 2 S. 38	Die Abbildung zeigt einen Jugendlichen, der sich selbst nachdenklich und offenbar ziemlich kritisch im Spiegel betrachtet (zum Spiegel als Symbol der Selbsterkenntnis vgl. den Song von Christina Stürmer auf S. 47). Seine Gedanken könnten um sein Aussehen, aber auch insgesamt um sein Auftreten, sein Selbstverständnis, seine Beziehung zu anderen Menschen, im weitesten Sinne um seine Lebensgestaltung kreisen. Diese grüblerische Beschäftigung mit sich selbst, die häufig mit dem Bedürfnis, „sich selbst auszusprechen", verbunden ist, dürfte den meisten Schülern dieser Altersstufe vertraut sein.
Aufgaben 3 bis 5 S. 38	Monets Gemälde „Bäume in Blüte" wirkt frühlingshaft-heiter, auch etwas träumerisch. Diese Stimmung wird erzeugt durch die hellen Farben, das typisch impressionistische Spiel des Lichts und die verschwimmenden Konturen. Hier zeigt sich die uneingeschränkte Bewunderung, die der Künstler für die Natur empfindet, deren Schönheiten er durch die Wiedergabe seiner Eindrücke auch dem Betrachter vermitteln möchte. Rousseaus „Tropischer Wald mit Affen" zählt zu den „Dschungel-Bildern" des Malers, der Frankreich nie verlassen hat. Daher geben diese Bilder lediglich seine Vorstellung vom Urwald wieder, sind also ganz seiner Fantasie entsprungen. Das abgedruckte Bild wirkt durch die intensiven Farben und die fast ornamentalen Formen der Pflanzen bunt und exotisch, auch die Affen erwecken die Vorstellung einer fernen, abenteuerlichen Fantasiewelt. Das Werk „Der große Wald" des surrealistischen Künstlers Max Ernst ist nach der von ihm selbst erfundenen Zufallstechnik der „Grattage" geschaffen. Es wirkt auf den Betrachter schon aufgrund seiner Farbgebung, des Hell-Dunkel-Kontrastes und der scharfen Konturen düster, kalt und bedrohlich. Zu sehen sind einige Objekte, die pflanzenähnliche Strukturen aufweisen und in ihrer Anordnung an teilweise umgestürzte, aneinander angelehnte Bäume erinnern, als versteckte Details lassen sich menschen- und vogelähnliche Figuren entdecken. Die schockierende Wirkung dieses Kunstwerks entspricht durchaus der Intention Max Ernsts, der die Realität nicht abbilden, sondern sie in provozierender Weise verfremden wollte, um bestehende gesellschaftliche und künstlerische Werte infrage zu stellen.

Didaktische Aufbereitung der Unterkapitel

„Ich will nicht sein, so wie ihr mich wollt" – Den eigenen Weg suchen (S. 40–48)

Die ausgewählten Gedichte und Songs behandeln alterstypische Themen, z. B. den Konflikt mit den Erwartungen der Gesellschaft („My own song", S. 40), die Selbstbehauptung und Selbstverwirklichung in einer Konsum- und Medienwelt (Werbespot „Ich mach so was!", S. 41f.; „Guten Tag", S. 43), Unsicherheiten und Ängste („Nicht Zutreffendes streichen", S. 44), die Flucht in eine virtuelle Wirklichkeit und der gleichzeitige Verlust realer Erlebnisse und echter Gefühle („Programmiert", S. 45f.) und die Auseinandersetzung mit Schönheitskult und Schlankheitswahn („Lebe lauter", S. 47).

Ernst Jandl: My own song (mein eigenes lied) (S. 40)
„Ich will nicht sein, so wie ihr mich wollt" – Die ersten beiden Verse des Gedichts von Jandl haben diesem Unterkapitel als Titel gedient. Sie zeigen das Streben des lyrischen Ichs nach Selbstverwirklichung und die feste Absicht, seinen eigenen Weg zu gehen.

Gleichzeitig wird aber auch schon deutlich, dass dieser Prozess der Selbstfindung konflikthaft ist und eine kritische Auseinandersetzung mit den Vorstellungen und Erwartungen der Umwelt voraussetzt. Dazu gehört für Jugendliche insbesondere eine Abgrenzung von den Wünschen und Wertvorstellungen der Elterngeneration, repräsentiert vor allem durch die eigenen Eltern und Lehrer, aber auch das Finden eigener Positionen innerhalb verschiedener Bezugsgruppen von Altersgenossen wie Freunden, Mitschülern, Vereinskameraden oder Geschwistern. Mit gesellschaftlichen Erwartungen müssen sich Jugendliche auch auseinandersetzen, etwa hinsichtlich ihres Auftretens in der Öffentlichkeit (Kleidung, Sprache, „Benehmen") oder bei Fragen nach eigenen Interessen und Fähigkeiten, nach schulischen Leistungen oder beruflichen Vorstellungen.

Jandls Text entspricht keineswegs den Vorstellungen, die Jugendliche meist von Gedichten haben: Reime, viele sprachliche Mittel, schwer zu verstehen, gefühlvoll bis „kitschig". Die Wortwahl ist ausgesprochen schlicht und alltagssprachlich, der Satzbau ist einfach, auch die Gesamtstruktur ist leicht zu erkennen (zwei Strophen mit jeweils 10 Versen, von denen jeweils zwei einen Satz bilden), die Interpunktion fehlt völlig, alle Wörter sind kleingeschrieben. Durch die vielen auffälligen Wiederholungen wirkt der Text zunächst eher experimentell, fast wie eine Sprachspielerei. Den leichten Abweichungen, die sich jeweils von Verspaar zu Verspaar ergeben, liegt jedoch eine genau kalkulierte Struktur zugrunde: In der ersten Strophe werden die Hauptsätze in den ungeraden Versen jeweils um ein Wort ergänzt, sodass deren Länge bis auf acht Wörter in V. 9 ansteigt, während in den geraden Versen die Vergleichssätze („so wie ihr mich wollt") immer unverändert bleiben. Im Gegensatz dazu sind in der zweiten Strophe die ungeraden Verse (mit Ausnahme von V. 19) immer identisch („nicht wie ihr mich wollt"), während die geraden Verse immer um ein Wort gekürzt werden, sodass sich insgesamt gesehen eine spiegelbildliche Struktur des Gedichts ergibt. Betrachtet man nun die einzelnen Variationen genauer, so stellt man auch inhaltlich bedeutsame Änderungen fest, die bei oberflächlicher Lektüre überhaupt nicht auffallen. So drückt etwa die Entwicklung von „ich will nicht sein" (V. 1) zu „ich will nicht ihr sein" (V. 3) auch eine inhaltliche Entwicklung aus: Während das lyrische Ich zunächst nur ankündigt, nicht den Vorstellungen der Angesprochenen („ihr") entsprechen zu wollen (V. 1 f.), deutet es danach an, dass diese ihn ganz an sich anpassen, ihn zur völligen Identifizierung mit ihrer Gruppe zwingen wollen (V. 3 f.). Am Strophenende mündet diese Entwicklung in den Vorwurf, dass die angeredete Gruppe ihre eigenen Wünsche und Vorstellungen hinsichtlich ihrer Lebensgestaltung zwar zu verwirklichen sucht, dies aber nicht erreicht, sodass ihre Planungen utopisch bleiben („ich will nicht sein wie ihr sein wollt", V. 9). In ähnlicher Weise ergeben sich auch in der zweiten Strophe durch die Kürzungen immer wieder leichte Änderungen der einzelnen Aussagen, die immer deutlicher auf den Wunsch nach Selbstverwirklichung und Selbstbestimmung hinauslaufen („ich will *ich* sein", V. 18), bis schließlich das Finden einer eigenen, autonomen Identität geradezu als Grundvoraussetzung der menschlichen Existenz dargestellt wird („ich will *sein*", V. 20).

Da das Gedicht einer gewissen musikalischen Ordnung – die Überschrift verweist hierauf – folgt bzw. durch das Spiel mit Klang und Rhythmus einem Liedtext durchaus ähnelt, eignet es sich insbesondere, um das Vortragen von Gedichten zu üben.

Aufgaben 1 und 2 S. 40

Die Schülerinnen und Schüler nähern sich der Aussage des Textes über das Vortragen des Gedichts auf spielerische Weise, indem sie mit den einzelnen Versen experimentieren. Dadurch wird ihre Aufmerksamkeit fast zwangsläufig auf die einzelnen Änderungen gelenkt, über deren Sinn sie dann nachdenken. Da jeder Gedichtvortrag bereits eine Interpretation darstellt, sollten die Schüler die von ihnen gewählte Vortragsweise auch begründen, um so im Unterrichtsgespräch die Bedeutung der einzelnen Verspaare zu erschließen.

Als methodische Alternative bietet sich der Einstieg mit einer verwürfelten Fassung des Gedichts an (**Arbeitsblatt 1, S. 89**), da auch hier die Schüler die Wiederholungen und die inhaltlichen Abänderungen bei ihren Entscheidungen für eine rekonstruierte Textfassung berücksichtigen und daher über deren Bedeutung nachdenken müssen.

Aufgabe 3
S. 40

Die bei den ersten beiden Aufgaben entwickelten Deutungsansätze werden hier durch gezielte Fragen präzisiert. Deutlich werden sollte, dass das lyrische Ich offenbar über das Selbstbewusstsein und den Mut verfügt, seinen ganz eigenen Weg zu suchen, und dass es dafür auch bereit ist, Konflikte mit anderen Menschen auf sich zu nehmen. Genauere Vorstellungen von der Beschaffenheit dieses Weges hat das lyrische Ich aber wohl noch nicht, zunächst geht es nur um eine klare Abgrenzung von den Anforderungen der Mitmenschen. Wenn man einen jüngeren Menschen als Sprecher annimmt, dann könnten mit „ihr" vor allem die Eltern und Lehrer sowie andere Erwachsene angesprochen werden, denkbar ist aber auch eine stark verallgemeinerte Anrede an alle anderen Menschen.

Aufgabe 4
S. 40

Durch die Sprachanalyse sollte deutlich werden, dass es sich bei Jandls Text nicht bloß um eine Sprachspielerei handelt, sondern dass die auffällige Form zur Verdeutlichung des Inhalts dient. So zeigen die vielen fast staccatoartigen Wiederholungen die Dringlichkeit und Intensität des Wunsches nach Selbstverwirklichung, welcher der angesprochenen Gruppe geradezu „eingehämmert" werden soll. Die nur leichten inhaltlichen Abänderungen zeigen, dass das gesamte Denken des lyrischen Ichs immer wieder um dieses Thema mit seinen verschiedenen Aspekten kreist. Auffällig sind auch die Parallelität der einzelnen Verse und die zahlreichen Wiederholungen – die Verse der ersten Strophe werden abwechselnd mit „ich" und „so" eingeleitet, die der zweiten jeweils mit „nicht" und „wie" bzw. erneut „ich". Das Gedicht folgt also einem ganz bestimmten Rhythmus und erinnert in seiner Gestaltungsweise an ein Musikstück. Auffällig ist die Opposition zwischen den Personalpronomen „ich" und „ihr"; das fordernde, individualistische „ich" steht hier einem konformistischen „ihr" gegenüber. Der letzte Vers bringt die Hauptaussage des Gedichts pointiert zum Ausdruck. Für das lyrische Ich ist die individualistische Selbstfindung und die Ablehnung einer Anpassung an den Mainstream Ausdruck seiner Vorstellung von einem glücklichen Leben: „Sein" bedeutet, selbstbestimmt, frei und eigenverantwortlich zu leben.

Die wichtigsten Aussagen können auch in Form eines **Tafelbildes** zusammengefasst werden:

Ernst Jandl: My own song (mein eigenes Lied)

„Ich will nicht sein" (V. 1)	„Ich will *sein*" (V. 20)
– angepasst leben	– selbstbestimmt leben
– nur die Vorstellungen anderer erfüllen	– meine eigenen Träume und Vorstellungen verwirklichen
– von der Meinung anderer abhängig sein	– eigene Entscheidungen treffen
– …	– …

Für das lyrische Ich ist die Selbstbestimmung über das eigene Ich das Wichtigste im Leben.
⇨ **Selbstverwirklichung als Grundvoraussetzung der menschlichen Existenz**

TAFELBILD

Aufgabe 5
S. 40

Das Lied wird (ebenso wie der Weg) zur Metapher für die eigene Lebensgestaltung. Für die Zweisprachigkeit des Gedichttitels sind mehrere Erklärungen möglich. Denkbar ist, dass das hinsichtlich seiner Ziele noch unsichere lyrische Ich die für sein „Lebenslied" angemessene Sprache noch nicht gefunden hat. Es könnte auch sein, dass es als eher junger Mensch die „jugendlich" und weltoffen wirkende englische Sprache benutzt, die es aber meint für die ältere Generation übersetzen zu müssen.

„Ich mach so was!" – Einen Werbespot untersuchen (S. 41)

Der Typus des Rebells ist ein gängiges Werbethema bzw. Werbemittel, da es die Sympathien der Zuschauer weckt. In diesem Fall soll die positive Eigenschaft der sympathischen Hauptperson auf das Werbeobjekt, hier das Auto, übertragen werden. Anders als die versnobte Golfergemeinschaft, der es nur um oberflächliche Selbstdarstellung und Präsentation des eigenen ökonomischen Status geht, wird der Prominente Mehmet Scholl hier als sympathischer Rebell, quasi als unabhängiges und humorvolles Gegenmodell dargestellt, welcher die Scheinwelt des Golfclubs entlarvt und ihre Mitglieder als einfältige und oberflächliche Trottel bloßstellt. Das Auto wird in diesem Kontext als kluge, da wertstabile und günstige Alternative zu einem teureren Auto als Statussymbol beworben. Durch den Kauf dieses Autos, welches nicht von einer angesehenen und teuren Marke stammt, zeigt der Käufer, dass es ihm nicht auf Äußerlichkeiten ankommt und dass er eine Selbstdarstellung über ein Statussymbol nicht nötig hat. Die Firma spielt so bewusst mit gängigen Vorurteilen (Wertlosigkeit, geringes Ansehen), verkehrt sie ins Positive (Understatement, Verzicht auf Oberflächlichkeit) und zielt damit auf Lebenseinstellungen v. a. jüngerer Käufergruppen.

Aufgaben 1 und 2
S. 42

Die Aufgaben dienen als Einstieg in die Beschäftigung mit diesem Werbespot. Die Personen wirken zunächst alle, die Hauptperson eingeschlossen, durch ihre überhebliche und versnobte Art eher unsympathisch. Ohnehin wird hier mit dem Typus des Golfspielers das gängige Klischee eines unsympathischen Snobs bedient. Durch die Auflösung gewinnt die Hauptperson jedoch die Sympathien der Zuschauer, da sie sich in einer ironisch-humorvollen Wende als Rebell gegen die oberflächliche, rein auf Äußerlichkeiten und Statussymbole fokussierte Golfergemeinschaft offenbart. Dieser Wandel wird auch äußerlich durch das Ablegen von Schirmmütze und Sonnenbrille deutlich. Beim Lesen des Dialogs und bei der Deutung der Gestik und Mimik sollte dieser Wandel sowie die Überraschung und Bloßstellung der Golfer deutlich werden.

Aufgabe 3
S. 42

Nach einem ersten Austausch über den Werbespot setzen sich die Schülerinnen und Schüler anschließend differenziert mit seinem Inhalt und seiner Machart auseinander. Dabei dienen die einzelnen Unterpunkte als Analyseschwerpunkte, die auch arbeitsteilig in Gruppen bearbeitet werden können. Im Einzelnen können die Lernenden z. B. zu folgenden Ergebnissen kommen:

- **Handlungsort:** Es wurde bewusst ein Ort gewählt, der beim Zuschauer eher mit Reichtum, Oberflächlichkeit sowie einer elitären Gemeinschaft verbunden wird. Alternativ wären hier z. B. die Wahl einer besonders teuren Wohngegend, eines Yachthafens oder ähnlicher Orte denkbar. Stets geht es um die Darstellung einer eher versnobten, oberflächlichen und elitären Gemeinschaft mit einem bestimmten, in den Augen der meisten Zuschauer sicherlich unsympathischen Menschentyp, gegenüber dem die Hauptfigur des Spots als Gegenmodell auftreten kann.
- **Pointe:** Die Pointe liegt in der Bloßstellung der Golfergemeinschaft durch die Hauptfigur, welche sich, nachdem sie sich zunächst als Mitglied der Golfer präsentiert, als Rebell offenbart und so die Oberflächlichkeit der Golfer entlarvt. Für die Hauptperson

erfüllt das Auto eben nicht den Zweck eines Statussymbols, d. h., die Hauptfigur scheint es nicht nötig zu haben, sich selbst und ihren Status über Konsumprodukte nach außen kehren zu müssen. Ihr geht es dagegen um Authentizität und Wertstabilität.

- **Aufbau:** Der Aufbau des Spots erzeugt zunächst Spannung beim Zuschauer, da nicht sofort ersichtlich ist, worüber sich die Golfer echauffieren. Zuvor steht die Darstellung der Golfergemeinschaft als unsympathische, versnobte Gruppe im Vordergrund, deren Oberflächlichkeit im zweiten Teil des Spots dann durch die humorvolle Pointe entlarvt wird. Aus dieser überraschenden Wendung bezieht der Spot seine Komik.
- **Montage:** Die Hauptfigur ist zunächst Teil der Gemeinschaft, entfernt sich dann aber auch räumlich von ihr. Insbesondere das achte und neunte Bild zeigen dann die humorvolle Konfrontation, wobei die Hauptfigur eindeutig als Gegenmodell zur Golfergemeinschaft dargestellt wird, was sich auch in der Wandlung des Äußeren zeigt (Schirmmütze, Sonnenbrille). Das vorletzte Bild zeigt deutlich die verdutzte Reaktion der Golfer, wodurch sie und ihre materielle Lebenseinstellung als eher einfältig dargestellt werden.

Anschließend können die Ergebnisse gesammelt und an der **Tafel** zusammengefasst werden:

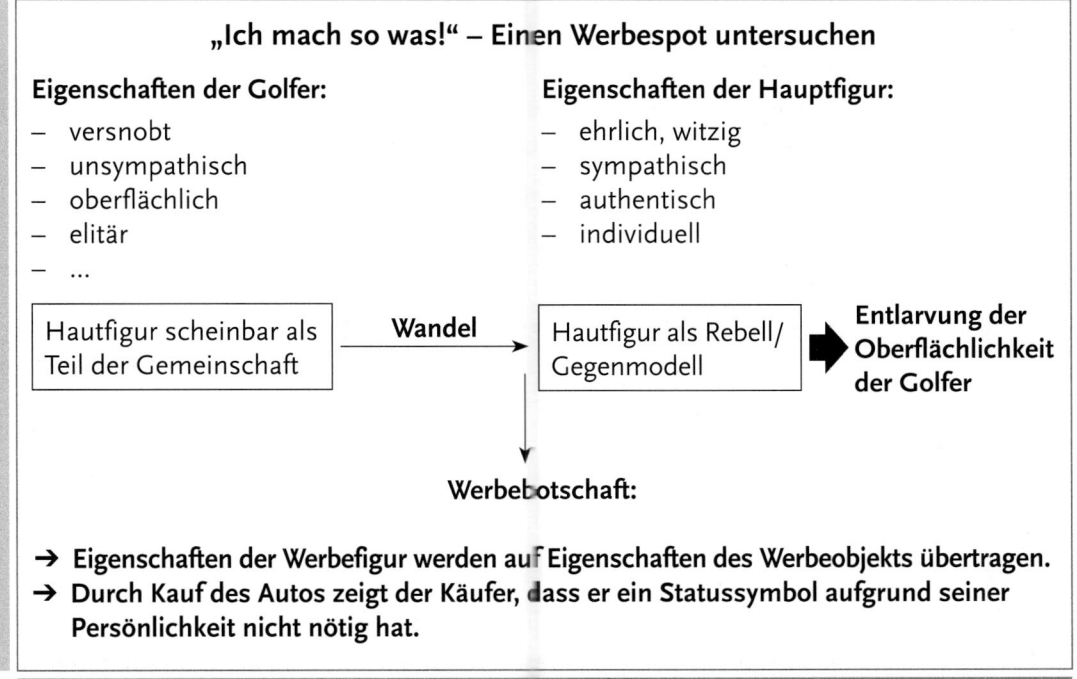

TAFELBILD

Aufgabe 4
S. 42

Prominente dienen zum einen als Sympathieträger, zum anderen können sie auch als besonders glaubwürdige Werbebotschafter wahrgenommen werden. In diesem Fall dient Mehmet Scholl sicherlich als sympathischer, etwas rebellischer Werbeträger, der als ehemaliger Fußballer quasi den Gegentypus des versnobten Golfers repräsentieren soll.

Aufgabe 5
S. 43

Die Hauptfigur des Werbespots lehnt sich auf gegen die versnobte Golfergemeinschaft und ihre materialistische und oberflächliche Lebenseinstellung. Obwohl sie offensichtlich Mitglied des Clubs ist, unterwirft sie sich nicht den Ansprüchen und Erwartungen der anderen Mitglieder. Ihr geht es v.a. um Authentizität, weshalb sie es ablehnt, nur die Erwartungen anderer zu erfüllen. Sie geht ihren eigenen Weg und möchte „ich sein/ nicht wie ihr mich wollt" (S. 40, V. 18 f.).

Wir sind Helden: Guten Tag (Die Reklamation) (S. 43)

Auch im Song der Gruppe „Wir sind Helden" geht es darum, dass das lyrische Ich sein Leben ganz nach eigenen Vorstellungen und Wünschen führen möchte, auch hier kommt es deswegen zur konflikthaften Auseinandersetzung mit der Umwelt. Im Vordergrund steht jetzt allerdings die scharfe Kritik an einer nur am Konsum orientierten und von der Werbung geschaffenen scheinhaften Glitzerwelt, die Zurückweisung einer totalen Beeinflussung der eigenen Lebensführung durch Massenmedien und Unterhaltungsindustrie. Ausdrücklich abgelehnt wird eine unkritische Anpassung an eine derartige Lebensweise („euer Leben zwickt und drückt nur dann nicht, wenn man sich bückt", Z. 12 f.), wobei der Grundton durchaus aggressiv und kämpferisch ist („Meine Stimme gegen ...", „Meine Fäuste gegen ...", „Meine Zähne gegen ..."). Im Refrain wird dann sogar das Leben selbst als bloßes Produkt dargestellt, das „im Ausverkauf" als „Sonderaktion" erworben wurde, nun aber aufgrund seiner Oberflächlichkeit und Fremdbestimmtheit abgelehnt wird. Deswegen sehnt sich das lyrische Ich zurück nach seinem früheren Leben, das offenbar weniger angepasst war und individueller gestaltet wurde. So entsteht die Forderung nach einer „Rückgabe", einem „Umtausch" des nur scheinbar attraktiven neuen Lebens, das nun „reklamiert" werden soll. Der Song thematisiert Erfahrungen, die Jugendliche heute in einer unüberschaubaren, verwirrenden Konsum- und Medienwelt machen, und fordert zum Hinterfragen und zur kritischen Auseinandersetzung mit deren Angeboten auf.

Aufgabe 1
S. 44

Natürlich bietet es sich an, mit einer Präsentation des Songs einzusteigen. Anschließend können dann Spontanreaktionen und erste Deutungsansätze zusammengetragen werden. Die Erklärung des Titels (mithilfe der Worterläuterung auf S. 43) leitet dann zur Analyse zentraler Aspekte über: Was soll umgetauscht werden? Aus welchen Gründen? Die Ergebnisse des Unterrichtsgesprächs können dann bei der nächsten Aufgabe präzisiert und systematisiert werden.

Aufgabe 2
S. 44

Die bei dieser Aufgabe erarbeiteten Ergebnisse lassen sich gut an der **Tafel** oder auf **Folie** sammeln, wobei etwa folgende Übersicht entstehen könnte:

Wir sind Helden: „Guten Tag (Die Reklamation)"	
Das lyrische Ich kritisiert:	**Mögliche Gründe für diese Kritik sind:**
– „Mobiltelefon"	– unpersönliche Gespräche, oft nur belangloses Geplauder – Entwertung der persönlichen gegenüber der digitalen Kommunikation – Handy-Wahn, Gruppenzwang (jeder muss ein Handy haben)
– „Nagelpflegelotion" (V. 2) – „Doktor Best" (V. 3) – „Epilation" (V. 4)	– übertriebener Konsum – Schönheitskult – Konzentration auf das Äußere, Oberflächlichkeit
– die „Talkshownation" (V. 15) – „Halleluja und Bohnen" (V. 16) – „totale Television" (V. 18)	– Beeinflussung durch Massenmedien, v.a. das Fernsehen – „Berieselung" mit anspruchslosem TV-Programm – statt wirklicher Gespräche nur oberflächlicher „Talk"
– die „zahme Revolution" (V. 17)	– kritiklose Anpassung – konfliktscheues Verhalten

➡ • Ablehnung einer oberflächlichen Konsum- und Medienwelt
• „Meine Stimme gegen ..." (V. 1, 15)

TAFELBILD

Aufgabe 3
S. 44

Einen konkreten Gegenentwurf zu der kritisierten Lebensweise bietet der Songtext nicht, sondern deutet lediglich „Visionen" (V. 18) vage an. Eindeutig ist aber, dass ein selbstbestimmtes, unangepasstes Leben propagiert wird, das ganz nach den eigenen Vorstellungen gestaltet werden soll. Da diese individuell völlig unterschiedlich sein können, kann der Text auch keine konkreten Antworten vorgeben – dies widerspräche der Kernaussage des Songs. Der Schreibauftrag fordert die Schülerinnen und Schüler auf, ihre ganz eigenen Visionen eines erfüllten Lebens zu entwerfen.

Hans Magnus Enzensberger: Nicht Zutreffendes streichen (S. 44)

In Enzensbergers Gedicht wird eine offenbar von Unsicherheiten und Selbstzweifeln gequälte Person angesprochen, die von ihren verschiedenen Ängsten in allen ihren Äußerungen so stark beeinflusst wird, dass die verbale Kommunikation als Mittel der zwischenmenschlichen Verständigung schließlich ganz scheitert. Daher klingt die Stimme, die auch dem Ausdruck der eigenen Persönlichkeit dient, „flach", „dünn" und „blechern" (V. 1f.).

In der zweiten Strophe werden mehrere verschiedene Ängste aufgezählt, die zur Verunsicherung der angesprochenen Person führen, z. B. Angst vor bloßen Wiederholungen

(V. 5), vor der kritiklosen Anpassung an die Meinung der Mehrheit (V. 6) oder vor unvorsichtigen Aussagen, die einen selbst verletzlich und angreifbar machen (V. 8). Die dritte und vierte Strophe fordern in Form einer rhetorischen Frage indirekt zu mehr Mut und Selbstvertrauen auf, da alle Ängste vor einer „falschen" Aussage letztlich zu genau dieser führten. Dabei hat sich die Angst anscheinend so stark verselbstständigt, dass bereits nicht mehr konkrete (Sprech-)Situationen gefürchtet werden, sondern schon der Zustand des Angsthabens selbst („Angst vor der Angst", V. 16). Das Gedicht wird zum Appell an die angesprochene Person – und damit auch an den Leser –, die hemmenden Ängste zu überwinden, zu sich selbst zu stehen und die eigenen Ansichten selbstbewusst zu artikulieren. Man soll entgegen allen Unsicherheiten und Selbstzweifeln den Mut aufbringen, den eigenen Weg zu gehen (vgl. Aufgabe 5, S. 45).

Aufgabe 1
S. 45

Die bei dieser Aufgabe erarbeiteten Ergebnisse können auch als Grundlage für die weitere Arbeit stichwortartig einander gegenübergestellt werden:

Enzensberger: Nicht Zutreffendes streichen

lyrisches Ich
- mitleidig, wohlwollend, hilfsbereit
- selbstsicher
- erfahren, älter (?)

angesprochene Person
- ängstlich, traut sich nicht, sich zu äußern
- unsicher, voller Selbstzweifel, hat den eigenen Weg noch nicht gefunden
- jung (?)

→ Aufforderung zu mehr Mut und Selbstbewusstsein

TAFELBILD

Aufgabe 2
S. 45

Das Fazit des obigen Tafelbildes wird sich wohl nicht gleich aus dem ersten Unterrichtsgespräch ergeben, da die Intention des Gedichtes für Schüler möglicherweise nicht leicht zu erschließen ist. Daher können die drei verschiedenen Aussagen als Einstieg in die Diskussion über die Gesamtdeutung des Textes genutzt werden, deren Ergebnis dann als Resümee des Tafelbildes ergänzt werden kann.

Aufgabe 3
S. 45

Der Titel „Nicht Zutreffendes streichen" ist sicherlich gerade für Schüler nicht einfach zu erklären. Er ist von der Formulierung her der Behördensprache entnommen und wird dort beim Ausfüllen von Formularen verwendet. Im Kontext des Gedichtes wird er zur Aufforderung, diejenigen möglichen Ursachen für die Ängste der angeredeten Personen, die in V. 4–13 wie bei einem Fragebogen aufgelistet sind, auszusondern, die nicht oder nicht mehr Furcht auslösend sind. Das „Streichen" dieser Alternativen könnte dann das Überwinden der betreffenden Ängste bedeuten und damit eine hoffnungsvolle Perspektive für die Zukunft aufzeigen. Die sprachliche Anlehnung an das emotionslose, rein funktionale Amtsdeutsch weist auf einen Bereich hin, in dem keine Rücksicht auf Ängste und Unsicherheiten genommen wird, und repräsentiert damit die (noch) als bedrohlich wahrgenommene Außenwelt.

Aufgabe 4
S. 45

Hinsichtlich der sprachlichen Gestaltung ist vor allem die zweite Strophe mit ihren vielen Anaphern des Wortes „oder" und den teilweise parallel gebauten Versen auffällig, in der die Vielzahl der möglicherweise Angst auslösenden Faktoren in eindringlicher Weise verdeutlicht wird. Die Schlüsselwörter „Angst" (V. 3, 15 und 16) und „etwas Falsches" bzw. „das Falsche" (V. 4, 17 und 18) werden ebenfalls durch die mehrfache Wiederholung hervorgehoben. Durch die direkten Anreden (V. 1, V. 14 f.) und durch die rhetorische Frage am Gedichtende (V. 14 ff.) wird der Leser miteinbezogen, der dieses Gedicht so auch auf sich selbst beziehen muss.

Aufgabe 5
S. 45

Im Sinne eines Abschlusses können die Arbeitsergebnisse bezüglich Inhalt und Aussage des Gedichts auf das übergeordnete Thema der Einheit bezogen werden. Sich selbst zu behaupten, den eigenen Weg zu gehen und sich nicht nur nach den Vorgaben anderer zu richten, erfordert Mut und Selbstbewusstsein. Genau diese Eigenschaften werden über das Gedicht transportiert bzw. propagiert. Das Motiv der Selbstständigkeit kann somit als verbindendes Element zwischen Enzensbergers Gedicht und dem Leitthema der Einheit herausgestellt werden.

Tim Bendzko: Programmiert (S. 45–46)

Tim Bendzko wirft in seinem Song „Programmiert" einen kritischen Blick auf die „Generation Facebook", d. h. jene Gruppe überwiegend junger Leute, die sich einen Großteil ihrer Zeit in der digitalen Welt des Internets und sozialer Netzwerke aufhalten. Dabei beleuchtet er die Einflüsse eines solchen extensiven Internetkonsums auf das reale Leben, also auf Freundschaften, auf soziale Kontakte und auf die Liebe jenseits der digitalen Welt.

Das lyrische Ich scheint den Bezug zur realen Welt verloren zu haben, es denkt „nur noch an Zahlen" (V. 1), „die Welt da draußen ist [ihm] egal" (V. 3). Es schafft sich, ebenso wie viele seiner Mitmenschen, eine zweite digitale Existenz („wir sind an zwei verschiedenen Orten zur selben Zeit", V. 25), wobei über die Erschaffung des virtuellen Ichs der Bezug zur realen Welt verloren zu gehen scheint: „Wie fühlt sich das echte Leben an? / Ich weiß es nicht mehr!" (V. 32 f.) Es findet eine Entfremdung zwischen Realität und Virtualität statt, wobei die digitale Existenz „programmiert" (V. 8 u. a.), also fremdbestimmt ist. Seine virtuelle Existenz ersetzt nach und nach sein tatsächliches Ich. Anstatt sich mit Freunden zu treffen, feiert es lieber eine „virtuelle Party mit […] virtuellen Fans" (V. 7). Es äußert seine Meinung, ist durchaus „kritisch und mitteilsam" (V. 13), jedoch bleibt dieser Meinungsaustausch ebenfalls ein virtueller, da kein echter Dialog stattfindet: „mir ist egal, ob man nach meiner Meinung fragt" (V. 15). Auch scheint es sich im Netz in eine „jung[e] und schön[e]" Frau zu verlieben, die „genau [s]ein Typ" (V. 17) ist. Dass diese – ohnehin nur auf das Äußerliche bezogenen – Gefühle nicht zu einer realen Beziehung führen können, wird deutlich, als das lyrische Ich seine wahre Persönlichkeit lieber verdrängt und stattdessen ein Foto eines anderen Mannes verschickt, den sein Gegenüber „mit Sicherheit will" (V. 19).

Mit seinem (selbst-)kritischen Blick auf die Einflüsse der digitalen auf die reale Welt spricht Bendzko seine jungen Zuhörer direkt an. Er bietet somit Identifikationspotenzial. Gleichzeitig regt der Text durch seinen starken Alltagsbezug und seine besondere Relevanz zur kritischen Reflexion des eigenen Internetkonsums an und ist daher in besonderem Maße für jugendliche Schülerinnen und Schüler geeignet.

Aufgabe 1
S. 46

Das lyrische Ich wirft einen selbstkritischen Blick auf seine digitale Existenz; es scheint die Folgen des eigenen Internetkonsums durchaus zu durchschauen: „Denn ich bin programmiert." Es erkennt, dass durch seine virtuelle Existenz sein reales Leben verkümmert, da es soziale Kontakte nur noch im Internet pflegt (vgl. V. 4–7), Dialoge nur noch virtuell erfolgen (vgl. V. 13–15) und es nicht mehr in der Lage ist, echte Gefühle und echte Liebe zu empfinden (vgl. V. 16–19). Es möchte sich aus dieser virtuellen Welt befreien und wieder reale Erfahrungen machen können, d. h. „echte Sonnenstrahlen" (V. 28) fühlen, echte „Nähe" (V. 30) und „echte Liebe" (V. 34) spüren, um so wieder einen Bezug zum „echten Leben" (V. 32) zu erhalten. Die Echtheit wird somit als gewünschtes Gegenkonzept der realen Welt zur programmierten virtuellen Existenz entworfen. Diese beiden Konzepte werden antithetisch gegenübergestellt und repräsentieren jeweils die reale und digitale Welt, wobei die reale Welt als eine Art verlorener Sehnsuchtsort konzipiert wird.

Aufgabe 2, S. 46

Der Vers bezieht sich auf die virtuelle Existenz des lyrischen Ichs, welche sich von dem realen Ich, also der tatsächlichen Person unterscheidet. Es werden unterschiedliche Situationen beschrieben, in denen das virtuelle Ich zu anderen, ebenfalls virtuellen Personen in Beziehung tritt (Pizza bestellen, Party feiern, Meinung äußern, Kontaktanzeige usw.), wobei diese Begegnungen sehr oberflächlich bleiben. Die virtuelle Existenz scheint sich von der realen Person zu entfremden („bin an zwei verschiedenen Orten zur selben Zeit", V. 22), was insbesondere im Kontext der Kontaktanzeige deutlich wird. Das lyrische Ich „verdräng[t] für den Moment [s]ein Spiegelbild" (V. 18), also seine wirkliche Existenz, und verschickt stattdessen ein fremdes Bild, um sein Gegenüber zu beeindrucken. In der virtuellen Welt versteckt das lyrische Ich also seine tatsächliche Persönlichkeit hinter einer virtuellen Scheinfassade, wobei es sich dabei offensichtlich an den Anforderungen anderer ausrichtet. So ist es auch zu erklären, dass diese virtuelle Existenz nur „programmiert", also fremdgesteuert ist.

Aufgabe 3, S. 46

Das lyrische Ich scheint den realen Kontakt zu seinen Mitmenschen verloren zu haben, da es sich überwiegend in der digitalen Welt aufhält. Dies schließt ganz alltägliche Situationen (z. B. das Bestellen einer Pizza; vgl. V. 4 f.) genauso mit ein wie das Pflegen von Freundschaften (vgl. V. 7) oder die Suche nach der großen Liebe (vgl. V. 16–19). Die Aussage „sozialer Kontakt wird überschätzt" (V. 6) scheint dabei aber nur eine vordergründige zu sein, da sich das lyrische Ich offensichtlich nach realen Erfahrungen, menschlicher Nähe und echten Gefühlen sehnt (vgl. V. 28–35).

Aufgabe 4, S. 46

Das Absurde liegt für das lyrische Ich darin, dass es sich bei seinen Erfahrungen um ein Massenphänomen handelt. Obwohl alle Menschen eigentlich ein Bedürfnis nach menschlicher Nähe und realen Erlebnissen haben, halten sie sich überwiegend in der digitalen Welt auf und verstecken sich hinter ihren virtuellen Existenzen: „und das Absurde daran ist, ich bin nicht alleine hier" (V. 11 u. a.). Obwohl viele Menschen an ihrer virtuellen Existenz festhalten, können die Erlebnisse und oberflächlichen Bekanntschaften in der digitalen Welt die Erfahrungen der realen Welt (echte Gefühle, echte Freundschaft, echte Liebe usw.) nicht ersetzen.

Aufgabe 5, S. 47

In dem Musikvideo wird das Motiv der virtuellen Existenz aufgegriffen. Die Hauptperson begegnet unterschiedlichen Menschen, jedoch sind diese nur digital, sodass sie letztlich auf sich allein gestellt ist. Die Virtualität der sozialen Kontakte wird filmtechnisch durch ein digitales Störsignal kenntlich gemacht. Auch wird die Hauptperson in ihrer Doppelexistenz dargestellt, da sie jeweils in unterschiedlichem Aussehen auftritt.

Christina Stürmer: Lebe lauter (S. 47)

Ähnlich wie in dem Gedicht Enzensbergers (S. 44) wird auch in dem Song „Lebe lauter" eine offenbar noch unsichere Person direkt angesprochen und dazu aufgefordert, zu sich selbst zu stehen und selbstbewusst ihren eigenen Weg zu gehen. Die Unsicherheit der wahrscheinlich weiblichen Person, die an Komplexen und Selbstzweifeln leidet (V. 11), bezieht sich hier aber vor allem auf ihr eigenes Aussehen, da sie im Spiegel als Symbol der Selbsterkenntnis (V. 1, V. 9) immer wieder feststellt, dass sie nicht dem gängigen Schönheitsideal entspricht (V. 2), das von den Medien vermittelt und von schlank gehungerten Stars und Models vorgelebt wird. Diese Fixierung auf das Aussehen wird als bloße

Oberflächlichkeit kritisiert („schöner Schein", V. 20; „Schall und Rauch", „Maske", V. 23), die zudem nicht selbst gewollt ist, sondern von anderen Menschen vorgegeben wird („eure heile Welt", V. 4; „ihren Vorstellungen", V. 10; vgl. V. 12). Die angesprochene Person wird zunächst durch eine Reihe von Fragen (V. 1–4, V. 9–11) zur kritischen Auseinandersetzung mit dem eigenen Schönheitskult angeregt und dann dazu aufgefordert, ihr Leben ganz nach den eigenen Vorstellungen zu gestalten und sich bei dieser Selbstverwirklichung von der Beschränkung auf das Äußerliche zu lösen (V. 5 ff., V. 13 ff., V. 19 ff., V. 25 ff.).

Aufgabe 1
S. 48

Der Brief der angesprochenen Person müsste die Unsicherheiten und Komplexe hinsichtlich des eigenen Aussehens zum Ausdruck bringen und die Bitte um Hilfe in dieser schwierigen Situation enthalten.

Aufgabe 2
S. 48

Die Metaphern „Lebe lauter" und „Lass uns schrei'n" (V. 5, V. 13, V. 25) fordern dazu auf, selbstbewusst und für die Mitmenschen deutlich wahrnehmbar den eigenen Weg zu gehen, die eigenen Vorstellungen zu verwirklichen ohne Rücksicht auf die Erwartungen der Umwelt, die sich möglicherweise gestört fühlen könnte (vgl. V. 6, V. 7, V. 8, V. 10, V. 12, V. 23 f.). Die angesprochene Person soll sich von rollenklischeehaftem, angepasstem Verhalten emanzipieren und sich selbstsicher dazu bekennen, kein „braves", leises, schüchternes Mädchen zu sein. Im Kontext des Songs geht es insbesondere darum, die von der Außenwelt ausgehenden Erwartungen an ein möglichst „perfektes" Aussehen zurückzuweisen und trotz aller vermeintlicher Fehler mit dem eigenen Körper zufrieden zu sein („du brauchst nicht perfekt zu sein", V. 5, vgl. V. 20 ff.).

Aufgabe 3
S. 48

Da viele Jugendliche von dem medial vermittelten Schönheitsideal beeinflusst sind und sich sogar an vermeintlichen Idealmaßen prominenter Schönheiten orientieren, sollte unbedingt auch eine eigene kritische Auseinandersetzung der Schülerinnen und Schüler mit der im Song dargestellten Thematik erfolgen.

Aufgabe 4
S. 48

Die kraftvoll-rockige musikalische Umsetzung passt gut zum Text, der ja gerade zu mehr Selbstbewusstsein auffordert. Dabei sind die einzelnen Strophen entsprechend dem Inhalt verhaltener, während sich Lautstärke und Dynamik im Refrain deutlich steigern. Besonders betont werden die Wörter „Lebe lauter" und „schrei'n".

Aufgabe 5
S. 48

Auch in dem Song „Guten Tag (Die Reklamation)" wird die Fixierung auf das Aussehen kritisiert (vgl. V. 2–4), eine kritiklose Anpassung an die Erwartungen der Gesellschaft wird zurückgewiesen („euer Leben zwickt und drückt nur dann nicht, wenn man sich bückt", V. 12 f.). Die Parallelen zu dem Song „Programmiert" (Tim Bendzko) sind weniger eindeutig. Jedoch geht es auch hier letztlich darum, zu seinem eigenen, realen Ich zu stehen und sich nicht hinter einer Maske bzw. hinter seiner digitalen Existenz zu verstecken.

Ich und die Natur: Bäume – Gedichte beschreiben und deuten (S. 49–59)

Die einzelnen Naturgedichte dieses Unterkapitels sind weitgehend chronologisch angeordnet, sodass eine Entwicklung im Verhältnis des lyrischen Ichs zur Natur deutlich wird, die von Bewunderung und enthusiastischer Verherrlichung (Uhland, Eichendorff, Mörike) über die humorvoll-ironische Kritik an der zunehmenden Distanzierung (Kästner) hin zum offenen Anprangern der immer bedrohlicher werdenden Abholzung und Umweltzerstörung (Fritz, Becker) führt.

Ludwig Uhland: Einkehr (S. 49)

Uhlands spätromantisches Gedicht „Einkehr" drückt eine noch ungebrochene, harmonische Beziehung des Menschen zur Natur aus, die seine elementaren Lebensgrundbedürfnisse befriedigt, indem sie Zuflucht, Schutz und Nahrung bietet. Daher ist das Verhältnis des Menschen zur Natur sehr innig und emotional, sodass sie ihm selbst als von Gott beseeltes Lebewesen erscheint (vgl. Aufgabe 4, S. 50). Diese Zusammenhänge werden in dem Gedicht am Beispiel eines Apfelbaumes verdeutlicht, der stark personifiziert und mit einem Wirtshaus (V. 9) bzw. Wirt (V. 1) verglichen wird. Das lyrische Ich empfindet das Aufsuchen des Apfelbaumes als „Einkehr" (Titel) ins Gasthaus, das ihm mit seinem Wirtshausschild, einem „goldnem Apfel" (V. 3), eingeladen habe. Die Früchte bieten zugleich Speise und Trank (V. 7), sodass auch weitere „leicht beschwingte Gäste" (V. 10) sich einfinden: verschiedene Vögel, möglicherweise auch Käfer und Insekten, die mit ihrem Gesang (V. 12) bzw. Summen und Sirren für eine heitere, gemütliche Stimmung sorgen. Als Bett (V. 13) dient dem lyrischen Ich das Gras unter dem Baum, der ihn als fürsorglicher Wirt „mit seinem kühlen Schatten" (V. 16) selbst zudeckt. Da er mit einem Schütteln seines Wipfels voll selbstloser Gastfreundlichkeit alle Dankbarkeit von sich weist (V. 17 f.), gilt ihm der fromme Segenswunsch des lyrischen Ichs (V. 19 f.), Ausdruck einer harmonischen, religiös fundierten Weltsicht, die den Menschen noch im Einklang mit der Natur sieht.

Aufgaben 1 und 2 S. 49

Der dem Gedicht zugrunde liegende Vergleich des Apfelbaums mit einem Wirtshaus kann entweder durch die Veranschaulichung in Form einer bildlichen Darstellung (Aufgabe 1) oder durch eine sprachliche Erklärung des Vergleichs mit seinen einzelnen Bestandteilen erklärt werden (wie in der obigen Analyse). Einen einfachen Einstieg in die Beschäftigung mit diesem Gedicht bietet **Arbeitsblatt 3, S. 92**.

Aufgaben 3 und 4 S. 50

Die ausnahmslos positive Beurteilung des Apfelbaums lässt sich schon durch die im Text verwendeten Adjektive wie „wundermild" (V. 1) oder „gut" (V. 5) sowie den expliziten Segenswunsch am Gedichtende (V. 19 f.) leicht erkennen. Als Eigenschaften des Apfelbaumes lassen sich auch gut an der Tafel oder auf Plakaten verschiedene Adjektive sammeln, wie z. B. „wohltätig", „menschenfreundlich", „gütig", „fürsorglich" oder „selbstlos". Insgesamt ist die durchweg positive Bewertung Ausdruck eines als harmonisch wahrgenommenen Verhältnisses von Mensch und Natur.

Aufgaben 5 und 6 S. 50

Bei dem gleichmäßig alternierenden Versmaß (Ausnahme: V. 20) handelt es sich um einen Jambus mit abwechselnd vier Hebungen (ungerade Verse) und drei Hebungen (gerade Verse). Auch die Kadenzen der nach dem Kreuzreimschema angeordneten Versenden sind immer abwechselnd männlich (ungerade Verse) und weiblich (gerade Verse). Die ruhige Gleichmäßigkeit von Versmaß und Reimschema deutet damit ebenfalls auf die oben angesprochene idealisierende Naturauffassung vieler romantischer Dichter hin.

Joseph von Eichendorff: Abschied (S. 51)

Der Titel des 1810 entstandenen Gedichts „Abschied" führt den Leser zunächst in die Irre: Es handelt wider Erwarten nicht etwa vom Abschied zweier Personen, stattdessen verabschiedet sich das lyrische Ich von der Natur, insbesondere vom Wald, da es sich offenbar bald in die Stadt begeben wird. Das Gedicht weist eine klare und übersichtliche Struktur, ein einfaches Reimschema und ein regelmäßiges Versmaß auf: Es besteht aus vier Strophen mit je acht Versen, die mit einem deutlichen syntaktischen Einschnitt jeweils in der Versmitte als verdoppelte Volksliedstrophen gestaltet sind. Als Versmaß durchzieht ein dreihebiger Jambus das gesamte Gedicht, jeweils vier Verse sind durch ein Kreuzreimschema mit abwechselnd männlicher und weiblicher Kadenz verbunden. Diesem Befund entsprechen ein einfacher Satzbau und eine schlichte Wortwahl. Damit spiegelt die sprachliche Gestaltung des populären und liedhaften Gedichts seinen Inhalt wider, in dem das einfache, aber wahre Naturerlebnis verherrlicht wird.

Bereits die erste Strophe des Gedichts enthält den zentralen Gegensatz zwischen der Natur als Zufluchtsort des Menschen und der als feindlich empfundenen Außenwelt: Der Wald wird in sehr schlichten Worten und wiederholten emphatischen Ausrufen gepriesen und als Ort des kontemplativen Nachdenkens über den Sinn von Freude und Leid des menschlichen Lebens charakterisiert (V. 1–4). Im scharfen Kontrast dazu steht die als hektisch empfundene Welt mit ihrer sinnentleerten Betriebsamkeit, deren scheinbarer Nutzen aber nur als bloße Illusion entlarvt wird (V. 5 f.). Als Reaktion auf diese abschreckende Darstellung der Welt „da draußen" (V. 5) erfolgt noch im gleichen Satz die metaphorisch umschriebene Bitte des lyrischen Ichs an den personifizierten Wald, ihm Schutz vor dieser Bedrohung zu gewähren (V. 7 f.). Dabei deuten lediglich die Wörter „noch einmal" (V. 7) einen zeitlichen Ablauf und damit eine bevorstehende Trennung vom Bereich des Waldes an, womit erstmalig ein Bezug zum Titel des Gedichts hergestellt wird.

Die erste Hälfte der zweiten Strophe schildert den Tagesanbruch mit dem aufsteigenden Morgennebel, den ersten Sonnenstrahlen, die sich in den Tautropfen des noch feuchten Grases brechen („Die Erde dampft und blinkt", V. 10), sowie dem „lustigen" Gesang der erwachenden Vögel (V. 11). Durch das synästhetische Aufnehmen dieser beglückenden Naturerscheinungen wird das lyrische Ich in euphorische Stimmung versetzt (V. 12). Dabei wird seine Naturbegeisterung als religiöses Erlebnis dargestellt, der symbolisch überhöhte Tagesanbruch wird in Beziehung gesetzt zur Auferstehung der im christlichen Sinne Gläubigen aus dem „trübe(n) Erdenleid" (V. 13–16). Die religiös geprägte Wortwahl dieser Textstelle weist auf den Glauben an die Allgegenwart Gottes in der von ihm geschaffenen Natur hin, sodass jede Naturerfahrung immer auch eine Erkenntnis der Offenbarung Gottes in seiner Schöpfung ist. Diese „christlich-pantheistische" Naturauffassung ist bereits in der ersten Strophe angedeutet worden („Andächt'ger Aufenthalt", V. 4). Hier hat sich nun der Blickwinkel kaum merklich geändert: Während mit dem „Du" in der ersten Strophe (V. 3) noch der vermenschlichte Wald angesprochen wurde, wird in der zweiten Strophe der implizite Leser angeredet (V. 12, V. 15), wodurch die Erfahrung des lyrischen Ichs ins Allgemeinmenschliche gewendet und somit auf jeden (gläubigen) Menschen bezogen wird. Diese naturreligiöse Vorstellung wird in der dritten Strophe wieder aufgegriffen: Durch das Bild des „im Wald geschrieben(en) [...] Wort(es)" (V. 17–18), das vom Menschen „treu gelesen" werden muss (V. 21), wird auf metaphorischer Ebene verdeutlicht, dass die Naturerfahrung dem aufmerksamen Menschen Erkenntnisse vom richtigen Handeln und von den wahren Werten des Lebens vermittelt (V. 19 f.). Dabei wird der eigentliche Inhalt dieser verschlüsselten christlichen „Botschaft" nicht etwa dem Leser mitgeteilt, sondern allenfalls vage angedeutet durch Adjektive wie „treu" (V. 21) oder „schlicht und wahr" (V. 22), da jeder Mensch den verborgenen Sinn selbst erkennen muss.

Erst die letzte Strophe bezieht sich explizit auf eine bevorstehende Abschiedssituation, wobei nun wieder im Rückgriff auf die erste Strophe der Wald vertraulich angeredet (V. 25) und im Gegensatz dazu das betriebsame (Stadt-)Leben kritisiert wird: Auf den die Sinne blendenden und verwirrenden „buntbewegten Gassen" (V. 27) der Stadt wird das lyrische Ich nicht die Realität erfahren, sondern bloß „Des Lebens Schauspiel sehn" (V. 28), also ein unechtes Abbild der Wirklichkeit. Hier kann es nicht den in der Natur offenbarten tieferen Sinn des Daseins erkennen, sondern bloß die fassadenhafte Oberfläche einer trügerischen Scheinrealität wahrnehmen. Daher sind hier auch keine wirklichen zwischenmenschlichen Begegnungen möglich, stattdessen ist das Leben geprägt von Fremdheit (V. 26) und Einsamkeit (V. 31) inmitten von Menschen. Allein durch die Erinnerung an den Wald und damit an die pantheistisch geprägte Naturerfahrung findet das lyrische Ich nicht nur Trost, sondern macht auch die beglückende Erfahrung der „ewigen Jugend" seines Herzens (V. 29 – 32), in der es das unschuldig-naive Lebensgefühl seiner Kindheit bewahren kann. Durch diese Anspielung auf die Auferstehung, die deutlich Bezug nimmt auf V. 13–16, findet das Gedicht einen optimistischen Abschluss. Außerdem erhält rückblickend der Gedichttitel mit der Perspektive auf das jenseitige Leben nach dem Tod eine doppelte Bedeutung, da nun auch der Abschied von der irdischen Welt gemeint sein kann.

Aufgabe 1 S. 51

Deutlich werden sollte im Unterrichtsgespräch, dass sich das lyrische Ich in der Geborgenheit des Waldes befindet und sich von diesem (nicht etwa von einer Geliebten) verabschiedet, um in die Fremde (vermutlich in eine bestimmte Stadt) zu gehen. Die Stimmung ist bei der Betrachtung des Waldes ernst und feierlich, beim Gedanken an die bevorstehende Trennung etwas wehmütig und melancholisch, aber keinesfalls verzweifelt (vgl. V. 29 ff.). Als methodische Alternative können die Schülerinnen und Schüler zum Einstieg einen inneren Monolog in Form eines Tagebucheintrags schreiben, in dem sie folgende Fragen beantworten:

Von wem nehme ich Abschied? In welcher Stimmung bin ich dabei? Was erwarte ich für mein künftiges Leben?

Aufgabe 2 S. 52

Viele Elemente des Gedichts von Eichendorff finden sich auch in C. D. Friedrichs Gemälde „Der Morgen" wieder: Gebirge und Täler und ein „schöner grüner Wald" (V. 2). Bei der Tageszeit handelt es sich um den Morgen, an dem „die Erde dampft und blinkt" (V. 10). Ähnlich dem lyrischen Ich ist auch der am rechten unteren Bildrand in einem kleinen Boot stehende Mensch allein, wobei die ihn umgebende Natur zwar majestätisch und erhaben, nicht aber bedrohlich oder beunruhigend wirkt. Auf die für C. D. Friedrich typische religiöse Deutungsebene weisen die vielen vertikalen Linien hin, die in Richtung des Himmels zeigen. Im Gegensatz zu Eichendorffs Gedicht beschränkt sich Friedrichs Gemälde aber auf die Darstellung der Waldeinsamkeit, der negativ gewertete Gegenbereich des geselligen Stadtlebens fehlt. Zwar ist durch die Tageszeit und die Haltung des Schiffers eine Aufbruchsituation angedeutet, von Abschiedsschmerz ist jedoch nichts zu erahnen.

Aufgaben 3 und 4
S. 52

Die Gegenüberstellung der in den beiden Aufgaben angesprochenen Bereiche könnte etwa zu folgenden Ergebnissen führen:

Joseph von Eichendorff: Abschied – Der Wald und die Welt

Darstellung des Waldes

- Naturschönheit (V. 2)
- Ort der Besinnung, um über Freude und Leid nachzudenken (V. 3 f.)
- Schutz vor der Außenwelt, Geborgenheit (V. 6 f.)
- Gefühl der Beglückung als Reaktion auf die Naturerscheinungen bei Tagesanbruch (V. 9–12)
- Trost, Vergessen des „Erdenleids" (V. 14)
- Erkenntnis des richtigen Handelns und der wahren Werte (V. 17–24)
- Stille, Ernsthaftigkeit, Treue, Schlichtheit, Wahrheit (V. 17–24)
- innere Ruhe und Festigkeit durch die Erinnerung an den Wald (V. 29–32)

Darstellung der Welt

- trügerische Außenwelt, die keinen wirklichen Gewinn ermöglicht (V. 5)
- Unruhe, Hektik, Geschäftigkeit (V. 6, V. 27)
- Fremdheit, Einsamkeit (V. 26, V. 31)
- prächtige äußere Fassade (V. 27)
- „des Lebens Schauspiel": scheinbare Realität als Abklatsch des wirklichen Lebens

→ Wald als Zufluchtsort, an dem der Mensch durch die Naturerfahrung den wahren Sinn des Lebens erkennt

→ (Stadt-)Leben als hektische und trügerische Scheinrealität, in welcher der Mensch den wahren Sinn des Lebens verfehlt

deutliche Kontrastierung der beiden Lebensbereiche

`TAFELBILD`

Aufgabe 5
S. 52

Die ausführliche Tabelle könnte etwa folgendermaßen aussehen:

Textbefund	sprachliches Gestaltungsmittel	Deutung/Wirkung
„O Täler weit ..." (V. 1 f.)	Ausruf, Anaphern, Parallelismus, Personifikation des Waldes	gefühlvolle Anrede an den Wald, enge Bindung des lyrischen Ichs an die Natur, Wald wirkt wie geliebtes Lebewesen

„schöner, grüner Wald"/ „die geschäft'ge Welt" (V. 1–4/V. 5 f.)	Gegensatz (Antithese)	starker Kontrast zwischen dem hochgeschätzten Wald und der kritisierten Außenwelt
„saust" (V. 6)	Personifikation	Außenwelt wirkt wie ein Lebewesen, wirkt hektisch und bedrohlich
„schlag noch einmal ..." (V. 7 f.)	Personifikation, Anrede	Wald scheint belebt zu sein
„grünes Zelt" (V. 8)	Metapher	Wald bietet Geborgenheit und Schutz vor Gefahr
„Die Erde ..."/„Die Vögel ..." (V. 10 f.)	Parallelismus	gleichzeitiges Erwachen der Natur und der Tiere
„Die Vögel lustig schlagen" (V. 11)	Personifikation	Vögel wirken wie menschliche Lebewesen, beseelt
„Da sollst du ..." (V. 15 f.)	Anrede an den Wald, Personifikation	innige Beziehung des lyrischen Ichs zum Wald, der als belebt empfunden wird
„Da steht im Wald geschrieben ..." (V. 17 ff.)	Metaphern	Wald als Ort der Erkenntnis, an dem der Mensch etwas über die wahren Werte des Lebens lernen kann
„Hort" (V. 20)	Metapher	wertvollster Besitz des Menschen
„Bald werd' ich dich verlassen" (V. 25)	Anrede an den Wald, Personifikation	innige Beziehung zum belebten Wald (s. o.)
„Fremd in der Fremde" (V. 26)	Wortwiederholung	Betonung des nicht Vertrauten, der Einsamkeit
„Auf buntbewegten Gassen" (V. 27)	Antithese zur „Fremde" (V. 26)	Betonung der „Einsamkeit in der Menge"
„Des Lebens Schauspiel" (V. 28)	Metapher	Oberflächlichkeit, Äußerlichkeit, nur scheinbar sinnvolles Leben
„Des Lebens Schauspiel" (V. 28)/„deines Ernsts Gewalt" (V. 30)	Antithese zwischen erster und zweiter Hälfte der Strophe	Betonung der Gegensätzlichkeit der beiden Bereiche Stadt und Wald
„deines Ernsts Gewalt" (V. 30)	Anrede, Personifikation	vertraute Beziehung zum Wald (s. o.)
„So wird mein Herz nicht alt" (V. 32)	Personifikation	Betonung des Herzens als wichtigstes Leben spendendes Organ des Menschen und als emotionales Zentrum

Für die Gedichtaussage bedeutsam sind außerdem die vielen positiv wertenden Adjektive wie „schön" (V. 2), „andächtig" (V. 4), „lustig" (V. 11), „jung" (V. 16), „still" (V. 18), „ernst"

(V. 18), „recht" (V. 19), „treu" (V. 21), „schlicht und wahr" (V. 22), denen zur Charakterisierung des Stadtlebens negative Adjektive entgegengesetzt sind: „betrogen" (V. 5), „geschäftig" (V. 6), „trübe" (V. 14), „fremd" (V. 26). Auch die für Eichendorff typischen Doppelausdrücke oder „Zwillingsformen" finden sich häufig im Text (z. B. „dampft und blinkt", V. 10; „vergehn, verwehen", V. 13; „schlicht und wahr", V. 22).

Die Lehrkraft muss natürlich selbst entscheiden, welche Ausführlichkeit der Sprachanalyse sinnvoll erscheint, um die Gefahr einer Demotivation oder sogar Abschreckung der Schülerinnen und Schüler zu vermeiden.

Die Übersicht auf S. 53 beschränkt sich auf einige sprachliche Gestaltungsmittel, die auch in leichter verständlichen Gedichten häufig vorkommen.

Aufgaben 6 und 7 S. 52

Ähnlich wie bei dem Gedicht Uhlands (S. 49) weisen das regelmäßige Metrum und der gleichförmige Bau der verdoppelten Volksliedstrophen auf eine harmonische Weltsicht hin, die in Entsprechung zum Inhalt den Menschen im Einklang mit der ihn umgebenden personifizierten Natur zeigt. In manchen Versen weicht allerdings die Betonung vom regelmäßigen Metrum ab, um dadurch einige bedeutsame Wörter stärker hervorzuheben (z. B. „Andächt'ger", V. 4; „Saust", V. 6; „Fremd", V. 26).

Eduard Mörike: Am Walde (S. 54)

Auch in dem Sonett Mörikes wird die Einsamkeit des Waldes als Kontrast zur Oberflächlichkeit der vornehmen Gesellschaft (V. 9) gesehen. Das erste Quartett schildert die idyllische Situation, in der sich das lyrische Ich befindet: Es liegt am Waldrand im Gras, nimmt die Natureindrücke mit allen Sinnen auf und genießt die Zeitlosigkeit („lange Nachmittage", V. 1). Die klagenden Rufe des Kuckucks erzeugen eine ruhige, harmonische, friedvolle Stimmung, die fast schon einschläfernd wirkt (V. 3 f.). Das zweite Quartett beginnt zwar mit der zusammenfassenden Feststellung „Da ist mir wohl" (V. 5), stellt dem dann aber das gesellschaftliche Leben als „schlimmste Plage" (V. 5) gegenüber, da es von Oberflächlichkeit und Verstellung („Fratzen", V. 6) und dem Zwang, sich unterordnen zu müssen (V. 6), geprägt sei. Die Natur wird damit zum Zufluchtsort, an dem sich das lyrische Ich vor den Unannehmlichkeiten des geselligen Lebens in der Einsamkeit des Waldes sicher fühlen kann. Im ersten Terzett wendet sich das Sonett den Poeten zu, zu denen das lyrische Ich gehört, und wird somit zum poetologischen Gedicht. Das dichterische Schaffen in freier Natur wird als „schöne Zeitverschwendung" gewertet (V. 10) und im Kontrast zur sinnlosen Zeitverschwendung der „feinen Leute" (V. 9) gesehen, die aber keine Ahnung von derartigen Genüssen haben. Als Begründung für den möglichen Neid der vornehmen Gesellschaftsschicht (V. 11) wird im zweiten Terzett die Mühelosigkeit des poetischen Schaffens genannt („wie von selber", V. 13), das durch den Naturgenuss inspiriert wird (Metapher: die Augen „weiden", V. 14). In metaphorischer Umschreibung wird der dichterische Schaffensprozess als Flechten von Kränzen dargestellt, was einerseits auf die strenge, festgefügte Sonettform hinweist, andererseits Assoziationen an den Kranz als Zeichen der Dichterwürde weckt.

Als Versmaß liegt dem Gedicht ein regelmäßiger fünfhebiger Jambus mit weiblicher Kadenz zugrunde, das Reimschema ist ABBA ABBA CDE CDE.

Aufgaben 1 und 2 S. 54

Deutlich werden sollte in dem inneren Monolog einerseits der Genuss der friedlichen, ruhigen Stimmung in der idyllischen Natur, andererseits die verächtlichen Gedanken über die menschliche Gesellschaft. Berücksichtigt werden müsste auch, dass es sich um einen Dichter handelt, der sich durch die Naturerfahrung inspirieren lässt.

Aufgabe 3
S. 54

Es könnte etwa folgendes Schaubild entstehen:

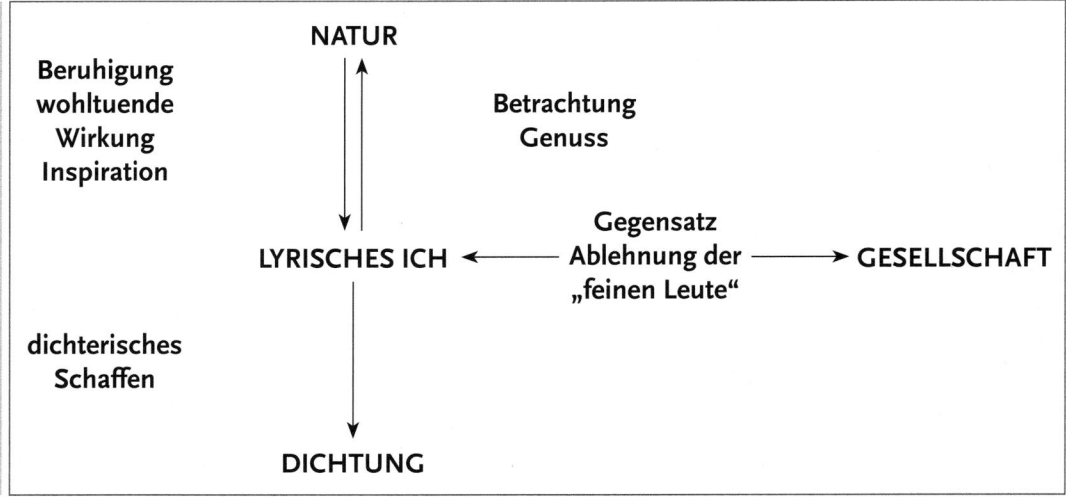

Denkbar ist auch, einen Verbindungspfeil zwischen „Natur" und „Dichtung" zu ziehen, da die Natur hier zum Gegenstand der Dichtung wird; mit gleicher Begründung ließen sich auch die „Gesellschaft" und die „Dichtung" verbinden. Da die vornehme Gesellschaft offenbar keine unmittelbare Beziehung zur Natur oder zur Dichtung hat, könnten zwischen diese Bereiche auch unterbrochene Pfeile gesetzt werden.

Aufgabe 4
S. 54

In beiden Gedichten wird die Natur als idyllischer Zufluchtsort aufgefasst und im Kontrast zur oberflächlichen menschlichen Gesellschaft gesehen. Die bei Eichendorff bedeutsamen religiösen Aspekte (Natur als Offenbarung Gottes) fehlen jedoch bei Mörike, in dessen Sonett die Natur nicht der kontemplativen Selbsterkenntnis oder der religiösen Erbauung dient, sondern eher zur Inspiration des (etwas selbstgefälligen) Dichters wird. Auch ist die Situation des lyrischen Ichs unterschiedlich: Bei Eichendorff bricht es nach längerem Aufenthalt im als Heimat empfundenen Wald in die Stadt auf, bei Mörike ist es dem scheinhaften Stadtleben lediglich für einige Stunden entflohen, um bald wieder dorthin zurückzukehren.

Aufgabe 5
S. 54

Nachdem im Laufe der Unterrichtsreihe nach und nach die sprachlichen Bilder (S. 48), Versmaß und Reimschema (S. 50) und schließlich wichtige sprachliche Gestaltungsmittel (S. 53) behandelt wurden, soll nun erstmalig die ausführliche schriftliche Gedichtanalyse geübt werden, die den Schülern häufig als Aufgabenstellung von Klassenarbeiten und Klausuren vorgelegt wird. Weitere Tipps insbesondere zur Planungsphase des Schreibprozesses, welche das eigentliche Schreiben entlasten soll, werden auf S. 56, Aufgabe 3 (Randbemerkungen machen), und auf S. 57, Aufgabe 4, gesammelt.

Erich Kästner: Die Wälder schweigen (S. 56)
Kästners Gedicht thematisiert das Verhältnis der Stadtbewohner zur Natur. Das Stadtleben mit seinen Büros und Fabriken (V. 16) ist geprägt von Hektik und Lärm (V. 5), die Lebensweise der Menschen wird ganz von Nutzdenken und Gelderwerb bestimmt (V. 4). Daher wird die unberührte Natur mit ihren jahreszeitlichen Veränderungen nur indirekt und sehr distanziert wahrgenommen (durch das Medium der Zeitung, V. 2). Die städtische „Ersatznatur" (Metaphern „Dächermeer", „Wellen", V. 6) kann die Bedürfnisse und Sehnsüchte der Menschen nicht befriedigen, selbst die Luft ist nicht frisch und belebend, sondern „dick" (V. 7), trübe und undurchdringlich (Vergleich „wie aus grauem Tuch", V. 7). Diese naturentfremdete Existenzform führt zu psychischen Schäden wie Freudlosigkeit,

Melancholie oder sogar depressiven Verstimmungen (metaphorisch umschrieben: „Die Seele wird vom Pflastertreten krumm", V. 11) „Heilung" von diesen psychischen Erkrankungen versprechen sich die Stadtmenschen von der unberührten Natur und deren Stille (V. 10), nach der sie eine verzweifelte Sehnsucht empfinden (V. 5) und die nun in idealisierten, idyllisch verklärten Vorstellungen ihre Träume beherrschen (V. 8 ff.). Dies führt zu einer fast panikartigen, ziel- und orientierungslos wirkenden Fluchtbewegung aus der Stadt hinaus in die Natur (V. 16 f.).

Aufgabe 1
S. 56

Eine tabellarische Gegenüberstellung könnte folgendermaßen aussehen:

Erich Kästner: Die Wälder schweigen

Darstellung des Stadtlebens	Darstellung der Natur
– distanziertes Verhältnis zur Natur (V. 2) – Zeitknappheit, Termine, Hektik (V. 4) – Zwang zum Gelderwerb, Konzentration auf finanziellen Gewinn (V. 4) – nur scheinbare Naturnähe, künstliche „Ersatznatur" (V. 6) – stickige, undurchdringliche Luft (V. 7) – seelische Schäden der Einwohner (V. 11) – Büros und Fabriken (V. 16)	– Personifikationen: Natur wirkt lebendig, vermenschlicht (V. 1, V. 3, V. 12, V. 14 f., V. 18 f.) – jahreszeitlicher Wechsel (V. 1, V. 3) – Stille (V. 10, V. 14) – Vertrautheit: Vergleich der Bäume mit „Brüdern" (V. 12) und der Gräser mit „Bekannten" (V. 18) – heilsame Wirkung auf die kranken Seelen der Menschen (V. 13, V. 20), Trost (V. 15) – trotz ihrer Stille haben die Wälder den Menschen etwas mitzuteilen (V. 14)

→ **Sehnsucht der Stadtmenschen nach der Natur, Fluchtgedanken (V. 5, V. 8 ff., V. 16 ff.)**

TAFELBILD

Aufgabe 2
S. 56

Hier werden die bei Aufgabe 1 erarbeiteten Ergebnisse vertieft und erweitert, indem nun auch die von Kästner verwendete Metaphorik gezielt in die Untersuchung einbezogen wird. Dabei sollten die Schülerinnen und Schüler die wichtigsten Vergleiche (V. 7, V. 12, V. 18), Metaphern (V. 6, V. 11, V. 13) und vor allem Personifizierungen (V. 1, V. 3, V. 14, V. 15, V. 19) nicht nur bestimmen, sondern auch deren Bedeutung erläutern (wie in der obigen kurzen Analyse).

Aufgabe 3
S. 56

Die Aufgabe dient als Vorarbeit einer ausführlichen schriftlichen Analyse und entspricht dem zweiten im Werkzeugkasten „Ein Gedicht beschreiben und deuten" (S. 55) empfohlenen Arbeitsschritt „Anlegen eines Materialsteinbruchs". Als sprachliche Gestaltungsmittel sollten neben der bereits erarbeiteten Metaphorik etwa der Zeilenstil mit den vielen aneinandergereihten kurzen Sätzen (z. B. in der zweiten Strophe), die Parallelismen (z. B. V. 6 f., V. 8 f., V. 18 f.) und Anaphern (z. B. „Man träumt ...", V. 8/V. 9; „wo", V. 18/V. 19), die Aufzählung in V. 8 f. und die Ausrufe in V. 17 berücksichtigt werden. Durch die deutliche Kontrastierung des Stadtlebens mit der freien Natur weist das Gedicht insgesamt eine antithetische Struktur auf (deutlich z. B. in V. 5 f. als Gegensatz zu V. 8–10), auch innerhalb einzelner Verse finden sich Antithesen (z. B. in V. 14). Typisch für Kästner ist die sehr allgemeine, ironisch-distanzierte Darstellung mit der häufigen Wiederholung der unpersönlichen Bezeichnung „man".

Wenn die Schülerinnen und Schüler die Randbemerkungen auf Folie angebracht haben, können einzelne Beispiele in der ganzen Klasse besprochen werden; bei der Arbeit mit

| | Kopien bietet sich ein Austausch in kleineren Gruppen an, innerhalb derer die Schüler sich gegenseitig Tipps geben oder Ergänzungen vorschlagen. |

Aufgabe 4 S. 57

Da die bei dieser Aufgabenstellung erarbeiteten Ergebnisse allgemeine Bedeutung für die Gedichtanalyse haben, könnte eine Arbeit mit Lernplakaten sinnvoll sein. Auf jeden Fall sollten die bereits im Schülerband gegebenen Hinweise übernommen werden. Als weitere mögliche Tipps könnten die Schülerinnen und Schüler beispielsweise nennen:
- klare Gliederung
- Textdaten in der Einleitung nennen
- keine bloßen Behauptungen oder Mutmaßungen
- wichtige Stellen/Schlüsselwörter zitieren
- aber: kurze, aussagekräftige Zitate, nicht zu viel zitieren
- Beobachtungen nicht bloß aufzählen, sondern Verbindungen herstellen, Schwerpunkte setzen
- nicht zu knapp schreiben, möglichst jeden Vers berücksichtigen
- sich vorstellen, dass man für einen Leser schreibt, der das Gedicht nicht kennt; umfassend informieren
- keine langen Referate von auswendig gelerntem Wissen
- einen zusammenhängenden Text schreiben, auf Satzverbindungen achten
- auf einen „runden" Schluss achten, nicht plötzlich abbrechen

Aufgabe 5 S. 57

Auch in Eichendorffs Gedicht wird die Natur, insbesondere der Wald, idealisiert und als Zuflucht des Ruhe und innere Einkehr suchenden Menschen dargestellt. Der Tonfall des Gedichts „Abschied" ist jedoch feierlich-erhaben, während Kästners Darstellung ironisch-distanziert wirkt. In Eichendorffs Gedicht identifiziert sich der Leser mit dem lyrischen Ich und seiner Gemütsverfassung, was bei Kästner aufgrund der unpersönlichen Darstellung nicht möglich ist. Da mehr als ein Jahrhundert zwischen der Entstehung der beiden Texte liegt, ist natürlich der Charakter der negativ dargestellten Stadt völlig anders, weswegen auch jeweils andere Kritikpunkte betont werden.

Walter Helmut Fritz: Bäume (S. 57)

In dem Text von Walter Helmut Fritz wird erstmals die durch den Menschen verursachte Schädigung der Natur thematisiert. Nachdem bereits in den Gedichten von Eichendorff, Mörike und Kästner mehr oder weniger scharfe Gesellschaftskritik formuliert wurde, rückt damit nun der Aspekt der Umweltzerstörung in den Vordergrund. In dem Gedicht „Bäume" wird angeprangert, dass in einer nicht näher bestimmten Stadt mehrere alte Platanen gefällt wurden, damit der von ihnen vorher eingenommene Platz zubetoniert und als Parkplatz genutzt werden kann (V. 1–3). Dabei deutet die Namenlosigkeit der Stadt und der bewusst ungenau formulierte Titel auf die hohe Allgemeingültigkeit dieses Vorgangs hin, der eben nicht auf diesen Einzelfall beschränkt bleibt. Die Bäume werden stark personifiziert (V. 4, V. 6, V. 14) und sogar als „Freunde" bezeichnet (V. 6), sodass dem Leser der Eindruck vermittelt wird, es handele sich um das Sterben von vertrauten Menschen. Aufgrund ihres hohen Alters wird den Platanen ein umfangreiches Wissen zugeschrieben (V. 4), außerdem wird erwähnt, dass sie Vögeln als Ruheplatz dienten (V. 11 f.). Das lyrische Ich verbindet mit den Bäumen offenbar die Erinnerung an ruhige, friedliche Stunden (V. 13 f.) – möglicherweise der eigenen Kindheit –, in denen es, wahrscheinlich gemeinsam mit Freunden („wir", V. 5), die Platanen häufig aufsuchte. Da diese schönen Erinnerungen nun durch das Fällen der Bäume in Vergessenheit zu geraten drohen, scheint es nötig, sie durch das gemeinsame Gespräch immer wieder zu vergegenwärtigen (V. 7 ff.).

Aufgabe 1
S. 57

Die Schülerinnen und Schüler können hier vor allem Adjektive zur Charakterisierung der Platanen sammeln (z. B. alt, weise, friedlich, hilfsbereit). Dem „lyrischen Wir" erscheinen die Bäume als Freunde, außerdem erinnern sie an viele schöne Stunden in einer im Rückblick noch als friedvoll empfundenen Zeit.

Aufgabe 2
S. 57

Die Aussage lässt mehrere Deutungsmöglichkeiten zu: Sie kann verstanden werden als Appell, ökologische Missstände schonungslos aufzuzeigen, als eindringliche Aufforderung zu engagiertem Eintreten für den Umweltschutz. Wenn man allerdings die Verse 10 bis 14 stärker berücksichtigt, scheint eher die verbale Vergegenwärtigung der mit den Bäumen verbundenen Erinnerungen gemeint zu sein, durch die die große Bedeutung und der hohe ideelle Wert der Natur den Menschen immer wieder bewusst gemacht werden sollen. Diese beiden Schwerpunkte lassen sich auch bei den Vermutungen zur Gesamtaussage des Gedichts berücksichtigen (Aufgabe 3). Auf jeden Fall sollte bei der Besprechung im Unterricht der appellative Charakter des Textes deutlich werden.

Jürgen Becker: Natur-Gedicht (S. 58)

Jürgen Beckers kurzer, prägnanter Text deutet schon im Titel durch die Trennung der üblichen Schreibweise „Naturgedicht" in zwei Wortbestandteile an, dass in heutiger Zeit ein ungebrochenes, idyllisierendes Verhältnis zur Natur und damit zur klassisch-romantischen Lyriktradition nicht mehr möglich ist. Als einzelne Elemente der Natur werden daher auch nicht etwa Berge und Täler, Bäume und Bäche genannt, sondern „Kahlschlag, Kieshügel, Krater" (V. 2) in asyndetischer Reihung aufgezählt – ironischerweise durch das traditionelle sprachliche Mittel der Alliteration verbunden. Offenbar wurde hier ein Wald abgeholzt oder zumindest die ursprüngliche Natur zerstört, um Platz zu schaffen für eine weitere Ausdehnung der Besiedelung („in der Nähe des Hauses", V. 1). Daher macht das lyrische Ich die inzwischen zur banalen Alltäglichkeit gewordene Erfahrung „kaputter Natur" (V. 4), die es lediglich lakonisch als „nichts Neues" (V. 4) bezeichnet. Obwohl es aber durch die allgegenwärtige Umweltzerstörung ständig daran erinnert wird (V. 3), dass es immer weniger unberührte Natur und damit ungetrübten Naturgenuss gibt, befürwortet es ausdrücklich die Verdrängung dieser frustrierenden Einsicht („aber ich vergesse das gern", V. 5), da es sich trotz allem immer noch am Anblick eines einzelnen Strauches als „Restnatur" erfreuen kann (V. 6).

Aufgabe 1
S. 58

Gemeinsam ist beiden Gedichten (außer der Formulierung in ungereimter Alltagssprache) die Kritik an der um sich greifenden Umweltzerstörung, die bei Becker durch die letzten beiden Verse jedoch etwas abgemildert erscheint. In beiden Texten schreibt das lyrische Ich der Natur auch weiterhin eine große emotionale Bedeutung zu.

Aufgabe 2
S. 58

Wahrscheinlich sind Fortsetzungen des Satzes wie:
– „dass die Natur immer mehr zerstört wird"
– „dass man etwas gegen die Umweltzerstörung tun sollte"
– ...

Aufgabe 3
S. 58

Wirklich zutreffend ist nur die letzte der vier Aussagen, die alternativen Deutungsmöglichkeiten können als Ausgangspunkt der Diskussion über die Gesamtaussage des Gedichts dienen. Dabei kann auch die Frage besprochen werden, wie die sprachliche Gestaltung (reimlose Form, Alltagssprache, prägnante Kürze, asyndetische Reihung, Ellipsen, Satzabbruch) zur Verdeutlichung des Inhalts beiträgt.

Aufgabe 4
S. 58

Ähnlich wie im Gedicht beschrieben, wird hier eine eher karge Landschaft, eine zurückgedrängte Natur gezeigt. Gleichzeitig sieht der Betrachter auch junge, aufkeimende Pflanzen, an denen er sich – ähnlich wie das lyrische Ich in Beckers Gedicht – erfreuen kann.

Allerdings handelt es sich hier nicht mehr um ursprüngliche, unberührte Natur, da die jungen Bäume eindeutig gepflanzt, also künstlich von Menschenhand angelegt wurden.

Heinz Piontek: Bäume (S. 59)

Pionteks Gedicht zeigt, dass man trotz aller Zurückdrängung, Verschmutzung und Zerstörung der Natur auch heute noch ein emotionales Verhältnis zu Bäumen haben kann, und bildet damit den optimistischen Abschluss der Unterrichtseinheit (die Bedrohung der Natur wird lediglich in V. 4 angedeutet). In dem Gedicht spricht das lyrische Ich die personifizierten Bäume direkt an (V. 1) und vergleicht ihre Eigenschaften mit denen der Menschen („wie wir", V. 5), die ebenso wie die Bäume „verwundbar" (V. 4) seien. Im Gegensatz zu den „[r]uhig auf der dunklen Erde fußend(en)" Bäumen (V. 2f.) müssten die Menschen sich aber in angestrengter Bewegung „vorwärtskämpfen" (V. 6f.). In den folgenden Versen wird immer stärker die Bewunderung, die das lyrische Ich für die Bäume und die ihnen zugeschriebenen, positiv gewerteten Eigenschaften empfindet, deutlich („nützlich", V. 8; „schön", V. 9). Ihr Wert für den Menschen wird darin gesehen, dass ihm die Bäume immer wieder neue Erkenntnisse und Erfahrungen ermöglichen (V. 10f.). In den letzten Versen werden die Bäume geradezu als vorbildhaft für die Menschen dargestellt (V. 12), indem insbesondere ihr Wachstum („In die Höhe,/in die Tiefe/und mit ausgebreiteten Armen", V. 13–15) eine ideale menschliche Entwicklung symbolisiert (vgl. Aufgabe 3).

Aufgaben 1 und 2 S. 59	Die erste Aufgabe dient der Annäherung an das Gedicht auf einer einfachen Verständnisebene. Bei der zweiten Aufgabe sollten die den Bäumen zugeschriebenen Eigenschaften auch erläutert werden.
Aufgabe 3 S. 59	Hier geht es um eine Erklärung der symbolischen Bedeutung, die Bäume für Menschen haben können. Übertragen auf das Leben der Menschen könnte das Wachsen „in die Höhe" (V. 13) eine fortwährende Entwicklung, eine ständige Erweiterung des eigenen Erfahrungsschatzes oder ein Streben nach ehrgeizigen Zielen bedeuten, während mit dem Wachsen „in die Tiefe" (V. 14, vgl. V. 2f.) das Finden eines festen Halts im Leben gemeint sein kann, das Festlegen auf Werte, Personen oder Tätigkeiten, die einem wirklich wichtig sind. Möglicherweise wird auch auf intellektuellen oder emotionalen „Tiefgang" als Ablehnung von Kritiklosigkeit, Oberflächlichkeit und Äußerlichkeit angespielt. Die Worte „mit ausgebreiteten Armen" bezeichnen die Aufgeschlossenheit für Neues und Ungewohntes. Die Formulierungen des Gedichts lehnen sich hier an gebräuchliche Alltagsmetaphern an wie „nach Höherem streben", „Wurzeln schlagen", „inneren Halt haben" oder „jemanden mit offenen Armen empfangen".

Die Lösungen zu den **Übungen zur Lernkontrolle** (S. 60–61) befinden sich im Anhang des Schülerbandes auf der Seite 400.

Arbeitsblatt 1

Ein verwürfeltes Gedicht wiederherstellen

ich will nicht sein wie ihr
so wie ihr mich wollt

nicht wie ihr mich wollt
ich will *ich* sein

nicht wie ihr mich wollt
wie ich sein will will ich sein

ich will nicht sein wie ihr sein wollt
so wie ihr mich wollt

nicht wie ihr mich wollt will ich sein
ich will *sein*

ich will nicht sein
so wie ihr mich wollt

ich will nicht ihr sein
so wie ihr mich wollt

nicht wie ihr mich wollt
wie ich bin will ich sein

nicht wie ihr mich wollt
wie ich will ich sein

ich will nicht sein wie ihr seid
so wie ihr mich wollt

(Aus: Ernst Jandl: Der gelbe Hund. Selbstporträt des Schachspielers als tickende Uhr. Luchterhand Literaturverlag, München 1997, S. 223)

1 Dies sind einzelne Bruchstücke eines Gedichts von Ernst Jandl. Versuche, die verschiedenen Verse wieder zu einem Gedicht zusammenzusetzen. Überlege dabei auch, ob du deinen Text in Strophen einteilen willst.
Vergleicht anschließend eure Gedichtfassungen und begründet jeweils eure Entscheidungen.

2 Finde einen passenden Titel für dein Gedicht und erkläre ihn deinen Mitschülern.

© Schöningh Verlag

Das lyrische Ich eines Liedtextes charakterisieren und ihm einen fiktiven Brief schreiben

Christina Stürmer (geb. 1982)
Nie genug

Ich lebe den Augenblick
Ich krieg' nie genug
Frag mich nicht wie und wann
Schalt' den Sommer an
5 Wie schnell kann sich die Erde dreh'n
Für mich nie schnell genug
Nur zuschau'n ist undenkbar
Völlig sonnenklar

Ich lass mich nicht umdreh'n, will weiter zu weit geh'n,
10 Ich bleib einfach so, wie ich bin!

Ich kriege nie genug vom Leben
Ich kriege nie genug – Da geht noch mehr
Ich will alles auf einmal und nichts nur so halb
15 Nicht nur warten, bis etwas passiert
Ich kriege nie genug vom Leben
Ich kriege nie genug – Bist du dabei
Ich will alles riskier'n, will gewinnen – nicht verlier'n
20 Immer mehr immer mehr immer mehr

Ich such mir mein Paradies
Wo die Sonne ewig scheint
Wie schön so ein Tag sein kann
Das Leben strahlt mich an
25 Manche sind viel schneller satt
Kann mir nicht passier'n
Ich denke nicht oft „vielleicht"
Ich tu es lieber gleich

Ich lass mich nicht umdreh'n, will weiter zu weit geh'n, 30
Ich bleib einfach so, wie ich bin!

Ich kriege nie genug vom Leben
Ich kriege nie genug – Da geht noch mehr
Ich will alles auf einmal und nichts nur so halb
Nicht nur warten, bis etwas passiert 35
Ich kriege nie genug vom Leben
Ich kriege nie genug – Bist du dabei
Ich will alles riskier'n, will gewinnen – nicht verlier'n
Immer mehr immer mehr immer mehr 40

Ich möchte alles sehn
Mich ausruh'n kann ich noch bei Zeit im nächsten Leben
Kann mich oft nicht versteh'n
Doch das hält dann ... nur einen kleinen Moment an ... 45

Text: Brötzmann, Thorsten/Geringas, Alexander/Moring, Ivo
Copyright: Alanapublishing Ivo Moring/TB Music Publishing Thorsten Brötzmann bei BMG Rights Management GmbH, Berlin Hanseatic Musikverlag GmbH & Co. KG, Hamburg

1 Charakterisiere das lyrische Ich des Liedtextes. Achte darauf, deine Aussagen mit dem Text zu belegen. Kennzeichne dabei auch wichtige sprachliche Besonderheiten und erkläre ihre mögliche Bedeutung.

2 Schreibe dem lyrischen Ich einen Brief, in dem du seine Haltung dem Leben gegenüber bewertest. Achte darauf, deine Wertungen zu begründen.

Das lyrische Ich eines Liedtextes charakterisieren und ihm einen fiktiven Brief schreiben

Aufgabe 1

Charakterisierung des lyrischen Ichs

- lebenshungrig, genießt die schönen Seiten des Lebens („Ich such mir mein Paradies ...", V. 21 ff.)
- unersättlich, will immer mehr erleben („Ich krieg' nie genug", V. 2; „Da geht noch mehr", V. 13; „Manche sind viel schneller satt", V. 25)
- konzentriert sich auf die Gegenwart, denkt nicht an die Zukunft („Ich lebe den Augenblick", V. 1)
- ungeduldig, will nicht zur Ruhe kommen, sondern in möglichst kurzer Zeit möglichst viel erleben („Für mich nie schnell genug", V. 6; „Ich tu es lieber gleich", V. 28)
- entschlossen, energisch, will selbst aktiv ins Geschehen eingreifen („Nur zuschau'n ist undenkbar", V. 7; „nicht nur warten, bis etwas passiert", V. 15; „ich denke nicht oft ‚vielleicht'", V. 27)
- selbstbewusst, selbstzufrieden, will sich nicht ändern („Ich lass mich nicht umdreh'n", V. 9)
- anspruchsvoll, fordernd („Schalt' den Sommer an", V. 4)
- unbescheiden, kompromisslos („Ich will alles auf einmal und nichts nur so halb", V. 14)
- provokativ, überschreitet absichtlich Grenzen („will weiter zu weit geh'n", V. 9)
- risikofreudig („Ich will alles riskier'n", V. 18)
- sieht sich als „Gewinner-Typen" („will gewinnen – nicht verier'n", V. 18 f.)
- aber: manchmal leise Selbstzweifel („Kann mich oft nicht versteh'n", V. 44)

Sprachliche Besonderheiten

- viele Wiederholungen (z. B. „Ich kriege nie genug", V. 12 f., V. 16 f.; „Immer mehr immer mehr immer mehr", V. 20) → Sprecher ist unersättlich, Betonung seiner Lebensgier
- vor allem Anaphern („Ich") → Hervorhebung der starken Ichbezogenheit
- einfacher Satzbau, meist Aneinanderreihung von kurzen Hauptsätzen (V. 1–8, V. 23–28) → Sprecher will in leicht verständlicher Form einfache Gedanken vermitteln, Vermeiden von komplizierten Gedankengängen
- Imperative (V. 3, V. 4) → fordernde Grundeinstellung
- Ausrufe (V. 23, V. 31) → Ausdruck starker Gefühle

Aufgabe 2

In dem Brief an das lyrische Ich kann Zustimmung zu dessen Selbstdarstellung formuliert werden, da seine optimistische, lebensbejahende Einstellung und die selbstbewusste Haltung auch auf andere attraktiv wirken können. Andererseits sollte das sehr ichbezogene Selbstbild auch kritisch bewertet werden, da eine derartige Lebenseinstellung offenbar wenig Rücksicht auf andere Menschen nimmt und daher auch sehr egoistisch und unsympathisch wirken kann.

Einen Vergleich erklären – Ludwig Uhland: Einkehr

Vergleich des Apfelbaumes mit einem Wirtshaus	
Apfelbaum	Wirt (V. 1)
	Gast (V. 2)
	Wirtshausschild (V. 3)
	süße Kost (V. 7)
	frischer Schaum (V. 7)
	Gasthaus (V. 9)
	Gäste (V. 10)
	Singen der Gäste (V. 12)
	Bett (V. 13)
	Zudecken des Gastes (V. 15)
	Schuldigkeit (V. 17)
	Schütteln des Wipfels (V. 18)

1 Erkläre die Einzelheiten des Vergleichs, der Uhlands Gedicht zugrunde liegt, indem du die leeren Kästchen ausfüllst.

2 Welche Bedeutung hat der Titel des Gedichts?

Einen Vergleich erklären – Ludwig Uhland: Einkehr

Aufgabe 1

Vergleich des Apfelbaumes mit einem Wirtshaus	
Apfelbaum	Wirt (V. 1)
Wanderer unter dem Apfelbaum	Gast (V. 2)
am Ast hängender Apfel	Wirtshausschild (V. 3)
Äpfel	süße Kost (V. 7)
Apfelsaft	frischer Schaum (V. 7)
Krone des Apfelbaums	Gasthaus (V. 9)
Vögel	Gäste (V. 10)
Zwitschern der Vögel	Singen der Gäste (V. 12)
Gras unter dem Apfelbaum	Bett (V. 13)
Schatten der Baumkrone	Zudecken des Gastes (V. 15)
Dank für die „Bewirtung"	Schuldigkeit (V. 17)
Bewegung der Baumkrone im Wind	Schütteln des Wipfels (V. 18)

Aufgabe 2

Durch den Titel des Gedichts wird das Ausruhen des Wanderers unter dem Apfelbaum und das Essen der Äpfel positiv dargestellt wie ein erholsamer Besuch in einem gemütlichen Wirtshaus.

© Schöningh Verlag

Einen Prosatext in ein Gedicht umschreiben

Arno Holz (1863–1929)
In welken Kronen

In welken Kronen wiegt sich der Herbst. Purpurne Blätter schweben, schwanken, schaukeln, trägkreiseln, fallen. Nebel webt schon, Krähen krächzen. Stare sammeln sich, Drosseln ziehen, Wildgänse wandern. Noch einmal, müde, scheint die Sonne. Am stillen See, auf der kleinen Brücke, über das alte, krumme, morschmoosige Balkengeländer gelehnt, unter den dunkelen, riesigen, schlangenbunt verästelten Platanen, versunken, einsam, lange, stehe ich, starre und träume in ein gespiegeltes Paradies.

(Aus: W. Emrich/A. Holz (Hg.): Werke. Bd. 2, Luchterhand Verlag, Darmstadt/Neuwied 1962)

1 Schreibe diesen Prosatext in ein Gedicht um, indem du ihn in einzelne Verse und Strophen unterteilst.

2 Vergleiche die von dir gewählte Fassung des Gedichts mit der Originalversion. Welche Wirkung wird hier durch die Gedichtform erreicht?

Einen Prosatext in ein Gedicht umschreiben

Aufgabe 1

Zu der freien Schreibaufgabe sind natürlich ganz unterschiedliche Lösungen denkbar. Die Originalfassung sieht folgendermaßen aus:

Arno Holz
In welken Kronen

In
welken Kronen
wiegt sich ... der Herbst.

Purpurne Blätter
5   schweben ... schwanken ... schaukeln,
trägkreiseln,
fallen.

Nebel
webt schon,
10   Krähen krächzen.

Stare ... sammeln sich, Drosseln ... ziehen,
Wildgänse ... wandern.

Noch einmal,
müde
15   scheint die Sonne.

Am stillen See,
auf der kleinen Brücke,
über das alte, krumme, morschmoosige Balkengeländer gelehnt,
unter den dunkelen,
20   riesigen, schlangenbunt verästelten Platanen,
versunken,
einsam ... lange,
stehe ich,
starre ... und ... träume
25   in
ein ... gespiegeltes
Paradies!

(1898)

Aufgabe 2

Durch die Aufteilung der Wörter in Verse entstehen Pausen, durch die der Lesefluss verzögert wird. So kann sich der Leser die einzelnen Bilder, die durch das Gedicht hervorgerufen werden, gut vorstellen. Außerdem können einzelne Wörter oder kurze Wortgruppen dadurch betont werden, dass sie einen ganzen Vers einnehmen (z. B. „Purpurne Blätter", V. 4, „Nebel", V. 8, oder „Paradies", V. 27).

© Schöningh Verlag

Arbeitsblatt 5

Ein Gedicht nach bestimmten Aspekten untersuchen

Erich Kästner (1899–1974)
Der November

Ach, dieser Monat trägt den Trauerflor[1] ...
Der Sturm ritt johlend durch das Land der Farben.
Die Wälder weinten. Und die Farben starben.
Nun sind die Tage grau wie nie zuvor.
5 Und der November trägt den Trauerflor.

Der Friedhof öffnete sein dunkles Tor.
Die letzten Kränze werden feilgeboten.
Die Lebenden besuchen ihre Toten.
In der Kapelle klagt ein Männerchor.
10 Und der November trägt den Trauerflor.

Was man besaß, weiß man, wenn man's verlor.
Der Winter sitzt schon auf den kahlen Zweigen.
Es regnet, Freunde, und der Rest ist Schweigen.
Wer noch nicht starb, dem steht es noch bevor.
Und der November trägt den Trauerflor ...   15

---

[1] **Trauerflor:** schwarzes Stück Stoff (z. B. ein Band oder eine Schleife) zum Ausdruck der Trauer bei Todesfällen

(Aus: Erich Kästner: Die 13 Monate, Atrium Verlag, Zürich 2005)

1 Um welches Thema geht es in diesem Gedicht? Verfasse einen entsprechenden Einleitungsteil für eine Analyse.

2 Beschreibe die lyrische Gestalt des Gedichts (Strophenzahl, Verszahl, Reimschema, Metrum ...).

3 Wie wird der Monat November dargestellt? Beachte auch die sprachlichen Besonderheiten und ihre Wirkung.

4 Versuche auch, die symbolische Bedeutung des Novembers zu erklären. Welchen Bezug hat er zum Leben der Menschen?

5 Fasse anschließend die Aussageabsicht des Textes zusammen.

Bewertungsbogen 5

Bewertungsbogen zur Leistungsüberprüfung/Klassenarbeit

Name:	
Schulhalbjahr/Datum:	
Klasse:	
Fachlehrer/in:	
Thema der Unterrichtsreihe:	Ich und die Natur: Bäume – Gedichte beschreiben und deuten
Thema der Klassenarbeit:	Ein Gedicht nach bestimmten Aspekten untersuchen
Aufgaben:	s. Arbeitsblatt 5

A Inhaltliche Leistungen

Aufgabe 1

	Du hast eine passende Einleitung zu dem Gedicht verfasst.	maximale Punktzahl	erreichte Punktzahl
1	Dazu hast du die Textsorte Gedicht, den Autor Erich Kästner und den Titel „Der November" genannt.	3	
2	Du hast ein passendes Thema formuliert (z. B. „November als Trauermonat").	3	
	Gesamtpunktzahl für Aufgabe 1	**6**	

Aufgabe 2

	Du hast die lyrische Gestalt des Gedichts bestimmt.	maximale Punktzahl	erreichte Punktzahl
1	drei Strophen mit jeweils fünf Versen	2	
2	Reimschema: ABBAA (erweiterter Kreuzreim oder erweiterter umarmender Reim)	2	
3	Metrum: fünfhebiger Jambus	4	
4	Kadenzen: im ersten, vierten und fünften Vers männlich (A-Reime immer auf „-or"); im zweiten und dritten Vers jeweils weiblich	2	
5	durchgängiger Zeilenstil	2	
	Gesamtpunktzahl für Aufgabe 2	**12**	

© Schöningh Verlag

Bewertungsbogen 5

Aufgabe 3

		maximale Punktzahl	erreichte Punktzahl
	Du hast die Darstellung des Novembers als Trauermonat erklärt.		
1	Dazu hast du die Charakterisierung des Novembers als Zeit der Freudlosigkeit, des Verlustes und des bevorstehenden Todes mithilfe von Beispielen aus dem Text des Gedichts erläutert.	6	
2	Du hast in diesem Zusammenhang die verwendeten sprachlichen Bilder untersucht, z. B.: • Personifizierung des Novembers (V. 1), veranschaulichende Darstellung als Mensch, der eine Trauerbinde trägt • Personifizierung der Farben (V. 2) und der Wälder (V. 3), um auch die Natur als unglücklich und leidend darzustellen • Personifizierung des Sturms als „johlender" Reiter und des Winters, um sie bedrohlich, bösartig und zerstörerisch erscheinen zu lassen	6	
3	Du hast die Wortwahl des Gedichts untersucht, z. B.: • Verwendung negativ wirkender Adjektive („grau", V. 4; „dunkles", V. 6; „kahlen", V. 12) • negativ wirkende Verben („weinten", V. 3; „starben", V. 3; „klagt", V. 9; „verlor", V. 11; „starb", V. 14) • dadurch Erzeugen einer trostlosen, bedrückenden Stimmung	4	
4	Du hast in deiner Untersuchung der sprachlichen Besonderheiten auch den Satzbau berücksichtigt, z. B.: • klagender Ausruf „Ach" am Gedichtanfang • Aneinanderreihung kurzer, meist unverbundener Hauptsätze im Zeilenstil, die eintönig, unbelebt und freudlos wirkt • Wiederholung der zentralen Aussage „der November trägt den Trauerflor" jeweils als düsteres „Fazit" am Strophenende (V. 5, V. 10, V. 15)	4	
	Gesamtpunktzahl für Aufgabe 3	**20**	

Aufgabe 4

		maximale Punktzahl	erreichte Punktzahl
	Du hast die symbolische Bedeutung des Monats November erklärt.		
1	Durch das unangenehmere Wetter, die kahlen Bäume, die farblose Natur und den bevorstehenden Winter werden die Menschen erinnert an ihre verstorbenen Freunde und Verwandte (Friedhofsbesuch, evtl. zu Allerheiligen, 2. Strophe), den Verlust überhaupt (V. 11) und den eigenen Tod (V. 14). Daher wird der November für sie zum Sinnbild von Trauer und Tod.	6	
	Gesamtpunktzahl für Aufgabe 4	**6**	

Aufgabe 5

		maximale Punktzahl	erreichte Punktzahl
	Du hast abschließend die Aussageabsicht des Gedichts zusammengefasst, etwa:		
1	Erich Kästner möchte mit seinem Gedicht verdeutlichen, dass die düstere und trostlose Stimmung des Monats November die Menschen an Tod und Verlust erinnert.	4	
	Gesamtpunktzahl für Aufgabe 5	**4**	

A	Gesamtpunktzahl	48	

Bewertungsbogen 5

B Darstellungsleistungen

		maximale Punktzahl	erreichte Punktzahl
1	Du schreibst sprachlich richtig (Rechtschreibung, Zeichensetzung, Grammatik).	6	
2	Du verwendest angemessene Sätze und einen abwechslungsreichen Satzbau. Im zusammenhängenden Text achtest du auf passende Satzverbindungen.	5	
3	Du formulierst angemessen und präzise, deine Wortwahl ist differenziert und abwechslungsreich. Du verwendest die Fachausdrücke der Textanalyse.	5	
4	Deine Untersuchung ist sachlich und im Präsens verfasst.	3	
5	Deine Gedichtbeschreibung und -deutung ist verständlich und schlüssig. Du hast deine Untersuchung mithilfe von Beispielen aus dem Text belegt.	5	
B	**Gesamtpunktzahl**	**24**	
	Gesamtpunktzahl A und B	**72**	

Die Leistungsüberprüfung/Klassenarbeit wird mit der Note

_____ bewertet.

_____
Datum   Unterschrift

Zuordnung der Punkte zu den Notenstufen

Note	*Punkte*
sehr gut	72–63
gut	62–53
befriedigend	52–43
ausreichend	42–33
mangelhaft	32–14
ungenügend	13–0

© Schöningh Verlag

Ein Gedicht analysieren (1)

Bertolt Brecht (1898–1956)
Der Pflaumenbaum

Im Hofe steht ein Pflaumenbaum
Der ist klein, man glaubt es kaum.
Er hat ein Gitter drum
So tritt ihn keiner um.

5 Der Kleine kann nicht größer wer'n.
Ja größer wer'n, das möcht er gern.
's ist keine Red davon
Er hat zu wenig Sonn.

Den Pflaumenbaum glaubt man ihm kaum
10 Weil er nie eine Pflaume hat
Doch er ist ein Pflaumenbaum
Man kennt es an dem Blatt.

(1933)

(Aus: Bertolt Brecht: Werke. Große kommentierte Berliner und Frankfurter Ausgabe, Band 12: Gedichte 2, © Suhrkamp Verlag, Frankfurt am Main 1988)

1 Analysiere das Gedicht von Bertolt Brecht, indem du ...
- einleitend den Inhalt und das Thema benennst,
- die lyrische Form beschreibst und zu erklären versuchst,
- eine genaue Beschreibung und Deutung der Einzelstrophen anfertigst,
- abschließend die mögliche Aussageabsicht zusammenfasst.

2 Das Gedicht wird den sogenannten „Kinderliedern" von Bertolt Brecht zugeordnet. Geschieht dies deiner Meinung nach zu Recht oder ist es ein Text, der eher „Erwachsenenliedern" zugerechnet werden müsste?

Bewertungsbogen 6

Bewertungsbogen zur Leistungsüberprüfung/Klassenarbeit

Name:	
Schulhalbjahr/Datum:	
Klasse:	
Fachlehrer/in:	
Thema der Unterrichtsreihe:	Ich und die Natur: Bäume – Gedichte beschreiben und deuten
Thema der Klassenarbeit:	Ein Gedicht analysieren
Aufgaben:	s. Arbeitsblatt 6

A Inhaltliche Leistungen

Aufgabe 1

		maximale Punktzahl	erreichte Punktzahl
	Du hast eine schriftliche Analyse des Gedichts „Der Pflaumenbaum" von Bertolt Brecht verfasst.		
1	Du hast eine vollständige Einleitung verfasst, die folgende Angaben enthält: • Textsorte: Gedicht • Titel: „Der Pflaumenbaum" • Autor: Bertolt Brecht • Entstehungsjahr: 1933 • Thema: Beschreibung eines kleinen Pflaumenbaums • Inhalt: Ein kleiner Pflaumenbaum steht in einem Hof und kann nicht weiterwachsen, sodass er kaum wie ein echter Pflaumenbaum aussieht.	8	
2	Du hast die lyrische Form beschrieben und erklärt: • drei Strophen mit jeweils vier Versen • Reimschema: je zwei Paarreime in den ersten beiden Strophen, Kreuzreim in der dritten Strophe • Metrum: drei- bis vierhebige Jamben (die ersten beiden Verse der Strophen haben vier Hebungen, der dritte und vierte drei) mit einigen Unregelmäßigkeiten (Betonung der ersten Silbe in V. 2, vier Hebungen in V. 11) • ausnahmslos männliche Kadenzen • Zeilenstil	12	
3	Du hast eine genaue Beschreibung und Deutung der Einzelstrophen angefertigt, etwa: • Strophe 1: Beschreibung des Pflaumenbaums als unglaublich klein, eingefasst von einem Gitter, das aber auch Schutz vor Tritten bietet; sprachliche Auffälligkeiten: einfache Umgangssprache • Strophe 2: Erklärung, dass der Pflaumenbaum nicht weiterwachsen kann, obwohl er dies gerne möchte (Personifizierung), Grund: zu wenig Sonne im Hof (wahrscheinlich durch den Schatten der umstehenden hohen Häuser); Sprache: einfache Umgangssprache, verkürzte Wortformen („wer'n", V. 5, V. 6; „'s ist", V. 7); Wiederholung: „größer wer'n" (V. 5, V. 6) • Strophe 3: Feststellung, dass der Pflaumenbaum nie Früchte trägt und daher gar nicht wie ein Pflaumenbaum wirkt, dennoch lässt er sich an seinen Blättern als solcher erkennen; Sprache: einfache Alltagssprache, Wiederholung: „Pflaumenbaum" (V. 9, V. 11)	15	

© Schöningh Verlag

Bewertungsbogen 6

4	Du hast abschließend die mögliche Aussageabsicht des Autors zusammengefasst, etwa: • Brecht möchte mit seinem Gedicht darauf hinweisen, dass selbst ein kleiner Pflaumenbaum ohne Früchte trotzdem ein Pflaumenbaum ist und auch als solcher erkannt werden kann. • Möglicherweise soll der Pflaumenbaum stellvertretend für einen Menschen stehen (Symbolik), der aufgrund von äußeren Beschränkungen seine Fähigkeiten nicht entfalten kann, aber trotzdem als Mensch respektiert werden muss.	7	
	Gesamtpunktzahl für Aufgabe 1	42	

Aufgabe 2

		maximale Punktzahl	erreichte Punktzahl
1	Du hast eine Stellungnahme zu der Frage verfasst, ob es sich bei dem Gedicht Brechts „Der Pflaumenbaum" um ein „Kinderlied" oder eher ein „Erwachsenenlied" handelt. Dabei hast du deine Meinung überzeugend vorgetragen und nachvollziehbar begründet. Z. B.: • Die Beschreibung eines kleinen Baumes, der durch äußere Umstände am Wachsen gehindert wird und sich so nicht nach seinen Wünschen entwickeln kann, könnte Kinder durchaus ansprechen. Außerdem ist die Sprache auch für Kinder leicht verständlich. • Andererseits ist nicht klar, ob es Kindern auch wirklich gelingt, die Übertragung vom Bereich des Baumes auf den Bereich des Menschen vorzunehmen.	8	
	Gesamtpunktzahl für Aufgabe 2	8	
A	**Gesamtpunktzahl**	**50**	

B Darstellungsleistungen

		maximale Punktzahl	erreichte Punktzahl
1	Du schreibst sprachlich richtig (Rechtschreibung, Zeichensetzung, Grammatik).	6	
2	Du verwendest angemessene Sätze und einen abwechslungsreichen Satzbau. Im zusammenhängenden Text achtest du auf passende Satzverbindungen.	5	
3	Du formulierst angemessen und präzise, deine Wortwahl ist differenziert und abwechslungsreich. Du verwendest die Fachausdrücke der Textanalyse.	5	
4	Deine Untersuchung ist sachlich und im Präsens verfasst.	3	
5	Deine Gedichtbeschreibung und -deutung ist verständlich und schlüssig. Du hast deine Untersuchung mithilfe von Beispielen aus dem Text belegt.	5	
B	**Gesamtpunktzahl**	**24**	
	Gesamtpunktzahl A und B	**74**	

Bewertungsbogen 6

Die Leistungsüberprüfung/Klassenarbeit wird mit der Note

bewertet.

_____

Datum   Unterschrift

Zuordnung der Punkte zu den Notenstufen

Note	Punkte
sehr gut	74–65
gut	64–55
befriedigend	54–45
ausreichend	44–35
mangelhaft	34–16
ungenügend	15–0

Ein Gedicht analysieren (2)

Joseph von Eichendorff (1788–1857)
Der frohe Wandersmann

Wem Gott will rechte Gunst erweisen,
Den schickt er in die weite Welt;
Dem will er seine Wunder weisen
In Berg und Wald und Strom und Feld.

5 Die Trägen, die zu Hause liegen,
Erquicket nicht das Morgenrot,
Sie wissen nur von Kinderwiegen,
Von Sorgen, Last und Not um Brot.

Die Bächlein von den Bergen springen,
10 Die Lerchen schwirren hoch vor Lust,
Was sollt' ich nicht mit ihnen singen
Aus voller Kehl' und frischer Brust?

Den lieben Gott lass' ich nur walten;
Der Bächlein, Lerchen, Wald und Feld
15 Und Erd' und Himmel will erhalten,
Hat auch mein' Sach' aufs Best' bestellt.

(1817)

(Aus: Joseph von Eichendorff: Neue Gesamtausgabe der Werke und Schriften in vier Bänden. Stuttgart 1978, zitiert nach: Hans-Heino Ewers: Romantik. Lyrik mit Materialien, Ernst Klett Verlag, Stuttgart 1984, S. 13)

1 Welches Verhältnis hat das lyrische Ich des Gedichts zur Natur? Erkläre auch, welche Gottesvorstellung deutlich wird und wie diese mit der Naturwahrnehmung zusammenhängt.

2 Stelle gegenüber, wie in dem Gedicht das Wandern und das Zuhausebleiben jeweils beurteilt werden.

3 Untersuche die sprachliche Gestaltung des Gedichts und erkläre, inwiefern die verwendeten sprachlichen Mittel zur Verdeutlichung des Inhalts beitragen.

Bewertungsbogen 7

Bewertungsbogen zur Leistungsüberprüfung/Klassenarbeit

Name:	
Schulhalbjahr/Datum:	
Klasse:	
Fachlehrer/in:	
Thema der Unterrichtsreihe:	Ich und die Natur: Bäume – Gedichte beschreiben und deuten
Thema der Klassenarbeit:	Ein Gedicht analysieren
Aufgaben:	s. Arbeitsblatt 7

A Inhaltliche Leistungen

Aufgabe 1

		maximale Punktzahl	erreichte Punktzahl
1	Du hast erklärt, welches Verhältnis das lyrische Ich des Gedichts zur Natur hat: • Die einzelnen Naturerscheinungen („Berg und Wald und Strom und Feld", V. 4) werden begeistert als „Wunder" dargestellt (V. 3). • Der Genuss der Natur hat eine belebende, aufheiternde Wirkung auf die Menschen („Erquicket nicht das Morgenrot", V. 6). • Die Natur wirkt belebt und fröhlich (Personifizierungen: „Die Bächlein von den Bergen springen", V. 9; „Die Lerchen schwirren hoch vor Lust", V. 10). • Diese positiv-optimistische Stimmung überträgt sich in der freien Natur auch auf das lyrische Ich, das daher begeistert „mit ihnen singen" möchte (V. 11 f.).	12	
2	Du hast in diesem Zusammenhang auch erklärt, welche Gottesvorstellung in diesem Gedicht deutlich wird: • Gott wird als Schöpfer der Natur betrachtet („seine Wunder", V. 3). • Die Offenbarung dieser wunderbaren Natur ist eine besondere „Gunst" für den Menschen (V. 1 f.). • Gott wird als gnädiger, wohlwollender Schöpfer der Welt dargestellt, der nicht nur die Natur erschaffen hat, sondern auch das Leben der Menschen zum Besten lenkt (V. 13–16). • Deshalb kann sich der Mensch Gott bedenkenlos anvertrauen („Den lieben Gott lass' ich nur walten", V. 13).	12	
	Gesamtpunktzahl für Aufgabe 1	24	

© Schöningh Verlag

Bewertungsbogen 7

Aufgabe 2

		maximale Punktzahl	erreichte Punktzahl
1	Du hast dem Bereich des Wanderns den Bereich des Zuhausebleibens gegenübergestellt: • Wandern als begeisternder Genuss der von Gott geschaffenen Naturwunder (s. Aufgabe 1) • abwertende Beurteilung des Zuhausebleibens als Los fauler, untätiger Menschen („Die Trägen, die zu Hause liegen", V. 5) • Konzentration auf kleinliche Probleme und Sorgen des spießbürgerlichen Alltags (V. 7 f.) • daher keine Möglichkeit, von den Wundern der Natur „erquicket" zu werden (V. 5 f.)	10	
	Gesamtpunktzahl für Aufgabe 2	**10**	

Aufgabe 3

	Du hast die sprachliche Gestaltung des Gedichts untersucht und auch die Wirkung der verwendeten sprachlichen Mittel erläutert:	maximale Punktzahl	erreichte Punktzahl
1	Bildhaftigkeit: Personifizierungen des Morgenrots (V. 6), der „Bächlein" (V. 9) und der Lerchen (V. 10) → Die Natur wirkt beseelt wie ein Lebewesen, sie scheint sich aktiv über Gottes Schöpfung zu freuen und deren Schönheit zu feiern.	6	
2	Aufzählungen: „In Berg und Wald und Strom und Feld" (V. 4), „Bächlein, Lerchen, Wald und Feld/Und Erd' und Himmel" (V. 14 f.) → Betonung der unglaublichen Vielfalt der von Gott geschaffenen Naturwunder Aufzählung: „von Kinderwiegen/Von Sorgen, Last und Not um Brot" (V. 7 f.) → Hervorhebung der großen Anzahl von alltäglichen Pflichten und Sorgen	6	
3	Weitere sprachliche Gestaltungsmittel: • Parallelismus (V. 9 f.) → Verdeutlichung, dass die gesamte Natur sich freut • rhetorische Frage (V. 11 f.) → Einbeziehung des Lesers • einfache Wortwahl → Schlichtheit, leichte Verständlichkeit • positiv wertende Nomen („Gunst", V. 1; „Wunder", V. 3; Verniedlichung/Diminutiv „Bächlein", V. 9; „Lust", V. 10; „Best", V. 16), Adjektive („rechte", V. 1; „weite", V. 2; „voller", V. 12; „frischer", V. 12; „lieben", V. 13) und Verben („Erquicket", V. 6; „springen", V. 9; „schwirren", V. 10; „singen", V. 11; „walten", V. 13) → Erzeugen einer fröhlich-optimistischen Grundstimmung • Alliterationen („Gott ... Gunst", V. 1; „weite Welt", V. 2; „will ... Wunder weisen", V. 3; „Bächlein ... Bergen", V. 9; „Lerchen ... Lust", V. 10; „Best bestellt", V. 16) → harmonischer Eindruck	4	
	Gesamtpunktzahl für Aufgabe 3	**16**	
A	**Gesamtpunktzahl**	**50**	

Bewertungsbogen 7

B Darstellungsleistungen

		maximale Punktzahl	erreichte Punktzahl
1	Du schreibst sprachlich richtig (Rechtschreibung, Zeichensetzung, Grammatik).	6	
2	Du verwendest angemessene Sätze und einen abwechslungsreichen Satzbau. Im zusammenhängenden Text achtest du auf passende Satzverbindungen.	5	
3	Du formulierst angemessen und präzise, deine Wortwahl ist differenziert und abwechslungsreich. Du verwendest die Fachausdrücke der Textanalyse.	5	
4	Deine Untersuchung ist sachlich und im Präsens verfasst.	3	
5	Deine Gedichtbeschreibung und -deutung ist verständlich und schlüssig. Du hast deine Untersuchung mithilfe von Beispielen aus dem Text belegt.	5	
B	**Gesamtpunktzahl**	**24**	

Gesamtpunktzahl A und B	**74**

Die Leistungsüberprüfung/Klassenarbeit wird mit der Note

bewertet.

Zuordnung der Punkte zu den Notenstufen

Note	Punkte
sehr gut	74 – 65
gut	64 – 55
befriedigend	54 – 45
ausreichend	44 – 35
mangelhaft	34 – 16
ungenügend	15 – 0

_____
Datum   Unterschrift

© Schöningh Verlag

Leistungsüberprüfung – Selbstevaluation – Klassenarbeit

1. **Das lyrische Ich eines Liedtextes charakterisieren und ihm einen fiktiven Brief schreiben**
   Text: Christina Stürmer: Nie genug (s. Arbeitsblatt 2, S. 90, Lösung 2, S. 91)

2. **Ein Gedicht nach bestimmten Aspekten untersuchen**
   Text: Erich Kästner: Der November
   (s. Arbeitsblatt 5, S. 96, Bewertungsbogen 5, S. 97 ff.)

3. **Ein Gedicht analysieren (1)**
   Text: Bertolt Brecht: Der Pflaumenbaum
   (s. Arbeitsblatt 6, S. 100, Bewertungsbogen 6, S. 101 ff.)

   Weitere Aufgabe:
   Stell dir vor, dieser Pflaumenbaum wäre ein Mensch. Schreibe eine Selbstvorstellung in der Ich-Form, in der du z. B. folgende Aspekte berücksichtigst: Alter, Geschlecht, Aussehen, Eigenschaften, soziale Stellung, Lebenssituation, Beziehung zu anderen Menschen, Ängste, Wünsche und Träume.

4. **Ein Gedicht analysieren (2)**
   Text: Joseph von Eichendorff: Der frohe Wandersmann
   (s. Arbeitsblatt 7, S. 104, Bewertungsbogen 7, S. 105 ff.)

Von Grenzsituationen und ungewöhnlichen Ereignissen – Kurzgeschichte und Novelle (S. 62–89)

Vorüberlegungen zur Einheit

Die unterrichtliche Auseinandersetzung mit Kurzgeschichten gehört seit langer Zeit zum Standardrepertoire des Deutschunterrichts. Kürze, Überschaubarkeit und verdichtete Gestaltung machen sie besonders geeignet für eine Behandlung in den Jahrgangsstufen 8–10. Die Auswahl der Texte für diese Einheit ist mit Autoren wie Britting und Borchert eher traditionell. Das liegt auch daran, dass die Kurzgeschichte ab Mitte der 60er-Jahre etwas an Bedeutung verloren hat. Darüber hinaus wurde mit der Kurzgeschichte „Die Brücke" von Reinhold Ziegler aber auch ein neuerer Text aufgenommen. Thematisches Bindeglied bei der Auswahl war – wie die Überschrift deutlich macht – die jeweilige krisenhafte Situation, in die einzelne Menschen geraten. Durch die Abgrenzung zur Novelle können die Merkmale der Kurzgeschichte besonders deutlich hervorgehoben werden.

Ziel der Unterrichtsreihe ist es, die Schülerinnen und Schüler in Ansätzen zu einer eigenständigen Analyse eines Textes zu führen. Am Anfang werden sie dabei noch stärker durch Fragen und konkrete Aufgaben geführt. Darüber hinaus sollen sie zu kreativem Schreiben angeregt werden, indem sie z. B. eine Kurzgeschichte in einen Bericht umformen, einen inneren Monolog verfassen oder eine eigene Kurzgeschichte schreiben.

Zentrale Kompetenzen, die mit dieser Einheit erworben werden, sind:
- einen Text gliedern,
- Merkmale der Textart Kurzgeschichte erkennen,
- Aussagen zum Text mit Zitaten belegen,
- die Erzählhaltung untersuchen,
- einen Textabschnitt in eine andere Erzählhaltung umschreiben,
- eine Kurzgeschichte in einen Bericht umformen,
- einen Textabschnitt genauer untersuchen und die Ergebnisse ausformulieren,
- eine eigene Kurzgeschichte verfassen,
- die Personen einer Kurzgeschichte charakterisieren,
- den Höhe- und Wendepunkt einer Novelle ermitteln,
- Merkmale der Textart Novelle erarbeiten,
- einen inneren Monolog verfassen.

Die **Auftaktdoppelseite** (S. 62–63) mit den beiden Fotos, welche eine einfache Alltagssituation zeigen, soll die Schülerinnen und Schüler dafür sensibilisieren, dass die handelnden Personen einer Kurzgeschichte meist keine „Helden" sind, sondern gewöhnliche Menschen, welche dann meist in eine Ausnahmesituation geraten. Aus dieser Alltäglichkeit beziehen viele Kurzgeschichten ihren Reiz.

Didaktische Aufbereitung der Unterkapitel

Menschen in Grenzsituationen – Kurzgeschichten (S. 64–82)

William M. Harg: Der Retter (S. 64–65)

Die vorliegende Kurzgeschichte zeigt – wie auch die anderen Kurzgeschichten dieser Einheit – Menschen in Grenzsituationen. Hier ist es die ausweglose Situation eines Schiffbrüchigen und eines Hundes, die nach dem Untergang ihres Schiffes sechs Tage lang auf einer Planke ausharren, bis sie von der Besatzung eines Passagierdampfers gerettet werden. Erfahrungsgemäß fühlen sich die Schülerinnen und Schüler von der Geschichte stark angesprochen, da von Anfang an Spannung erzeugt wird. Die wachsende Freundschaft zwischen dem Matrosen und dem Hund, der ihm durch sein instinktiv richtiges Verhalten das Überleben ermöglicht, steht dem Erfahrungsbereich Jugendlicher außerdem sehr nahe.

Aufgabe 1 S. 65

Die Frage kann bereits eine vertiefende Diskussion auslösen. Vordergründig ist mit dem Retter der Arzt des Passagierdampfers gemeint, der den jungen Seemann auf See entdeckt und auffischen lässt (Z. 103 ff.).
Der Retter des Hundes wiederum ist der junge Seemann selbst. Der eigentliche Retter aber ist der Hund, dessen angemessenes Verhalten von Senter übernommen wird und ihm so das Überleben sichert.

Aufgabe 2 S. 65

Die Gliederung des Textes könnte folgendermaßen aussehen:

William M. Harg: Der Retter – Textgliederung	
Z. 1–47	Schiffbruch und Rettung auf die Planke
Z. 48–77	gemeinsames Festhalten an der Planke
Z. 78–90	Senters Erkenntnis, dass er den Hund braucht
Z. 91–102	Verzweiflung und Ohnmacht
Z. 103–121	Rettung

Das Verhältnis zwischen Senter und dem Hund

Ablehnung → Hund als Konkurrent
→ Wut, Neid

Wandlung Hund spendet Trost und strahlt Ruhe aus

Fürsorge → Hund als unentbehrlicher Begleiter

TAFELBILD

Das Verhältnis zwischen Senter und dem Hund ändert sich mit der wachsenden Erkenntnis des Schiffbrüchigen, dass der Hund kein Konkurrent ist, sondern ein Freund, dessen angemessenes Verhalten das Überleben sichern kann.
Zunächst wird Senters Ablehnung des Hundes deutlich (vgl. Z. 17), Entsetzen und Verzweiflung erfassen ihn, als er sieht, dass der Hund es länger aushalten kann als er (vgl. Z. 33 ff.). Wut erfüllt ihn (vgl. Z. 49) und er wird böse, als er begreift, dass der Hund länger auf der Planke würde liegen können (vgl. Z. 66 ff.). Im Verlauf des Geschehens wird aber auch immer deutlicher, dass Senter den Hund nicht entbehren kann (vgl. Z. 84 f.), er hilft

ihm schließlich sogar, indem er seine Pfoten an der Planke festbindet (vgl. Z. 87 ff.). Er hat von dem Hund gelernt, nicht an die Zukunft zu denken und sich zu entspannen. Nach der Rettung hält er den Hund in den Armen (vgl. Z. 112 f.), seine Fürsorge für ihn scheint den Passagieren unverständlich.

Aufgabe 3 S. 65

Die Frage nach dem ungewöhnlichen Anfang lenkt das Interesse der Schülerinnen und Schüler auf das Merkmal der Offenheit. Die Kurzgeschichte beginnt unvermittelt, ohne jede Einleitung. Erst im weiteren Verlauf versteht der Leser den Zusammenhang.

Aufgabe 4 S. 66

Auch diese Aufgabe soll die Schülerinnen und Schüler mit einem typischen Merkmal der Kurzgeschichte bekannt machen: dem offenen Ende. Der Leser ist aufgefordert, sich das Ende der Geschichte selbst auszudenken bzw. die Frage des Schiffsarztes selbst zu beantworten.
Dieser stellt sie überhaupt nur, weil ihm die Bedeutung des Hundes für das Überleben Senters nicht bewusst ist. Eine Antwort könnte lauten: Senter verdankt dem Hund sein Leben. Dessen instinktiv richtiges Verhalten hat den Schiffbrüchigen dazu gebracht, sich ebenso Kräfte sparend zu verhalten und geduldig auf Hilfe zu warten.

Aufgabe 5 S. 66

Hier können die Schülerinnen und Schüler die Geschichte journalistisch aufarbeiten. Die Bearbeitung der Aufgabe setzt voraus, dass die Schülerinnen und Schüler mit den journalistischen Formen der Nachricht, des Berichts und des Interviews vertraut sind. Hilfen dazu erhalten sie in der Einheit „‚Dahinter steckt ein kluger Kopf' – Zeitungsleser wissen mehr" (S. 242 ff.). Ein Bericht etwa könnte so lauten:

> **Passagierdampfer „Vermont" rettet Schiffbrüchigen**
> Boston(AP). Die Passagiere und die Mannschaft des Dampfers „Vermont" staunten nicht schlecht, als sie am vergangenen Montag auf einer Fahrt von Portsmouth nach Halifax einen jungen Seemann und einen Hund auf einer Planke in der See treiben sahen. Nach einer erfolgreichen Rettungsaktion stellte sich heraus, dass der Gerettete zur Besatzung des bei einem Schiffsunglück gesunkenen Schoners „Christoph" gehörte. Nach eigener Aussage war der Mann zusammen mit dem Hund sechs Tage lang auf einer Planke im Meer getrieben. Der Schiffsarzt der „Vermont" hielt die Aussage allerdings für eine Fieberfantasie, da es seiner Einschätzung nach unmöglich sei, einen so langen Zeitraum im Wasser zu überleben. Zusammen mit dem Seemann überlebte auch der Schiffshund, zu dem der Gerettete offensichtlich ein besonders enges Verhältnis hat.

Herbert Malecha: Die Probe (S. 66–68)

Die 1955 erschienene Kurzgeschichte zeigt ebenfalls die typischen Merkmale ihrer Gattung: Der Erzählhöhepunkt ist Schluss- und Wendepunkt zugleich. Damit endet die Erzählung ebenso offen wie sie beginnt. Ein besonders interessanter Untersuchungsaspekt ist die bildhafte Sprache dieser Kurzgeschichte mit ihren vielen Vergleichen und Metaphern. Die Funktion bildhaften Sprechens kann hier gut erarbeitet werden.

Aufgabe 1 S. 68

Die Informationen über Redluffs Vorgeschichte sind spärlich. Er ist ein gesuchter Verbrecher, der sich auf der Flucht befindet. Nachdem er sich drei Monate in einem „Loch" versteckt hat, traut er sich zum ersten Mal wieder auf die Straße unter Leute. Mit einem gut gefälschten Pass, der ihm eine neue Identität verleiht, begibt er sich auf die Suche nach einem Schiff.

Aufgabe 2 S. 68

Gliedert man die Kurzgeschichte nach den Handlungsorten, lassen sich vier Teile ausmachen:

Herbert Malecha: Die Probe – Textgliederung
1) Auf der Straße (Z. 1–71)
2) Im Lokal (Z. 72–152)
3) Auf der Straße (Z. 152–181)
4) Vor der Ausstellung (Z. 181–211)

Aufgabe 3
S. 68

Redluff wird zweimal auf die Probe gestellt: im Lokal und beim Betreten der Ausstellung. Auf die Probe im Lokal ist er in gewisser Weise vorbereitet, er ist wachsam und reagiert richtig. Die eigentliche Probe geschieht vor der Ausstellung. Redluff wird von positiven Gefühlen beherrscht, er ist euphorisch und unaufmerksam. Deswegen besteht er die Probe nicht.

Aufgabe 4
S. 69

Die Tabelle kann wie folgt vervollständigt werden:

Redluffs Verhalten	
vor der ersten Probe (bis Z. 71)	**nach** der ersten Probe (ab Z. 146)
„Mit zwei taumeligen Schritten …" (Z. 3 f.) „Er fühlte sich am Ellbogen angefasst." (Z. 5 f.) „Mit einer fast brüsken Bewegung machte er sich frei." (Z. 6 f.) „Eine Welle von Schwäche stieg von seinen Knien auf …" (Z. 10 f.) „Langsam ließ das Klopfen im Halse nach." (Z. 16 f.) „… er achtete darauf, dass sie ihn nicht streiften." (Z. 31 f.) „Einem Platzregen von Gesichtern war er ausgesetzt …" (Z. 32 f.) „… dass seine Finger kalt und schweißig waren." (Z. 47 f.) „Wovor hab ich denn eigentlich Angst …" (Z. 48 f.) „Ihn fror plötzlich." (Z. 54)	„Die Spannung in ihm zerbröckelte …" (Z. 146 f.) „Er hätte jubeln können." (Z. 148) „Draußen atmete er tief, seine Schritte schwangen weit aus, am liebsten hätte er gesungen." (Z. 152 ff.) „… er mitten unter ihnen. Es tat ihm wohl, wenn sie ihn streiften." (Z. 158 f.) „… sagte er und lächelte …" (Z. 161 f.) „Ihm war wie nach Sekt. Ewig hätte er so gehen können …" (Z. 171 ff.) „Er gehörte wieder dazu, er hatte den Schritt der vielen …" (Z. 173 f.) „Dicht hinter ihr zwängte er sich durch den Einlass." (Z. 183 f.)
↓	↓
Redluffs Verhalten vor der ersten Probe ist gekennzeichnet durch große **Angst** und **Unsicherheit**. Ständig befürchtet er, entdeckt zu werden. Daher meidet er Blickkontakte und weicht Berührungen aus.	Redluffs Verhalten nach der ersten Probe ist gekennzeichnet durch **Selbstsicherheit** und **Unbeschwertheit**. Sein Gang wird frei, er lächelt andere Leute an und hat auch keine Angst mehr vor Körperkontakt.

TAFELBILD

Aufgabe 5
S. 69

Vor der ersten Probe zeigt sich Jens Redluff ausgesprochen unsicher. Er bewegt sich mit „taumeligen Schritten" (Z. 3 f.). Offensichtlich fürchtet er jeden körperlichen Kontakt. Das sieht man z. B. in Zeile 5 f.: „Er fühlte sich am Ellbogen angefasst" und an dem metaphorischen Ausdruck „Einem Platzregen von Gesichtern war er ausgesetzt …" (Z. 32 f.). Er hat panische Angst vor den Blicken der anderen, seine Finger werden „kalt und schweißig" (Z. 47 f.). Nach der ersten Probe ändert sich sein Verhalten vollkommen. Das sieht man an den vielen Ausdrücken, die seine Freude zum Ausdruck bringen, wie z. B.: „Er hätte jubeln können." (Z. 148) Achtet er zuvor noch ängstlich darauf, dass ihn niemand berührt, so macht es ihm nun nichts mehr aus, „wenn sie ihn streiften" (Z. 159). Der Vergleich „Ihm war wie nach Sekt" (Z. 171f.) bringt das in besonderer Weise zum Ausdruck. Zum Schluss zwängt er sich sogar durch den Einlass (vgl. Z. 183f.), woran deutlich wird, wie wohl er sich jetzt in der Menge fühlt.

Aufgabe 6
S. 69

Das dominierende Gestaltungsmittel dieses Abschnitts (wie des gesamten Textes) ist die ausgeprägte Metaphorik, die zum größten Teil aus dem Bereich des Wassers stammt. Beispiele in diesem Abschnitt sind:
- „Eine Welle von Schwäche" (Z. 10)
- „Platzregen von Gesichtern" (Z. 32f.)
- „mitzuschwimmen in dem Strom" (Z. 36f.)
- „ein Strom flutender Gesichter" (Z. 44)
- „nicht eintauchen" können (vgl. Z. 52)
- „wie ein Kork auf dem Wasser" (Z. 52f.)

Auch in anderen Abschnitten lassen sich zahlreiche Metaphern und Vergleiche aus dem Wasserbereich finden.

Aufgaben 7 und 8
S. 7 S. 70–71

Das Geschehen wird überwiegend aus der Perspektive Redluffs erzählt. Der Erzähler gibt nur das an den Leser weiter, was Redluff sehen kann bzw. wahrnimmt. Ausdrücke wie „Schön warm war es hier" (Z. 88) oder „Gut saß es sich hier" (Z. 92) scheinen unmittelbare Gedanken Redluffs zu sein. Was Redluff nicht hören kann, bekommt auch der Leser nicht mitgeteilt (Z. 119ff.).

Georg Britting: Brudermord im Altwasser (S. 72–73)

Brittings Kurzgeschichte weicht in mancherlei Hinsicht von der typischen Kurzgeschichte ab. Vor allem ihre außergewöhnliche Sprache könnte für Schülerinnen und Schüler ein Lesehemmnis darstellen. Paul Nentwig lobt an ihr vor allem die Intensität der Atmosphäre: „Es gibt wohl nur wenige Kurzgeschichten in der deutschen Literatur von einer solchen Intensität der Atmosphäre wie die vorliegende von Britting. Diese geradezu unheimliche Atmosphäre zieht den Leser, noch mehr aber den Hörer, vom ersten Satz an in ihren Bann und hält ihn bis zum letzten gefangen. Er kann sich ihr nicht entziehen." (Paul Nentwig: Die moderne Kurzgeschichte im Unterricht, Westermann Verlag, Braunschweig 1978, S. 113)

Aufgabe 1
S. 73

Wegen seiner künstlichen, ausladenden Sprache ist der Text den jungen Lesern vielleicht nicht auf Anhieb zugänglich. Von daher bietet sich diese Aufgabe als Einstieg an, um den Inhalt der Kurzgeschichte zu klären: Es wird die Gesichte von drei Brüdern erzählt, die ihre Freizeit meist außerhalb der Stadt in einer wilden Flusslandschaft, die durch Nebenflüsse der Donau gespeist wird (Altwasser), verbringen. Dabei gehen sie nicht zimperlich miteinander um, haben aber gleichzeitig einen Pakt geschlossen, dass die Eltern von ihren Abenteuern nichts erfahren dürfen. Eines Tages geschieht ein Unglück, bei dem der jüngste Bruder beim Spielen ertrinkt. Obwohl sie offensichtlich traumatisiert sind, beschließen die beiden Brüder, ihren Pakt nicht zu brechen, sondern über das Geschehene zu schweigen.

Aufgabe 2
S. 73

Im Gegensatz zu den vorhergehenden Kurzgeschichten ist der Anfang hier nicht unvermittelt. Brittings Erzählung beginnt mit einer ausführlichen Landschaftsschilderung, bevor die eigentliche Erzählung einsetzt.

Aufgabe 3
S. 73

Von der Schilderung des Schauplatzes (bis Z. 17) geht etwas Düsteres und Unheimliches aus. Erreicht wird dieser Eindruck durch den Gebrauch zahlreicher Adjektive, besonders der Farbadjektive, und durch die Schilderung des Fischkönigs mit seinen bösen Augen und dem gefräßigen Maul (vgl. Z. 9ff.) Auch der Geruchssinn wird angesprochen, indem der Erzähler auf den Geruch von Fäulnis, Kot und Tod (vgl. Z. 14 ff.) hinweist. Das Ende der Einleitung klingt fast wie Ironie, wenn der Erzähler über diesen unheimlichen Ort anmerkt: „Kein besserer Ort ist zu finden für Knabenspiele als dieses gründämmerige Gebiet." (Z. 16 f.)

Aufgabe 4
S. 73

Die drei Hofberger Buben sind wild und ungestüm. Sie raufen und schlagen sich (vgl. Z. 26 f.), nicht selten enden ihre Spiele mit einem blutigen Kopf, wenn sie schreiend durch Buschwerk und Graben brechen (vgl. Z. 28 ff.). Allerdings sind sie auch gleich wieder versöhnt (vgl. Z. 33 f.). Nach der unheilvollen Tat sind die beiden Brüder zunächst wie gelähmt (vgl. Z. 75 f.). Erst nach einer gewissen Zeit erwachen sie aus ihrer Erstarrung und rennen dann atemlos nach Hause. Sprachlich wird dies durch einen langen, scheinbar nicht enden wollenden Satz zum Ausdruck gebracht (Z. 80–89).
Die Grenzsituation besteht darin, dass die beiden sich ihrer Tat bewusst sind, aber nicht wissen, was sie nun machen sollen. In ihrer Verstörtheit (vgl. Z. 94) beschließen sie, wie immer zu Hause nichts zu sagen.

Aufgaben 5 und 6
S. 73

Die Aufgabe kann eine Diskussion über die Frage der Schuld der älteren Brüder anstoßen. Natürlich tragen sie am Tod des Jüngeren eine Schuld, doch im juristischen Sinne sind sie keine Mörder, da sie nicht mit der Absicht gehandelt haben, den Bruder zu töten. In dem Zusammenhang sollte auch über die Absicht der älteren Brüder gesprochen werden, alles zu verschweigen, denn hierin liegt ihre eigentliche Schuld. Es müsste deutlich werden, dass sie mit dieser Schuld nicht leben können und dass sie ihr Schweigen brechen müssen.

Aufgabe 7
S. 74

Der Erzähler beschreibt im ersten Abschnitt (Z. 1–18) den Schauplatz des Geschehens aus seiner Sicht und gibt sich am Ende auch als Erzähler zu erkennen: „Und hier geschah, was ich jetzt erzähle." (Z. 18) Auch an anderen Stellen wird das auktoriale Erzählverhalten deutlich, etwa wenn der Erzähler preisgibt, dass sie wie immer zu Hause nichts sagen wollen. Er scheint sie genau zu kennen; er weiß, dass sie bei dem Ereignis „tiefer als je zuvor" (Z. 41) in die Wildnis eingedrungen sind, und er weiß, dass der Weiher größer war, „als sie je einen gesehen hatten" (Z. 42). Und er mischt sich auch kommentierend ein, wenn er die älteren Brüder als „Mörder" (Z. 95) bezeichnet.

Aufgabe 8
S. 74

Eine Mindmap zur Textart Kurzgeschichte könnte die folgende Struktur haben:

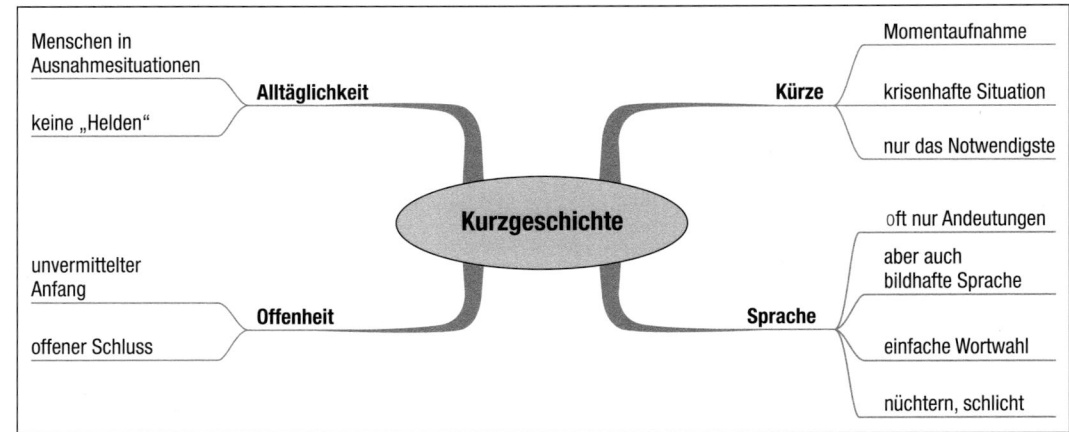

Aufgabe 9
S. 75

Die meisten der in der Zusammenfassung genannten Merkmale lassen sich relativ klar an den drei bearbeiteten Kurzgeschichten nachweisen. Die Kurzgeschichte „Brudermord im Altwasser" von Georg Britting hat allerdings nicht den für viele Kurzgeschichten typischen unvermittelten Beginn. Die Schüler können dabei lernen, dass nicht immer alle Kennzeichen auf jede Kurzgeschichte zutreffen.

Wolfgang Borchert: Nachts schlafen die Ratten doch (S. 75–77)

Borchert, typischer Vertreter der sogenannten Kahlschlag- oder Trümmerliteratur, zeigt in seinen Kurzgeschichten immer wieder Menschen, die vom Krieg seelisch zerstört wurden. Auch in dieser Erzählung zeigt er eine Welt äußerer und innerer Zerstörung am Beispiel des neunjährigen Jürgen, der die Leiche seines toten Bruders bewacht. Borchert macht aber zugleich deutlich, dass auch in scheinbar ausweglosser Situation mitfühlende Anteilnahme und ein einfühlsames Gespräch helfen können, die Krise zu überwinden.

Aufgabe 1 S. 77

Die Geschichte spielt am Ende des Zweiten Weltkrieges in einer durch einen Bombenangriff zerstörten, im Text nicht namentlich genannten Stadt.

Aufgabe 2 S. 77

Der neunjährige Junge befindet sich in einer trostlosen, von Bomben zerstörten Gegend. Er sitzt in den Trümmern eines Hauses, in dem sein fünf Jahre jüngerer Bruder bei einem Bombenangriff verschüttet wurde. Nun hält er einsam Totenwache, weil er befürchtet, die Ratten könnten nachts von dem toten Bruder fressen. Ohne Hilfe ginge er an diesem Schicksalsschlag zugrunde. Das Bild auf der Seite 76 bringt die Trauer und Verlorenheit gut zum Ausdruck.

Aufgabe 3 S. 77

Jürgen ist zunächst sehr misstrauisch und reagiert abwehrend (vgl. z. B. Z. 26 f. und Z. 31 f.). Die vorsichtigen Fragen des Mannes bauen die Angst und Ablehnung ganz allmählich ab. Der Junge schwankt zwischen seinem geweckten Interesse für die Kaninchen und seinem Entschluss, auf dem Trümmergrundstück Wache zu halten (vgl. z. B. Z. 57 f.). Er fasst aber allmählich Vertrauen und gibt preis, warum er in den Trümmern aushält. Der Mann vermittelt ihm das Gefühl, dass er ihn ernst nimmt, und stellt die Aussage des Lehrers als unwahr hin („Nachts schlafen die Ratten doch", Z. 107 f.). Diese Notlüge und die Aussicht, ein Kaninchen geschenkt zu bekommen, bringen den Jungen schließlich dazu, seine unsinnige Totenwache aufzugeben.

Aufgabe 4 S. 77

Vor allem im Dialog herrscht eine realitätsbezogene Umgangs-/Alltagssprache vor, die durch kurze Sätze geprägt ist. Beispiele finden sich etwa in den Zeilen 17, 28, 31, 34, 39, 46, 95 f., 129.

Aufgabe 5 S. 77

Der offene Schluss steht im Gegensatz zur düsteren Atmosphäre des Anfangs. Er vermittelt Hoffnung auf ein neues Leben. Entsprechend der im Arbeitsbuch vorgestellten „Textanalyse" des Anfangs könnte dies für den Schluss folgendermaßen aussehen:

Inhalt	Der Schluss der Kurzgeschichte schildert, wie der Mann sich von Jürgen entfernt und auf die Sonne zuläuft.
sprachliche Gestaltung	Im Gegensatz zum Anfang tauchen nun fast nur positiv besetzte Wörter auf: „Sonne", „Korb", „Kaninchenfutter". Während zu Beginn von einer „Schuttwüste" die Rede ist, heißt es nun, das Kaninchenfutter sei nur „etwas grau vom Schutt" (Z. 146 f.). Auch die Verben („laufen", „hindurchscheinen", „schwenken") drücken Bewegung und Veränderung aus. Das Farbadjektiv „grün" („grünes Kaninchenfutter") signalisiert zusätzlich Hoffnung.
Deutung	Der Leser hat daher am Ende der Kurzgeschichte das Gefühl, dass es für Jürgen neue Hoffnung gibt und er von seinem sinnlosen Tun abgebracht werden kann.

Die Ergebnisse können auch an der **Tafel** zusammengetragen und gesichert werden:

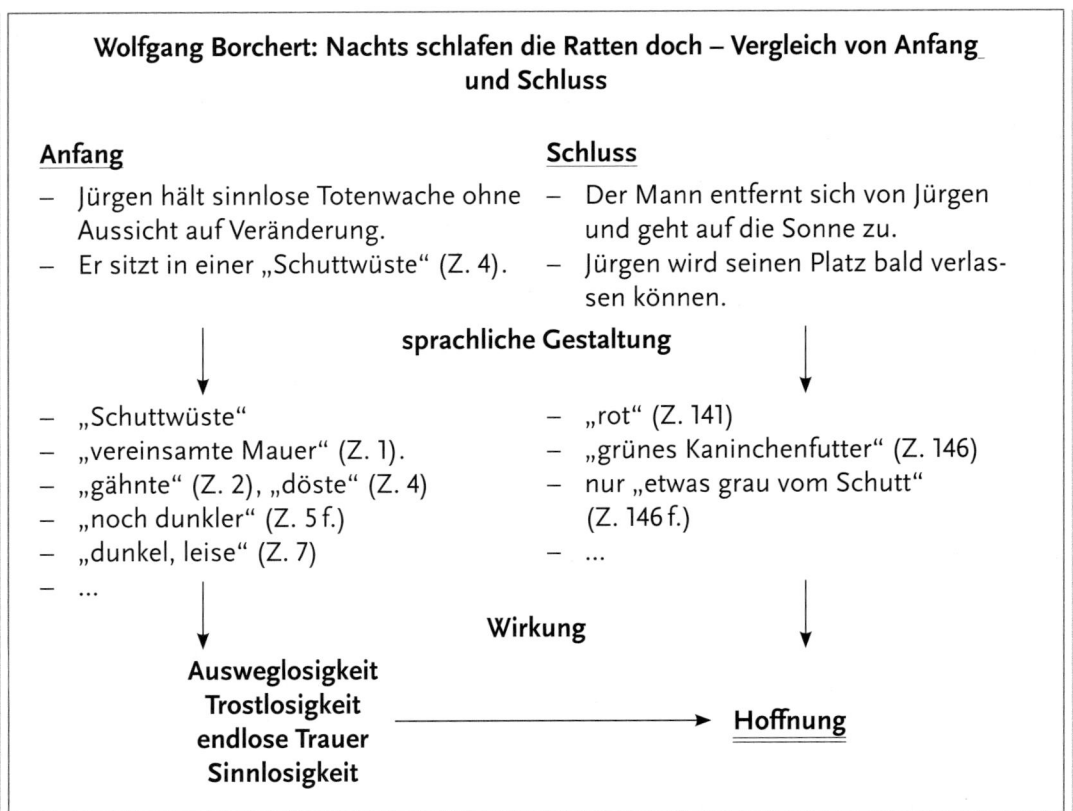

TAFELBILD

Aufgabe 8
S. 79

An der Kurzgeschichte von Borchert lassen sich die Merkmale, wie sie auf der Seite 74 zusammengefasst sind, gut nachweisen. Die Geschichte beschränkt sich auf einen kleinen Ausschnitt, auf eine Momentaufnahme, und zeigt eine krisenhafte Situation im Leben eines Menschen.

Sie beginnt unvermittelt und hat einen offenen Schluss, da der Leser nicht erfährt, wie es mit Jürgen weitergehen wird.

Auch das Kennzeichen der Alltäglichkeit ist erfüllt: Die handelnden Personen sind „Alltagsmenschen", die sich in einer Ausnahmesituation befinden. Die Sprache dieser Kurzgeschichte ist nüchtern und schlicht, z. T. syntaktisch stark verkürzt.

Reinhold Ziegler: Die Brücke (S. 79–81)

Zieglers Kurzgeschichte handelt von einem einschneidenden Erlebnis zwischen Vater und Sohn, welches zu einer Annäherung der beiden führt, wofür der Titel der Geschichte symbolisch steht. Vater und Sohn – der Junge hat gerade sein Abitur gemacht und wird bald ausziehen (vgl. Z. 19 ff.) – führen eine gewöhnliche Eltern-Kind-Beziehung, d. h., sie gehen respektvoll und liebevoll miteinander um, gleichzeitig führt der Generationenunterschied zu Problemen (vgl. Z. 114–119). Über ernste Themen sprechen sie so gut wie nie. Dies ändert sich während eines Ausflugs auf eine Brücke, an deren Scheitelpunkt die beiden zunächst eher scherzhaft über den Tod sprechen und der Vater einen Selbstmordversuch in einer Art Spiel vortäuscht, von dem ihn der Junge abhält. Im Rahmen dieses Gerangels (vgl. Z. 127 f.), welches die beiden seit den Kindertagen des Sohnes nicht mehr geführt haben, gesteht der Sohn dann, dass ein möglicher Tod des Vaters ihm Angst bereitet und dass dieser ein „verdammtes Loch in [s]einem Leben" (Z. 163) verursachen würde, obwohl er sich nicht sicher ist, „ob es nicht lächerlich war, so etwas zu [...] seinem Vater zu sagen, wenn man schon fast neunzehn war und im Begriff, das Haus zu verlassen" (Z. 157–160). Der Vater antwortet – sichtbar „glücklich" (Z. 170) über das Liebesgeständnis – mit einer liebevollen Geste, indem er ihm versichert, dass dies völlig in Ordnung sei und so sein müsse (vgl. 170 f.).

Aufgabe 10 S. 79 Diese sehr komplexe Aufgabe kann im Sinne des kooperativen Unterrichts in Gruppen bearbeitet werden. Die Inhaltssicherung sollte zunächst noch im Plenum geschehen. Im Anschluss bearbeiten die Gruppen entsprechend der Vorgaben einzelne Untersuchungsschwerpunkte und können dabei etwa zu folgenden Ergebnissen kommen:

• **Vater-Sohn-Beziehung:**	– Dem Sohn fällt die körperliche Ähnlichkeit zum Vater – „wie zum ersten Mal" (Z. 30 f.) – auf.
	– Beide haben eigentlich nie über ernste Themen gesprochen.
	→ „Mit dem da vorne hatte er nie über Gott gesprochen." (Z. 52 f.)
	– Sie führen eine „typische" Eltern-Kind-Beziehung, in der der Generationenunterschied zu Problemen führt bzw. führen kann.
	→ „Normalerweise hasste es Jan, wenn sein Vater so zu reden versuchte, wie er dachte, dass Jugendliche es täten. Das klang so nach Pädagogik, so nach trickreichem Einschleusen wohlüberlegter Erziehungskonzepte – in jedem Fall ein Grund, auf Abstand zu gehen." (Z. 114–119)
	– Es kommt zur Annäherung auf der Brücke: Der Vater drückt Verständnis für die Gedanken seines Sohnes mit Verweis auf die eigene Jugend aus.
	→ „‚Ich war nicht immer dreiundfünfzig, Jan, ich kenne das, ja!'" (Z. 90 f.)
	– Sie sprechen über den Tod; der Vater täuscht scherzhaft einen Selbstmordversuch vor (vgl. Z. 129–131). Der Sohn hält ihn davon ab; in diesem Spiel kommt es zur Annäherung.
	→ Der Sohn spricht über seine Verlustängste und drückt seine Liebe zum Vater aus: „‚Wenn du mal nicht mehr da bist, wird ein riesiges, verdammtes Loch in meinem Leben sein!'" (Z. 162 f.)
	→ Auch wenn er mittlerweile erwachsen und gut einen Kopf größer als der Vater ist (vgl. Z. 147 f.), ist sein Vater für ihn eine wichtige Bezugsperson, die ihm Halt und Sicherheit gibt.
	– Der Vater bezeichnet die Angst des Sohnes vor dem Verlust des Vaters als „in Ordnung" (Z. 170).
	– Das Erlebnis auf der Brücke bleibt ihr Geheimnis.
	– …
• **symbolische Bedeutung der Überschrift:**	– Vater und Sohn intensivieren ihre Beziehung zueinander.
	– Es kommt – über die Generationen hinweg – zur Annäherung, wofür die Brücke symbolisch steht.
	– Vater und Sohn haben einen Draht zueinander gefunden bzw. eine Brücke zwischen sich gebaut.
	– …

• sprachliche Besonderheiten:	– z. T. ironische, komische Elemente; Verwendung von Jugendsprache: z. B. „Höhenangst" (Z. 10) der Mutter auf dem heimischen Balkon; die Schwester, die „pubertierend vor sich hin[schmollt]" (Z. 14 ff.); Jans Überlegung, es könnte ein Gen geben, „das für unkontrolliertes Schlenkern von Unterarmen zuständig war" (Z. 45 f.); „genetische Bestandteile der mütterlichen Höhenangst" (Z. 74–76); „,Ob man heil bleibt, wenn man runterjumpt?'" (Z. 77); ... – z. T. sehr bildliche Sprache mit vielen Vergleichen: z. B. „baumdicke Kabel" (Z. 5); „Netz", das „die Luft sieb[t]" (Z. 5 ff.); „Fahrzeugflut" (Z. 39); „seine Arme [...] pendeln wie Seile, die sie manchmal in der Turnstunde von der Hallendecke gelassen hatten" (Z. 41 ff.) – hoher Anteil an direkter Rede → Dialogcharakter – ...
• Deutung des Endes:	– Das Erlebnis bleibt ein Geheimnis zwischen Vater und Sohn, von dem „die Mädels" (Z. 174) bewusst ausgeschlossen werden. – Dies drückt die besondere Verbundenheit zwischen den beiden aus. – ...
• Merkmale einer Kurzgeschichte:	– Kürze: kleiner Ausschnitt, Momentaufnahme – Offenheit: unvermittelter Einstieg, offenes Ende – Alltäglichkeit: Vater und Sohn – sprachliche Gestaltung – symbolische Bedeutung der Überschrift – ...

Aufgabe 1 S. 82

Die Schülerinnen und Schüler erhalten hier zahlreiche Anregungen und Tipps zum Verfassen eigener Kurzgeschichten. So kann das Gelernte in der produktiven Anwendung weiter vertieft und gefestigt werden. Da die Aussicht auf eine „Veröffentlichung" der eigenen Texte sich häufig positiv auf die Qualität und Schreibmotivation auswirkt, können die entstandenen Kurzgeschichten z. B. in einem Klassenband gesammelt werden.

Von einem ungewöhnlichen Ereignis (S. 83–88)

Giovanni Boccaccio: Falkennovelle (S. 83–87)

Boccaccios Falkennovelle stellt an die Schülerinnen und Schüler hohe Anforderungen. In der Haltung der Protagonisten, insbesondere Federigos, zeigt sich das höfische Ideal der Minne. Wenn Federigo Monna Giovanna gegenüber beteuert, kein Leid, wohl aber viel Gutes durch sie erfahren zu haben, so ist das nur damit zu erklären, dass er sein Werben um die Gunst Giovannas als „Veredelung" und Erziehung zum Guten ansieht. Da Schülerinnen und Schülern dieser Altersstufe das höfische Ideal der Minne unbekannt bzw. fremd ist, kann dieser Aspekt in die Behandlung der Novelle nur am Rande einbezogen werden.

Von der Lehrkraft sollte noch erläutert werden, dass Boccaccios Novelle solche Berühmtheit erlangte, dass man das in Novellen enthaltene Dingsymbol allgemein als „Falken" bezeichnet.

Aufgabe 1 S. 87	In der Regel finden die Schülerinnen und Schüler es sehr befremdlich, dass ein junger Mann so hartnäckig um die Gunst einer verheirateten Frau wirbt, zumal diese ihn beständig zurückweist. Sie verurteilen sein Verhalten oder halten Federigo für verrückt. Dass es sich dabei um eine Art mittelalterlichen Minnedienstes handelt, kann mit Schülern dieser Jahrgangsstufe natürlich noch nicht ausführlich besprochen werden. Dennoch sind einige Informationen durch die Lehrperson angebracht.

Aufgabe 2 S. 87	**Federigo**	**Giovanna**
	– tapfer – hat adelige Sitten – verschwenderisch – ohne Bitterkeit – duldsam – großmütig – von ritterlichem Anstand – großzügig und großherzig	– vornehm – edel – schön und anmutig – tugendsam – taktvoll

Aufgabe 3 S. 87	Erstaunlicherweise reagiert Federigo recht gelassen. Er erträgt seine Armut, „ohne irgendeinen Menschen um Beistand zu bitten" (Z. 68 f.). Seiner Liebe zu Giovanna tut das keinerlei Abbruch. Bei der späteren Begegnung äußert er ausdrücklich, dass er sich nicht daran erinnern könne, je ein Leid durch sie erfahren zu haben (vgl. Z. 152 ff.). Ihm sei im Gegenteil nur Gutes durch sie widerfahren (vgl. Z. 154). Eine Erklärung für sein Verhalten fällt den Schülerinnen und Schülern sicher schwer. Vielleicht können sie zu der Erkenntnis gelangen, dass Federigo seine liebende Hingabe – auch wenn sie nicht erwidert worden ist – nicht als Verlust empfindet.
Aufgabe 4 S. 87	Giovanna erkennt, dass Federigo bereit ist, für sie auch seine Lebensgrundlage, den Falken, zu opfern. Diese großherzige Tat (vgl. Z. 310) und sein Großmut insgesamt überzeugen Giovanna davon, dass er sie wirklich liebt. Der großartige Charakter Federigos ist ihr wichtiger als der Reichtum eines Mannes ohne solche Charaktereigenschaften.
Aufgabe 5 S. 87	Ein fiktiver Brief müsste genau diesen Sachverhalt erklären. Giovanna müsste deutlich machen, dass für sie die Besitzlosigkeit Federigos keine Rolle spielt und dass sie durch die „Opferung" des Falken die Aufrichtigkeit seiner Liebe erkannt hat.
Aufgabe 6 S. 87	Für Federigo bildet der Falke zunächst die Lebensgrundlage, da er mit ihm zur Jagd gehen kann. Dass er ihn dennoch für Giovanna opfert, zeigt seine große Liebe zu ihr. Giovanna ihrerseits sieht in dem Falken zum einen das Wunschobjekt ihres Sohnes, mit dessen Hilfe er vielleicht genesen kann. Andererseits erkennt sie dann im Opfern des Tieres durch Federigo dessen edle Motive. So wird der Falke zum Sinnbild der ritterlichen Liebe. Für Giovannas Sohn ist er ein innig begehrtes Objekt. Sein Wunsch, es zu besitzen, setzt den Höhepunkt in Gang. Um die Ergebnisse zu sichern, kann folgendes **Tafelbild** eingesetzt werden:

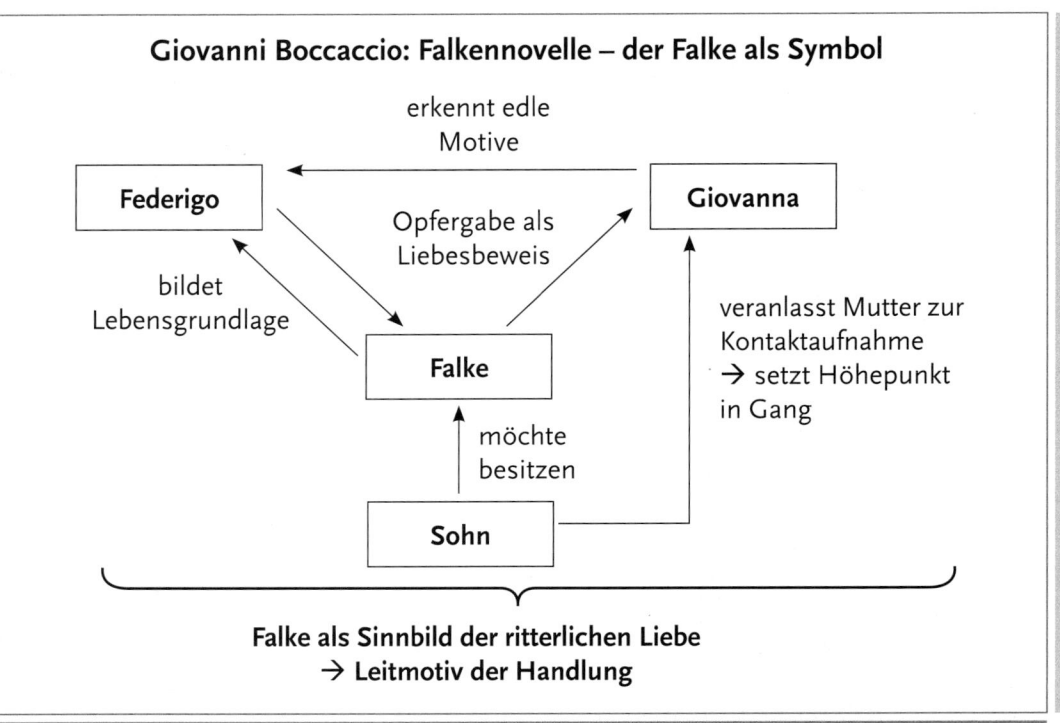

TAFELBILD

Aufgabe 7 S. 87	Spannung entsteht zum einen, weil der Leser allmählich ahnt, dass Federigo den Falken schlachten wird, und er – anders als der Protagonist – um den Wunsch Giovannas weiß. Gewissheit erhält er ab Zeile 186: „Da fiel sein Auge auf seinen guten Falken ..." Ohne Umschweife wird erzählt, dass Federigo ihm den Hals umdrehte und am Spieß braten ließ (vgl. Z. 191 ff.). Spannung wird erneut aufgebaut, wenn der Leser auf die Reaktion Giovannas gespannt ist. Erwartungsgemäß tadelt sie Federigo zunächst, lobt dann aber seine Großzügigkeit (vgl. Z. 286 ff.). Damit wird schon die spätere Wende eingeleitet.
Aufgabe 8 S. 88	Coppo di Borghese Domenichi wird als ein vornehmer und hochgeschätzter Mann vorgestellt. Ausdrücklich werden Anstand, Tugend und vornehme Herkunft erwähnt. Er besitze ein ausgezeichnetes Gedächtnis und berichte Begebenheiten „getreulich" (Z. 32). Durch diesen „Gewährsmann" bekräftigt Fiammetta den Wahrheitsgehalt der Erzählung. Sie macht deutlich, dass die erzählten Ereignisse nicht ihrer Fantasie entspringen, sondern dass sie die Erzählung eines zuverlässigen Mannes wiedergibt.
Aufgabe 9 S. 88	Die meisten der hier genannten Kennzeichen treffen nicht auf die Novelle zu. Sie hat weder einen unvermittelten Anfang noch einen offenen Schluss. Auch die handelnden Personen sind keine „normalen" Menschen, sondern adelige Personen, die sich durch besondere Charaktereigenschaften auszeichnen. Die Sprache ist ausgesprochen kunstvoll und zum Teil schwer verständlich. Auch die Rahmenhandlung und das sogenannte Dingsymbol finden sich in der Regel nicht in Kurzgeschichten. Gemeinsamkeiten zeigen sich im Hinblick auf die Kürze. Die Kurzgeschichten erzählen einen krisenhaften Augenblick, die Novelle erzählt ein ungewöhnliches Ereignis. Sie konzentriert sich – darin ist sie der Kurzgeschichte ähnlich – auf dieses Ereignis und führt es geradlinig zum Ende.

Die Lösungen zu den **Übungen zur Lernkontrolle** (S. 89) befinden sich im Anhang des Schülerbandes auf der Seite 401.

Arbeitsblatt 1

Eine Kurzgeschichte mithilfe von Fragen untersuchen

1 Lies die folgende Kurzgeschichte von Erich Junge aufmerksam durch und beantworte anschließend die Fragen.

Erich Junge (geb. 1919)
Der Sieger

Vielleicht hatte er erwartet, als er uns jetzt herausfordernd der Reihe nach anblickte, dass wir über seine Niederlage in lauten Jubel ausbrechen würden? – Aber wir taten ihm den Gefallen nicht;
5 wir hatten uns alle gut in der Gewalt, denn es war gefährlich, ihn zu reizen. Wir mochten ihn nicht, diesen Kraftprotz, der, wenn er einmal den Mund aufmachte, was höchst selten geschah, von nichts anderem sprach als von seinen Kräften, vom
10 Expanderziehen, Gewichtheben, Ringen und Boxen. Diese Niederlage hatte er verdient, und es gab wohl keinen unter uns, der sie ihm nicht von Herzen gönnte.
Es herrschte eine Art Spannung, die jeder spürte,
15 und die doch jeder zu ignorieren versuchte, und von der man nicht wusste, wie sie sich lösen würde; aber es war klar, dass dies hier nur der Anfang war, dazu kannten wir ihn zu genau. Wir hatten vor allem etwas Angst um Bert, der so unbeschwert
20 glücklich war, weil er den Fünfkampf gewonnen hatte und an nichts anderes mehr denken konnte. Erst als Dr. Brenner vom unteren Ende des Platzes heraufkam (er hatte sich von dem letzten, entscheidenden Wurf Berts persönlich überzeugt), wirkten
25 alle ein bisschen gelöster. „Großartig", sagte er, „Riedel, das haben Sie großartig gemacht", und er schüttelte Bert die Hand.
Und dann gingen wir alle hin und schüttelten ihm die Hand, klopften ihm auf die Schulter und sagten
30 „prima" oder „fabelhaft hast du das hingekriegt, alter Junge", wie man das so sagt mit siebzehn, achtzehn. „Dannwitz", sagte Dr. Brenner, „gehen Sie hin und gratulieren Sie ihm!" Dannwitz blieb stehen und rührte sich nicht, den kräftigen, musku-
35 lösen Oberkörper nach vorn geneigt, mit unruhig hin und her pendelnden Armen stand er da und rührte sich nicht, tat keinen Schritt, und als Bert von sich aus auf ihn zuging, drehte er sich um,

zeigte sein breites Kreuz und zog sich umständlich die Trainingsjacke über den Kopf. Vielleicht hatte 40
der Lehrer es nicht bemerkt; er tat jedenfalls so, zog den Notizblock hervor und rechnete die Punkte noch einmal zusammen. Außerdem hatte er es eilig, er musste die Siegerurkunden ausschreiben, denn heute Abend war Schulfest, und da sollten sie 45
verteilt werden.
Wir hatten geduscht und fühlten uns wunderbar erfrischt und dachten im Augenblick an nichts anderes mehr als an den kommenden Abend. Wir gingen über den sonnenbeschienenen Platz, hatten 50
die Trainingsblusen über dem Arm, und Bert ging in der Mitte, zwischen Bruno und mir. „Wie hast du das nur gemacht?", fragte Bruno. „Es war Technik", sagte Bert, „ich habe viel geübt, und vor allem habe ich mir genau angesehen, wie es die Diskus- und 55
Speerwerfer machen. Jeder von euch kann das ebenso gut"
„Na, na", sagte Bruno, „und Dannwitz, hast du den gesehen?" „Der ist viel stärker als ich", sagte Bert, „aber er macht es eben nur mit der rohen Kraft, 60
wenn der noch die richtige Technik beherrschte, wäre er nicht zu schlagen." Die Straßen waren kühl und mittagsleer, aber wir gingen am Rande der Stadt entlang zum Fluss hinunter, den Weg, der von Büschen und einem hüfthohen Zaun umsäumt war 65
und über den Ameisen und blitzende kleine Käfer liefen. Wir hatten es gar nicht bemerkt, dass er uns gefolgt war, denn wir sprachen über den Abend und über das Fest und über das Mädchen, das jeder von uns eingeladen hatte. Mit einem Mal war er plötz- 70
lich da. Sein Schatten lag breit und gefährlich vor unseren Füßen. Wir standen wie auf Kommando still. Sein Atem ging keuchend, und wir froren, als wir ihm ins Gesicht sahen. Der Weg lief hier in eine Wiese hinein, durch die ein kleines Gewässer 75
plätschernd zum Fluss hinunterglitt. Eine Ziege lag

© Schöningh Verlag

121

in der Wiese, starr, wie ein weißer Fleck. Bert hatte gerade gesagt: „Sie hat mir versprochen, dass sie kommt." Dannwitz' Adamsapfel ging auf und nieder; sein Gesicht war schweißnass, und die Haare hingen ihm wie Fransen in die Stirn.

„Ihr seid doch drei", sagte er kaum hörbar, „kommt, ihr seid doch drei ..." Niemand antwortete.

Nach einer Weile sagte Bert: „Geht man, geht man nach Hause, ich will nicht, dass ihr da hineingezogen werdet."

Er schob uns zur Seite und stellte sich mit hängenden Armen hin. „Nun fang an", sagte er flüsternd. „Ich wehre mich nicht einmal, ich weiß, dass es keinen Zweck hat, sich zu wehren, also, fang an ..."

Die Glocken der Michaeliskirche läuteten plötzlich über den Mittag hin. Die Ziege erhob sich träge und kam langsam an den Weg heran.

Dannwitz stand da, mit geballten Fäusten und einem flackernden Licht in den Augen, das aber langsam erlosch. Sein Unterkiefer fiel herab, was seinem Gesicht einen merkwürdig hilflosen Ausdruck verlieh, seine breiten Schultern sackten zusammen, die Fäuste lösten sich, und wahrhaftig, er weinte. Wir sahen es fassungslos.

Und dann, so plötzlich, wie er gekommen war, drehte er sich auf dem Absatz herum und trabte davon mit schwankenden Schritten, wie ein großer, verwundeter Bär.

„Er hat geweint", sagte ich zu Hause bei Tisch. „Nie hätten wir so etwas für möglich gehalten."

„Seit wann ist er bei euch?", fragte der Vater.

„Ich glaube, seit anderthalb Jahren, aber wir mochten ihn nicht, von Anfang an mochten wir ihn nicht, ganz besonders nicht, als er anfing, seine Kräfte auszuspielen."

„Womit hätte er euch sonst imponieren sollen?"

„Imponieren?"

„Naja, was sonst", sagte mein Vater. „Ihr seid doch eine Clique, nicht wahr, ihr kennt euch seit zehn und mehr Jahren. Er kam dazu, ein Fremder, einer, der neu war, ist es nicht so?" Ich schwieg.

Es war Abend, und der Abend war mild und weich. Sie hatten bunte Lampions aufgehängt, die Musiker waren schon da, und ich freute mich auf jeden und auf alles.

Und da sah ich ihn stehen, er stand unter den Buchen, nicht vom Licht des Festplatzes getroffen, er stand da, wesenlos, wie ein Schatten, und ich erkannte nur die Konturen seines Gesichtes. Ich ging schweigend an ihm vorbei, aber mein Herz schlug mir im Halse. Hatte ich etwa Angst? Nein, Angst war es nicht, was mir die Kehle zuschnürte. Bert rief mich an. „Die Mädchen sind da", sagte er. Die anderen kamen hinzu, der Kreis war geschlossen. Ich blickte verstohlen zu den dunklen Buchen hin. Ich ging fort und setzte mich an einen Tisch, über dem ein roter Mond baumelte. Ich stieß den Mond mit dem Finger an, und er schaukelte hin und her. „Was ist?", fragte Bert, und er setzte sich neben mich.

Ich zuckte mit den Schultern. – „Er steht da", sagte ich nach einer Weile und wies mit dem Kopf in die Richtung der Buchen. „Du kannst seinen Schatten sehen, mehr nicht, er steht da, als ob er nicht zu uns gehörte." Wir schwiegen beide. Der Mond über uns schwang hin und her. „Ich würde es versuchen", sagte ich dann, „aber ich kann es nicht, deinetwegen."

„Was soll ich denn tun?"

„Hör zu, Bert, wir haben ihm niemals eine Chance gegeben, niemals, ich glaube, das ist es!"

„Gut", sagte Bert und stand auf.

Falls du es vergessen haben solltest!", rief ich ihm nach, „er heißt Werner." Ich weiß nicht, was sie miteinander gesprochen haben, ich will es auch nicht wissen. Aber sie kamen zusammen zwischen den Bäumen hervor, lässig gingen sie nebeneinander, als sei es schon immer so gewesen, und ich dachte, wer von ihnen hat nun eigentlich heute gewonnen? Der Mond über mir stand still. Ich gab ihm noch einen kräftigen Schubs. Als wir zu dritt den Festplatz erreichten, begann die Musik zu spielen.

(Aus: Paul Nentwig: Die moderne Kurzgeschichte im Unterricht, Westermann, Braunschweig 1978, S. 90)

2 An welchen vier Orten spielt die Kurzgeschichte?

_____

_____

_____

_____

3 Wie heißen der Sieger des Sportwettkampfes und sein unterlegener Gegner mit Vor- und Nachnamen?

Der Sieger : _____

Der Unterlegene: _____

4 Beschreibe das Gefühl, das die Jungen angesichts der Niederlage von Dannwitz empfinden.

_____

_____

_____

_____

5 Beschreibe die beiden Kontrahenten mit jeweils vier Adjektiven.

Riedel	Dannwitz

6 Beschreibe kurz, wie Dannwitz sich nach seiner Niederlage fühlt.

_____

_____

7 Von welchem Gefühl wird Dannwitz beherrscht, als er davontrabte „mit schwankenden Schritten, wie ein großer, verwundeter Bär" (Z. 104 f.)?

_____

_____

_____

_____

8 Wodurch gelangt der Ich-Erzähler zu der Einsicht, dass man Dannwitz „niemals eine Chance gegeben" hat (Z. 147 f.)?

_____

_____

_____

_____

9 Erläutere kurz, wer mit der Überschrift „Der Sieger" gemeint ist.

_____

_____

_____

_____

_____

# Eine Kurzgeschichte mithilfe von Fragen untersuchen

Aufgabe 2

- auf dem Sportplatz der Schule
- am Rande der Stadt, an einem Fluss
- im Hause des Ich-Erzählers
- auf dem Festplatz

Aufgabe 3

Der Sieger: Bert Riedel
Der Unterlegene: Werner Dannwitz

Aufgabe 4

Die Jungen mögen Dannwitz nicht, brechen aber über dessen Niederlage nicht in Jubel aus, weil sie seine Reaktion fürchten. Alle sind davon überzeugt, dass er diese Niederlage verdient hat, weil er sich als Kraftprotz aufspielt.

Aufgabe 5

Riedel	Dannwitz
sportlich	großmäulig
zurückhaltend	aggressiv
sympathisch	schwach
großmütig	unsicher

Aufgabe 6

Dannwitz wird von seinem Lehrer aufgefordert, Bert Riedel zum Sieg zu gratulieren, tut dies aber nicht. Stattdessen bleibt er einfach stehen, rührt sich nicht und pendelt mit den Armen hin und her, was seine totale Überraschung und seine Unsicherheit zeigt. Als der Sieger auf ihn zukommt, dreht er sich um und zieht seine Trainingsjacke umständlich über den Kopf, so als wollte er sich verstecken. Mit der Niederlage kann er sich nicht abfinden.

Aufgabe 7

Dannwitz macht in diesem Moment einen völlig hilflosen Eindruck. Er ist verzweifelt und kann seine Tränen nicht mehr zurückhalten. Wut und Trauer über das Ausgeschlossensein bestimmen seine Gefühle.

Aufgabe 8

Der Vater des Ich-Erzählers macht seinem Sohn bei Tisch klar, dass Dannwitz als ein Fremder zu ihnen kam und im Ausspielen seiner Kraft die einzige Chance sah, in die Clique der Jungen aufgenommen zu werden. Er erkannte nicht, dass gerade dieses Verhalten die anderen Jungen abschreckte.

Aufgabe 9

Vordergründig ist zunächst Riedel der Sieger, da er den sportlichen Wettkampf gewonnen hat. Der wahre Sieger ist aber Dannwitz, der durch das kluge Verhalten des Ich-Erzählers und auch Riedels aus seiner Isolation gerissen wird und – vermutlich – Aufnahme in die Gruppe findet.

Eine Kurzgeschichte analysieren (1)

Heinrich Böll (1917–1985)
Anekdote zur Senkung der Arbeitsmoral (1963)

In einem Hafen an der westlichen Küste Europas liegt ein ärmlich gekleideter Mann in seinem Fischerboot und döst. Ein schick angezogener Tourist legt eben einen neuen Farbfilm in seinen Fotoapparat, um das idyllische Bild zu fotografieren: blauer Himmel, grüne See mit friedlichen, schneeweißen Wellenkämmen, schwarzes Boot, rote Fischermütze. Klick. Noch einmal: klick, und da aller guten Dinge drei sind, und
5 sicher sicher ist, ein drittes Mal: klick. Das spröde, fast feindselige Geräusch weckt den dösenden Fischer, der sich schläfrig aufrichtet, schläfrig nach seiner Zigarettenschachtel angelt, aber bevor er das Gesuchte gefunden, hat ihm der eifrige Tourist schon eine Schachtel vor die Nase gehalten, ihm die Zigarette nicht gerade in den Mund gesteckt, aber in die Hand gelegt, und ein viertes Klick, das des Feuerzeuges, schließt die eilfertige Höflichkeit ab. Durch jenes kaum messbare, nie nachweisbare Zuviel an flinker Höflichkeit ist
10 eine gereizte Verlegenheit entstanden, die der Tourist – der Landessprache mächtig – durch ein Gespräch zu überbrücken versucht.
„Sie werden heute einen guten Fang machen." Kopfschütteln des Fischers.
„Aber man hat mir gesagt, dass das Wetter günstig ist." Kopfnicken des Fischers.
„Sie werden also nicht ausfahren?"
15 Kopfschütteln des Fischers, steigende Nervosität des Touristen. Gewiss liegt ihm das Wohl des ärmlich gekleideten Menschen am Herzen, nagt an ihm die Trauer über die verpasste Gelegenheit. „Oh, Sie fühlen sich nicht wohl?"
Endlich geht der Fischer von der Zeichensprache zum wahrhaft gesprochenen Wort über. „Ich fühle mich großartig", sagt er. „Ich habe mich nie besser gefühlt." Er steht auf, reckt sich, als wollte er demonstrieren,
20 wie athletisch er gebaut ist. „Ich fühle mich fantastisch."
Der Gesichtsausdruck des Touristen wird immer unglücklicher, er kann die Frage nicht mehr unterdrücken, die ihm sozusagen das Herz zu sprengen droht: „Aber warum fahren Sie dann nicht aus?"
Die Antwort kommt prompt und knapp. „Weil ich heute Morgen schon ausgefahren bin."
„War der Fang gut?"
25 „Er war so gut, dass ich nicht noch einmal auszufahren brauche, ich habe vier Hummer in meinen Körben gehabt, fast zwei Dutzend Makrelen gefangen ..."
Der Fischer, endlich erwacht, taut jetzt auf und klopft dem Touristen beruhigend auf die Schultern. Dessen besorgter Gesichtsausdruck erscheint ihm als ein Ausdruck zwar unangebrachter, doch rührender Kümmernis.
30 „Ich habe sogar für morgen und übermorgen genug", sagt er, um des Fremden Seele zu erleichtern.
„Rauchen Sie eine von meinen?"
„Ja, danke."
Zigaretten werden in Münder gesteckt, ein fünftes Klick, der Fremde setzt sich kopfschüttelnd auf den Bootsrand, legt die Kamera aus der Hand, denn er braucht jetzt beide Hände, um seiner Rede Nachdruck
35 zu verleihen.
„Ich will mich ja nicht in Ihre persönlichen Angelegenheiten mischen", sagt er, „aber stellen Sie sich mal vor, Sie führen heute ein zweites, ein drittes, vielleicht sogar ein viertes Mal aus und Sie würden drei, vier, fünf, vielleicht gar zehn Dutzend Makrelen fangen ... stellen Sie sich das mal vor."
Der Fischer nickt.
40 „Sie würden", fährt der Tourist fort, „nicht nur heute, sondern morgen, übermorgen, ja, an jedem günstigen Tag zwei-, dreimal, vielleicht viermal ausfahren – wissen Sie, was geschehen würde?"
Der Fischer schüttelt den Kopf.

© Schöningh Verlag

Arbeitsblatt 2

„Sie würden sich in spätestens einem Jahr einen Motor kaufen können, in zwei Jahren ein zweites Boot, in drei oder vier Jahren könnten Sie vielleicht einen kleinen Kutter haben, mit zwei Booten oder dem Kutter
45 würden Sie natürlich viel mehr fangen – eines Tages würden Sie zwei Kutter haben, Sie würden ...", die Begeisterung verschlägt ihm für ein paar Augenblicke die Stimme, „Sie würden ein kleines Kühlhaus bauen, vielleicht eine Räucherei, später eine Marinadenfabrik, mit einem eigenen Hubschrauber rundfliegen, die Fischschwärme ausmachen und Ihren Kuttern per Funk Anweisung geben. Sie könnten die Lachsrechte erwerben, ein Fischrestaurant eröffnen, den Hummer ohne Zwischenhändler direkt nach Paris
50 exportieren – und dann ...", wieder verschlägt die Begeisterung dem Fremden die Sprache. Kopfschüttelnd, im tiefsten Herzen betrübt, seiner Urlaubsfreude schon fast verlustig, blickt er auf die friedlich hereinrollende Flut, in der die ungefangenen Fische munter springen.

„Und dann", sagt er, aber wieder verschlägt ihm die Erregung die Sprache. Der Fischer klopft ihm auf den Rücken, wie einem Kind, das sich verschluckt hat. „Was dann?", fragt er leise.
55 „Dann", sagt der Fremde mit stiller Begeisterung, „dann könnten Sie beruhigt hier im Hafen sitzen, in der Sonne dösen – und auf das herrliche Meer blicken."

„Aber das tu ich ja schon jetzt", sagt der Fischer, „ich sitze beruhigt am Hafen und döse, nur Ihr Klicken hat mich dabei gestört."

Tatsächlich zog der solcherlei belehrte Tourist nachdenklich von dannen, denn früher hatte er auch einmal
60 geglaubt, er arbeite, um eines Tages einmal nicht mehr arbeiten zu müssen, und es blieb keine Spur von Mitleid mit dem ärmlich gekleideten Fischer in ihm zurück, nur ein wenig Neid.

(Zitiert nach: Deutsche Kurzgeschichten 9.–10. Schuljahr; für die Sekundarstufe I herausgegeben von Winfried Ulrich, Philipp Reclam Jun. Stuttgart, 1975, S. 16–18)

Analysiere die Kurzgeschichte:

1. Formuliere zunächst eine Einleitung und fasse anschließend den Inhalt kurz mit eigenen Worten zusammen.

2. Untersuche das Verhalten der Hauptfiguren.
   Wie denken und fühlen sie? Am Anfang? Am Schluss?

3. Arbeite sprachliche Mittel heraus und erläutere ihre Wirkung.

4. Weise die folgenden Merkmale einer Kurzgeschichte am Text nach: kurzer Handlungszeitraum und entscheidender Lebensausschnitt.

5. Ein Schüler sagt: „Der Autor hat den Text so verfasst, dass ich verstehen/nachvollziehen kann, warum der Tourist am Ende den Fischer ein wenig beneidet."
   Nimm Stellung zu dieser Aussage und begründe deine Meinung.
   Denke daran, deine Aussagen mit Zitaten zu belegen.

Bewertungsbogen 2

Bewertungsbogen zur Leistungsüberprüfung/Klassenarbeit

Name:	
Schulhalbjahr/Datum:	
Klasse:	
Fachlehrer/in:	
Thema der Unterrichtsreihe:	Von Grenzsituationen und ungewöhnlichen Ereignissen – Kurzgeschichte und Novelle
Thema der Klassenarbeit:	Eine Kurzgeschichte analysieren
Aufgaben:	s. Arbeitsblatt 2

A Inhaltliche Leistungen

Aufgabe 1

	Du hast einen Einleitungssatz formuliert und den Inhalt kurz zusammengefasst.	maximale Punktzahl	erreichte Punktzahl
1	Verfasser: Heinrich Böll	1	
	Titel: Anekdote zur Senkung der Arbeitsmoral	1	
	Textsorte: Kurzgeschichte	1	
	Erscheinungsjahr: 1963	1	
	Thematik: Ein reicher Tourist erteilt einem Fischer Ratschläge für seine Arbeit. In dem Gespräch werden ihre unterschiedlichen Auffassungen zur Arbeit und zum Leben allgemein deutlich.	3	
2	Inhalt: Bei der Besichtigung eines kleinen Hafens an der Westküste Europas sieht ein schick aussehender Tourist einen etwas ärmlichen, vor sich hin dösenden Fischer. Der Tourist zwingt dem Einheimischen ein Gespräch auf, in dem er von diesem wissen will, warum er nicht fische, da doch das Wetter so gut sei. Nach anfänglichem Ausweichen erzählt der Fischer schließlich, dass er bereits ausgefahren sei und dass er einen so guten Fang eingebracht habe, dass der Verdienst für mehrere Tage ausreiche. Dies will der Tourist nicht einsehen. Er führt dem Fischer vor Augen, was er alles erwerben könne, wenn er häufiger ausfahre, und schildert ihm einen steilen Aufstieg bis hin zur Einrichtung einer Marinadenfabrik und eines Fischrestaurants. Der Fischer will wissen, was er von diesen Gütern letztendlich habe. Worauf der Tourist nur antworten kann, dass er sich dann beruhigt im Hafen ausruhen könne. Das tue er doch bereits, entgegnet der Fischer. Und der Tourist geht belehrt, nachdenklich und ein wenig neidisch fort.	10	
	Du hast die indirekte Rede benutzt.	2	
	Gesamtpunktzahl für Aufgabe 1	**19**	

© Schöningh Verlag

Bewertungsbogen 2

Aufgabe 2

	Du hast das Verhalten der Hauptfiguren untersucht.	maximale Punktzahl	erreichte Punktzahl
1	Tourist: legt Wert auf Äußeres, will sichergehen, ist (zu) höflich, nervös, will belehren, ist am Ende neidisch; denkt, er arbeite so viel, damit er eines Tages nicht mehr arbeiten müsse	6	
2	Fischer: döst, ist wortkarg, fühlt sich fantastisch, ist mit seiner Situation zufrieden; arbeitet so viel, dass er gut davon leben, aber sein Leben auch noch genießen kann	6	
	Gesamtpunktzahl für Aufgabe 2	12	

Aufgabe 3

	Du hast sprachliche Mittel und ihre Wirkung erläutert.	maximale Punktzahl	erreichte Punktzahl
1	viele Fragesätze → Beharrlichkeit des Touristen	2	
2	Konjunktivformen → sollen dem Fischer eine verlockende Zukunft verdeutlichen	2	
3	„Klick" (5 x) → Störung der Idylle	2	
	Gesamtpunktzahl für Aufgabe 3	6	

Aufgabe 4

	Du hast Kurzgeschichtenmerkmale nachgewiesen.	maximale Punktzahl	erreichte Punktzahl
1	kurze Zeitspanne: Zeit, die das Gespräch dauert	2	
2	entscheidender Lebensausschnitt: dem Touristen wird eine Lehre erteilt, er wird über seine Arbeit und sein Leben nachdenken	2	
	Gesamtpunktzahl für Aufgabe 4	4	

Aufgabe 5

	Du hast zu der Aussage Stellung bezogen.	maximale Punktzahl	erreichte Punktzahl
1	Du hast deine Meinung sinnvoll begründet.	4	
2	Du hast mit Zitaten gearbeitet.	4	
	Gesamtpunktzahl für Aufgabe 4	8	
A	**Gesamtpunktzahl**	**49**	

Bewertungsbogen 2

B Darstellungsleistungen

		maximale Punktzahl	erreichte Punktzahl
1	Du formulierst im Hinblick auf den Satzbau sicher und variabel.	3	
2	Du drückst dich präzise und differenziert aus.	3	
3	Du benutzt als Tempus der Textanalyse das Präsens.	2	
4	Du schreibst sprachlich richtig (Rechtschreibung, Grammatik, Zeichensetzung).	8	

B	**Gesamtpunktzahl**	**16**

Gesamtpunktzahl A und B	**65**

Die Leistungsüberprüfung/Klassenarbeit wird mit der Note

bewertet.

Zuordnung der Punkte zu den Notenstufen

Note	Punkte
sehr gut	65–57
gut	56–48
befriedigend	47–40
ausreichend	39–32
mangelhaft	31–15
ungenügend	14–0

Datum   Unterschrift

© Schöningh Verlag

Arbeitsblatt 3

Eine Kurzgeschichte analysieren (2)

Ernest Hemingway
Alter Mann an der Brücke (1938)

Hemingway (1898–1961) führte ein bewegtes Leben. Er war Journalist, Kriegsberichterstatter, Schriftsteller, Jäger und begeisterter Stierkampfzuschauer.

Im spanischen Bürgerkrieg (1936–1939) unterstützte er die Republikaner gegen die unter General Franco kämpfenden Faschisten. Ereignisse und Erlebnisse aus dem spanischen Bürgerkrieg sind immer wieder Themen in seinem Werk, so auch in dieser Kurzgeschichte.

Ein alter Mann mit einer stahlumränderten Brille und sehr staubigen Kleidern saß am Straßenrand. Über den Fluss führte eine Pontonbrücke, und Karren und Lastautos und Männer, Frauen und Kinder überquerten sie. Die von Maultieren gezogenen Karren schwankten die steile Uferböschung hinter der Brücke hinauf, und Soldaten halfen und
5 stemmten sich gegen die Speichen der Räder. Die Lastautos arbeiteten schwer, um aus alledem herauszukommen, und die Bauern stapften in dem knöcheltiefen Staub einher. Aber der alte Mann saß da, ohne sich zu bewegen. Er war zu müde, um noch weiter zu gehen.
Ich hatte den Auftrag, die Brücke zu überqueren, den Brückenkopf auf der anderen Seite
10 auszukundschaften und ausfindig zu machen, bis zu welchem Punkt der Feind vorgedrungen war.
Ich tat das und kehrte über die Brücke zurück. Jetzt waren dort nicht mehr so viele Karren und nur noch wenige Leute zu Fuß, aber der alte Mann war immer noch da.
„Wo kommen Sie her?", fragte ich ihn.
15 „Aus San Carlos", sagte er und lächelte.
Es war sein Heimatort, und darum machte es ihm Freude, ihn zu erwähnen, und er lächelte.
„Ich habe Tiere gehütet", erklärte er.
„So", sagte ich und verstand nicht ganz.
20 „Ja", sagte er, „wissen Sie, ich blieb, um die Tiere zu hüten. Ich war der Letzte, der die Stadt San Carlos verlassen hat."
Er sah weder wie ein Schäfer noch wie ein Rinderhirt aus, und ich musterte seine staubigen, schwarzen Sachen und sein graues, staubiges Gesicht und seine stahlumränderte Brille und sagte: „Was für Tiere waren es denn?"
25 „Allerhand Tiere", erklärte er und schüttelte den Kopf. „Ich musste sie dalassen."
Ich beobachtete die Brücke und das afrikanisch aussehende Land des Ebro-Deltas und war neugierig, wie lange es jetzt wohl noch dauern würde, bevor wir den Feind sehen würden, und ich horchte die ganze Zeit über auf die ersten Geräusche, die immer wieder das geheimnisvolle Ereignis ankündigen, das man ‚Fühlung nehmen' nennt, und
30 der alte Mann saß immer noch da.
„Was für Tiere waren es?", fragte ich.
„Es waren im Ganzen drei Tiere", erklärte er. „Es waren zwei Ziegen und eine Katze und dann noch vier Paar Tauben."
„Und Sie mussten sie dalassen?", fragte ich.

„Ja, wegen der Artillerie. Der Hauptmann befahl mir, fortzugehen wegen der Artillerie."
„Und Sie haben keine Familie?", fragte ich und beobachtete das jenseitige Ende der Brücke, wo ein paar letzte Karren die Uferböschung herunterjagten.
„Nein", sagte er, „nur die Tiere, die ich angegeben habe. Der Katze wird natürlich nichts
35 passieren. Eine Katze kann für sich selbst sorgen, aber ich kann mir nicht vorstellen, was aus den andern werden soll."
„Wo stehen Sie politisch?", fragte ich.
„Ich bin nicht politisch", sagte er. „Ich bin sechsundsiebzig Jahre alt. Ich bin jetzt zwölf Kilometer gegangen, und ich glaube, dass ich jetzt nicht mehr weiter gehen kann."
40 „Dies ist kein guter Platz zum Bleiben", sagte ich. „Falls Sie es schaffen könnten, dort oben, wo die Straße nach Tortosa abzweigt, sind Lastwagen."
„Ich will ein bisschen warten", sagte er, „und dann werde ich gehen. Wo fahren die Lastwagen hin?"
„Nach Barcelona zu", sagte ich ihm.
45 „Ich kenne niemand in der Richtung", sagte er, „aber danke sehr. Nochmals sehr schönen Dank."
Er blickte mich ganz ausdruckslos und müde an, dann sagte er, da er seine Sorgen mit jemandem teilen musste: „Der Katze wird nichts passieren, das weiß ich; man braucht sich wegen der Katze keine Sorgen zu machen. Aber die andern; was glauben Sie wohl
50 von den andern?"
„Ach, wahrscheinlich werden sie heil durch alles durchkommen."
„Glauben Sie das?"
„Warum nicht?", sagte ich und beobachtete das jenseitige Ufer, wo jetzt keine Karren mehr waren.
55 „Aber was werden sie unter der Artillerie tun, wo man mich wegen der Artillerie fortgeschickt hat?"
„Haben Sie den Taubenkäfig unverschlossen gelassen?", fragte ich.
„Ja."
„Dann werden sie wegfliegen."
60 „Wenn Sie sich ausgeruht haben, würde ich gehen", drängte ich. „Stehen Sie auf, und versuchen Sie jetzt einmal zu gehen."
„Danke", sagte er und stand auf, schwankte hin und her und setzte sich dann rücklings in den Staub.
„Ich habe Tiere gehütet", sagte er eintönig, aber nicht mehr zu mir. „Ich habe doch nur
65 Tiere gehütet."
Man konnte nichts mit ihm machen. Es war Ostersonntag, und die Faschisten rückten gegen den Ebro vor. Es war ein grauer, bedeckter Tag mit tief hängenden Wolken, darum waren ihre Flugzeuge nicht am Himmel. Das und die Tatsache, dass Katzen für sich selbst sorgen können, war alles an Glück, was der alte Mann je haben würde.

(Aus: Ernest Hemingway: Sämtliche Erzählungen, Rowohlt, Reinbek 1966, S. 74–76)

1 Verbessere und ergänze die folgende Einleitung zu einer Analyse der Kurzgeschichte.

In dem Text „Alter Mann an der Brücke" thematisiert der Verfasser die schrecklichen Folgen, die der Krieg für den einzelnen Menschen hat.

2 Verbessere die folgende Inhaltsangabe sprachlich und ergänze sie an den mit einem * gekennzeichneten Stellen auch inhaltlich. Schreibe die verbesserte Fassung auf.

Arbeitsblatt 3

Ein alter Mann sitzt erschöpft an einer Pontonbrücke und wird von einem Soldaten angesprochen. Der alte Mann erzählt von seinem Heimatort San Carlos. * Er hat keine Familie. Aber er macht sich Sorgen. * Politisch ist er nicht. Der Soldat will, dass er weitergeht, aber der alte Mann will noch warten und dann erst gehen. Er kennt niemanden in der Gegend, in die er gehen soll. Er erzählt erneut von seinen Sorgen. * Der Soldat beruhigt ihn. * Er steht auf Drängen des Soldaten auf, schwankt und muss sich sofort wieder setzen. Der Soldat erkennt, dass man nichts mit ihm machen kann.

3 Untersuche das Verhalten des alten Mannes.
  – Stelle dar, in welcher Situation er sich befindet.
  – Beschreibe seine Gefühle und Sorgen.

4 Der Satz „Ich habe doch nur Tiere gehütet." (Z. 69 f.) kommt (leicht abgewandelt) dreimal vor. Erkläre ihn.

5 Ein Schüler schreibt in seiner Textanalyse: „Hemingway stellt am Beispiel des alten Mannes dar, welche furchtbaren Folgen der Krieg für jeden Einzelnen hat."
Nimm Stellung zu dieser Aussage und begründe deine Meinung.
Denke daran, dass du mit Zitaten arbeitest.

Bewertungsbogen 3

Bewertungsbogen zur Leistungsüberprüfung/Klassenarbeit

Name:	
Schulhalbjahr/Datum:	
Klasse:	
Fachlehrer/in:	
Thema der Unterrichtsreihe:	Von Grenzsituationen und ungewöhnlichen Ereignissen – Kurzgeschichte und Novelle
Thema der Klassenarbeit:	Eine Kurzgeschichte analysieren
Aufgaben:	s. Arbeitsblatt 3

A Inhaltliche Leistungen

Aufgabe 1

	Du hast die Einleitung verbessert und ergänzt.	maximale Punktzahl	erreichte Punktzahl
1	statt „Text": Kurzgeschichte	1	
	Verfasser: Ernest Hemingway	1	
	Erscheinungsjahr: 1938	1	
	Gesamtpunktzahl für Aufgabe 1	**3**	

Aufgabe 2

	Du hast die Inhaltsangabe ergänzt und sprachlich überarbeitet.	maximale Punktzahl	erreichte Punktzahl
1	– Der alte Mann erzählt von seinem Heimatort San Carlos **und von seinem Beruf als Hirte**. **Zwei Ziegen, eine Katze und vier Paar Tauben lässt er zurück, als er vor der Artillerie fliehen muss.**	3	
	– Aber er macht sich Sorgen, **was mit den Tieren geschehen wird.**	3	
	– **Die Katze werde allein zurechtkommen, glaubt er, bei den anderen Tieren ist er sich nicht sicher.**	3	
	– Der Soldat beruhigt ihn, **indem er sagt, dass sie wohl heil durchkommen würden.**	3	
2	Mögliche überarbeitete Version: Ein alter Mann sitzt zur Zeit des Spanischen Bürgerkriegs erschöpft an einer Pontonbrücke und wird von einem Soldaten angesprochen, dem er von seinem Heimatort San Carlos und von seinem Beruf als Hirte erzählt. Zwei Ziegen, eine Katze und vier Paar Tauben lässt er zurück, als er vor der Artillerie fliehen muss. Er hat keine Familie. Aber er macht sich Sorgen, was mit den Tieren geschehen wird. Politisch ist er nicht. Der Soldat will, dass er weitergeht, aber der alte Mann will noch warten und dann erst gehen. Er kennt niemanden in der Gegend, in die er gehen soll, und erzählt erneut von seinen Sorgen. Die Katze werde allein zurechtkommen, glaubt er, bei den anderen Tieren ist er sich nicht sicher. Der Soldat beruhigt ihn, indem er sagt, dass sie	8	

© Schöningh Verlag

Bewertungsbogen 3

		maximale Punktzahl	erreichte Punktzahl
	wohl heil durchkommen würden. Der Alte steht auf Drängen des Soldaten auf, schwankt und muss sich sofort wieder setzen. Der Soldat erkennt, dass man nichts mit ihm machen kann.		
	Du hast die indirekte Rede benutzt.	3	
	Gesamtpunktzahl für Aufgabe 2	**23**	

Aufgabe 3

	Du hast das Verhalten der Hauptfigur untersucht.	maximale Punktzahl	erreichte Punktzahl
1	Der alte Mann befindet sich in einer Krisensituation. Er hat alles verloren, was ihm im Leben wichtig war – seine Heimat und seine Tiere. Er ist körperlich geschwächt und weiß nicht, wie es weitergehen soll.	5	
2	Er ist einsam, unsicher, hilflos und sorgt sich um seine Tiere, die er bis zuletzt versorgt hat.	5	
	Gesamtpunktzahl für Aufgabe 3	**10**	

Aufgabe 4

	Du hast den Satz erklärt.	maximale Punktzahl	erreichte Punktzahl
	Der alte Mann versteht nicht, warum ihm so etwas passiert. Er war nie politisch und hat sich nie etwas zuschulden kommen lassen. Trotzdem verliert er durch den Krieg alles, was sein Leben ausmachte.	5	
	Gesamtpunktzahl für Aufgabe 4	**5**	

Aufgabe 5

	Du hast zu der Aussage Stellung bezogen.	maximale Punktzahl	erreichte Punktzahl
1	Du hast deine Meinung sinnvoll begründet.	4	
2	Du hast mit Zitaten gearbeitet.	4	
	Gesamtpunktzahl für Aufgabe 4	**8**	
A	**Gesamtpunktzahl**	**49**	

Bewertungsbogen 3

B Darstellungsleistungen

		maximale Punktzahl	erreichte Punktzahl
1	Du formulierst im Hinblick auf den Satzbau sicher und variabel.	3	
2	Du drückst dich präzise und differenziert aus.	3	
3	Du benutzt als Tempus der Textanalyse das Präsens.	2	
4	Du schreibst sprachlich richtig (Rechtschreibung, Grammatik, Zeichensetzung).	8	
B	**Gesamtpunktzahl**	**16**	

Gesamtpunktzahl A und B	65

Die Leistungsüberprüfung/Klassenarbeit wird mit der Note

bewertet.

_____
Datum   Unterschrift

Zuordnung der Punkte zu den Notenstufen

Note	Punkte
sehr gut	65–57
gut	56–48
befriedigend	47–40
ausreichend	39–32
mangelhaft	31–15
ungenügend	14–0

© Schöningh Verlag

Arbeitsblatt 4

Einen inneren Monolog verfassen

Wolfgang Borchert
Nachts schlafen die Ratten doch

[...]
Jürgen machte mit seinem Stock kleine Kuhlen in den Schutt. Lauter kleine Betten sind das, dachte er, alles kleine Betten. Da sagte der Mann (und seine krummen Beine waren ganz unruhig dabei): Weißt du was? Jetzt füttere ich schnell meine Kaninchen, und
5 wenn es dunkel wird, hole ich dich ab. Vielleicht kann ich eins mitbringen. Ein kleines oder, was meinst du? Jürgen machte kleine Kuhlen in den Schutt. Lauter kleine Kaninchen. Weiße, graue, weiß-graue. Ich weiß nicht, sagte er leise und sah auf die krummen Beine, wenn sie wirklich nachts schlafen. Der Mann stieg über die Mauerreste weg auf die Straße. Natürlich, sagte er von da, euer Lehrer soll einpacken, wenn er das nicht mal
10 weiß.
Da stand Jürgen auf und fragte: Wenn ich eins kriegen kann? Ein weißes vielleicht? Ich will mal versuchen, rief der Mann schon im Weggehen, aber du musst hier so lange warten. Ich gehe dann mit dir nach Hause, weißt du? Ich muss deinem Vater doch sagen, wie so ein Kaninchenstall gebaut wird. Denn das müsst ihr ja wissen.
15 Ja, rief Jürgen, ich warte. Ich muss ja noch aufpassen, bis es dunkel wird. Ich warte bestimmt. Und er rief: Wir haben auch noch Bretter zu Hause. Kistenbretter, rief er. Aber das hörte der Mann schon nicht mehr. [...]

(Aus: Wolfgang Borchert: Das Gesamtwerk, hg. von B. Meyer-Marwitz, Rowohlt Verlag, Hamburg 1949)

1 Setze den Ausschnitt aus Borcherts Kurzgeschichte mit einem inneren Monolog des Mannes fort, in dem seine Sorge um den Jungen deutlich wird.

Bewertungsbogen 4

Bewertungsbogen zur Leistungsüberprüfung

Name:	
Schulhalbjahr/Datum:	
Klasse:	
Fachlehrer/in:	
Thema der Unterrichtsreihe:	Von Grenzsituationen und ungewöhnlichen Ereignissen – Kurzgeschichte und Novelle
Thema der Klassenarbeit:	Einen inneren Monolog verfassen
Aufgaben:	s. Arbeitsblatt 4

Inhaltliche Leistungen und Darstellungsleistungen

	Du setzt den Textausschnitt mit einem inneren Monolog fort.	maximale Punktzahl	erreichte Punktzahl
1	Du gibst Gedanken wieder, die zu dem Textausschnitt passen.	8	
2	Es wird deutlich, dass sich der Mann große Sorgen um Jürgen macht.	8	
3	Der Mann spielt in seinen Gedanken durch, wie er dem Jungen helfen will.	6	
4	Du verwendest den Darstellungsstil eines inneren Monologs (Ich-Form, Gefühle und Gedanken, Fragen etc.).	12	
5	Du schreibst sprachlich richtig (Rechtschreibung, Grammatik, Zeichensetzung).	12	
	Gesamtpunktzahl	**46**	

Die Leistungsüberprüfung/Klassenarbeit wird mit der Note

bewertet.

_____
Datum   Unterschrift

Zuordnung der Punkte zu den Notenstufen

Note	Punkte
sehr gut	46–41
gut	40–35
befriedigend	34–29
ausreichend	28–23
mangelhaft	22–10
ungenügend	9–0

© Schöningh Verlag

Leistungsüberprüfung – Selbstevaluation – Klassenarbeit

1. **Eine Kurzgeschichte mithilfe von Fragen untersuchen**
   Text: Erich Junge: Der Sieger
   (Arbeitsblatt 1, S. 121 ff.; Lösung 1, S. 125 f.)

2. **Eine Kurzgeschichte mithilfe von Leitfragen analysieren (1)**
   Text: Heinrich Böll: Anekdote zur Senkung der Arbeitsmoral
   (Arbeitsblatt 2, S. 127 f.; Bewertungsbogen 2, S. 129 ff.)

3. **Eine Kurzgeschichte mithilfe von Leitfragen analysieren (2)**
   Text: Ernest Hemingway: Alter Mann an der Brücke
   (Arbeitsblatt 3, S. 132 ff.; Bewertungsbogen 3, S. 135 ff.)

4. **Einen inneren Monolog verfassen**
   Text: Wolfgang Borchert: Nachts schlafen die Ratten doch
   (Arbeitsblatt 4, S. 138; Bewertungsbogen 4, S. 139)

5. **Den Einleitungsteil einer Analyse verfassen und den Inhalt einer Kurzgeschichte zusammenfassen**
   Text: Reinhold Ziegler: Die Brücke (SB, S. 79–81)
   Aufgabe: Schreibe zu der Kurzgeschichte „Die Brücke" von Reinhold Ziegler den Einleitungsteil einer Analyse und verfasse eine Inhaltsangabe der Kurzgeschichte.
   Bewertungsbogen: Bewertungsbogen 5, S. 141 f.

Bewertungsbogen 5

Bewertungsbogen zur Leistungsüberprüfung/Klassenarbeit

Name:	
Schulhalbjahr/Datum:	
Klasse:	
Fachlehrer/in:	
Thema der Unterrichtsreihe:	Von Grenzsituationen und ungewöhnlichen Ereignissen – Kurzgeschichte und Novelle
Thema der Klassenarbeit:	Kurzgeschichte
Aufgaben:	Schreibe zu der Kurzgeschichte „Die Brücke" von Reinhold Ziegler (SB, S. 79–81) den Einleitungsteil einer Analyse und verfasse eine Inhaltsangabe der Kurzgeschichte.

A Inhaltliche Leistungen

Aufgabe 1

Du formulierst den Einleitungsteil einer Analyse.	maximale Punktzahl	erreichte Punktzahl
– Textsorte	2	
– Autor	2	
– Titel	2	
– Entstehungszeit	2	
– Kurzinformation über den Inhalt	4	
– Ausblick auf den Ausgang der Handlung	4	
Gesamtpunktzahl für Aufgabe 1	**16**	

Aufgabe 2

Du verfasst eine Inhaltsangabe der Kurzgeschichte.	maximale Punktzahl	erreichte Punktzahl
– knappe, übersichtliche und nachvollziehbare Darstellung der Handlung	6	
– Wiedergabe der wichtigsten Geschehnisse in zeitlichem und ursächlichem Zusammenhang	12	
– Wiedergabe des Sachverhalts mit eigenen Worten	4	
– sachlicher Stil, Verzicht auf persönliche Wertungen	4	
Gesamtpunktzahl für Aufgabe 2	**26**	
A Gesamtpunktzahl	**42**	

© Schöningh Verlag

Bewertungsbogen

B Darstellungsleistungen

		maximale Punktzahl	erreichte Punktzahl
1	Du formulierst im Hinblick auf den Satzbau sicher und variabel.	2	
2	Du drückst dich präzise und differenziert aus.	2	
3	Du benutzt als Tempus der Inhaltsangabe das Präsens.	2	
4	Du gebrauchst die indirekte Rede sachgemäß.	2	
5	Du schreibst sprachlich richtig (Rechtschreibung, Grammatik, Zeichensetzung).	6	
B	**Gesamtpunktzahl**	**14**	
	Gesamtpunktzahl A und B	**56**	

Die Leistungsüberprüfung/Klassenarbeit wird mit der Note

_____ bewertet.

_____
Datum   Unterschrift

Zuordnung der Punkte zu den Notenstufen

Note	Punkte
sehr gut	56–50
gut	49–43
befriedigend	42–36
ausreichend	35–29
mangelhaft	28–15
ungenügend	14–0

Das Lernen lernen – Referate (S. 90–101)

Vorüberlegungen zur Einheit

In dieser Unterrichtseinheit sollen systematisch die Kompetenzen vermittelt werden, die für das Halten eines wirklich gelungenen Referats erforderlich sind. Das Kapitel ist gegliedert in die drei Phasen Vorbereitung, Durchführung und Beurteilung eines Referats, wobei die Schülerinnen und Schüler immer wieder Tipps für die Optimierung der einzelnen Arbeitsschritte sammeln und besprechen. Außerdem sollen natürlich viele praktische Übungen durchgeführt werden. In inhaltlicher Hinsicht steht das Thema „Wolfgang Borchert als Kurzgeschichtenautor" im Mittelpunkt, zu dem ein Achtklässler namens Thimo ein Referat halten soll.

Im Einzelnen werden folgende Kompetenzen vermittelt:
- die Vorbereitung eines Referats planen und strukturieren,
- verschiedene Informationsquellen gezielt nutzen,
- Informationen über ein bestimmtes Thema recherchieren,
- einem Sachtext zentrale Informationen entnehmen,
- ein Referat gliedern,
- einen stichwortgestützten Kurzvortrag vorbereiten, halten und beurteilen,
- ein Thema durch verschiedene Materialien und Medien veranschaulichen,
- Redeängste gezielt abbauen,
- beim Vortrag die Zuhörer miteinbeziehen,
- ein Referat beurteilen.

Auf der **Auftaktdoppelseite** (S. 90–91) werden die Schülerinnen und Schüler in das Thema „Referate halten" eingeführt, dessen Relevanz und Wichtigkeit auch begründet wird. Die Aufgabe auf S. 90 knüpft an die Vorerfahrungen der Schüler an und leitet bereits zu Schwierigkeiten und Problemen über, deren Bewältigung mithilfe der Unterrichtseinheit gelingen sollte. Das Bild auf S. 91 zeigt die vielen Schülern vertraute Situation, dass einem vortragenden Schüler alle möglichen Gedanken durch den Kopf gehen, die zu seiner Verunsicherung beitragen und dadurch zu einem wenig gelungenen Einstieg führen („Also, das wird jetzt nicht so toll ...").

Didaktische Aufbereitung der Unterkapitel

1. Die Vorbereitung eines Referats (S. 92–96)

Aufgaben 1 bis 3
S. 93

Die Unsicherheiten vieler Schülerinnen und Schüler beginnen schon bei der Vorbereitung eines Referats, wenn beispielsweise das Thema nicht präzise genug bestimmt ist oder nur sehr vage Vorstellungen von der benötigten Vorbereitungszeit und deren Einteilung vorhanden sind. Daher sollen die Schüler sich bei diesen Aufgaben die einzelnen Arbeitsschritte bei der Vorbereitung eines Referats klarmachen und diese in eine sinnvolle, von ihnen auch begründete Reihenfolge bringen. Eine mögliche Lösung sieht folgendermaßen aus:
1. b – 2. d – 3. g – 4. a – 5. i – 6. f – 7. c – 8. h – 9. e

Dabei können einige Arbeitsschritte auch gegeneinander ausgetauscht werden, z. B. 1 und 2 (b und d) oder 7 und 8 (e und h). Dementsprechend könnten die Schüler bei Aufgabe 3 etwa folgendes Lernplakat erstellen:

Vorbereitung eines Referats
- Thema bestimmen, evtl. eingrenzen
- Zeitplan erstellen
- Thema in einzelne Bereiche gliedern
- Informationen beschaffen
- Notizen machen (Karteikarten)
- Informationsmaterial ordnen
- Referat gliedern
- Informationen auswählen, Unwichtiges aussortieren
- Veranschaulichung überlegen
- Medien/Materialien vorbereiten
- Text ausformulieren
- Vortrag üben

Aufgaben 4 bis 6 S. 94

Da viele Schülerinnen und Schüler sich bei der Recherche von Informationen recht stark auf das Internet konzentrieren, ist es wichtig, ihnen die Vielzahl verschiedener Informationsquellen mit ihren jeweiligen Vor- und Nachteilen zu verdeutlichen. Dabei könnte etwa folgende Auflistung erarbeitet werden:

Informationsquellen:
- Schulbücherei
- Stadtbücherei
- Universitätsbücherei
- Buchläden
- Museen
- Kreisbildstelle
- Archive
- Fernsehsendungen
- Gespräche/Interviews mit Experten
- Fachbücher
- Schulbücher
- Lexika
- Zeitungen
- Zeitschriften
- Fachzeitschriften
- DVDs
- Internet

Diese Zusammenstellung ist natürlich ziemlich uneinheitlich, da einerseits einzelne Informationsquellen genannt werden (z. B. Zeitungen, Lexika), andererseits diejenigen Einrichtungen, in denen diese besorgt werden können (z. B. Buchläden, Büchereien). Die Brauchbarkeit der verschiedenen Informationsquellen ist abhängig vom regionalen Angebot und vom zu bearbeitenden Thema. Für das Referat über Wolfgang Borchert und seine Zeit bieten sich neben dem Internet vor allem Schulbücher, Buchläden, Büchereien, Lexika und literaturgeschichtliche Nachschlagewerke an. Außerdem könnte man in der Kreisbildstelle nach geeigneten Filmen suchen.

Michael Fuchs: Wolfgang Borchert (S. 94–96)

Aufgabe 1 S. 96

Hier sollen die Schülerinnen und Schüler in exemplarischer Weise einen Text bearbeiten, indem sie ihm gezielt die wichtigsten Informationen entnehmen, die für ein Referat über Wolfgang Borchert relevant sind. Der Umgang mit Sachtexten wurde ausführlich in P.A.U.L. D. 7 geübt (S. 130–149). Hilfen bietet auch der Werkzeugkasten im vorliegenden Schülerband der 8. Klasse auf S. 174. Ein brauchbares Exzerpt könnte etwa so aussehen:

- 1921 geboren
- Interesse an Literatur und Theater
- erstes eigene Gedicht mit 15
- Abbruch der Schule; Buchhandelslehre
- heimlicher Schauspielunterricht, 1940 erfolgreiche Prüfung, erstes Engagement (Lüneburg)
- Auseinandersetzung mit NS-Regime (wegen eines Gedichts mit angeblich homosexuellen Tendenzen)
- 1940 Erkrankung an Gelbsucht
- 1941 als Soldat nach Russland
- 1942 Handverletzung, Anklage (wegen vorsätzlicher Selbstverletzung), Untersuchungshaft
- Freispruch
- weitere Anklage wegen regimekritischer Briefe, Urteil: 6 Wochen verschärfte Haft mit „Frontbewährung"
- 1942 Fußerfrierungen, Gelbsucht, Fleckfieber → Heimatlazarett Elend (Harz)
- Versetzung nach Kassel/Wilhelmshöhe, Frontuntauglichkeit
- Persiflage auf Goebbels → 9 Monate Haft (Berlin-Moabit), anschließend „Frontbewährung"
- Frühjahr 1945: Gefangennahme durch Franzosen, Flucht nach Hamburg (600 km!)
- Herbst 1945 politisches Kabarett
- Krankheit, ans Bett gefesselt
- 1945 – 1947 Kurzgeschichten: z. B. „Nachts schlafen die Ratten doch", „Das Brot", „Die Küchenuhr"; Hörspiel/Drama: „Draußen vor der Tür"; Antikriegsmanifest: „Dann gibt es nur eins!"
- Themen: „Trümmerliteratur" (Heinrich Böll), Zerstörung zwischenmenschlicher Beziehungen durch den Krieg
- Protest gegen den Krieg, pazifistische Grundhaltung

Eine Mindmap zum Text könnte die Oberbegriffe „Leben", „literarische Werke" und „Ansichten/politische Einstellung" mit entsprechenden Unterpunkten enthalten. Weitere Informationen müssten noch zum Inhalt der Kurzgeschichten gesammelt werden, aus denen auch Auszüge vorgestellt werden könnten. Sinnvoll wäre außerdem eine einleitende Erklärung der Textsorte „Kurzgeschichte" mit dem Hinweis auf typische Merkmale und andere bedeutende Autoren. Auch das Dritte Reich und der Zweite Weltkrieg als historischer Hintergrund, der das Leben Borcherts entscheidend beeinflusst hat, müssten wohl zumindest kurz vorgestellt werden.

Aufgaben 3 und 4 S. 96

Die von Thimo erstellte Gliederung ist weitgehend misslungen, auch wenn einzelne Entscheidungen durchaus sinnvoll erscheinen (z. B. das Vorstellen einer ausgewählten Kurzgeschichte, die Untersuchung biografischer Einflüsse auf das Werk, die Einbeziehung anderer bekannter Autoren dieser Textsorte oder die Darstellung des historischen Hintergrundes). Sinnvoll wäre eine hierarchisch strukturierte Gliederung mit Unterpunkten, statt einfach alle Aspekte auf einer Ebene nebeneinanderzustellen. Der Einstieg mit dem historischen Hintergrund ist im Falle Borcherts wohl möglich, hier ergibt sich allerdings eine Überschneidung mit dem Unterpunkt „Der Zweite Weltkrieg", zumal dieses Thema bei der Untersuchung der biografischen Einflüsse noch einmal aufgenommen werden müsste. Insgesamt gesehen ist die Reihenfolge der einzelnen Punkte wenig gelungen, so steht z. B. die Kurzvorstellung anderer Kurzgeschichten-Autoren an unpassender Stelle. Die einzelnen Untersuchungsaspekte der Kurzgeschichte „Nachts schlafen die Ratten doch" müssten zumindest um die Betrachtung des Inhalts (statt nur der Personen) ergänzt werden; auch ist die Analyse der Sprache erst im Anschluss an die Intention nicht besonders sinnvoll. Die Vorstellung des Dramas „Draußen vor der Tür" kann mit Blick auf das Thema des Referats ganz entfallen. Eine mögliche sinnvolle Gliederung sieht folgendermaßen aus:

Wolfgang Borchert als Autor von Kurzgeschichten
1 Borcherts Leben
1.1 Historischer Hintergrund: Der Zweite Weltkrieg
1.2 Stationen des Lebens Borcherts
1.3 Biografische Einflüsse auf sein Werk
2 Borcherts Kurzgeschichten
2.1 Erklärung: Die Textsorte „Kurzgeschichte"
2.2 Bekannte Kurzgeschichten-Autoren
2.3 Borcherts Kurzgeschichte „Nachts schlafen die Ratten doch"
2.3.1 Inhalt
2.3.2 Atmosphäre
2.3.3 Personen/Beziehung
2.3.4 Sprache
2.3.5 Symbolik
2.3.6 Intention
2.4 Weitere Kurzgeschichten Borcherts

Aufgaben 5 und 6 S. 96

Hier können die für Aufgabe 1 (S. 96) gesammelten Informationen in kurzer Form auf Karteikarten übertragen werden und somit als Grundlage für Kurzvorträge dienen. Diese sollen in Kleingruppen vorgestellt werden, da die Situation dort entspannter ist als bei der Präsentation vor der gesamten Klasse. Außerdem sind innerhalb einer kleineren Gruppe deren einzelne Mitglieder in höherem Maße in der Verantwortung, aufmerksam zuzuhören und ihren Mitschülern eine individuelle konstruktive Kritik als Rückmeldung zu geben.

2. Die Präsentation (S. 97–99)

Aufgabe 1 S. 97

Die Präsentation der Abbildung zu Beginn des Referats dient als Einstieg, der durch seine Anschaulichkeit die Aufmerksamkeit weckt und auch emotionale Beteiligung hervorrufen kann. Das Foto des zerstörten Straßenzuges steht in engem inhaltlichen Zusammenhang mit dem vorgegebenen Thema, sodass darauf später wieder Bezug genommen werden kann, etwa beim Vorstellen der Biografie Borcherts, bei der Erklärung des Begriffs „Trümmerliteratur" oder bei der Besprechung der Kurzgeschichte „Nachts schlafen die Ratten doch" („Die Schuttwüste döste").

Aufgabe 2 S. 97

Das Lernplakat kann etwa so vervollständigt werden:
– Tabellen, Grafiken, Schaubilder, Diagramme
– Plakate, Poster
– Fotos, Zeichnungen, Gemälde
– Fotokopien, Folien
– Filme, Videos
– Musik, Tondokumente
– Overhead-Projektor

- DVD-Player
- Beamer und Laptop
- CD-Player

Aufgaben 3 bis 5
S. 97

Die einzelnen Materialien und Medien können nach folgenden Kriterien bzw. anhand folgender Fragen beurteilt werden: Wie leicht sind sie verfügbar? Wie teuer ist ihre Nutzung? Wie aufwendig ist die Herstellung bzw. Vorbereitung? Wie viel Zeit erfordert ihr Einsatz im Unterricht? Wie dauerhaft ist die Präsentation? Wie gut lassen sich Inhalte des betreffenden Themas veranschaulichen? Im traditionellen Deutschunterricht wird viel mit Fotokopien oder Tafelbildern gearbeitet, außerdem lassen sich gut Plakate, OHP-Folien und Präsentationen mithilfe eines Beamers (z. B. auf einem Whiteboard) nutzen. Der Systematisierung und Veranschaulichung können Tabellen und Schaubilder (z. B. Mindmaps, Spannungskurven oder Personenkonstellationen) dienen. Geeignete Filme bzw. kleine Filmsequenzen (auch online) lassen sich zu vielen Themen finden, Abbildungen (Fotos, Zeichnungen, Gemälde) können vor allem den historischen, sozialgeschichtlichen oder biografischen Hintergrund veranschaulichen. Tondokumente kommen vor allem im Musikunterricht zum Einsatz, im Deutschunterricht ist ihre Verwendung in Abhängigkeit vom Thema ebenfalls möglich (z. B. Vertonungen von Gedichten, Hörbücher, Hörspiele, Aufzeichnungen von Reden).
Zu allen von den Schülerinnen und Schülern zusammengestellten Materialien und Medien lassen sich eine Vielzahl von Referatsthemen finden, die Schüler können sich an ihren jeweiligen Unterrichtserfahrungen orientieren.

Aufgabe 6
S. 98

Das Ansprechen verschiedener Sinne des Publikums ist natürlich ein guter Tipp, sinnvoll ist auch der praktische Hinweis auf die Lesbarkeit der eingesetzten Plakate und Folien. Das „Mitreißen" der Zuhörer durch eine „Multimedia-Show" ist hingegen eher kritisch zu beurteilen, da hier leicht die Gefahr besteht, dass sowohl der Vortragende als auch das Publikum sich eher auf aufwendige Präsentationsmethoden konzentrieren als auf die zu vermittelnden Inhalte. Den Schülerinnen und Schülern sollte klar werden, dass vor jedem Medieneinsatz dessen Sinn und Nutzen im Verhältnis zum erforderlichen Aufwand sorgfältig abgewogen werden muss, damit nicht eine möglichst spektakuläre Präsentation zum Selbstzweck wird.

Aufgabe 7
S. 98

Weitere Tipps für den Einsatz von Materialien und Medien können etwa sein:
- nur wirklich zentrale Inhalte veranschaulichen
- technische Geräte vorher bereitstellen und auf ihre Funktionstüchtigkeit überprüfen
- bei OHP, Beamer, DVD-Player etc. auf Verdunkelungsmöglichkeit achten
- evtl. geeigneten Raum reservieren
- Schaubilder möglichst nicht fertig präsentieren, sondern erst entwickeln
- auf inhaltliche Verständlichkeit achten, schwierige Begriffe erklären
- bei Tafelbildern, Folien und Plakaten verschiedene Farben einsetzen, Symbole verwenden
- ggf. auf Projektionsfläche oder Platz zum Aufhängen von Plakaten achten und kontrollieren, ob die Sicht auch aus den hinteren Reihen gut ist
- bei Filmen, Musik und Tondokumenten vorher die geeignete Lautstärke ermitteln und einstellen
- genauen Zeitpunkt überlegen, wann Fotokopien ausgeteilt oder Gegenstände herumgereicht werden sollen

Aufgabe 8
S. 99

Die meisten der gesammelten Tipps sind durchaus sinnvoll und müssten daher mit einem oder zwei Plus-Zeichen beurteilt werden. Offenbar unsinnig ist vor allem der Vorschlag, die Zuhörer durch möglichst viele Fremdwörter zu beeindrucken. Auch das hier empfohlene Verhalten für den Fall, dass man „den roten Faden verloren" hat, ist wenig hilfreich: In dieser Situation sollte man eher im Vortrag ein kleines Stück zurückgehen und noch einmal bei einer Stelle ansetzen, an der man sich sicher fühlt, um dann im zweiten Anlauf nicht mehr aus dem Konzept zu geraten. Hinsichtlich des ersten Tipps ist es empfehlenswert, sich vorher zu überlegen, ob man auf eventuelle Nachfragen sofort oder erst jeweils am Ende der einzelnen Abschnitte eingehen möchte. Zu Beginn des Vortrags (vierter Tipp) sollten die Unterlagen natürlich bereits sorgfältig sortiert sein.

Aufgabe 9
S. 99

Weitere Tipps gegen „Lampenfieber" könnten sein:
- regelmäßig und tief atmen
- den Blickkontakt auf einige Zuhörer konzentrieren, die besonders aufmerksam und freundlich wirken
- sich immer wieder vergegenwärtigen, dass andere beim Reden vor einer Gruppe auch unsicher sind
- sich zwischendurch eine angenehme, entspannende Situation vorstellen (z. B. Lesen im Garten, Sonnen am Strand)
- sich zwischendurch auf etwas freuen, was man sich vorher als Belohnung festgesetzt hat

Aufgabe 10
S. 99

Der Referent sollte möglichst vor dem Vortrag festlegen, ob die Zuhörer stichwortartig mitschreiben oder lieber aufmerksam zuhören sollen. Im zweiten Fall sollte das Referat in einer schriftlichen Kurzfassung ausgeteilt werden. Beim Mitschreiben eines Vortrags ist es wichtig, sich vom unerfüllbaren Anspruch auf Vollständigkeit zu lösen und sich stattdessen auf das wirklich Wesentliche zu beschränken. Das stichwortartige Notieren zentraler Inhalte ist eine sehr anspruchsvolle Aufgabe, die immer wieder geübt werden muss. Äußerst hilfreich sind dabei Hervorhebungen und Systematisierungen (vgl. das Unterkapitel „Zuhören und Informationen verarbeiten" auf S. 342–347 im Schülerband).

Aufgabe 11
S. 99

Das Abfragen zentraler Begriffe oder wesentlicher Inhalte eines Referats mithilfe eines Rätsels oder Quiz ist eine eher spielerische und daher motivierende Form der „Lernzielkontrolle", die ruhig schon zu Beginn des Vortrags angekündigt werden sollte, um die Aufmerksamkeit der Zuhörer zu erhöhen.

3. Ein Referat beurteilen (S. 100–101)

Aufgaben 1 und 2
S. 100

Thimos Auftritt ist misslungen, die reichlich überspitzte Darstellung seines Vortrags macht auf eine Vielzahl an Fehlern und Ungeschicktheiten aufmerksam:
- schlechte Vorbereitung, z. B. schlecht sortierte Unterlagen
- unnötige Entschuldigung zu Beginn, die bei den Zuhörern negative Vorerwartungen weckt
- unpassende, ungeschickte Distanzierung vom Inhalt des Referats (Ironie: „diese tolle Geschichte")
- Betonung der fehlenden eigenen Motivation („ich muss ein Referat halten"), durch die auch die Mitschüler demotiviert werden
- sehr ungenaue Zeitangaben („zur Zeit des Zweiten Weltkriegs und danach")
- störende Floskeln („ich würde jetzt erst mal ... sagen") und unnötige Zwischenbemerkungen („Ich les mal diese zwei Seiten vor")
- fehlende Quellenangaben („im Internet")

- kritiklose Übernahme von Informationen aus dem Internet, die lediglich vorgelesen werden
- keine Wiedergabe in eigenen, verständlicheren Worten
- fehlende Erläuterungen der vielen Fremdwörter und Fachausdrücke

Aus dem Aufzeigen dieser Fehler lassen sich leicht Tipps für den Vortrag eines Referats ableiten, z. B. die Verwendung von sorgfältig sortierten Unterlagen, der Verzicht auf Floskeln und Zwischenbemerkungen, das Zusammenfassen von schwer verständlichen Texten in eigenen Formulierungen etc.

Aufgabe 3
S. 100

Ein praktikabler Beurteilungsbogen könnte etwa folgendermaßen aussehen:

Beurteilungsbogen für Referate

	−2	−1	0	+1	+2
1. War das Thema klar erkennbar und wurde es auch eingehalten?					
2. Gab es einen interessanten, inhaltlich passenden Einstieg?					
3. War das Referat klar gegliedert? Wurde diese Gliederung deutlich?					
4. Wurde genügend Wissen über das Thema vermittelt? Haben die Zuhörer etwas gelernt?					
5. Wurden wichtige Punkte hervorgehoben?					
6. Wurden Fachausdrücke erklärt?					
7. War die Sprache angemessen (keine Umgangssprache, vollständige Sätze, keine Füllwörter ...)?					
8. War die Sprechweise gut (frei gesprochen, laut, deutlich, verständlich, mit Pausen)?					
9. War die Körpersprache ansprechend (Blickkontakt, entspannte Körperhaltung, unterstreichende Gestik)?					
10. Wurden die Inhalte gut durch Medien und Materialien veranschaulicht? War die Veranschaulichung passend, verständlich, lesbar?					
11. Hatte der Vortrag die richtige Länge?					
12. War der Schluss passend? Rundete er den Vortrag sinnvoll ab?					

„Rund um die Schule" – Informieren und argumentieren (S. 102–125)

Vorüberlegungen zur Einheit

Die vorliegende Unterrichtseinheit ist in drei Teile gegliedert. Im ersten Teil erarbeiten die Schülerinnen und Schüler systematisch sinnvolle Strategien zur Klärung eines Sachverhalts. Am Beispiel der motivierenden Ausgangsfrage „Was ist ein guter Lehrer/eine gute Lehrerin?" können die Lerner schülerorientiert ihre eigenen Vorstellungen einbringen und andere Mitschüler über diese und andere ausgewählte Sachfragen informieren.

Das in den meisten Lehrplänen für die Jahrgangsstufe 8 relevante Thema des Argumentierens und Appellierens steht im Mittelpunkt des zweiten Teils (Kapitel 2 bis 4). Anhand aktueller Beispiele aus der Lebenswelt der Schülerinnen und Schüler wird diesen hier Gelegenheit gegeben, sich mit einer Streitfrage argumentativ auseinanderzusetzen. Dabei sollen sie sich vor allem mit Ansichten und Problemen in Vorlagen auseinandersetzen und begründete eigene Positionen beziehen. In diesem Kontext lernen die Schülerinnen und Schüler – jeweils in einem eigenen Unterkapitel – die lineare sowie die antithetische Erörterung als mögliche Formen (schriftlichen) Argumentierens kennen. Im dritten Teil der Einheit werden der Lerngruppe unterschiedliche Übungen zum Argumentieren angeboten, die sowohl mündlich als auch schriftlich bearbeitet werden können.

Zentrale Kompetenzen, die in dieser Einheit geschult werden, sind:
- einen Sachverhalt klären,
- jemanden über einen Sachverhalt informieren,
- eine Karikatur auswerten,
- Sachaspekte systematisch sammeln (Ideenstern),
- einem Sachtext gezielt und unter einer bestimmten Fragestellung Informationen entnehmen,
- Sachaspekte Oberbegriffen zuordnen,
- in einem Streitgespräch zwischen sachlichen und personenbezogenen Beiträgen unterscheiden,
- einen eigenen Standpunkt erarbeiten und argumentativ vertreten,
- sich sachlich mit dem Standpunkt anderer auseinandersetzen,
- den eigenen Standpunkt in einem Leserbrief vertreten.

Die Schülerinnen und Schüler können mithilfe der **Auftaktdoppelseite** (S. 102–103) in das Thema eingeführt werden. Dabei dienen die beiden epochentypischen Fotos vor allem der Darstellung der kontextuellen Gebundenheit sozialer Institutionen wie der Schule. Keinesfalls müssen die plakativ ausgewählten Fotos zu einer Abwertung der Schulzeit um 1900 führen, was gleichzeitig mit einer Aufwertung der eigenen, heutigen Schulzeit verbunden wäre. Den Schülerinnen und Schülern ist vielmehr zuzutrauen, dass sie die historische Eingebundenheit auch ihrer eigenen Schulzeit reflektieren. Darin eingeschlossen sind durchaus kritische Reflexionen über die heutige Schulwirklichkeit, die in dem aktuellen Foto keineswegs vollständig erfasst wird, sondern eher einen Idealzustand widerspiegeln soll. Gleiches gilt für eine Betrachtung der alten Schulordnung und der Schulvereinbarung des Hardtberg-Gymnasiums. Insbesondere letztere zeichnet sich wohl vor allem durch ihren symbolischen Wert aus.

Didaktische Aufbereitung der Unterkapitel

1. Ein guter Lehrer/eine gute Lehrerin: Wer oder was ist das? – Einen Sachverhalt klären (S. 104–108)

Aufgabe 1
S. 104

Die Schülerinnen und Schüler sollten in einem ersten Schritt die Karikatur beschreiben. Der „Witz", die sogenannte Pointe, zeigt sich in der Umkehrung des eigentlich Gewollten. Geht man gemeinhin davon aus, dass der schulische Unterricht das Interesse der Schülerinnen und Schüler an einem bestimmten Gegenstand wecken sollte, so geht die Mutter hier wie selbstverständlich vom Gegenteil aus. Den Schülerinnen und Schülern wird gerade durch die Behandlung einer interessanten Sache der Spaß an eben dieser genommen. Falls die Lerngruppe noch wenig oder keinen Kontakt zur Analyse von Karikaturen hatte, kann das **Arbeitsblatt 1, S. 160**, in Einzelarbeit bearbeitet und anschließend gemeinsam ausgewertet werden. Für die Lehrkraft bietet sich hier die Arbeit mit einer Folie bzw. einem Overhead-Projektor an.

Aufgabe 2
S. 104

Die Schüler sollten die Aussage der Karikatur kritisch prüfen und eigene Erfahrungen in die Diskussion einbringen. Es sollte deutlich werden, dass die hier gezeigte Einstellung zur Schule übertrieben und einseitig ist, auch wenn es sicher Beispiele gibt, die eine solche Positionierung verständlich erscheinen lassen. Ein Impuls könnte sein, die Schülerinnen und Schüler nach Interessen und Hobbys zu fragen, die sie gerade erst durch den schulischen Unterricht kennengelernt haben.

Aufgabe 3
S. 104

Eine Karikatur ist eine zeichnerische Darstellungsform, mit welcher der Karikaturist einen bestimmten Sachverhalt aus Ökonomie, Politik oder Gesellschaft in einer überspitzten Art und Weise zum Ausdruck bringt und interpretiert. Karikaturen findet man sehr häufig in Tages- oder Wochenzeitungen. Sie kommentieren häufig das politische Alltagsgeschehen. Das **Arbeitsblatt 2, S. 162**, kann zur Übung der Karikaturenanalyse verwendet werden.

Aufgabe 4
S. 104

Die Äußerung deckt sich mit neuesten Ergebnissen der empirischen Unterrichtsforschung, wonach die Lehrerpersönlichkeit nicht nur bei der Einschätzung des Unterrichts durch die Schülerinnen und Schüler eine zentrale Rolle spielt. Auch die fachliche Qualität des Unterrichts ist maßgeblich bestimmt von sozialen Parametern auf der persönlichen Ebene, die motiviertes Lernen überhaupt erst möglich machen.

Aufgabe 5
S. 105

Gegebenenfalls sind die Schülerinnen und Schüler darauf hinzuweisen, dass sie die Namen ihrer eigenen Lehrer aus dem Spiel halten sollten. Auf diese Weise wird die Diskussion in eine sachliche Richtung gelenkt, persönliche Vorlieben sollten weniger wichtig sein. Methodisch könnten die Schüler in Kleingruppen auf Plakaten arbeiten. Sind die Gruppen gleich groß, kann die anschließende Präsentation in Form der „Galerie"-Methode vonstattengehen. Dafür werden die Plakate an den Wänden des Klassenraums fixiert. Jede Gruppe zählt sich nun durch, z. B. von eins bis fünf. Nun werden die Gruppen neu gemischt: Alle Einser treffen sich vor einem ihnen zugeteilten Plakat, alle Zweier usw. Auf diese Weise steht immer nur ein Schüler vor dem Ideenstern-Plakat, der es kennt, weil er es mit erarbeitet hat. Diesem Schüler/dieser Schülerin kommt nun die Aufgabe zu, die Gruppenergebnisse kurz, z. B. in zwei Minuten, zu präsentieren. Auf ein (akustisches) Signal der Lehrperson wandert nun jede Gruppe geschlossen zum nächsten Plakat im Uhrzeigersinn. Der Vorgang wiederholt sich so lange, bis alle Arbeitsergebnisse vorgestellt sind. Im Gespräch sollten nun Gemeinsamkeiten und Unterschiede diskutiert und an der Tafel festgehalten werden.

Aufgabe 6 S. 105	Aufgabe 6 fordert ein strategisches Nachdenken darüber ein, wie in der Folge mit den Ergebnissen des Ideensterns systematisch weiterzuarbeiten ist. Dabei muss es um die Art und Weise der Auswertung des Ideensterns gehen. So könnten z. B. ähnliche Begriffe farblich markiert werden.
Aufgaben 7 und 8 S. 105	Ein möglicher Oberbegriff wäre „Schüleraktivität" oder „Methodenvielfalt". Aufgabe 8 fordert erstmalig ein schriftliches Ausformulieren der Gedanken zum Thema ein. Dabei sollte nicht sofort losgeschrieben werden, sondern es sollte in Gruppen vorab überlegt werden, wie man hier am besten vorgeht, also z. B. in welcher Reihenfolge bestimmte Merkmale eines guten Lehrers/einer guten Lehrerin angebracht werden sollten.
Aufgabe 9 S. 105	Die Schülerin betont den Aspekt der Gerechtigkeit. Dabei kommt sie anfangs notgedrungen auf das zentrale Problem im Schüler-Lehrer-Verhältnis zu sprechen: auf die Notengebung. Anhand eines Beispiels erläutert sie durchaus differenziert, wann schriftliche Noten gerecht bzw. ungerecht sein können. Das Beispiel wird im zweiten Absatz auf die mündliche Benotung ausgeweitet. Auch hier wird differenziert argumentiert, indem die Qualität einer mündlichen Aussage höher bewertet wird als die Menge des Gesagten. Insgesamt wird der Aspekt der Gerechtigkeit demnach in unterschiedliche Bereiche unterteilt.
Aufgaben 10 und 11 S. 106	Die prinzipiell gelungene Vorlage der Schülerin kann nun von der Lerngruppe genutzt werden, um einen anderen wichtigen Sachaspekt herauszugreifen und anhand ausgewählter, anschaulicher und schülernaher Beispiele auszuformulieren. Im Sinne der Aufgabe 11 könnten sich die Zuhörer während der Kurzinformation stichwortartig Notizen machen.

Christian Tramitz: Ein guter Lehrer (S. 106–107)

Aufgabe 1 S. 107	Der schülernahe Textauszug nennt vor allem folgende Gesichtspunkte, die nach Ansicht der interviewten Schüler zu einem guten Lehrer gehören: Humor, Rücksichtnahme, Anschaulichkeit, Fähigkeit zuzuhören, gute Kleidung, Akzeptanz und Verständnis, Fähigkeit zur Ermunterung, Strenge.
Aufgabe 2 S. 107	Gemeint ist ein Zustand, in dem die Schüler den Lehrer in seiner Rolle akzeptieren, weil er eine fachliche und menschliche Autorität besitzt, die nicht über Strafandrohung und Hierarchie funktioniert. Auf der anderen Seite sollte der Lehrer die Schüler in ihrer individuellen Verschiedenheit wahrnehmen und diese auch berücksichtigen.
Aufgabe 3 S. 107	Die Aufgabe dient der Systematisierung der losen Merkmalsammlung des guten Lehrers zu Beginn des Kapitels. Ausgewählte Texte sollten im Anschluss vor der Klasse vorgelesen und diskutiert werden. Dabei ist grundsätzlich zuerst das Positive herauszustellen, eine Kritik schließt sich an.
Aufgabe 4 S. 108	Die Aufgabe bietet drei unterschiedliche Schreibanlässe an, die sich vom Teilthema „Ein guter Lehrer" bewusst absetzen. Vor Bearbeitung der Aufgaben a) und b) in Einzelarbeit kann gemeinsam der Werkzeugkasten auf S. 108 gelesen und besprochen werden. Neu ist hier vor allem die Anordnung der einzelnen Sachaspekte im Hauptteil, die den Schülerinnen und Schülern deutlich werden sollte. Aufgabe c) kann gut als Hausaufgabe bearbeitet werden. Interessant könnte hier eine Diskussion der möglicherweise unterschiedlichen Einschätzungen eines guten Schülers/einer guten Schülerin sein, die nach den jeweiligen Kurzvorträgen an der **Tafel** notiert werden könnten:

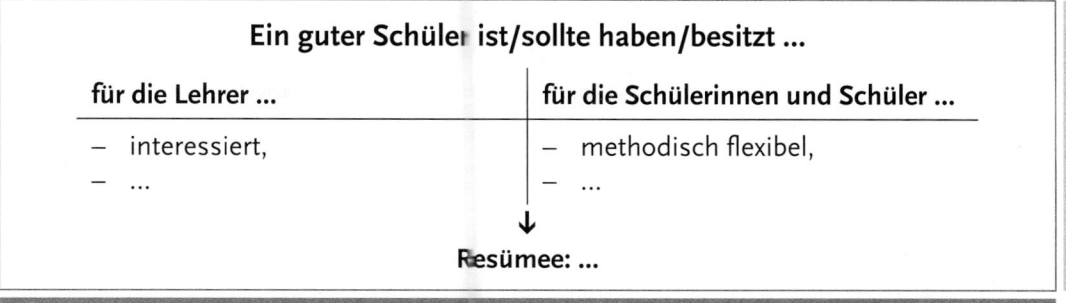

Damit ist der Teilbereich des Informierens abgeschlossen. Zum Ende kann mit folgendem **Tafelbild** eine Zusammenfassung geleistet werden:

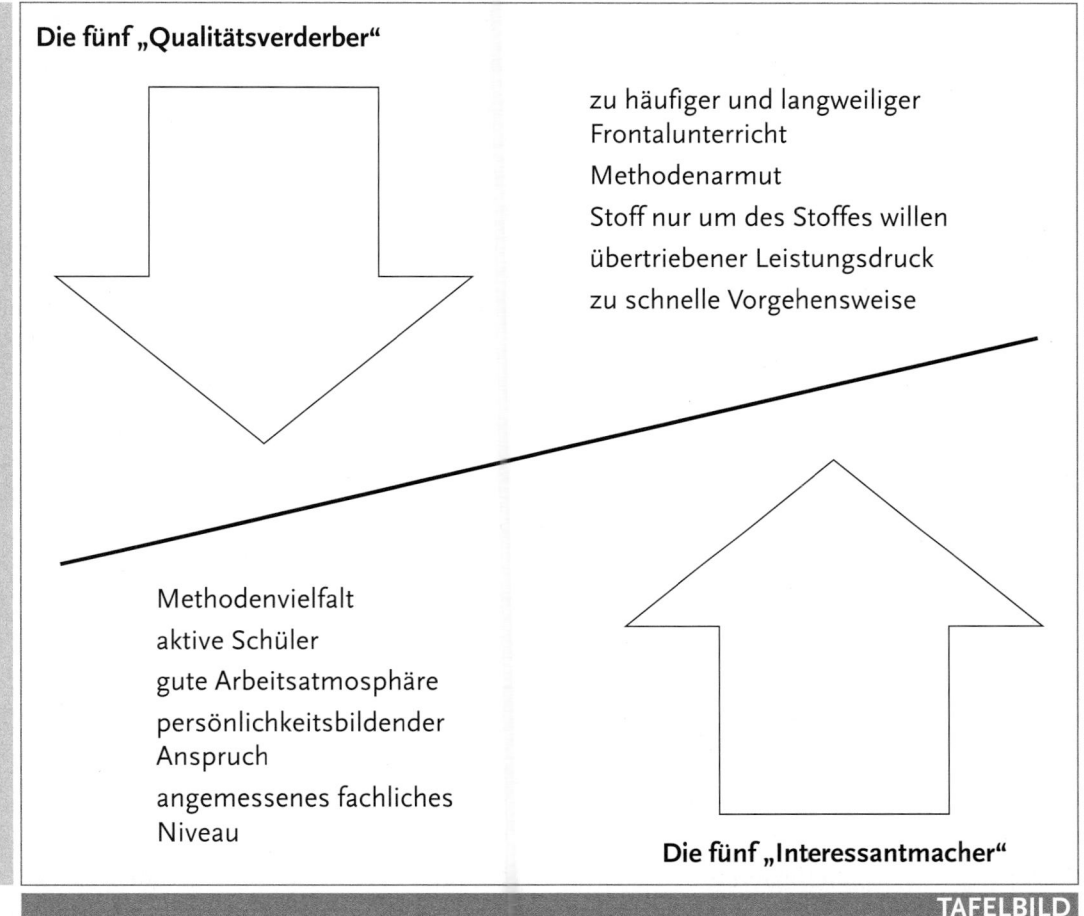

(Vgl.: Wolfgang Mattes: Methoden für den Unterricht, Schöningh Verlag, Paderborn 2002, S. 128)

2. Argumentieren statt behaupten (S. 109–111)

Aufgabe 1
S. 109

Der schülerorientierte Dialog thematisiert einen ganz alltäglichen, in jeder Schule denkbaren Konflikt zwischen zwei befreundeten Schülern, Marie und Jakob. Der Lerngruppe sollte im Sinne dieser Aufgabenstellung zuerst ein etwa fünfminütiger Raum zur freien Meinungsäußerung gegeben werden. Diese Phase ist dem hohen Aufforderungscharakter des Dialogs geschuldet. Dabei sollte darauf geachtet werden, dass die Begründungen der Schüler noch nicht zu sehr in die Tiefe gehen, da eine weitergehende Beschäftigung mit den von Marie und Jakob vorgebrachten Argumenten Inhalt der nachfolgenden Aufgaben ist.

Aufgabe 2
S. 110

Die Aufgabe dient dem Zweck, die Schülerinnen und Schüler näher an die Qualität von wertenden Aussagen in Alltagssituationen heranzuführen, indem sie diese hinsichtlich ihrer Überzeugungskraft genauer betrachten. Überzeugend wirken die mit Beispielen und Begründungen versehen Argumentationen Maries. Weniger überzeugend wirken die Aussagen Jakobs an den Stellen, wo sie über schlichte Behauptungen nicht hinauskommen (Beispiel: „das ist einfach so").

Aufgabe 3
S. 110

Die Aufgabe kann auch gut in Partnerarbeit bearbeitet werden. Hat die Lehrkraft die Tabelle auf Folie, kann die anschließende Auswertung zentral vor der Klasse vorgenommen werden. Ein Tafelbild ist umständlicher, aber dennoch möglich:

Argumentationsweise	Schüleräußerung	Eigenes Beispiel
Bloße Behauptung	Jakob: „In dieser Situation gab es leider keinen anderen Ausweg für mich, das ist einfach so."	„Deutschland wird wieder Fußballweltmeister, daran gibt es nichts zu rütteln."
Bezug zu einem persönlichen Erlebnis herstellen	Marie: „Erinnere dich mal an das Graffiti, das jemand im letzten Jahr an die Wand gesprüht hat."	„Seit ich einmal beim Sportunterricht zusammengebrochen bin, weil ich nicht ausreichend gegessen hatte, frühstücke ich jeden Morgen ausgiebig."
Sich auf die Meinung einer anerkannten Person berufen	Marie: „Frau Müller hat uns damals empfohlen, dass wir uns erst zusammensetzen sollten und dass sich dann derjenige, der es gemacht hat, melden sollte. [...] Das war eine gute Idee von Frau Müller."	„Dass der Treibhauseffekt katastrophale Folgen für die Menschheit haben wird, bestätigt auch Professor Mommsen von der Universität Mainz."
Sich auf allgemeingültige Werte wie Frieden oder Gerechtigkeit berufen	Marie: „Du hättest einfach den Mut aufbringen müssen, dich zu melden. Ich finde dein Verhalten mir gegenüber einfach ungerecht."	„Konflikte darf man nicht gewalttätig zu lösen versuchen, man sollte sie friedlich austragen."

Ein abschließender Blick auf die Äußerungen Maries und Jakobs macht deutlich, warum Maries Aussagen als bedeutsamer eingestuft werden dürften. Den Schülerinnen und Schülern sind nun die Begrifflichkeiten der bloßen Behauptung bzw. der Argumentation geläufig. Zur Sicherung sollte der Werkzeugkasten „Argumentieren" (S. 111) abschließend gelesen und besprochen werden.

Aufgabe 4
S. 110

Die Aufgabe ermöglicht eine handlungsorientierte Umsetzung der erlernten Unterrichtsinhalte. In der Gruppe werden so weitere Argumente gesammelt und geordnet, anschließend in der Diskussion vorgetragen und durch Beispiele gestützt. In der Diskussion sollte darauf geachtet werden, dass auch auf die Argumente der anderen wertend eingegangen wird. Das Streitgespräch kann wie eine Pro-und-Kontra-Diskussion geführt werden. Eine alternative Methode ist die Fishbowl-Diskussion. Mithilfe des **Arbeitsblatts 3, S. 164 f.,** müsste dann bei mit der Methode unvertrauten Lerngruppen diese spezielle Form des

Gesprächs vorgestellt werden. Wenn in Vorbereitung auf die Pro-und-Kontra-Erörterung in der Jahrgangsstufe 9 das Argumentieren in einer Übung vertieft werden soll, kann auf das **Arbeitsblatt 4, S. 166,** zurückgegriffen werden. Das Arbeitsblatt thematisiert die aktuelle, nahezu jeden Schüler betreffende Frage, ob man in Schulen ein Handy-Verbot durchsetzen sollte oder nicht. Es kann als Hausaufgabe aufgegeben werden.

Weitere Themen, mit denen sich die Schülerinnen und Schüler argumentativ auseinandersetzen könnten, wären:
- Sollte in der Schule auf Noten verzichtet werden?
- Sollte das Tragen von Schuluniformen verpflichtend gemacht werden?
- Sollte ein Schulfach „Benehmen" eingeführt werden?
- Machen Hausaufgaben überhaupt Sinn?
- Alkohol erst ab 18 – eine gute Idee?

3. Die eigene Meinung schriftlich strukturiert darstellen – Das lineare Argumentieren (S. 112–115)

In diesem Unterkapitel wird von den Schülerinnen und Schülern anhand eines konkreten und schülernahen Beispiels sukzessive das Vorgehen beim Verfassen einer linearen Argumentation erarbeitet. Dazu werden zunächst erste Ideen zu der Streitfrage „Sollten Lehrerinnen und Lehrer im Internet anonym bewertet werden?" gesammelt und strukturiert. Darauf aufbauend werden Argumente formuliert, ausgebaut und für die folgende Textproduktion in eine sinnvolle Reihenfolge gebracht.

Aufgaben 2 und 3 S. 112–113	Die vorliegende Grafik bietet den Vorteil einer übersichtlichen Darstellung erster Schreibideen. Durch die noch weitgehend unstrukturierte Darstellungsweise können problemlos weitere Ideen bzw. Argumente ergänzt und andere eliminiert werden. Für die Textproduktion ist dagegen eine stärkere Bündelung und Gewichtung der einzelnen Punkte wünschenswert, was mit den folgenden Aufgaben angeregt wird.
Aufgaben 4 und 5 S. 113	Die zuletzt genannten Argumente bleiben dem Leser besonders gut in Erinnerung. Klassischerweise wählt man daher eine steigernde Reihenfolge, d. h., das stärkste Argument wird am besten an das Ende einer Argumentation bzw. des Hauptteils einer schriftlichen, linearen Erörterung gesetzt. Nach dieser Maßgabe sollten die Schülerinnen und Schüler sich für eine Reihenfolge der Argumente entscheiden.
Aufgabe 6 S. 113	Das hier aufgeführte Argument sollte am Ende des Hauptteils stehen, da es für die Autorin offensichtlich einen besonders hohen Stellenwert einnimmt, was durch den einleitenden Satz kenntlich gemacht wird: „Am bedeutendsten erscheint mir, …"
Aufgabe 7 S. 113	Das Stellen von Fragen ist eine Form der Lesereinbindung, welche für argumentative Texte, bei denen der Leser von einem strittigen Standpunkt überzeugt werden soll, von besonderer Bedeutung ist. Die Fragen sprechen den Leser direkt an und regen so zum Nachdenken an. Da im Anschluss einer Frage stets ein Argument im Sinne einer Beantwortung der Frage folgt, stellt dies auch eine Strategie der Überzeugung des Lesers dar.
Aufgabe 8 S. 113	Die Schülerin stützt ihre Argumentation durch die Darlegung eigener Erfahrungen; sie nimmt Bezug auf ein persönliches Erlebnis: „Meine Erfahrung im Umgang mit Lehrern sagt mir, dass …"

Aufgabe 9 S. 113	• „Mein Vater ist seit vielen Jahren Lehrer …"	anerkannte Meinung, Autorität
	• „In der Schule sollte Einigkeit …"	allgemein anerkannte, gültige Werte
	• „Ich habe die Erfahrung gemacht, dass …"	persönliches Erlebnis
	• „Eine Umfrage hat ergeben, dass …"	Hintergrundinformationen
	• „Richter haben mehrmals entschieden …"	Hintergrundinformationen; anerkannte Meinung, Autorität

Aufgabe 10
S. 114

Die Schülerinnen und Schüler können sich hier an den Beispielen auf Seite 113 (Aufgabe 9) orientieren. Dabei ist darauf zu achten, dass man seine Argumentation möglichst differenziert begründet und nicht etwa ausschließlich auf persönliche Erlebnisse zurückgreift, sondern sich auch auf Autoritäten, Hintergrundinformationen und verallgemeinerbare Werte beruft.

Aufgaben 11 und 12
S. 114

Der Titel sollte einen möglichen Leser zum Lesen des Artikels animieren. Dazu wirkt der Titel in dem Beispiel hier zu langweilig. Auch der einleitende Satz weckt nicht das Interesse des Lesers. Anstatt direkt mit der eigenen Stellungnahme einzusteigen, sollte hier eine kurze, interessante Einführung in das strittige Thema erfolgen.
Ein mögliches Beispiel:

> **Rollentausch: Sollten Schüler ihren Lehrern online Zeugnisse ausstellen dürfen?**
>
> Endlich sind die Rollen mal vertauscht: Internetportale bieten Schülerinnen und Schülern die Möglichkeit, ihren Lehrerinnen und Lehrern anonym ein Zeugnis auszustellen – und zwar nicht in Mathematik, Deutsch oder Englisch, sondern in den Kategorien Engagement, Spaßfaktor oder Fairness. Doch ist das der richtige Weg?

Aufgabe 13
S. 114

Abschließend verfassen die Schülerinnen und Schüler eine lineare Argumentation, dabei greifen sie auf die Ergebnisse der Planungsphase (Aufgaben 2, 10, 12) zurück. Ferner können sie auf die Informationen im Werkzeugkasten auf S. 115 zurückgreifen.
Weitere Übungsmöglichkeiten erhalten die Lernenden in der Aufgabe 14 (S. 115) sowie im letzten Unterkapitel (S. 122–123).

4. Handyverbot in der Schule? – Das antithetische Argumentieren (S. 116–121)

Als Alternative zur linearen Argumentation wird hier die Vorgehensweise einer antithetischen Argumentation erarbeitet. Dazu befassen sich die Schülerinnen und Schülern erneut mit einem schülernahen Beispiel („Sollte an Schulen ein Handyverbot eingeführt werden?"). Best-Practice-Beispiele zeigen den Lernenden etwa, wie sie den Schreibprozess durch eine gute Planung entlasten können. Dazu wird hier die Methode des Schreibplans vorgestellt und von den Schülerinnen und Schülern angewendet.

Einen begründeten Standpunkt vertreten – Pro- und Kontra-Argumente finden und diskutieren (S. 116–117)

Aufgabe 1
S. 116

Bei Bedarf kann hier mit der Werkzeugkiste auf S. 111 im Schülerband gearbeitet werden. Die Qualität der Argumentation hängt davon ab, inwiefern die Schüler diese auch stützen können. Die ersten beiden Aussagen von Tom und Lukas stellen eher undifferenzierte Meinungsäußerungen dar, die nicht weiter belegt werden. Jakob und Marie stützen ihre Argumente dagegen mit sinnvollen Belegen. Auch die sprachliche Gestaltung bestimmt den qualitativen Gehalt einer Argumentation (vgl. z. B. die Aussage von Tom: „[D]as ständige Herumnörgeln an unseren Handys nervt doch bloß.").

Aufgaben 2 bis 4
S. 116–117

Die Schülerinnen und Schüler entwickeln hier die inhaltliche Basis für ihre Argumentation, dabei geht es zunächst um eine noch weitgehend unstrukturierte Sammlung von Ideen, die im weiteren Verlauf der Einheit systematisiert werden. Obwohl die Schülerinnen und Schüler bei der Placemat-Methode nicht miteinander sprechen, tauschen sie sich untereinander aus und setzen sich über das Schreibgespräch differenziert und – im Vergleich zur mündlichen Diskussion evtl. auch intensiver – mit den Positionen ihrer Mitschüler auseinander. Im Sinne einer Ergebnissicherung sollten die Argumente der Schülerinnen und Schüler im Anschluss im Plenum gesammelt und evtl. an der Tafel notiert werden.

Eine schriftliche antithetische Argumentation verfassen (S. 118–119)

Aufgabe 1
S. 118

Eine antithetische Argumentation besteht immer aus These und Gegenthese. Anders als bei der linearen Argumentation werden nicht einfach mehrere Pro-Argumente aneinandergereiht, sondern es müssen mögliche Gegenargumente aufgegriffen und durch eigene Argumente entkräftet werden. Dies verlangt ein hohes Maß an Leserantizipation und Schreibkompetenz. Analog zum Vorgehen bei einer linearen Argumentation ist auch hier auf eine Gewichtung der Argumente zu achten. Da die zuletzt genannten Punkte dem Leser besonders in Erinnerung bleiben, sollten die wichtigsten Kontra-Argumente am besten zu Beginn und die wichtigsten Pro-Argumente am Ende einer Argumentation stehen. Dieses Vorgehen wird durch die Abbildung im Schülerbuch visualisiert.

Aufgabe 2
S. 119

Ein Vorteil der antithetischen Argumentation ist die Aufnahme und gleichzeitige Entkräftung möglicher Gegenargumente. So wird der argumentative Gehalt eines Textes gesteigert. Anders als bei einer mündlichen Diskussion treten Befürworter und Gegner beim schriftlichen Diskutieren nicht unmittelbar in Kontakt. Durch das antithetische Argumentieren wird eine solche Diskussionssituation aber simuliert, wodurch die eigene Position besonders überzeugend wirkt bzw. wirken kann. Insgesamt wird das Thema so auch umfassender in den Blick genommen.
Eine lineare Argumentation beschränkt sich auf den eigenen Standpunkt, welcher weiter ausgeführt wird. Dies ist z. B. sinnvoll, wenn man bei der Diskussion um ein Thema seinen Standpunkt eindeutig einbringen will oder seine Meinung in Form eines Leserbriefes kundtut.

Aufgaben 3 und 4
S. 118

Wie bereits erwähnt, sollten die besonders wichtigen Argumente am Ende des Hauptteils einer Argumentation stehen, da sie so dem Leser besser in Erinnerung bleiben. Daher stehen die wichtigsten Kontra-Argumente am Anfang und die wichtigsten Pro-Argumente am Ende der Argumentation. Eine alternative Vorgehensweise könnte sein, einem Kontra-Argument jeweils direkt ein Pro-Argument gegenüberzustellen, um es auf diese Weise besser entkräften zu können. These und Antithese würden dann nicht in gesonderten Abschnitten aufgeführt werden.

Aufgabe 5 S. 119	Die Schülerin erläutert Antithese und These jeweils in einem eigenen Abschnitt, wobei beide Textteile durch eine Überleitung verbunden werden. Sie geht damit so vor, wie es in der Abbildung im Schülerbuch (S. 118) vorgeschlagen wird.
Aufgabe 6 S. 119	Aus den Punkten 2.1.1 und 2.3.1 wird die eigene Position der Schülerin ersichtlich. Sie ist offensichtlich für ein Handyverbot an Schulen.

Argumente verbinden und gewichten – Den Hauptteil einer antithetischen Argumentation überarbeiten (S. 119)

Aufgabe 1 S. 119	Die Schülerin führt – wie im Schreibplan angegeben – zunächst drei Kontra-Argumente an, denen sie in einem zweiten Teil drei Pro-Argumente gegenüberstellt. Die beiden Teile werden durch den Konjunktor „Andererseits" (Z. 17) verbunden.
Aufgaben 2 und 3 S. 119	Die Schülerinnen und Schüler ergänzen den Schreibplan im Schülerbuch durch das Nennen eigener Argumente. Auf diese Weise machen sie sich mit der Methode des Schreibplans vertraut. Insbesondere argumentative Textmuster verlangen ein hohes Maß an Schreibkompetenz und die Integration einer Vielzahl an Informationen und/oder Vorwissen, weshalb eine Vorbereitung des eigentlichen Schreibens hier besonders wichtig erscheint.

Den Schluss einer antithetischen Argumentation schreiben (S. 120–121)

Aufgabe 1 S. 120	Wichtig ist, dass die Schülerinnen und Schüler hier ihre Argumente zusammenfassen und explizit Stellung beziehen. Dafür kann es hilfreich sein, den Lernenden entsprechende Phrasen vorzugeben, welche eine solche Stellungnahme einleiten (z. B. „Zusammenfassend lässt sich sagen …"; „Vor dem Hintergrund der genannten Argumente komme ich für mich zu dem Schluss, dass …"; „Aus allem ergibt sich für mich, dass …" usw.). Optional kann auch ein Appell an den Leser gerichtet werden.

5. Übungen zum Argumentieren (S. 122–123)

Aufgabe 1 S. 122	Das Thema des ersten Textauszuges ist die Helmpflicht für Fahrradfahrer, unabhängig von ihrem Alter. Als Beleg dient eine Statistik des ADAC. Eine denkbare Frage: Sollten Fahrradfahrer generell einen Helm tragen müssen? Der zweite Auszug thematisiert die Frage, ob es sinnvoll ist, sich in einem (Sport-)Verein zu engagieren. Eine denkbare Frage: Sollten junge Menschen einem Sportverein beitreten? Das Argument wird durch persönliche und beispielhafte Erlebnisse gestützt. Eine mögliche Frage zum dritten Auszug könnte lauten: Ist es sinnvoll, schon in der achten Klasse einen Tanzkurs zu besuchen? Wie im zweiten Beispiel wird hier mit dem Bezug auf ein persönliches Erlebnis bzw. das einer bekannten Person argumentiert. Im letzten Textauszug geht es um das richtige Verhalten vor dem Sport. Eine denkbare Frage: Warum sollte man sich vor einer sportlichen Betätigung aufwärmen? Als Beleg dient hier die Bezugnahme auf ein persönliches Erlebnis.
Aufgabe 3 S. 122	Die angebotenen Fälle aus dem Magazin der „Süddeutschen Zeitung" entstammen zum Großteil der unmittelbaren Lebenswelt der Schülerinnen und Schüler. Dabei werden Fragen ausgesprochen, die jeden einzelnen Schüler selbst betreffen können. Alternativ zur Aufgabenstellung kann die Aufgabe auch im Verfassen eines kurzen schriftlichen Kom-

mentars bestehen **(Arbeitsblatt 5, S. 168)**. Die Einforderung einer Erörterung ist jedoch zu komplex und nähme wesentliche Inhalte der Jahrgangsstufe 9 vorweg. **Arbeitsblatt 6, S. 170,** und **Arbeitsblatt 7, S. 172,** beinhalten die originalen Antworten Dr. Erlingers auf die Leserbriefe, die in der „Süddeutschen Zeitung" unter der Rubrik „Die Gewissensfrage" abgedruckt werden. Die Arbeitsblätter können an die einzelnen Gruppen während der Erarbeitungsphase ausgeteilt werden. Auf diese Weise erhalten die Gruppen mehr argumentative Grundlagen für ihre Ausführungen. Dennoch ist darauf zu achten, dass die Schüler die Antwort Dr. Erlingers nicht unkritisch übernehmen. Daher könnte auch in einer auf die Gruppenarbeit folgenden Reflexionsphase auf die Antwortschreiben Erlingers zurückgegriffen werden.

Arbeitsblatt 8, S. 174, und **Arbeitsblatt 9, S. 175,** können sowohl im Unterricht als auch als Hausaufgabe eingesetzt werden. Der Erfahrung nach zeigen Schülerinnen und Schüler der Jahrgangsstufe 8 durchaus ein reges Interesse an den ihnen hier vorgelegten moralischen Fragen des Alltags.

Die Lösungen zu den **Übungen zur Lernkontrolle** (S. 124–125) befinden sich im Anhang des Schülerbandes auf den Seiten 401–402.

Eine Karikatur analysieren (1)

Definition

Unter einer Karikatur versteht man eine zeichnerische Darstellungsform, mit welcher der Karikaturist einen Sachverhalt aus Politik, Wirtschaft oder Gesellschaft in einer überspitzten Art und Weise zum Ausdruck bringt und wertend interpretiert. Karikaturen finden sich sehr häufig in Tages- oder Wochenzeitungen.

Frage-Leitfaden für die Analyse von Karikaturen

1. Was stellt der Zeichner oder die Zeichnerin dar?
   → Aussage oder Thema der Karikatur
2. Wie und mit welchen Mitteln (Figuren, Objekten, Symbolen) wird das Thema dargestellt?
   → zeichnerische Elemente
3. Ist aus der Karikatur eine bestimmte Einstellung, Meinung oder Deutung des Zeichners oder der Zeichnerin erkennbar?
   → Tendenz der Karikatur
4. Wie beurteilst du die Aussage der Karikatur?
   → eigene Meinung
5. Welche Fragen ergeben sich für dich aus der Karikatur?
   → weitere Fragen

Aussage/Thema	zeichnerische Elemente	Tendenz der Karikatur	eigene Meinung	weitere Fragen

(Nach: Bundeszentrale für politische Bildung (Hg.): Methoden-Kiste, 2. Auflage, Bonn 2001, S. 5B)

1 Interpretiere mithilfe des Frage-Leitfadens die Karikatur auf S. 104 (Aufgaben 1–3) im Schülerband. Vergleiche deine Ergebnisse mit denen deiner Mitschüler. Diskutiere die Unterschiede.

2 Suche im Internet oder in einer Bücherei nach weiteren Schul- oder Lehrerkarikaturen. Stelle diese deinen Mitschülern vor und erläutere sie mithilfe des Leitfadens. Du kannst auch eine politische Karikatur aus einer Tageszeitung mitbringen.

Eine Karikatur analysieren (1)

Aufgabe 1

Das Thema der Karikatur ist das fehlende Verständnis zwischen den Generationen. Die Gesprächssituation am Frühstückstisch beruht auf einem Missverständnis. Während der junge Mann – durch Sonnenbrille und Pferdeschwanz als Vertreter der jungen Generation gekennzeichnet – mit Vorfreude ankündigt, dass es demnächst für alle Computerunterricht an den Schulen gebe, kontert die ältere Frau – mutmaßlich seine Mutter – mit dem Hinweis, dass dies das Ende der Computereuphorie der jungen Leute sei. Damit impliziert sie, dass die Art und Weise, wie in der Schule mit einem Thema oder einem Medium umgegangen werde, dafür sorge, dass der Spaß auf der Strecke bleibt. Auf die Idee, dass dieser Unterricht im Medienzeitalter wichtig ist, weil der Computer die Lebenswelt der jungen Menschen massiv bestimmt, kommt sie nicht. Sie setzt dafür einen anderen, pointenhaften und ironischen Akzent.

Eine Karikatur analysieren (2)

1 Analysiere die Karikatur mithilfe des folgenden Analyserasters.

Aussage/Thema	zeichnerische Elemente	Tendenz der Karikatur	eigene Meinung	weitere Fragen

(Nach: Bundeszentrale für politische Bildung (Hg.): Methoden-Kiste, 2. Auflage, Bonn 2001, S. 5B)

Eine Karikatur analysieren (2)

Die Aussage der Karikatur zielt auf die Aufgabe der Schule. Ihre Botschaft hierzu ist überaus pessimistisch. Der Schüler rezitiert die hehren, idealistischen Ziele der Schule automatenhaft. Seine Formulierungen wirken aufgesetzt und wie auswendig gelernt. Zugleich deutet die altmodische Sitzordnung im Klassenraum und das strenge Äußere der Lehrkraft an, dass es sich hierbei um bloße Phrasen handelt, die in der Wirklichkeit keine Entsprechung finden. Selbst das Hinsetzen funktioniert hier nur auf Befehl. Von einer freien Entfaltung der Persönlichkeit kann also keine Rede sein, vielmehr wird die Institution Schule hier so dargestellt, als setze sie auf Nivellierung und Befehlsgewalt. Damit kritisiert der Karikaturist die Art und Weise, wie die Institution Schule funktioniert, und entlarvt die idealistischen Ziele als bloße Träumerei bzw. Lüge.

Methode: Fishbowl-Diskussion

Fishbowl-Diskussion

So gehst du vor

Definition

In der Fishbowl-Methode diskutiert eine Gruppe vor oder in der Mitte des Raums miteinander, während der Rest der Klasse die Diskutierenden beobachtet und ihnen nach Beendigung Rückmeldungen über ihr Diskussionsverhalten
5 gibt.

Innerhalb der Diskussionsgruppe kann ein Platz unbesetzt bleiben. Teilnehmer aus der Beobachtergruppe können dort Platz nehmen und einen Beitrag in die Diskussion einbringen, zum Beispiel wenn sie eine Frage an einen der Diskus-
10 sionsteilnehmer richten wollen oder wenn die Diskussion innerhalb der Gruppe stockt. Fishbowl heißt diese Übung, weil die Diskutierenden vergleichbar den Fischen in einem
15 Aquarium beobachtet werden. Beobachter und Teilnehmer wechseln bei der Durchführung mitein-
20 ander ab.

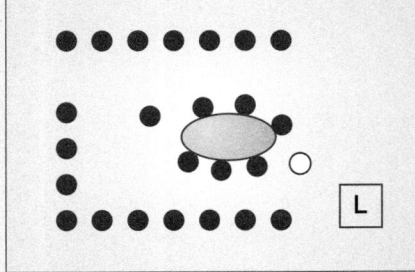

Chancen und Ziele

Bei der Fishbowl-Diskussion geht es weniger um den Inhalt als um die Art und Weise, wie die Teilnehmer miteinander diskutieren. Mit dieser Übung können die Schülerinnen und Schüler ihr Gesprächsverhalten überprüfen. Fisbowl-
25 Übungen dienen dem Training eines angemessenen Diskussionsverhaltens. Im Anschluss daran können Regeln festgehalten werden.

Innerhalb der Diskussionsgruppe kann eine Schülerin oder ein Schüler die Gesprächsleitung übernehmen. Dabei
30 können sie in elementare Formen der Gesprächsmoderation eingeführt werden.

Durch die gezielte Beobachtung kann die nicht aktive Gruppe lernen, wie man sich in einer Diskussion präsentieren muss, um fair, glaubwürdig und überzeugend zu
35 wirken.

Fishbowl-Diskussionen sind gut dazu geeignet, die Beziehungen und die Atmosphäre innerhalb einer Klasse positiv zu beeinflussen.

Arbeitsblatt 3

Beobachtungsbogen
- Schauen die jeweils Sprechenden die Gesprächspartner an?
- Reden sie verständlich?
- Lassen sie andere ausreden?
- Bringen sie überzeugende Argumente vor?
- Gehen sie auf die Argumente des Vorredners ein?
- Bleiben sie beim Thema?
- Respektieren sie andere Meinungen?

Worauf du achten musst, wenn du eine Diskussion leitest ...
- Als Moderator bist du unbeteiligter Dritter.
- Du erteilst das Wort.
- Du lässt alle Meinungen zu.
- Du verbündest dich nicht mit einem der Diskutierenden.
- Du beruhigst die Runde, wenn sie zu laut wird.
- Du bevorzugst und benachteiligst niemanden.
- Du fasst die Diskussionsergebnisse zusammen.

(Aus: W. Mattes: Methoden für den Unterricht, Schöningh Verlag, Paderborn 2002, S. 54)

Arbeitsblatt 4

Argumentieren: „Das Handy in der Schule verbieten? Auf gar keinen Fall …!"

Anne: Wir haben gerade in der SV den Antrag der Lehrer und Eltern besprochen, das Handy in der Schule zu verbieten. Die wollen verhindern, dass wir in der Schule telefonieren. Wie denkt ihr darüber?

Timo: Das Handy verbieten? Auf gar keinen Fall!

Maik: Ich brauche mein Handy, ohne mein Handy fühle ich mich nackt. Ich weiß gar nicht mehr, wie es sich ohne Handy lebt.

Mara: Na ja, so schlimm wird das schon nicht sein. Ich muss zugeben, dass es mich schon nervt, wenn Katharinas Handy regelmäßig im Matheunterricht Töne von sich gibt. Da kann man sich gar nicht richtig auf den Stoff konzentrieren. Ist gerade etwas Wichtiges dran, verpasse ich es und kapiere nichts.

Timo: Das kommt doch wohl eher selten vor. Ich brauche mein Handy, um jederzeit erreichbar zu sein. Es ist ein gutes Gefühl, zu wissen, dass meine Eltern und Freunde mich im Notfall immer erreichen können. Außerdem stört eine SMS, die ich im Unterricht schicke, doch nicht die anderen Schüler. Das ist dann doch mein Problem, oder?

Mara: Wenn früher etwas Schlimmes passiert ist, dann wurde man von der Sekretärin informiert, das ging auch ohne Handy. Außerdem strahlen Handys.

Sarah: Ich habe gehört, dass an manchen Schulen Gewaltvideos mit dem Handy aufgenommen und verschickt wurden. Vielleicht wollen die Lehrer diese Möglichkeit der Bloßstellung und Erpressung verhindern …

1 Notiere, um welche zwei gegensätzlichen Standpunkte es hier geht.

a) Es ist sinnvoll, _____

b) _____

2 Übertrage die Tabelle in dein Heft und notiere stichwortartig, welche Argumente von den Jugendlichen genannt werden. Notiere noch weitere Argumente.

Argumente für das Handy-Verbot:	Argumente gegen das Handy-Verbot:
• Von Handys geht eine gefährliche Strahlung aus.	• …

3 Kreuze die richtige Lösung an.

Was man beim Argumentieren tun sollte …		… und was man besser lässt
	den Partner zu überreden versuchen	
	andere Argumente niemals anerkennen	
	seine eigene Meinung zurückhalten	
	den Partner lächerlich machen	
	eigene Argumente sachlich/ruhig äußern	
	eigene Argumente entschieden vertreten	
	Gespräch durch Albernheiten auflockern	
	eigene Argumente überzeugend begründen	

(Nach: Franz Waldherr: Aufsatz 7/8, Schöningh Verlag, Paderborn 2005, S. 98)

Argumentieren: „Das Handy in der Schule verbieten? Auf gar keinen Fall ...!"

Aufgabe 1

a) Es ist sinnvoll, die Handynutzung der Schüler in der Schule zu verbieten.
b) In bestimmten Situationen sollte die Nutzung von Handys weiterhin erlaubt bleiben.

Aufgabe 2

Argumente für das Handy-Verbot	Argumente gegen das Handy-Verbot
• Von Handys geht eine gefährliche Strahlung aus (Z. 27f.).	• Handys sorgen für ein Sicherheitsgefühl aufseiten der Schüler (Gewöhnungseffekt) (Z. 7ff.).
• Sie stören durch ihre Geräusche häufig im Unterricht und lenken ab (Z. 11 ff.), dadurch wird manchmal der Stoff verpasst bzw. nicht gelernt (Z. 15 f.).	• Handys sorgen für dauerhafte Erreichbarkeit auch im Notfall (Z. 19 ff.).
• Im Notfall hilft das Sekretariat, von dem man telefonieren kann (Z. 25 ff.).	• SMS lassen sich leise tippen und verschicken und stören die Mitschüler nicht beim Lernen (Z. 21 ff.).
• Die Gefahr des Versendens von Gewaltvideos ermöglicht Erpressung und Bloßstellung (Z. 29 ff.).	

Aufgabe 3

Was man beim Argumentieren tun sollte ...	... und was man besser lässt
den Partner zu überreden versuchen	andere Argumente niemals anerkennen
eigene Argumente sachlich/ruhig äußern	seine eigene Meinung zurückhalten
eigene Argumente entschieden vertreten	den Partner lächerlich machen
eigene Argumente überzeugend begründen	Gespräch durch Albernheiten auflockern

Arbeitsblatt 5

Einen Leserbrief verfassen (1)

Beschildern statt Bremsen: Aus Unfällen falsche Schlüsse gezogen

Wachtberg. – Zu Ihrer Meldung „Warnbeschilderung und Kreisel für Wachtberger Höhe beschlossen" habe ich einige Anmerkungen zu machen. Wie Sie richtig darlegen, sind in die Unfallserie auf der Landstraße zwischen Godesberg und Wachtberg vor allem junge Mofa-Fahrer verwickelt, die vor allem am Wochenende in die Stadt drängen. Als von der Unfallserie direkt betroffene Anwohnerin kann ich über den Beschluss, einen Kreisel am Ortseingang zu bauen, nur den Kopf schütteln. Wenn als Hauptproblem weniger die steile Abfahrt von der Wachtberger Höhe als das geringe Alter der jungen Moped-Fahrer angesehen wird, so frage ich mich, warum dann nur an der Verkehrsführung herumgedoktert werden soll und nicht am eigentlichen Problem: dem Alter der Moped-Fahrer. Ich möchte betonen, dass ich als Jugendliche vor 40 Jahren selbst gerne und häufig Moped gefahren bin. Damals wie heute war es sehr einfach, die Fahrerlaubnis zu bekommen. Allerdings muss man bedenken, dass sich seither viel getan hat: Es gibt weitaus mehr Autos, das Tempo hat rasant zugenommen, der Fahrer ist viel mehr gefordert. Angesichts dieser veränderten Rahmenbedingungen frage ich mich, warum es heute wie vor 40 Jahren möglich ist, letztlich ohne Führerschein und mit lächerlichen 90 Minuten Einzelunterricht als 15-Jährige/r die Fahrerlaubnis zu erhalten. Eine echte Schulung bzw. Prüfung findet nach wie vor nicht statt.

Ich fordere daher ein Nachdenken über eine neue gesetzliche Regelung für junge Mofa-Fahrer. Weil vielen jungen Menschen heute die nötige Verantwortung und Reife für den Straßenverkehr fehlt, sollte man darüber nachdenken, Mofafahren erst mit 18 Jahren zu erlauben. Außerdem sollte es unbedingt eine intensivere Schulung bzw. richtige Prüfung geben. Jungen Menschen muss man mehr Fehler zugestehen als den Erwachsenen – aber bitte nicht im Straßenverkehr! (Elke Richter)

1 Welche Gründe gibt Frau Richter für ihre Meinung an? Welchen Gründen kannst du folgen? Welchen nicht?

2 Wie ist der Leserbrief aufgebaut? Unterteile ihn in verschiedene Abschnitte und kläre, welche Bedeutung die einzelnen Abschnitte haben. Warum hat die Verfasserin den Leserbrief so aufgebaut?

3 Antworte Frau Richter in einem eigenen Leserbrief, in dem du als Jugendlicher auf ihre kritischen Einwände antwortest und begründet Stellung nimmst. Beachte die Tipps zum Verfassen eines Leserbriefs.

Tipps zum Verfassen eines Leserbriefs

- **Bezug:** Jeder Leserbrief ist eine Art Antwort auf einen in der Zeitung erschienenen Text. Daher muss zu Beginn klar werden, auf welchen Artikel, Bericht oder – wie in diesem Fall – Leserbrief sich dein Leserbrief bezieht.

- **Aufbau:** Die *Einleitung* soll die Aufmerksamkeit des Lesers wecken. Dazu greifst du das aktuelle Ereignis auf. Nutze Formulierungen wie „In dem Artikel wird behauptet, dass ...".
Im *Hauptteil* begründest du deine Meinung. Um den Denkprozess der Leser anzustoßen, ist es ausreichend, wenn du dich auf einen oder zwei strittige Punkte beziehst. In einem Leserbrief ist kein Platz, das Problem ausführlich zu beleuchten. Bringe daher wichtige Argumente auf den Punkt und schweife nicht zu weit aus, sonst wird der Leserbrief eventuell nicht gedruckt. Im *Schlussteil* kannst du eine Folgerung ziehen oder eine Forderung aufstellen.

- **Schreibziel:** Als wichtigstes inhaltliches Kriterium gilt, dass es klar sein sollte, ob du einen Standpunkt kritisierst, ihn unterstützt oder aber ergänzt. Im Leserbrief solltest du „Farbe bekennen", eine Meinung vertreten, ohne dabei beleidigend zu werden.

Einen Leserbrief verfassen

Aufgabe 1

Gründe der Frau Richter für ihre Forderung nach einer neuen gesetzlichen Regelung:
- geringes Alter der Moped-Fahrer und ihre zu gering ausgebildete Fahrreife sind ursächlich für die Unfallhäufung
- Gefahrenherde haben zugenommen, wie z. B. die Anzahl der Autos und die Zunahme der Fahrgeschwindigkeiten

Aufgabe 2

Z. 1–7: Bezug der Leserbriefschreiberin zur Zeitungsmeldung: Kontextualisierung sorgt dafür, dass der Leser über das vorherige Geschehen informiert wird und so dem Leserbrief folgen kann.

Z. 8–10: Motivation: Frau Richter ist als Anwohnerin direkt betroffen; das verstärkt ihre Kompetenz und macht deutlich, dass sie einen Grund hat, sich thematisch einzubringen.

Z. 11–30: Aufzählung mehrerer Gründe, um das Problem herauszuarbeiten: Im Rückblick auf früher macht die Leserbriefschreiberin deutlich, dass sich in den letzten Jahrzehnten auf deutschen Straßen viel verändert habe, die Führerscheinbedingungen jedoch unverändert geblieben seien.

Z. 31–40: Forderung: Im Anschluss an ihre Argumentation im Hauptteil des Briefs fordert Frau Richter logisch angebundene Konsequenzen aus dem dargestellten Problem.

Aufgabe 3

Individuelle Lösung

Die Antwort auf einen Leserbrief untersuchen (1)

Antwort Dr. Erlingers auf den Leserbrief von Alexander M. (Berlin)

Auf die Gefahr hin, als weltfremd zu gelten: Die Schule dient nicht dem Noten-, sondern dem Wissenserwerb. Folglich sind eigentlich die Schüler des anderen Kurses benachteiligt. Sie lernen weniger.

Insofern wäre es sogar moralisch geboten, dagegen etwas zu unternehmen, zumindest in der Theorie. In der Praxis werden eher die Noten als Ergebnis angesehen. Und dann sind sie tatsächlich schlechter dran. So empfinden Sie es und so wird es auch der andere Kurs sehen, sollte sein Nichtstun durch Ihr Zutun ein Ende finden. Auf dieser Basis betrachtet, können Sie aber Ihr Schicksal nicht verbessern, nur das der anderen angleichen, sprich verschlechtern. Ist das zugunsten der Gerechtigkeit notwendig?

Man kann wohl davon ausgehen, dass die Zuteilung der Lehrer zu den Kursen letztlich zufällig war. Wenn es aber um Zufälle und nicht um strukturelle Ungerechtigkeiten geht, habe ich eine ganz persönliche Überzeugung, die recht banal klingt: Mal hat der eine Glück und mal der andere. Wenn man das eine Mal Pech hatte, ist es beim nächsten Mal umgekehrt. Wer meint, ewig vom Glück benachteiligt zu sein, sollte vielleicht seine Sichtweise aufs Leben überprüfen. Das Schicksal kann grausam und ungerecht sein, aber bei diesen kleinen täglichen Lotterien haben alle die gleichen Chancen und morgen ist wieder eine Ziehung. Und je weniger Leute versuchen, der anderen zufälliges Glück zu mindern, desto besser geht es allen.

(http://sz-magazin.sueddeutsche.de/index.php?id=gewissensfrage)

1 Fasse Dr. Erlingers Antwort mündlich zusammen.

2 Für wie überzeugend hältst du sie? Begründe.

Antwort Dr. Erlingers auf den Leserbrief von Andreas P. (München)

[...] Natürlich gibt es Erwägungen, die für ein allgemeines Aufstehgebot sprechen, etwa dass Senioren sich den Sitzplatz verdient haben, weil unser Wohlstand auf ihren Leistungen beruht. Andererseits wissen Sie nicht, ob das auf die Person zutrifft, die gerade vor Ihnen steht. Die Frage lässt sich daher am besten pragmatisch lösen. Denn die in Bussen und Bahnen aufgehängte Aufforderung ist sicher kein moralisches Gesetz. Und zudem ist das Vorrecht nicht immer ein Vorteil. Es hat mich beispielsweise nicht wirklich gefreut, als einmal eine junge Frau aufstand, um mir ihren Platz anzubieten. Man kann aber durchaus folgende Regel formulieren: „Den Sitzplatz soll derjenige bekommen, der ihn gerade nötiger braucht." Das können mal Sie sein, öfter mal jemand anderer. Denn auch Sie haben sich den Sitzplatz nicht schon dadurch verdient, dass Sie eine Haltestelle früher eingestiegen sind. Deshalb muss man abwägen. Als Mann für eine Frau aufzustehen ist nicht moralisch geboten, aber charmant. Bei Fahrgästen mit Behinderungen erübrigt sich die Frage. In allen anderen Fällen schauen Sie dem Menschen doch einfach ins Gesicht: Wenn derjenige so aussieht, als brauchte er den Platz, dann bieten Sie ihn an, egal wie Sie sich fühlen. Wenn nicht, sind Sie kein schlechter Mensch, weil Sie sitzen bleiben, nur wären Sie ein noch besserer, wenn Sie trotzdem aufstünden?

(http://sz-magazin.sueddeutsche.de/index.php?id=gewissensfrage)

3 Fasse die Argumentation Dr. Erlingers mündlich zusammen. Was müsste in der Logik Dr. Erlingers ein gesunder, auf einem Sitzplatz sitzender 60-jähriger Mann tun, wenn ein 6-jähriger Junge mit Gipsbein in den Bus einsteigt?

4 Vergleiche Dr. Erlingers Antwort mit deiner. Wo ähneln sich beide Antworten, wo gibt es Unterschiede?

Die Antwort auf einen Leserbrief untersuchen (1)

Aufgaben 1 und 2

Individuelle Lösungen

Aufgabe 3

In der Logik Dr. Erlingers müsste ein gesunder, auf einem Sitzplatz sitzender 60-jähriger Mann aufstehen und dem 6-jährigen Jungen mit Gipsbein seinen Platz anbieten, da dieser ihn nötiger hat.

Die Antwort auf einen Leserbrief untersuchen (2)

Antwort Dr. Erlingers auf den Leserbrief von Sabine W. (München)

[...] Die Verwendung eines Spickzettels ist Betrug und als solcher unmoralisch. Unerheblich ist hier, dass Sie selbst abgeschrieben haben. [...] Auch dass Abschreiben für viele zur Schulzeit gehört wie das Amen in der Kirche, ist keine Entschuldigung. Ebenso wenig die Ansicht, dass intelligentes Spicken höhere Geisteskraft erfordere als stumpfes Lernen [...]. Umgekehrt ist aber auch das Festhalten an Prinzipien problematisch, wenn der Preis zu hoch ist. Mit anderen Worten: Es wäre unmoralisch, Ihren Sohn auf dem Altar der absoluten Moral zu opfern. Das könnte hier der Fall sein, falls sich die weitere Schullaufbahn Ihres Sohnes tatsächlich an dieser einen Klausur entscheidet – und nicht an der Tatsache, dass er insgesamt überfordert ist. Deshalb sollten Sie zuallererst versuchen, ihn redlich zu unterstützen, zum Beispiel durch Nachhilfestunden. Wenn die Klausur allerdings schon morgen geschrieben wird, sollten Sie in den sauren Apfel beißen und die Verwendung des Spickzettels tolerieren. Denn Sie werden Ihren Sohn nicht auf den rechten Pfad führen, indem Sie ihn die Erfahrung machen lassen, dass er mit Moral schlechter fährt als ohne. Wenn Sie Ihrem Sohn richtiges Verhalten zeigen wollen, halten Sie sich lieber an die Höchstgeschwindigkeit, wenn er mit im Auto ist. Das sichert seine moralische Zukunft wahrscheinlich ähnlich effektiv.

(http://www.sz-magazin.sueddeutsche.de/index.php?id=gewissensfrage)

1 Fasse Dr. Erlingers Antwort mündlich zusammen.

2 Für wie überzeugend hältst du sie? Begründe.

Antwort Dr. Erlingers auf den Leserbrief von Werner O. (Münster)

Unabhängig von der Überlegung, was eine rote Ampel juristisch gesehen genau ist, sind wir uns sicher einig, dass Sie ein Gesetz übertreten, wenn Sie bei Rot weiterfahren. So, wie Sie es schildern, besteht dabei weder die Gefahr, andere zu schädigen, noch selbst erwischt zu werden; es geht bei Ihrem recht praktischen Problem also um die abstrakte Frage, ob es per se unmoralisch ist, das Gesetz zu brechen. Diese Frage hat schon die antiken Philosophen beschäftigt. Sokrates ging in den Tod, nur um die Gesetze zu befolgen, denn sonst könnten ihn diese [...] zur Rede stellen: „Sage mir, Sokrates, was lässt du dir einfallen zu tun? Glaubst du an die Möglichkeit, dass ein Staat noch Bestand habe und vor dem Untergang bewahrt sei, in welchem die einmal gefällten gerichtlichen Urteile keine Kraft mehr haben, sondern von Unberufenen wirkungslos gemacht und vernichtet werden?" In jüngerer Zeit formulierte der Mainzer Rechtsphilosoph Norbert Hoerster, dass eine funktionierende Rechtsordnung, als Gegensatz zur Anarchie, im Interesse aller liegt. Von Sonderfällen wie dem gesetzlichen Unrecht unter Hitler abgesehen, ist also eine Handlung falsch, die das Recht verletzt. Was nicht ausschließt, dass sie aus anderen Gründen richtig, vielleicht sogar geboten sein kann – Gründe, die ich bei Ihrem Rotlichtradeln aber nicht erkennen kann. Jetzt könnten Sie freilich entgegnen, dass Sie weder Sokrates sind noch ein Diplom in Rechtsphilosophie erwerben, sondern ganz einfach nur nach Hause radeln wollen. Und dass Sie tief in der Nacht ganz sicher niemanden gefährden und auch kein schlechtes Vorbild für Kinder sind. [...] Und wenn Sie das tun, fällt mir kein zwingendes Argument mehr ein, warum Sie ein schlechtes Gewissen haben müssten.

(http://www.sz-magazin.sueddeutsche.de/index.php?id=gewissensfrage)

3 Versuche, deinem Sitznachbarn die Argumentation Dr. Erlingers zu erläutern.

4 Im Dritten Reich haben einige wenige mutige Menschen gegen Hitlers Regime gekämpft. Dabei haben Sie natürlich gegen die damals gültige Rechtsordnung verstoßen. Wie würde Dr. Erlinger diesen Gesetzesverstoß beurteilen? Wie beurteilst du dies?

Die Antwort auf einen Leserbrief untersuchen (2)

Aufgabe 1–3

Individuelle Lösungen

Aufgabe 4

In der im ersten Absatz beschriebenen Logik, die Sokrates folgt, wäre es unabdingbar, den staatlichen Gesetzen Folge zu leisten, damit die staatliche Ordnung weiterbestehen kann. Erlinger spricht aber selbst davon, dass eine funktionierende Rechtsordnung gesichert werden sollte, wenn sie im Interesse aller liegt. Und das trifft auf viele Menschen, die im Dritten Reich verfolgt oder gar getötet wurden, nicht zu. Daher erlaubt der Sonderfall den Widerstand. Widerständler wie die Geschwister Scholl oder Oberst Stauffenberg sind demnach für Erlinger keine Terroristen, die sich egoistisch gegen eine staatliche Ordnung auflehnten, sondern Helden, die den Mut aufgebracht haben, gesetzliches Unrecht (Z. 22) zu beenden.

Arbeitsblatt 8

Einen Leserbrief untersuchen (1)

Die Gewissensfrage

Unsere kleine Tochter hat ein Pony und wünscht sich sehnlichst ein Foto aus der Zeit, als es noch ein Fohlen war. Nun habe ich den Züchter angerufen. Er will nachschauen und ich habe ihm gesagt, wenn er kein Foto von unserem Pony hat, dann soll er mir einfach eines schicken, das so ähnlich aussieht. Meine Familie findet, das sei Betrug; ich meine, es ist eine harmlose Schwindelei. Niemand wird beleidigt oder verletzt und unsere Tochter hat ihr Foto. Aber so ganz wohl fühle ich mich doch nicht dabei.

(Klaus K., Düsseldorf)

(http://sz-magazin.sueddeutsche.de/index.php?id=gewissensfrage)

1 Wie denkst du über diesen Fall? Darf Herr K. ein falsches Foto verwenden? Verfasse einen kurzen Antwortbrief an Herrn K., in dem du ihm begründet deine Meinung erläuterst.

_____

_____

_____

_____

_____

Antwort Dr. Erlingers auf den Leserbrief von Klaus K.

[...] Letztlich entscheidet sich für mich alles an einem Wort: Respekt. Manchmal mag es buchstäblich kinderleicht erscheinen, ein Kind zu betrügen, aber gerade deshalb sollte man es nicht tun. Respekt vor anderen zeigt sich vor allem dort, wo es leicht wäre, ihn nicht zu zollen; nicht beim Mächtigen, sondern beim Verwundbaren. Natürlich kann man argumentieren, Ihnen liegen die Gefühle Ihrer Tochter besonders am Herzen, deshalb wollen Sie auf alle Fälle ein Foto organisieren. Ich sehe es jedoch genau umgekehrt: Letztlich ist Ihnen der Wunsch Ihrer Tochter, was seinen Inhalt betrifft, ziemlich egal; Sie wollen ihn nur scheinbar erfüllen, die Kleine nur glücklich sehen. Allein, das ist in erster Linie Ihr Wunsch, nicht der Ihrer Tochter. Ich gebe zu, das ist eine recht theoretische Betrachtung und in der Praxis häufig nur schwer umsetzbar. Hier aber scheint mir das möglich und durchaus geboten, wenn Sie Ihre Tochter als eigenständigen Menschen mit eigenständigen Wünschen respektieren wollen. Wer damit anfängt, seinem Kind falsche Fotos unterzujubeln, um alle glücklich zu machen, schickt es am Ende in die Mini Playback Show, damit sich alle amüsieren.

(Dr. Rainer Erlinger)

(http://sz-magazin.sueddeutsche.de/index.php?id=gewissensfrage)

2 Lies dir die Antwort Dr. Erlingers durch. Markiere unverstandene Wörter oder Aussagen. Versuche, diese mit deinem Sitznachbarn zu klären. Erläutere die Antwort des Philosophen mündlich, beachte vor allem seine Begründungen.

3 Vergleiche deine Antwort mit der Dr. Erlingers. Wo liegen Gemeinsamkeiten, wo die Unterschiede? Hat dich die Antwort des Philosophen überzeugt?

4 Kannst du dich an Vorfälle erinnern, bei denen deine Eltern ganz ähnlich vorgegangen sind? Berichte davon.

Einen Leserbrief untersuchen (2)

Die Gewissensfrage

Es kommt vor, dass ich mich als Lehrer beim Addieren von Punkten verzähle und ein Schüler deshalb eine bessere Note als verdient erhält. Wenn er mich dann auf den Fehler hinweist, stelle ich ihn
5 vor die Wahl, ob er die bessere Note behalten will oder ob ich seine echte Leistung bewerten soll. Ich bin mir aber nicht sicher, ob mein Angebot überhaupt fair ist. Weil nicht selten Schüler dann die verdiente (schlechtere) Note wählen, könnte es sein, dass der moralische Druck für andere zu hoch ist, 10 um sich für die bessere, aber leistungsmäßig unverdiente Note zu entscheiden.

(http://sz-magazin.sueddeutsche.de/index.php?id=gewissensfrage)

1 Ist dir in deiner Schulkarriere auch schon einmal so etwas passiert? Erzähle davon. Wie hast du dich verhalten?

2 Wie denkst du über die Frage des Lehrers? Darf er das Angebot – die Schüler wählen sich ihre Note selbst aus – überhaupt stellen? Verfasse einen kurzen Antwortbrief, in dem du begründet deine Meinung erläuterst.

Antwort Dr. Erlingers auf den Leserbrief

Die einfachen Ziffern eins bis sechs scheinen zu komplexen Zahlen zu mutieren, wenn sich neben dem Schüler auch der Lehrer verrechnet hat. Nun müssen die Folgen von dessen Fehler analysiert
5 werden, um einen moralischen Notenschlüssel zu erhalten. Dabei sollen Gleichbehandlung und Ehrlichkeit integriert werden. Im Sinne der Gleichbehandlung müsste die Note angepasst werden; die Ehrlichkeit wird dagegen besser gefördert, wenn die
10 Zensur bleibt, weil die Schüler ermutigt werden, nachträglich entdeckte Fehler offenzulegen, statt sie zu verheimlichen. Gebührt einem Vorrang? Dahinter stehen zwei grundlegende ethische Werte: Gerechtigkeit und Wahrheit. Bei Platon [...] findet
15 man einerseits [...], dass die Wahrheit „allen Gütern für die Götter, für die Menschen vorangeht", andererseits lässt er [...] Sokrates über die Gerechtigkeit sagen, sie „gehört zu dem Schönsten, nämlich zu dem, was sowohl um seiner selbst willen wie wegen der daraus entspringenden Folgen von 20 jedem geliebt werden muss, der glücklich werden will". Moralisch geht also weder Wahrheitspunkt vor Gerechtigkeitsstrich noch umgekehrt, die Frage bleibt [...] eine pädagogische; in dieser Hinsicht haben meine Recherchen ergeben, dass erfahrene 25 Lehrer meist die bessere Note belassen, obwohl schulrechtlich auch das Gegenteil möglich wäre. Schließlich die Wahlmöglichkeit. Ich halte sie nicht für unfair, im Gegenteil, mir gefällt die Idee. Trotz allen Drucks von außen lassen Sie den Schülern 30 mehr autonome Entscheidung. Vor allem aber „zwingt" hier eine Rechenaufgabe zur Auseinandersetzung mit Gerechtigkeit und Wahrheit, Gruppendruck und persönlichem Vorteil, letztlich auch mit Freiheit und Eigenverantwortung. Das jedoch kann 35 ich aus ethischer Sicht nur begrüßen.

(Dr. Rainer Erlinger)

(http://sz-magazin.sueddeutsche.de/index.php?id=gewissensfrage)

3 Lies dir die Antwort Dr. Erlingers durch. Markiere unverstandene Wörter oder Aussagen. Versuche, diese mit deinem Sitznachbarn zu klären. Erläutere die Antwort des Philosophen mündlich, beachte vor allem seine Begründungen.

4 Vergleiche deine Antwort mit der Dr. Erlingers. Wo liegen Gemeinsamkeiten, wo die Unterschiede? Hat dich die Antwort des Philosophen überzeugt?

5 Wie sollten sich Schüler in einer solchen Situation generell verhalten? Begründe.

Einen Leserbrief verfassen (2)

„Soll Spick-mich.de verboten werden?"
Von Ulrich Tholuck, Schulleiter

Nicht alles, was im Internet möglich ist, ist auch erlaubt. Und nicht alles, was erlaubt ist, ist auch nötig oder gar sinnvoll. Das Internetportal spickmich.de ist möglich, (noch) durch die Gerichte erlaubt, weder nötig, noch sinnvoll, dafür rechtlich bedenklich, sogar schädlich bei der Verfolgung wichtiger Erziehungsziele.

Nötig deswegen nicht,

5 weil es an jeder Schule ausreichend Möglichkeiten geben kann und gibt, dass Schülerinnen und Schüler mit den Lehrkräften in einen ernsthaften Dialog über Unterricht treten können. An allen Schulen gibt es Beratungs- und SV-Verbindungslehrer, die in einem vertraulichen Gespräch die Sorgen der Schülerinnen und Schüler zur Kenntnis nehmen und, wiederum in einem vertraulichen Gespräch, mit den betroffenen Kolleginnen und Kollegen über die vorgetragenen Sorgen und Nöte sprechen können. Diese Aufgaben
10 können selbstverständlich, und werden auch, durch Klassenlehrer, Schulleitung, Schülersprecher und Pflegschaftsvorsitzende wahrgenommen werden. Auch der Kummerkasten ist ein probates Mittel.

Sinnvoll deswegen nicht, weil durch die Kategorien bei spickmich.de die Notenzuordnung und das Ziffernergebnis der Anschein einer Objektivität vermittelt wird. Dabei ist wiederholt nachgewiesen worden (z. B. in der Zeitschrift „Bildung Real", 1/2008), dass die Ergebnisse manipulierbar sind.

15 **Rechtlich bedenklich deswegen,**

weil (bisher) das Recht auf informationelle Selbstbestimmung weniger hoch eingeschätzt worden ist als das Recht auf freie Meinungsäußerung. Die Gerichte gehen bisher davon aus, dass die Aussagen in spickmich. de keine Tatsachenbehauptungen, sondern Meinungen darstellen. Für die betroffenen Kolleginnen und Kollegen spielt dieser Unterschied keine Rolle, da ihre Beurteilung der Öffentlichkeit zugänglich ist,
20 gleichgültig ob als Tatsachenbehauptung oder Meinungsäußerung. Der Datenschutzbeauftragte des Freistaates Bayern sieht dies im Übrigen anders als die Richter des OLG Köln. Eine Klärung durch oberste deutsche Gerichte erscheint dringend erforderlich. Das französische Pendant „note2be" ist bereits vom Pariser Landgericht verboten worden.

Schädlich deswegen, weil ein wichtiges Erziehungsziel, den Schüler zu einer mündigen und sozial verant-
25 wortlichen Persönlichkeit zu entwickeln, konterkariert wird. Mündigkeit und soziale Verantwortung bedeutet mit Offenheit und Zivilcourage Meinungen zu vertreten und zu begründen. Überall dort, wo in anonymisierter Form Meinungen und Werturteile aus dem Bauch heraus in die Öffentlichkeit getragen werden, ist dieses besonders wichtige Ziel aufgegeben. Kritik üben setzt auch voraus, Kritik annehmen zu können – nach vereinbarten Regeln. Nur dieses Vorgehen ist einer freiheitlich demokratischen Grundord-
30 nung angemessen.

(Aus: http://www.stern.de/tv/pro-und-kontra-soll--spickmich-de--verboten-werden--3091070.html)

> Verfasse einen **Leserbrief** an die Redaktion der Wochenzeitschrift „STERN" und antworte darin kritisch auf die Überlegungen des Schulleiters Ulrich Tholuck, der nicht möchte, dass Schüler und Schülerinnen ihre Lehrer im Internet auf Portalen wie „spickmich.de" anonym bewerten. Entkräfte dabei mindestens ein Argument Tholucks und halte ihm ein Pro-Argument entgegen.

Bewertungsbogen 10

Bewertungsbogen zur Leistungsüberprüfung/Klassenarbeit

Name:	
Schulhalbjahr/Datum:	
Klasse:	
Fachlehrer/in:	
Thema der Unterrichtsreihe:	„Rund um die Schule" – Informieren und argumentieren
Thema der Klassenarbeit:	Einen Leserbrief verfassen
Aufgaben:	s. Arbeitsblatt 10

A Inhaltliche Leistungen

	Die Schülerin/der Schüler	maximale Punktzahl	erreichte Punktzahl
1	stellt zu Beginn einen Bezug zum Ausgangstext her und sorgt damit für ausreichende Leserorientierung, nennt Verfasser und Ort der Publikation und/oder kündigt eine eigene Stellungnahme an.	3	
2	weckt mit der Einleitung die Aufmerksamkeit bzw. das Interesse des Lesers/der Leserin, etwa indem die Aktualität der Frage betont wird.	2	
3	nimmt im Hauptteil des Leserbriefs Stellung und begründet seine/ihre Position nachvollziehbar und überzeugend, sodass sein/ihr Schreibziel klar wird, zum Beispiel: • auch Schüler haben ein Recht auf Meinungsfreiheit • Professoren, Ärzte und Handwerker werden auch im Internet bewertet • Lehrerbewertung ist Teil gelebter Demokratie	10	
4	entkräftet ein Argument des Schulleiters nachvollziehbar und inhaltlich überzeugend, zum Beispiel: • nur weil ein Portal manipulierbar war, heißt das noch lange nicht, dass die dahinter stehende Idee grundsätzlich falsch ist, denn ein solcher technischer Fehler kann doch behoben und Sicherheit im Netz hergestellt werden	4	
5	verfasst einen Schlussteil und stellt hier eine Forderung oder eine Folgerung auf und bekennt auf diesem Wege ein letztes Mal Farbe	5	
	Gesamtpunktzahl für Aufgabe 1	**24**	

B Darstellungsleistungen

	Du ...	maximale Punktzahl	erreichte Punktzahl
1	baust deinen Text sinnvoll auf (Aufbau).	2	
2	formulierst anschaulich und lebendig (Sprache/Ausdruck/Stil).	2	

© Schöningh Verlag

Bewertungsbogen 10

3	Du wendest die Regeln der Rechtschreibung, Zeichensetzung und Grammatik sicher an.	4	
B	**Gesamtpunktzahl**	8	
Gesamtpunktzahl A und B		32	

Die Leistungsüberprüfung/Klassenarbeit wird mit der Note

_____ **bewertet.**

_____
Datum   Unterschrift

Zuordnung der Punkte zu den Notenstufen

Note	Punkte
sehr gut	32–29
gut	28–25
befriedigend	24–20
ausreichend	19–16
mangelhaft	15–8
ungenügend	7–0

Arbeitsblatt 11

Eine antithetische Argumentation verfassen (Pro-und-Kontra-Erörterung)

TOM: Gerade habe ich im Netz von einer Schule gelesen, dass die Schülerinnen nicht mehr mit Hotpants in die Schule gehen dürfen. Das ist ja wohl ein Skandal.

MILA: Also, ich finde das nicht schlecht. Noch besser wäre es, wenn alle eine Schuluniform tragen würden. Dann wären wir alle wie eine große Familie, in die man gerne geht und in der man sich wohlfühlt. Endlich kein ständiges Vergleichen mit den Klamotten der anderen mehr.

DANIEL: Mein Gott, ich trage doch eh immer das Gleiche. Jeans, T-Shirt und, wenn's kalt wird, einen Hoodie drüber. Ich bin nicht bereit, für so einen hässlichen Einheitsdress, der jeden Unterschied zwischen den Menschen vernichtet, auf meine persönliche Kleidung zu verzichten. Mit meiner coolen Kleidung zeige ich doch den anderen, wer ich wirklich bin. Das ist mir wichtig.

NINA: Und außerdem sind Schuluniformen in der Anschaffung sehr teuer, das kann sich nicht jede Familie leisten, v. a. wenn sie mehrere Kinder an der gleichen Schule haben.

ARIAN: Das stimmt so nicht. Wenn man bei den Anbietern größere Mengen bestellt, senkt das den Abnahmepreis sehr stark. Außerdem spart man dann in der Folge, wenn keine weitere teure Markenkleidung mehr gekauft werden muss. Kinder aus sozial schwächeren Familien, die nicht so viel Geld zur Verfügung haben, werden also leichter integriert. Und der ewige Wettstreit mit den Mitschülern um die Frage, wer hat das Coolste an, fällt endlich weg.

MILA: Genau, außerdem gibt es an unserer Schule ganz schön viele Diebstähle. Das hängt doch auch damit zusammen, dass alle meinen, teure Klamotten und Handys besitzen zu müssen.

ARIAN: Seid doch mal ehrlich. Wenn jemand billige Sachen trägt, bekommt er schon mal einen üblen Spruch ab. Ohne Markenkleidung wirst du viel leichter gemobbt. Trügen alle das Gleiche, würde dies das soziale Klima klar verbessern. Und ein angenehmes soziales Klima hilft dann auch noch, besser zu lernen. Dafür ist die Schule doch da. Hier sollen doch keine Modeschauen stattfinden. Markenfetischismus ist doch das Letzte, was wir hier gebrauchen können.

DANIEL: Da hast du schon recht, aber das Zeug, das da angeboten wird, ist in aller Regel extrem hässlich. Niemand von uns will so etwas tragen. Hast du mal gesehen, was die Schüler in England tragen müssen? Die Jungs werden in Anzüge mit Krawatten gezwungen, die Mädels müssen Bluse und Rock tragen. Das ist doch zum Weinen.

MILA: Das ist längst nicht mehr so. In vielen deutschen Schulen besteht die Uniform aus einer blauen Jeans und einem klassischen T-Shirt oder Polohemd. Farbe und Aufdruck können die Schüler selbst bestimmen. Von denen fühlt sich kaum einer unwohl.

ARIAN: Außerdem habe ich von einer Studie gelesen, in der nachgewiesen wird, dass eine einheitliche Schuluniform ein geschlossenes Erscheinungsbild bietet und dadurch zu einer höheren Identifikation mit der eigenen Schule führt. Jeder ist plötzlich stolz darauf, auf diese Schule zu gehen. Das finde ich klasse.

▬ Verfasse eine antithetische Argumentation (Pro-und-Kontra-Erörterung) zur Streitfrage „Sollte an unserer Schule verbindlich für alle Schülerinnen und Schüler die Schuluniform eingeführt werden?". Folge dabei deinem *Schreibplan*:
- Sammle zuerst für beide Positionen entsprechende Argumente in einer Stichworttabelle. Werte dafür den Dialog aus. Du kannst auch weitere Argumente nutzen.
- Ordne deine Argumente nach Überzeugungskraft.
- Entscheide dich für eine der beiden Positionen.
- Gliedere deinen Aufsatz in Einleitung, Hauptteil und Schluss.
- Baue deine Argumentation im Hauptteil systematisch – wie im Unterricht gelernt – auf.

© Schöningh Verlag

Bewertungsbogen 11

Bewertungsbogen zur Leistungsüberprüfung/Klassenarbeit

Name:	
Schulhalbjahr/Datum:	
Klasse:	
Fachlehrer/in:	
Thema der Unterrichtsreihe:	„Rund um die Schule" – Informieren und argumentieren
Thema der Klassenarbeit:	Eine antithetische Argumentation verfassen (Pro-und-Kontra-Erörterung)
Aufgaben:	s. Arbeitsblatt 11

A Inhaltliche Leistungen

	Die Schülerin/der Schüler	maximale Punktzahl	erreichte Punktzahl
1	verfasst eine aufgabenbezogene Einleitung, nennt darin die Streitfrage, evtl. erläutert an einem aktuellen Beispiel.	3	
2	geht zu Beginn ihres/seines Hauptteils auf die Argumente der Gegenseite ein, beginnend mit dem stärksten und endend mit dem schwächsten, dabei reihend/additiv und nicht steigernd.	4	
3	formuliert in der Mitte des Hauptteils eine orientierende Überleitung.	1	
4	steigert im zweiten Teil ihre/seine Argumente vom schwächsten zum stärksten.	3	
5	erläutert die eigenen Argumente anschaulich anhand konkreter Beispiele, die zum jeweiligen Argument passen.	4	
6	wählt insgesamt sachlich überzeugende und logisch nachvollziehbare Argumente aus, die zur gewählten Position passen und verständlich hierarchisiert sind.	4	
7	formuliert einen Schlussteil mit Rückbezug auf die Eingangsfrage, einem Fazit/Schlussfolgerung und evtl. einer begründeten eigenen Meinung.	5	
	Gesamtpunktzahl für Aufgabe 1	**24**	

B Darstellungsleistungen

	Die Schülerin/Der Schüler	maximale Punktzahl	erreichte Punktzahl
1	baut seinen Text sinnvoll auf (Aufbau/Gliederung/Textkohärenz/Logik).	2	
2	formuliert anschaulich, lebendig und abwechslungsreich (Sprache/Ausdruck/Stil).	2	
3	wendet die Regeln der Rechtschreibung, Zeichensetzung und Grammatik sicher an.	4	
B	**Gesamtpunktzahl**	**8**	

Gesamtpunktzahl A und B	**32**

© Schöningh Verlag

Bewertungsbogen 11

Die Leistungsüberprüfung/Klassenarbeit wird mit der Note

bewertet.

_____

Datum   Unterschrift

Zuordnung der Punkte zu den Notenstufen

Note	Punkte
sehr gut	32–29
gut	28–25
befriedigend	24–20
ausreichend	19–16
mangelhaft	15–8
ungenügend	7–0

© Schöningh Verlag

Leistungsüberprüfung – Selbstevaluation – Klassenarbeit

1. **Sacherörterung**
   <u>Aufgabe:</u> Was zeichnet einen guten Sportler oder eine gute Sportlerin aus? Du kannst eine konkrete Sportart auswählen.

2. **Sacherörterung**
   <u>Aufgabe:</u> Welche Möglichkeiten haben Jugendliche eures Alters, ihre Freizeit sinnvoll zu gestalten?

3. **Argumentation**
   <u>Aufgabe:</u> Du möchtest in den großen Ferien mit deinem Freund oder deiner Freundin eine Radtour unternehmen. Überzeuge ihn oder sie in einem Brief davon.

4. **Argumentation**
   <u>Aufgabe:</u> Du bist Mitglied in einem Sportverein. Überzeuge deinen Freund oder deine Freundin in einem Brief, ebenfalls Mitglied zu werden.

5. **Einen Leserbrief verfassen**
   (Arbeitsblatt 5, S. 168, Lösung 5, S. 169)

6. **Eine Karikatur analysieren**
   <u>Aufgabe:</u> Analysiere (beschreibe und deute) die Karikatur in einem zusammenhängenden Text.
   (Arbeitsblatt 2, S. 162, Lösung 2, S. 163)

7. **Einen Leserbrief verfassen**
   (Arbeitsblatt 10, S. 176, Bewertungsbogen 10, S. 177 f.)

8. **Eine antithetische Argumentation verfassen (Pro-und-Kontra-Erörterung)**
   (Arbeitsblatt 11, S. 179, Bewertungsbogen 11, S. 180 f.)

Richtig zu schreiben kann man lernen
(S. 126–147)

Vorüberlegungen zur Einheit

Wie in den Bänden zuvor geht es in dieser Einheit vor allem um das Erkennen relevanter Rechtschreibbereiche und um die Vermittlung von Strategien, wie Rechtschreibprobleme (individuell) gelöst werden können.
Die unterschiedlichen Strategien kommen sowohl den unterschiedlichen Lernertypen als auch den unterschiedlichen Kanälen (visuell, akustisch, kognitiv ...) des Lernens entgegen.

Zentrale Kompetenzen, die mit dieser Einheit geschult werden, sind:
- das Erkennen unterschiedlicher Rechtschreibbereiche („Fehlerschwerpunkte"),
- das Lösen von Rechtschreibproblemen durch einfache Verfahren,
- die semantische Differenzierung gleich klingender Wörter,
- die Berücksichtigung der Grammatik als Hilfe beim Lösen von Rechtschreibproblemen,
- der rechtschriftliche Umgang mit Wörtern, die keiner klaren Regelhaftigkeit unterliegen,
- die richtige Schreibweise gängiger Fremdwörter.

Insbesondere die Arbeit mit dem Wörterbuch sollte begleitend vertieft und somit zu einem festen Ritual im Unterricht oder bei der Hausaufgabenerstellung werden.
Die Einheit sollte nicht als Ganzes in einem Zeitkontinuum bearbeitet werden, sondern es sollten Teile immer dann eingesetzt werden, wenn das Schreiben im Vordergrund steht. Im Einzelfall kann es auch sinnvoll sein, die Schülerinnen und Schüler selbst auswählen zu lassen, welche Teile sie individuell bearbeiten wollen. Die im Folgenden aufgeführten Lösungen können ihnen dann als Kontrollmöglichkeit in Kopie zur Verfügung gestellt werden.

Didaktische Aufbereitung der Unterkapitel

Aufgabe 1 S. 126	Die abgedruckten Beispiele auf der **Auftaktseite** (S. 126) verdeutlichen unterschiedliche Funktionen von Fremdwörtern. Vor allem geht es um ihren Gebrauch in fachsprachlichen Zusammenhängen, in der Werbung und in jugendsprachlichen Wendungen. Bei der Kennzeichnung der unterschiedlichen Funktionen können die Schülerinnen und Schüler auf die fachsprachliche Präzision und auf die Werbewirksamkeit im Hinblick auf bestimmte Zielgruppen verweisen. Innerhalb der Jugendsprache spielen Fremdwörter (vor allem Anglizismen) auch eine auf Kreativität und Innovation ausgerichtete Rolle.
Aufgaben 2 und 3 S. 126	Hier können z. B. folgende „Übersetzungen" gefunden werden: – Schuljahres-Timer – Schuljahres-Kalender – Attribut – Beifügung – Kino-Highlight – Kino-Höhepunkt, Kino-Glanzpunkt – ...

Einige der Anglizismen lassen sich sinnvoll durch deutschsprachige Ausdrücke ersetzen, wobei die Werbewirksamkeit und damit funktionale Angemessenheit z. B. im Rahmen appellativer Werbebotschaften berücksichtigt werden muss. Fachbegriffe (z. B. Präposition, Attribute) dienen einer präzisen Verständigung über fachspezifische Inhalte.

1. Fehlerschwerpunkte erkennen (S. 127–128)

Johannes Diekhans: Die „schwarze Kunst" – gestern und heute (S. 127–128)

Aufgabe 1
S. 128

Folgende Zuordnungen sind möglich:
- Die Schreibweise lang ausgesprochener, betonter Vokale (Dehnung): Ton, mühselig, praktizierte, zunehmend, nämlich, schwere, Rohmaterial
- Die Schreibung nach kurz ausgesprochenen, betonten Vokalen: Lettern, praktizierte, Handpresse, Lumpen, verdreckt, Umweltbewusstseins, direkt
- Die Schreibung von z und k nach l, m, n, r: Holz, begrenzten, schwarzen, ganzen, Infektionskrankheiten
- Die Großschreibung von ursprünglichen Adjektiven und Verben: im Wesentlichen, im Folgenden
- Gleich oder ähnlich klingende Laute und Silben (p oder b, äu oder eu, v oder f, ent-... oder end-...): Entwicklung, Versuche, praktizierte, Handpresse, endlich, Lumpen, Staub, häufig, Umweltbewusstseins, aufwändig (aufwendig) ...
- s-Laute: Handpresse, fast, weiße, anschließend, mussten, Maße, lösten, Umweltbewusstseins
- das oder dass: das, dass
- Zusammen- und Getrenntschreibung: Handpresse, zusammengetragen, Papiermühlen, weiterverarbeitet, aufgrund (auf Grund), zusammengesetzt, fertiggestellt, mithilfe (mit Hilfe) ...
- Fremdwörter: Lettern, explosionsartige, Materialien, praktizierte, relativ, Exemplare, parallel, Infektionskrankheiten, Recyclingverfahren, Computers, Textverarbeitungssystemen, digitalisiert

Aufgabe 2
S. 128

Hier können Regeln genannt werden, die sich auf unmittelbare Normen aus den bekannten Rechtschreibbereichen beziehen, aber auch solche Verfahren, wie sie auf der Seite 129 aufgelistet sind.

Aufgabe 3
S. 128

Die Schülerinnen und Schüler werden vor allem den Bereich der Fremdwörter nennen, aber auch Wörter wie „fast".

2. Rechtschreibprobleme durch einfache Verfahren lösen (S. 129–130)

Aufgaben 1 bis 3
S. 129–130

Die Übungen dienen dazu, die zuvor genannten Verfahrensweisen bewusst anzuwenden und damit für das Schreiben prinzipiell verfügbar zu machen. Beispielhaft sind hier einige Wörter aufgelistet:
- die Schreibweise durch Ableiten und Verlängern des Wortes herausfinden: Grundstein – Gründe ...
- die Bedeutung von Wörtern und Silben unterscheiden: Entwicklung (unbetonte Vorsilbe ent-), endlich/Ende ...

- deutlich sprechen und genau hinhören: dann, weiße ...
- Wortarten unterscheiden: im Wesentlichen, Maße ...
- Merksätze anwenden wie:
  „Nach l, m, n, r, das merke ja, steht nie tz und nie ck": Holz ...
  „Wer nämlich mit h schreibt, ist nicht ..., hat aber einen Fehler gemacht": nämlich
  „Gar nicht und überhaupt nicht werden gar nicht und überhaupt nicht zusammengeschrieben": gar nicht
  „Kurz, betont und einfach, macht oft den Konsonanten zweifach": dann ...
  „Kannst du dieses, welches, jenes einsetzen, wird *das* mit einfachem s geschrieben": ein Buchdruckergewerbe, das in hohem ...

Gutenbergs Erfindung des Buchdrucks mit beweglichen Lettern bildete den **Grundstein** für eine explosionsartige **Entwicklung** im Buchwesen. Zwar gab es bereits vor Gutenberg ein Buchdruckergewerbe, **das** in hohem Ansehen **stand**. Es gab auch schon Versuche, mit beweglichen Lettern aus Ton und **Holz** zu arbeiten. Diese Materialien waren jedoch zu weich und konnten nur für einen **begrenzten** Zeitraum verwendet werden.

Sehr **mühselig** war das ebenfalls vor Gutenberg praktizierte Verfahren, **ganze** Buchseiten zunächst in **Holz** zu schneiden, um sie **dann** einzeln mit der **Handpresse** zu drucken. Gutenbergs Erfindung machte es **endlich möglich**, eine Seite in relativ kurzer Zeit in fast beliebiger Anzahl zu drucken.

Im 16. Jahrhundert erreichten Bücher bereits Auflagen von bis zu 3000 Exemplaren, während es zuvor höchstens 200 waren.
Parallel zu dieser „**schwarzen**" Kunst des Druckwesens entwickelte sich **zunehmend** eine „**weiße**" Kunst, **nämlich** die Papierherstellung.

Bis ins 19. Jahrhundert dienten vor allem Lumpen, die im **ganzen** Land von Lumpensammlern und **-sammlerinnen** zusammengetragen wurden und **anschließend** in Papiermühlen weiterverarbeitet wurden, der Herstellung von Papier. Im **Wesentlichen** waren es Frauen und Kinder, welche die unsortiert und verdreckt angelieferten Lumpen waschen und zerkleinern mussten. Diese Arbeit war in höchstem **Maße gesundheitsgefährdend**. **Staub** und Schmutz **lösten häufig** schwere Infektionskrankheiten aus.

Das Holz **löste** die Lumpen als Rohmaterial für die Papierherstellung ab. Bereits Ende des 18. Jahrhunderts gab es Versuche, im Recyclingverfahren aus gebrauchtem Papier **neues** herzustellen. Diese Verfahren zum **Produzieren** von Papier setzten sich im **Folgenden** jedoch aufgrund (auch: auf Grund) der enorm hohen Kosten und des **viel** später sich **entwickelnden** Umweltbewusstseins zunächst nicht durch.

3. Auf die Bedeutung achten (S. 131–132)

Aufgabe 1
S. 131
Es handelt sich um die Wörter Stil und Stiel.

Aufgabe 2
S. 131
Als Unterstützung kann in schwächeren Lerngruppen auch das **Arbeitsblatt 1, S. 196**, eingesetzt werden. In jedem Fall sollte ein Wörterbuch zur Verfügung stehen.

Aufgabe 3
S. 131
Seite: seitenneutral, Buchseite ...
Saite: Gitarrensaite, Besaitung ...
Rede: reden, Redebeitrag, Vorrede ...

Reede: Reeder, Reederei, Reedereiflagge ...
Lid: Augenlid, Lidstraffung, Schlupflid ...
Lied: Volkslied, Liederbund, Liedtext ...
Mine: Goldmine, Kugelschreibermine, Minensuchboot ...
Miene: Mienenspiel ...
lehren: Lehrerin, Lehrstuhl, gelehrt ...
leeren: Leergut, leer, entleeren ...
malen: Malerkittel, anmalen, Malerin ...
mahlen: gemahlen, Mahlgang, Mahlgut ...
Bote: Botengang, Postbote ...
Boote: ausbooten, Ruderboot, Bootsmaat ...
wider: Widerstand, widerlich, widersprechen ...
wieder: Wiederholung, wiederkommen, Wiederverwendung ...
Jagd: jagen, Jagdschein, Jagdaufsicht ...
Jacht (auch Yacht): Jachthafen, Segeljacht, Jachtclub ...
selig: Seligkeit, seligsprechen, Seligpreisung ...
seelisch: Seele, seelenverwandt, Seelenheil ...
Waage: Obstwaage, Waagebalken, Waagemeisterin ...
Wagen: Kinderwagen, Wagentür, Lastkraftwagen ...

Aufgabe 4
S. 132

– Stäbe, die beim Stabhochsprung benutzt werden, bestehen in der Regel aus Glas**fiber**.
Bei einer Körpertemperatur von über 38° C spricht man von **Fieber**.

– Es gibt Menschen, die sich nur sehr vorsichtig auf eine **Waage** stellen, weil sie glauben, dann nicht so schwer zu sein.
Wer im Herbst in der Dunkelheit mit dem **Wagen** unterwegs ist, muss mit Wildwechsel rechnen.

– Im Mittelalter wurden sogenannte Minnelieder, in denen Ritter ihre Liebe zu einer höhergestellten Frau besangen, mit **Saiteninstrumenten** begleitet.
In einer Druckerei wird nicht jede Buch**seite** einzeln gedruckt, sondern es werden nach einem bestimmten System meistens 16 **Seiten** zu einem Bogen zusammengefasst.

– Das **Lid** ist ein Teil des Auges und dient dem Schutz des empfindlichen Augapfels.
Eine bekannte deutsche **Lieder**sammlung aus dem 19. Jahrhundert trägt den Titel „Des Knaben Wunderhorn".

– Wer sich in Modefragen nicht um die Meinung anderer kümmert, hat seinen individuellen **Stil** gefunden.
Wusstest du, dass es Eis am **Stiel** seit dem Jahre 1905 gibt? Durch Zufall entdeckte es ein amerikanischer Junge, der ein Getränk mit einem Rührstab im Winter über Nacht auf der Veranda vergessen hatte. Später ließ er sich diese „Entdeckung" patentieren.

– Wer Getreide selbst in einer Mühle **mahlt** und für ein leckeres Müsli benutzt, ernährt sich sehr gesund.
Leonardo da Vinci war nicht nur **Maler**, sondern auch Bildhauer und genialer Erfinder.

– In Aachen wird jährlich zur Karnevalszeit der „Orden **wider** den tierischen Ernst" verliehen.
Wahrscheinlich wird in diesem Jahr **wieder** ein Politiker oder eine Politikerin ausgezeichnet.

– Auch in Deutschland gab es früher Gold- und Silber**minen**, die manchmal heute noch besichtigt werden können, aber nicht mehr in Betrieb sind.
Wer gute **Miene** zum schlechten Spiel macht, wie ein Sprichwort besagt, muss sich gut beherrschen können.

- Vor einer **Wahl** machen die Parteien mit großformatigen Plakaten auf sich aufmerksam.
  Der **Wal** ist kein Fisch, sondern ein Säugetier, das vom Aussterben bedroht ist.
- Völlig erschöpft überbrachte der **Bote** die Nachricht vom Sieg des griechischen Heeres.
  Während **Boote** früher aus Holz gefertigt wurden, verwendet man heute überwiegend Kunststoffe.
- In der katholischen Kirche können Personen, die etwas Besonderes für ihre Mitmenschen geleistet haben, **selig**gesprochen werden.
  Das Fremdwort für das Adjektiv **seelisch** lautet psychisch.
- Die **Lärche** gehört zu den Nadelhölzern; sie kann bis zu 40 Meter hoch werden.
  Eine **Lerche** errichtet ihr Nest am Boden. **Lerchen** gehören zu den Vögeln, die häufig im Flug singen.

4. Auf die Wortart achten (S. 133–137)

-tum, -heit, -keit, … (S. 133)

Aufgabe 1 (oben) S. 133

Es handelt sich um die Wortart Nomen/Substantiv.

-tum	-heit	-keit	-nis	-schaft	-ung	-sal	-chen	-el
Reich**tum** Eigen**tum**	Frei**heit** Rein**heit**	Einig**keit** Gerechtig**keit**	Hinder**nis** Verhält**nis**	Mann**schaft** Errungen**schaft**	End**ung** Hand**lung**	Schick**sal** Trüb**sal**	Mäus**chen** Kind**chen**	Ärm**el** Himm**el**

-ig, -lich, -isch, -bar, … (S. 133)

Aufgabe 1 (unten) S. 133

Es handelt sich um die Wortart Adjektiv.

Aufgabe 2 S. 133

- das Kind – kind**lich**/kind**isch** – eine kindliche Zeichnung, ein kindisches Verhalten
- der Himmel – himml**isch** – ein himmlisches Vergnügen
- die Dauer – dauer**haft** – eine dauerhafte Reparatur
- die Veränderung – veränder**lich** – eine veränderliche Wetterlage
- die Sache – säch**lich** – das sächliche grammatische Geschlecht
- der Gebrauch – gebräuch**lich** – eine gebräuchliche Redensart
- der Fehler – fehler**haft** – ein fehlerhafter Text
- der Mann – männ**lich** – männliche Verhaltensweisen
- die Mühe – müh**sam** – eine mühsame Klettertour
- das Leben – lebend**ig** – ein lebendiger Gedichtvortrag
- die Pracht – phrächt**ig** – prächtiges Wetter
- der Narr – närr**isch** – närrische Gedanken
- die Diebin – dieb**isch** – eine diebische Elster
- die Krankheit – krank**haft** – ein krankhaftes Verhalten
- das Schweigen – schweig**sam** – eine schweigsame Schülerin
- der Riese – ries**ig** – ein riesiger Berg an Arbeit
- die Macht – mächt**ig** – ein mächtiger Wirbelsturm
- das Weib – weib**lich**/weib**isch** – das weibliche Geschlecht, ein weibisches Verhalten (abwertende Bezeichnung)

- der Berg – berg**ig** – eine bergige Landschaft
- der Regen – regner**isch** – regnerisches Wetter
- der Winter – winter**lich** – eine winterliche Landschaft
- das Salz – salz**ig** – das salzige Meerwasser
- die Eile – eil**ig** – eine eilige Entscheidung
- die Trennung – trenn**bar** – trennbare Wortverbindungen
- der Traum – traum**haft**/träumer**isch** – ein traumhafter Strand, träumerische Kinder
- die Rose – ros**ig** – rosige Aussichten
- die Luft – luft**ig** – luftige Kleidung
- die Süße – süß**lich** – ein süßlicher Geschmack

Nominalisierungen/Substantivierungen (S. 134–135)

Aufgabe 1
S. 134
- ein Artikel
- eine Präposition mit eingeschlossenem Artikel
- ein Adjektiv
- ohne Kennzeichnung

Aufgabe 2
S. 134
- Er lebt nicht im **H**ier und **J**etzt, sondern im **G**estern.
  Ich habe dich gestern vermisst, deshalb müssen wir die Angelegenheit nun **h**ier und **j**etzt klären.
- Er war der **E**inzige, der die Aufgabe lösen konnte.
  Dieses ist die **e**inzige Frage, die ich nicht beantworten kann.
- In einer gut organisierten Gruppe kommt es auch auf den **E**inzelnen an.
  Die **e**inzelnen Abschnitte unterscheiden sich in der Länge und der Darstellungsweise.
- Die **f**olgende Etappe wird ganz bestimmt sehr schwer.
  Es geht im **F**olgenden um eine Beschreibung der Wegstrecke.
- Der Vorschlag fand **a**llgemeine Zustimmung.
  Im **A**llgemeinen ergeben sich daraus keine Probleme größerer Art.
- Im **G**roßen und **G**anzen bin ich mit der Arbeit zufrieden.
  Mit einer **g**roßen Schaufel kann man keine **g**anzen Berge abtragen.
- Insgesamt **z**wei Wochen habe ich an der Hausarbeit gesessen.
  Die **Z**wei haben sich das Ja-Wort noch nicht gegeben.
- Der vorliegende Text muss, **w**enn er geschrieben ist, in jedem Fall **a**ber noch überarbeitet werden.
  Ohne **W**enn und **A**ber stimmte er der Vereinbarung zu.
- Der Schüler kam bei dem Vergleichswettkampf als **A**chter und damit **V**orletzter ins Ziel.
  Beim Wettkampf belegte die Schülerin den **a**chten und damit **v**orletzten Platz.
- Für mich gibt es kein **O**ben oder **U**nten, es sind alle gleichwertig.
  Wenn du **o**ben bist, lässt du den Korb mit der Seilwinde nach **u**nten.
- Die Pferdezucht war sein **E**in und **A**lles.
  Wenn er **e**in spannendes Buch las, vergaß er **a**lles um sich herum.

Mal und -mal (S. 135–136)

Aufgabe 1
S. 135
- Die Schauspielerin erhielt die Auszeichnung **zum dritten Mal**.
- Hast du schon **einmal** ein Murmeltier gesehen?
- Wer **dreimal/drei Mal** hintereinander eine Sechs würfelt, hat das Spiel gewonnen.
- **Diesmal** werde ich bestimmt an deinen Geburtstag denken.

- **Viermal/Vier Mal** erschien die Annonce in der Zeitung, aber niemand meldete sich darauf.
- Wenn du den Vortrag des Gedichts noch **ein paar Mal** übst, klappt es bestimmt.
- Die Turnhalle ist **ein für alle Mal** geschlossen und wird auch nicht renoviert, sondern abgerissen.
- Er hatte es **etliche Male** versucht, sie telefonisch zu erreichen, jetzt sollte es das **letzte Mal** sein.
- Werde ich dich **jemals** wiedersehen?
- Wenn die Läufer den Brunnen **sechsmal/sechs Mal** passiert haben, wird die letzte Runde eingeläutet.

Aufgabe 2
S. 135

Bücher im Mittelalter (S. 135–136)

Im Mittelalter radierte man **manches Mal** ganze Bücher wieder aus. Das geschah aus **Sparsamkeit**. Bücherseiten bestanden im **Allgemeinen** aus sehr teurem Pergament, das aus Tierhäuten gewonnen wurde. Papier kannte man **damals** noch nicht. Wenn man kein frisches Pergament kaufen konnte oder wollte, wurden alte Bücher herangezogen, die man nicht mehr zum **Lesen** und wissenschaftlichen **Arbeiten** brauchte. Die Tinte wurde **sorgsam** von den beschriebenen Seiten abgekratzt, sodass diese wieder von Mönchen beschrieben werden konnten.
Gebildete Mönche waren im Mittelalter beinahe die **Einzigen**, die **lesen** und **schreiben** konnten.

Der „Diktator" (S. 136)

Bücher wurden im Mittelalter, also vor der Zeit Gutenbergs, handschrift**lich** ver**viel**fältigt. In den Klöstern gab es gebildete Mönche, die in **oftmals** ungeheizten Schreibsälen an extra ausgestatteten Plätzen arbeiteten und vorliegende Bücher kopierten.
Es gab jedoch auch die **Möglichkeit**, dass ein Mönch von einer erhöhten Position aus einen lateinischen Text diktierte. Dieser Mönch wurde „Diktator" genannt. Beim **Aufschreiben** wurden natürlich auch Fehler gemacht. Diese und die individuelle Handschrift der Mönche verliehen den Büchern des Mittelalters neben der oft prächtigen Gestaltung etwas **Einzigartiges**.

dass oder das (S. 136–137)

Aufgabe 1
S. 136

- **Dass (K)** Gutenberg zum „Mann des Jahrtausends" gewählt wurde, weiß beinahe jeder. Weniger bekannt ist jedoch, **dass (K)** er eher arm gestorben ist.
- **Das (A)** Besondere an dem von ihm entwickelten Druckverfahren war, **dass (K)** in kurzer Zeit beliebig viele Seiten gedruckt werden konnten.
- **Das (A)** erste Buch, **das (R)** er mit seiner Technik druckte, war die Bibel.
- Dazu stellte er sechs Gesellen ein. **Das (D)** kostete ihn sehr viel Geld, **sodass (so dass) (K)** er kurz vor der Fertigstellung **das (A)** Projekt in die Hände eines anderen geben musste.
- **Das (D)** war Johann Fust, der ihm das Geld geliehen und dann zurückgefordert hatte.
- So wurde **das (A)** fast fertige Werk, **das (R)** nach Gutenbergs Druckverfahren hergestellt worden war, zunächst mit einem anderen Namen in Verbindung gebracht.
- Weißt du, **dass (K)** es in Mainz ein eigenes Gutenberg-Museum gibt?
- **Das (A)** Gutenberg-Museum in Mainz ist eines der ältesten Druck- und Schriftmuseen der Welt. Seine Hauptattraktionen sind mehrere Ausgaben der Gutenberg-Bibel, des ältesten Buches, **das (R)** mit beweglichen Lettern gedruckt wurde.
- **Das (A)** Museum wurde von Bürgern der Stadt im Jahr 1900 anlässlich des 500. Geburtstages Johannes Gutenbergs gegründet.

– Auf diese Weise sollte **das (D)**, was Gutenberg erfunden hatte, einem breiten Publikum zugänglich gemacht werden.
– In seinen ersten Jahren war **das (A)** Museum Teil der Stadtbibliothek Mainz, **sodass (so dass) (K)** bedeutende Stücke der Bibliothek gleichzeitig im Museum ausgestellt wurden.

Aufgabe 2 **Woraus besteht Papier? (S. 137)**
S. 137
Der Grundstoff von Papier ist Holz, **das** aus heimischen Wäldern gewonnen wird. Um daraus Papier zu machen, muss man die Holzfasern zerkleinern und dafür sorgen, **dass** sie aneinanderkleben. **Das** geht so: Man zerkleinert ganze Baumstämme so, **dass** zwei Zentimeter lange Späne entstehen, die mit Wasser und Chemikalien zu einem Brei verrührt werden. Dieser Papierbrei wird gekocht, gebleicht und wieder gewaschen. Dann zerstampft man **das** Ganze, um die verbliebenen Holzschnitzelchen zu zerkleinern. In der Papiermaschine wird der Brei noch einmal gemixt und immer weiter getrocknet. Walzen pressen das Wasser, **das** verblieben ist, heraus und drücken die Fasern zusammen. **Das** feuchte Papier wird schließlich getrocknet, aufgerollt und zerschnitten. Früher wurde Papier mithilfe von Chlor gebleicht, **das** sehr umweltschädlich ist. Deshalb hat man in den letzten Jahren ein Verfahren entwickelt, **das** es möglich macht, Papier zunehmend chlorfrei zu bleichen. **Das** schützt die Natur, die schließlich der Lieferant des Rohstoffs ist, aus dem Papier hergestellt wird.

(Aus: Nikolaus Lenz: Das megadicke Buch der cleveren Antworten, Loewe Verlag, Bindlach 2005, S. 297; Text leicht geändert)

5. Nicht für alles gibt es Regeln – Ausnahmen (S. 138–141)

Die i-Laute (S. 138–139)

Aufgabe 1 Die meisten Wörter mit einem lang ausgesprochenen i-Laut werden mit ie geschrieben.
S. 138

Aufgabe 2 waagerecht: Igel, Krise, Ruine, Klima, Stil, Ski, erwidern, wider, Rosine, Maschine,
S. 138 Musik, Sirup, Silbermine, (Mine), Biber, Apfelsine, stabil, Bikini, Vampir, Termin, wider, Kantine, exklusiv, Lokomotive

senkrecht: Lid, Brise, Vitamine, Mine, Kamin, Fibel, Mandarine, Gardine, Krokodil, Primel, Tiger, Familie, Margarine, Kaninchen, Lawine, Bibel, Nische, Biber

Aufgabe 3 – eine Südfrucht, kleiner als eine Apfelsine: Mandarine
S. 139 – er sorgt für Wärme, wenn es kalt ist: Kamin
– lebensnotwendige Teile der Nahrung: Vitamine
– eine Maßeinheit: Liter
– kleine Einbuchtung in einer Wand: Nische
– eine schwierige Situation: Krise
– Vater, Mutter, Kinder: Familie
– Raubkatze: Tiger

Aufgabe 5 Mögliche Oberbegriffe (z. T. unterschiedlichen Grades) sind: Technik, Natur, Tiere, Frucht,
S. 139 Gebäude, Lebensmittel …

Schreibweise nach kurzen, betont ausgesprochenen Vokalen (S. 140–141)

Aufgabe 1
S. 140

Folgende Regeln können genannt werden:
- Hört man nach einem kurzen, betonten Vokal nur einen Konsonanten, wird dieser meistens verdoppelt. (Konsonantenverdopplung)
- Hört man nach einem kurzen, betonten Vokal zwei oder mehr verschiedene Konsonanten, wird keiner verdoppelt. (Konsonantenhäufung)
- Nach einem kurzen, betonten Vokal werden die Laute k und z meistens nicht verdoppelt. Man schreibt ck bzw. tz.

Heinz Erhardt: Stiche (S. 140)

Aufgabe 2
S. 140

Die Wörter Insekt und Intellekt werden trotz kurzen Vokals nur mit einfachem k geschrieben. Häufig ist dieses bei Wörtern, die auf die lateinische Sprache zurückgehen, der Fall.

Aufgabe 3
S. 140

Akt, Aktiv, Architektin, Artikel, defekt, Dialekt, Diktat, Direktorin, Doktor, Elektrik, Fabrik, Infekt, Insekt, Inspektor, Intellekt, Konrektor, Kontakt, korrekt, Objekt, perfekt, Plusquamperfekt, Projekt, Projektor, Reaktion, Reflektor, Republik, Tabak, Takt

Aufgabe 4
S. 140

- ungesundes Genussmittel: Tabak
- Leiter einer Schule: Direktorin
- Form des Verbs: Aktiv
- sie plant Gebäude: Architektin
- anderes Wort für Arzt: Doktor
- Begleiter eines Nomens/Substantivs: Artikel
- ein grippaler ...: Infekt

Aufgabe 5
S. 140

- Wenn man erfolgreich an einem **Projekt** arbeiten will, muss man gut in der Gruppe kooperieren.
- Springt ein Auto nicht an, ist manchmal die **Elektrik defekt**.
- In manchen Regionen Deutschlands wird **Dialekt** gesprochen.
- Während man früher bei einer Präsentation manchmal einen **Projektor** einsetzte, verwendet man heute immer häufiger einen Beamer.
- Ein anderes Wort für richtig ist **korrekt**.
- Der Stellvertreter eines Schulleiters oder einer Schulleiterin trägt den Titel **Konrektor**.
- Es ist gesetzlich vorgeschrieben, die Räder eines Fahrrads mit **Reflektoren** auszustatten.
- Manche Menschen suchen mithilfe einer Anzeige **Kontakt**.
- Wer tanzen kann, der besitzt ein gutes Gefühl für den **Takt**.
- Ein Schauspiel ist sehr häufig in verschiedene **Akte** eingeteilt.
- Das Gegenteil von Aktion ist **Reaktion**.

Aufgabe 6
S. 141

Hier handelt es sich um Wörter aus anderen Sprachen, die mit zz und kk geschrieben werden.

Aufgabe 7
S. 141

Mokkatasse, Trekkingrad, Polizeirazzia, Akkutaschenlampe, Akkuaufladegerät, Akkusativobjekt, Pizzasoße, Pizzabäcker, Makkaroniauflauf, Skizzenblock

Aufgabe 8
S. 141

waagerecht: Galerie, man, Hotel, Kapitel, fit, Hit, mit, Kamera, Literatur, bis, Job, Balance

senkrecht: am, Bus, Kamera, Palast, Roboter, Ananas, As, April

Aufgabe 9
S. 141

Balance, Literatur, Galerie, Ananas/Kamera, April, Roboter, Ananas/Kamera, Hotel, Kapitel, Palast

6. Von Atmosphäre bis Zylinder – Fremdwörter (S. 142–144)

y – ein typischer Fremdwortvokal (S. 142)

Der Buchstabe y hat in vielen Fremdwörtern einen Vokalwert und wird deshalb hier als Fremdwortvokal bezeichnet.

Aufgabe 1
S. 142

Begleitend sollten die Schülerinnen und Schüler ein Rechtschreibwörterbuch einsetzen, weil sie dort zusätzlich Informationen zur Aussprache erhalten (vgl. z. B. Zylinder).

y – gesprochen als i	y – gesprochen als ü
Zylinder	Zylinder (beide Aussprachen sind möglich)
City	System
Handy	Zyklop
happy	Gyros
Hobby	Dynamo
Story	Typ
groggy	Physiker
Pony	Pyramide
Party	Asyl
Gully	Gymnasium
	systematisch
	Tyrann
	Mythen
	Pyjama
	Symbol
	Zypern

Aufgabe 2
S. 142

– Ohne dieses kommt beinahe kein Schüler mehr aus: Handy
– griechisches Gericht: Gyros
– Es steht als Zeichen für einen allgemeinen Zusammenhang: Symbol
– An der Gesamtschule und an ihm kann man das Abitur machen: Gymnasium
– Herrenhut, meistens schwarz: Zylinder
– Grabmal ägyptischer Herrscher: Pyramide
– Sie ist verliebt, sie ist ?: happy
– Und er ist ein toller ?: Typ
– Im Moment ist er jedoch ganz schön erschöpft: groggy
– Er bringt die Lampe zum Glühen: Dynamo
– geteilte Mittelmeerinsel: Zypern
– ein Ganzes, bestehend aus zusammenhängenden Teilen: System
– Die Erzählung von Dädalus und Ikarus gehört dazu: Mythen

Aufgabe 3
S. 142

City, Handy, happy, Hobby, Story, groggy, Pony, Party, Gully
Im Gegensatz zum Englischen wird im Deutschen bei der Pluralbildung lediglich ein s an die Singularform angehängt.
Hobby – Hobbys   Handy – Handys

c und ch in Fremdwörtern (S. 143)

Aufgabe 1 (links) S. 143
Aufgabe 3 S. 143

Bei den vorliegenden Wörtern wird der Anfangslaut k ausgesprochen.

- Café: Kaffeehaus
- Camembert: franz. Käsesorte
- Campingplatz: organisierter Platz zum Zelten
- Cannelloni: gefüllte Röllchen aus Nudelteig
- Caravan: kombinierter Personen- und Lastwagen
- Carport: Unterstellplatz für ein Auto
- Casting: Rollenbesetzung
- clever: schlau, klug
- Clique: Freundeskreis junger Leute
- Clown: Spaßmacher, vor allem im Zirkus
- Coach: Betreuer, Trainer
- Cockpit: Pilotenkabine in Flugzeugen, Fahrersitz in einem Rennwagen
- Computer: Rechner
- Container: Behälter
- cool: kühl, gelassen
- Crashkurs: Schnellkurs, z. B. zum Erlernen des Tanzens
- Creme: Salbe, Süßspeise
- Curry: Gewürzpulver

Aufgabe 4 S. 143

Die Gemeinsamkeit besteht in der gleichen Aussprache, der entscheidende Unterschied in der Schreibweise mit ch, die daraus resultiert, dass der k-Laut in den griechischen Wörtern, denen die Wörter entstammen, mit chi (X) transkribiert wird.

Aufgabe 5 S. 143

- Chaos: chaotisch, Chaostage, Chaotin, Chaostheorie ...
- Charakterisierung: Charakter, Charakterstudie, Charakterkopf, charakteristisch ...
- Chronik: chronisch, Chronist, Chronometer, Chronograf ...
- Choral: Chor, Choralgesang, Chorsänger ...

Aufgabe 6 S. 143

- **Christina** wohnt in Sachsen, und zwar in **Chemnitz**.
- In ihrem Zimmer herrscht großes **Chaos**, weil sie niemals aufräumt.
- In ihrer Freizeit singt sie in einem gemischten **Chor**, der gerade einen **Choral** einübt.
- Würde man eine **Charakterisierung** über sie schreiben, müsste man von einigen Widersprüchen berichten.
- Ihr Freund **Christian** wohnt ebenfalls in **Chemnitz**.
- Er hat von seinem Großvater eine uralte **Chronik** geschenkt bekommen, die sehr kostbar ist.
- **Christian** stört das **Chaos**, das in **Christinas** Zimmer herrscht, sehr. Aber Ordnung schaffen muss sie schon allein.

ph – rh – th in Fremdwörtern (S. 143–144)

Aufgabe 1 (rechts) S. 143

Die meisten Begriffe stammen aus dem Griechischen. Ph, rh, th entsprechen den Buchstaben Phi (φ), Rho (ρ) und Theta (θ).

Aufgabe 2
S. 143

Die Wörter sind in alphabetischer Reihenfolge aufgelistet:

Wörter mit ph	Wörter mit th	Wörter mit rh
Alphabet	Antipathie	Rhabarber
Apostroph	Apotheke	Rhetorik
Atmosphäre	Athlet	Rheuma
Katastrophe	Bibliothek	Rhinozeros
Paragraph	Diskothek	Rhodos
Phase	Kathedrale	Rhombus
Philosophie	Katholik	
Physik	Labyrinth	
Prophet	Methode	
Strophe	Rhythmus	
Triumph	Sympathie	
	Theater	
	Theke	
	Thema	
	Theorie	
	Thermalbad	
	Thermometer	
	Thermosflasche	
	Thron	

Aufgabe 3
S. 144

Methode, Sympathie, Theater, Rhythmus, Athlet, Apotheke, Theorie, Thema, Kathedrale, Diskothek, Thermalbad, Theke, Thron

Aufgabe 4
S. 144

- Atmosphäre
- Strophe
- Alphabet
- Triumph
- Physik
- Philosophie
- Paragraph
- Katastrophe

Aufgabe 5
S. 144

- eine Krankheit, die starke Gelenkschmerzen erzeugt: Rheuma
- eine griechische Insel: Rhodos
- er ist für das Tanzen wichtig (!): Rhythmus
- daraus kann man Kompott machen: Rhabarber
- er sieht aus wie ein Karo: Rhombus
- es ist mit einem mächtigen Horn ausgestattet: Rhinozeros
- ein anderes Wort für Redekunst: Rhetorik

Aufgabe 6
S. 144

mit f geschrieben (neue Form)	mit ph geschrieben (alte, ebenfalls gültige Form)
Telefon	Telephon
Geografie	Geographie
Delfin	Delphin
Saxofon	Saxophon
Mikrofon	Mikrophon
Grafik	Graphik
Fotografie	Fotographie
Megafon	Megaphon
Paragraf	Paragraph
Biografie	Biographie
Fantasie	Phantasie

7. Die Silbentrennung (S. 145)

Aufgabe 1
S. 145

Feu-er-lei-ter, An-kunft, Abend-rot, ro-sig, Un-ter-was-ser-ka-me-ra, Atom-ener-gie, Ufer-be-fes-ti-gung, ent-ge-gen-kom-men, fluss-ab-wärts, Ba-de-be-klei-dung, Ro-si-nen-stu-ten, Fei-er-abend

Aufgabe 2
S. 145

Elekt-ro-we-cker (auch: Elek-tro-we-cker), imp-fen, Bun-des-kanz-le-rin, Karp-fen, Baum-gip-fel, da-ran (auch: dar-an), da-raus (auch: dar-aus), eif-rig, sechs-ter, Zu-cker-ge-bäck, hi-nauf-ge-hen (auch: hin-auf-ge-hen), be-rück-sich-ti-gen, Städ-te, wis-pern

Die Lösungen zu den **Kleinen Übungen zur Lernkontrolle** (S. 146–147) befinden sich im Anhang des Schülerbandes auf den Seiten 402–403.

Arbeitsblatt 1

Auf die Bedeutung kommt es an

■ Im Folgenden findest du jeweils zwei Wörter umschrieben, die gleich oder ähnlich klingen. Um welche Wörter geht es? Trage sie ein.

Er ist das größte Säugetier der Weltmeere. _____

Sie ist nicht nur für Politiker wichtig. _____

Wenn du sie halten willst, benötigst du ein Publikum. _____

Das ist der Fachausdruck für einen Ankerplatz vor dem Hafen. _____

Wenn der Briefträger sie für dich bereithält, musst du bezahlen. (Zahlungsart per Post) _____

Jeder Mensch hat ihn und er steht im Personalausweis. _____

Bei den Mädchen hat es manchmal einen Schatten. _____

Wo man singt, da lass dich ruhig nieder, böse Menschen haben keine ? (Einzahl) _____

Er macht gute ? zum bösen Spiel. _____

Darin findet man Gold, Silber, Diamanten und Tinte. _____

Eine Medaille hat zwei _____

Eine Gitarre hat sechs _____

Früher überbrachte er Nachrichten. _____

Die Mitglieder des Rudervereins lassen ihre ? zu Wasser. _____

Auch sie kommt ohne Wasser nicht aus und auch nicht ohne einen reichen Besitzer. _____

Mit grünem Rock, Hund und Gewehr geht er auf die _____

So wurde früher ein Brot genannt. _____

Und das war einmal eine gängige Bezeichnung für Bauch. _____

Den Mülleimer kannst du _____

Frau Leonhardt hat es gelernt zu _____

„Noch einmal" oder „zurück" meint dieses: _____

„Entgegen" oder „gegen" hingegen jenes: _____

196 © Schöningh Verlag

Auf die Bedeutung kommt es an

Wal – Wahl
Rede – Reede
Nachnahme – Nachname
Lid – Lied(er)
Miene – Mine
Seite(n) – Saite(n)
Bote – Boot(e)
Jacht (Yacht) – Jagd
Laib – Leib
leeren – lehren
wieder – wider

Leistungsüberprüfung – Selbstevaluation – Klassenarbeit

Die in dieser Einheit erworbenen Kompetenzen und Kenntnisse sollen für die Schülerinnen und Schüler langfristig und übergreifend einsetzbar sein. Ein Abrufen der Fähigkeiten in Form einer Klassenarbeit wird daher nicht für sinnvoll erachtet.
Zu bedenken ist, dass der Kenntnisstand der Schülerinnen und Schüler letztlich in jeder Klassenarbeit überprüft wird. Mit zunehmendem Alter erhält dabei die richtige Schreibweise ein größeres Gewicht bei der Leistungsbeurteilung.
Das erworbene Wissen muss also immer wieder in unterschiedlichen Schreibzusammenhängen angewendet werden.

„Liebste Kitty ..." – Anne Frank (S. 148–175)

Vorüberlegungen zur Einheit

Das Tagebuch Anne Franks ist in ca. 55 Sprachen übersetzt worden und hat eine Auflage von mehr als 20 Millionen Exemplaren erreicht. Dadurch ist Anne Frank „[...] in der ganzen Welt zur Symbolgestalt der Leiden des jüdischen Volkes unter dem Terror des nationalsozialistischen Regimes geworden"[1]. Lange Zeit ist Anne Frank ausschließlich als diese Symbolgestalt der Judenverfolgung gesehen worden. Die Forschung hat seit den 80er- und 90er-Jahren des letzten Jahrhunderts einen Schwerpunkt darauf gesetzt, diese Lesart der Tagebücher zu erweitern. Sie bemüht sich, in der Lebensgeschichte und den Tagebüchern Anne Franks nicht nur ein „Fenster zum Holocaust"[2] (van Vree) zu sehen, sondern „sich [...] auf die Person Anne einzulassen"[3] bzw. „dem Mädchen, der jungen Frau und der Schriftstellerin Anne Frank gerecht zu werden"[4]. Ute Hiddemann und Dorothea Waldherr fassen das Anliegen der neueren Rezeption folgendermaßen zusammen: „Wir wollen uns [...] auf die Spur dieses Kindes, dieser jungen Frau begeben und Annes Persönlichkeit im Kontext ihrer Zeit zu erfassen suchen."[5]

Diesen Zielen wird auch in der vorliegenden Einheit Rechnung zu tragen versucht. In den Teilkapiteln „Das Mädchen Anne Frank" (S. 150–155) und „Die Tochter Anne Frank" (S. 165–169) wird das Tagebuch vor allem als authentisch-biografisches Zeugnis, in dem das Mädchen Anne Frank über ihre Person, Entwicklung, Gefühle, Sehnsüchte und Probleme schreibt, vorgestellt. Dabei gewinnen die Schülerinnen und Schüler sowohl ein Bild von Annes Lebenslauf und der Zeit, in der sie gelebt hat (s. S. 148–149 u. 152), als auch von der Person Anne Franks (s. S. 150–151, 153–155 u. 165–168).

Als exemplarisches Schicksal für die Judenverfolgung während der Zeit des Nationalsozialismus lernen die Schülerinnen und Schüler das Leben Anne Franks in dem Teilkapitel „Leben unter deutscher Besatzung" (S. 156–164) kennen. Die historische Situation der Juden während der Zeit des Nationalsozialismus wird hier anhand ausgewählter Tagebucheinträge erarbeitet und das Schicksal Anne Franks vor diesem Hintergrund gedeutet (s. S. 156–159). Ein weiterer Schwerpunkt dieses Teilkapitels liegt auf den Berichten Annes über das alltägliche Leben der im Hinterhaus Eingeschlossenen. Dabei wird deutlich, welche Ängste und Schwierigkeiten das Leben von Anne und der anderen Untergetauchten prägten.

Im letzten Teilkapitel „Das Anne Frank Haus und die Tagebücher" (S. 170–174) wird gezeigt, wie das Vermächtnis Anne Franks bis in die Gegenwart gewahrt worden ist. Die Schülerinnen und Schüler informieren sich über die Arbeit, Geschichte und Ziele des Anne Frank Hauses. Dieses Kapitel schließt mit der Beschäftigung mit der Editions-, Veröffentlichungs- und Rezeptionsgeschichte der Tagebücher.

Am Ende der Einheit werden zur vertiefenden Weiterarbeit einige Projektideen wie z. B. die Organisation einer Anne Frank Ausstellung vorgestellt. Hier findet sich auch eine Auswahl von Titelbildern verschiedener Jugendbücher über die Zeit des Nationalsozialis-

---

[1] Bettina Kümmerling-Meibauer: Anne Frank; in: Jörg Knobloch/Steffen Peltsch (Hg.): Lexikon Deutsch, Kinder- und Jugendliteratur, Autorenportraits und literarische Begriffe, Freising 1988, S. 43
[2] Matthias Heyl: Anne Frank, Hamburg 2002, S. 8
[3] Mirjam Pressler: Ich sehne mich so. Die Lebensgeschichte der Anne Frank, Weinheim/Basel 1992, S. 7
[4] Matthias Heyl, a. a. O., S. 8
[5] Ute Hiddemann und Dorothea Waldherr: Vorwort; in: Johannes Diekhans (Hg.): Anne Frank. Ein Lesebuch, Paderborn 2000, S. 5

mus (s. S. 175). Zu Beginn der Einheit könnte an interessierte Schülerinnen und Schüler die Aufgabe verteilt werden, eines dieser Bücher im Laufe der Beschäftigung mit dem Tagebuch Anne Franks vorzustellen. Hilfen für eine Buchvorstellung finden die Schüler im Schülerband P.A.U.L. D. 7 auf S. 103–104. Der dort abgebildete Methodenkasten kann den Schülern auch mithilfe von **Arbeitsblatt 2, S. 230 f.**, zur Verfügung gestellt werden.

Methodisch liegt der Schwerpunkt der Einheit auf der Präsentation der Ergebnisse von Textarbeiten und -untersuchungen mithilfe eines strukturierten Kurzvortrages (s. S. 154). Die Schülerinnen und Schüler erhalten immer wieder in den einzelnen Teilkapiteln den Auftrag, einzelne Tagebucheinträge aspektorientiert zu untersuchen und ihre Ergebnisse in Form eines Kurzvortrages zu präsentieren. Dabei werden die zu untersuchenden Texte und die Analysen im Laufe der Einheit sukzessive umfangreicher. Im Teilkapitel „Die Tochter Anne Frank" wird diese Arbeit mit den Tagebuchauszügen um den Vergleich von Texten erweitert (s. S. 169). Am Ende werden anhand des Sachtextes über die Geschichte der Tagebücher grundsätzliche Methoden des Umgangs mit Sachtexten wiederholt und geübt (s. S. 174).

Zentrale Kompetenzen, die in dieser Einheit geschult werden, sind:
- Informationen zu kürzeren Redebeiträgen verarbeiten und präsentieren,
- Texte untersuchen und/oder vergleichen und die Ergebnisse dieser Textuntersuchungen und -vergleiche angemessen präsentieren,
- Textinhalte zusammenfassen,
- Fragen zu Texten und deren Gestaltung beantworten,
- Strategien und Techniken des Textverstehens (z. B. sinnerfassend lesen, Textaussagen mit eigenem Wissen in Beziehung setzen oder Textaussagen bewerten) anwenden,
- längere Sachtexte untersuchen und verstehen,
- textimmanente Analyse- und Interpretationsverfahren (z. B. Texte gliedern, wichtige Textstellen sammeln oder Handlungsmotive erklären) anwenden,
- den Zusammenhang zwischen Texten, Lebensumständen der Autorin und der Entstehungszeit bzw. des historischen Kontextes untersuchen und verstehen.

Zur Vorbereitung des Lehrers bietet der Lexikonartikel von Bettina Kümmerling-Meibauer (s. **Arbeitsblatt 1, S. 228 f.**) in komprimierter Form grundsätzliche Informationen zum Leben Anne Franks, ihrem Werk und dessen Bedeutung.

Als Einstieg in die Beschäftigung mit Anne Frank machen sich die Schülerinnen und Schüler ein erstes Bild vom Leben und Schicksal des Mädchens, indem sie sich mit den Fotos auf der **Auftaktdoppelseite S. 148–149** auseinandersetzen. Die Schüler beschreiben, was auf den einzelnen Fotos zu sehen ist. Dann könnten sie in Partnerarbeit die Fotos chronologisch sortieren, um einen ersten Überblick über Annes Lebenslauf zu gewinnen. Anschließend fassen sie zusammen, was die Fotos über das Leben Annes und die Zeit, in der sie gelebt hat, zeigen. Dabei werden sie vor allem den Gegensatz zwischen der Normalität ihres Lebens bis 1942 und der dann folgenden Zeit der Verfolgung, des Versteckens und der Deportierung herausheben.
Anschließend sammeln die Schüler, was sie über die Zeit des Nationalsozialismus wissen. Erfahrungsgemäß ist es in dieser Phase notwendig, dass der Lehrer einige Begriffe (z. B. Konzentrationslager) erklärt oder Vorstellungen der Schüler (z. B. Hitler verfolgte die Juden, weil sie keine Deutschen waren) richtigstellt.
Alternativ könnte die Lehrperson der Klasse auch den ersten Teil des Tagebucheintrags vom 08. Juli 1942 (**Arbeitsblatt 3, S. 232**) vor der Beschäftigung mit der Doppelseite vorlesen. Die Schüler klären die beschriebene Situation der Familie Frank (Aufruf der SS/

drohende Deportierung/Suche nach einem Versteck ...) und spekulieren über Versteckmöglichkeiten, überprüfen deren Durchführbarkeit und erläutern die damit verbundenen Schwierigkeiten. Danach erfolgt die Beschäftigung mit der Auftaktdoppelseite.

Didaktische Aufbereitung der Unterkapitel

„... dass ich ein Bündelchen Widerspruch bin" – Das Mädchen Anne Frank (S. 150–155)

Der erste Tagebucheintrag vom 01.08.1944 (S. 150–151), den die Schüler lesen, stellt „das Mädchen Anne Frank" in den Fokus. Die Schülerinnen und Schüler lernen hier Anne als ganz normales fünfzehnjähriges Mädchen kennen. Sie schreibt darüber, wie sie sich wahrnimmt, welche Schwierigkeiten sie im Umgang mit sich selbst und anderen hat und wie schwer es ihr fällt, so zu sein, wie sie selbst gerne sein möchte. Diese typischen Probleme in der Zeit der Pubertät, über die Anne schreibt, werden die meisten Schüler und Schülerinnen aus eigener Erfahrung kennen. Weniger werden sie die Reflektiertheit und Eloquenz, mit der Anne über sich selbst schreibt, nachvollziehen können. Der folgende Sachtext (S. 152) informiert anschließend über den Lebenslauf Annes und über die Zeit, in der sie gelebt hat. Anhand weiterer Tagebuchauszüge (S. 153–155) beschäftigen sich die Schüler dann mit den Gründen Annes für das Führen des Tagebuches und damit, wie sich Annes Einstellung in Bezug auf das Schreiben ihres Tagebuches in den Jahren 1942–1944 entwickelt hat.

Anne über Anne (S. 150–152)

Anne reflektiert in dem Tagebucheintrag vom 01.08.1944 ihr Problem, dass sie sich nach „außen" ganz anders verhält, als sie „von innen" (Z. 78) für sich selbst eigentlich ist. Nach außen ist sie „ein amüsanter Clown" (Z. 35f.), der alles von der „leichten Seite" (Z. 24) nimmt, „Jungen nachläuft, flirtet" (Z. 89f.), ausgelassen ist und so tut, als ob ihm „nichts [etwas] ausmacht" (Z. 93f.). Im Gegensatz dazu fühlt sie sich, wenn sie mit sich – der lieben und stillen Anne – allein ist, ernst, sensibel, verletzlich und nicht oberflächlich. Sie traut sich aber nicht, diese Seite „[in] Gesellschaft" (Z. 74) zu zeigen, weil sie Angst hat, dass die anderen sie dann „nicht ernst nehmen" (Z. 61f.), „lächerlich" (Z. 60) finden oder glauben, sie sei „krank" (Z. 110). Immer wieder verhält sie sich deshalb so, wie sie eigentlich nicht sein möchte. Welche „stärkere[n] Mächte" (Z. 98) sie dazu zwingen, kann sie sich selbst nicht richtig erklären. So bleibt sie „ein Bündelchen Widerspruch'" (Z. 3 u. Z. 5f.) und sucht „nach einem Mittel, um so zu werden, wie [sie] gern sein würde und wie [sie] sein könnte, wenn ... wenn keine anderen Menschen auf der Welt leben würden" (Z. 119–122).

Aufgaben 1 und 2 S. 151

Die Schülerinnen und Schüler tauschen sich über ihre Eindrücke, die sie aufgrund der ersten Lektüre des Tagebucheintrages über Anne gewonnen haben, aus. Danach untersuchen sie den Text in Bezug auf das, was Anne über sich selbst sagt. Die Textarbeiten zu den in Aufgabe 2 genannten Punkten können arbeitsteilig durchgeführt werden. Die Schüler untersuchen in kleinen Gruppen, wie Anne sich nach außen verhält, wie sie ihrer Meinung nach auf andere Menschen wirkt, wie Anne sich selbst sieht bzw. welche Probleme sie mit sich selbst hat und was sie sich wünscht. Die Ergebnisse der Textuntersuchungen können auf OHP-Folien oder Plakaten festgehalten werden. Zu folgenden Ergebnissen können die Schülerinnen und Schüler dabei kommen:

Annes Verhalten nach außen (Tagebucheintrag vom 1.8.1944)
Anne ...
- gibt sich normalerweise „nicht zufrieden mit der Meinung anderer Leute" (Z. 10 f.).
- weiß immer alles „besser" (Z. 12).
- muss immer „das letzte Wort" (Z. 12) behalten.
- ist fröhlich, spottet über alles und ist lebenslustig (vgl. Z. 19 ff.).
- scheint „alles von der leichten Seite zu nehmen" (Z. 23–25).
- flirtet unbekümmert und findet auch nichts an einem „Kuss" (Z. 27) oder einem „unanständigen Witz" (Z. 28).
- ist ausgelassen wie ein sich „losreißendes Geißlein" (Z. 85 f.).
- „lacht" (Z. 91), „gibt eine freche Antwort" (Z. 92) und tut so, als ob es ihr „nichts ausmach[e]" (Z. 93 f.), wenn andere Anstoß an ihrem Verhalten nehmen.
- ist oft „schnippisch" (Z. 116).
- ...

Wie Anne ihre Wirkung auf andere Menschen sieht (Tagebucheintrag vom 1.8.1944)
Anne glaubt, dass ...
- nur „wenige Menschen [sie] leiden" (Z. 35) können.
- die anderen sie nur für einen „amüsanten Clown" (Z. 36) halten, der sie ablenkt und zerstreut.
- dass die anderen sie „nicht ernst nehmen" (Z. 61 f.), sie „lächerlich und sentimental finden" (Z. 60 f.) oder meinen, sie habe „schlechte Laune" (Z. 114), wenn sie einmal ernst ist.
- sie den „Ruf eines Mädchen bekommen [habe], das Jungen nachläuft, flirtet, alles besser weiß und Unterhaltungsromane liest" (Z. 88–91) bzw. oberflächlich ist.
- die anderen eine „schlechte Meinung" (Z. 101) von ihr haben, von ihr verstört sind, über sie spotten und sie „unsympathisch finden" (Z. 102 f.).
- ...

Wie Anne sich selber sieht und was sie sich wünscht (Tagebucheintrag vom 1.8.1944)
Anne sagt über sich, dass ...
- ihr Verhalten nach außen und ihr inneres Wesen im „Widerspruch" (Z. 9) stehen.
- sie nach außen nur ihre „leichtere, oberflächliche Seite" (Z. 45) zeigt.
- sie an sich in ihrem Inneren still und ernsthaft sei.
- sie dies aber nur ist, wenn sie mit sich allein ist (vgl. Z. 76 f.).
- sie in „Gesellschaft" (Z. 74) nicht die stille und ernsthafte Anne sein kann, die sie „gern sein würde" (Z. 77 f.).
- sie darunter leidet, dass sie sich immer wieder „unsagbar viel Mühe gebe, anders zu werden" (Z. 96 f.), sie es aber nicht schafft.
- sie traurig darüber ist, wie sie auf andere Menschen wirkt (vgl. Z. 101–105).
- sie nach außen nur ihre schlechten Seiten zeigt und ihre guten in sich versteckt (vgl. Z. 117–119).
- ...

↓

Anne wünscht sich, dass sie einen Weg findet, „um so zu werden, wie [sie] gern sein würde und wie [sie] sein könnte, wenn ... wenn keine anderen Menschen auf der Welt leben würden" (Z. 119–122).

Auf der Grundlage dieser Ergebnisse wird die Äußerung Annes, dass sie ein „‚Bündelchen Widerspruch'" (Z. 3) sei, gedeutet. Die Schülerinnen und Schüler erläutern diese Aussage als Klage Annes über ihre innere Zerrissenheit. Die Gegensätze zwischen äußerem Verhalten und innerem Wesen, ihrem jetzigen und ihrem gewünschten Auftreten und dem Wissen, wie sie gern sein würde, und der Unfähigkeit, dies im sozialen Miteinander zu realisieren, lassen Anne sich selbst als ein „Bündelchen Widerspruch" charakterisieren. Zur Zusammenfassung des bisher Erarbeiteten können die Schüler diese Aussage Annes schriftlich erläutern.

Die Ergebnisse können abschließend auch in einem **Tafelbild** gebündelt und visualisiert werden:

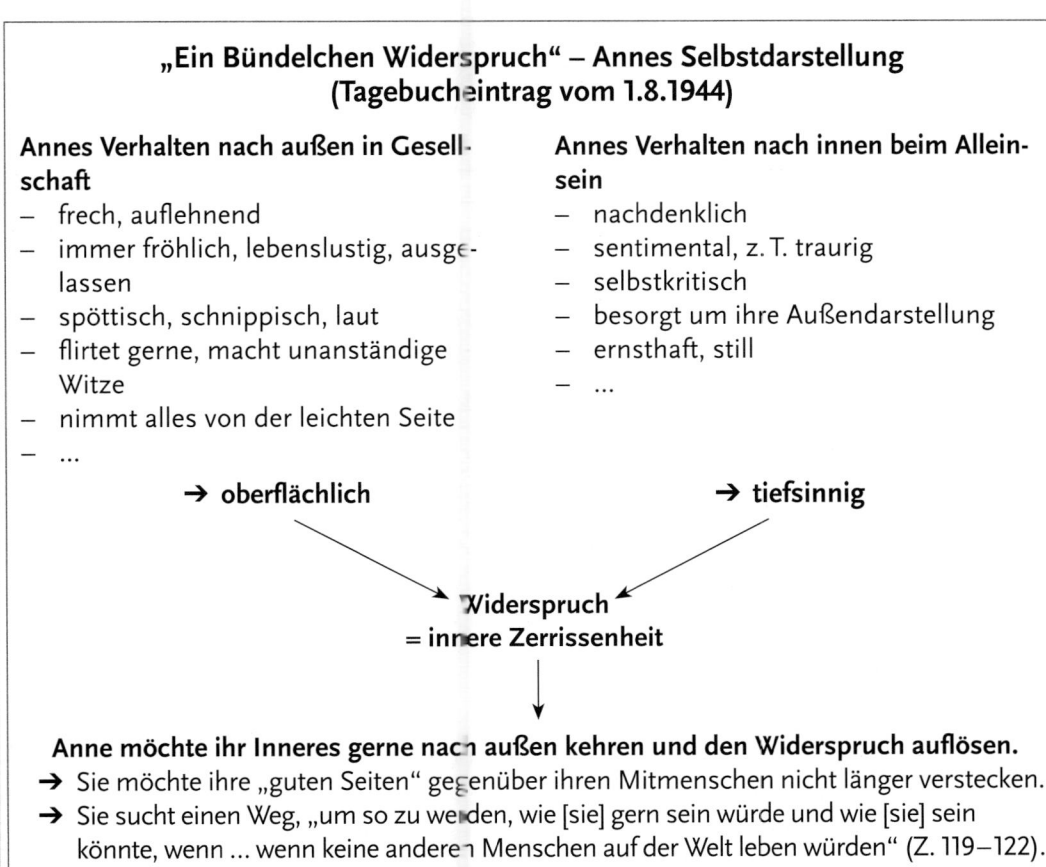

TAFELBILD

Aufgabe 3
S. 151

Im Klassengespräch beurteilen die Schülerinnen und Schüler Annes Aussagen zu sich selbst. Sie tauschen sich darüber aus, was sie positiv oder negativ an Anne wahrnehmen und inwieweit sie sie verstehen können. Anschließend bearbeiten sie einen der beiden Schreibaufträge. Einzelne Arbeiten werden der Klasse vorgestellt. Die Aufgabe, einen Dialog zwischen der „äußeren Anne" und der „inneren Anne" zu schreiben, kann auch zur Leistungsüberprüfung gestellt werden.

Frank Radke: Anne Frank und ihre Zeit (S. 152)

Der Sachtext informiert über die wichtigsten Stationen im Leben Anne Franks und über zentrale zeitgeschichtliche Ereignisse, die für Annes Leben bedeutend waren. Am Ende wird kurz die Besonderheit von Annes Tagebuch erläutert.

Aufgabe 1
S. 152

Die Schülerinnen und Schüler lesen den Text und entnehmen ihm die wichtigsten Informationen zu Annes Lebenslauf und der Zeit, in der sie gelebt hat. Diese halten sie in Form von Stichwortsammlungen, Zeitleisten oder Plakaten fest. Um ihre Ergebnisse strukturiert zu sichern, können die Schüler auch mit **Arbeitsblatt 4, S. 233,** arbeiten. Folgende Übersicht ist als Ergebnis denkbar:

Anne Frank und ihre Zeit	
Jahr/Zeitraum	*Stationen in Annes Leben/Zeitgeschichte*
1929–1933	*Geburt Anne Franks in Frankfurt a. M.*
1933–1939	*Machtübernahme Adolf Hitlers u. Judenverfolgungen in Deutschland Flucht der Familie Frank in die Niederlande nach Amsterdam*
1939	*Beginn des Zweiten Weltkrieges: Deutsche Truppen überfallen Polen.*
1940–1942	Angriff auf die Niederlande und Besetzung durch die deutsche Wehrmacht/Verfolgung und Festnahme von Juden in den Niederlanden/Deportationen von Juden aus den Niederlanden in die Konzentrationslager nach Deutschland
1942–1944	*Drohung der Deportation von Annes Schwester Margot/Familie Frank versteckt sich zwei Jahre zusammen mit einer anderen jüdischen Familie in einem Hinterhaus in Amsterdam.*
1944– März 1945	*Entdeckung der Versteckten und Verhaftung durch die Polizei/Transport der Familie Frank nach Auschwitz/Anne und Margot werden in das Konzentrationslager Bergen-Belsen überführt.*
März–Mai 1945	*Anne und Margot sterben in Bergen-Belsen.*
Mai 1945	Kapitulation der deutschen Armee/Ende des Zweiten Weltkrieges und des nationalsozialistischen Regimes in Deutschland
nach 1945	*Annes Vater, der die Konzentrationslager überlebte, veröffentlicht Annes Tagebuch.*

Aufgabe 2
S. 152

Anhand des Textes tragen die Schülerinnen und Schüler verschiedene Aspekte zusammen, was Anne Franks Tagebuch auszeichnet, und erläutern sie. Dabei können sie auf Folgendes eingehen:
– Annes Tagebuch zeigt, was den Menschen Anne bewegte: ihre „Gedanken, Ängste und Hoffnungen" (Z. 65 f.), ihre Selbstwahrnehmung, ihre Erfahrungen, ihre Schwierigkeiten mit sich selbst oder „mit ihrer Familie" (Z. 55 f.).
– Das Tagebuch ist auch ein Zeitdokument. Es beschreibt das „Leben der Juden [in den Niederlanden] unter der deutschen Besatzung" (Z. 53–54).
– Zugleich ist es ein Erinnerungs- bzw. Gedenkbuch. Es hält die „Erinnerung an die Opfer" (Z. 67) des Nationalsozialismus wach. Annes Leben steht „beispielhaft für das von Millionen verfolgter und ermordeter Juden" (Z. 62 f.) in dieser Zeit.

Aufgaben 3 und 4
S. 152

Als Annäherung an das Thema und Überleitung zu den folgenden Arbeitsschritten erhalten die Schülerinnen und Schüler Gelegenheit, von eigenen Erfahrungen mit dem Tagebuchschreiben zu berichten. Dann sammeln sie Gründe, warum Menschen ihrer Meinung nach Tagebücher führen (z. B. Ausdruck von Gefühlen, Erleichterung, Erinnerungsdokument für spätere Zeit usw.). Diese werden nach der ersten Lektüre des Tagebucheintrags vom 20.6.1942 unter der Fragestellung „Inwieweit ist Anne ein typischer Tagebuchschreiber?" mit den von Anne genannten verglichen.

Annes Tagebuch (S. 153–155)

In den Tagebuchauszügen berichtet Anne zu verschiedenen Zeiten darüber, aus welchen Gründen sie Tagebuch führt. Es wird deutlich, dass das Tagebuch für sie im Laufe der Zeit immer weitere Funktionen gewinnt. Diese Entwicklung lässt sich wie folgt skizzieren:

- 1942 hat es ausschließlich die Bedeutung eines Ersatzes für die fehlende beste Freundin.
- Im März 1944 sieht Anne es darüber hinaus als ein Zeitdokument an, das den Menschen nach dem Krieg vermitteln kann, „wie wir Juden hier gelebt" (S. 155, Z. 14) haben.
- Zwei Monate später, im Mai 1944, spricht Anne außerdem davon, dass das Tagebuch ihr als literarisches Werkbuch diene. Es solle ihr als „Grundlage dienen" (S. 155, Z. 13) für ein Buch mit dem Titel „Das Hinterhaus", das sie nach dem Krieg zu veröffentlichen plane.
- Zunehmend benutzt sie das Tagebuch im Laufe der Zeit im Hinterhaus als Vorbereitung und Übung, um später den Beruf der „Journalistin" (S. 155, Z. 4) oder „Schriftstellerin" (S. 155, Z. 5) ergreifen zu können.

Aufgaben 1 und 2 S. 154

Nach einem kurzen Austausch über die ersten Eindrücke der Schülerinnen und Schüler untersuchen sie den Tagebucheintrag vom 20.6.1942 unter den in Aufgabe 2 genannten Punkten. Ihre Ergebnisse sollen sie in Form eines Kurzvortrages präsentieren. Als Hilfestellung dafür werden der Methodenkasten auf S. 154 gemeinsam gelesen und die wichtigsten Informationen, die er enthält, besprochen. Da die Einleitung vielen Schülern oft Schwierigkeiten bereitet, kann der Klasse zur Orientierung ein Beispiel einer Einleitung gegeben werden. Der Lehrer könnte folgende Einleitung vorlesen:

> In meinem Kurzvortrag werde ich euch darlegen, aus welchen Gründen Anne Frank im Jahre 1942 mit dem Tagebuchschreiben begonnen hat. Als Grundlage meines Vortrages dient der Tagebucheintrag vom 20. Juni 1942. Anne Frank hat ihn ungefähr sechs Wochen geschrieben, bevor sich ihre Familie mit einer anderen jüdischen Familie zwei Jahre lang im Hinterhaus der Firma ihres Vaters in Amsterdam versteckte. Mein Vortrag gliedert sich in folgende drei Themen: Erst gehe ich darauf ein, wie Anne sich in dem Tagebucheintrag selbst darstellt. Im zweiten Teil erläutere ich die Gründe, warum Anne ihr Tagebuch führt. Danach erkläre ich euch als Drittes, weshalb Anne ihr Tagebuch „Kitty" genannt hat, was auch erklärt, weshalb die meisten Tagebucheinträge mit der Anrede „Liebe Kitty!" beginnen. Zum Schluss fasse ich das Wichtigste zu den drei Punkten kurz zusammen.

Nach dieser Einführung zur Methode des Kurzvortrages untersuchen die Schülerinnen und Schüler den Tagebucheintrag und erhalten den Auftrag, eine stichwortartige „Gedächtnisstütze" für ihren Kurzvortrag anzufertigen. Anschließend werden einige Kurzvorträge der Klasse vorgestellt und beurteilt. Weiter werden verschiedene Stichwortsammlungen vorgestellt und hinsichtlich ihrer Funktionalität beurteilt und verglichen. Als Beispiel könnte auch der Stichwortzettel auf dem **Arbeitsblatt 5, S. 234,** besprochen werden. Ein den Kurzvortrag vorbereitender und unterstützender Stichwortzettel könnte in reduzierter Form folgendermaßen aussehen:

Kurzvortrag zum Thema:

„Gründe Anne Franks für das Führen ihres Tagebuches – Tagebucheintrag vom 20. Juni 1942"

Einleitung:
- kurze Vorstellung des **Themas**
- **Situation Annes** im Juni 1942: 6 Wochen vor dem Untertauchen im Hinterhaus
- **Gliederung:** 1. Selbstdarstellung Annes, 2. Gründe für das Tagebuchschreiben, 3. Erklärung des Namens Kitty für das Tagebuch, Schluss: Zusammenfassung

(Thema und Gliederung an die Tafel schreiben!)

Hauptteil:
(Folien zu den einzelnen Punkten auflegen!)

1 Wie stellt sich Anne selbst dar?
- Anne hat „keine Freundin".
- Sie hat nur ihre „lieben Eltern", einige Verehrer und Bekannte.
- Mit ihren Bekannten kann sie nur „Spaß haben" und über „alltägliche Dinge" reden.
- Nie ist sie mit einem davon „intimer" oder vertraulich.

2 Warum führt Anne ihr Tagebuch?
- Anne will das Tagebuch niemanden zu lesen geben/glaubt auch nicht, dass es später sie oder jemanden anderen interessieren könnte.
- Anne will sich nur „alles Mögliche von der Seele reden".
- Das Tagebuch soll die fehlende Freundin ersetzen (= nicht nur „Tatsachen" schreiben).

3 Warum nennt Anne ihr Tagebuch Kitty?
- Anne will sich noch besser vorstellen, dass sie zu „der ersehnten Freundin" spricht.
- Sie nennt das Tagebuch Kitty, damit das Tagebuch für sie die „Freundin selbst" ist.

Schluss/Zusammenfassung:
(Überleitung!)
→ Anne fehlt trotz ihrer Beliebtheit und vieler Bekannter eine Freundin, mit der sie sich „alles Mögliche gründlich von der Seele" reden kann.
→ Das Tagebuch dient Anne als Ersatzfreundin.
→ Der Name Kitty steigert die Vorstellung, dass sie zu jemandem spricht, wenn sie Tagebuch schreibt.

Aufgabe 1
S. 155

Die Schülerinnen und Schüler lesen die Tagebuchauszüge auf S. 155 und arbeiten die Gründe Annes für das Tagebuchschreiben, die 1944 zu der Funktion der Ersatzfreundin hinzukommen, heraus. Folgende Gründe können sie nennen:
- Die Aufforderung des Ministers Bolkestein, Schriftstücke wie Tagebücher während der Zeit der deutschen Besatzung zu sammeln.
- Anne will den Menschen nach dem Krieg davon berichten, wie die Untergetauchten „gelebt, gegessen und gesprochen haben" (Z. 14 f.).

- Das Tagebuchschreiben nutzt Anne, um sich auf den Beruf der „Journalistin" (Z. 4) oder „Schriftstellerin" (Z. 5) vorzubereiten.
- Das Tagebuch soll Anne als Grundlage für ein Buch mit dem Titel „Das Hinterhaus" (Z. 10 f.), das sie nach dem Krieg herausgeben will, dienen.

Anschließend erläutern die Schüler die Entwicklung von Annes Einstellung in Bezug auf das Schreiben ihres Tagebuches zusammenfassend. Dies kann mit folgendem **Tafelbild** gesichert werden:

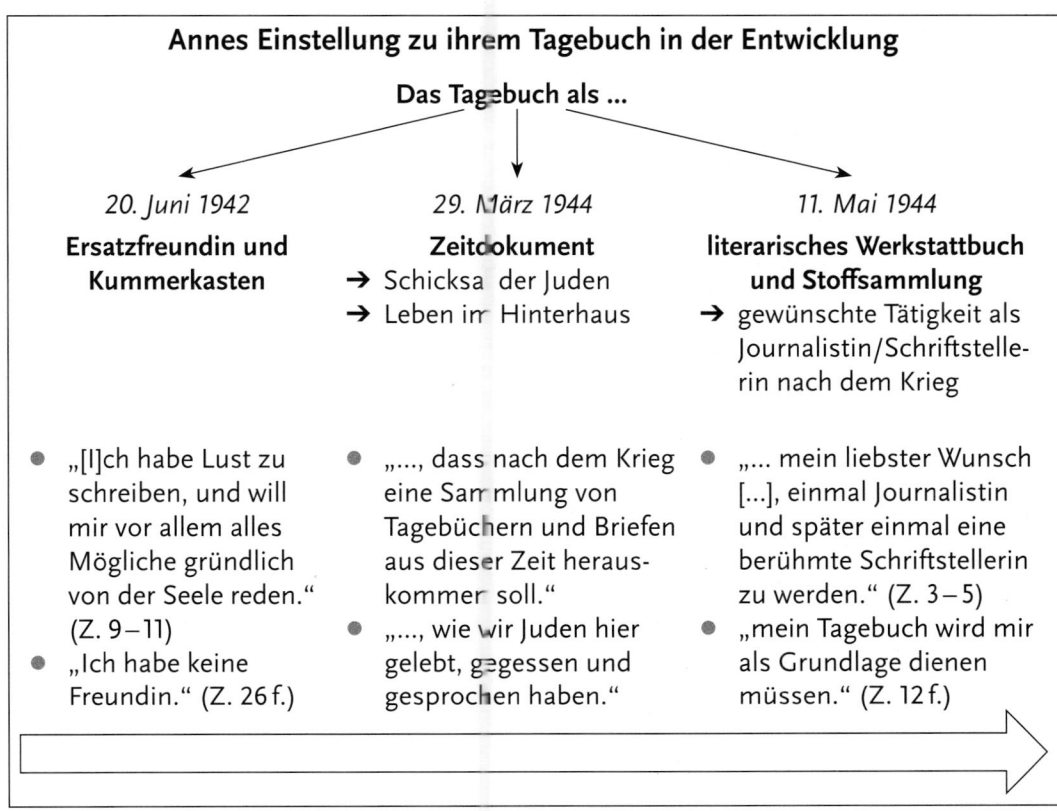

Das Thema, welche Bedeutung das Schreiben und das Tagebuch für Anne haben, kann mithilfe der Erarbeitung des Tagebucheintrags vom 5.4.1944 (**Arbeitsblatt 10, S. 243**) vertieft werden. Dieser Tagebucheintrag kann auch zur Leistungsüberprüfung eingesetzt werden.

Aufgabe 2 S. 155

Vertiefend erläutern und deuten die Schülerinnen und Schüler das Zitat des Ministers Bolkestein, dass Geschichte nicht nur aufgrund offizieller Unterlagen geschrieben werden könne. Auf folgende Punkte können sie dabei z. B. eingehen:
- Schriftstücke wie Tagebücher machen die Schicksale Einzelner im Gegensatz zu offiziellen Schriftstücken wie Gerichtsakten oder Lagerlisten vorstellbar und fassbar.
- Sie zeigen, wie die „einfachen" Menschen ihre Zeit erlebt haben.
- Der Alltag während der Zeit des Nationalsozialismus wird in seiner Fülle kaleidoskopartig nachvollziehbar.
- Die Opfer und ihr Leiden kommen so direkt zu Wort.
- …

Aufgabe 3 S. 155

Die Schülerinnen und Schüler stellen Vermutungen an, welche Auswirkungen die Entscheidung Annes, ihr Tagebuch zu veröffentlichen, auf ihr Schreiben gehabt haben könnte. Dabei werden sie auf Charakteristika verweisen, die das Tagebuch auszeichnen, wie:
- Familiäre Beziehungen und Konflikte werden so dargelegt, dass ein Dritter sie nachvollziehen kann.
- Der Verlauf des Krieges, das Leben der Juden und politische Umstände werden berichtet und von Anne reflektiert.

- Sie wird sich selbst, ihre Situation und das Leben im Hinterhaus objektiver und mit mehr Distanz darstellen.
- Die Tagebucheinträge werden von Anne inhaltlich und stilistisch so gestaltet und überarbeitet, dass sie für einen außenstehenden Leser verständlicher und interessanter werden.
- ...

„... das Elend für uns Juden begann" – Leben unter deutscher Besatzung (S. 156–159)

Im vorherigen Teilkapitel steht das Tagebuch als autobiografisches Dokument im Mittelpunkt. In diesem und dem folgenden Kapitel geht es um das Tagebuch als Zeitdokument. Zunächst wird in diesem Kapitel (S. 156–159) thematisiert, was Anne über das Schicksal der Juden in den Niederlanden zur Zeit der deutschen Besatzung berichtet. Im folgenden Kapitel (S. 160–164) erhalten die Schüler einen Einblick in Berichte Annes über das problematische und konfliktreiche Leben im Hinterhaus, in dem sich Anne zusammen mit ihrer Familie, der Familie van Pels und dem Zahnarzt Fritz Pfeffer versteckten.

Die Situation der Juden in den Niederlanden (S. 156–159)

Aus Annes Sicht spiegeln die ausgewählten Tagebucheinträge die Diskriminierung und Verfolgung ihrer eigenen Familie und anderer Juden zur Zeit der Judengesetze wider. Sie zeigen, dass das Tagebuch nicht nur eine Darstellung Annes über ihre eigenen Gefühle, Entwicklungen, Hoffnungen, Ängste und Schwierigkeiten ist, sondern auch „ein Dokument der Grausamkeit und des traurigen Elends der Judenverfolgungen" (Vorwort zur ersten Ausgabe).

Aufgabe 1 (oben) S. 157

Die Schülerinnen und Schüler beschreiben die Fotos auf S. 156 und erläutern, was diese über die Situation der Juden zur Zeit des Nationalsozialismus zeigen (Kaufboykotte/ Razzien und Verhaftungen/Transport in Konzentrationslager/öffentliche Hetze der NSDAP gegen Juden ...). Dann lesen sie den Moderationstext auf S. 156 und beziehen ihn auf die Fotos. Zur Sicherung könnten die Schüler eine Zusammenfassung der Informationen in ihrem Heft anlegen oder es kann folgendes **Tafelbild** entwickelt werden:

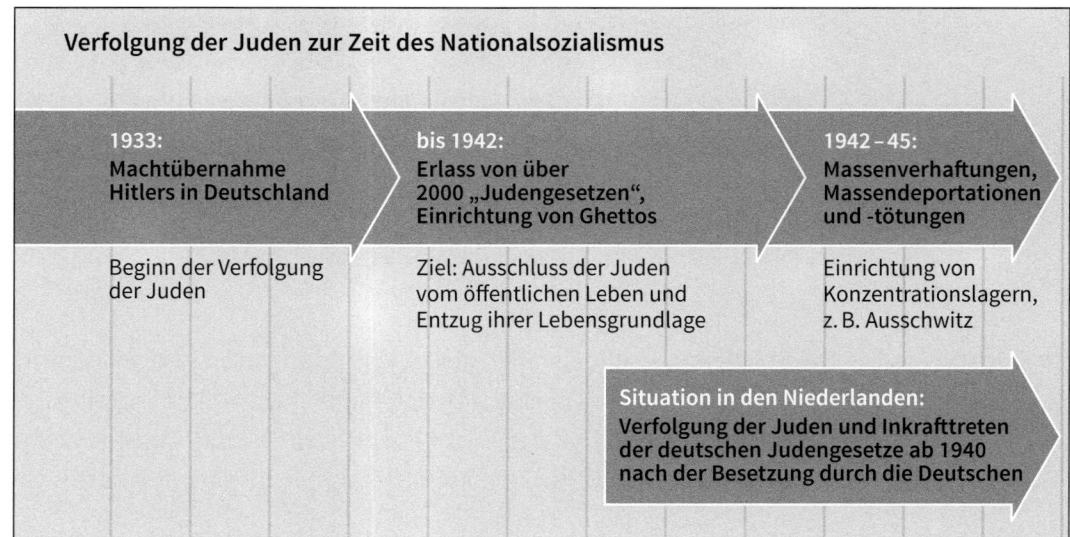

Anschließend lesen die Schülerinnen und Schüler die Tagebuchauszüge vom 20. Juni 1942 auf S. 157. Anne berichtet hier darüber, wie die Familie Frank nach der Machtergreifung Hitlers 1933 in die Niederlande geflohen ist und welche Auswirkungen die Judengesetze der deutschen Besatzer nach 1940 auf ihr Leben gehabt haben. Besonders deutlich wird dabei an den für die Schüler nachvollziehbaren Beispielen aus dem Alltag der Dreizehnjährigen, wie Anne und alle anderen Juden systematisch vom öffentlichen Leben ausgeschlossen und isoliert werden.

Aufgabe 1 (unten) S. 157

Folgende Auswirkungen der Judenverfolgung auf die Familie Frank tragen die Schüler nach der Lektüre zusammen:
- Der Vater Annes emigriert 1933 aufgrund der prekären Situation für die Juden in Deutschland nach der Machtübernahme Hitlers in die Niederlande (vgl. Z. 3 f.).
- Die Familie wird getrennt: Die Mutter folgt dem Vater nach Amsterdam, die beiden Schwestern, Anne und Margot, bleiben bei der Großmutter in Aachen (vgl. Z. 6–9).
- Margot geht im Dezember 1933 nach Amsterdam zu den Eltern, Anne kommt erst im Februar 1934 nach (Z. 10–12).
- Die anderen Mitglieder der Familie Frank werden in Deutschland verfolgt und fliehen 1938 nach der sog. Reichskristallnacht (Z. 15–19).
- ...

Aufgabe 2 S. 157

Um sich nachdrücklich zu vergegenwärtigen, wie einschneidend die Judengesetze gewesen sind, die nach 1940 in den Niederlanden in Kraft traten, sollten die Schüler eine Auflistung der Vorschriften erstellen. Dabei sortieren sie sie nach Ge- und Verboten. Dann erläutern sie, welche Vorschriften sie als besonders einschneidend empfinden. Abschließend beurteilen sie, welche Ziele die Nationalsozialisten mit diesen Vorschriften verfolgten. Um diese ergänzen sie ihre Auflistung. Eine mögliche Übersicht könnte folgendermaßen aussehen:

209

> **Vorschriften für die Juden in den Niederlanden nach 1940 –
> Tagebucheintrag Anne Franks vom 20. Juni 1942**
>
> **Gebote: Juden müssen ...**
> - „einen Judenstern tragen" (Z. 25 f.)
> - „ihre Fahrräder abgeben" (Z. 26)
> - „zu einem jüdischen Frisör" (Z. 30 f.) gehen
> - „auf jüdische Schulen gehen" (Z. 42 f.)
> - zwischen „3 – 5 Uhr einkaufen" (Z. 30)
>
> **Verbote: Juden dürfen nicht ...**
> - mit „der Straßenbahn" (Z. 27) oder „einem Auto fahren" (Z. 28)
> - „zwischen 8 Uhr abends und 6 Uhr morgens [...] auf die Straße" (Z. 31 f.)
> - „in[s] Theater[.], Kino[.]" (Z. 33) oder sich „an anderen dem Vergnügen dienenden Plätzen aufhalten" (Z. 34 f.)
> - „auf Tennis-, Hockey- oder andere Sportplätze" (Z. 36 f.)
> - „in der Öffentlichkeit [...] Sport treiben" (Z. 38 f.)
> - „nach acht Uhr abends [...] in ihrem Garten noch bei Bekannten sitzen" (Z. 39 f.)
> - „zu Christen ins Haus" (Z. 41)
>
> **Ziele der Vorschriften und Gesetze**
> - Beschränkung der Freiheit
> - Isolierung der Juden von dem Rest der Bevölkerung
> - Herausdrängen der Juden aus dem öffentlichen Leben
> - Verhinderung der Flucht und des Untertauchens
> - Einschüchterung und Verbreitung von Angst
> - ...
>
> **TAFELBILD**

Aufgabe 3 S. 157

Der Ausspruch Jacques, dass sie sich nicht mehr traue, etwas zu machen, weil sie befürchte, dass es verboten sei, wird erst im Klassengespräch erläutert und gedeutet. Dabei werden die Schüler darauf abheben, dass die Vielzahl der Vorschriften dazu dient, die Juden einzuschüchtern und in ständige Angst zu versetzen. Keiner kann sich sicher sein, ob er nicht doch aufgrund seines Verhaltens unwissentlich Anlass gibt, verhaftet zu werden. Niemand konnte noch einen Überblick darüber haben, was den Juden noch erlaubt war. Die Arbeit an dem Tagebucheintrag schließt damit, dass die Schülerinnen und Schüler aus der Sicht Jacques einen Tagebucheintrag verfassen, in dem sie mit ihren Worten die Lebenssituation Jacques beschreiben und erklären, was sie mit dem von Anne am Ende zitierten Ausspruch meint.

Anschließend beschäftigen sich die Schüler mit dem Tagebucheintrag vom 9. Oktober 1942 (S. 158). Anne und ihre Familie sind zu diesem Zeitpunkt schon drei Monate untergetaucht. Über die Lebensumstände Annes und ihrer Familie informieren sich die Lernenden mithilfe des Moderationstexts. Anne erzählt, dass sich die Situation für die Juden in den Niederlanden dramatisch zugespitzt habe. Die Judengesetze, die Anne noch kennengelernt hat, sind nur das Vorspiel gewesen für das, was sie jetzt erzählt. Ihre jüdischen Bekannten werden „gruppenweise festgenommen" (Z. 5 f.). Die von der Gestapo gefangen genommenen Juden werden in das „Judenlager in Drente" (Z. 9), in dem die Juden unter unmenschlichen Bedingungen leben, gebracht. Inzwischen wissen die Untergetauchten im Hinterhaus, dass in den Konzentrationslagern im Osten Massenmorde und „Vergasungen" (Z. 25 f.) vorgenommen werden. In den Niederlanden wagen nur wenige, den verfolgten Juden zu helfen. Zu groß ist die Angst vor den „Deutschen [...] mit ihren Strafen" (Z. 39f.).

Die Tagebucheinträge vom 20. Juni und 9. Oktober 1942 spiegeln die Entwicklung der Lage für die Juden in den Niederlanden wider. Innerhalb eines halben Jahres hat sich die Verfolgung der Juden von drastischen Beschränkungen der Freiheit durch die Judengesetze zu systematischen Massenverhaftungen mit anschließender Lagerhaft und Deportationen in die Konzentrationslager gesteigert.

Aufgaben 1 und 2 S. 158

Die Schüler und Schülerinnen untersuchen am Text, wie Anne die Situation der Juden im Oktober 1942 sieht, und arbeiten die Entwicklung in Bezug auf die Lage der Juden in den Niederlanden zwischen Juni und Oktober 1942 heraus. Die Schüler können mithilfe des Methodenkastens auf S. 154 ihre Ergebnisse in Form von Kurzvorträgen präsentieren. Erfahrungsgemäß ist es günstig, sie bei der Vorbereitung ihrer Kurzvorträge darauf hinzuweisen, dass sie die Einleitung und den Schluss ihrer Kurzvorträge vollständig und genau ausarbeiten. Die Vorstellung der Ergebnisse kann auch im Unterrichtsgespräch erfolgen und in reduzierter Form in folgendem **Tafelbild** festgehalten werden:

Anne Franks Tagebucheintrag vom 9. Oktober 1942

Die Situation der Juden im Oktober 1942:
- Die „jüdischen Bekannten" (Z. 4f.) von Anne werden „gruppenweise festgenommen" (Z. 5f.).
- Die „Gestapo" (Z. 6) geht brutal mit den Inhaftierten um.
- Die gefangen genommenen Juden werden in das Lager „in Drente" (Z. 9) gebracht.
- Die Haftbedingungen in den Lagern sind unmenschlich (Z. 12f.: „nichts zu essen [und] zu trinken"; vgl. 13–15: katastrophale hygienische Bedingungen; vgl. Z. 16: zu kleine Massenquartiere ...).
- Allen werden die „Haare abgeschoren" (Z. 17f.), eine Flucht aus den Lagern ist deshalb „fast unmöglich" (Z. 18).
- In den Konzentrationslagern „in Polen" (Z. 23) werden durch „Vergasungen" (Z. 25f.) die Juden „ermordet" (Z. 24).
- Die meisten Niederländer wagen es aus Angst vor den „Strafen" (Z. 40) der Deutschen nicht, den Juden zu helfen.
- ...

Entwicklung der Lage der Juden von Juni bis Oktober 1942:

Diskriminierungen
Einschränkungen
→ kein normales Leben möglich

Massenverhaftungen
Massendeportationen
Massenermordungen
→ Lebensgefahr

dramatische Zuspitzung der Lage

TAFELBILD

Aufgabe 3 S. 158

„[A]m 7. April definierte ein neu erlassenes Gesetz zum ersten Mal ‚jüdisch' als ‚nichtdeutsch'."[1] Anne nimmt hier indirekt auf diesen Vorgang Bezug. Sie ist Deutsche, da sie in Frankfurt a.M. geboren ist und auch ihre Eltern die deutsche Nationalität besessen haben. Angesichts der zuvor geschilderten Ereignisse ist die Äußerung, dass die Deutschen „ein schönes Volk" (Z. 41) seien, ironisch-zynisch gemeint. Besonders unverständ-

---

[1] Mirjam Pressler: Ich sehne mich so. Die Lebensgeschichte der Anne Frank, Weinheim/Basel 1992, S. 57

lich – so Anne verwundert – sei an dem Judenhass der Nationalsozialisten, dass diejenigen, die sie verfolgen, selber Deutsche seien. Von den anderen Gruppen von Deutschen unterscheiden Juden sich nur durch ihre Religionszugehörigkeit. Das oben angeführte Gesetz führte dazu, dass Juden die Rechte als Deutsche abgesprochen wurden. Sie besaßen damit in Deutschland keine Bürgerrechte mehr. In diesem Sinne hat „Hitler [die Juden] staatenlos gemacht" (Z. 42 f.), wie Anne schreibt. Die Schülerinnen und Schüler erläutern den Sinn der Aussagen in Z. 41 f. Dabei werden die unterschiedlichen Kategorien wie Nationalität/Volkszugehörigkeit (deutsch) und Religionszugehörigkeit (jüdisch) verdeutlicht. Erfahrungsgemäß bringen Schülerinnen und Schüler in diesem Zusammenhang oft verschiedene Begriffe unreflektiert in die Diskussion ein oder fragen nach deren Bedeutung. Solche Begriffe können z. B. sein:

– *„Rasse" (= Unterteilung einer Art/Gattung, z. B. Mensch, in Gruppen nach erkennbaren Unterschieden in Bezug auf Aussehen und Körperbau. Statt von Rasse spricht man heute oft von Formengruppe.)*
– *„Volk" (= eine durch gemeinsame Herkunft, Geschichte, Kultur und Sprache verbundene Gesamtheit von Menschen, z. B. Deutsche)*
– *„Nation" (= größere Gruppe von Menschen, z. B. Deutsche, die durch das Bewusstsein ihrer politischen und/oder kulturellen Eigenständigkeit zur Gemeinschaft wird. Der Übergang zum Begriff Volk ist fließend. Oft sieht man den Unterschied im Akt des Bewusstseins, durch den aus einem Volk eine Nation wird.)*
– *„Staat" (= Vereinigung vieler Menschen innerhalb eines abgegrenzten geografischen Raums unter einer politischen Herrschaftsgewalt, z. B. BRD; oft nicht nur eine, sondern mehrere Nationen umfassend)*
– ...

Die Schülerinnen und Schüler könnten hier darauf hingewiesen werden, dass Begriffe wie „Deutsche" oder „Nation" Unbestimmtheiten enthalten, die einem demagogischen Sprachgebrauch entgegenkommen und die von Hitler ausgenutzt wurden.

Aufgabe 4
S. 158

Abschließend wird die Bedeutung des Schlusssatzes des Tagebucheintrages erläutert und beurteilt. Angesichts der Verfolgungen der Juden, die Anne erlebt hat, ist ihr Urteil in Bezug auf ihre eigene Zeit apodiktisch: Es gibt „keine größere Feindschaft auf dieser Welt als zwischen Deutschen und Juden" (Z. 44 – 45). Die Schüler diskutieren darüber, inwieweit sie Annes Einstellung nachvollziehen können, und beurteilen die Relevanz von Annes Aussage für die Gegenwart.

Aufgabe 5
S. 159

Das Schicksal des jüdischen Malers Felix Nussbaum, der 1904 in Osnabrück geboren wurde, ist dem Anne Franks sehr ähnlich. Er feierte in den 20er- und 30er-Jahren große Ausstellungserfolge. Schon 1933 ging er über Italien und Frankreich nach Belgien ins Exil. In Brüssel heiratete er 1937 die Künstlerin Felka Palek. Nach dem Einmarsch der deutschen Truppen 1939 wurde er verhaftet und in dem südfranzösischen Lager Saint Cyprien interniert. Während der Rückführung nach Deutschland gelang ihm bei Bordeaux die Flucht. Er ging nach Brüssel zurück und tauchte 1942 mit seiner Frau in einer Kellerwohnung eines befreundeten Kunsthändlers unter. Im Juni 1944 wird das Ehepaar verraten und von der deutschen Wehrmacht inhaftiert. Mit dem letzten Deportationszug wurden Felix Nussbaum und seine Frau vom Sammellager Mechelen nach Auschwitz gebracht. Dort wurde das Ehepaar vermutlich am 2. August 1944 ermordet.

Das 1943 entstandene „Selbstbild mit Judenpass" spiegelt sowohl die biografischen Erfahrungen des Künstlers als auch die aller während der Zeit des Nationalsozialismus verfolgten Juden wider. Die Schülerinnen und Schüler beschreiben das Bild genau und

	stellen Bezüge zum Schicksal Anne Franks her. Dabei werden sie Punkte nennen wie z. B. die Situation der Flucht, der Verfolgung und des Eingeschlossenseins oder das Gefühl der Angst und Bedrohung. Das Bild kann auch zur Leistungsüberprüfung eingesetzt werden.
Aufgabe 6 S. 159	Die Schülerinnen und Schüler erhalten hier Vorschläge zur Weiterarbeit. Mithilfe der genannten Materialien können sie zu einem begrenzten Thema, das sie interessiert, eigenständig recherchieren. Ihre Ergebnisse sollten sie wieder entsprechend der Hinweise in dem Methodenkasten auf S. 154 präsentieren.

„Ich hatte solche Angst ..." – Das Leben im Hinterhaus (S. 160–164)

	Im vorherigen Teilkapitel ist der historische Kontext der Judenverfolgung während der Zeit des Nationalsozialismus erarbeitet worden. Die Schülerinnen und Schüler wissen nun, weshalb die Familie Frank untertauchen musste. In diesem Teilkapitel geht es um das Leben der Untergetauchten. Die ausgewählten Tagebucheinträge vermitteln ihnen eine Vorstellung davon, mit welchen Problemen und Schwierigkeiten die Eingeschlossenen und ihre Helfer zu kämpfen hatten. Anne berichtet in den Tagebuchauszügen von den Streitereien der auf engstem Raum Eingeschlossenen, den Problemen bei der Versorgung der Untergetauchten, den Strapazen der alltäglichen Vorsichtsmaßnahmen, der Angst vor der Entdeckung des Verstecks und den Nöten und Ängsten der Helfer.
Aufgaben 1 bis 3 S. 160–161	Um sich ein Bild von dem Versteck und den Lebensumständen der Untergetauchten machen zu können, beschreiben die Schülerinnen und Schüler die Abbildungen auf S. 160. Sie tragen zusammen, welche Schwierigkeiten die Untergetauchten und ihre Helfer ihrer Meinung nach überwinden mussten (z. B. Proviantbeschaffung/niemandem auffallen/ keine Privatsphäre/Hygiene). Ein genaueres Bild von dem Versteck können sich die Schüler mithilfe des Tagebucheintrages vom 9.7.1942 (s. **Arbeitsblatt 6, S. 235**) machen. In diesem Tagebucheintrag stellt Anne ihrer Freundin Kitty das Versteck bzw. ihr neues Zuhause anschaulich und detailliert vor. Weiteres Bildmaterial und ein virtueller Rundgang können den Schülern über die vom Anne Frank Haus herausgegebene CD-Rom zugänglich gemacht werden. Das Versteck bzw. Annes Zimmer können auch über die offizielle Internetseite des Anne Frank Hauses (www.annefrank.org) virtuell „besichtigt" werden. Auf der Homepage muss man den Link „Anne Frank" und hier „Das Versteck" bzw. „Das Hinterhaus Online" anwählen oder direkt den folgenden Link zum virtuellen Rundgang nutzen: http://www.annefrank.org/de/subsites/home/ (Stand: August 2015). Hier können die Schüler mehrere Fotos ansehen und sich mithilfe eines Films genau in Annes Zimmer virtuell umsehen. Sie erhalten auch Informationen über die Hintergründe der Flucht und die Lebensumstände der Versteckten. Ihre Eindrücke, Gefühle und Gedanken über das Hinterhaus können sie vertiefen, indem sie einen der in Aufgabe 3 vorgeschlagenen Schreibaufträge bearbeiten. Als Nächstes lesen die Schülerinnen und Schüler die Tagebucheinträge auf den Seiten 161–163, in denen Anne das Leben im Hinterhaus beschreibt.
Aufgabe 1 S. 163	Die Schülerinnen und Schüler suchen Textstellen heraus, die zeigen, wie Anne das Leben im Hinterhaus empfindet, und erläutern sie. Auf folgende Aspekte und Textstellen können die Schüler eingehen:

Anne hat vor allem Angst davor, dass die Versteckten entdeckt werden.
- 11.7.1942: „Ich hatte solche Angst, dass es jemand hören könnte" (Z. 5 f.) und „Auch sonst haben wir große Angst, dass die Nachbarn uns hören und sehen könnten." (Z. 9 f.)
- 28.9.1942: „[...] ich habe große Angst, dass wir entdeckt werden und dann erschossen werden." (Z. 3–5)
- 26.5.1944: „Wir sind ängstlicher geworden nach der Angelegenheit mit dem Gemüsehändler. Von allen Seiten hört man wieder ‚pst', alles geschieht leiser." (Z. 27–30)

Sie leidet unter der Langeweile und darunter, dass sie das Versteck nicht verlassen kann.
- 28.09.1942: „Es beklemmt mich doch mehr, als ich sagen kann, dass wir niemals hinausdürfen [...]." (Z. 1 f.)
- 17.10.1943: „Das Einzige, was mich ablenkt, ist Lernen, und das tue ich viel." (Z. 25 f.)

Die ständige Angst und die Abwechslungslosigkeit führen bei Anne zu einer zermürbenden, inneren Anspannung und Verzweiflung.
- 26.5.1944: „An einem Tag lachen wir über das Komische an unserer Untertauchsituation, [...] an viel mehr Tagen, haben wir Angst, und man kann die Spannung und Verzweiflung auf unseren Gesichtern lesen" (Z. 3–7) und „Bei ihnen [den Helfern] weicht die Spannung manchmal, [...] Bei uns weicht sie niemals, zwei Jahre lang nicht. Und wie lange wird sie uns noch drücken?" (Z. 23–26).

Die Situation des Eingeschlossenseins führt zu Aggressionen und Konflikten aufseiten der Untergetauchten, die Anne belasten.
- 29.9.1943: „Am Samstag spielte sich hier ein Drama ab, das in seiner Heftigkeit noch nicht seinesgleichen hatte." (Z. 20–22)
- 17.10.1943: „Mir ist ganz schwindelig von all den Schimpfworten, die im letzten Monat durch dieses ehrbare Haus geflogen sind" (Z. 11–13) und „[...] ich bin selbst ganz aus der Fassung. Ehrlich gesagt, ich vergesse ab und zu, mit wem wir Streit haben und mit wem die Versöhnung bereits stattgefunden hat." (Z. 20–24)
- 14.3.1944: „Der Haken ist, dass dieses langweilige Leben anfängt, uns unleidlich zu machen." (Z. 26 f.)

Anne beklagt sich über die miserable Ernährung.
- 14.3.1944: „[...] die ganze Stimmung [ist] trübselig [...] das Essen auch." (Z. 8 f.) und „Bah, mir wird schon übel allein bei dem Gedanken, dass ich dieses Zeug essen muss!" (Z. 21–23)

...

Aufgabe 2 S. 163

Als ersten Überblick über die Umstände in dem Hinterhaus fertigen die Schülerinnen und Schüler eine Personenkonstellation an. Sie lesen dazu den Methodenkasten auf S. 164 und entwickeln mithilfe der dort gegebenen Hinweise eine grafische Übersicht. Einzelne Lösungen werden vorgestellt, verglichen und beurteilt. Eine mögliche Lösung bietet **Arbeitsblatt 7, S. 236**.

Dieses könnte den Schülern als OHP-Folie vorgestellt werden. Die Schüler erläutern und beurteilen die Darstellung. Dann können sie sie mit ihren eigenen Vorschlägen vergleichen und Personenkonstellationen ihrer Klasse begründet vorstellen, die sie für funktionaler und geeigneter halten.

Aufgabe 3 S. 163

In einem nächsten Schritt untersuchen die Schüler die Tagebucheinträge entsprechend den in der Aufgabe vorgegebenen Punkten genauer. Sie legen sich dazu eine stichwortartige Übersicht an und stellen ihre Ergebnisse in Form eines Kurzvortrages vor. Dabei sollten sie wieder mit dem Methodenkasten auf S. 154 arbeiten. Eine von den Schülern erarbeitete Übersicht könnte folgendermaßen aussehen:

> **Probleme der Menschen im Hinterhaus**
>
> **1 Probleme des alltäglichen Lebens**
> - Geräusche vermeiden, um nicht entdeckt zu werden (z. B. Verbot, bei Krankheit zu husten)
> - von außen nicht gesehen zu werden (z. B. nie die Vorhänge zu öffnen)
> - Geldmangel/-not
> - Krankheiten (z. B. Margots Erkältung oder Kopfschmerzen)
> - Schlaflosigkeit
> - Langeweile, Abwechslungs- und Beschäftigungslosigkeit
> - einseitige und schlechte Ernährung (z. B. Brei statt Brot oder alter Grünkohleintopf)
> - …
>
> **2 Schwierigkeiten der Untergetauchten miteinander und mit der Situation**
> - „Unleidlichkeit" aufgrund der Enge, der Eintönigkeit des Lebens im Versteck und der Angst, entdeckt zu werden
> - Beschwerden von Fritz Pfeffer, dass die anderen ihn ausstoßen und unfreundlich behandeln
> - gegenseitiges Misstrauen (z. B. Argwohn Herrn van Pels, wer das Geld gestohlen hat)
> - dauernder Streit und gegenseitige Beschimpfungen
> - …
>
> **3 Situation und Problem der Helfer**
> - Überlastung mit den vielen Aufgaben (Lebensmittelorganisation, Arbeit im Büro, Bewältigung des eigenen Alltags …)
> - Probleme bei der Lebensmittelbeschaffung (z. B. fehlende Essensmarken)
> - Krankheiten
> - seelische Belastung aufgrund der großen Verantwortung für die Versteckten/der Sorgen, wie sie durchgebracht werden können/und der Angst davor, dass sie entdeckt werden
> - …

Aufgabe 4 S. 163

Die Berichte Annes über das Leben im Hinterhaus sind stark von ihrer eigenen Haltung gegenüber den Menschen dort gefärbt. Diesen Subjektivismus erschließen sich die Schülerinnen und Schüler, indem sie anhand entsprechender Textstellen herausarbeiten, welche Haltung Anne gegenüber einzelnen Personen zeigt und wie sie sie beurteilt. Dabei werden sie folgende Aspekte herausarbeiten:

- **Elisabeth Voskuijl (= Bep)/Jo Kleiman:** Anne zeigt viel Verständnis für Beps Situation angesichts des Ausfalls der anderen Helfer. Vor dem Hintergrund der Probleme Beps mit ihrem Vater und den zahlreichen Forderungen der Hinterhausbewohner stellt Anne mitleidig fest: „[M]an [kann] sich vorstellen, dass sie weder aus noch ein weiß." (29.09.1943/Z. 14 f.) Sie ist Bep und Kleiman dankbar, da sie gut für die Versteckten sorgen, „sehr gut sogar" (26.5.1944/Z. 14 f.). Auch nimmt sie anscheinend innerlich Anteil an den Sorgen der beiden. Anne zeigt sich besorgt über Kleimans „Gesundheit" (26. 5.1944/Z. 19) und Beps „Verlobung, die gar nicht so rosig aussieht" (26.5.1944/Z. 19 f.). Im letzten Tagebucheintrag zeigt sie trotz der positiven Haltung gegenüber den beiden eine Spur von Neid über „das Leben von normalen Menschen" (Z. 22 f.), das die beiden im Gegensatz zu ihr neben dem Hinterhaus noch haben.

- **Victor Kugler/Miep Gies (= Miep):** Auch für diese beiden Helfer zeigt Anne Verständnis, Sympathie und Mitleid. Sie sieht, welche „Last" (26.5.1944/Z. 8) und „kolossale Verantwortung" (Z. 10) die beiden für die Untergetauchten übernommen haben. Während sie die Ängstlichkeit Frau van Pels' verurteilt, zeigt sie angesichts des von Kugler getragenen Risikos und der von ihm zu erfüllenden Aufgaben Verständnis für seine „Nervosität und Aufregung" (Z. 13).
- **Fritz Pfeffer (= Dussel):** Schon der Name „Dussel", den Anne Fritz Pfeffer im Tagebuch gibt, zeigt, wie sehr sie ihn ablehnt. Diese Ablehnung wird auch in dem Tagebucheintrag vom 29.9.1943 deutlich. Die Klagen Pfeffers, dass die anderen ihn ausstoßen würden, werden durch den Konjunktiv II als unberechtigt signalisiert. Das Verb „beklagen" und die folgende Kumulation der einzelnen Beschwerden Pfeffers hinterlassen beim Leser den Eindruck, dass Pfeffer sich hier unberechtigterweise selbst bemitleidet. Seine Aussage, er habe „uns doch gar nichts getan" (Z. 26 f.), signalisiert durch die Partikel „doch" und „gar", dass er doch etwas getan habe, was er aber nur nicht für so schlimm hält. Am deutlichsten zeigt sich Annes Ablehnung darin, dass sie die Versuche Pfeffers, bei ihrer Mutter Verständnis für sich zu erlangen, metaphorisch als „eine Reihe süßlicher Schleimereien" (Z. 27 f.) beurteilt. Anne unterstellt, dass Pfeffer sich z. B. durch falsche Komplimente die Sympathie ihrer Mutter zu seinem eigenen Vorteil erschleichen wolle.
- **Edith Frank (= Mutter):** Auch die Mutter wird von Anne kritisch gesehen. Edith Frank wird als eitel und naiv dargestellt, da sie nur „diesmal zum Glück" (29.9.1943/Z. 28 f.) – also zufällig – nicht auf die Anbiederung Pfeffers hereingefallen sei. Im Zusammenhang der Streitereien untereinander wirkt sie etwas hysterisch und überfordert, da sie darauf mit „vor Aufregung rote[n] Flecken auf den Backen" (17.10.1943/Z. 17 f.) reagiert.
- **Otto Frank (= Vater):** Für den Vater empfindet Anne deutlich mehr Verständnis als für die Mutter. Seine „zusammengepressten Lippen" (17.10.1943/Z. 13 f.) und sein erschrecktes Reagieren auf die Ansprache der anderen werden damit entschuldigt, dass er „Angst" (Z. 16) habe, „wieder eine schwierige Aufgabe lösen" (Z. 16 f.) zu müssen. Der Vater scheint für Anne der Einzige zu sein, der die Konflikte und Schwierigkeiten in dem Hinterhaus bewältigen kann bzw. dem die anderen deren Lösung aufbürden.
- **Hermann van Pels (= Herr van Daan):** Bei der Beschreibung des Verhaltens des Ehepaars van Pels schwingt auch deutlich Annes Antipathie mit. Sie stellt fest, dass „das Geld der van Daans radikal zu Ende ist" (17.10.1943/Z. 3 f.). Dies ist für alle „unangenehm" (Z. 3) und bringt auch ihre eigene Familie in „Schwierigkeiten" (Z. 6). Dann unterstellt Anne Herrn van Pels aber, dass er versucht, die eigene Geldnot durch Lügen zu verdecken. Erst behauptet er ihrer Darstellung nach, „die letzten hundert Gulden [...] im Lager verloren" zu haben (Z. 4 f.). Dies zweifelt Anne als unmöglich an (vgl. Z. 6–8). Später erklärt Herr van Pels, das Geld sei gestohlen worden. Auch daran zweifelt Anne. Letztlich bietet Herrn van Pels Verhalten ihrer Meinung nach nur „Anlässe für Argwohn" (Z. 8 f.) und Unfrieden im Hinterhaus.
- **Auguste van Pels (= Frau van Daan):** Ähnlich schlecht wie ihr Ehemann kommt Frau van Pels bei Anne weg. Sie wird als wehleidig und überängstlich beschrieben. Laut Anne „jammert [sie] den ganzen Tag" (17.10.1943/Z. 20) und glaubt angesichts der schlechten Ernährung, „dass [alle] verhungern" (14.3.1944/Z. 13) müssten.

Die Beschäftigung mit Annes Beurteilungen der Menschen im Hinterhaus zeigt, wodurch sich ihr Tagebuch von einem historischen Dokument unterscheidet. Die subjektiven und zugespitzten Urteile der Tagebuchschreiberin geben immer nur die Sichtweise des Mädchens Anne bzw. der Erzählerin des Tagebuches wieder. Bei der abschließenden Beurteilung der Ergebnisse der Textarbeit sollten dieser Subjektivismus des Tagebuches und seine Problematik – z. B. das Bild der Nachwelt über die Menschen im Hinterhaus – herausgestellt und thematisiert werden.

„... ich litt (und leide) an Stimmungen" – Die Tochter Anne Frank (S. 165–169)

„Die Diskrepanz zwischen Annes Urteil über ihre Mitbewohner und den biografischen Informationen zu den Untergetauchten lässt sich besonders gut an Edith Frank [... zeigen]."[1] Anne hat das Verhältnis zu ihrer Mutter immer wieder in ihrem Tagebuch aufgearbeitet und reflektiert. In diesen Einträgen wird deutlich, wie sehr die Wahrnehmung der anderen Mitbewohner durch die Sicht der Heranwachsenden, die sich auf dem Weg zum Erwachsenwerden von ihren Eltern absetzt und sie infrage stellt, geprägt ist. Während Anne dazu neigt, ihren Vater eher zu idealisieren, sieht sie ihre Mutter sehr kritisch. Sie beschreibt sie als launisch, überängstlich, „aufdringlich, unsensibel und aggressiv"[2]. Dies steht im Gegensatz zu den anderen Zeugnissen über Edith Frank. Sie wird z. B. von Miep Gies als kultiviert, still, zurückhaltend, freundlich und damenhaft charakterisiert. In den ausgewählten Tagebucheinträgen beschäftigt sich Anne mit ihren ablehnenden Gefühlen gegenüber ihrer Mutter. Im Oktober 1943 verurteilt sie ihre Mutter scharf aufgrund „all ihre[r] Mängel" (S. 166, Z. 82). Immer wieder zeigt Anne ihrer Mutter offen ihre Ablehnung, greift sie an und macht ihr deutlich, dass sie sie nicht liebt. An anderer Stelle hat sie zwar „sehr viel Mitleid" (S. 167, Z. 22) mit ihrer Mutter, weil diese so unter der Verurteilung der Tochter leidet. Aber sie beharrt darauf, dass es notwendig sei, ihre Mutter mit der „Wahrheit" (S. 167, Z. 53) zu konfrontieren, „weil sie umso schwerer zu ertragen ist, je länger sie verschoben wird" (S. 167, Z. 54f.). Zu Beginn des Jahres 1944, am 2. Januar, scheint Anne sich etwas besonnen zu haben. Sie bringt Verständnis für den Kummer der Mutter auf. Zwar sagt sie weiterhin, sie könne ihre Mutter nicht wirklich lieben (vgl. S. 168, Z. 60–62), lenkt aber insofern ein, dass sie jetzt – „klüger geworden" (S. 168, Z. 56) – bereit sei, von offenem Streit und Demütigungen der Mutter abzusehen. Sie nimmt sich vor, ihre Meinung für sich zu behalten und zu schweigen, wenn sie sich ärgert. Sie „beruhige [ihr] Gewissen jetzt einfach mit dem Gedanken, dass Schimpfworte besser auf dem Papier stehen, als dass [die] Mutter sie in ihrem Herzen tragen muss" (S. 168, Z. 64–66).

Es wirkt irritierend, dass Anne trotz ihrer scharfen Beobachtungsgabe und Feinfühligkeit in ihren Tagebüchern fast ein Zerrbild des Menschen Edith Frank zeichnet und nur wenig Mitleid für den Kummer ihrer Mutter aufbringt. Mirjam Pressler erklärt diesen Umstand so: „Das lässt sich allerdings mit Annes Alter erklären. Pubertierende Mädchen müssen sich gegen ihre Eltern – und da vor allem und zuerst gegen ihre Mutter – abgrenzen. Hätte sie Verständnis für die Situation und die seelische Verfassung ihrer Mutter zugelassen, hätte sie den entscheidenden Schritt der Abgrenzung nicht tun können, nicht unter solch engen Verhältnissen. [...] Sie war einfach noch nicht stark genug, das Leiden von anderen mitzutragen. Es war ihr gutes Recht [...], schließlich war sie das Kind, sie musste wachsen und sich entwickeln."[3] Deutlich wird hier, wie sehr die Tagebuchauszüge in diesem Kapitel die Sichtweise einer Pubertierenden wiedergeben. Daran sollte der Leser „bei Annes Beurteilung der [...] anderen erwachsenen Untergetauchten denken, gerade weil man – trotz aller Sympathie für Anne – zugeben muss, dass sie in der Beurteilung besonders von [ihrer Mutter], Frau van Pels und Herrn Pfeffer ziemlich schonungslos und manchmal ungerecht war."[4]

---

[1] Tilmann Siebert: Anne Frank, Tagebuch, München 2001, S. 21
[2] Mirjam Pressler: Ich sehne mich so. Die Lebensgeschichte der Anne Frank, Weinheim/Basel 1992, S. 100
[3] Ebd., S. 100–101
[4] Ebd., S. 101

Anne über ihre Familie (S. 165–169)

In dem Tagebucheintrag vom 30. Oktober 1943 äußert sich Anne kurz nach einer Auseinandersetzung, bei der sie sich ungerecht behandelt gefühlt hat, äußerst einseitig über die einzelnen Familienmitglieder. Deutlich wird, dass sie zu dieser Zeit Edith Frank sowohl als Mutter als auch als Person gänzlich ablehnt. Ihren Vater hingegen sieht sie als ihr „großes Vorbild" (Z. 50) und liebt ihn über alles. Deshalb leidet sie darunter, dass der Vater sie ihrer Meinung nach nicht ernst genug nimmt und sie „nur als sein Kind [und nicht] als Anne-als-sie-selbst" (Z. 73 f.) liebt. Das Verhältnis zu ihrer Schwester Margot ist ebenfalls nicht einfach. Anne glaubt, dass ihre Eltern die Schwester vorziehen, weil sie „nun mal die Klügste, die Liebste, die Schönste und die Beste" (Z. 53 ff.) sei. Weiter behauptet Anne, dass sie nicht auf diese Eigenschaften Margots „neidisch" (Z. 70) sei. Sie beneidet ihre Schwester aber darum, dass dieser im Gegensatz zu ihr des „Vaters echte Liebe" (Z. 73) gehöre und er Margot als Mensch ernst nehme. Beides würde Anne „nur so gerne [...] fühlen" (Z. 72 f.).

Aufgabe 1 S. 166

Arbeitsteilig bearbeiten die Schülerinnen und Schüler die in der Aufgabe genannten Aspekte und stellen ihre Ergebnisse in Form eines Kurzvortrages vor. Dabei arbeiten sie wieder mit den Hilfen, die in dem Methodenkasten auf S. 154 gegeben werden. Zu folgenden Ergebnissen können die einzelnen Gruppen kommen:

Annes Haltung gegenüber ihrer Mutter (Tagebucheintrag vom 30.10.1943)

1 Anne über ihre Mutter

Die Mutter ...
- ist immer auf der Seite ihrer Schwester Margot und setzt sich für diese ein, wie auch Margot immer zu ihrer Mutter hält (vgl. Z. 39–41).
- verhält sich bei Streitereien ungerecht bzw. bevorzugt die Schwester (vgl. Z. 4–17).
- denkt immer, Anne sei „beleidigt [oder] böse" (Z. 28).
- besitzt viele „Fehler" (Z. 81) und „Mängel" (Z. 82), u. a. ist sie schlampig, sarkastisch und hartherzig (vgl. Z. 85 f.).
- ist nicht „wie eine Mutter und eine Frau sein soll" (Z. 97 f.).
- ...

2 Konsequenzen, die Anne aufgrund ihrer Sicht der Mutter zieht

Anne ...
- sind die „Standpauken" (Z. 42 f.) der Mutter „gleichgültig" (Z. 42).
- achtet Edith Frank nur in ihrer Funktion als Mutter, als Mensch kann sie ihr „gestohlen bleiben" (Z. 45 f.).
- schaut „jeden Tag verächtlicher auf [ihre] Mutter hinunter [...]" (Z. 75 f.).
- gibt ausschließlich der Mutter Schuld an ihrem schlechten Verhältnis (vgl. Z. 86 f.).
- sondert sich von ihrer Mutter ab und will sich allein durch das Leben lavieren (vgl. Z. 92–99).
- akzeptiert Edith Frank notgedrungen als Erziehungsberechtigte, nicht aber als Mutter und Persönlichkeit (vgl. Z. 89–92 und 96–99).
- ...

Annes Verhältnis zu ihrem Vater (Tagebucheintrag vom 30.10.1943)

1 Annes Gefühle gegenüber ihrem Vater

Anne ...
- hält den Vater für ihr Ein und „Alles" (Z. 50) und für ihr „großes Vorbild" (Z. 50).
- liebt „niemanden auf der Welt außer [ihren] Vater" (Z. 51).
- ...

2 Kritik Annes an ihrem Vater

Der Vater ...
- urteilt auch ungerecht und voreilig über Annes Verhalten und bei Streitereien zwischen den beiden Schwestern (vgl. Z. 18–24 und 30 f.).
- bevorzugt wie die Mutter Margot. Allerdings ist es bei ihm „was anderes" (Z. 46 f.), weil er sich „nicht bewusst" (Z. 51 f.) ist, dass er mit Anne „anders umgeh[e] als mit [Margot]" (Z. 51–53).
- macht Anne dadurch traurig, dass er Margot „lobt" (Z. 48) und „zärtlich" (Z. 48) mit ihr ist.
- sieht in Anne nur den „Clown" (Z. 59) in der Familie.
- liebt in Anne nur das Kind und nicht die Person Anne (vgl. Z. 64–69).
- versteht nicht, dass Anne sich mit ihm über ihre Mutter „aussprechen muss" (Z. 79 f.).
- will nicht mit seiner Tochter über die „Fehler" (Z. 81) seiner Frau reden.
- ...

3 Erwartungen und Wünsche Annes an ihren Vater

Anne ...
- möchte von ihrem Vater „ernst genommen [...] werden" (Z. 57 f.).
- wünscht sich, dass ihr Vater sie nicht nur als sein Kind, sondern als Mensch und „Anne-als-sie-selbst" (Z. 74) liebt.
- ...

Anne und ihre Schwester Margot (Tagebucheintrag vom 30.10.1943)

1 Annes Charakterisierung ihrer Schwester Margot

Margot ...
- beurteilt Annes Verhalten vorschnell und wird schnell „böse" (Z. 13) auf Anne.
- ist laut Anne im Vergleich mit ihr „nun mal die Klügste, die Liebste, die Schönste und die Beste" (Z. 54 f.).
- ...

2 Die Stellung der beiden Schwestern in der Familie

- Beide Elternteile ziehen Margot vor (vgl. Z. 39–41 und 47 f.) und stellen sich bei Konflikten der Schwestern auf die Seite Margots, „ohne die Streitfrage zu kennen" (Z. 31 f.) oder sachlich zu beurteilen.
- Anne ist im Gegensatz zu Margot „immer der Clown und der Taugenichts der Familie" (Z. 58–60).
- Margot erhält die Form der Zuwendung und des Ernstgenommenwerdens vom Vater, die Anne auch für sich wünscht (vgl. Z. 47–49, 51–53 und 68–74).
- ...

Aufgabe 2
S. 166

Zu den einzelnen Familienmitgliedern suchen die Schüler und Schülerinnen die Textstellen heraus, die besonders deutlich die Subjektivität Annes zeigen. Die Wirkung dieser Formulierungen können sie z. B. folgendermaßen bestimmen:
- Abwertung der Mutter
- Abgrenzung gegenüber den Eltern
- Rechtfertigung des eigenen Verhaltens
- Neid gegenüber der Schwester
- Anklage der Eltern
- Bewunderung des Vaters
- Zeigen von innerer Verletzbarkeit und Enttäuschung
- ...

Nach dieser Textarbeit beurteilen die Schüler, inwieweit die Vorwürfe und Sichtweisen Annes ihrer Meinung nach zutreffend sind. Zwei Punkte können in diesem Gespräch herausgestellt werden:
- Erstens lässt sich anhand der Tagebucheinträge keine zuverlässige Beurteilung der anderen Hausbewohner entwickeln, da der Leser nur Informationen über sie erhält, die durch den „Filter" von Annes Gefühlen, Einstellungen, Wünschen etc. gegangen sind.
- Zweitens gibt es viele Gründe wie die Enge des Zusammenlebens, die ständige Angst, die Pubertät Annes u. a., die dafür sprechen, dass Anne vielleicht die Menschen um sie herum und ihre Beziehung zu ihnen oft auch sehr verzerrt wahrgenommen hat.

Dann lesen die Schüler den Tagebucheintrag vom 2. April 1943. Hier erzählt Anne von einem besonders drastischen Konflikt zwischen ihrer Mutter und ihr. Statt des Vaters möchte die Mutter Anne „Gutenachtsagen" (Z. 6) und mit ihr „zusammen beten" (Z. 9). Dies lehnt Anne kategorisch ab, worauf die Mutter tief verletzt erkennt, wie wenig die Tochter sie anscheinend liebt. Anne hat zwar „Mitleid" (Z. 22) mit ihrer Mutter und findet ihr eigenes Verhalten auch „gemein" (Z. 17) und „rüde" (Z. 18). Sie rechtfertigt ihr Verhalten aber damit, dass sie der Mutter die Schuld an der Entwicklung ihrer Beziehung gibt. Die „taktlosen Bemerkungen" (Z. 29 f.), „rohen Scherze" (Z. 31) über Anne und „harte[n] Worte" (Z. 34) der Mutter hätten dazu geführt, dass in „Wahrheit" (Z. 28) die Mutter zuvor Anne „von sich gestoßen" (Z. 28 f.) habe. Deshalb nimmt sich Anne vor, kompromisslos auch in Zukunft gegenüber der Mutter „vor der Wahrheit nicht zurück[zu]schrecken" (Z. 53 f.). In keiner Weise ist sie bereit, die Forderung des Vaters und die Erwartung aller zu erfüllen, sich bei ihrer Mutter für ihr Verhalten zu entschuldigen.

Aufgaben 1 und 2
S. 167

Die Schülerinnen und Schüler untersuchen den Tagebucheintrag wieder aspektorientiert. Um ein selbstständigeres Arbeiten zu ermöglichen, werden ihnen diesmal die Untersuchungsaspekte nicht vorgegeben. Nach dem ersten Lesen des Tagebucheintrages und einem kurzen Austausch über die Ersteindrücke der Schüler werden zunächst alle Untersuchungsaspekte, welche die Schüler sehen, an der Tafel gesammelt. In einem zweiten Schritt werden diejenigen Aspekte bestimmt, unter denen der Text am sinnvollsten untersucht werden kann. Folgende Aspekte können bestimmt werden:
- äußerer Anlass des Konfliktes zwischen Anne und ihrer Mutter
- Verhalten, Einstellungen und Reaktionen der Mutter
- Verhalten und Sichtweise Annes
- Verhalten und Erwartungen des Vaters
- ...

Bei schwächeren Lerngruppen können diese Aspekte auch vorgegeben werden. Die Ergebnisse der Textarbeit werden wieder in der Form eines Kurzvortrags präsentiert. Die Textarbeit kann zu folgenden Ergebnissen führen:

Anne Franks Beziehung zu ihrer Mutter – Tagebucheintrag vom 2.4.1943

1 Äußerer Anlass für den Streit zwischen Anne und ihrer Mutter
- Anne wartet auf den Vater „zum Beten und Gutenachtsagen" (Z. 5 f.).
- Die Mutter möchte dies übernehmen.
- Anne weigert sich, zusammen mit ihrer Mutter zu beten.
- …

2 Reaktionen und Verhalten der Mutter
Die Mutter …
- ist tief verletzt, weint und sieht, dass Anne sie ablehnt (vgl. Z. 11–16).
- will „nicht böse" (Z. 14) auf Anne sein, da sie einsieht, dass „Liebe […] sich nicht erzwingen [lässt]" (Z. 14 f.).
- leidet unter der Situation und an der Ablehnung durch ihre Tochter (vgl. Z. 41 f.).
- …

3 Reaktionen und Sichtweise Annes
Anne …
- findet ihr Verhalten einerseits „gemein" (Z. 17) und „rüde" (Z. 18) und hat „sehr viel Mitleid" (Z. 22) mit ihrer Mutter.
- erklärt ihr Verhalten aber andererseits damit, dass sie gegenüber der Mutter „nicht so heucheln und nicht gegen [ihren] Willen mit ihr beten" (Z. 19–21) gekonnt hätte.
- meint, dass es zwar „hart [sei], die Wahrheit zu sagen" (Z. 27), aber notwendig, da sie nur etwas gesagt habe, „was wahr ist und was [ihre] Mutter früher oder später doch wissen muss" (Z. 45 f.).
- rechtfertigt ihre offene Ablehnung der Mutter damit, dass sie ihr die Schuld an dem Konflikt und ihrem zerrütteten Verhältnis gibt: „[D]och ist es die Wahrheit, dass sie mich selbst von sich gestoßen hat, dass sie mich selbst durch ihre taktlosen Bemerkungen für jede Liebe von ihrer Seite abgestumpft hat […]." (Z. 27–31)
- glaubt, dass ihrer Mutter gerechterweise der Schmerz widerfährt, den sie Anne vorher mit ihren „harte[n] Worten" (Z. 34) angetan habe.
- sind die Traurigkeit der Mutter, die Vorwürfe des Vaters und die Forderung aller, dass sie sich entschuldigen müsse, „gleichgültig" (Z. 47).
- sagt, dass es das Problem der Mutter und nicht ihres sei, wie ihre Mutter „ihre Haltung wiederfinde[.]" (Z. 51) und mit der Situation umgehe.
- nimmt sich vor, weiter gegenüber ihrer Mutter ihre Meinung offen zu sagen, und will sich nicht entschuldigen.
- …

4 Verhalten und Erwartungen des Vaters
Der Vater …
- redet nicht mit Anne und macht ihr stillschweigend Vorwürfe.
- versteht nicht, warum Anne derart herzlos gegenüber seiner Frau ist.
- erwartet, dass Anne einlenkt und sich bei seiner Frau entschuldigt.
- …

Nach der Präsentation der Ergebnisse der Textarbeiten beurteilen die Schülerinnen und Schüler den Konflikt und bewerten das Verhalten und die Einstellungen Annes.

Aufgabe 3
S. 167

Der Vergleich der Tagebucheinträge vom 30.10.1943 (S. 165–166) und vom 2.4.1943 (S. 166–167) zeigt, dass sich Annes Haltung gegenüber ihrer Mutter in diesem Zeitraum unverändert ablehnend darstellt. Auch das Verhältnis zum Vater ist ähnlich. Er hält zu seiner Frau, spricht aber nicht mit Anne über ihre Probleme mit der Mutter. Die Gemeinsamkeiten können die Schülerinnen und Schüler erarbeiten, indem sie zentrale Textstellen aus beiden Tagebucheinträgen gegenüberstellen. Wie sie dabei vorgehen können, kann anhand des Methodenkastens auf S. 169 besprochen werden. Bei stärkeren Lerngruppen können die Gemeinsamkeiten und Unterschiede im Unterrichtsgespräch herausgearbeitet und mit folgendem **Tafelbild** gesichert werden:

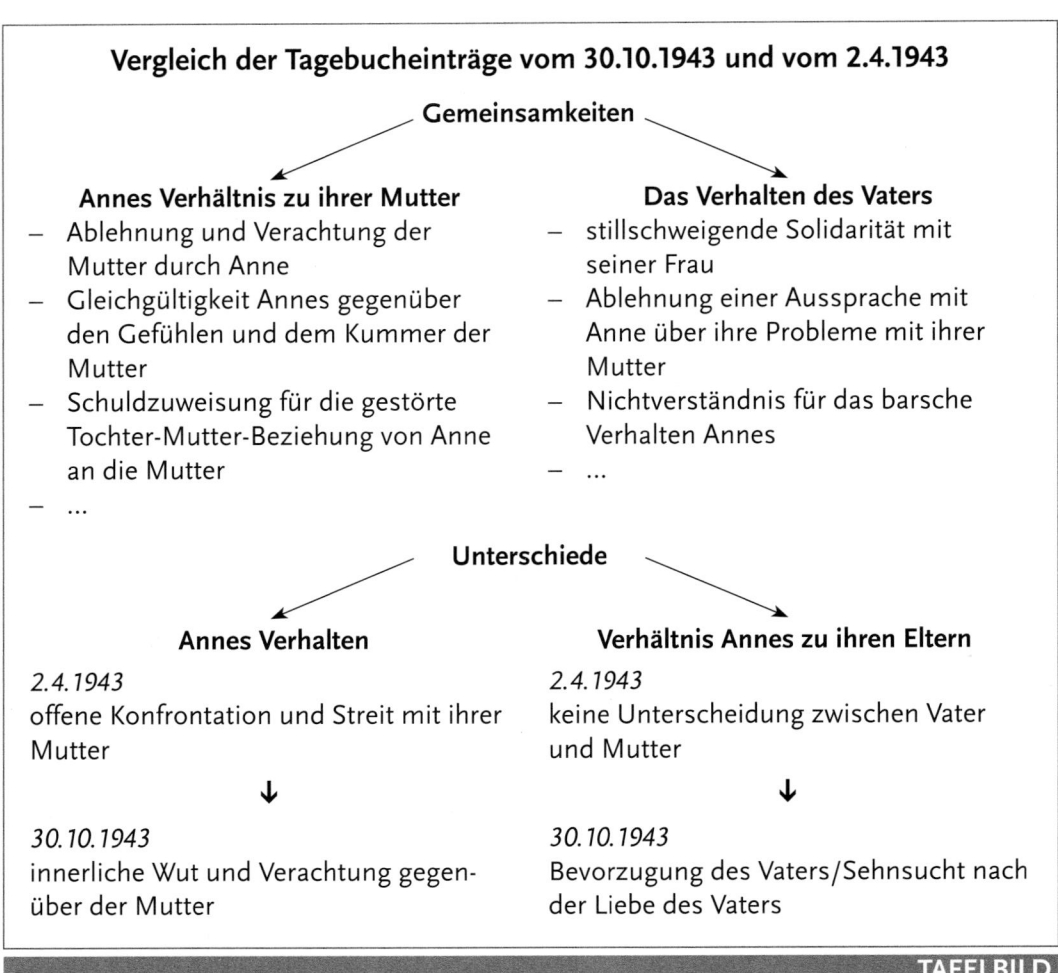

TAFELBILD

Aufgabe 4
S. 167

Die Schülerinnen und Schüler wählen einen Schreibauftrag. Sie können dabei entweder die Perspektive der Personen ausgestalten, die ihnen am wichtigsten ist, oder ihre eigene Bewertung des Streits ausformulieren.

Annes Haltung gegenüber ihrer Mutter hat sich zwischen April und Oktober 1943 nicht verändert. Am Anfang des Jahres 1944 zeigt sich dann aber eine Wendung in der Einstellung Annes. In dem **Tagebucheintrag vom 2. Januar 1944 (S. 167–168)** reflektiert Anne erneut über das Thema „Mutter". Sie hat ihre alten Briefe an Kitty dazu gelesen. Im Rückblick versteht sie jetzt aber selbst nicht mehr, warum sie so voller „Hass" (Z. 12) gewesen ist. Ihre damalige Sicht auf ihre Mutter kommt ihr brutal und ungerecht vor. Die Gründe für ihre Wut auf ihre Mutter sieht sie nun in ihren „Stimmungen" (Z. 18 f.), ihrem

„aufbrausende[n] Temperament" (Z. 24), ihrem Selbstmitleid (vgl. Z. 48 f.), ihrer Egozentrik (vgl. Z. 26 f.) und der extremen Lebenssituation im Hinterhaus (vgl. Z. 50–54). Wie in den früheren Einträgen stellt Anne fest, dass sie und ihre Mutter sich gegenseitig nicht verstehen und dass es ihr unmöglich sei, ihre „Mutter so richtig [zu] lieben" (Z. 60 f.). Sie sieht jetzt aber ein, dass sie an den Streitereien großen Anteil hat, und versteht die Gereiztheit ihrer Mutter. Am Ende stellt sie fest, dass sie nun „klüger geworden" (Z. 56) sei und die Mutter sich „etwas beruhigt" (Z. 57) habe. Beide gehen offenen Streitereien aus dem Weg und halten „meistens den Mund" (Z. 58), wenn sie sich ärgern. Anne sagt, sie schreibe ihre Gedanken über die Mutter nur noch ins Tagebuch, um sie nicht zu verletzen. Trotz aller Probleme scheinen damit viele Schwierigkeiten gelöst zu sein, und so stellt Anne erleichtert fest: „Deshalb geht es uns augenscheinlich viel besser." (Z. 59 f.)

Aufgaben 1 und 2 S. 168

Zur Vorbereitung des Vergleichs der Tagebucheinträge vom 2.4.1943 (S. 166–167) und vom 2.1.1944 (S. 167–168) lesen die Schülerinnen und Schüler den Methodenkasten auf S. 169. Gemeinsam werden dann Themen und Aspekte der beiden Tagebucheinträge gesammelt und Kriterien des anschließenden Textvergleichs festgelegt. Dann untersuchen die Schüler die Tagebucheinträge vergleichend miteinander und halten ihre Ergebnisse in einer Tabelle (auf Folie) fest. Eine solche Tabelle könnte so aussehen:

Vergleich der Tagebucheinträge vom 2. April 1943 und vom 2. Januar 1944		
Vergleichs-gesichtspunkte	Tagebucheintrag vom 2. April 1943 (SB 8, S. 166 – 167)	Tagebucheintrag vom 2. Januar 1944 (SB, S. 167 – 168)
Charakterisierung der Mutter	Die Mutter ... – drängt sich auf (vgl. Z. 8–10). – ist taktlos (vgl. Z. 29), ordinär (vgl. Z. 31), unsensibel (vgl. Z. 33 f.). – unberechtigterweise verletzt über Annes Ablehnung (vgl. Z. 48 f.). – ist sehr verletzlich, verhält sich aber gegenüber Anne selbst „hart[.]" (Z. 34). – ist larmoyant und besitzt keine „Haltung" (Z. 51) angesichts der Schwierigkeiten. – ...	Die Mutter ... – hat versucht, „zärtlich" (Z. 36) zu sein, weil sie Anne liebt. – verhält sich aufgrund der Streitereien mit der Tochter und der Lebensumstände verständlicherweise oft „nervös und gereizt" (Z. 40). – hält sich zurück und schweigt meistens, wenn sie sich über Anne ärgert. – ...
Tochter-Mutter-Beziehung	Anne ... – liebt ihre Mutter nicht (vgl. Z. 14 f.). – ist kühl (vgl. Z. 23 f.) und „gleichgültig" (Z. 47) gegenüber ihrer Mutter. – fühlt sich von der Mutter abgestoßen (vgl. Z. 28 f.) und stößt sie deshalb auch von sich ab (vgl. Z. 17 f.). – ...	Anne ... – kann weiterhin ihre Mutter nicht „so richtig lieben, mit der anhänglichen Liebe eines Kindes" (Z. 60–62). – versteht die gereizten Reaktionen der Mutter gut (vgl. Z. 40 f.). – zeigt Verständnis für die Mutter. – denkt, viele Probleme seien „[v]orbei" (Z. 32) und ausgestanden. – ...

Anne über sich selbst und ihr eigenes Verhalten	Anne ... – bezeichnet ihr Verhalten als „gemein" (Z. 17), rechtfertigt es aber als notwendig (vgl. Z. 21 und 43–46). – glaubt, dass sie der Mutter berechtigterweise das an Lieblosigkeit zurückgibt, was ihre Mutter ihr vorher angetan hat (vgl. Z. 26–36). – fühlt sich von den anderen und ihrem Vater zu Unrecht angeklagt und reagiert deshalb kalt und gleichgültig auf sie (vgl. Z. 42 f. und 46–49). – ...	Anne ... – versteht ihren früheren „Hass" (Z. 8) auf die Mutter nicht mehr und hat Gewissensbisse deshalb (vgl. Z. 6–18). – sieht nun ihre Anteile an den Streitereien mit ihrer Mutter. – erkennt, dass ihre Launenhaftigkeit (vgl. Z. 18–20), ihre Subjektivität (vgl. Z. 19–21), ihre Frechheiten (vgl. Z. 37–41), ihr Selbstmitleid (vgl. Z. 48) und ihr „aufbrausende[s] Temperament" (Z. 24) die Mutter nervös und aggressiv gemacht haben. – ...
Konsequenzen, die Anne aus ihrer Sicht zieht	Anne ... – will gegenüber der Mutter auf keinen Fall Zuneigung „heucheln" (Z. 20), sondern ihr die Wahrheit immer offen sagen (vgl. Z. 52–54). – bereut ihr Verhalten nicht und will sich nicht entschuldigen (vgl. Z. 42–46); glaubt, dass die Vorwürfe ihrer Eltern unberechtigt sind, und verhält sich deshalb trotzig und kalt (vgl. Z. 46–51). – ...	Anne ... – verurteilt die Mutter nicht mehr (vgl. 55 f.). – nimmt sich zurück, wenn sie sich über die Mutter ärgert, und sucht keinen offenen Streit mehr, um ihre Mutter nicht zu verletzen (vgl. Z. 58 f.). – kann sie weiterhin nicht als Mutter lieben, nimmt jetzt aber Rücksicht auf ihre Gefühle (vgl. Z. 55–62). – vertraut ihre negativen Gedanken über die Mutter nur noch ihrem Tagebuch an, damit die Mutter sie nicht „in ihrem Herzen tragen muss" (Z. 65 f.). – ...

Die Gemeinsamkeiten und Unterschiede werden vorgestellt und besprochen. Vor diesem Hintergrund kann abschließend die Aussage Annes „Ich bin klüger geworden" (Z. 56) erläutert und gedeutet werden. Es lässt sich feststellen, dass Annes Haltung gegenüber ihrer Mutter durchgehend durch Ablehnung und mangelnde Liebe gekennzeichnet ist. Sie lernt aber im Laufe der Zeit von April 1943 bis Januar 1944, immer besser damit umzugehen. Statt offener Aggression gegenüber der Mutter findet sie einen Weg – das Tagebuchschreiben –, ihre Mutter weniger zu verletzen und Rücksicht auf deren Gefühle zu nehmen. Auch gelingt es ihr, immer deutlicher ihre eigene Rolle in dieser Tochter-Mutter-Beziehung zu hinterfragen.

Aufgabe 3
S. 168

Die Schülerinnen und Schüler suchen Textstellen heraus, die besonders deutlich zeigen, dass Anne hier subjektiv ihre Sicht, Gefühle und Wahrnehmungen darstellt, und erläutern die Wirkung dieser Formulierungen. Dabei können sie z. B. auf folgende Textstellen eingehen:
– Z. 7 ff.: „Anne bist du das, [...]? O Anne, wie konntest du das?" → Selbstanklage Annes
– Z. 11 f.: „randvoll mit Wut und wirklich so voller Hass" → Darstellung der früheren negativen und aggressiven Einstellung Annes gegenüber der Mutter

- Z. 18 ff.: „Ich litt ... an Stimmungen, die mich ... mit dem Kopf unter Wasser hielten und mich die Dinge nur subjektiv sehen ließen" → Eingeständnis der eigenen egozentrischen Launenhaftigkeit
- Z. 21 ff.: „Ich habe nicht versucht ..." → Selbstreflexion und Eingeständnis der eigenen Fehler
- Z. 26 ff.: „Ich habe mich in mir selbst versteckt, nur mich selbst betrachtet ..." → ebenfalls Selbstanklage/Eingeständnis der eigenen Fehler
- Z. 33 ff.: „Sie verstand mich nicht, das ist wahr, aber ich verstand sie auch nicht" → Selbstreflexion und -analyse des eigenen Verhaltens
- Z. 50 ff.: „Diese zu heftigen Sätze sind lauter Äußerungen von Wut, die ich im normalen Leben ..." → Entschuldigung/Erklärung des eigenen Verhaltens durch die extreme Lebenssituation
- ...

Aufgabe 4 S. 168

Auch in diesem Tagebucheintrag reflektiert Anne, welche Bedeutung das Tagebuch für sie hat. Die Schülerinnen und Schüler benennen die entsprechenden Textstellen und erläutern sie. Folgende Aspekte werden in dem Tagebucheintrag über die Bedeutung des Tagebuchschreibens für Anne deutlich:

- Das Tagebuch ist für Anne ein Medium der Selbstklärung geworden. Sie liest es, um zu überprüfen, ob das früher Gesagte auch noch heute gültig ist. Sie vergleicht, wie sie früher gefühlt und gedacht hat, mit ihrem gegenwärtigen Fühlen und Denken. Dabei reflektiert sie ihre eigene Entwicklung (vgl. Z. 1–25 und 31 f.). Dies wird besonders deutlich in dem Tagebucheintrag vom 5. April 1944, den die Lehrkraft in diesem Zusammenhang den Schülern vorlesen könnte (s. **Arbeitsblatt 10, S. 243**).
- Das Tagebuch hat weiter die Funktion eines „Kummerkastens". Nur beim Tagebuchschreiben ist Anne ganz bei sich und kann all ihre Freude, ihren Spott oder ihre Traurigkeit loswerden und ausdrücken (vgl. Z. 26–29).
- Zugleich ist das Tagebuch aber auch ein „Memoirenbuch geworden" (Z. 30 f.). Mithilfe des Tagebuches kann Anne ihr Leben und das, was es ausmacht, für sich selbst festhalten und dem Vergessen entziehen.

Das Verhältnis zu ihrer Mutter thematisiert Anne auch in dem Tagebucheintrag vom 6.1.1944 (s. **Arbeitsblatt 11, S. 247**). Auch hier wird deutlich, dass das Verhältnis zu ihrer Mutter grundsätzlich problematisch ist, weil Anne die Mutter als Mensch ablehnt. Dieser Tagebucheintrag kann zur Vertiefung dieser Problematik oder zur Leistungsüberprüfung eingesetzt werden.

Wenn geplant wird, die Unterrichtsreihe an dieser Stelle zu beenden, kann **Arbeitsblatt 8, S. 237 f.**, eingesetzt werden. Mithilfe des Arbeitsblattes können die Schüler sich darüber informieren, wie die Menschen im Hinterhaus entdeckt worden sind und welches Schicksal sie nach ihrer Verhaftung erleiden mussten.

„Ich will fortleben auch nach meinem Tod" – Das Anne Frank Haus und die Tagebücher (S. 170–174)

In diesem Kapitel wird vorgestellt, wie nach dem Zweiten Weltkrieg die Erinnerung an Anne Frank und ihr Vermächtnis bewahrt worden sind. Die Schülerinnen und Schüler können sich über die Arbeit des Anne Frank Hauses ein Bild machen (S. 170–171). Im zweiten Teil (S. 171–173) lernen sie die Geschichte des Tagebuches kennen.

Das Anne Frank Haus (S. 170–171)

Zum Einstieg können die Schüler ein Gedankenexperiment durchführen. Sie werden aufgefordert, sich vorzustellen, dass sie nach dem Zweiten Weltkrieg hätten bestimmen können, was mit dem Hinterhaus in der Prinsengracht 263 geschehen sollte. In Gruppen sammeln sie Vorschläge, wie sie das Haus im Sinne des Vermächtnisses von Anne Frank genutzt hätten, die sie möglichst konkret ausgestalten. Diese werden dann der Klasse vorgestellt. Anschließend lesen sie den Moderationstext auf S. 170 und informieren sich über die tatsächliche Historie des Hinterhauses. Die wichtigsten Informationen können von den Schülerinnen und Schülern auf einem Stichwortzettel festgehalten und anschließend im Plenum ausgetauscht werden:

Das Anne Frank Haus heute
- seit 1960 ein Museum
- internationale Jugendbegegnungsstätte (= Vorderhaus)
- Besichtigung des Verstecks im Originalzustand/ Ausstellung des Tagebuches (= Hinterhaus)
- Anne Frank Haus = weltweit arbeitende Organisation (Zweigstellen: New York, Berlin, London)

Aufgaben 1 bis 3 S. 170–171

Die Schüler beschreiben den Aufbau der Homepage, die Funktionen der einzelnen Links und die Themen der abgebildeten Internetseite des Anne Frank Hauses. Dann recherchieren sie zur Geschichte, zu den Zielen und Schwerpunkten der Arbeit des Anne Frank Hauses im Internet und stellen ihre Ergebnisse vor. Mithilfe der Internetseite des Anne Frank Hauses können die Schülerinnen und Schüler zu vielen Themen Kurzreferate entwickeln und der Klasse vorstellen. Ebenfalls mithilfe des Internets können sich die Schüler über das Anne Frank Zentrum in Berlin informieren und darüber referieren.

Dorothea Waldherr/Ute Hiddemann: Die Geschichte der Tagebücher (S. 171–173)

Mithilfe des Methodenkastens auf S. 174 erschließen die Schüler den relativ langen und an einigen Stellen inhaltlich schwierigen Sachtext. Sie lesen den Text einige Minuten überfliegend. Dann tauschen sie sich mit einem Partner oder in kleinen Gruppen darüber aus, worum es darin geht und welche inhaltlichen Einzelheiten sie dem Text beim überfliegenden Lesen entnehmen konnten. Die Ergebnisse dieser ersten Runde können noch einmal in der Klasse zusammengetragen werden. Als Nächstes lesen die Schüler den Text jeder für sich genau durch. In Partnerarbeit gliedern sie den Text und geben den einzelnen Sinnabschnitten Überschriften. Um die Schüler zu entlasten, kann die Gliederung auch gemeinsam entwickelt werden. Möglich wäre es auch, den Schülern die Zeilenangaben für die einzelnen Abschnitte zu geben und sie dazu passende Überschriften finden zu lassen. Die Gliederung kann folgendermaßen aussehen:

Z. 1–11:	Aufbewahrung der Tagebücher nach der Verhaftung durch Miep (1944)
Z. 12–43:	Miep übergibt Otto Frank die Tagebücher (1945)
Z. 44–102:	Die Bearbeitung der eigenen Tagebücher durch Anne (Version a + b)
Z. 103–117:	Gründe Otto Franks, die Tagebücher zu veröffentlichen
Z. 118–132:	Überarbeitung der Tagebücher durch Otto Frank für die Veröffentlichung (Version c)
Z. 133–145:	Erstveröffentlichung (1947) und Erfolg der Tagebücher
Z. 146–168:	Der Streit um die Echtheit der Tagebücher
Z. 168–178:	Veröffentlichung der „Kritischen Ausgabe" und der neuen Taschenbuchausgabe

Als Nächstes gehen die Schüler den Text abschnittweise durch. Sie erarbeiten mithilfe von Markierungen die zentralen Informationen und legen evtl. eine stichwortartige Übersicht an. Die Ergebnisse der Textarbeit werden präsentiert, indem jeweils ein Schüler bzw. eine Gruppe einen Sinnabschnitt der Klasse vorstellt.

Aufgabe 2 S. 173

Zur Sicherung der Textinhalte entwickeln die Schülerinnen und Schüler Fragen zum Text. Sie tauschen ihre Fragesammlungen aus und beantworten sie. Dabei kann vorher vereinbart werden, ob sie den Text benutzen dürfen oder ob sie die Fragen ohne Text beantworten sollen. Die Antworten werden schriftlich festgehalten und von denjenigen Schülern, die die Fragen entwickelt haben, ausgewertet. Die Inhaltssicherung bzw. die Überprüfung, inwieweit die Informationen des Textes bekannt sind, kann auch mithilfe von **Arbeitsblatt 9, S. 240,** erfolgen.

Lexikonartikel über Leben und Werk Anne Franks

Bettina Kümmerling-Meibauer
Anne Frank

**geb. 1929 in Frankfurt/M.
gest. 1945 im KZ Bergen-Belsen**

Leben

Anne Frank war die Tochter eines jüdischen Fabrikanten. 1933 zog die Familie nach der Machtergreifung durch die Nationalsozialisten nach Amsterdam, wo ihr Vater eine Gewürz- und Konservierungsmittelhandlung eröffnete. 1940 besetzten die Deutschen die Niederlande, ab 1942 begann auch hier der Abtransport der Juden in die Konzentrationslager. Um der Verschleppung zu entgehen, tauchte die Familie *Frank* mit ihren beiden Töchtern in der Amsterdamer Prinsengracht 263 (einem Kontor- und Lagerhaus hinter dem Geschäft) unter. Zusammen mit dem Ehepaar *van Daan*[1], ihrem Sohn Peter und dem Zahnarzt Dr. *Dussel*[2] versteckten sie sich im Dachgeschoss des Lagerhauses und wurden von Angestellten heimlich versorgt. Im August 1944 wurden sie denunziert und das Versteck wurde von der Gestapo gestürmt. Anne Frank kam ins Konzentrationslager nach Bergen-Belsen, wo sie im März 1945 einer Typhusepidemie zum Opfer fiel.

Werk und Bedeutung

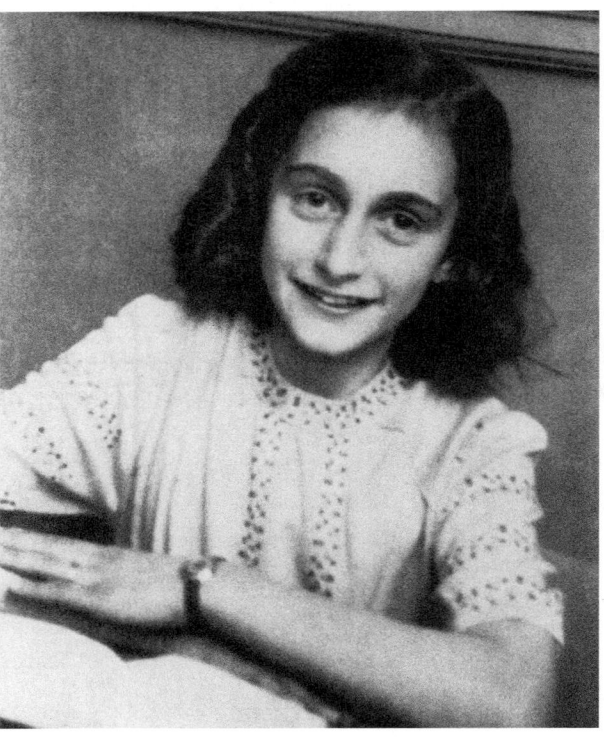

Kurz vor ihrem Untertauchen im Versteck hatte *Anne Frank* von ihrem Vater zu ihrem 13. Geburtstag ein Tagebuch geschenkt bekommen und begann sogleich, ihre Eindrücke von der Besatzungszeit darin aufzuzeichnen. Sie schreibt darin Briefe an eine fiktive Freundin Kitty. Über einen Zeitraum von zwei Jahren beschreibt sie die letzten Tage in der Freiheit und das beengte und bedrückende Leben im Hinterhaus. Die Aufzeichnungen handeln von den heimlichen Träumen und Hoffnungen Anne Franks sowie ihrer aufkeimenden sexuellen Neugier, die ihr Verhältnis zum etwas älteren Peter bestimmt. Mit scharfem Blick durchschaut sie das zunehmend nervöser werdende Verhalten ihrer Lebensgefährten und kritisiert es rückhaltlos. Zugleich bleibt sie offen für politische Nachrichten, die zu ihnen durchsickern. Gegen Ende des zweiten Jahres geben die Informationen über die Invasion der Alliierten in der Normandie und der Widerstand der Niederländer gegen die Deutschen den Eingeschlossenen neue trügerische Hoffnung. Am 1. August 1944 schreibt *Anne Frank* ihren letzten Brief an Kitty. – Nach der Erstürmung des Verstecks wurde das Tagebuch bei der Durchsuchung übersehen. Es wurde von Freunden der Familie gefunden und aufbewahrt. Als einziger Überlebender kehrte der Vater aus dem Konzentrationslager zurück. Auf Drängen von Schicksalsgenossen entschloss er sich 1947 (dt. 1949) zur Veröffentlichung des Tagebuchs. *Anne Frank* ist in der ganzen Welt zur Symbolgestalt der Leiden des jüdischen Volkes unter dem Terror des nationalsozialistischen Regimes geworden. Mit ihren Aufzeichnungen verlieh sie stellvertretend Millionen ermordeter Kinder und Jugendlicher eine Stimme. Neben dem Erfahrungsbericht über das Leiden der jüdischen Bevölkerung unter der deutschen Besatzung erhält man einen Einblick in die komplizierten

---
[1] van Pels
[2] Pfeffer

zwischenmenschlichen Beziehungen zwischen den acht Eingeschlossenen. Hin und her gerissen zwischen Selbstvertrauen und Zweifeln, zwischen melancholischen Träumen und einer albtraumhaft beklemmenden Realität, wird die Erlebnisfähigkeit des Mädchens immer intensiver. Mit den durchlittenen Ängsten wächst ihr schriftstellerisches Talent, nimmt ihre Reife zu. In den philosophischen Exkursen über den Sinn des Lebens und die moralische Stellung des Menschen drückt sich ihr Glaube an das Gute im Menschen und die läuternde Kraft des Schicksals aus. Innerhalb der niederländischen Kinderliteratur gehört es zu den ersten Werken, die an die Verbrechen an Juden erinnern. Um die von antisemitischen und rechtsradikalen Kreisen immer wieder vorgebrachte Behauptung, dass es sich bei dem „Tagebuch" um eine Fälschung handle, zu widerlegen, wurde 1986 eine textkritische Ausgabe veröffentlicht. Die dieser Ausgabe beigefügten Gutachten und Berichte einer kriminaltechnischen Untersuchung der Manuskripte lassen an der Verfasserschaft von *Anne Frank* keinerlei Zweifel zu.

Das Tagebuch wurde in ca. 55 Sprachen übersetzt und ist in einer Auflage von mehr als 20 Millionen Exemplaren verbreitet. Die Bühnenfassung von *Goodrich/Hackett* wurde weltweit an renommierten Bühnen aufgeführt und diente als Vorlage für zwei Verfilmungen. Neben dem „Tagebuch" erschienen 1960 unter dem Titel „Verhalen rondom het Achterhuis" („Geschichten und Ereignisse aus dem Hinterhaus") noch weitere Erzählungen, Märchen und Betrachtungen von *Anne Frank*. 1957 hielt *Eugen Kogon* in der Frankfurter Paulskirche eine viel beachtete Rede über *Anne Frank*. Zahlreiche Ausstellungen haben sich ihrem Leben und Werk gewidmet, ihr Wohnhaus in der Prinsengracht ist heute ein Museum.

Bücher von Anne Frank
(deutschsprachige Übersetzungen)
– Das Tagebuch der Anne Frank. Frankfurt/M.: Fischer (1955) 2013 (auch als TB)
– Geschichten und Ereignisse aus dem Hinterhaus. Frankfurt/M.: Fischer (1982) 2003 (TB)

(Aus: Bettina Kümmerling-Meibauer: Anne Frank; in: Lexikon Deutsch. Kinder- und Jugendliteratur, Autorenportraits und literarische Begriffe, Freising 1998, S. 42–43)

Arbeitsblatt 2

Methode – ein Buch vorstellen

Ein Buch vorstellen

So gehst du vor

Um eine Buchvorstellung interessant und gelungen zu gestalten, solltest du die folgenden Tipps beachten:

1. **Berichte, worum es in dem Buch geht.**

Nenne zuerst den Autor und den Titel. Informiere deine Zuhörer dann, worum es in deinem Buch geht. Auf folgende Punkte solltest du eingehen:
- Gib an, **wo** und **wann** die Handlung spielt.
- Stelle die **Hauptfigur** bzw. **-figuren** vor.
- Fasse die **Handlung** in groben Zügen kurz zusammen. Verrate aber nichts, was deinen Zuhörern die Neugierde auf das Buch nehmen könnte.

2. **Bereite deinen Vortrag so vor, dass du ihn frei halten kannst.**

Deine Zuhörer können dir nicht gut folgen, wenn du deine Buchvorstellung einfach aufschreibst und dann abliest. Lege dir Karteikarten an, auf denen du das Wichtigste in Stichworten als Erinnerungsstütze festhältst. Beachte während des Vortrags folgende Punkte:
- **Sprich** möglichst **frei**.
- Achte darauf, dass du **betont** und **deutlich** sprichst.
- Mache immer wieder Pausen und halte **Blickkontakt** zu deinen Zuhörern.
- Sorge dafür, dass deine Buchvorstellung **nicht länger als 15 Minuten** dauert. Einen solchen Vortrag zu halten, ist nicht ganz einfach. **Übe deine Buchvorstellung** mithilfe deiner Karteikarten deshalb einige Male, bevor du sie hältst. Du kannst sie vor dem Spiegel einüben oder jemanden aus deiner Familie oder von deinen Freunden bitten, dir zuzuhören.

3. **Veranschauliche deine Buchvorstellung mit passenden Materialien.**

Deine Zuhörer können dir besser folgen, wenn du deine Buchvorstellung veranschaulichst. Du kannst z. B.
- die **Figurenbeziehungen in einem Schaubild** darstellen und mithilfe einer OHP-Folie präsentieren.
- auf einer **Landkarte** zeigen, an welchen Orten die Geschichte spielt.
- den **Lebensweg der Hauptfigur mit Höhen und Tiefen** in Form einer Kurve mit entsprechenden Stichworten auf einem Plakat darstellen.
- **Steckbriefe von Figuren** anfertigen und aushängen.
- eine **Lesekiste** zusammenstellen. Du füllst dazu einen Pappkarton **mit Gegenständen**, die in dem Buch eine Rolle spielen. An den entsprechenden Stellen deiner Buchvorstellung zeigst du den anderen die jeweiligen Gegenstände und erklärst ihnen, welche Rolle sie in dem Buch spielen.
- eine **Leseleine** quer durch die Klasse spannen. An dieser befestigst du **Bilder z. B. von Figuren, Orten und Situationen** oder **Gegenständen,** die in dem Buch eine Rolle spielen. Diese nimmst du während deines Vortrags ab und präsentierst sie deinen Zuhörern.

Arbeitsblatt 2

4. Lies eine besonders interessante Textstelle vor.

Zwischendurch oder auch am Ende solltest du eine Textstelle aus dem Buch vorlesen. Achte dabei auf folgende Punkte:

- **Führe** vorher deine Zuhörer **in den jeweiligen Textauszug kurz ein.** Berichte dazu, was vorher passiert ist.
- Lies **betont, deutlich** und mache an entsprechenden Stellen immer wieder **Pausen.** Markiere dir vorher, welche Wörter du besonders betonen willst und an welchen Stellen du eine kleinere oder größere Pause machen willst.
- Versuche, mit deiner Stimme die jeweilige Situation oder die **Stimmung der Figur wiederzugeben** (z. B. Aufregung, Ärger, Wut, Freude). Notiere dir dazu Stichworte am Textrand.
- **Übe** deinen Lesevortrag vor deiner Buchvorstellung **mehrfach.**
- Erkläre deinen Zuhörern nach dem Vorlesen, **warum du diese Textstelle ausgewählt** hast und was sie deiner Meinung nach Besonderes und Wichtiges zeigt.

5. Beurteile das Buch am Ende.

Informiere deine Zuhörer am **Schluss** deiner Buchvorstellung darüber,

- was du an deinem Buch **gut findest,**
- was dir eventuell **nicht so gut gefällt** und
- **warum** du den anderen empfiehlst, es ebenfalls zu lesen.

6. Beziehe deine Zuhörer mit ein.

Du kannst z. B.

- am Ende ein Quiz zu dem vorgestellten Buch veranstalten.
- ein Arbeitsblatt mit richtigen und falschen Aussagen zu dem Buch entwickeln und verteilen. Die anderen haben dann die Aufgabe, während der Buchvorstellung die richtigen Aussagen herauszufinden.
- einen Lückentext entwickeln, den die anderen während deiner Buchvorstellung ausfüllen.

© Schöningh Verlag

Arbeitsblatt 3

Tagebucheintrag Anne Franks vom 8. Juli 1942

Mittwoch, 8. Juli 1942

Liebe Kitty!
Zwischen Sonntagmorgen und jetzt scheinen Jahre zu liegen. Es ist so viel geschehen, als hätte sich plötzlich die Welt umgedreht. Aber, Kitty, du merkst, dass ich noch lebe, und das ist die Hauptsache, sagt Vater. Ja, in der Tat, ich lebe noch, aber frage nicht, wo und wie. Ich denke, dass du mich heute überhaupt nicht verstehst, deshalb werde ich einfach anfangen, dir zu erzählen, was am Sonntag geschehen ist.

Um 3 Uhr (Hello war eben weggegangen und wollte später zurückkommen) klingelte jemand an der Tür. Ich hatte es nicht gehört, da ich faul in einem Liegestuhl auf der Veranda in der Sonne lag und las. Kurz darauf erschien Margot ganz aufgeregt an der Küchentür. „Für Vater ist ein Aufruf von der SS gekommen", flüsterte sie. „Mutter ist schon zu Herrn van Daan gegangen." (Van Daan ist ein guter Bekannter und Teilhaber in Vaters Firma.) Ich erschrak schrecklich. Ein Aufruf! Jeder weiß, was das bedeutet. Konzentrationslager und einsame Zellen sah ich vor mir auftauchen, und dahin sollten wir Vater ziehen lassen müssen? „Er geht natürlich nicht", erklärte Margot, als wir im Zimmer saßen und auf Mutter warteten. „Mutter ist zu van Daan gegangen und fragt, ob wir schon morgen in unser Versteck umziehen können. Van Daans gehen mit. Wir sind dann zu siebt."

Stille. Wir konnten nicht mehr sprechen. Der Gedanke an Vater, der, nichts Böses ahnend, einen Besuch im jüdischen Altersheim machte, das Warten auf Mutter, die Hitze, die Anspannung ... das alles ließ uns schweigen.

Plötzlich klingelte es wieder. „Das ist Hello", sagte ich. Margot hielt mich zurück. „Nicht aufmachen!" Aber das war überflüssig. Wir hörten Mutter und Herrn van Daan unten mit Hello reden. Dann kamen sie herein und schlossen die Tür hinter sich. Bei jedem Klingeln sollten Margot oder ich nun leise hinuntergehen, um zu sehen, ob es Vater war. Andere Leute ließen wir nicht rein. Margot und ich wurden aus dem Zimmer geschickt, van Daan wollte mit Mutter allein sprechen.

Als Margot und ich in unserem Schlafzimmer saßen, erzählte sie, dass der Aufruf nicht Vater betraf, sondern sie. Ich erschrak erneut und begann zu weinen. Margot ist sechzehn. So junge Mädchen wollten sie wegschicken? Aber zum Glück würde sie nicht gehen, Mutter hatte es selbst gesagt Und vermutlich hatte auch Vater das gemeint, als er mit mir über Verstecken gesprochen hatte.

Verstecken! Wo sollten wir uns verstecken? In der Stadt? Auf dem Land? In einem Haus, in einer Hütte? Wann? Wie? Wo? Das waren Fragen, die ich nicht stellen konnte und die mich doch nicht losließen.

(Aus: Anne Frank: Tagebuch. Fassung von Otto H. Frank und Mirjam Pressler, aus dem Niederländischen von Mirjam Pressler, Fischer Verlag, Frankfurt am Main 1999, S. 32–33)

1 Was erfährst du über die Situation der Familie Frank?

2 Welche Versteckmöglichkeiten hat die Familie? Überlege dir verschiedene Möglichkeiten und beurteile sie hinsichtlich ihrer Durchführbarkeit und den damit verbundenen Schwierigkeiten.

Arbeitsblatt 4

Eine zusammenfassende Übersicht zu einem Sachtext anfertigen

Anne Frank und ihre Zeit	
Jahr/Zeitraum	*Stationen in Annes Leben/Zeitgeschichte*
1929–1933	
1933–1939	
1939	
1940–1942	
1942–1944	
1944–März 1945	
März–Mai 1945	
Mai 1945	
nach 1945	

▪ Entnimm dem Sachtext „Anne Frank und ihre Zeit" (S. 152 in deinem Deutschbuch) die wichtigsten Informationen zu Annes Lebenslauf und der Zeit, in *der* sie gelebt hat. Halte die Informationen zu beiden Punkten in Stichworten in der Übersicht oben fest. (Tipp: Arbeite mit zwei Farben!)

(Lösung s. S. 204)

© Schöningh Verlag

Den Stichwortzettel zu einem Kurzvortrag untersuchen und beurteilen

Kurzvortrag zum Thema:
„Gründe Anne Franks für das Führen ihres Tagebuches –
Tagebucheintrag vom 20. Juni 1942"

Einleitung:
- kurze Vorstellung des **Themas**
- **Situation Annes** im Juni 1942: sechs Wochen vor dem Untertauchen im Hinterhaus
- **Gliederung:** 1. Selbstdarstellung Annes, 2. Gründe für das Tagebuchschreiben, 3. Erklärung des Namens Kitty für das Tagebuch, Schluss: Zusammenfassung

(Thema und Gliederung an die Tafel schreiben!)

Hauptteil:
(Folien zu den einzelnen Punkten auflegen!)

1 **Wie stellt sich Anne selbst dar?**
  - Anne hat „keine Freundin".
  - Sie hat nur ihre „lieben Eltern", einige Verehrer und Bekannte.
  - Mit ihren Bekannten kann sie nur „Spaß haben" und über „alltägliche Dinge" reden.
  - Nie ist sie mit einem davon „intimer" oder vertraulich.

2 **Warum führt Anne ihr Tagebuch?**
  - Anne will das Tagebuch niemandem zu lesen geben/glaubt auch nicht, dass es später sie oder jemand anderen interessieren könnte.
  - Anne will sich nur „alles Mögliche von der Seele reden".
  - Das Tagebuch soll die fehlende Freundin ersetzen (= nicht nur „Tatsachen" schreiben).

3 **Warum nennt Anne ihr Tagebuch Kitty?**
  - Anne will sich noch besser vorstellen, dass sie zu „der ersehnten Freundin" spricht.
  - Sie nennt das Tagebuch Kitty, damit es für sie die „Freundin selbst" ist.

Schluss/Zusammenfassung:
(Überleitung!)

→ **Anne fehlt trotz ihrer Beliebtheit und vieler Bekannter eine Freundin, mit der sie sich „alles Mögliche gründlich von der Seele" reden kann.**
→ **Das Tagebuch dient Anne als Ersatzfreundin.**
→ **Der Name Kitty steigert die Vorstellung, dass sie zu jemandem spricht, wenn sie Tagebuch schreibt.**

1 Beschreibe die Inhalte und den Aufbau der „Gedächtnisstütze", die der Schüler für seinen Kurzvortrag angefertigt hat, und sein Vorgehen.

2 Beurteile, was an diesem Stichwortzettel sinnvoll und gelungen ist. Versuche auch, Verbesserungsvorschläge zu entwickeln.

Arbeitsblatt 6

Anne Franks Beschreibung des Verstecks im Hinterhaus

Donnerstag, 9. Juli 1942

Liebe Kitty!
Das Versteck war in Vaters Bürogebäude. Für Außenstehende ist das ein bisschen schwer zu begreifen, darum werde ich es näher erklären. Vater hatte nicht viel Personal, Herrn Kugler, Herrn Kleiman und Miep, dann noch Bep Voskuijl, die 23-jährige Stenotypistin, die alle über unser Kommen informiert waren. Im Lager waren Herr Voskuijl, Beps Vater, und zwei Arbeiter, denen hatten wir nichts gesagt.

Das Gebäude sieht so aus: Im Parterre ist ein großes Magazin, das als Lager benutzt wird und wieder unterteilt ist in verschiedene Verschläge, zum Beispiel den Mahlraum, wo Zimt, Nelken und Pfeffersurrogat vermahlen werden, und den Vorratsraum. Neben der Lagertür befindet sich die normale Haustür, die durch eine Zwischentür zu einer Treppe führt. Oben an der Treppe erreicht man eine Tür mit Halbmattglas, auf der einmal mit schwarzen Buchstaben das Wort „Kontor" stand. Das ist das große vordere Büro, sehr groß, sehr hell, sehr voll. Tagsüber arbeiten da Bep, Miep und Herr Kleiman. Durch ein Durchgangszimmer mit Tresor, Garderobe und einem großen Vorratsschrank kommt man zu dem kleinen, ziemlich muffigen, dunklen Direktorenzimmer. Dort saßen früher Herr Kugler und Herr van Daan, nun nur noch Ersterer. Man kann auch vom Flur aus in Kuglers Zimmer gehen, durch eine Glastür, die zwar von innen, aber nicht ohne Weiteres von außen zu öffnen ist. Von Kuglers Büro aus durch den langen, schmalen Flur, vorbei am Kohlenverschlag und vier Stufen hinauf, da ist das Prunkstück des ganzen Gebäudes, das Privatbüro. Vornehme, dunkle Möbel, Linoleum und Teppiche auf dem Boden, Radio, elegante Lampe, alles prima-prima. Daneben ist eine große, geräumige Küche mit Durchlauferhitzer und zwei Gaskochern. Dann noch ein Klo. Das ist der erste Stock. Vom unteren Flur führt eine normale Holztreppe nach oben. Dort ist ein kleiner Vorplatz, der Diele genannt wird. Rechts und links sind Türen, die linke führt zum Vorderhaus mit den Lagerräumen, dem Dachboden und dem Oberboden. Vom Vorderhaus aus führt auf der anderen Seite auch noch eine lange, übersteile, echt holländische Beinbrechtreppe zur zweiten Straßentür. Rechts von der Diele liegt das „Hinterhaus". Kein Mensch würde vermuten, dass hinter der einfachen, grau gestrichenen Tür so viele Zimmer versteckt sind. Vor der Tür ist eine Schwelle, und dann ist man drinnen. Direkt gegenüber der Eingangstür ist eine steile Treppe, links ein kleiner Flur und ein Raum, der Wohn- und Schlafzimmer der Familie Frank werden soll. Daneben ist noch ein kleineres Zimmer, das Schlaf- und Arbeitszimmer der beiden jungen Damen Frank. Rechts von der Treppe ist eine Kammer ohne Fenster mit einem Waschbecken und einem abgeschlossenen Klo und einer Tür in Margots und mein Zimmer. Wenn man die Treppe hinaufgeht und oben die Tür öffnet, ist man erstaunt, dass es in einem alten Grachtenhaus so einen hohen, hellen und geräumigen Raum gibt. In diesem Raum stehen ein Herd (das haben wir der Tatsache zu verdanken, dass hier früher Kuglers Laboratorium war) und ein Spülstein. Das ist also die Küche und gleichzeitig auch das Schlafzimmer des Ehepaares van Daan, allgemeines Wohnzimmer, Esszimmer und Arbeitszimmer. Ein sehr kleines Durchgangszimmerchen wird Peters Appartement werden. Dann, genau wie vorn, ein Dachboden und ein Oberboden. Siehst du, so habe ich dir unser ganzes schönes Hinterhaus vorgestellt!

Deine Anne

Die Tür zum Hinterhaus wurde bald durch ein drehbares Bücherregal ersetzt.

(Aus: Anne Frank: Tagebuch. Fassung von Otto H. Frank und Mirjam Pressler, aus dem Niederländischen von Mirjam Pressler, Fischer Verlag, Frankfurt am Main 1999, S. 36–37)

■ Ordne die einzelnen Informationen und Beschreibungen Annes über das Versteck der Grafik auf S. 160 in deinem Deutschbuch zu.

Arbeitsblatt 7

Personenkonstellation zur Situation im Hinterhaus

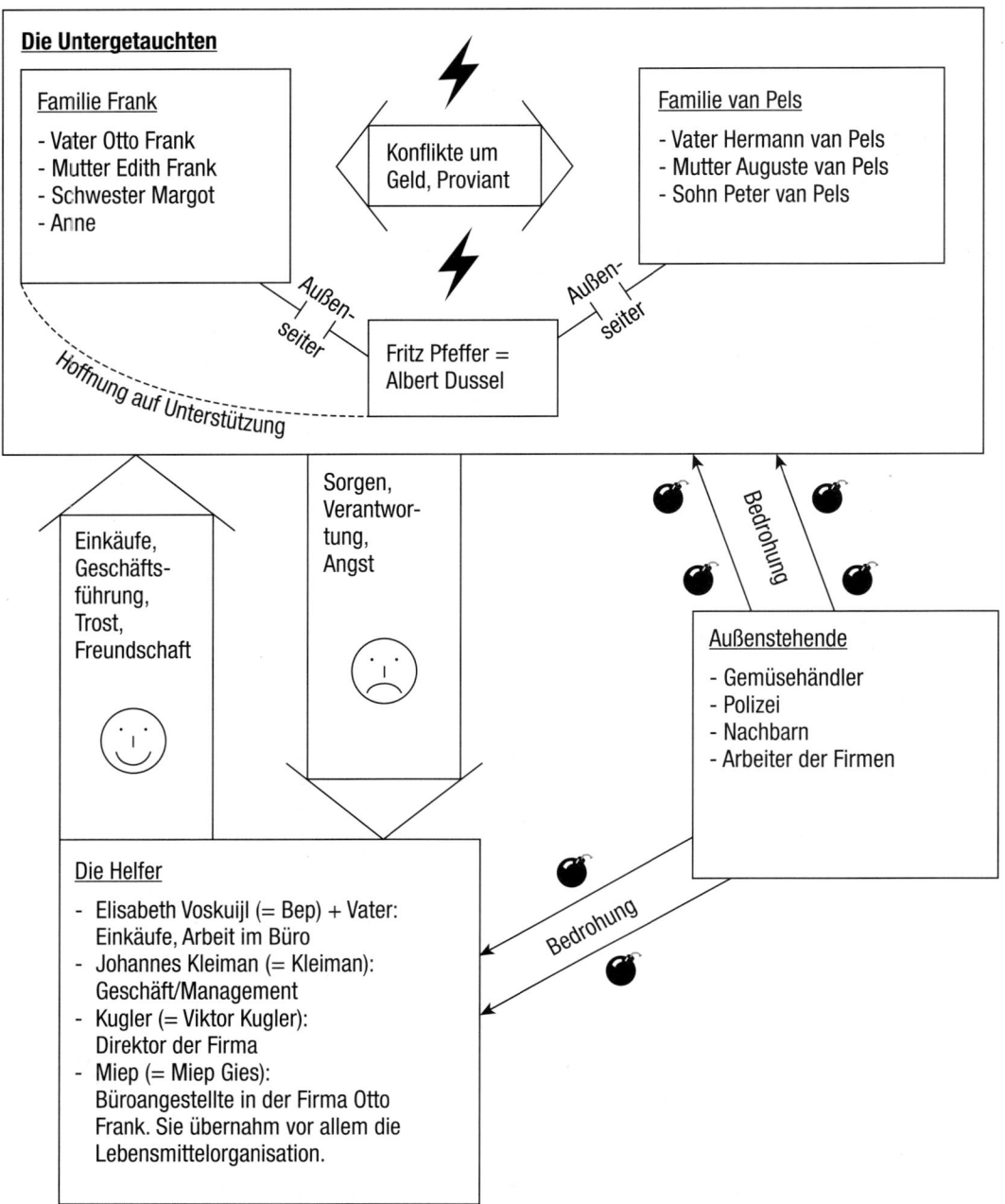

1. Beschreibe und erläutere die Grafik.

2. Beurteile die Grafik. Was erscheint dir gelungen und was sollte man verbessern?

3. Vergleiche diese Darstellung mit Personenkonstellationen, die Schüler deiner Klasse entwickelt haben. Stelle die Darstellungen deiner Mitschüler vor, die du für besonders gelungen hältst, und begründe deine Auswahl.

Arbeitsblatt 8

Einen Sachtext untersuchen

Mirjam Pressler: Verhaftung und Deportation

Zwangsdeportation in ein Konzentrationslager

„Hier endet Annes Tagebuch." Das war am 1. August 1944, es ist das Datum ihres letzten Eintrags. Am 4. August wurde Anne zusammen mit den anderen sieben Untergetauchten abgeholt. Sie wurden verraten. [...] Wer die acht Menschen verraten hat, weiß man bis heute nicht. [...] Die Gefangenen wurden zum Hauptquartier des SD (Sicherheitsdienst des Reichsführers-SS) gebracht, von dort einen Tag später in das frühere Internierungslager Westerbork, das nun „Judendurchgangslager" hieß. Dort blieben sie einen ganzen Monat lang. Eine der Hauptarbeiten in Westerbork war das Batteriespalten, eine Tätigkeit, bei der man sehr schmutzig wurde und husten musste, weil ein die Atemwege reizender Stoff ausgeschieden wurde. Rachel van Amerongen-Frankfoorder, die in Westerbork im Innendienst arbeitete, erzählt, Otto Frank sei zu ihr gekommen und habe sie gebeten, Anne beim Putzen helfen zu lassen, das sei aber leider nicht möglich gewesen. Vermutlich hat Anne, wie die meisten anderen auch, bei den Batterien gearbeitet.

Von Westerbork aus waren bisher jede Woche die Transporte „in den Osten" gegangen, wie die Deutschen es nannten. Doch nun, im August 1944, einige Wochen nach der Invasion, fühlten sich die Inhaftierten sicher. Sie glaubten nicht mehr daran, dass es den Deutschen gelingen würde, sie nach Polen zu bringen. Als aber die Alliierten Anfang September gerade die Südgrenze der Niederlande erreicht hatten, kam es doch noch zu einem Transport nach Auschwitz, dem letzten von Westerbork aus, am 3. September 1944. Alle acht Juden aus dem Hinterhaus befanden sich in diesem Transport. Er fand in Viehwaggons statt, die Menschen waren, ohne Essen und Trinken, ohne Toiletten, ganz eng zusammengepfercht. Nur wer das Glück hatte, an der Wand zu stehen, konnte sich manchmal hinhocken. Der Transport dauerte drei Tage. [...]

Mit diesem Transport waren insgesamt 1109 Menschen nach Auschwitz gekommen. Sofort nach der Ankunft, noch auf der Rampe, fand die Selektion statt. 258 Männer und 212 Frauen wurden ins Lager aufgenommen und bekamen eine Nummer auf den linken Arm tätowiert, die übrigen 549 Personen aus dem Transport, darunter alle Kinder unter fünfzehn Jahren, wurden sofort vergast.

Gleich nach ihrer Ankunft wurden die Familien getrennt, die Frauen kamen in das Frauenlager 29. Es gibt Berichte, dass Herr van Pels zu jenen gehörte, die gleich nach ihrer Ankunft vergast wurden. Fritzi Frank erzählt die Geschichte so: Otto Frank, Herr van Pels, Peter und Dr. Pfeffer blieben in Auschwitz zusammen. Peter kam zur Poststelle, die anderen drei zum „Außendienst". Nach einiger Zeit verletzte sich Herr van Pels am Daumen und fragte den Kapo, ob er den nächsten Tag Zimmerdienst machen könne statt Außendienst. Dies wurde ihm bewilligt. An jenem Tag wurden in allen Baracken Männer zur Vergasung selektiert, unter ihnen war auch Herr van Pels. Der Zweite, der ermordet wurde, war Fritz Pfeffer, er starb am 20. Dezember 1944 im Konzentrationslager Neuengamme. (Deportationen noch arbeitsfähiger Häftlinge von Auschwitz in andere Lager fanden häufiger statt.) Von Frau van Pels ist das Todesdatum nicht bekannt, man weiß lediglich, dass sie von Auschwitz nach Bergen-Belsen, von dort nach Buchen-

wald und dann nach Theresienstadt verschleppt wurde. Das Niederländische Rote Kreuz gibt als Zeitpunkt ihres Todes an: zwischen dem 9. April und dem 8. Mai 1945 in Deutschland oder in der Tschechoslowakei. Peter starb am 5. Mai 1945, drei Tage vor der Befreiung des Lagers, in Mauthausen. Frau Frank, Margot und Anne waren zusammen in Auschwitz-Birkenau. Lenie de Jong-van Naarden berichtet: „Frau Frank hat sich in der Zeit, die wir in Auschwitz waren – ungefähr zwei Monate –, große Mühe gegeben, ihre Kinder am Leben zu erhalten, bei ihnen zu bleiben, sie zu beschützen. Natürlich haben wir miteinander gesprochen, aber man konnte überhaupt nichts tun, nur Ratschläge geben wie: ‚Lass sie nicht allein zur Latrine gehen.' Denn sogar auf dem Weg von der Baracke zur Latrine konnte etwas passieren. Man lief zufällig einem SS-Mann vor die Füße, ganz zufällig, und mit dem Leben war es aus. Sie schlugen Leute einfach tot, das machte ihnen nichts aus, ein Mensch war nichts." Sie erinnert sich auch, dass Anne und Margot in den Krätzeblock kamen. Frau Frank habe ihre Brotration nicht selbst gegessen, sondern für ihre Kinder gespart. Sie hätten ein Loch unter der Holzwand des Krätzeblocks gegraben, und Margot habe das Stück Brot genommen und mit Anne geteilt. Anne und Margot blieben keine zwei Monate in Auschwitz-Birkenau, dann wurden sie nach Bergen-Belsen „überstellt", das Konzentrationslager in der Lüneburger Heide. (Edith Frank blieb in Auschwitz zurück. Sie starb dort am 6. Januar 1945 an Hunger und Erschöpfung.)
[...] Das Lager war überfüllt, als Anne und Margot ankamen, und die Überbelegung nahm noch zu, hygienische Einrichtungen fehlten. Die SS konnte in dem wachsenden Chaos keine Ordnung mehr halten, sie beschränkte sich allmählich nur noch

Das Frauenlager in Bergen-Belsen kurz nach der Befreiung durch die Briten

auf die Bewachung des Lagers, um Fluchtversuche zu verhindern. Krankheiten brachen aus und konnten, da es fast keine Medikamente gab, nicht geheilt werden. Besonders die Typhusepidemie, die Anfang 1945 ausbrach, bewirkte, dass von den 125000 Juden, die in Bergen-Belsen waren, ungefähr 50000 „umkamen", weitaus die meisten von ihnen in den letzten Monaten vor und in den ersten Wochen nach der Befreiung.
[...] Janny erzählt, dass Anne und Margot an Typhus erkrankten. Irgendwann in den letzten Tagen habe Anne, in eine Decke gehüllt, vor ihr gestanden. „Sie hatte keine Träne mehr, ach, die hatten wir längst nicht mehr, und sie erzählte, es hätte ihr so gegraut vor den Tieren in ihren Kleidern, dass sie alle ihre Kleider weggeworfen hätte. Es war ein harter Winter, und sie war in eine einzige Decke gehüllt. Ich habe alles, was ich finden konnte, zusammengerafft, um es ihr zu geben, sodass sie wieder angezogen war. [...]" Als Janny drei Tage später nach Anne und Margot schauen wollte, waren beide tot. Beide hatten Typhus.[1]

(Aus: Mirjam Pressler: Ich sehne mich so. Die Lebensgeschichte der Anne Frank, Beltz & Gelberg in der Verlagsgruppe Beltz, Weinheim & Basel 2008)

1 Was erfährt der Leser über das Schicksal der einzelnen Mitglieder des Hinterhauses nach dem 01.08.1944?

---

[1] Margot und Anne Frank sterben im Februar/März 1945. Im April 1945 befreien die englischen Truppen das KZ Bergen-Belsen.

Einen Sachtext untersuchen

Mirjam Pressler: Verhaftung und Deportation

Das Schicksal der einzelnen Mitglieder des Hinterhauses nach dem 1. August 1944:

Verhaftung und Deportation der acht Untergetauchten:
- Verhaftung aller acht Untergetauchten am 4. August 1944 aufgrund eines Verrats
- einen Tag Haft im Hauptquartier des Sicherheitsdienstes des Reichsführers-SS
- Verlegung der acht Untergetauchten am nächsten Tag in das frühere Internierungslager Westerbork für einen Monat
- 3. September: 1944 dreitägiger Transport der acht Menschen nach Auschwitz mit dem letzten Transport von Westerbork nach Auschwitz (→ die Alliierten erreichen die Südgrenze der Niederlande)

Schicksal der Untergetauchten nach der Deportation nach Auschwitz:
- Selektion an der Rampe in Auschwitz nach der Ankunft
- Trennung der Familien (Frauen kamen in das Frauenlager 29/Otto Frank, Herr van Pels, Peter u. Dr. Pfeffer blieben zusammen)

Herr van Pels	– laut Berichten Tod durch Vergasung kurz nach der Ankunft (am Tag, als alle Männer in den Baracken zur Vergasung selektiert wurden, machte er aufgrund einer Verletzung Zimmerdienst statt wie die anderen drei Außendienst)
Fritz Pfeffer	– Deportation von Auschwitz in das Konzentrationslager Neuengamme – starb am 20. Dezember 1944
Frau van Pels	– Verschleppung von Auschwitz nach Theresienstadt über Bergen-Belsen und Buchenwald – starb laut dem niederländischen Roten Kreuz zwischen dem 9. April und 8. Mai 1945 in Deutschland oder der Tschechoslowakei
Edith Frank	– kümmerte sich ungefähr zwei Monate lang in Auschwitz-Birkenau um ihre Kinder und hielt sie am Leben – wurde nach ungefähr zwei Monaten von ihren Töchtern getrennt – starb in Auschwitz am 6. Januar 1945 an Hunger und Erschöpfung
Anne u. Margot Frank	– Deportation von Auschwitz-Birkenau nach Bergen-Belsen nach ungefähr zwei Monaten – Leben in dem überfüllten Lager unter chaotischen Zuständen – Ausbruch einer Typhusepidemie Anfang 1945 – Erkrankung von Anne und Margot an Typhus – beide sterben im Februar/März 1945 an der Krankheit (Befreiung des KZ Bergen-Belsen im April 1945)
Otto Frank	– überlebt als Einziger Auschwitz – kehrt Anfang Juni 1945 nach der Befreiung des Lagers Auschwitz nach Amsterdam zurück

Arbeitsblatt 9

Fragen zum Inhalt des Sachtextes „Die Geschichte der Tagebücher" von Dorothea Waldherr und Ute Hiddemann beantworten

■ Beantworte folgende Fragen zum Inhalt des Sachtextes „Die Geschichte der Tagebücher" (SB, S. 171 ff.):

1. Was passierte mit den Tagebüchern Anne Franks nach der Verhaftung im August 1944?
2. Wann erhielt Otto Frank die Tagebücher seiner Tochter?
3. Für welchen Zeitraum ist ein Originaltagebuch Anne Franks verloren gegangen?
4. Wie reagierte Anne auf die Rede des Ministers für Unterricht, Künste und Wissenschaften am 28.03.1944?
5. Was versteht man unter Version a) und Version b) der Tagebücher?
6. Aus welchen Gründen entschloss sich Otto Frank zur Veröffentlichung der Tagebücher?
7. Welche Fassung stellt die Version c) der Tagebücher dar?
8. Welche Stellen der Tagebücher hat Otto Frank für die Veröffentlichung überarbeitet oder gestrichen?
9. Wie hoch war die Auflage der Erstveröffentlichung?
10. Was trug maßgeblich zum Erfolg des Tagebuchs bei?
11. Aus welchen Gründen wurde die Echtheit des Tagebuchs bestritten?
12. Was ergab die wissenschaftliche Untersuchung der Originaltagebücher Anne Franks?
13. Was veröffentlichte das „Staatliche Institut für Kriegsdokumentation" nach der Echtheitsprüfung?
14. Was wurde 1992 veröffentlicht?

Fragen zum Inhalt des Sachtextes „Die Geschichte der Tagebücher" von Dorothea Waldherr und Ute Hiddemann beantworten

1. Die Aufzeichnungen Annes bestanden aus 300 losen Blättern, den Geschäftsbüchern und Annes Poesiealbum. Die Papiere und Bücher wurden von der Geheimpolizei nach der Verhaftung achtlos auf den Boden geworfen. Miep hat sie aufgesammelt und ungelesen in einer Schublade ihres Schreibtisches aufbewahrt, um sie nach dem Krieg Anne zurückzugeben.

2. Nachdem Otto Frank Anfang Juni im Jahr 1945 nach dem Krieg und der Befreiung Auschwitz' wieder nach Amsterdam gekommen war, übergab Miep ihm die Aufzeichnungen Annes.

3. Für den Zeitraum von Dezember 1942 bis Dezember 1943 ist ein Originaltagebuch verloren gegangen. Für diesen Zeitraum fehlen die Aufzeichnungen in den Papieren und Büchern. Es kann aber davon ausgegangen werden, dass Anne auch in diesem Jahr ihre Korrespondenz mit Kitty nicht unterbrochen hat.

4. Der Minister forderte, dass man einfache Schriftstücke wie Tagebücher oder Briefe sammeln sollte, damit sich spätere Generationen ein zutreffendes Bild davon machen könnte, was das Volk in den Jahren der Herrschaft der Nationalsozialisten mitgemacht habe. Daraufhin begann Anne, ihre Eintragungen systematisch zu ordnen und zu überarbeiten, um sie nach dem Krieg vielleicht veröffentlichen zu können.

5. Version a) sind die Originalaufzeichnungen Annes, wie sie in den mehr als 300 losen Blättern, den Geschäftsbüchern und dem Poesiealbum vorliegen. Mit Version b) bezeichnet man die Version des Tagebuches, die Anne nach der Rede des Ministers angefertigt hat. In dieser Version hat sie z. B. gegenüber den Original-Tagebuchaufzeichnungen Einträge umgeordnet, Kürzungen vorgenommen, ihr uninteressant erscheinende Einträge weggelassen oder neue Passagen hinzugefügt.

6. Otto Frank übersetzte einige Seiten des Tagebuches seiner Tochter ins Deutsche und sandte sie an Verwandte und Freunde. Diese reagierten sehr positiv darauf, was ihn zur Veröffentlichung ermutigte. Ausschlaggebend war für Otto Frank vielleicht vor allem der Wunsch Annes, dass sie mit ihrem Tagebuch, den Menschen, die sie nicht kennen, Freude und Nutzen bringen und so auch nach ihrem Tod fortleben möchte.

7. Otto Frank hat das Tagebuch seiner Tochter nicht so veröffentlicht, wie er es in der Version a oder b vorliegen hatte. Vielmehr hat er eine subjektive Auswahl daraus vorgenommen. Die Version des Tagebuchs, die Otto Frank erstellt hat, wird Version c) genannt. Es ist eine Version des Tagebuchs, die sich aus Annes a)- und b)-Version zusammensetzt.

8. Otto Frank hat z. B. abschätzige Bemerkungen Annes über ihre Mutter oder die Familie van Pels und Fritz Pfeffer sowie intime Darstellungen ihrer körperlichen Entwicklung gemildert oder gestrichen.

9. Das Tagebuch wurde 1947 in Amsterdam auf Niederländisch mit einer Auflage von 1500 Exemplaren erstmals veröffentlicht.

10. Frances Goodrich und Albert Hacklett erstellten eine Theaterversion des Tagebuchs und führten es auf einer bekannten New Yorker Bühne auf. Dies machte das Tagebuch sehr bekannt.

Lösung 9

11. Man bezweifelte die Echtheit des Tagebuches aus folgenden Gründen:
    - Viele Menschen glaubten nicht, dass eine Fünfzehnjährige solche Gedanken und Gefühle, wie sie Anne in ihrem Tagebuch darlegt, in der Form äußern und ausdrücken könnte.
    - 1980 wurden mit Kugelschreiber vorgenommene handschriftliche Verbesserungen in den Originalaufzeichnungen Annes entdeckt. Kugelschreiber waren aber erst nach dem Krieg erhältlich, sodass diese Verbesserungen nicht von Anne stammen konnten.

12. Man wies nach, dass die Verbesserungen von Otto Frank stammten. Er hat die Stil-, Rechtschreibfehler und Germanismen seiner Tochter korrigiert. Anne hat das Tagebuch auf Holländisch verfasst, obwohl sie erst mit vier Jahren nach Holland gekommen war. Der Vater hat vor diesem Hintergrund das Holländisch seiner Tochter, insbesondere deutsch klingende Formulierungen, überarbeitet.

13. Das „Staatliche Institut für Kriegsdokumentation" veröffentlichte eine „Kritische Ausgabe des Tagebuchs". In dieser werden Annes Originalversion (a), ihre eigene Bearbeitung (b) und die Version Otto Franks (c) nebeneinandergestellt.

14. Nachdem die Echtheit der Tagebücher feststand, erstellte man eine kritische Ausgabe, in die Version a) Annes Originalversion, die Version b) Annes eigene Überarbeitung und die Version c) die Erstveröffentlichung des Tagebuchs von Otto Frank nebeneinandergestellt wurden. Auf dieser Grundlage wurde dann 1992 eine neue Taschenbuchausgabe mit den vom Vater weggelassenen Briefen Annes veröffentlicht.

Tagebuchauszüge analysieren, vergleichen und beurteilen

Die Entwicklung von Annes Einstellung in Bezug auf das Tagebuchschreiben

Mittwoch, 5. April 1944

Liebste Kitty!
Eine Zeit lang wusste ich überhaupt nicht mehr, wofür ich noch arbeite. Das Ende des Krieges ist so entsetzlich weit, so unwirklich, märchenhaft und schön. [...]
Ich muss arbeiten, um nicht dumm zu bleiben, um weiterzukommen, um Journalistin zu werden, das will ich! Ich weiß, dass ich schreiben kann. Ein paar Geschichten sind gut, meine Hinterhausbeschreibung humorvoll, vieles in meinem Tagebuch ist lebendig, aber ob ich wirklich Talent habe, das steht noch dahin. [...]
Ich bin selbst meine schärfste und beste Kritikerin hier, ich weiß genau, was gut und was nicht gut geschrieben ist. Keiner, der nicht selbst schreibt, weiß, wie toll Schreiben ist. Früher habe ich immer bedauert, dass ich überhaupt nicht zeichnen kann, aber jetzt bin ich überglücklich, dass ich wenigstens schreiben kann.
Und wenn ich nicht genug Talent habe, um Zeitungsartikel oder Bücher zu schreiben, nun, dann kann ich noch immer für mich selbst schreiben. [...]
O ja, ich will nicht umsonst gelebt haben wie die meisten Menschen. Ich will den Menschen, die um mich herum leben und mich doch nicht kennen, Freude und Nutzen bringen. Ich will fortleben, auch nach meinem Tod. Und darum bin ich Gott so dankbar, dass er mir bei meiner Geburt schon eine Möglichkeit mitgegeben hat, mich zu entwickeln und zu schreiben, also alles auszudrücken, was in mir ist.
Mit Schreiben werde ich alles los. Mein Kummer verschwindet, mein Mut lebt wieder auf. Aber, und das ist die große Frage, werde ich jemals etwas Großes schreiben können, werde ich jemals Journalistin und Schriftstellerin werden?
Ich hoffe es, ich hoffe es so sehr! Mit Schreiben kann ich alles ausdrücken, meine Gedanken, meine Ideale und meine Fantasien.
Also weiter, mit neuem Mut. Es wird schon gelingen, denn schreiben will ich!
Deine Anne M. Frank

(Aus: Anne Frank: Tagebuch. Fassung von Otto H. Frank und Mirjam Pressler, aus dem Niederländischen von Mirjam Pressler, Fischer Verlag, Frankfurt am Main 1999, S. 237–240)

1 Untersuche den Tagebucheintrag unter folgender Fragestellung: Welche Bedeutung hat das Schreiben des Tagebuches für Anne? Lege die Ergebnisse deiner Textuntersuchung schriftlich dar.

2 Vergleiche diesen Tagebucheintrag mit dem ersten Tagebucheintrag vom 20. Juni 1942 (SB, S. 153), in dem Anne erklärt, warum die „ganze Tagebuchidee angefangen hat". Erläutere, was sich in Bezug auf das Schreiben des Tagebuches zwischen 1942 und 1944 bei Anne verändert und nicht verändert hat.

3 „Mit Schreiben werde ich alles los." (Z. 33) Erkläre, was Anne mit dieser Aussage meint, und beurteile, inwiefern sie deiner Meinung nach richtig ist.

Bewertungsbogen 10

Bewertungsbogen zur Leistungsüberprüfung/Klassenarbeit

Name:	
Schulhalbjahr/Datum:	
Klasse:	
Fachlehrer/in:	
Thema der Unterrichtsreihe:	Das Mädchen Anne Frank – Annes Tagebuch
Thema der Klassenarbeit:	Tagebuchauszüge analysieren, vergleichen und beurteilen
Aufgaben:	s. Arbeitsblatt 10

A Inhaltliche Leistungen

Aufgabe 1

		maximale Punktzahl	erreichte Punktzahl
	Du hast den Tagebuchauszug von Anne Frank vom 05.04.1944 unter dem Aspekt, welche Bedeutung das Tagebuch für Anne Frank besitzt, untersucht und deine Ergebnisse schriftlich dargelegt.		
1	Dabei hast du folgende Aspekte dargelegt: – Anne führt das Tagebuch, um ihr schriftstellerisches Talent zu entwickeln und ihr Schreiben zu verbessern (vgl. Z. 7 f.: „um weiterzukommen").	4	
	– Sie bereitet sich so darauf vor, „Journalistin" (Z. 8 u. Z. 36 f.) oder „Schriftstellerin" (Z. 37) zu werden.	4	
	– Weiter gibt ihr das Tagebuchschreiben die Möglichkeit „für [s]ich selbst zu schreiben" (Z. 23) und „alles auszudrücken, was in [ihr] ist" (Z. 31 f.). Das Schreiben ermöglicht Anne, alle ihre Gedanken, Ideale und Fantasien festzuhalten (vgl. Z. 38 ff.).	4	
	– Auch verarbeitet Anne mit dem Schreiben ihren „Kummer" (Z. 33) und findet über das Tagebuchschreiben neuen Lebensmut in der schwierigen Situation, in der sie lebt (vgl. Z. 33 f.).	4	
	– Für Anne ist das Tagebuchschreiben eine Möglichkeit, sich über sich selbst klar zu werden und sich als Person weiter „zu entwickeln" (Z. 30).	4	
	– Trotz aller Zweifel an ihrem schriftstellerischen Talent (vgl. Z. 21 u. Z. 35 f.) gibt ihr das Schreiben des Tagebuches einen Lebenssinn (vgl. Z. 24 ff.) und die Hoffnung, über ihren Tod hinaus „fort[zu]leben" (Z. 27).	4	
	Gesamtpunktzahl für Aufgabe 1	**24**	

Aufgabe 2

		maximale Punktzahl	erreichte Punktzahl
	Du hast den Tagebuchauszug vom 05.04.1944 mit dem Tagebucheintrag vom 20.06.1942 verglichen und erläutert, was sich in Bezug auf die Bedeutung des Tagebuchschreibens zwischen 1942 und 1944 bei Anne verändert und nicht verändert hat.		
1	Dabei hast du dargelegt, dass sich folgende Punkte nicht verändert haben: – Das Tagebuch dient durchgehend als Ersatzfreundin und Kummerkasten.	4	
	– Anne nutzt es, um sich über ihre Sorgen, Gedanken und Gefühle aussprechen zu können und so neuen Mut oder Klarheit zu gewinnen.	4	

Bewertungsbogen 10

2	Dabei hast du dargelegt, dass sich folgende Punkte geändert haben: – 1942 sagt Anne, dass sie sich nicht vorstellen kann, jemand könne sich dafür interessieren, was sie schreibt. 1944 möchte sie Journalistin oder Schriftstellerin werden und so den Menschen mit ihrem Schreiben „Freude und Nutzen bringen" (Z. 27). – 1942 dient das Tagebuch ausschließlich als Ersatzfreundin und Kummerkasten. 1944 nutzt Anne es zusätzlich, um ihr schriftstellerisches Talent zu entwickeln und sich auf ihren Berufswunsch, Journalistin oder Schriftstellerin zu werden, vorzubereiten.	4 4	
	Gesamtpunktzahl für Aufgabe 2	**16**	

Aufgabe 3

		maximale Punktzahl	erreichte Punktzahl
	Du hast die Aussage Annes „Mit dem Schreiben werde ich alles los." (Z. 33) zutreffend erklärt und begründet dazu Stellung genommen, ob diese Aussage deiner Meinung nach richtig ist.		
1	Du hast die Aussage Annes zutreffend erklärt, indem du z. B. folgende Erklärungen dargelegt hast: – Anne nutzt das Schreiben, um alle Sorgen und ihren Kummer loszuwerden. In dem Moment, in dem sie diese ihrem Tagebuch anvertraut hat, bekommt sie wieder neuen „Mut" (Z. 34). – Das Tagebuchschreiben hilft ihr, sich über sich selbst klar zu werden. Mit dem Schreiben drückt sie alle ihre Gedanken, Ideale und Fantasien aus und es gibt ihr die Möglichkeit, sich „zu entwickeln" (Z. 30). – ...	5	
2	Du hast begründet dazu Stellung genommen, ob die Aussage Annes deiner Meinung nach richtig ist.	5	
	Gesamtpunktzahl für Aufgabe 3	**10**	
A	**Gesamtpunktzahl**	**50**	

B Darstellungsleistungen

		maximale Punktzahl	erreichte Punktzahl
1	Deine Rechtschreibung, Zeichensetzung und Grammatik sind fehlerfrei.	8	
2	Du formulierst genau, sachlich und abwechslungsreich.	4	
3	Deine Ausführungen sind nachvollziehbar, schlüssig und gut verständlich.	4	
4	Du belegst deine Deutungen und Aussagen mit entsprechenden Textverweisen, -belegen und Zitaten.	2	
B	**Gesamtpunktzahl**	**18**	
	Gesamtpunktzahl A und B	**68**	

© Schöningh Verlag

Bewertungsbogen 10

Die Leistungsüberprüfung/Klassenarbeit wird mit der Note

_____ **bewertet.**

_____
Datum   Unterschrift

Zuordnung der Punkte zu den Notenstufen

Note	Punkte
sehr gut	68 – 59
gut	58 – 50
befriedigend	49 – 40
ausreichend	39 – 31
mangelhaft	30 – 13
ungenügend	12 – 0

Arbeitsblatt 11

Einen Tagebucheintrag analysieren und vergleichen

Die Beziehung zwischen Anne und ihrer Mutter

Donnerstag, 6. Januar 1944

Liebe Kitty!
Heute muss ich dir zwei Dinge bekennen, die ziemlich viel Zeit in Anspruch nehmen werden, die ich aber unbedingt irgendjemandem erzählen muss. Das tue ich natürlich am besten bei dir, denn ich bin sicher, dass du immer und unter allen Umständen schweigen wirst.
Das Erste geht um Mutter. Du weißt, dass ich oft über sie geklagt habe und mir dann doch immer wieder Mühe gab, nett zu ihr zu sein. Plötzlich ist mir klar geworden, was ihr fehlt. Mutter hat uns selbst gesagt, dass sie uns mehr als Freundinnen denn als Töchter betrachtet. Das ist natürlich ganz schön, aber trotzdem kann eine Freundin nicht die Mutter ersetzen. Ich habe das Bedürfnis, mir meine Mutter als Vorbild zu nehmen und sie zu achten. Meistens ist sie auch ein Beispiel für mich, aber eben umgekehrt, wie ich es nicht machen soll. Ich habe das Gefühl, dass Margot über das alles ganz anders denkt und es nie begreifen würde. Und Vater weicht allen Gesprächen aus, bei denen es um Mutter gehen könnte.
Eine Mutter stelle ich mir als eine Frau vor, die vor allem viel Takt an den Tag legt, besonders für Kinder in unserem Alter. Nicht wie Mansa, die mich laut auslacht, wenn ich wegen etwas weine, nicht wegen Schmerzen, sondern wegen anderer Dinge. Eine Sache, sie mag vielleicht unbedeutend erscheinen, habe ich ihr nie vergeben. Es war an einem Tag, als ich zum Zahnarzt musste. Mutter und Margot gingen mit und waren einverstanden, dass ich mein Fahrrad mitnahm. Als wir beim Zahnarzt fertig waren und wieder vor der Tür standen, sagten Margot und Mutter ganz fröhlich, sie gingen nun in die Stadt, um etwas anzuschauen oder zu kaufen, ich weiß es nicht mehr so genau. Ich wollte natürlich mit, aber das durfte ich nicht, weil ich mein Fahrrad dabei hatte. Vor Wut sprangen mir Tränen in die Augen, und Margot und Mutter fingen laut an zu lachen. Da wurde ich so wütend, dass ich ihnen auf der Straße die Zunge rausstreckte, als zufällig gerade ein kleines Frauchen vorbeikam und mich ganz erschrocken anschaute. Ich fuhr mit dem Fahrrad nach Hause und habe noch lange geweint. Seltsam, dass bei den unzähligen Wunden, die Mutter mir zugefügt hat, ausgerechnet diese immer noch anfängt zu brennen, wenn ich daran denke, wie wütend ich damals war.

(Aus: Anne Frank: Tagebuch. Fassung von Otto H. Frank und Mirjam Pressler, aus dem Niederländischen von Mirjam Pressler, Fischer Verlag. Frankfurt am Main 1999, S. 159–160)

1 Erläutere, wie Anne in dem Tagebucheintrag vom 6. Januar 1944 ihre Mutter und die Beziehung zu ihrer Mutter charakterisiert.

2 Vergleiche in Bezug auf die Beurteilung der Mutter und der Tochter-Mutter-Beziehung diesen Tagebucheintrag mit dem vom 30.10.1943 (SB, S. 165 f.).

3 Beurteile abschließend Annes Verhalten gegenüber ihrer Mutter.

Bewertungsbogen 11

Bewertungsbogen zur Leistungsüberprüfung/Klassenarbeit

Name:	
Schulhalbjahr/Datum:	
Klasse:	
Fachlehrer/in:	
Thema der Unterrichtsreihe:	„... ich litt (und leide) an Stimmungen" – Die Tochter Anne Frank
Thema der Klassenarbeit:	Einen Tagebucheintrag analysieren und vergleichen
Aufgaben:	s. Arbeitsblatt 11

A Inhaltliche Leistungen

Aufgabe 1

	Du hast den Tagebucheintrag vom 6. Januar 1944 analysiert und erläutert, wie Anne Frank in diesem Tagebucheintrag ihre Mutter und die Beziehung zu ihrer Mutter charakterisiert.	maximale Punktzahl	erreichte Punktzahl
1	Dabei bist du auf folgende Punkte eingegangen:		
	– Anne hat in der Vergangenheit oft über ihre Mutter gegenüber Kitty bzw. dem Tagebuch „geklagt" (Z. 9). Allerdings hat sie sich dann „immer wieder Mühe [gegeben], nett zu ihr sein" (Z. 9f.).	4	
	– Bisher konnte sich Anne offensichtlich nicht richtig erklären, was sie an ihrer Mutter stört. Jetzt ist ihr dies „klar geworden" (Z. 11). Anne stört an ihrer Mutter, dass diese ihre Kinder „mehr als Freundinnen als Töchter betrachtet" (Z. 12f.).	4	
	– Anne lehnt dies ab, weil „eine Freundin nicht die Mutter ersetzen" (Z. 14f.) kann, und sie das Bedürfnis hat, sich ihre Mutter zum „Vorbild" (Z. 16) nehmen zu können und „sie zu achten" (Z. 16).	4	
	– Dies bietet ihr ihre Mutter aber nicht. Nach Anne kann sie von ihrer Mutter nur lernen, wie sie „es nicht machen soll" (Z. 18).	4	
	– Sie kritisiert insbesondere, dass ihre Mutter nicht genügend „Takt" (Z. 24) im Umgang mit Kindern im Alter ihrer Töchter zeige. Stattdessen lache ihre Mutter Anne aus, wenn sie aufgrund von Stimmungsschwankungen oder aus Traurigkeit weint.	4	
	– Besonders verletzt hat Anne eine „Sache, [d]ie vielleicht unbedeutend erscheinen" (Z. 28f.) mag. Anne, ihre Schwester Margot und ihre Mutter waren in der Zeit vor dem Hinterhaus beim Zahnarzt. Nach dem Zahnarztbesuch wollten Margot und ihre Mutter in die Stadt gehen. Anne wollte sie begleiten, aber sie „durfte [...] nicht" (Z. 37), weil sie ihr Fahrrad dabei hatte und deshalb nach Hause fahren sollte. Vor Wut und Enttäuschung darüber fing Anne an zu weinen. Woraufhin ihre Schwester und ihre Mutter, anstatt Verständnis zu zeigen, Anne auslachten. Diese Kränkung verletzt Anne bis heute.	4	
	– Zusammenfassend kann gesagt werden, dass Anne ihrer Mutter vorwirft, diese nehme ihre Verantwortung als Mutter nicht wahr. Zum einen stört Anne, dass ihre Mutter nicht ihre Pflicht als Mutter erfüllt, sondern ihren Töchtern eine Freundin sein will. Zum anderen stört Anne die Taktlosigkeit, mit der die Mutter, z. B. indem sie Anne auslacht, in vielen Situationen reagiert, in denen Anne traurig ist und vor Kummer weint.	4	
	Gesamtpunktzahl für Aufgabe 1	**28**	

© Schöningh Verlag

Bewertungsbogen 11

Aufgabe 2

		maximale Punktzahl	erreichte Punktzahl
	Du hast die Beurteilung der Mutter und der Tochter-Mutter-Beziehung in diesem Tagebucheintrag mit dem vom 30.10.1943 verglichen.		
1	Dabei hast du folgende Gemeinsamkeiten dargelegt: – Anne empfindet vor allem eine starke Verachtung und Geringschätzung für ihre Mutter.	3	
	– Sie wirft ihrer Mutter vor, ihre Verantwortung und Pflichten als Mutter nicht wahrzunehmen und nicht so zu sein, „wie eine Mutter und eine Frau sein soll[te]" (SB, S. 166, Z. 97f.).	3	
	– In beiden Tagebucheinträgen sagt Anne, dass ihre Mutter nur dahin gehend ein Vorbild ist, wie man nicht sein sollte.	3	
	– Sie klagt an, dass das Verhalten der Mutter ihr gegenüber durch „Härte" (SB, S. 166, Z. 86) geprägt ist.	3	
	– Anne stört, dass Margot und ihre Mutter sich einig sind und ihr Vater allen Gesprächen mit Anne über die Mutter ausweicht.	3	
2	Dabei hast du z. B. folgende Unterschiede dargelegt: – Im Tagebucheintrag vom 30.10.1943 lässt Anne ihrem Hass auf ihre Mutter freien Lauf, während sie im Tagebucheintrag vom 05.01.1944 versucht, die Beziehung zu ihrer Mutter sachlich zu untersuchen.	4	
	– Während Anne im Tagebucheintrag vom 30.10.1943 nicht sagen kann, welche der „Mängel[.]" (SB, S. 166, Z. 82) ihrer Mutter die Tochter-Mutter-Beziehung vor allem belastet, hat Anne im Tagebucheintrag vom 06.01.1944 darüber Klarheit gewonnen. Der tiefere Grund für die gestörte Beziehung zu ihrer Mutter ist nach Anne die Tatsache, dass die Mutter ihren Kindern keine Mutter, sondern eine Freundin sein will.	4	
	Gesamtpunktzahl für Aufgabe 2	**23**	

Aufgabe 3

		maximale Punktzahl	erreichte Punktzahl
	Du hast Annes Verhalten gegenüber ihrer Mutter abschließend beurteilt.		
1	Dabei hast du deine Zustimmung zu Annes Verhalten oder deine Kritik an Annes Verhalten nachvollziehbar begründet. Du hast z. B. Anne recht gegeben, weil … – das Verhalten der Mutter nach dem Zahnarztbesuch wirklich herzlos war, – die Mutter sich gegenüber ihren Kindern nicht wie eine Freundin, sondern wie eine Mutter verhalten sollte, – … Du hast z. B. Anne kritisiert, weil … – Anne die Mutter übertrieben einseitig sieht und beurteilt, – die Mutter durchaus die Nähe zu Anne sucht, diese die Mutter aber immer wieder von sich stößt, – …	8	
	Gesamtpunktzahl für Aufgabe 3	**8**	
A	**Gesamtpunktzahl**	**59**	

© Schöningh Verlag

Bewertungsbogen 11

B Darstellungsleistungen

		maximale Punktzahl	erreichte Punktzahl
1	Deine Rechtschreibung, Zeichensetzung und Grammatik sind fehlerfrei.	8	
2	Du formulierst genau, sachlich und abwechslungsreich.	5	
3	Deine Ausführungen sind nachvollziehbar, schlüssig und gut verständlich.	5	
B	**Gesamtpunktzahl**	**18**	

Gesamtpunktzahl A und B	**77**

Die Leistungsüberprüfung/Klassenarbeit wird mit der Note

_____ **bewertet.**

_____
Datum   Unterschrift

Zuordnung der Punkte zu den Notenstufen

Note	Punkte
sehr gut	77 – 67
gut	66 – 56
befriedigend	55 – 45
ausreichend	44 – 35
mangelhaft	34 – 15
ungenügend	14 – 0

Leistungsüberprüfung – Selbstevaluation – Klassenarbeit

„... dass ich ein Bündelchen Widerspruch bin" – Das Mädchen Anne Frank

1. **Einen Dialog zu einem Tagebuchauszug schreiben**
   Aufgabe:
   In ihrem Tagebucheintrag vom 1.8.1944 sagt Anne über sich, dass sie ein „Bündelchen Widerspruch" (Z. 3) sei. Sie erklärt dazu, sie sei „sozusagen zweigeteilt" (Z. 18f.) in eine innere und äußere Anne.
   Schreibe einen Dialog zwischen der einen und der anderen Anne. Mache in deinem Dialog deutlich, welche Widersprüche für Annes Verhalten und Charakter prägend sind.
   Text: SB 8, S. 150f.
   Bewertungsbogen: Bewertungsbogen 12, S. 252f.

2. **Tagebuchauszüge analysieren, vergleichen und beurteilen**
   Material: SB 8, S. 153 (Arbeitsblatt 10, S. 243, Bewertungsbogen 10, S. 244 ff.)

„... das Elend für uns Juden begann" – Leben unter deutscher Besatzung

3. **Bezüge zwischen einem Bild und Tagebuchauszügen herstellen**
   Aufgabe:
   Arbeite die Bezüge zwischen dem Selbstporträt des jüdischen Malers Felix Nussbaum (SB 8, S. 159) und der Situation der Juden in den Niederlanden heraus, wie sie Anne Frank in den Tagebucheinträgen vom 20.06.1942 und 09.10.1942 (SB 8, S. 157 u. S. 158) beschreibt.
   Material: SB 8, S. 157–159
   Bewertungsbogen: Bewertungsbogen 13, S. 254f.

„Ich hatte solche Angst ... " – Das Leben im Hinterhaus

4. **Über Sachverhalte und Ereignisse informieren**
   Aufgabe:
   Stell dir vor, deine Klasse organisiert eine Anne Frank Ausstellung in eurer Schule. Mithilfe eines Textes wollt ihr eure Besucher über das Leben der Menschen in dem Versteck informieren. Schreibe einen solchen Informationstext.
   Bewertungsbogen: Bewertungsbogen 14, S. 256f.

„... ich litt (und leide) an Stimmungen" – Die Tochter Anne Frank

5. **Einen Tagebucheintrag analysieren und vergleichen**
   (Arbeitsblatt 11, S. 247, Bewertungsbogen 11, S. 248ff.).

„Ich will fortleben auch nach meinem Tod" – Das Anne Frank Haus und die Tagebücher

6. **Einen Sachtext untersuchen und bewerten**
   Aufgaben
   1. Erläutere auf der Grundlage des Sachtextes „Die Geschichte der Tagebücher" von Dorothea Waldherr und Ute Hiddemann (SB 8, S. 171–173), welche Veränderungen Otto Frank an dem Tagebuch seiner Tochter für die Veröffentlichung vorgenommen hat und warum er es in dieser Weise überarbeitet hat.
   2. Nimm Stellung dazu, ob man sich 1992 bei der Neuausgabe des Tagebuchs richtig entschieden hat, die vom Vater zurückgehaltenen Briefe zu veröffentlichen. Text: SB 8, S. 171–173
      Bewertungsbogen: Bewertungsbogen 15, S. 258ff.

Bewertungsbogen 12

Bewertungsbogen zur Leistungsüberprüfung/Klassenarbeit

Name:	
Schulhalbjahr/Datum:	
Klasse:	
Fachlehrer/in:	
Thema der Unterrichtsreihe:	„… dass ich ein Bündelchen Widerspruch bin" – Das Mädchen Anne Frank
Thema der Klassenarbeit:	Einen Dialog zu einem Tagebuchauszug schreiben
Aufgaben:	In ihrem Tagebucheintrag vom 1.8.1944 sagt Anne über sich, dass sie ein „Bündelchen Widerspruch" (Z. 3) sei. Sie erklärt dazu, sie sei „sozusagen zweigeteilt" (Z. 18f.) in eine innere und äußere Anne. Schreibe einen Dialog zwischen der einen und der anderen Anne. Mache in deinem Dialog deutlich, welche Widersprüche für Annes Verhalten und Charakter prägend sind.

A Inhaltliche Leistungen

	Du hast einen Dialog zwischen den zwei Seiten Annes entwickelt und verfasst.	maximale Punktzahl	erreichte Punktzahl
1	Dabei hast du deutlich gemacht, dass Anne, wenn sie allein mit sich ist, sich dadurch auszeichnet, dass sie … – still und ernsthaft ist, – sich sehr selbstkritisch sieht, – oft darüber nachdenkt, wie sie auf andere Menschen wirkt und was diese über sie denken, z. B., dass nur wenige Menschen sie mögen und sie nur für einen unterhaltsamen Clown halten, – ein wenig zur Melancholie neigt.	4 4 4 4	
2	Dabei hast du deutlich gemacht, dass Anne, wenn sie in Gesellschaft ist, sich dadurch auszeichnet, dass sie … – sich immer fröhlich, ausgelassen und lebenslustig gibt, – immer alles von der leichten Seite nimmt, – oft spöttisch, frech und schnippisch ist, – unbekümmert mit Jungen flirtet, – vorgibt, es mache ihr nichts aus, wenn andere sie aufgrund dieses Verhaltens nicht mögen oder daran Anstoß nehmen.	4 4 4 4 4	
3	Dabei hast du verdeutlicht, welche Widersprüche Annes Charakter prägen: – Anne empfindet, dass ihr Verhalten nach außen und ihr Verhalten beim Alleinsein widersprüchlich sind, und leidet unter dieser inneren Zerrissenheit. – Sie leidet daran, dass die anderen die „wahre" Anne gar nicht kennenlernen, sondern nur die oberflächliche und lustige Anne. – Anne möchte einen Weg finden, ihre ernste Seite auch in Gesellschaft zu zeigen. Bisher gelingt ihr das nicht.	4 4 4	
	Gesamtpunktzahl für Aufgabe 1	**48**	
A	**Gesamtpunktzahl**	**48**	

Bewertungsbogen 12

B Darstellungsleistungen

		maximale Punktzahl	erreichte Punktzahl
1	Deine Rechtschreibung, Zeichensetzung und Grammatik sind fehlerfrei.	6	
2	Du formulierst genau und abwechslungsreich.	4	
3	Deine Ausführungen sind nachvollziehbar, schlüssig und gut verständlich.	4	
4	Du verdeutlichst die Gefühle Annes auch sprachlich (z. B. durch die Wortwahl oder den Satzbau).	4	
5	Du beachtest die Form des Dialogs.	2	
B	**Gesamtpunktzahl**	**20**	
	Gesamtpunktzahl A und B	**68**	

Die Leistungsüberprüfung/Klassenarbeit wird mit der Note

_____ bewertet.

_____
Datum   Unterschrift

Zuordnung der Punkte zu den Notenstufen

Note	Punkte
sehr gut	68–59
gut	58–50
befriedigend	49–40
ausreichend	39–31
mangelhaft	30–13
ungenügend	12–0

© Schöningh Verlag

Bewertungsbogen 13

Bewertungsbogen zur Leistungsüberprüfung/Klassenarbeit

Name:	
Schulhalbjahr/Datum:	
Klasse:	
Fachlehrer/in:	
Thema der Unterrichtsreihe:	„... das Elend für uns Juden begann" – Anne Frank: Leben unter deutscher Besatzung
Thema der Klassenarbeit:	Bezüge zwischen einem Bild und Tagebuchauszügen herstellen
Aufgaben:	Arbeite die Bezüge zwischen dem Selbstporträt des jüdischen Malers Felix Nussbaum (SB 8, S. 159) und der Situation der Juden in den Niederlanden heraus, wie sie Anne Frank in den Tagebucheinträgen vom 20.06.1942 und 09.10.1942 (SB 8, S. 157 u. 158) beschreibt.

A Inhaltliche Leistungen

	Du hast die Bezüge zwischen dem Selbstporträt von Felix Nussbaum und der von Anne Frank geschilderten Situation der Juden in den Niederlanden herausgearbeitet. Dabei bist du sinngemäß auf folgende Punkte eingegangen oder hast Gleichwertiges dargelegt:	maximale Punktzahl	erreichte Punktzahl
1	Der Judenstern am Mantel und der Pass zeigen, dass die Juden qua Gesetz einen solchen Stern tragen und Ausweise, die sie als Juden kennzeichneten, führen mussten.	8	
2	Die Farbgebung und der gehetzte Gesichtsausdruck des Mannes verdeutlichen, wie sehr die einzelnen Maßnahmen gegen die Juden diese einer ständigen Verfolgung, Angst und Bedrohung ihres Lebens aussetzten.	8	
3	Die Mauer steht für die Isolierung der Juden von den anderen Niederländern. Sie waren ganz allein auf sich gestellt, da sich niemand mehr traute, ihnen zu helfen.	8	
4	Der gefängnisartige Innenhof und der dunkle kleine Himmelsausschnitt mit der an Schornsteinrauch erinnernden Wolke weisen auf die Judenlager in Holland und die Konzentrationslager in Polen hin, in die die Juden nach ihrer Festnahme gebracht wurden.	8	
A	**Gesamtpunktzahl**	**32**	

Bewertungsbogen 13

B Darstellungsleistungen

		maximale Punktzahl	erreichte Punktzahl
1	Deine Rechtschreibung, Zeichensetzung und Grammatik sind fehlerfrei.	6	
2	Du formulierst genau, sachlich und abwechslungsreich.	3	
3	Deine Ausführungen sind nachvollziehbar, schlüssig und gut verständlich.	3	
B	**Gesamtpunktzahl**	**12**	

Gesamtpunktzahl A und B	**44**

Die Leistungsüberprüfung/Klassenarbeit wird mit der Note

bewertet.

Datum   Unterschrift

Zuordnung der Punkte zu den Notenstufen

Note	Punkte
sehr gut	44–38
gut	37–32
befriedigend	31–26
ausreichend	25–20
mangelhaft	19–8
ungenügend	7–0

© Schöningh Verlag

Bewertungsbogen 14

Bewertungsbogen zur Leistungsüberprüfung/Klassenarbeit

Name:	
Schulhalbjahr/Datum:	
Klasse:	
Fachlehrer/in:	
Thema der Unterrichtsreihe:	„Ich hatte solche Angst ..." – Anne Frank: Das Leben im Hinterhaus
Thema der Klassenarbeit:	Über Sachverhalte und Ereignisse informieren
Aufgabe:	Stell dir vor, deine Klasse organisiert eine Anne-Frank-Ausstellung in eurer Schule. Mithilfe eines Textes wollt ihr euren Besucher über das Leben der Menschen in dem Versteck und ihre Helfer informieren. Schreibe einen solchen Informationstext.

A Inhaltliche Leistungen

		maximale Punktzahl	erreichte Punktzahl
	Du hast einen Informationstext für eine mögliche von deiner Klasse organisierte Anne-Frank-Ausstellung verfasst. Darin informierst du die Besucher der Ausstellung über das Leben der Menschen in dem Versteck und ihre Helfer.		
1	Dabei bist du auf die Probleme des alltäglichen Lebens der Menschen im Hinterhaus und der Helfer eingegangen. Du hast folgende Punkte aufgeführt:		
	– Die Menschen im Hinterhaus durften auf keinen Fall entdeckt werden. Deshalb mussten sie jedes Geräusch vermeiden und mussten dafür sorgen, von außen nicht gesehen zu werden.	4	
	– Die Helfer mussten viele Aufgaben erledigen. Vor allem die Beschaffung von Lebensmitteln war sehr schwierig.	4	
	– Dies wurde mit zunehmender Zeit vor allem auch durch den Geldmangel der Menschen im Hinterhaus immer schwieriger.	4	
2	Dabei hast du die Folgen der Situation für die Menschen im Hinterhaus und die Helfer dargelegt. Dabei bist du z. B. auf folgende Punkte eingegangen:		
	– Die Menschen im Hinterhaus litten unter Schlaflosigkeit, Krankheiten, Langeweile und Beschäftigungslosigkeit.	4	
	– Die Helfer fühlten sich von der großen Verantwortung oft überfordert und wussten oft nicht, wie sie für die Versteckten weiter sorgen sollten.	4	
	– Alle litten unter der Angst, dass die Menschen im Hinterhaus entdeckt werden.	4	
	– Aufgrund des Eingeschlossenseins, der Enge und der Beschäftigungslosigkeit kam es zu gegenseitigem Misstrauen, zu Aggressionen und zermürbenden Streitereien unter den Menschen im Hinterhaus.	4	

Bewertungsbogen 14

3	Dabei hast du dargelegt, wie Anne einzelne Menschen einschätzte. Du hast folgende Punkte dazu ausgeführt:	
	– Zwischen der Familie Frank und der Familie van Pels kam es zu Konflikten um Geld- und Proviantfragen. Wobei Anne davon überzeugt ist, dass die van Pels die Schuld für diese Konflikte trugen.	4
	– Fritz Pfeffer nahm eine Außenseiterrolle ein. Insbesondere Anne lehnte ihn ab.	4
	– Anne empfand auch Frau van Pels und ihre Mutter als zänkisch und überempfindlich. Ihren Vater stellt sie als Ruhepol und Streitschlichter dar.	4
	– Mit den Helfern verband Anne eine tiefe Sympathie und Dankbarkeit. Für deren Sorgen hatte sie großes Verständnis.	4

A	Gesamtpunktzahl	44

B Darstellungsleistungen

		maximale Punktzahl	erreichte Punktzahl
1	Deine Rechtschreibung, Zeichensetzung und Grammatik sind fehlerfrei.	6	
2	Du formulierst genau, sachlich und abwechslungsreich.	4	
3	Deine Ausführungen sind nachvollziehbar, schlüssig und gut verständlich.	4	

B	Gesamtpunktzahl	14

Gesamtpunktzahl A und B	58

Die Leistungsüberprüfung/Klassenarbeit wird mit der Note

bewertet.

Zuordnung der Punkte zu den Notenstufen

Note	Punkte
sehr gut	58–50
gut	49–42
befriedigend	41–34
ausreichend	33–26
mangelhaft	25–11
ungenügend	10–0

Datum   Unterschrift

© Schöningh Verlag

Bewertungsbogen 15

Bewertungsbogen zur Leistungsüberprüfung/Klassenarbeit

Name:	
Schulhalbjahr/Datum:	
Klasse:	
Fachlehrer/in:	
Thema der Unterrichtsreihe:	„Ich will fortleben auch nach meinem Tod" – Das Anne Frank Haus und die Tagebücher
Thema der Klassenarbeit:	Einen Sachtext untersuchen und bewerten
Aufgaben:	1. Erläutere auf der Grundlage des Sachtextes „Die Geschichte der Tagebücher" von Dorothea Waldherr und Ute Hiddemann (SB, S. 171–173), welche Veränderungen Otto Frank an dem Tagebuch seiner Tochter vorgenommen hat und warum er es in dieser Weise überarbeitet hat. 2. Nimm Stellung dazu, ob man sich 1992 bei der Neuausgabe des Tagebuchs richtig entschieden hat, die vom Vater zurückgehaltenen Briefe zu veröffentlichen.

A Inhaltliche Leistungen

Aufgabe 1

		maximale Punktzahl	erreichte Punktzahl
	Du hast zutreffend erläutert, welche Veränderungen Otto Frank an dem Tagebuch seiner Tochter vorgenommen hat und warum er es in dieser Weise überarbeitet hat.		
1	Dabei hast du folgende Punkte zur Geschichte des Tagebuchs erläutert:		
	– Otto Frank bekam die Aufzeichnungen seiner Tochter nach dem Krieg von Miep in Form von 300 losen Blättern, den Geschäftsbüchern und Annes Poesiealbum. Er ordnete die verschiedenen Bücher und Blätter erst einmal zeitlich.	3	
	– Er entschloss sich, das Tagebuch als Zeitdokument eines untergetauchten jüdischen Mädchens zu veröffentlichen.	3	
	– Mit diesem Ziel traf er eine Auswahl aus den Aufzeichnungen Annes und überarbeitete einzelne Tagebucheinträge. Er **milderte** z. B. abschätzige Bemerkungen Annes über ihre Mutter oder die Familie van Pels. Auch ließ er Annes offene Berichte über ihre körperliche Entwicklung aus.	3	
	– Auch sprachlich verbesserte Otto Frank das Tagebuch seiner Tochter (z. B. überarbeitete er Stil-, Rechtschreibfehler oder Germanismen seiner Tochter).	3	
	– Das Ergebnis der Arbeit des Vaters war eine neue gekürzte Version des Tagebuchs seiner Tochter, die sogenannte Version (e).	3	

Bewertungsbogen 15

2	Dabei hast du zutreffend erklärt, warum Otto Frank diese Veränderungen vorgenommen hat. Dabei bist du auf folgende Punkte eingegangen:		
	– Otto Frank sah in dem Tagebuch in erster Linie ein Zeitdokument. Deshalb wollte er vor allem die Aufzeichnungen seiner Tochter veröffentlichen, in denen es um die Umstände im Hinterhaus, den Krieg, die Verfolgung der Juden oder das Leiden der Verfolgten in der Zeit des Nationalsozialismus geht. Deshalb hat er private Äußerungen seiner Tochter überarbeitet oder weggelassen.	4	
	– Otto Frank wollte als Ehemann und Freund der Familie van Pels seine Frau und die Familie van Pels davor schützen, dass die Angriffe und abschätzigen Bemerkungen Annes über seine Ehefrau und seine Freunde an die Öffentlichkeit geraten.	4	
	– Weiter wollte er als Vater nicht, dass Annes intimen Berichte über ihre eigene Sexualität und körperliche Entwicklung von allen gelesen werden können.	4	
	– Da Anne erst mit vier Jahren nach Holland gekommen war, war ihr Holländisch, in dem sie das Tagebuch geschrieben hat, noch nicht fehlerfrei. Otto Frank verbesserte diese sprachlichen Schwächen.	4	
	Gesamtpunktzahl für Aufgabe 1	31	

Aufgabe 2

		maximale Punktzahl	erreichte Punktzahl
	Du hast Stellung dazu genommen, ob man sich 1992 bei der Neuausgabe des Tagebuches richtig entschieden hat, die vom Vater zurückgehaltenen Briefe zu veröffentlichen.		
1	Dabei hast du deine Zustimmung oder deine Kritik nachvollziehbar begründet. Du bist z. B. auf folgende Punkte eingegangen: Du hast z. B. ausgeführt, dass man sich richtig entschieden habe, weil … – so auch das Mädchen Anne Frank in dem Tagebuch vorgestellt wird, – die Aufzeichnungen so veröffentlicht werden, wie sie nach ihrer Entdeckung im Hinterhaus vorlagen, – … Du hast z. B. ausgeführt, dass man sich nicht richtig entschieden habe, weil … – man z. B. in Bezug auf viele Bemerkungen Annes nicht davon ausgehen kann, dass die Betroffenen einer Veröffentlichung zugestimmt hätten. – man bei den intimeren Schilderungen Annes nicht weiß, ob sie diese nach dem Krieg im Gegensatz zu anderen Tagebucheinträgen wirklich veröffentlicht hätte. – …	8	
	Gesamtpunktzahl für Aufgabe 2	8	
A	**Gesamtpunktzahl**	39	

Bewertungsbogen 15

B Darstellungsleistungen

		maximale Punktzahl	erreichte Punktzahl
1	Deine Rechtschreibung, Zeichensetzung und Grammatik sind fehlerfrei.	5	
2	Du formulierst genau, sachlich und abwechslungsreich.	3	
3	Deine Ausführungen sind nachvollziehbar, schlüssig und gut verständlich.	4	
B	**Gesamtpunktzahl**	**12**	
Gesamtpunktzahl A und B		**51**	

Die Leistungsüberprüfung/Klassenarbeit wird mit der Note

_____ **bewertet.**

_____
Datum   Unterschrift

Zuordnung der Punkte zu den Notenstufen

Note	Punkte
sehr gut	51–44
gut	43–37
befriedigend	36–30
ausreichend	29–23
mangelhaft	22–10
ungenügend	9–0

„Wer wagt es ..." – Schillers Balladen
(S. 176–203)

Vorüberlegungen zur Einheit

Das vorliegende Kapitel verfolgt unterschiedliche Ansätze, die sich gegenseitig ergänzen. So sollen die Schülerinnen und Schüler zum einen auf motivierende Weise an den klassischen Autor Friedrich Schiller und seine Literatur herangeführt werden. Die Unterrichtseinheit beschränkt sich hierbei aus verschiedenen Gründen auf die Gattung Ballade: Im Sinne des Spiralcurriculums können so Lerninhalte der siebten Klasse noch einmal aufgegriffen und vertieft werden. Die didaktische Reduktion eines für Jugendliche in der Sekundarstufe I erfahrungsgemäß schwierigen literarischen Werks soll ferner den Zugang zum klassischen Autor Schiller erleichtern. Dafür bietet sich gerade die Gattung Ballade mit ihren nachvollziehbaren, spannungsgeladenen und auch heute noch modernen Themen an.

Zentrale Kompetenzen, die in dieser Einheit geschult werden, sind:
- die Bestimmung des Themas eines Textes,
- das Erstellen von Inhaltsangaben,
- das Auswerten von Sachtexten,
- die sprachliche Analyse von Sachtexten und literarischen Texten,
- die Einübung des Vortrags einer Ballade.

Eine Möglichkeit der Einführung in das Thema bietet der Einstieg über die Abbildungen auf der **Auftaktdoppelseite** (S. 176–177). Die Schülerinnen und Schüler erhalten hier die Gelegenheit, die beiden Darstellungen Schillers zu beschreiben und zu vergleichen und sich somit dem Autor anzunähern. Die Darstellung aus dem Jahr 1791 zeigt einen jungen, nachdenklich nach unten blickenden Autor. Das Rüschenhemd sowie der angedeutete Mantel mit dem breiten Kragen wirken auf die Jugendlichen sicherlich altmodisch. Im Zusammenhang mit der Darstellung aus dem Jahr 2004 ist auffällig, dass der Zeichner offensichtlich auf das Bild von 1791 zurückgegriffen hat. Schiller wirkt hier jedoch weniger nachdenklich bzw. leidend und blickt etwas zukunftsorientierter nach vorne. Der Autor trägt dabei ein modernes T-Shirt mit Glockenemblem (als Anspielung auf sein berühmtes Gedicht „Die Glocke"), Jeans und Turnschuhe. Die Körperhaltung wirkt jugendlich-locker, die Beine sind leicht gebeugt, die Hände hinter dem Rücken verschränkt. Der Zeichner wollte somit offensichtlich die Zeitlosigkeit Schillers bzw. die Modernität seiner Werke auch über 200 Jahre nach seinem Tod unterstreichen.

Didaktische Aufbereitung der Unterkapitel

„Friedrich Schiller aus der Gruft geholt?!" – Annäherung an einen Autor (S. 178–181)

Christiana Engelmann/Claudia Kaiser: Friedrich Schiller und das 21. Jahrhundert

Aufgaben 1 und 2
S. 179

Der Text soll eine erste, motivierende Annäherung der Schülerinnen und Schüler an den Autor Friedrich Schiller ermöglichen. Im Sinne einer Inhaltssicherung sollen die Schüler zunächst primäre Eindrücke formulieren. In Anknüpfung an die Darstellung des Autors aus dem Jahr 2004 auf Seite 177 kann Schiller hier als durchaus modern, eine Person mit unbändiger Energie, aber auch als gebrochene Künstlerpersönlichkeit charakterisiert werden.

Die ersten Eindrücke der Jugendlichen gilt es, in der Bearbeitung der folgenden Aufgabe 2 noch einmal zu vertiefen bzw. zu überprüfen. Dabei sollten die Schülerinnen und Schüler angehalten werden, ihre Ergebnisse in eigenen Worten zu formulieren sowie die zahlreichen im Text genannten Charaktereigenschaften zusammengehörenden Bereichen zuzuordnen.

Folgende Ergebnisse können von der Lehrkraft zusammengefasst und an der **Tafel** gesichert werden:

Erste Annäherung an Friedrich Schiller – Charaktereigenschaften des Autors

- Offenheit anderen Menschen gegenüber/Fähigkeit, Gefühle zu zeigen (Z. 8 f.), Talent zur Freundschaft (Z. 16 f.)

- Wissensdurst (Z. 13 f.), Streben nach Selbstvervollkommnung (Z. 59), Glaube an die Möglichkeit der Bildung eines jeden Menschen (Z. 57 f.), Interesse für die wichtigen Fragen des Lebens (Z. 65), Begeisterung für die Wahrheit, Lust am Denken (Z. 48 f.)

- von Selbstzweifeln geplagt/schüchtern (Z. 21 ff.), sensibel (Z. 32)

- Streben nach Unsterblichkeit (Z. 24)

- Verantwortungsgefühl für die Gesellschaft und nachkommende Generationen (Z. 61 ff.), Begeisterung für die Verbesserung der Welt (Z. 48 ff.), Gerechtigkeitssinn (Z. 94 f.)

- Disziplin und Ausdauer (Z. 79 f.), Energie (Z. 12 f.), Ehrgeiz (Z. 98 ff.), Pflichtbewusstsein (Z. 81)

- Genussfreudigkeit (Z. 82)

- Jugendlichkeit trotz Krankheit (Z. 91 ff.), Treue gegenüber den Träumen seiner Jugend (Z. 96 f.)

- Optimismus (Z. 97)

- ...

} FRIEDRICH SCHILLER = eine moderne Person (?)

TAFELBILD

| Aufgaben 3 bis 5 S. 179 | Die Schülerinnen und Schüler sollen in dieser Aufgabe im Sinne der Schülerorientierung erkennen, dass die im Text genannten Themen der Werke Friedrich Schillers auch für die heutige Zeit noch aktuell sind und sich zahlreiche Anknüpfungspunkte an die Lebenswelt der Jugendlichen finden lassen.
Das unter Aufgabe 2 erstellte Tafelbild ließe sich so durch die Lehrkraft mit folgenden Aspekten ergänzen: |

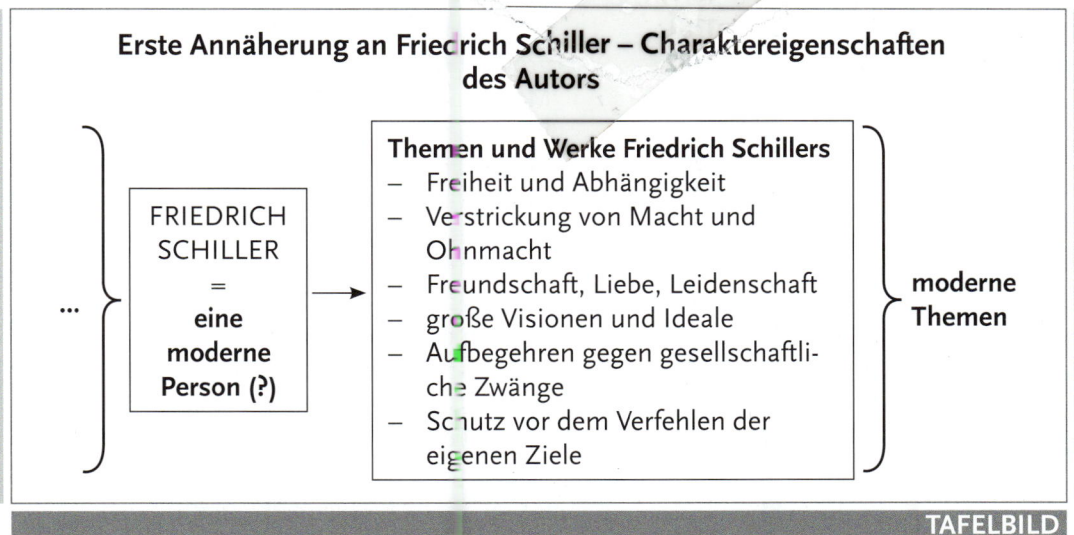

TAFELBILD

Die Formulierung offener Fragen an den Text dient der Überleitung zu der folgenden sachlicheren Darstellung des Lebens Friedrich Schillers (S. 180–181). Im Sinne einer Vertiefung lässt sich zusätzlich der Freundschaftsbegriff Schillers mithilfe des **Arbeitsblattes 1, S. 279,** erarbeiten. Eine didaktische Aufbereitung dieses und des folgenden Textes, die auf den Aufgabenbereich „Zuhören und Informationen verarbeiten" abzielt, findet sich auf der Seite 342 des Schülerbuchs.

Heinrich Pleticha: Friedrich Schiller – Stationen seines Lebens (S. 180–181)

| Aufgabe 1 S. 181 | Die Darstellung des Lebens Schillers vor Christiana Engelmann und Claudia Kaiser auf den Seiten 178–179 ist auf ein jugendliches Publikum zugeschnitten und verfolgt offensichtlich die Absicht, Begeisterung und Neugier für den Autor zu wecken. In dieses Konzept passen so z. B. die häufige Verwendung von alltagssprachlichen Redewendungen (z. B. Z. 20: „coole Fassade", Z. 33 f.: „… die nächste Sprechstunde verpassen", …), der wiederholte direkte Bezug auf die Zielgruppe und deren Lebenswelten (z. B. Z. 5 f., Z. 10 ff., …), die Schwerpunktsetzung auf positive Charaktereigenschaften Schillers o. Ä.
Der Text von Heinrich Pleticha auf den Seiten 180–181 erscheint dagegen durch seine Fokussierung auf die chronologische Darstellung konkreter Lebensdaten, seinen weitgehenden Verzicht auf alltagssprachliche Wendungen und die Aufzählung der wesentlichen Werke Schillers (Z. 63 ff.) sachlicher und populärwissenschaftlicher. Allein zu Beginn der Darstellung (Z. 1–5) deutet sich an, dass der Text konkret Jugendliche ansprechen und motivieren will, sich mit dem Autor und seinem Leben zu beschäftigen. |

| Aufgaben 2 bis 3 S. 181 | Entsprechend des stärker auf Lebensdaten bzw. historischen Fakten ausgelegten Textes bietet es sich hier an, den Inhalt in Form einer aus dem Geschichtsunterricht bekannten Zeitleiste oder alternativ als Zeittafel darstellen zu lassen. Auf Basis dieser Ergebnisse können die Schülerinnen und Schüler sodann z. B. ein schriftliches Porträt verfassen oder eine mündliche Präsentation vorbereiten (vgl. dazu Aufgabe 4, S. 181, und Aufgabe 1, S. 342). |

Folgende Ergebnisse können z. B. von einzelnen Schülerinnen und Schülern oder kleineren Lerngruppen dem Plenum auf Folie oder Plakaten präsentiert oder von der Lehrkraft zusammengefasst und an der **Tafel** gesichert werden:

Friedrich Schiller: Stationen seines Lebens – Zeittafel

10.11.1759	Geburt Schillers in Marbach am Neckar
1781	erstes Drama „Die Räuber"
1782	großer Erfolg der Uraufführung des Dramas „Die Räuber" in Mannheim, Flucht Schillers aus Württemberg aus Angst vor einer Bestrafung durch den Herzog
1782	Drama „Kabale und Liebe"
1787	Drama „Don Carlos", erster Versuch, sich in Weimar in der Nähe seiner Dichterkollegen Goethe, Wieland und Herder niederzulassen, Professur für Geschichte an der Universität Jena, Stipendium ermöglicht ihm die unbeschwertere Arbeit an wissenschaftlichen Studien und der Dichtung, Heirat
1794	Freundschaft mit Goethe spornt ihn zu dichterischen Hochleistungen an: Gedichte: „Das Lied von der Glocke", „An die Freude", „Der Spaziergang"; Balladen: „Der Ring des Polykrates", „Die Bürgschaft", „Die Kraniche des Ibykus"
1799	Übersiedlung nach Weimar, Dramen: „Wallenstein", „Maria Stuart", „Die Jungfrau von Orleans", „Die Braut von Messina"
1804	Drama „Willhelm Tell" lang anhaltende Krankheit
09.05.1805	Tod in Weimar

„Wer wagt es ..."?! – Schillers Balladen (S. 182–203)

„Und der Mensch versuche die Götter nicht!" – Die Ballade „Der Taucher" (S. 182–190)

Im weiteren Verlauf der Unterrichtseinheit werden exemplarisch drei Balladen Friedrich Schillers vorgestellt und untersucht. Alle Texte zeigen dabei ihre Hauptfiguren in einer Grenzsituation, in der sie sich darüber klar werden müssen, was in ihrem Leben am wichtigsten ist. Der Einsatz für ein zu bestehendes Wagnis bzw. für die Herausforderung der Götter ist dabei das eigene Leben.

Aufgaben 1 und 2 S. 182

Im Zentrum der Illustration aus dem Jahr 1823 steht ein muskulöser, schöner junger Mann mit langen Haaren, der im Begriff ist, von einer kargen Klippe in angedeutete Fluten zu springen. Im Hintergrund erkennt man einen auf einer Art Thron sitzenden, an seiner prunkvollen Kleidung erkennbaren Herrscher. Er verfolgt mit grimmigem Gesichtsausdruck und leicht zur Seite gelehnt den Sprung des Jünglings. Ein Bein ist auf dem Felsen abgestellt, als wolle er dem Sprung noch Nachdruck verleihen. Im Gegensatz hierzu wirken die Männer im Hintergrund erschrocken und ängstlich. Z. T. scheinen sie den Jüngling zurückhalten zu wollen. Direkt hinter dem Herrscher steht eine der Kleidung nach ebenfalls adlige Frau, die vor Entsetzen sogar die Hände vor das Gesicht schlägt und sich von dem Treiben abwendet. Sie wird gestützt von einer weiteren Frau. Der Sprung des Knaben erscheint somit als äußerst gefährlich.

Friedrich Schiller: Der Taucher (S. 183–186)

Aufgaben 1 bis 3
S. 186

Angesichts der Länge und Komplexität des Textes sowie der Tatsache, dass sich die Schülerinnen und Schüler vermutlich das erste Mal mit einem derartigen klassischen Text auseinandersetzen, ist es angeraten, das Textverständnis Schritt für Schritt zu erschließen bzw. zu vertiefen.

Im Sinne einer ersten Annäherung an den Balladentext gilt es zunächst, die aus dem Bild auf Seite 182 abgeleiteten Vermutungen mit dem Text abzugleichen. Die zeitgenössische Illustration bezieht sich vermutlich auf den ersten Teil der Ballade (Vers 1–48), in dem der Jüngling zum Entsetzen der umherstehenden Adligen die Herausforderung des Königs annimmt, den Becher aus den Fluten zu holen. Die dargestellte Reaktion der Tochter des Königs könnte jedoch auch auf die zweite Herausforderung des Herrschers (Vers 145–156) schließen lassen.

Aufbauend auf Aufgabe 1 geht es in einem zweiten Schritt darum, mithilfe der Entwicklung eines Fragenkatalogs das Textverständnis erneut zu überprüfen bzw. zu vertiefen. In einem dritten Schritt geht es abschließend darum, den Text in einzelne Handlungsschritte zu gliedern und mithilfe einer Spannungskurve darzustellen.

Folgende Ergebnisse können z. B. von einzelnen Schülern oder kleineren Lerngruppen dem Plenum auf Folie oder Plakaten präsentiert oder von der Lehrkraft zusammengefasst und an der **Tafel** gesichert werden:

Friedlich Schiller: Der Taucher – Textaufbau

Abschnitt 1: Die erste Herausforderung durch den König (Vers 1–18)
Abschnitt 2: Der Jüngling nimmt die Herausforderung an und springt in die Fluten (Vers 19–48)
Abschnitt 3: Warten auf den Jüngling/Beschreibung der Naturgewalten (Vers 49–72)
Abschnitt 4: Der Jüngling taucht wieder auf (Vers 73–90)
Abschnitt 5: Bericht des Jünglings von seinen Erlebnissen unter Wasser (Vers 91–132)
Abschnitt 6: Die zweite Herausforderung durch den König entgegen der Bitte seiner Tochter (Vers 133–150)
Abschnitt 7: Der Jüngling nimmt die Herausforderung erneut an (Vers 151–156)
Abschnitt 8: Der Jüngling kehrt nicht mehr zurück (Vers 157–162)

TAFELBILD

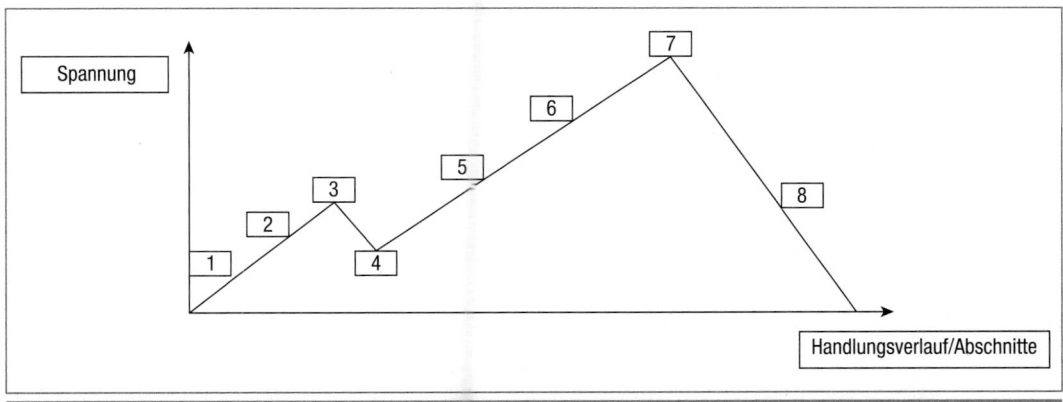

TAFELBILD

Aufgabe 4
S. 186

Im Zusammenhang mit der Analyse der Darstellung der Naturgewalten gibt es unterschiedliche Möglichkeiten des Zugriffs. Zum einen können die Schülerinnen und Schüler eine sprachliche Analyse durchführen, d. h. rhetorische Mittel suchen, um die Naturgewalten näher zu charakterisieren. Auf der anderen Seite kann man sich auch auf die „visuellen" und „auditiven" Eindrücke der Darstellung konzentrieren. Aus zeitökonomischen

Gründen ist es ebenfalls möglich, arbeitsteilig vorzugehen und die verschiedenen Arbeitsschwerpunkte auf mehrere Teams aufzuteilen. Die Charakterisierung des Jünglings ist dagegen weniger komplex, es finden sich insgesamt weniger Textstellen. Zur Vertiefung ist hier ebenfalls ein Rückgriff auf die bildliche Darstellung des Jünglings auf Seite 182 möglich. Folgende Ergebnisse können z. B. von einzelnen Schülern oder kleineren Lerngruppen dem Plenum auf Folie oder Plakaten präsentiert oder von der Lehrkraft zusammengefasst und – sprachlich reduziert – an der **Tafel** gesichert werden:

Die Darstellung der Naturgewalten und des Jünglings im Vergleich

Naturgewalten	Jüngling
Farbsymbolik: – „schwarzer Mund" (V. 4) – „finstern Schoße" (V. 30) – „purpurner Finsternis" (V. 110) – „Schwarz wimmelten da ..." (V. 115) Personifikationen: – „Verschlungen [...] hat ihn der schwarze Mund" (V. 4) – „Charybde Geheul" (V. 10) – „Die Wasser, die sie hinunterschlang..." (V. 27 ff.) – „Mich packte des Doppelstroms wütende Macht" (V. 100) Metaphern: – „Höllenraum" (V. 40) – „Wasserschlund" (V. 49) – „Wasserhöhle" (V. 83) Höreindrücke: – „brüllend" (V. 28) – „fernen Donners Getose" (V. 29) – „brauset und zischt" (V. 31) – „und hohler hört man's heulen" (V. 53) – „rasendem Toben" (V. 131) Tierwelt: – „von Salamandern und Molchen und Drachen" (V. 113) – „stachlichte Roche, der Klippenfisch ..." (V. 117) – „[d]er entsetzliche Hai, des Meeres Hyäne" (V. 120)	Farbsymbolik: – „schwanenweiß" (V. 74) – „glänzender Nacken" (V. 75) Charakterisierung: – sanftmütig (V. 20) – mutig (V. 20, V. 47, V. 152) – kräftig (V. 76) – fleißig, beharrlich (V. 76) – „herrliche[r] Jüngling" (V. 24) – „[h]ochherziger Jüngling" (V. 52) – gottesfürchtig, gläubig (V. 44, V. 103)
Darstellung der Natur als finsteres, bedrohliches, grauenvolles, alles Menschliche verschlingendes Ungeheuer → Funktion: Spannungssteigerung	Darstellung des Jünglings als reine, unschuldige und heldenhafte Figur → Funktion: „Glorifizierung"

→ **kontrastive Gestaltung** ←

TAFELBILD

Aufgabe 5 S. 187	Im Folgenden sollen die Schülerinnen und Schüler die Motive des Jünglings, ein zweites Mal das halsbrecherische Wagnis einzugehen, kritisch hinterfragen. Hierbei ist es möglich, im Sinne der Produktionsorientierung einen inneren Monolog zu verfassen oder aber eine sachliche Analyse in Form einer Art Erörterung vorzunehmen. In beiden Fällen sollte deutlich werden, dass sich die Motive des Jünglings beim ersten Sprung von denen des zweiten Wagnisses unterscheiden:

- In den Versen 1–48 erscheint der Sprung auf der einen Seite als eine Art Mutprobe. So fordert der König wiederholt die Tapferkeit der Anwesenden heraus (V. 11 f., V. 18) und der Jüngling wird mehrfach als mutig charakterisiert (V. 20, V. 47). Auf der anderen Seite spielt offensichtlich ein gewisses Gottvertrauen für den Helden eine Rolle (V. 44). Der winkende Lohn in Form des goldenen Bechers (V. 5 f.) scheint dagegen eine untergeordnete Rolle für den Wagemutigen zu spielen.
- In den Versen 133–156 wird die Entscheidung dagegen als eine sehr emotionale charakterisiert. Der Jüngling kann der Verlockung der Heirat mit der Tochter des Königs nicht widerstehen (V. 151 ff.). Der vorher positiv beschriebene Wagemut des jungen Helden schlägt um in eine gewisse Überheblichkeit bzw. ein ungezügeltes Begehren (V. 152 ff.). Der Jüngling bittet Gott hier nicht mehr um seine Unterstützung und scheitert.

Aufgabe 6 S. 187	In dem Dialog zwischen der Tochter des Königs und ihrem Vater sollten die Willkür und Grausamkeit des Herrschenden deutlich werden, der aus rein persönlichen Gründen bzw. aus einer Spiellaune heraus das Leben seiner Untertanen und das Glück seiner Tochter bewusst aufs Spiel setzt.
Aufgaben 7 bis 9 S. 187–188	Prinzipiell treffen alle der genannten Aussagen auf die Ballade zu. Im Sinne einer Vertiefung sollen die Schülerinnen und Schüler versuchen, die Aussagen zu gewichten, um darüber zu einer abschließenden Wertung und Diskussion des Textes zu gelangen. Ferner sollen sich die Jugendlichen den Unterschied zwischen einer deutenden, also auf einer eher abstrakten Ebene anzusiedelnden Themennennung und einem knappen Handlungsüberblick klarmachen (siehe Methodenkästen, S. 187 und S. 188). Auf dieser Grundlage kann man die Lerngruppe, zur Wiederholung der wichtigen Aufsatzform, eine Inhaltsangabe der Ballade anfertigen lassen.
Aufgaben 10 und 11 S. 188	Die vorgegebene Tabelle kann von den Schülerinnen und Schülern wie folgt ergänzt werden:

	Großgattungen („Elemente") der Literatur		
	Epik (epische, erzählende, handlungsreiche Texte)	**Dramatik** (dramatische Texte, Theaterstücke)	**Lyrik** (lyrische Texte)
Sprache:	ungebundene Sprache, Zeilensprache (Prosa)	Monolog und Dialog	gebundene Sprache (Verssprache: Reim, Strophe, Metrum)
Beispiele:	– Roman – Erzählung – Novelle – Kurzgeschichte – Märchen – Sage – Fabel – …	– Komödie – Hörspiel – Tragödie – Filmdrehbücher – …	– Gedicht – Lied – …

TAFELBILD

Bei Balladen handelt es sich um zumeist längere Gedichte, in denen handlungsreiche Geschichten erzählt werden, häufig in dramatisch zugespitzter Form. Typisch ist dabei der unmittelbare Einstieg, dem die Handlung, oft im Monolog oder im Dialog zwischen zwei Figuren, folgt und die häufig mit einer Pointe schließt. Goethe hat die Ballade in diesem Sinne als das „Urei" der Poesie bezeichnet, ein Text also, der lyrische, epische und dramatische Merkmale vereint.

Das bestimmende Merkmal aller lyrischen Texte (Gedichte) ist die gebundene Sprache in Versen. Im Gegensatz zur Alltagssprache zeichnen sie sich ferner dadurch aus, dass in den Gedichten meist eine Vielzahl sprachlicher Gestaltungsmittel auf engstem Raum zusammentreffen, was in unserem Beispiel etwa die sprachliche Analyse der Naturdarstellung in Aufgabe 4 auf Seite 186 gezeigt hat. Kennzeichen der erzählenden Literatur (Epik) ist es, dass den Leserinnen und Lesern eine Handlung in der Regel in ungebundener Sprache von einem fiktiven (erfundenen) Erzähler präsentiert wird, der mehr oder weniger deutlich als Figur der Erzählwelt in Erscheinung tritt. In der Ballade „Der Taucher" wird die abgeschlossene Handlung von den Wagnissen eines Jünglings aus der Sicht eines auktorialen Erzählers dargestellt. Dramentexte sind in Monolog- oder Dialogform verfasst und meist für die szenische Darstellung auf der Bühne vorgesehen. Auch der Balladentext weist eine Reihe monologischer bzw. dialogischer Passagen auf.

Hannah Schmitt: Hochgefühl beim Sturz in die Tiefe (S. 189–190)
Mit dem Text sowie den Aufgaben auf der Seite 190 kann noch einmal die Frage vertieft diskutiert werden, inwiefern Schiller auch heute noch als modern bezeichnet werden kann. Gerade für Schülerinnen und Schüler, die sich mit den literarisch für den Jahrgang komplexen Texten etwas schwerer tun, bietet der fakultative Abschnitt eine motivierende und abwechslungsreiche Methode, sich mit der Thematik der Ballade auseinanderzusetzen.

Aufgabe 1 S. 190
Der Artikel ist im Reportagestil geschrieben und dient eher der Unterhaltung als der bloßen Informationsvermittlung. Dabei richtet er sich v.a. an Jugendliche bzw. junge Leserinnen und Leser. In diesem Zusammenhang ist insbesondere die häufige Verwendung anschaulicher Beschreibungen (z.B. „hohen rauen Klippen", Z. 3; „Wie in Zeitlupe", Z. 14 f.; „eiskalte, etwa 13 Meter tiefe Wasser", Z. 23 f.; „zerklüfteten Felsen", Z. 42) und von Hochwertadjektiven (z.B. „atemberaubendes", Z. 5; „malerischen", Z. 8), spannungserzeugender Wendungen (z.B. „Die Zuschauer [...] halten den Atem an.", Z. 12 f.; „Dann geht alles ganz schnell", Z. 18 f.; „Zwei Sekunden, in denen Anna Bader Tausende Gedanken durch den Kopf schießen.", Z. 27f.) sowie der Einbau lebendig wirkender direkter Rede (vgl. z.B. Z. 69f.) zu nennen. Die Sportart wird mithilfe der rhetorischen Mittel als spektakulär, Anna Bader den (jungen) Lesern als Heldin dargestellt.

Aufgabe 2 S. 190
Mithilfe des Methoden- und Informationskastens auf Seite 259 untersuchen die Schülerinnen und Schüler den Text auf für die Textsorte Reportage typische Merkmale. Dabei können sie z.B. auf folgende Punkte eingehen:
– Die Reporterin schildert ein von der Verfasserin selbst miterlebtes Ereignis.
– Der Leser wird an den Ort des Geschehens geführt (vgl. z.B. Z. 1–6).
– Es werden sowohl wesentliche Fakten (z.B. „Anna Bader (27) ist die einzige Frau am Start gewesen."; „Ponte Brolla", Z. 9; „Jedes Jahr im Sommer treffen sie sich dazu in der Schweiz, um drei Sprünge aus 13, 15 oder 20 Metern zu zeigen", Z. 39–41) als auch persönliche Empfindungen wiedergegeben.
– Die Autorin verwendet eine anschauliche Sprache (s. Aufgabe 1, S. 190).
– Das Tempus ist Präsens.
  → Der Leser/die Leserin hat das Gefühl, live bei dem Ereignis dabei zu sein.

Aufgabe 3
S. 190

Die Aufgabe dient als Vorbereitung des in Aufgabe 4 intendierten Vergleiches zwischen Schillers Ballade und dem Inhalt der Reportage. Im Einzelnen können die Schülerinnen und Schüler zu folgenden Ergebnissen kommen, die in einem **Tafel-** oder **Folienbild** gesichert werden können:

Hannah Schmitt – Hochgefühl beim Sturz in die Tiefe	
Charakterisierung der Extremsportart Klippenspringen	**Informationen über die Springerin Anna Bader**
– landschaftlich einzigartige, „atemberaubende[.]" (Z. 5) Plätze – besondere Atmosphäre des Wettkampfes: „Die Natur macht die Vorgaben, nicht der Mensch." (Z. 60f.) – waghalsige Sprünge aus „13, 15 oder 20 Metern" (Z. 41) – zwei Sekunden freier Fall aus 20 Metern Höhe (vgl. Z. 25f.); Geschwindigkeiten von „bis zu 80 Stundenkilometern" (Z. 72f.) – Sprung erfordert höchste Konzentration und Ruhe (vgl. Z. 28ff. u. Z. 69f) – gefährliche Sportart, die keine Fehler zulässt (vgl. Z. 75f.) – Respekt vor der Höhe und der Gefahr als Voraussetzung für einen erfolgreichen Sprung (vgl. Z. 79ff.) – ...	– 27 Jahre alt (vgl. Z. 6) – „einzige Frau" (Z. 6) unter den Klippenspringern – aufgewachsen im „Hunsrückort Morbach" (Z. 31) – ist Teil einer Wassershow in China (vgl. Z. 32ff.) – wird von der Familie bei vielen Wettkämpfen begleitet (vgl. Z. 46ff.) – mag keine „Hektik" (Z. 69) – hat „Respekt vor der Höhe" (Z. 80), auch „wenn es ihr nicht hoch genug sein kann" (Z. 81 f.) – ...
gefährliche, begeisternde Sportart, die viel Geschick und Mut erfordert	**interessante Sportlerin, die Vorbild ist**

TAFELBILD

Aufgabe 4
S. 190

Als wichtige Gemeinsamkeit kann die Motivation des Tauchers und der Sportlerin festgehalten werden. Beide empfinden den Sprung zunächst als eine Art Mutprobe; es geht ihnen um den Nervenkitzel. Beim Taucher spielt die Belohnung für das Wagnis erst einmal eine untergeordnete Rolle. Auch der Klippenspringerin scheint es weniger um den Wettkampfcharakter zu gehen, sondern um den Moment der Selbstüberwindung und das Austestens eigener Grenzen, schließlich kann es ihr „nicht hoch genug sein" (Z. 81f.) Dagegen spielen die in dem literarischen Text von Schiller genannten Motive des Gottvertrauens sowie der Überheblichkeit bzw. des ungezügelten Begehrens bei Anna Bader keine Rolle. Die Ergebnisse können in das **Tafelbild** (s. Aufgabe 3) integriert werden und es kann abschließend eine Diskussion über die Aktualität bzw. Modernität der Schiller'schen Ballade angeregt werden:

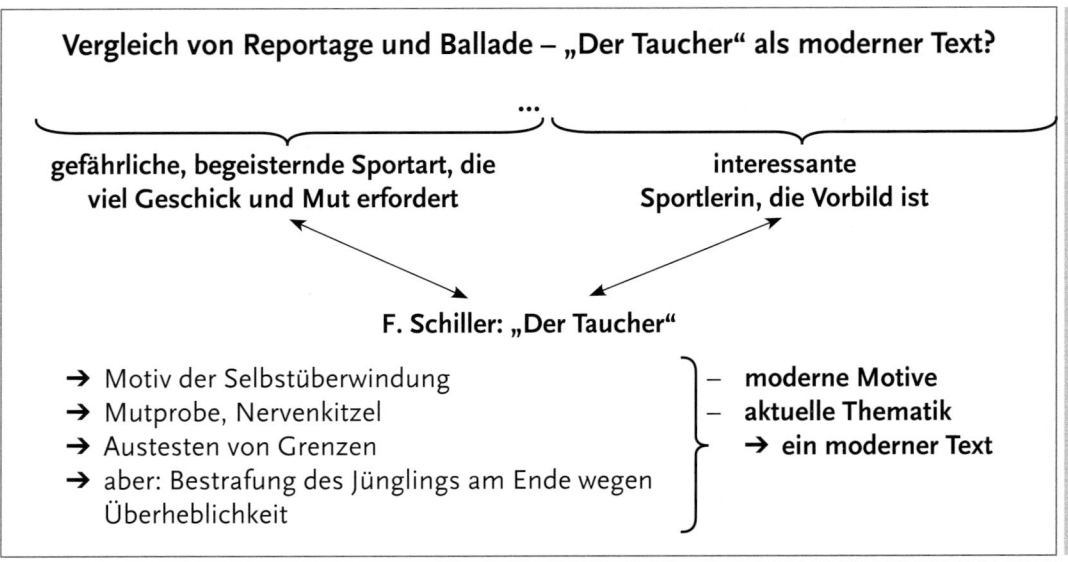

Aufgabe 5
S. 190

Hier können z. B. folgende Aspekte genannt werden:
- sprachliche Gestaltung: künstliche, literarische Sprache vs. alltägliche, informierende Sprache
- Funktion: ästhetischer Anspruch vs. appellative und/oder informative Funktion
- Wirkungsabsicht auf den Leser: Identifikation und Empathie vs. Information und Interesse wecken
- Realitätsbezug: Fiktion vs. Realität
- ...

„Und die Treue, sie ist doch kein leerer Wahn" – Die Ballade „Die Bürgschaft" (S. 190–195)

Friedrich Schiller: Die Bürgschaft (S. 190–193)

Aufgaben 1 und 2
S. 193

Als „Bürge" wird jemand bezeichnet, der für einen anderen eine Sicherheit leistet bzw. eine Haftung oder Garantie übernimmt. In unserem Fall hinterlässt der verhaftete Damon seinen Freund als „Bürgen", damit er noch seine Schwester verheiraten kann. Der an der Stelle der Hauptfigur festgehaltene Freund übernimmt somit die Sicherheit für die Rückkehr des zum Tode Verurteilten. Kehrt Damon innerhalb von drei Tagen nicht zurück, muss sein Bürge an seiner Stelle sterben.

Im Sinne einer weiteren Annäherung an den Inhalt des Textes sollen die Schülerinnen und Schüler die Überschrift bewerten. Der Titel „Die Bürgschaft" ist für die Ballade sicherlich treffend, ist der Antrieb der Hauptfigur doch allein die Verantwortung gegenüber seinem Freund, der sogar mit seinem Leben für ihn einstehen würde. Die (Ideen-)Ballade macht somit deutlich, dass wahre Freundschaft und Treue große Hindernisse überwindet und auch nicht vor dem eignen Leben bzw. Schicksal haltmacht. Für die Jugendlichen ist dabei die Überschrift „Die Bürgschaft" auf der Wortschatzebene auf Anhieb weniger verständlich, sodass sie Alternativen wie „Treue", „Wahre Freundschaft", „Das Versprechen" o. Ä. entwerfen werden.

Aufgabe 3
S. 193

Im Sinne einer vertieften Ergebnissicherung und als Vorbereitung für die eventuell anzufertigende Inhaltsangabe in Aufgabe 7, S. 193, sollen die Schülerinnen und Schüler nun den Text in einzelne Abschnitte gliedern. Die dreimalige Überwindung von Hindernissen sowie die Warnungen der Menschen, denen Damon begegnet, vor der Sinnlosigkeit der Rückkehr dienen dem Spannungsaufbau bzw. der Dramatisierung des inneren Konflikts, in dem sich die Hauptfigur befindet. In diesem Zusammenhang spielt auch die Darstellung der verrinnenden Zeit eine spannungssteigernde Rolle. So wird der Ablauf der Frist von Schiller gleichgesetzt mit dem Vergehen eines Tages bzw. dem Sonnenlauf eines Tages. Der Tod des Freundes wird so mit der zunächst hochstehenden Mittagssonne (V. 53 f.) über das tiefstehende Tageslicht (V. 92 ff.) bis zum Sonnenuntergang (V. 120) immer wahrscheinlicher. Folgende Ergebnisse können dementsprechend von der Lehrkraft an der **Tafel** gesichert werden:

Friedrich Schiller: „Die Bürgschaft" – Gliederung

- V. 1–7: Mordversuch Damons, Todesurteil
- V. 8–21: Bitte Damons, seine Schwester zu verheiraten, Freund als Bürge, 3 Tage Frist
- V. 22–31: Bürgschaft des Freundes
- V. 32–35: Heirat der Schwester
- V. 36–63: Unwetter und Fluss als 1. Hindernis
- V. 64–77: Räuber als 2. Hindernis
- V. 78–91: Durst als 3. Hindernis   Spannung
- V. 92–119: Wanderer berichten von der Vollstreckung des Todesurteils; Damon setzt Wanderung fort, obwohl Philostratus ihm geraten hat, nicht weiterzugehen, um sein eigenes Leben zu retten
- V. 120–130: Rettung des Freundes
- V. 131–140: Begnadigung und Bitte des Königs, an Freundschaft teilhaben zu dürfen

TAFELBILD

Aufgabe 4
S. 193

Zu Beginn der Ballade wird der König als „Tyrann" (V. 1) bzw. als finsterer „Wüterich" (V. 5) beschrieben. In der Annahme, dass Damon sein Versprechen, nach der Verheiratung seiner Schwester wieder zurückzukehren, nicht erfüllen kann bzw. wird, stellt er kaltherzig und hinterlistig (vgl. V. 15) die Bedingung, dass im Falle einer Verspätung der Bürge sein Leben lassen müsse.

Erst am Ende der Ballade erfährt der Gewaltherrscher eine Wandlung ins Menschliche. Die Rettung des Freundes in letzter Sekunde bzw. die bedingungslose Opferung der beiden Freunde füreinander erscheint dem König als eine wundersame Geschichte (vgl. V. 131), die sein Herz rührt und den Wunsch in ihm weckt, eine derartig wahre Freundschaft und Treue auch erfahren zu dürfen. Er begnadigt Damon und seinen Bürgen und bittet sie um ihre Freundschaft.

Aufgabe 5
S. 193

Die Darstellung des Wassers spielt in der Ballade an zwei Stellen eine besondere Rolle: In den Versen 36–63 wird der durch ein Unwetter anschwellende Fluss als bedrohliches und gewaltiges Hindernis beschrieben, in den Versen 78–91 geht es dagegen um eine Leben verheißende, Rettung bedeutende Quelle. Es bietet sich hier an, die beiden Abschnitte arbeitsteilig in Gruppen untersuchen zu lassen und die Ergebnisse gegenüberzustellen. Ein Rückgriff auf die Analyse der Wasserdarstellung in der Ballade „Der Taucher" (Aufgabe 4, S. 186) ist hier ebenfalls möglich.

Folgende Ergebnisse können gesichert werden:

	Darstellung des Wassers in der Ballade „Die Bürgschaft"	
	Darstellung des Flusses (V. 36–63)	**Darstellung der Quelle** (V. 78–91)
sprachliche Mittel	– Klimax (V. 37 f.) – Metapher (V. 85, „silberhell") – Personifikation (V. 57, „Stromes Wut") – Wortwiederholung/Alliteration (V. 58, „Welle auf Welle ...") – Adjektivwahl (V. 49, „wilde Strom", V. 61, „brausende Flut") – Höreindrücke (V. 41 f.) – ...	– Vergleich (V. 86, „wie rieselndes Rauschen") – Alliteration (V. 86, „rieselndes Rauschen") – Anapher (V. 87 f./V. 90 f./V. 92 f., „Und ...") – Personifikation (V. 88 f., „geschwätzig, ..., [s]pringt ..."; V. 93 f. „malt ...") – ...
Wirkung	bedrohliche, todbringende, gewaltige Wassermassen	lebendiges, Leben verheißendes, Rettung bedeutendes Wasser
	⟵ kontrastierende Darstellung ⟶	

TAFELBILD

Aufgabe 6 S. 193

Die in der Ballade angesprochenen Aspekte wie „Gerechtigkeit", „Gottvertrauen", „Treue", „Freundschaft", „Mut", „Durchhaltevermögen" etc. sind auch heute noch Themen, die die Jugendlichen interessieren dürften. Die sich entwickelnde Diskussion dient der abschließenden Bewertung des Textes.

Aufgabe 7 S. 193

Die Schülerinnen und Schüler können hier zum Abschluss im Sinne einer Vertiefung eine schriftliche Inhaltsangabe der Ballade anfertigen. Alternativ kann auch mithilfe des **Arbeitsblattes 3, S. 282,** eine Textüberarbeitung eines bereits vorgegebenen, jedoch fehlerhaften Schülertextes vorgenommen werden.

Christiana Engelmann/Claudia Kaiser: Schillers Entwicklungs- und Erziehungsballaden (S. 194)

Aufgabe 1 S. 194

„Die Bürgschaft" kann im Sinne Schillers als „Ideenballade" bzw. als „Entwicklungs- und Erziehungsballade" verstanden werden. Damon befindet sich in einer Grenz- und Entscheidungssituation: Er muss sich wiederholt darüber im Klaren werden, ob seine Freundschaft bzw. die Treue zu seinem Bürgen trotz hoffnungsloser Situationen mehr wiegt als sein eigenes Leben bzw. Schicksal. Als Belohnung seiner Beharrlichkeit wird Damon trotz seines klaren Verstoßes gegen Gesetze freigesprochen. Er muss sich nicht mehr wegen seines Mordversuches verantworten, behält sein Leben und steigt sogar durch das Freundschaftsangebot des Königs in der Gesellschaft auf. Damit ist ein kriteriengeleiteter Vergleich mit der Ballade „Der Taucher" vorbereitet:

Aufgabe 2
S. 194

Vergleichskriterien	„Die Bürgschaft"	„Der Taucher"
Themen	Mut, Treue, Freundschaft, Gerechtigkeit, Verantwortlichkeit vor Gott	Grenzen des Menschen, Ver-antwortlichkeit vor Gott, Herrscherwillkür, Sensationslust, Liebe und ihre Risiken
wichtige Figuren	Damon Freund Tyrann	Jüngling, König, Tochter des Königs
Motive der Figuren	Damon handelt aus Gerechtigkeitssinn und bedingungsloser Treue zu seinem Freund	Die Hauptfigur handelt aus jugendlichem Mut, der letztendlich jedoch in Übermut umschlägt; weitere Motive des Knappen sind die Verlockungen der Liebe und des materiellen Gewinns sowie Gottvertrauen
Handlungsverlauf	Damon muss mehrere Hindernisse/Prüfungen bestehen, ehe er seinen Freund vor dem Tod bewahren kann	zweimalige Wiederholung der Prüfung
Ausgang der Handlung	Beharrlichkeit, Treue, Mut und Gottvertrauen Damons führen zur Freiheit/Begnadigung	Mut bzw. Überheblichkeit der Hauptfigur führt zum Tod
...	...	...

Als weitere Vergleichskriterien können z. B. die Charakterisierung der Hauptfiguren, die Darstellung des Wassermotivs, die sprachliche Gestaltung usw. herangezogen werden. Zusammenfassend kann man feststellen, dass die Hauptfiguren beider Balladen Mut beweisen, jedoch das Risiko für Leib und Leben aus unterschiedlichen Motiven eingehen. Die Verlockungen der Liebe und materieller Dinge führen in der Ballade „Der Taucher" zu dem Verlust des Gottvertrauens und letztendlich zum Tod, wohingegen Damon in dem Text „Die Bürgschaft" aus der Motivation heraus, seinen Freund zu retten, auf Gottes Hilfe vertraut, alle Prüfungen besteht und mit der Freiheit belohnt wird. Die Balladen können so als ein Plädoyer für die bedingungslose Freundschaft und Treue und gegen die Überheblichkeit und Herausforderung Gottes gewertet werden.

Aufgaben 1 bis 3
S. 195

Ulrich Harbecke: Der dritte Mann (S. 194–195)
Im Sinne einer ersten Inhaltssicherung sowie als Einstieg in die Textart „Parodie" sollen die Schülerinnen und Schüler ihre ersten Eindrücke wiedergeben. Die Vorlage „Die Bürgschaft" erkennt man zunächst an der textlichen Übereinstimmung der ersten acht Verse. Darüber hinaus sind weitere indirekte inhaltliche Übereinstimmungen zu verzeichnen: Der König gibt Dämon (vgl. die Umlautung des Namens) eine unbestimmte Frist (vgl. V. 15 ff.) und Dämon nennt in Form einer Aufzählung die Hindernisse, die die Hauptfigur in der Ursprungsballade überwinden muss (vgl. V. 25 ff.). Ferner werden auch die Freilassung Damons/Dämons und die Versöhnung zwischen dem Tyrannen und den Freunden angesprochen (V. 29 ff.). Ein wesentlicher Unterschied zu dem Ursprungstext besteht darin, dass die Hauptfigur den Herrscher zu überreden versucht, das Todesurteil

aufzuheben und den Streit so vorzeitig zu beenden (vgl. V. 8 ff.). Im Zusammenhang mit der Frist, die Damon in Schillers Text benötigt, um seine Schwester zu verheiraten, plädiert die Hauptfigur in der Parodie dafür, ihm die mühseligen Gefahren und Aufregungen zu ersparen (vgl. V. 22 ff.) und lieber sofort Freundschaft mit dem König zu schließen. Dämon nimmt dabei direkt Bezug auf die Kenntnis der Schiller'schen Ursprungsballade (vgl. V. 24, V. 36) und begründet sein Ansinnen damit, dass das Ende der Geschichte bereits vorhersehbar sei und damit die Umwege, die zu der Versöhnung führen, vermieden werden könnten (vgl. V. 33 ff.). Der Tyrann entgegnet, dass die „Rallye" (V. 19) jedoch notwendig sei, damit aus der Geschichte eine spannungsgeladene Ballade werde. Aus dem Helden der Schiller'schen Ballade, der aus bedingungsloser Treue und Gerechtigkeitssinn handelt, wird so ein bequemer, die Mühen einer längeren Auseinandersetzung scheuender Antiheld, der sich „heimlich ja doch in die Hose" (V. 28) macht. Die Motive des Herrschers in der Parodie sind ebenfalls nicht Rachsucht oder Unmenschlichkeit, wie bei Schiller, sondern allein die Besorgnis um die Gattung der Ballade (vgl. V. 20). Unterstrichen wird die Zeichnung der Hauptfiguren in der Parodie zudem durch die Verwendung alltagssprachlicher Wendungen (vgl. V. 9, V. 11 ff., V. 19, V. 22 ...).

Aufgabe 4
S. 195

Durch die parodistische Nachahmung kritisiert Ulrich Harbecke somit offensichtlich die Konstruiertheit und Vorhersehbarkeit der Schiller'schen Ballade. Die Dramatik des Ursprungstextes wird durch den modernen Autor demontiert und die Hauptfiguren werden der Lächerlichkeit preisgegeben. In diesem Sinne erfolgt auch eine Distanzierung von einem idealistisch geprägten Weltbild.

Aufgaben 5 und 6
S. 195

Die Aufgaben regen das Vorwissen der Schülerinnen und Schüler über parodistische Texte an. Darauf aufbauend sowie unter Berücksichtigung der Parodie Harbeckes können die Schülerinnen und Schüler sodann selbst einen parodistischen Text verfassen, der sich an Schillers Ballade „Der Taucher" orientiert.

„Mir grauet vor der Götter Neide" – Die Ballade „Der Ring des Polykrates" (S. 196–201)

Oliver H. Herde: Polykrates, Tyrann von Samos (S. 196–197)

Aufgaben 1 bis 4
S. 197

Im Sinne einer ersten Inhaltssicherung formulieren die Schülerinnen und Schüler nach der Lektüre des Sachtextes ihre Eindrücke: Wahrscheinlich werden hier zunächst die negativen Charaktereigenschaften des Tyrannen, sein mangelnder Respekt vor der eigenen Familie und vor religiösen Bräuchen, seine Brutalität, seine Machtversessenheit o. Ä. im Vordergrund stehen, bevor die Jugendlichen auch auf die Errungenschaften Polykrates' zu sprechen kommen. Alternativ ließe sich eine erste Inhaltssicherung auch mithilfe der Darstellung auf Seite 197 erreichen; eine Bildbeschreibung müsste dann mit den Textkenntnissen abgeglichen werden.

Der anschließend zu erarbeitende „Spickzettel" und der darauf aufbauende Kurzvortrag über das Leben des Herrschers (Aufgabe 3) bzw. die darauf aufbauende schriftliche Zusammenfassung des Textes (Aufgabe 4) sollten folgende Aspekte beinhalten:

> **Oliver H. Herde: Polykrates, Tyrann von Samos**
>
> **Abstammung (Z. 1–8):**
> - wohlhabende Familie
> - Vater mit wichtigem und angesehenem religiösen Amt
>
> **Machtergreifung (Z. 8–20):**
> - Hilfe seiner beiden Brüder Pantagnotos und Syloson
> - Ablegen der Waffen durch die Samier während der religiösen Feierlichkeiten des Herafestes im Jahre 538
> - Blutbad unter den Opfernden
> - Mord an älterem Bruder
> - Vertreibung des jüngeren Bruders
>
> **Militärische Machtausbreitung (Z. 21–35)**
> - Aufbau eines großen Söldnerheeres
> - Aufbau einer beachtlichen Flotte mit speziellen Schiffen für Raubfahrten
> - Ausbreitung der Herrschaft in der Ägäis und auf kleinasiatischem Festland
>
> **Nichtmilitärische Aktivitäten (Z. 36–44)**
> - Förderung der Kunst und Literatur
> - Bautätigkeiten
> - wirtschaftlicher Fortschritt (Münzwirtschaft, Fernhandel)
>
> **Anekdote Herodots (Z. 45–76)**
>
> **Ende des Polykrates (Z. 77–96)**
> - Probleme: Geldnot, aggressive Außenpolitik führt zu Feinden
> - Mordplan des Stadthalters von Sardes (Belohnung als Lockmittel, Verhaftung, Hinrichtung, Gefolgschaft – versklavt oder freigelassen)

TAFELBILD

Aufgabe 5
S. 197

Als Überleitung zur Umsetzung der Polykrates-Geschichte durch Schiller können die Schülerinnen und Schüler hier Vermutungen darüber anstellen, welche der Lebensabschnitte sich für eine Ballade des Autors eignen. Es bietet sich hier u. a. noch einmal die Möglichkeit, an die Kennzeichen der Entwicklungs-/Erziehungsballade anzuknüpfen (siehe Seite 194). Neben der Legende von der blutrünstigen Machtergreifung Polykrates' bietet sich dabei insbesondere die Anekdote Herodots für eine Umsetzung an, befindet sich der Herrscher doch in einer Grenzsituation, in der er sich entscheiden muss, ob er weiter unreflektiert sein Glück herausfordert oder ob er ein Opfer darbringt, um die Götter zu besänftigen und furchtlos weiterleben zu können. Das Wiederauftauchen des Ringes signalisiert das Scheitern des Planes, der Freund des Polykrates wendet sich von ihm ab. Ferner ließen sich auch die allgemeinen Kennzeichen der Ballade als Argumentation für die Geeignetheit der Herodot-Anekdote anführen (dramatisch zugespitzte Form der Erzählung, unmittelbarer Einstieg, überraschendes Ende, Möglichkeit, Dialoge und Monologe einzufügen ...).

Friedrich Schiller: Der Ring des Polykrates (S. 198–199)

Aufgabe 1
S. 199

Die Aufgabe ermöglicht zum einen eine vorläufige Inhaltssicherung des Textes von Schiller, zum anderen jedoch auch einer über das Erkennen der Unterschiede zwischen Herodot und der Ballade möglichen ersten interpretatorischen Zugang.

Die Anekdote Herodots konzentriert sich ganz auf das Ereignis der Opferung des kostbaren Ringes und seines Wiederauftauchens. Das Glück des Polykrates wird zwar genannt, jedoch im Gegensatz zu der Ballade nicht konkretisiert. Schiller führt so in seinem Text drei Ereignisse an (Tötung des gefürchteten Feindes (V. 7–24), Rettung bzw. Rückkehr der Flotte des Herrschers (V. 25–36), Sieg über die Kreter (V. 37–48)), die die unheimliche Glückssträhne des Herrschers veranschaulichen sollen. Auch zeigt Herodot im Gegensatz zu der Ballade keine religiösen Bezüge. Bei Schiller warnt der König Ägyptens seinen Freund vor dem Neid und vor möglichen Vergeltungsaktionen der Götter (vgl. V. 50 ff.). Die Angst des Gastes hat somit religiöse Gründe und nicht wie bei Herodot eine eher unbestimmte, allein dem „unglauliche(n) Glück" (Z. 50) zugesprochene Motivation. Die Ballade Schillers erhält auf diesem Weg eine andere Zielsetzung, die in Aufgabe 4 noch näher zu beleuchten sein wird.

Aufgabe 2
S. 199

Die Ballade kann wie folgt gegliedert werden:

Friedrich Schiller: „Der Ring des Polykrates" – Textgliederung

Abschnitt 1: Macht des Polykrates (V. 1–6)
Abschnitt 2: Tötung des gefürchteten Feindes (V. 7–24)
Abschnitt 3: Rettung bzw. Rückkehr der Flotte des Herrschers (V. 25–36)
Abschnitt 4: Sieg über die Kreter (V. 37–48)
Abschnitt 5: Warnung vor dem Neid der Götter (V. 49–66)
Abschnitt 6: Heraufbeschwören des Unglücks durch Opfergabe (V. 67–78)
Abschnitt 7: Rückkehr des Ringes (V. 79–90)
Abschnitt 8: Flucht des Freundes (V. 91–96)

TAFELBILD

Für die grafische Darstellung bietet sich die den Schülerinnen und Schülern bereits bekannte Darstellung als Spannungskurve an (siehe Aufgabe 3, S. 186). Wesentlich ist hierbei jedoch, dass die Jugendlichen versuchen, die einzelnen Abschnitte zu funktionalisieren.

Der Aufbau der Ballade ließe sich in Anlehnung an den Aufbau eines klassischen Dramas z. B. wie folgt darstellen:

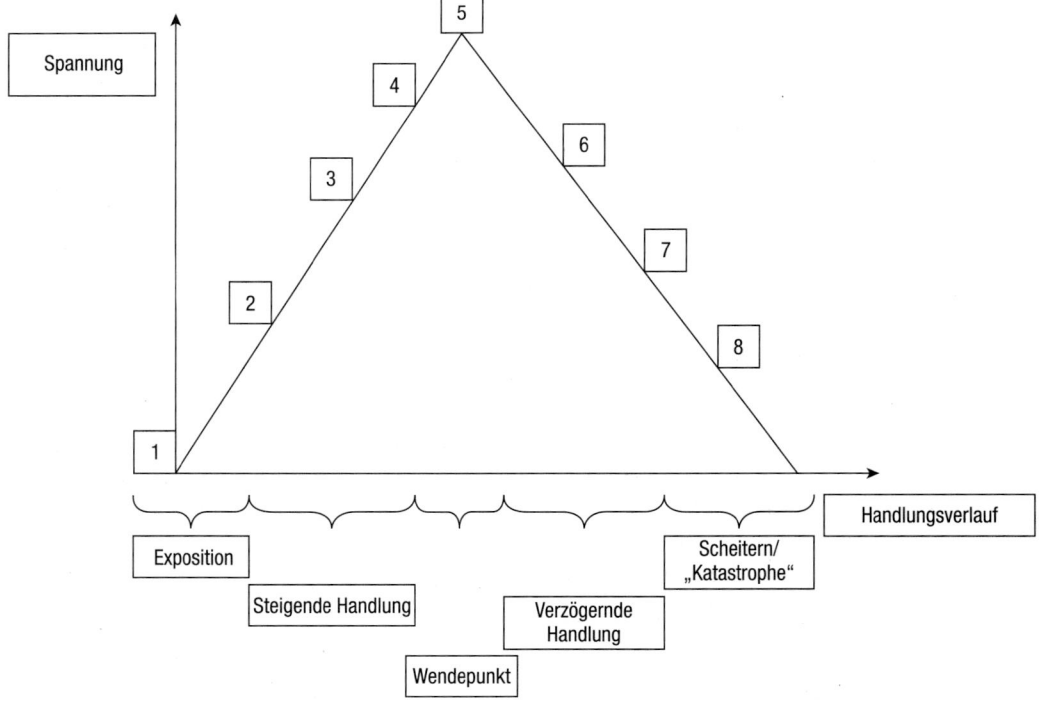

Aufgabe 3 S. 199	Polykrates erscheint gleich zu Beginn der Ballade erst dann als glücklich, wenn sein Gast seine Macht, seinen Erfolg und damit auch sein Glück bestätigt (vgl. V. 1 ff.). Die Schülerinnen und Schüler können aus ihrer eigenen Erfahrung heraus argumentieren, dass ein persönlicher Erfolg erst durch die Anerkennung von Menschen, die einem wichtig sind, besonders genossen werden kann. Natürlich erfüllt diese Passage auch eine erzählerische Funktion: Schiller führt hier expositorisch seine Hauptfigur Polykrates als einen Herrscher ein, der mit seinem Reichtum angibt, statt bescheiden zu sein, und den Neid der Götter herausfordert. Von Beginn an erscheint Polykrates so den Lesern wenig sympathisch.
Aufgabe 4 S. 199	Glück lässt sich nur durch die Erfahrung von Unglück wahrnehmen und wertschätzen: „So flehe zu den Unsichtbaren,/Dass sie zum Glück den Schmerz verleihn./Noch keinen sah ich fröhlich enden, Auf den mit immer voller Händen/Die Götter ihre Gaben streun." (V. 62–66) Großes Glück zieht auch die Möglichkeit großen Leids nach sich, gerade da die Menschen in Schillers sittlich-religiöser Weltanschauung stets von einer höheren Macht abhängig sind, welche hier natürlich durch die Götter repräsentiert wird. Glück und Unglück müssen sich in diesem Sinne die Waage halten, damit der Mensch nicht den Neid der Götter (vgl. V. 52) auf sich zieht.
Aufgabe 5 S. 199	Über eine mögliche Darstellung des Todes Polykrates' kann man durchaus unterschiedlicher Meinung sein. Schiller legt auf diese Weise seinen Balladentext offensichtlich als eine Warnung vor der Herausforderung der Götter aus. Die Götter erscheinen hier als aus menschlichen Wesen hervorgegangene (vgl. V. 8) und immer noch menschliche Züge tragende Wesen. Die Angst des Gastes begründet sich in dem Bewusstsein, dass das ungewöhnliche Glück des samischen Herrschers den Neid und die Rachsucht der Götter hervorrufen muss (vgl. V. 50 ff.), denn allein den göttlichen Wesen gebührt „[d]es Lebens ungemischte Freude" (V. 53). Der Tod des Herrschers würde die mögliche Intention der Ballade, d.h. die Warnung vor der Herausforderung der Götter, noch verstärken. Über die Gründe, warum Schiller das historische Schicksal seiner Hauptfigur den Lesern vorenthält, lässt sich nur spekulieren. Das Ende der Ballade bleibt offen, die Leser können sich womöglich über die Auswirkungen der menschlichen Regung „Neid" ihr eigenes Urteil bilden. Der Ausgang bleibt vielschichtiger und wirkt so weniger belehrend.
Aufgaben 6 und 7 S. 199	Der abschließende Vergleich der Themen der drei behandelten Balladen macht noch einmal deutlich, dass Schiller in seinen sogenannten „Entwicklungs- und Erziehungsballaden" Themen wie die Verantwortlichkeit gegenüber einer höheren Instanz variiert. Allen drei Texten gemein ist zudem die Konzentration auf sowohl positive als auch negative menschliche Charaktereigenschaften bzw. Verhaltensstereotype wie Mut, Übermut, Liebe, Freundschaft, Neid u. a. Die Balladen erscheinen so aufgrund der Zeitlosigkeit ihrer Themen immer noch modern. Folgende Ergebnisse können von der Lehrkraft an der **Tafel** gesichert werden:

Themen der Balladen Schillers im Vergleich

„Die Bürgschaft"	„Der Taucher"	„Der Ring des Polykrates"
Mut, Treue, Freundschaft, Gerechtigkeit, Verantwortlichkeit vor Gott	Grenzen des Menschen, Verantwortlichkeit vor Gott, Herrscherwillkür, Sensationslust, Liebe und ihre Risiken	Neid, Erfolg, Glück, Freundschaft, Angeberei, Verantwortlichkeit vor den Göttern

Verantwortlichkeit gegenüber Gott und Konzentration auf menschliche Eigenschaften

TAFELBILD

Eine abschließende Wiederholung der Merkmale der Textart Ballade kann in Anlehnung an Aufgabe 11, S. 188, auch für die Balladen „Die Bürgschaft" und „Der Ring des Polykrates" erfolgen. Die Kennzeichen der Ballade sind auf Seite 201 zusammengefasst.

Zur Vertiefung des selbstständigen Umgangs mit Schillers Balladen bietet sich die zusätzliche Erarbeitung des Textes „Der Alpenjäger" mithilfe des **Arbeitsblattes 4, S. 285,** an. Zusätzlich kann man im Zusammenhang mit dem **Arbeitsblatt 2, S. 281** abschließend noch einmal die Modernität Schillers mit den Schülerinnen und Schülern diskutieren.

Aufgabe 8
S. 200

Mithilfe des Werkzeugkastens sollen die Schülerinnen und Schüler zunächst den Vortrag einer der analysierten Balladen vorbereiten und diese anschließend im Plenum vortragen. Eine Aufnahme des Vortrags erscheint für die anschließende Bewertung sinnvoll.

Die Lösungen zu den **Übungen zur Lernkontrolle** (S. 203) befinden sich im Anhang des Schülerbandes auf der Seite 403.

Arbeitsblatt 1

Einen Sachtext analysieren

Im folgenden Brief an den Meininger Bibliothekar Wilhelm Friedrich Reinwald macht Schiller deutlich, was er unter Freundschaft versteht und was er von einem Freund erwartet.

Bauerbach d. 9. Juny, 83. Montag.
Ich reisse mich aus einer sehr angenehmen Zerstreuung, um mich für Sie, liebster Freund, zu sammeln. Sie sind, wie ich höre, auf einige Tage nach Römhild gereist, wo Sie vielleicht noch sind. Wolte der Himmel daß Ihr Weeg Sie über Bauerbach geführt hätte, so hätte ich Sie doch wenigstens auf eine Viertelstunde
5 genoßen. Tausend Ideen schlafen in mir, und warten auf die Magnetnadel, die sie zieht. – Unsre Seelen scheinen, wie die Körper, nur durch Friction[1] Funken zu geben. Wie sehr wünschte ich mein Herz an dem Ihrigen wieder zu erwärmen!
Sie reisen nun bald ab, und werden über so vielen vortreflichen Köpfen, Ihren armen Bauerbachischen Freund vergeßen. Sie werden mich mit Wieland[2], Göthe und andern meßen, und einen ungeheuren
10 Abstand gewahr werden. Sie werden wieder kommen voll der gesammelten Ideale, geblendet von so viel schimmernden Genies [...]. Sie werden kälter gegen mich seyn – Sehen Sie! So könnte ich mich mit Besorgnißen quälen, wenn ich es Ihnen nicht zutraute, daß ein warmes und redliches Herz weniger glänzende Gaben bei Ihnen entschuldigen werde. Wenigstens bin ich ein guter Mensch – und Ihr Freund. Grose Geister finden Sie immer – aber nicht immer diesen. Was hilft Ihnen auch der Mann, deßen Genie eine
15 Welt umspannt, deßen Herz aber für Ihre Freuden und Leiden zu eng – deßen Auge für Ihre Schiksale troken ist? – Unterwerfen Sie besonders Wielanden *dieser* Probe. Den Dichter kennen wir schon. Studieren Sie den Menschen in ihm.
(Aus: Christiana Engelmann/Claudia Kaiser: Möglichst Schiller. Ein Lesebuch, Deutscher Taschenbuch Verlag, München 2004)

1 Arbeite heraus,
- was Schiller an Freundschaft wesentlich ist und
- mit welchen (sprachlichen) Signalen er arbeitet, um seine Werbungsabsicht zu vermitteln.

2 Vergleicht eure eigenen Vorstellungen von Freundschaft mit denen Schillers.

---

[1] **Friction:** Reibung
[2] Christoph Martin Wieland (1733–1813), dt. Dichter

© Schöningh Verlag

Einen Sachtext analysieren

Aufgabe 1

Freundschaft hat für Schiller offensichtlich einen überaus großen Wert. Sie erscheint als himmlisches Geschenk (vgl. Z. 3) und als Motor, um Ideen, die im Autor „schlafen" (Z. 5), freizusetzen. Der Wert äußert sich auch darin, dass Schiller von einer Seelenverwandtschaft ausgeht, die weit über eine soziale Bindung hinausgeht. Gleichzeitig äußert der Dichter die Angst, als Freund nicht genug wertgeschätzt und vergessen zu werden, wenn er in Konkurrenz tritt zu anderen Personen wie Wieland oder Goethe (vgl. Z. 8 ff.), denen er die Intensität der Beziehung jedoch abspricht (vgl. Z. 14 ff.).

Auffällig ist die äußerst emotionsgeladene, z. T. sehr bildhafte Sprache Schillers, ein Spiegel seines Freundschaftsverständnisses. Die produktive, gestalterische Kraft, die im Sinne des Dichters aus der Freundschaft resultiert, wird metaphorisch verglichen mit einer „Magnetnadel" (Z. 5). Zahlreiche positiv konnotierte Wörter und der Ausruf „Wie sehr wünschte ich mein Herz an dem Ihrigen wieder zu erwärmen!" (Z. 6 f.) spiegeln dabei den hohen Wert, den Schiller der Freundschaftsidee und der konkret beschriebenen und erwünschten Beziehung beimisst.

Sein Werben unterstützt der Dichter, indem er vor allem seiner Angst Ausdruck verleiht, gegenüber den anderen Dichtergrößen aus der Sicht des Angesprochenen nicht bestehen zu können. Dieses geschieht, indem er, anaphorisch verknüpft und bildhaft formuliert, rhetorisch die folgende Zukunftsperspektive eröffnet: „Sie werden wieder kommen voll der gesammelten Ideale, geblendet von so viel schimmernden Genies [...]. Sie werden kälter gegen mich seyn – Sehen Sie!" (Z. 10 ff.) Die Wortwahl dokumentiert dabei deutlich eine Abwertung und gleichzeitige Entwertung dieser Perspektive, der er antithetisch seine eigene Grundhaltung gegenüberstellt (vgl. Z. 13 ff.).

Aufgabe 2

Die Freundschaftsvorstellungen der Schülerinnen und Schüler dürften sich deutlich von denen Schillers unterscheiden. Möglicherweise kritisieren Sie die völlige Überhöhung dieser Idee, die in einer „ungesunden" Abhängigkeit münden kann. Vielleicht lesen Sie aus dem Text jedoch auch den grundsätzlichen Wert, den Freundschaft auch für sie hat, heraus.

Arbeitsblatt 2

Friedrich Schiller charakterisieren

▬ Was ist an dem Autor Friedrich Schiller und seinen Werken heute noch aktuell? Erstellt eine Collage, die an seine Balladen und die bildliche Darstellung anknüpft und wichtige Aspekte mit Text- oder Bildzitaten kommentiert.

Eine Inhaltsangabe zu Friedrich Schillers Ballade „Die Bürgschaft" überarbeiten

Friedrich Schiller: Die Bürgschaft – Inhaltsangabe

Die Ballade „Die Bürgschaft" von Friedrich Schiller, 1798 verfasst, handelt von einem Mann, der die Stadt von ihrem König befreien will. Er bittet den König, dass er noch seine Schwester verheiraten darf. Der König gewährt ihm dies. Damon schafft es, und seinem Freund und ihm wird die Strafe erlassen. In der Ballade wird gezeigt, wie wichtig Freunde sind.

Ein Mann namens Damon ist auf dem Weg zum Tyrannen und will die Stadt von ihm mit einem Dolch befreien. Jedoch erwischen ihn die Polizisten und verhaften ihn. Er bittet den König um drei Tage Zeit, um die Schwester mit einem Gatten zu verheiraten. Der König willigt ein. Damon will seine Aufgabe lösen. Wenn er es nicht schafft, bekommt sein Freund die Strafe. Schon der Gedanke daran lässt Damon erschaudern. Er bedankt sich, auch wenn er das Leben seines Freundes aufs Spiel setzt. Der Freund wird dem König ausgeliefert. Damon schafft es, die Schwester zu verheiraten, und ist auf dem Rückweg zum König. Es regnet sehr stark und er ist mitten im Bach. Er schafft es ans Ufer, hat jedoch entsetzliche Angst, es in der Zeit nicht zurückzuschaffen. Es tauchen wilde und gefährliche Räuber auf und versperren ihm den Weg. Er überwältigt sie. Er fleht Gott an, Wasser zu bekommen, und trinkt. Er hat große Angst um seinen Freund und läuft so schnell er kann. Damon erreicht die Stadt. Er will sich für seinen Freund opfern. Die beiden Freunde sind vereint und umarmen sich. Der König hört die Geschichte und erlässt die Strafe für beide. Er macht sie zu Königen.

(Karen, Klasse 8 e)

■ Die Inhaltsangabe zu der Ballade „Die Bürgschaft" von Friedrich Schiller ist noch nicht gelungen. Überarbeite sie, indem du ...
- die Themennennung im Einleitungsteil verbesserst,
- Spannung erzeugende Formulierungen durch sachlich-informative ersetzt,
- überflüssige Einzelheiten streichst,
- mit geeigneten Satzgefügen arbeitest,
- einzelne Handlungsschritte inhaltlich präzisierst und ergänzt.

# Bewertungsbogen 3

Bewertungsbogen zur Leistungsüberprüfung/Klassenarbeit

Name:	
Schulhalbjahr/Datum:	
Klasse:	
Fachlehrer/in:	
Thema der Unterrichtsreihe:	„Wer wagt es ..."?! – Schillers Balladen
Thema der Klassenarbeit:	Eine Inhaltsangabe überarbeiten
Aufgaben:	s. Arbeitsblatt 3

A Inhaltliche Leistungen

	Du hast eine inhaltlich angemessene Überarbeitung der vorliegenden Inhaltsangabe vorgenommen, indem du ...	maximale Punktzahl	erreichte Punktzahl
1	einen Einleitungsteil formuliert hast, der neben den wichtigen Textdaten einen Handlungsüberblick ermöglicht	15	
2	und das Thema/das zugrunde liegende Problem deutlich macht,	7	
3	den zeitlichen Zusammenhang der Handlungsschritte verdeutlichst,	8	
4	über die Handlungsmotive der Figuren informierst,	10	
5	dich auf das Wichtigste beschränkst und überflüssige Details weglässt.	10	
A	**Gesamtpunktzahl**	**50**	

B Darstellungsleistungen

	Die sprachliche Gestaltung ist dir gelungen, weil du ..	maximale Punktzahl	erreichte Punktzahl
1	mit passenden Satzgefügen und adverbialen Bestimmungen gearbeitet hast, um den zeitlichen und ursächlichen Zusammenhang der Handlungsteile zu verdeutlichen,	6	
2	einen sachlich-informierenden Darstellungsstil gewählt hast,	5	
3	die indirekte Rede oder Umschreibungen der wörtlichen Rede sinnvoll verwendet hast,	5	
4	die Regeln der Rechtschreibung, Zeichensetzung und Grammatik berücksichtigt hast.	9	
B	**Gesamtpunktzahl**	**25**	
Gesamtpunktzahl A und B		**75**	

© Schöningh Verlag

Bewertungsbogen 3

Die Leistungsüberprüfung/Klassenarbeit wird mit der Note

_____ **bewertet.**

_____
Datum   Unterschrift

Zuordnung der Punkte zu den Notenstufen

Note	Punkte
sehr gut	75–66
gut	65–56
befriedigend	55–46
ausreichend	45–36
mangelhaft	35–15
ungenügend	14–0

© Schöningh Verlag

Den Inhalt einer Ballade wiedergeben, einen Textabschnitt untersuchen und die Textart nachweisen

Friedrich Schiller (1759–1805)
Der Alpenjäger

„Willst du nicht das Lämmlein hüten?
Lämmlein ist so fromm und sanft,
Nährt sich von des Grases Blüten,
Spielend an des Baches Ranft[1]."
5 „Mutter, Mutter, lass mich gehen,
Jagen nach des Berges Höhen!"

„Willst du nicht die Herde locken
Mit des Hornes munterm Klang?
Lieblich tönt der Schall der Glocken
10 In des Waldes Lustgesang."
„Mutter, Mutter, lass mich gehen,
Schweifen auf den wilden Höhen!"

„Willst du nicht die Blümlein warten[2],
Die im Beete freundlich stehn?
15 Draußen ladet dich kein Garten,
Wild ist's auf den wilden Höhn!"
„Lass die Blümlein, lass sie blühen!
Mutter, Mutter, lass mich ziehen!"

Und der Knabe ging zu jagen,
20 Und es treibt und reißt ihn fort,
Rastlos fort mit blindem Wagen
An des Berges finstern Ort,
Vor ihm her mit Windesschnelle
Flieht die zitternde Gazelle[3].

Auf der Felsen nackte Rippen   25
Klettert sie mit leichtem Schwung,
Durch den Riss gespaltener Klippen
Trägt sie der gewagte Sprung,
Aber hinter ihr verwogen[4]
Folgt er mit dem Todesbogen.   30

Jetzo auf den schroffen Zinken
Hängt sie, auf dem höchsten Grat,
Wo die Felsen jäh versinken
Und verschwunden ist der Pfad.
Unter sich die steile Höhe,   35
Hinter sich des Feindes Nähe.

Mit des Jammers stummen Blicken
Fleht sie zu dem harten Mann,
Fleht umsonst, denn loszudrücken
Legt er schon den Bogen an.   40
Plötzlich aus der Felsenspalte
Tritt der Geist, der Bergesalte.

Und mit seinen Götterhänden
Schützt er das gequälte Tier.
„Musst du Tod und Jammer senden",   45
Ruft er, „bis herauf zu mir?
Raum für alle hat die Erde,
Was verfolgst du meine Herde?"

(1804)

(Aus: Friedrich Schiller: Sämtliche Werke in fünf Bänden, Deutscher Taschenbuch Verlag, München 2004)

1 Gib den Inhalt der Ballade in einem gegliederten Text wieder. Verweise in der Einleitung neben den Textdaten auch auf das Thema bzw. das zugrunde liegende Problem.

2 Beschreibe und deute die Strophen 1–3, indem du …
- die Sprechweise der Personen analysierst und daraus
- deren Charaktermerkmale ableitest.

3 Weise in einem kurzen Sachtext nach, warum es sich hier um eine Ballade handelt.

---

[1] **Ranft:** Rand
[2] **warten:** sich kümmern um, pflegen
[3] **Gazelle:** hier: Gämse, Gamsbock
[4] **verwogen:** verwegen

Bewertungsbogen 4

Bewertungsbogen zur Leistungsüberprüfung/Klassenarbeit

Name:	
Schulhalbjahr/Datum:	
Klasse:	
Fachlehrer/in:	
Thema der Unterrichtsreihe:	„Wer wagt es ..."?! – Schillers Balladen
Thema der Klassenarbeit:	Den Inhalt einer Ballade wiedergeben, einen Textabschnitt untersuchen und die Textart nachweisen
Aufgaben:	s. Arbeitsblatt 4

A Inhaltliche Leistungen

Aufgabe 1

	Der Schüler/Die Schülerin	maximale Punktzahl	erreichte Punktzahl
1	formuliert einen Einleitungsteil, der neben den wichtigen Textdaten einen Handlungsüberblick ermöglicht (Ausgangssituation und Ausblick auf das Ende) und	4	
2	über das Thema bzw. zugrunde liegende Problem informiert.	4	
3	gibt den Handlungsverlauf in der zeitlich richtigen Abfolge wieder.	4	
4	kennzeichnet die Motive der handelnden, Figuren.	6	
5	beschränkt sich auf das Wichtigste des Geschehens und vernachlässigt für das Verständnis überflüssige Details.	4	
	Gesamtpunktzahl für Aufgabe 1	**22**	

Aufgabe 2

	Der Schüler/die Schülerin	maximale Punktzahl	erreichte Punktzahl
1	beschreibt die Sprechweise der Mutter (wiederholte, zurückhaltende Frage, positiv konnotierte Adjektive und Verben der Ruhe, höherer Sprechanteil ...) und deutet diese als Ausdruck der Sorge um den Sohn und um die Natur.	8	
2	beschreibt die Sprechweise des Sohnes (wiederholte Ansprache der Mutter, Wiederholung des Imperativs, drängend, Verben der Bewegung ...) und deutet diese als Ausdruck des Unreflektierten, Übermütigen.	8	
	Gesamtpunktzahl für Aufgabe 2	**16**	

Bewertungsbogen 4

Aufgabe 3

	Der Schüler/die Schülerin	maximale Punktzahl	erreichte Punktzahl
1	fasst voranstellend oder im Verlauf seines Textes die Merkmale einer Ballade sachgerecht zusammen (lyrische, dramatische, epische Elemente).	4	
2	weist diese an der Ballade Schillers nach: lyrisch: Gedichtform, Verssprache, Reim, Metrum, Strophen dramatisch: Dialog und Monolog, Spannungsverlauf episch: Wiedergabe einer in sich geschlossenen Handlung	8	
	Gesamtpunktzahl für Aufgabe 3	**12**	
A	**Gesamtpunktzahl**	**50**	

B Darstellungsleistungen

	Der Schüler/die Schülerin	maximale Punktzahl	erreichte Punktzahl
1	verwendet einen sachlich-informierenden Schreibstil.	8	
2	wendet die indirekte Rede oder Umschreibung der wörtlichen Rede sinnvoll an.	5	
3	schreibt sprachlich formal richtig (Rechtschreibung, Zeichensetzung, Grammatik).	12	
B	**Gesamtpunktzahl**	**25**	
	Gesamtpunktzahl A und B	**75**	

Die Leistungsüberprüfung/Klassenarbeit wird mit der Note

_____ **bewertet.**

_____
Datum   Unterschrift

Zuordnung der Punkte zu den Notenstufen

Note	Punkte
sehr gut	75–66
gut	65–56
befriedigend	55–46
ausreichend	45–36
mangelhaft	35–15
ungenügend	14–0

Leistungsüberprüfung – Selbstevaluation – Klassenarbeit

1. **Einen Sachtext analysieren**
   (Arbeitsblatt 1, S. 279, Lösung 1, S. 280)

2. **Eine Inhaltsangabe zu Friedrich Schillers Ballade „Die Bürgschaft" überarbeiten**
   (Arbeitsblatt 3, S. 282, Bewertungsbogen 3, S. 283 f.)

3. **Den Inhalt einer Ballade wiedergeben, einen Textabschnitt untersuchen und die Textart nachweisen**
   Text:
   Friedrich Schiller: Der Alpenjäger
   (Arbeitsblatt 4, S. 285, Bewertungsbogen 4, S. 286 f.)

4. **Eine Ballade zu einer Erzählung umschreiben**
   Aufgabe:
   Schreibe die Ballade „Der Ring des Polykrates" zu einer Erzählung um. Überlege zuvor, ob du aus der Sicht eines allwissenden Erzählers oder aus der Perspektive einer Person in der Ich- oder Er-Form schreiben willst.

Wirklich, möglich, nur gedacht, gewünscht ... – Der Modus einer Aussage (S. 204–221)

Vorüberlegungen zur Einheit

Die Einheit greift das Thema Modalität aus dem vorausgehenden Band 7 wieder auf und differenziert es aus. In einem ersten Zugriff geht es zunächst um den Konjunktiv II und damit um den Irrealis, im weiteren Verlauf stehen Modalverben und -adverbien im Mittelpunkt, die Einheit schließt mit zusammenfassenden Übungen zur indirekten Rede und somit zur Funktion des Konjunktivs I. Angebunden sind die Übungen im weiteren Sinne an das Thema „Jungen – Mädchen".

Folgende Kompetenzen stehen im Mittelpunkt:
- unterschiedliche Ausdrucksweisen und Wirkungsabsichten von sprachlichen Äußerungen vergleichen, unterscheiden und anwenden,
- den Konjunktiv II als Ausdruck der Irrealität erkennen und anwenden,
- die Funktion von Modalverben und -adverbien im Sinne der „Färbung" einer Aussage erkennen und anwenden,
- die Bedeutung des Konjunktivs I und seiner Ersatzformen für die indirekte Rede verstehen und anwenden.

Der Einstieg in die Erarbeitung kann über die **Auftaktdoppelseite** (S. 204–205) erfolgen. Mit der Aufgabe 1 wird das Vorwissen der Schülerinnen und Schüler aktiviert. Mit der Aufgabe 2 werden sie vor allem zur Untersuchung der Verbformen in den Texten veranlasst und lernen auf diesem Weg bereits die thematischen Schwerpunkte der Unterkapitel kennen. Im Gedicht von Walter Leimeier dominiert der Wechsel vom Zweifel und der Unverbindlichkeit – ausgedrückt in den konjunktivischen Modalverben und dem Modaladverb „vielleicht" (Z. 6) – zu einem apodiktischen Appell in den Schlussversen. In der Szene „Selbstverständlich?" geht es um den Wechsel vom Irrealis zum Realis, in der dritten Gesprächssituation vor allem um die indirekte Rede und die Möglichkeit, mit Modalverben eine Aussage zu nuancieren.

Didaktische Aufbereitung der Unterkapitel

1. Wäre es so, dann ... (S. 206–210)

Bettina Wegner: Ach, wenn ich doch als Mann auf diese Welt gekommen wär (S. 206)

Informationen zur Autorin:

Bettina Wegner, geboren am 04.11.1947 in Berlin, erlernte nach der zehnten Klasse den Beruf einer Bibliotheksfacharbeiterin. Sie begann ein Studium an der Schauspielschule

Berlin, ihr Protest gegen die Intervention der Warschauer Pakt-Staaten in der damaligen ČSSR (1968) führte jedoch zu einer Haftstrafe und zur Exmatrikulation. Die Haftstrafe wurde ausgesetzt, Wegner wurde zur „Bewährung in der Produktion" als Fabrikarbeiterin verurteilt (1968–1970). Sie holte auf der Abendschule das Abitur nach und studierte im Zentralen Studio für Unterhaltungskunst Gesang bis zum Diplom. Sie war Kandidatin im Schriftstellerverband der DDR. 1969 heiratete sie den Schriftsteller Klaus Schlesinger. Seit 1973 arbeitet sie freischaffend als Liedermacherin. Ihre Veranstaltungsreihen „Eintopp" und „Kramladen" wurden durch staatliche Organe in der DDR verboten. Im November 1976 protestierte sie gegen die Ausbürgerung Wolf Biermanns, ihre Arbeitsmöglichkeiten wurden zunehmend eingeschränkt. Im Februar 1980 erhielt sie zusammen mit Klaus Schlesinger ein auf drei Jahre befristetes Ausreisevisum. Schlesinger siedelte über, worauf die Scheidung folgte. Wegner ging erst 1983 nach Westberlin, als sie Auftrittsverbot in der DDR erhielt und das Visum nicht verlängert wurde. Nach der Übersiedlung folgten eine lang anhaltende Schaffenskrise und Krankheit. 1992 Unterschrift des Appells zur Gründung von Komitees für Gerechtigkeit, 1993 bis 1997 Initiatorin der Reihe „Lieder der Welt/Konzerte in Flüchtlingslagern", ab 1998 Organisatorin der Mahnwache gegen die Todesstrafe für Mumia Abu-Jamal.

Preise: Goldene Schallplatte (1982) für „Sind so kleine Hände"; 1. Thüringer Kleinkunstpreis (1996).

Ihre Tournee im Jahre 2007 trug den Titel „Abschiedstournee".

(79. Nlg./Kritisches Lexikon zur deutschsprachigen Gegenwartsliteratur – KLG – 3/05, hg. von Heinz Ludwig Arnold)

Bettina Wegners Lied „Ach, wenn ich doch als Mann auf diese Welt gekommen wär" – in seiner Aussage geprägt vom Feminismus der 70er-Jahre und von ihren Lebensumständen in der DDR – thematisiert die Begrenzungen, die eine Frau in dieser Zeit erfährt. Diese verdeutlicht die Autorin anhand von Alltagssituationen, die, im Konjunktiv II aus der Perspektive von Männern gesehen, problemlos bewältigt werden können, Frauen jedoch aufgrund von Rollenzuschreibungen in ihrer Handlungs- und Entscheidungsfreiheit einschränken.

Aufgabe 1
S. 206

Da sich die Rollenbilder – auch aufgrund der feministischen Bewegung, über die die Lehrperson kurz informieren sollte – in den letzten Jahrzehnten geändert haben, werden die Schülerinnen und Schüler wahrscheinlich die beschriebenen Situationen aus ihrer Sicht nicht mehr als problembehaftet ansehen. Interessant kann es sein, nach eventuell neu entstandenen Rollenzuweisungen zu fragen, die z. B. die Jungen in ihren Handlungen einschränken (vgl. die erwartete und vielfach festgestellte Zurückhaltung oder aber auch deren manchmal als nicht normkonform angesehenes Disziplinverhalten …).

Aufgabe 2
S. 206

Der Text beginnt mit der Vorstellung bzw. mit dem Wunsch (vgl. die Interjektion „Ach" und die Partikel „doch"), in einer anderen Geschlechterrolle geboren worden zu sein. Anschließend werden überwiegend Alltagssituationen genannt, die in dieser Rolle leichter zu bewältigen wären. Die Konjunktiv II-Formen verdeutlichen dabei, dass es sich lediglich um Vorstellungen handelt.

Der Text endet mit der Absichtserklärung bzw. dem Resümee, die Rollenzuschreibungen nicht länger zu ertragen, sondern Gleichberechtigung zu fordern. Nicht der zu Beginn geäußerte Wunsch ist die Lösung, sondern die ausgesprochene Willenserklärung („Ich hab genug […] ich will das Gleiche" (V. 21 f.). Damit erhält der 1. Vers eine ironische Konnotation. Diese inhaltliche Struktur des Textes kann in folgendem **Tafelbild** festgehalten werden:

> **Bettina Wegner: Ach, wenn ich doch ...**
>
> Wunsch, in einer männlichen Geschlechterrolle geboren zu sein
> ⇓
> Konsequenzen für das Denken und Handeln
> ⇑
> Resümee: Kampf um Gleichberechtigung

TAFELBILD

Aufgabe 3
S. 207

Mit dieser Aufgabe werden die Schülerinnen und Schüler dazu veranlasst, der im Originaltext entwickelten Vorstellungswelt eine mögliche reale, wie sie die Autorin bzw. das lyrische Ich erlebt, gegenüberzustellen. Mithilfe dieses produktionsorientierten Auftrags erschließen sie sich die Funktion der Modusformen.

Weil ich als Frau auf diese Welt gekommen bin

Weil ich als Frau auf diese Welt gekommen bin,
da bin ich schlechter dran und weiß nicht, wie die Männer sind,
und alles, was ich mache, das ist doppelt schwer
und von der Liebe kriege ich das Kind.

5 Ich habe monatlich mehr als nur finanzielle Sorgen,
beim Tanzen kann ich nicht einfach fragen: Tanzen Sie?
Und werde ich mal wach mit einem Schmerz im Kopf und Magen,
dann heißt es: Deine Migräne, Liebling, das ist Hysterie.

Ich kann mich nicht allein in jede Kneipe setzen,
10 ein jeder Mensch (Mann) sieht in mir leichte Beute
und hetzt mich mit widerlichen Blicken,
ich kann nicht ungeschoren an jeder Ecke stehn.

Und wenn mir auf der Straße irgendwer gefällt,
kann ich nicht rangehen und ein Gespräch beginnen
15 und jeder hat da so komische Gefühle,
dass ich ne Frau bin: Mensch, die Olle muss doch spinnen.

Das, was ich denk und sage, wird nicht ernst genommen,
weil jeder denkt, dass ein Weib nicht denken kann,
und bin ich mit dem Auto mal zu Fall gekommen,
20 dann heißt es gleich: Lasst doch die Weiber nicht ans Steuer ran.

Ich hab genug von diesem kleinen Unterschied,
ich will das Gleiche machen wie ein Mann,
will, dass man einen Menschen in mir sieht
und dass ich wirklich gleichberechtigt walten kann.

Um die Unterschiede zwischen den beiden Texten zu verdeutlichen und hörbar zu machen, können die Strophen laut im Wechsel gesprochen werden. Möglich ist es auch an dieser Stelle, über die Bedeutung des beschriebenen Rollenverhaltens in der heutigen Zeit zu sprechen. Den Schülerinnen und Schülern dürfte vieles, was in dem Gedicht eingefordert wird, als selbstverständlich erscheinen, weil sich in den letzten Jahrzehnten andere Rolleninterpretationen entwickelt haben, die jedoch in manchen gesellschaftlichen Handlungsfeldern nicht zu einer tatsächlichen Gleichberechtigung geführt haben.

| Aufgaben 4 und 5 S. 207 | Deutlich werden soll, dass es sich auf der einen Seite um Vorstellungs-/Wunschwelten handelt, auf der anderen Seite um eine konkret erlebte Welt. In diesem Sinne können bereits die Begriffe Irrealis und Realis eingeführt werden. |

Wunsch, Vorstellung Irrealis	Wirklichkeit Realis
wenn ich doch als Mann auf diese Welt gekommen wär	weil ich als Frau auf diese Welt gekommen bin
da wär ich besser dran	da bin ich schlechter dran
und alles, was ich machte, wäre halb so schwer	und alles, was ich mache, das ist doppelt schwer
und von der Liebe kriegte dann der andere das Kind	und von der Liebe kriege ich das Kind

Johannes Diekhans: Wenn ich ein Mädchen wär (S. 207)

| Aufgaben 6 und 7 S. 207–208 | Auch in diesem Gedicht, dessen erster Sprecher ein Junge und dessen zweite(r) wahrscheinlich ein Mädchen ist, jedoch auch ein Junge sein kann, werden ebenfalls Vorstellung und Realität gegenübergestellt.
Die Pointe besteht darin, dass die konventionalisierte Rollenzuschreibung für ein Mädchen, nämlich zurückhaltend zu sein und zuhören zu können, von dem männlichen Sprecher übernommen und konterkariert wird. |

| Aufgabe 8 S. 208 | Hier geht es um die beiden Möglichkeiten, den Konjunktiv II zu bilden, nämlich durch die einfache Verbform, abgeleitet vom Präteritum bzw. Plusquamperfekt, und die Umschreibung mit *würde*. |

| Aufgabe 9 S. 208 | s. Informationen zur Aufgabe 8 |

Konjunktiv II	Tempusform des Indikativs: Präteritum	Tempusform des Indikativs: Plusquamperfekt
ich wäre	ich war	– – – –
er hätte gegessen	– – – –	er hatte gegessen
er käme	er kam	– – – –
er riefe an	er rief an	– – – –
sie wären gelaufen	– – – –	sie waren gelaufen
er bäte	er bat	– – – –
du wärest gegangen	– – – –	du warest gegangen
sie hätten geforscht	– – – –	sie hatten geforscht
sie ginge	sie ging	– – – –
ihr säßet fest	ihr saßet fest	– – – –

Vom Sprachgefühl her werden die Schülerinnen und Schüler leicht die Bedeutung der zwei Konjunktiv-Formen unterscheiden können. Im einen Fall geht es um eine aktuelle Vorstellung/ um einen aktuellen Wunsch, im anderen Fall ist dieser in der Vergangenheit angesiedelt.

| Aufgabe 10 S. 208 | Es sind vor allem stilistische Gründe, die die Umschreibung mit *würde* provozieren. Zahlreiche Konjunktiv II-Formen, die vom Präteritum abgeleitet werden, werden als fremd empfunden. Dieses gilt vor allem für starke Verben.
In diesem Zusammenhang wird im Sinne einer didaktischen Reduktion darauf verzichtet, das Problem der Formengleichheit zwischen Präteritum- und Konjunktiv II-Form zu thematisieren. Die entsprechenden Formen sollten zugelassen werden, wie dieses in der öffentlichen Rede immer üblicher wird. |

Indikativ	Konjunktiv II – abgeleitet vom Präteritum	Umschreibung mit würde
er läuft (er lief)	er liefe	er würde laufen
ich trinke (ich trank)	ich tränke	ich würde trinken
es regnet (es regnete)	es regnete	es würde regnen
wir gehen (wir gingen)	wir gingen	wir würden gehen
ihr spielt (ihr spieltet)	ihr spieltet	ihr würdet spielen
du kommst (du kamst)	du käm[e]st	du würdest kommen
wir essen (wir aßen)	wir äßen	wir würden essen
sie singt (sie sang)	sie sänge	sie würde singen
er braucht (er brauchte)	er bräuchte	er würde brauchen
du liebst (du liebtest)	du liebtest	du würdest lieben
ich schwimme (ich schwamm, ich schwomm)	ich schwämme, ich schwömme	ich würde schwimmen
ihr lebt (ihr lebtet)	ihr lebtet	ihr würdet leben

Aufgabe 11
S. 209

- Wenn es gestern nicht geregnet hätte, wäre ich mit meinem Fahrrad gefahren.
- Gäbe es die Schule nicht, lernten wir nichts/würden wir nichts lernen.
- Ich wäre gern gekommen, wenn du Bescheid gegeben hättest.
- Sie würde ihm selbstverständlich helfen, wenn er darum bäte/bitten würde.
- Hätte ich zwei Fahrräder, gäbe ich dir eins ab/würde ich dir eins abgeben.
- Hättest du früher angerufen, hätte ich mich anders entschieden.
- Wenn wir uns rechtzeitig abgesprochen hätten, hätten wir uns nicht verpasst.
- Würdest du intensiver trainieren, turntest du in der Leistungsgruppe/würdest du in der Leistungsgruppe turnen.
- Hättest du dich vor der Sonne geschützt, hättest du jetzt keinen Sonnenbrand/würdest du jetzt keinen Sonnenbrand haben.
- Führe das Taxi schneller/Würde das Taxi schneller fahren, kämen wir noch rechtzeitig am Flughafen an.
- Hättest du dich beeilt, hätten wir den Zug nicht verpasst.

Auf dem Schulhof (S. 209)

Aufgabe 12
S. 210

Im Gegensatz zu der Verwendung der Konjunktiv II-Formen zuvor geht es hier um die Möglichkeit, damit besonders höflich zu wirken.

2. Vom Dürfen, Sollen, Müssen ... – Modalverben (S. 211–213)

Der Ausdruck einer Vorstellung bzw. eines Wunsches mithilfe des Konjunktivs II ist nicht die einzige Möglichkeit, eine Aussage zu „färben" bzw. deren Geltungsgrad zu nuancieren. In diesem Sinne geht es in diesem Unterkapitel um die Verwendung von Modalverben und Modaladverbien.

Aufgaben 2 und 3
S. 211–212

Mithilfe des Textausschnittes können die Schülerinnen und Schüler die Funktionsweise von Modalverben beschreiben. Dabei geht es nicht um eine fachsprachliche Kennzeichnung, sondern um alltagswissenschaftliche Umschreibungen.

Dazu trägt auch die Aufgabe 3 bei, vor allem die Aufforderung, die Einzelaussagen zu kontextuieren.

Aufgabe 4
S. 212

Die verschiedenen Modaladverbien verändern deutlich die Bestimmtheit der Aussage.

Aufgabe 5
S. 212

Folgende fett gedruckte Aussagen aus dem ersten Teil des Gesprächs können z.B. genannt werden:

Ella: Eben hat mich einer aus der 8a angesprochen. Die machen im Politikunterricht eine Befragung und wollen herausbekommen, ob Mädchen in unserer Schule bevorzugt werden.

Paul: Dazu kann ich etwas sagen. Mädchen werden oft viel netter von den Lehrern behandelt.

Sara: Das kannst du **so allgemein** nicht behaupten. Es hängt immer von der Situation ab.

Leon: Mädchen können oft viel schöner schreiben und ihre Hefte sehen besser aus. Das wollen die Lehrer doch sehen. **Bestimmt** beeindruckt die so etwas. Und dann achten sie **vielleicht** gar nicht mehr darauf, was im Heft steht.

Paul: Deshalb müssen sich Jungen auch manchmal viel mehr anstrengen als die Mädchen.

Maja: Jungen dürfen sich aber auch manchmal viel mehr herausnehmen. Ich will mich **gar nicht** beschweren, aber im Sportunterricht können die Jungen sich viel besser durchsetzen, wenn es zum Beispiel darum geht, welches Thema wir gerade behandeln wollen.

Anne: Ich mag **irgendwie** gar nicht daran denken, dass wir schon wieder Fußball spielen sollen.

...

Aufgabe 6
S. 212

Lehrer: „Es hat bereits geschellt! Ihr müsst jetzt gehen! Beeilt euch!"
Bei der Aussage des Lehrers „Beeilt euch!" handelt es sich um eine mit Nachdruck gesprochene Aufforderung, die indirekt auch in den Aufforderungssätzen zuvor enthalten ist, deren Wirkung zum einen durch die Sprechweise und zum anderen durch das Modalverb „müssen" erzeugt wird.

Aufgabe 7
S. 212

Eine mit Nachdruck gesprochene Aufforderung kann auch mithilfe von Modalverben und Modaladverbien akzentuiert werden, wobei die Bestimmtheit abgeschwächt werden kann, aber nicht muss! Eine Rolle spielt dabei auch der Konjunktiv II (du sollst – du solltest ...):

Direkte Aufforderung (Imperativ)	Indirekte Aufforderung mit unterschiedlichem Nachdruck (Modalverben und -adverbien)
Bleib!	Du musst bleiben! Du musst unbedingt bleiben! Du kannst ruhig bleiben. Du sollst bleiben. Du solltest bleiben.

Aufgabe 8
S. 212

Walter Leimeier: Aufforderung (S. 205)
Die Wankelmütigkeit und Passivität des ersten Sprechers wird durch Modalverben wie „könnte", „kann nicht", „müssten" und Modaladverbien wie „eigentlich", „durchaus", „vielleicht" zum Ausdruck gebracht. Dem steht die klare Aufforderung „geh" und „Tu was!" des zweiten Sprechers diametral entgegen.

Bettina Wegner: Ach, wenn ich doch als Mann auf diese Welt gekommen wär (S. 206)

Es ist vor allem das Modalverb „könnte", welches die Möglichkeiten, die mit der männlichen Rolleninterpretation aus der Sicht des lyrischen Ichs verbunden sind, verdeutlicht und damit die Ohnmacht der Frau zum Ausdruck bringt.

Ein Missverständnis (S. 212)

Aufgabe 9, S. 212

Sprecher A fordert Sprecher B zunächst ohne Nachdruck und in höflicher Absicht mithilfe des Modalverbs „darfst" dazu auf, den Ort zu verlassen. Sprecher B provoziert, indem er die wörtliche Bedeutung der Modalverben zu verstehen meint, und erhält eine immer apodiktischer formulierte Aufforderung bis hin zum Imperativ. Die Schlussaussage von Sprecher B verdeutlicht dessen provokante Absicht.

Um die Wirkung des Gesprächs differenzierter zu erfahren, sollten die Schülerinnen und Schüler die kurze Szene spielen (vgl. Aufgabe 10, S. 213). Sie kann auch vorab in Partnerarbeit in einen größeren Textzusammenhang gestellt werden, der die Ursache für die Aufforderung erhellt. Weitere Übungen zu den Modalverben finden sich auf dem **Arbeitsblatt 2, S. 301** (Lösung, S. 302).

3. Paul meint, ein Junge habe ... – Die indirekte Rede (S. 214–219)

Mit diesem Unterkapitel wird auf Lernergebnisse aus der Jahrgangsstufe 7 zurückgegriffen. Dabei geht es neben der Arbeit am sprachlichen Detail (vgl. die eingeforderten Verbformen) vor allem um die Anwendung des Konjunktivs I in der indirekten Rede.

Aufgabe 1, S. 214

Inhaltlich wird jeweils von einem Jungen die Einschätzung der Mädchen und von einem Mädchen die Einschätzung der Jungen vorgenommen, einerseits in der indirekten Rede, andererseits in Form der wörtlichen Wiedergabe.

Aufgabe 2, S. 214

Annas Beitrag: Ein Schüler sagte: „Ich habe das Gefühl, dass ein Mädchen es in der Schule leichter hat, weil es von den Lehrern oft als viel ordentlicher und ehrgeiziger angesehen wird. Ein Junge muss sich viel mehr anstrengen."

Aufgabe 3, S. 215

Jonathans Beitrag:
Ein Mädchen sagte mir, ein Junge gelte bei vielen als durchsetzungsfähiger, weil er stärker auftrete. Aber in Wirklichkeit stimme das oft gar nicht. Dahinter verberge sich manchmal auch Unsicherheit.

Beim Vergleich der beiden Aussagen sollte deutlich werden, dass mit der direkten Rede eine etwas größere Distanz zum Gesagten ausgedrückt werden kann.

Aufgabe 4, S. 215

– Ein Junge äußerte, als Junge werde er vor allem von Lehrerinnen viel schneller kritisiert. Ein Mädchen könne sich viel mehr erlauben.
– Ein Mädchen äußerte die Meinung, es gebe keine Unterschiede in der Behandlung von Jungen und Mädchen. Zumindest habe sie das noch nie erlebt. Sie könne es sich auch nicht vorstellen.
– Ein Schüler sagte, es könne schon sein, dass ein Junge schlechter dran sei. Vielleicht erwarte man von ihm als Jungen in der Schule etwas, was er gar nicht erfüllen wolle.
– Ein Mädchen erwiderte, sie glaube, dass es immer noch Fächer gebe, in denen ein Junge Vorteile habe, weil er sich zu Hause mit diesem Thema schon beschäftigt habe,

während sie als Mädchen dazu gar keine Lust habe und sich lieber mit anderen Dingen beschäftige. Das betreffe zum Beispiel technische Dinge. Andererseits sei ihre beste Freundin ein richtiger Technik-Freak und die komme in naturwissenschaftlichen Fächern sehr gut zurecht.

Aufgabe 5
S. 215

Im Unterrichtsgespräch sollte wiederholt darauf hingewiesen werden, dass es für die Vorzeitigkeit nur eine Konjunktivform gibt, unabhängig davon, welche Vergangenheitsform in der direkten Rede steht (s. auch Regelkasten auf Seite 215).

Indikativ	Konjunktiv I
sie joggt	sie jogge
er ist gelaufen	er sei gelaufen
du wirst kommen	du werdest kommen
es hatte geregnet	es habe geregnet
er kam	er sei gekommen
sie will	sie wolle
es wird gelingen	es werde gelingen
er hatte angerufen	er habe angerufen
sie rief an	sie habe angerufen
sie sind	sie seien
es war	es sei gewesen
es wird	es werde
er lief	er sei gelaufen
es hatte geschneit	es habe geschneit
du sagst	du sagest
er soll	er solle
sie wollte	sie habe gewollt
du konntest	du habest gekonnt

Aufgabe 7
S. 216

Der Textauszug in der wörtlichen Wiedergabe: „Mädchen und junge Frauen sind einerseits ehrgeiziger geworden, sie nähern sich traditionellen männlichen Bereichen stark an. Macht und Einfluss etwa finden sie fast so wichtig wie die Jungen und die jungen Männer. In den Bereichen ‚Karriere machen', ‚sich selbstständig machen' und ‚Verantwortung übernehmen' gibt es keinerlei Unterschied mehr. Diese Werte sind für sie und ihre Zukunft genauso bedeutend wie für männliche Jugendliche. Gleichzeitig haben sich Mädchen und junge Frauen weibliche Besonderheiten bewahrt: Sie sind nach wie vor emotionaler, toleranter, umweltbewusster und sozial hilfsbereiter als Jungen und junge Männer. Ihr Verhältnis zur Technik ist immer noch zurückhaltender – aber sehr viel selbstverständlicher. Zudem sind ‚Treue', ‚Heiraten' oder ‚Bioläden' für die weiblichen Jugendlichen wichtiger."

Aufgabe 8
S. 216

wortgetreue, aber indirekte Rede	wörtlicher Text
sie seien ehrgeiziger	sie sind ehrgeiziger
sie näherten sich an	sie nähern sich an

wortgetreue, aber indirekte Rede	wörtlicher Text
sie fänden	sie finden
es gebe	es gibt
sie seien	sie sind
sie hätten	sie haben
sie seien	sie sind
es sei	es ist
sie seien	sie sind

Aufgabe 9
S. 216

Die Gegenüberstellung verdeutlicht, dass bei Formengleichheit zwischen dem Indikativ Präsens und dem Konjunktiv I der Konjunktiv II als Ersatzform (auch die Umschreibung mit *würde*) gewählt werden muss.

Aufgabe 10
S. 217

Im Sinne einer didaktischen Reduktion wird bei dieser Übung die Formengleichheit zwischen Konjunktiv II und Präteritum als gültig angesehen.

Indikativ	Konjunktiv	Konjunktiv II als Ersatzform bzw. Umschreibung mit würde
ich komme	(ich komme)	⇒ ich käme/würde kommen
er war gerannt	er sei gerannt	----
sie besprechen sich	(sie besprechen sich)	⇒ sie besprächen sich/würden sich besprechen
ihr habt gerufen	ihr habet gerufen	----
wir versöhnen uns	(wir versöhnen uns)	⇒ wir versöhnten uns/würden uns versöhnen
er telefoniert	er telefoniere	----
ich springe	(ich springe)	⇒ ich spränge/würde springen
sie nähern sich an	(sie nähern sich an)	⇒ sie näherten sich an/würden sich annähern
sie ziehen	(sie ziehen)	⇒ sie zögen/würden ziehen
sie sind wichtig	sie seien wichtig	----
ich melde mich	(ich melde mich)	⇒ ich meldete mich/würde mich melden
sie stehen	(sie stehen)	⇒ sie stünden oder ständen/würden stehen
es wird sichtbar	es werde sichtbar	----
sie überholen	(sie überholen)	⇒ sie überholten/würden überholen
er meint	er meine	----
sie bleiben	(sie bleiben)	⇒ sie blieben/würden bleiben
er hat	er habe	----
sie haben	(sie haben)	⇒ sie hätten

Aufgabe 11
S. 217

Es setzt sich immer mehr durch, dass bei einer indirekten Rede, die mit der Konjunktion *dass* eingeleitet wird, die Konjunktivform durch eine Form des Indikativs ersetzt werden darf. Dieses kann den Schülerinnen und Schülern mitgeteilt werden, es sollte jedoch, um den Erarbeitungsprozess nicht noch zusätzlich zu erschweren und zu verwirren, nur am Rande thematisiert werden.

Andreas Huber: Mädchen: Leben auf der weiblichen Überholspur (S. 218)

Andreas Huber äußert sich folgendermaßen:

Dass die jungen Frauen vorne lägen (liegen würden), werde ganz besonders im Bereich Bildung sichtbar; hier ständen (stünden, würden stehen) nämlich erstmals in der Geschichte der empirischen Jugendforschung die Mädchen an erster Stelle, sie hätten im gesamten Bereich der Schulbildung die Jungen überholt. Da das Bildungsniveau von elementarer Bedeutung für Lebensumstände und die späteren gesellschaftlichen Chancen seien, werde der Vorteil noch offensichtlicher.

(Nach: Andreas Huber: Die Lebensweisheit der 15-Jährigen, erschienen bei Ariston im Heinrich Hugendubel Verlag Kreuzlingen/ München 2003)

Christian Weber: Lernen ist doch nur für Mädchen – Wieso Jungen schlechtere Schulnoten erzielen (S. 218)

Christian Weber äußert sich folgendermaßen:

Es sei eine ewige Diskussion: In fast allen Ländern der westlichen Welt erzielten (würden erzielen) Jungen von der Grundschule an in allen wichtigen Fächern – auch in Mathematik und Naturwissenschaften – im Durchschnitt schlechtere Noten als Mädchen. Wer also sei schuld? Eine weiblich dominierte Pädagogik, die vor allem in den ersten Kindergarten- und Schuljahren nicht auf die Bedürfnisse der Jungen eingehe? Oder seien die Jungen selbst schuld, die [...] zu wenig Leistung im Klassenzimmer brächten (bringen würden)? Eine neue amerikanische Studie stütze die letztere Annahme.

Amerikanische Wissenschaftler hätten die Daten von 5800 Kindern und Jugendlichen aus den ganzen USA analysiert, vom Kindergarten an bis zur fünften Klasse. Diese seien in Tests auf ihre prinzipiellen Fähigkeiten beim Lesen, in Mathematik und Naturwissenschaften geprüft worden. Dabei hätten sich relativ wenige Unterschiede zwischen den Geschlechtern gezeigt. Mädchen hätten zwar durchweg besser beim Lesen abgeschnitten, aber in anderen Fächern seien die Jungen mindestens genauso gut gewesen. Etwas überrascht seien die Forscher jedoch gewesen, als diese ihre Ergebnisse mit den realen Schulnoten verglichen hätten: Die Jungen hätten im Durchschnitt durchweg schlechtere Noten erzielt, als die Tests es hätten erwarten lassen. Das habe selbst für diejenigen gegolten, die bei den unabhängigen Tests im Lesen genauso gut abgeschlossen hätten wie die Mädchen. Zeige sich hier etwa eine Benachteiligung der Jungen?

Wahrscheinlich eher nicht. [...] Es gehe in solchen Tests mehr um die allgemeinen kognitiven Leistungsfähigkeiten; und dass sich in diesen die Geschlechter nicht groß unterscheiden würden (unterschieden), sei zu erwarten gewesen. In den Schulen aber würden auch andere Dinge geprüft. Am wichtigsten für die Notenvergabe durch die Lehrer sei die Einstellung der Schüler zum Lernen, sage auch der Autor der amerikanischen Studie. Es gehe um Fertigkeiten wie die Konzentration des Kindes, das Durchhaltevermögen, die Lernbereitschaft, Selbstständigkeit, Flexibilität und das Organisationsvermögen, teile der Autor weiterhin mit. Aber genau an diesen Fähigkeiten mangele es den Jungen, wie eine weitere Befragung der getesteten Schüler ergeben habe.

(Süddeutsche Zeitung, v. 1.2013; gekürzt und bearbeitet)

Die Lösungen zu den **Übungen zur Lernkontrolle** (S. 220–221) befinden sich im Anhang des Schülerbandes auf den Seiten 403–404.

Ein Gedicht beschreiben und deuten und in eine moderne Fassung bringen

Das folgende Gedicht hat Bertolt Brecht in einen Gedichtzyklus mit dem Titel „Chinesische Gedichte" (1933–1938) aufgenommen. Als Quelle nennt er einen unbekannten Dichter aus alter Zeit.

Bertolt Brecht (1898–1956)
Die Freunde

Wenn du in einer Kutsche gefahren kämest
Und ich trüge eines Bauern Rock
Und wir träfen uns eines Tags so auf der Straße
Würdest du aussteigen und dich verbeugen.
5 Und wenn du Wasser verkauftest
Und ich käme spazieren geritten auf einem Pferd
Und wir träfen uns eines Tags so auf der Straße
Würde ich absteigen vor dir.

(Aus: Bertolt Brecht: Werke. Große kommentierte Berliner und Frankfurter Ausgabe, Bd. 11: Gedichte 1, © Suhrkamp Verlag, Frankfurt am Main 1988)

1 Beschreibe und deute das Gedicht, indem du …
- das Thema kennzeichnest,
- den Aufbau beschreibst,
- die Bedeutung der Verbformen herausstellst,
- die mögliche Aussageabsicht zusammenfasst.

2 Schreibe ein Parallelgedicht, in dem du dich auf unsere heutige Zeit beziehst. Die Aussage des Textes soll dabei erhalten bleiben, verändern musst du jedoch die sprechenden Personen.

Die Freunde

Ein Gedicht beschreiben und deuten und in eine moderne Fassung bringen

Aufgabe 1

Brechts Gedicht thematisiert den menschlichen Umgang miteinander trotz großer sozialer Unterschiede. Es handelt sich um ein Rollengedicht, das aus zwei Teilen – entsprechend den Rollen – besteht. Ein vermögender Mann (vgl. die Kutsche) und ein einfacher Wasserverkäufer stellen sich vor, wie es wäre, wenn sie ihre Rollen tauschen würden. Der (aktuell) Reiche würde sich vor dem Armen verbeugen und der (aktuell) Arme würde absteigen und seine Freundlichkeit und Höflichkeit bekunden. Klassenschranken würden also keine Rolle spielen.

Die verwendeten Modusformen (Konjunktiv II, Irrealis) zeigen jedoch, dass dieser Zustand eben nicht real, sondern in die Zukunft oder in die Irrealität verlegt ist. Ob die Gegenwart diese klassenübergreifende menschliche Umgehensweise möglich macht, lässt der Text offen.

Arbeitsblatt 2

Modalverben

1 Modalverben kannst du wie andere Verben auch konjugieren. Trage die entsprechenden Formen in die Tabellen ein.

Person	können	dürfen	mögen/möchten
ich	kann (singen)		
du			
er			
sie			
es			
wir			
ihr			
sie			

Person	sollen	müssen	wollen
ich			
du			
er			
sie			
es			
wir			
ihr			
sie			

2 In den folgenden Sätzen fehlen Modalverben. Trage passende ein. Manchmal hast du mehrere Möglichkeiten.

- _____ Sie noch einen Nachtisch essen oder sind Sie bereits satt?

- Ich _____ leider nicht mit zum Schwimmen gehen, ich _____ noch meine Hausaufgaben machen.

- Ich _____ mich nicht zu lange in die Sonne legen, weil ich sonst eine Allergie bekomme.

- Steffen _____ sich eigentlich nicht beschweren, seine Klassenarbeit ist doch sehr gut ausgefallen.

- _____ du mich nicht verstehen oder _____ du mich nicht verstehen!?

- Ihr _____ unbedingt konzentrierter mitarbeiten, sonst _____ die Arbeit nur schlecht ausfallen.

Modalverben

Aufgabe 1

Person	können	dürfen	mögen/möchten
ich	kann	darf	mag/möchte
du	kannst	darfst	magst/möchtest
er	kann	darf	mag/möchte
sie	kann	darf	mag/möchte
es	kann	darf	mag/möchte
wir	können	dürfen	mögen/möchten
ihr	könnt	dürft	mögt/möchtet
sie	können	dürfen	mögen/möchten

Person	sollen	müssen	wollen
ich	soll	muss	will
du	sollst	musst	willst
er	soll	muss	will
sie	soll	muss	will
es	soll	muss	will
wir	sollen	müssen	wollen
ihr	sollt	müsst	wollt
sie	sollen	müssen	wollen

Aufgabe 2

- **Möchten** Sie noch einen Nachtisch essen oder sind Sie bereits satt?
- Ich **kann** leider nicht mit zum Schwimmen gehen, ich **muss** noch meine Hausaufgaben machen.
- Ich **darf** (**will**, **kann**) mich nicht zu lange in die Sonne legen, weil ich ansonsten eine Allergie bekomme.
- Steffen **kann** (**darf**) sich eigentlich nicht beschweren, seine Klassenarbeit ist doch sehr gut ausgefallen.
- **Kannst** du mich nicht verstehen oder **willst** du mich nicht verstehen!?
- Ihr **müsst** unbedingt konzentrierter mitarbeiten, ansonsten **kann** die Arbeit nur schlecht ausfallen.

Arbeitsblatt 3

Fehlerhafte Konjunktivformen korrigieren

In den folgenden Zeitungsberichten findest du an mehreren Stellen die indirekte Rede. Nicht alle Konjunktivformen sind richtig verwendet. Unterstreiche die indirekte Rede, streiche die falschen Formen durch und schreibe die richtigen darüber. Achtung: Nicht alle Formen sind falsch!

Brennende Mülltonnen

Zwei brennende Mülltonnen auf einem Schulgelände sorgten am Montagabend in einem Paderborner Stadtteil für Feuerwehreinsätze mit erheblichem Aufwand. Der Hausmeister der Schule teilte mit, er hätte das Feuer gegen 20.00 Uhr auf dem Schulhof bemerkt. Zunächst habe er versucht, die brennenden Müllcontainer mit einem Handfeuerlöscher zu bekämpfen. Das wäre jedoch vergeblich gewesen. Deshalb habe
5 er die Feuerwehr gerufen.

Der gelang es dann auch, die Brände erfolgreich zu bekämpfen.

Etwa zwei Stunden später entdeckte ein Anwohner ein weiteres Feuer auf einem angrenzenden Sportgelände. Auch hier standen Müllcontainer in Flammen, die ebenfalls von der Feuerwehr gelöscht werden konnten. Ein Sprecher teilte mit, die Brandstifter hätten die Container auf die Ballspielfläche gezogen und dann angezün-
10 det. Das Feuer hätte erhebliche Schäden an dem Kunststoffbelag angerichtet, sodass ein Spielbetrieb in den nächsten Tagen nicht möglich sei.

Der Sprecher forderte die Anwohner dazu auf, sich bei der Polizei zu melden, wenn ihnen etwas aufgefallen sei.

14-jähriges Mädchen bewies Zivilcourage

Mit ihrem beherzten Eingreifen hat eine 14-Jährige gestern Nachmittag in der Innenstadt von Herford einen 68-jährigen Mann in die Flucht geschlagen. Nach Polizeiangaben hätte dieser zuvor versucht, einer älteren Dame die Handtasche zu entreißen. Diese sei dabei leicht am Arm verletzt worden. Das Mädchen hätte laut um Hilfe gerufen und den Mann mit Tritten attackiert. Der habe sich zwar gewehrt und das

Mädchen zurückgestoßen, jedoch auch von der alten Dame abgelassen. Anschließend habe er versucht, sich in einem Kaufhaus zu verstecken, was jedoch misslungen wäre.

Die herbeigerufene Polizei konnte ihn festnehmen. Ein Sprecher der Behörde lobte das besonnene und beherzte Einschreiten der 14-Jährigen. Sie habe Zivilcourage bewiesen und den Dank der Allgemeinheit verdient. Immer wieder käme es vor, dass Passanten in so einer Situation wegschauen würden.

Braunbär erhält Freundin

Braunbär Max aus einem niedersächsischen Zoo erhält endlich wieder eine Freundin. Nachdem im Frühjahr seine Gefährtin an einer rätselhaften Erkrankung gestorben wäre, habe man befürchten müssen, dass der Bär vor Einsamkeit ebenfalls eingehe, teilte der Direktor des Zoos mit. Deshalb habe man sich auf die Suche gemacht und wäre in einem polnischen Zoo fündig geworden. Jule hieße die Braunbärdame, die Max aus seinem emotionalen Loch befreien sollte. Wann sie genau ankomme, stände noch nicht fest, aber es werde bald sein.

Die Frage, ob auch an die Gründung einer Familie gedacht sei, beantwortete der Zoodirektor schmunzelnd: „Da mischen wir uns nicht ein. Das überlassen wir Max und Jule."

Frustrierter Räuber beschimpft Kassiererin

Wie das Bochumer Lokalradio meldete, sei am Samstagabend ein Versuch, eine Tankstelle am Stadtring zu überfallen, gescheitert. Als der maskierte Täter auf die Kassiererin zugekommen wäre, wäre diese aus dem Verkaufsraum zu einem Nachbarn geflüchtet. Dabei hätte sie der Täter lautstark beschimpft. Schließlich sei er ohne Beute abgezogen.

Lösung 3

Fehlerhafte Konjunktivformen korrigieren

Brennende Mülltonnen

Zwei brennende Mülltonnen auf einem Schulgelände sorgten am Montagabend in einem Paderborner Stadtteil für Feuerwehreinsätze mit erheblichem Aufwand. Der Hausmeister der Schule teilte mit, er **habe** das Feuer gegen 20.00 Uhr auf dem Schulhof bemerkt. Zunächst habe er versucht, die brennenden Müllcontainer mit einem Handfeuerlöscher zu bekämpfen. Das **sei** jedoch vergeblich gewesen. Deshalb habe er die Feuerwehr gerufen.
Der gelang es dann auch, die Brände erfolgreich zu bekämpfen.
Etwa zwei Stunden später entdeckte ein Anwohner ein weiteres Feuer auf einem angrenzenden Sportgelände. Auch hier standen Müllcontainer in Flammen, die ebenfalls von der Feuerwehr gelöscht werden konnten. Ein Sprecher teilte mit, die Brandstifter hätten die Container auf die Ballspielfläche gezogen und dann angezündet. Das Feuer **habe** erhebliche Schäden an dem Kunststoffbelag angerichtet, sodass ein Spielbetrieb in den nächsten Tagen nicht möglich sei. Der Sprecher forderte die Anwohner dazu auf, sich bei der Polizei zu melden, wenn ihnen etwas aufgefallen sei.

14-jähriges Mädchen bewies Zivilcourage

Mit ihrem beherzten Eingreifen hat eine 14-Jährige gestern Nachmittag in der Innenstadt von Herford einen 68-jährigen Mann in die Flucht geschlagen. Nach Polizeiangaben **habe** dieser zuvor versucht, einer älteren Dame die Handtasche zu entreißen. Diese sei dabei leicht am Arm verletzt worden. Das Mädchen **habe** laut um Hilfe gerufen und den Mann mit Tritten attackiert. Der habe sich zwar gewehrt und das Mädchen zurückgestoßen, jedoch auch von der alten Dame abgelassen. Anschließend habe er versucht, sich in einem Kaufhaus zu verstecken, was jedoch misslungen **sei**. Die herbeigerufene Polizei konnte ihn festnehmen. Ein Sprecher der Behörde lobte das besonnene und beherzte Einschreiten der 14-Jährigen. Sie habe Zivilcourage bewiesen und den Dank der Allgemeinheit verdient. Immer wieder **komme** es vor, dass Passanten in so einer Situation **wegschauten**.

Braunbär erhält Freundin

Braunbär Max aus einem niedersächsischen Zoo erhält endlich wieder eine Freundin. Nachdem im Frühjahr seine Gefährtin an einer rätselhaften Erkrankung gestorben **sei**, habe man befürchten müssen, dass der Bär vor Einsamkeit ebenfalls eingehe, teilte der Direktor des Zoos mit. Deshalb habe man sich auf die Suche gemacht und **sei** in einem polnischen Zoo fündig geworden. Jule heiße die Braunbärdame, die Max aus seinem emotionalen Loch befreien **solle**.
Wann sie genau ankomme, **stehe** noch nicht fest, aber es werde bald sein. Die Frage, ob auch an die Gründung einer Familie gedacht sei, beantwortete der Zoodirektor schmunzelnd: „Da mischen wir uns nicht ein. Das überlassen wir Max und Jule."

Frustrierter Räuber beschimpft Kassiererin

Wie das Bochumer Lokalradio meldete, sei am Samstagabend ein Versuch, eine Tankstelle am Stadtring zu überfallen, gescheitert. Als der maskierte Täter auf die Kassiererin zugekommen **sei**, sei diese aus dem Verkaufsraum zu einem Nachbarn geflüchtet. Dabei **habe** sie der Täter lautstark beschimpft. Schließlich sei er ohne Beute abgezogen.

Arbeitsblatt 4

Direkte Rede – indirekte Rede (1)

1 Trage in die folgende Tabelle die fehlenden Formen ein. Wenn Indikativ und Konjunktiv I gleich sind, trage die entsprechende Ersatzform ein und klammere die Form des Konjunktivs I ein.

Indikativ	Konjunktiv I	Konjunktiv II bzw. Umschreibung mit *würde*
er kommt an		
sie haben untersucht		
es wird gehen		
wir haben geforscht		
sie meint		
er fragt		
sie wurden gerufen		
ich werde schreiben		

2 Schreibe die folgenden Aussagen in die indirekte Rede um.

- Maja: „Mädchen haben in keiner Weise Vorteile in der Schule."

Maja ist der Meinung, _____

- Jonathan: „Ich fühle mich als Junge manchmal von einigen Lehrerinnen anders behandelt als die Mädchen."

- Lehrer: „Jungen machen seltener Abitur, wiederholen häufiger eine Klasse und brechen öfter als Mädchen die Schule ab."

- Lukas: „Ich habe davon gehört, dass es an vielen Schulen inzwischen spezielle Programme zur Jungenförderung gibt."

- Lehrerin: „Solche Programme, natürlich mit anderen Inhalten, hat es in den letzten Jahrzehnten an vielen Schulen für Mädchen gegeben."

- Anne: „Gerade im Sportunterricht macht es meiner Meinung nach Sinn, den Unterricht nicht immer gemeinsam durchzuführen. Jungen und Mädchen haben doch ganz unterschiedliche Interessen."

Direkte Rede – indirekte Rede (1)

Aufgabe 1

Indikativ	Konjunktiv I	Konjunktiv II bzw. Umschreibung mit würde
er kommt an	er komme an	
wir beschließen	(wir beschließen)	wir beschlössen/würden beschließen
sie haben untersucht	(sie haben untersucht)	sie hätten untersucht
es wird gehen	es werde gehen	
wir haben geforscht	(wir haben geforscht)	wir hätten geforscht
sie meint	sie meine	
du gehst	du gehest	
er fragt	er frage	
sie wurden gerufen	sie seien gerufen worden	
ich werde schreiben	(ich werde schreiben)	ich schriebe/würde schreiben

Aufgabe 2

- Maja ist der Meinung, Mädchen hätten in keiner Weise Vorteile in der Schule.

- Jonathan äußert, er fühle sich als Junge manchmal von einigen Lehrerinnen anders behandelt als die Mädchen.

- Ein Lehrer sagt, Jungen machten (würden machen) seltener Abitur, wiederholten (würden wiederholen) häufiger eine Klasse und würden öfter die Schule abbrechen als Mädchen (brächen ab).

- Lukas sagt, er habe davon gehört, dass es an vielen Schulen inzwischen spezielle Programme zur Jungenförderung gebe.

- Eine Lehrerin erinnert daran, solche Programme, natürlich mit anderen Inhalten, habe es in den letzten Jahrzehnten an vielen Schulen für Mädchen gegeben.

- Anne meint, gerade im Sportunterricht mache es ihrer Meinung nach Sinn, den Unterricht nicht immer gemeinsam durchzuführen. Jungen und Mädchen hätten (würden haben) doch ganz unterschiedliche Interessen.

Direkte Rede – indirekte Rede (2)

1 Der Münchner Bildungsforscher Prof. Dr. Wassilios Fthenakis äußert sich in einer Zeitschrift zu der Frage, ob Jungen besser lernen könnten, wenn sie unter sich seien. Forme die direkte Rede in die indirekte Rede um.

Fthenakis: „Projekte, die Mädchen und Jungen kurzzeitig trennen, haben ihre Berechtigung. Generell bin ich aber der Ansicht, dass es die Entwicklung besser fördert, wenn Kinder zusammen lernen. Dann ist das Spektrum der Differenzen (Unterschiede) größer, die man für Lernerfahrungen nutzen kann. Jedes Kind hat Stärken und Schwächen. Wenn Jungen und Mädchen in einer Gruppe respektvoll miteinander umgehen, können sie durch das Zusammenlegen ihrer Stärken mehr erreichen."
(Aus: forum schule. Magazin für Lehrerinnen und Lehrer, Oktober2007, S. 13)

Der Münchner Bildungsforscher Prof. Dr. Wassilios Fthenakis ist der Meinung, Projekte, die

_____

_____

_____

_____

_____

2 Der Bildungsforscher wird außerdem dazu befragt, ob der große Anteil von Frauen im Bildungsbereich ein Problem darstelle. Schreibe auch diesen Auszug in die indirekte Rede um.

Fthenakis: „Ja, denn was für Schüler wichtig ist, gilt auch für Lehrkräfte. Gebraucht werden Männer und Frauen in der Erziehung. Männer bieten Kindern ein ganz anderes Verhaltens- und Identifikationsmodell, vom Erscheinungsbild bis zum Spielstil, der bei Männern von vielen Aufregungsmomenten geprägt ist. Im Gegensatz dazu haben Frauen ein monotoneres Spielmuster."
(Aus: forum schule. Magazin für Lehrerinnen und Lehrer, Oktober 2007, S. 13)

Die Frage, ob der große Anteil von Frauen im Bildungsbereich ein Problem darstelle, bejahte der Professor.

Denn was für Schüler _____

_____

_____

_____

_____

3 Welche Meinung hast du selbst? Verfasse im Heft eine Stellungnahme zu einer der Aussagen nach folgendem Muster: Professor Fthenakis äußert in einem Interview, dass ... Ich bin der Meinung/stimme ihm zu/widerspreche ihm, denn ...

Direkte Rede – indirekte Rede (2)

Aufgabe 1

Der Münchner Bildungsforscher Prof. Dr. Wassilios Fthenakis ist der Meinung, Projekte, die Mädchen und Jungen kurzzeitig trennen würden (trennten), hätten (würden haben) ihre Berechtigung. Generell sei er aber der Ansicht, dass es die Entwicklung besser fördere, wenn Kinder zusammen lernen würden (lernten). Dann sei das Spektrum der Differenzen (Unterschiede) größer, die man für Lernerfahrungen nutzen könne. Jedes Kind habe Stärken und Schwächen. Wenn Jungen und Mädchen in einer Gruppe respektvoll miteinander umgehen würden (umgingen), könnten sie durch das Zusammenlegen ihrer Stärken mehr erreichen."

Aufgabe 2

Die Frage, ob der große Anteil von Frauen im Bildungsbereich ein Problem darstelle, bejahte der Professor. Denn was für Schüler wichtig sei, gelte auch für Lehrkräfte. Gebraucht würden Männer und Frauen in der Erziehung. Männer böten (würden bieten) Kindern ein ganz anderes Verhaltens- und Identifikationsmodell, vom Erscheinungsbild bis zum Spielstil, der bei Männern von vielen Aufregungsmomenten geprägt sei. Im Gegensatz dazu hätten (würden haben) Frauen ein monotoneres Spielmuster.

Arbeitsblatt 6

Direkte Rede – indirekte Rede (3)

1 Soll es in der Schule eine Kleiderordnung für Lehrerinnen und Lehrer geben? Diese Frage wurde in der Zeitschrift „forum schule" diskutiert. Unterschiedliche Personen äußerten sich dazu. Schreibe die Beiträge in die indirekte Rede um.

Eine Schülerin: „Lehrerinnen und Lehrer sollen sich nicht so jugendlich anziehen wie wir, sondern ihrem Alter entsprechend. Das verschafft ihnen mehr Respekt. Sie sollen Miniröcke und „Baggy Pants" im Schrank lassen, sonst wird gelästert. Ich finde es aber auch nicht gut, wenn Lehrerinnen und Lehrer in altmodischen Klamotten herumlaufen. Sie sollen Kleidung tragen, die im Trend liegt, aber nicht so ausgefallen ist. Lehrer in Anzügen müssen aber auch nicht sein, die wirken zu streng."

Eine Schülerin meint zu dem Thema, _____

_____

_____

_____

_____

_____

Ein Schulleiter: „In den über 45 Jahren, in denen ich Schule erlebt habe, hat sich die Kleiderordnung der Lehrerschaft sehr gewandelt: von Anzug und Krawatte bzw. Kostüm hin zu kurzen Hosen, T-Shirts und Sandalen bzw. Trägertops und in Extremfällen sogar bauchfreiem Dress. Gleichzeitig vollzog sich in regelmäßigen Umfragen zum Ansehen einzelner Berufe ein Abstieg des Lehrerberufs aus den obersten Kategorien bis fast ans Ende der Skala. Sicherlich ist dafür nicht nur der Kleidungswandel verantwortlich. Doch können Lehrerinnen und Lehrer durch eine Veränderung ihrer Kleiderordnung dazu beitragen, dass sich ihr Ansehen (im wahrsten Sinne des Wortes) und damit auch der Stellenwert von Bildung in der Gesellschaft verbessern."

Ein Schulleiter äußerte, _____

_____

_____

_____

_____

_____

_____

_____

© Schöningh Verlag

Arbeitsblatt 6

Eine Lehrerin: „Lehrerinnen und Lehrer kleiden sich in der Regel eher langweilig und nicht besonders modisch: eben konservativ und nicht sehr innovativ. Statt immer nur die übliche Kombination Rock/Bluse oder Hose/Pullover in gedeckten Farben steht etwas mehr Mut zu Farbe und modischen Details der einen oder dem anderen bestimmt gut zu Gesicht. Das kann den Schulalltag aufhellen und kreative Impulse
5 setzen, die allen Beteiligten – auch im Unterricht – zugutekommen."

___

Eine Schülerin: „Die Schule braucht keinen Dresscode für Lehrerinnen und Lehrer. Jeder soll seinen Lebensstil verkörpern können. Uns wird ja auch immer beigebracht, dass wir tolerant sein sollen. Außerdem können wir uns mit Lehrerinnen und Lehrern, die sich normal kleiden, besser identifizieren. Dadurch entstehen Vertrauen und eine bessere Lernatmosphäre."

(Aus: forum schule. Magazin für Lehrerinnen und Lehrer, Oktober 2007, S. 11, leicht geändert)

___

2 Was hältst du von den Äußerungen? Kommentiere im Heft einen Standpunkt nach folgendem Muster: X äußert in der Zeitschrift „forum schule" die Meinung, ... Ich teile seine/ihre Meinung/stimme nicht zu/bin der Ansicht ...

© Schöningh Verlag

Lösung 6

Direkte Rede – indirekte Rede (3)

Aufgabe 1

Eine Schülerin meint zu dem Thema, Lehrerinnen und Lehrer sollten sich nicht so jugendlich anziehen wie sie, sondern ihrem Alter entsprechend, das verschaffe ihnen mehr Respekt. Sie sollten Miniröcke und „Baggy Pants" im Schrank lassen, sonst werde gelästert. Sie finde es aber auch nicht gut, wenn Lehrerinnen und Lehrer in altmodischen Klamotten herumlaufen würden (herumliefen). Sie sollten Kleidung tragen, die im Trend liege, aber nicht so ausgefallen sei. Lehrer in Anzügen müssten aber auch nicht sein, die wirkten zu streng (würden wirken).

Ein Schulleiter äußert, in den über 45 Jahren, in denen er Schule erlebt habe, habe sich die Kleiderordnung der Lehrerschaft sehr gewandelt: von Anzug und Krawatte bzw. Kostüm hin zu kurzen Hosen, T-Shirts und Sandalen bzw. Trägertops und in Extremfällen sogar bauchfreiem Dress. Gleichzeitig habe sich in regelmäßigen Umfragen zum Ansehen einzelner Berufe ein Abstieg des Lehrerberufs aus den obersten Kategorien bis fast ans Ende der Skala vollzogen. Sicherlich sei dafür nicht nur der Kleidungswandel verantwortlich. Doch könnten Lehrerinnen und Lehrer durch eine Veränderung ihrer Kleiderordnung dazu beitragen, dass sich ihr Ansehen (im wahrsten Sinne des Wortes) und damit auch der Stellenwert von Bildung in der Gesellschaft verbessern würden (verbesserten).

Eine Lehrerin meint, Lehrerinnen und Lehrer kleideten (würden sich kleiden) sich in der Regel eher langweilig und nicht besonders modisch: eben konservativ und nicht sehr innovativ. Statt immer nur die übliche Kombination Rock/Bluse oder Hose/Pullover in gedeckten Farben stehe etwas mehr Mut zu Farbe und modischen Details der einen oder dem anderen bestimmt gut zu Gesicht. Das könne den Schulalltag aufhellen und kreative Impulse setzen, die allen Beteiligten – auch im Unterricht – zugutekämen (kommen würden).

Eine Schülerin schreibt, die Schule brauche keinen Dresscode für Lehrerinnen und Lehrer. Jeder solle seinen Lebensstil verkörpern können. Ihnen werde ja auch immer beigebracht, dass sie tolerant sein sollten. Außerdem könnten sie sich mit Lehrerinnen und Lehrern, die sich normal kleiden würden (kleideten), besser identifizieren. Dadurch entstünden (würden entstehen) Vertrauen und eine bessere Lernatmosphäre."

Eine Karikatur und ein Gedicht beschreiben und deuten

„Das MAN-agement"

Helmut Zöpfl (geb. 1937)
Barmherziger Samariter modern

Ich helfe
ich müsste helfen
man müsste helfen
man müsste darüber nachdenken, wie man helfen könnte
5 man müsste darüber diskutieren, wie man übers Helfen nachdenken könnte
man müsste eine Kommission bilden, in der man darüber diskutiert, wie
man übers Helfen nachdenken könnte
man müsste einen Termin für eine Tagung finden, in der man berät, welche Leute in die
Kommission hineinkommen sollen, in der man diskutiert, wie man übers Helfen
10 nachdenken könnte

(Aus: Helmut Zöpfl: Sag ja zum Leben. Verlag R. S. Schulz, Starnberg 1990)

1 Beschreibe und deute zunächst die Karikatur. Berücksichtige dabei auch den Titel „Das MAN-agement".

2 Beschreibe und deute ebenso das Gedicht „Barmherziger Samariter modern" von Helmut Zöpfl. Berücksichtige dabei ...
- das Thema des Gedichts,
- die Bedeutung der Überschrift,
- den Aufbau und die konkrete Gestaltung der einzelnen Gedichtzeilen,
- die mögliche Aussageabsicht.

3 Setze Karikatur und Gedicht in Beziehung, indem du z. B. das Thema vergleichst und dich auf die Bedeutung der Verbformen beziehst.

Bewertungsbogen 7

Bewertungsbogen zur Leistungsüberprüfung/Klassenarbeit

Name:	
Schulhalbjahr/Datum:	
Klasse:	
Fachlehrer/in:	
Thema der Unterrichtsreihe:	Wirklich, möglich, nur gedacht, gewünscht ... – Der Modus einer Aussage
Thema der Klassenarbeit:	Eine Karikatur und ein Gedicht beschreiben und deuten
Aufgaben:	s. Arbeitsblatt 7

A Inhaltliche Leistungen

Aufgabe 1

	Der Schüler/Die Schülerin	maximale Punktzahl	erreichte Punktzahl
1	nennt einleitend das Thema der Karikatur (Ignoranz gegenüber Not leidenden Kindern).	4	
2	beschreibt und deutet die Bildelemente (uniforme Männer, gesichtslos, dem Plakat abgewandt).	6	
3	beschreibt und deutet die Sprechblasen (verallgemeinerndes Pronomen „MAN", Verweis auf den Titel und die soziale Stellung der Männer, unvollständige Sätze, Modal- und Konjunktiv-II-Formen, Ausdruck der Passivität und Hilflosigkeit ...).	7	
4	kennzeichnet die kritische Intention der Karikatur.	4	
	Gesamtpunktzahl für Aufgabe 1	**21**	

Aufgabe 2

	Der Schüler/Die Schülerin	maximale Punktzahl	erreichte Punktzahl
1	nennt einleitend neben den Textdaten das Thema des Gedichts (Passivität von Menschen trotz notwendiger Hilfe).	4	
2	beschreibt und deutet den ironischen Charakter der Überschrift.	2	
3	kennzeichnet den Aufbau des Gedichts (zunehmende Wortfülle bei gleichzeitig abnehmender Aussagekraft, Funktion der Modalverben und Modusformen als Relativierung).	8	
4	kennzeichnet die kritische Intention des Gedichts.	4	
	Gesamtpunktzahl für Aufgabe 2	**18**	

Aufgabe 3

	Der Schüler/Die Schülerin	maximale Punktzahl	erreichte Punktzahl
1	setzt die jeweils kritische, thematisch ähnliche Tendenz von Karikatur und Gedicht in Beziehung.	4	
2	deutet die verwendeten Verbformen und Modi als zentrale sprachliche Mittel zur Umsetzung der jeweiligen Intention.	7	
	Gesamtpunktzahl für Aufgabe 3	11	

A	**Gesamtpunktzahl**	50	

B Darstellungsleistungen

	Der Schüler/die Schülerin	maximale Punktzahl	erreichte Punktzahl
1	schreibt in allen Aufgabenteilen sachlich-informierend.	8	
2	unterscheidet zwischen beschreibenden und deutenden Aussagen.	8	
3	zitiert in richtiger Form	2	
4	schreibt sprachlich richtig (Rechtschreibung, Zeichensetzung, Grammatik).	7	

B	**Gesamtpunktzahl**	25	

Gesamtpunktzahl A und B	75	

Die Leistungsüberprüfung/Klassenarbeit wird mit der Note

bewertet.

Zuordnung der Punkte zu den Notenstufen

Note	Punkte
sehr gut	75–66
gut	65–56
befriedigend	55–46
ausreichend	45–36
mangelhaft	35–15
ungenügend	14–0

_____

Datum   Unterschrift

Leistungsüberprüfung – Selbstevaluation – Klassenarbeit

1. **Ein Gedicht beschreiben und deuten und in eine moderne Fassung bringen**
   (s. Arbeitsblatt 1, S. 299, Lösung 1, S. 300)

2. **Fehlerhafte Konjunktivformen korrigieren**
   (s. Arbeitsblatt 3, S. 303 f., Lösung 3, S. 305)

3. **Direkte Rede – indirekte Rede (1)**
   (s. Arbeitsblatt 4, S. 306, Lösung 4, S. 307)

4. **Direkte – indirekte Rede (2)**
   (s. Arbeitsblatt 5, S. 308, Lösung 5, S. 309)

5. **Direkte – indirekte Rede (3)**
   (s. Arbeitsblatt 6, S. 310 f., Lösung 6, S. 312)

6. **Eine Karikatur und ein Gedicht beschreiben und deuten**
   (s. Arbeitsblatt 7, S. 313, Bewertungsbogen 7, S. 314 f.)

Gutenberg und die Folgen (S. 222–241)

Vorüberlegungen zur Einheit

In der Einheit wird zum einen die Technik der Vervielfältigung von Texten aller Art mit beweglichen Lettern vorgestellt; das geschieht mit literarischen Texten und Sachtexten, aber auch mit Bildern und schematischen Darstellungen. Zum anderen geht es auch um das Schicksal eines genialen Mannes; denn die Erfindung des Buchdrucks prägte und beanspruchte Gutenberg sein ganzes Leben. Leider gehört dazu auch, wie es manchmal geschieht, dass ihm erst lange nach seinem Tode der gebührende Ruhm zugesprochen wurde. Über Jahrhunderte war er geradezu vergessen. Heute hingegen spricht man von ihm als dem „Mann des Jahrtausends".

Die Erfindung Gutenbergs und sein Schicksal sind im Rahmen einer neuen Zeit zu sehen, der Zeit der Renaissance und des Humanismus. Die Wissenschaften und Künste, die Anfänge einer neuen Technik wandten sich mit den Vorbildern aus der Antike der Erkundung der empirischen Welt mit dem Menschen als Mittelpunkt zu. Nur so waren auch die großen Entdeckungen in der fernen Welt – Indien auf dem Seeweg, Amerika – möglich. Erst in diesem Umkreis konnte das von Gutenberg entwickelte Leitmedium der massenhaft gedruckten Texte seine große Wirkung entfalten, sodass man sogar diese Technologie des Buchdrucks „Gutenberg Galaxis" nannte. Freilich stellten sich dieser Entwicklung heftige Widerstände entgegen, nämlich in Gestalt der bald nach der Erfindung der Druckkunst gegen sie organisierten kirchlichen und staatlichen Zensur (vgl. **Arbeitsblatt 4, S. 336**). Die Texte und Bilder der Einheit sind so ausgewählt, dass das Schaffen eines Menschen, sein Schicksal und seine Bedeutung vom Anfang der Neuzeit bis in die Moderne mit ihrer digitalen Technik der Texterstellung für die Schülerinnen und Schüler erfassbar sind.

Die zentralen Kompetenzen, die mit der Einheit erworben werden können, sind:
- aus literarischen Texten und Sachtexten wesentliche Charakterzüge einer historischen Persönlichkeit entnehmen,
- das Schicksal einer historisch bedeutenden Gestalt exemplarisch erfassen,
- einen literarischen Text selbstständig fortsetzen,
- Sachtexte und literarische Texte nach ihren sprachlichen Merkmalen unterscheiden,
- die einzelnen Schritte bei einer Erfindung einem Text entnehmen,
- aus einer bildlichen Darstellung die richtige Abfolge eines technischen Vorgangs entwickeln,
- einen technischen Vorgang beschreiben,
- einen fiktiven Dialog und eine Hörspielszene über das Ereignis der Erfindung der Druckkunst anfertigen,
- aus philosophischen und historischen Texten Informationen über die Renaissance entnehmen und damit einen eigenen Text verfassen,
- ein Porträt der historischen Gestalt des Johannes Gutenberg aus vorgegebenen Texten und Bildern verfassen,
- aus Sachtexten und bildlichen Darstellungen die Technik des Druckens in der Zeit vor Gutenberg in einer Zeitleiste zusammenstellen,
- einen zeitgenössischen und einen modernen Aphorismus über die Druckkunst deuten.

Die **Auftaktdoppelseite** (S. 222–223) soll den Schülerinnen und Schülern einen Überblick über die Entwicklung des Buchdrucks von Gutenberg bis zur Gegenwart geben und ihr

Vorwissen abfragen. In dem einleitenden Text wird auf den engen Zusammenhang der Erfindung Gutenbergs mit seiner Zeit, der Renaissance, hingewiesen.

Didaktische Aufbereitung der Unterkapitel

Gutenbergs Erfindung am Beginn einer neuen Zeit (S. 224–231)

Matthias Geske: Johannes Gutenberg (S. 224–227)

Der Text ist dem 11. Kapitel dieses historischen Jugendromans entnommen. In den vorangehenden Kapiteln schildert Geske den langen und keineswegs geraden Weg Gutenbergs zum „Buchhandwerk". In alchemistischen Versuchen, darin ganz ein Kind seiner Zeit, versucht Gutenberg, wie so viele andere Gold herzustellen. Mehr Erfolg hat er dann in Paris mit der gefährlichen Herstellung von Schießpulver. Als sein Haus dort niederbrennt, macht er sich auf den Weg nach Straßburg, das damals eine bedeutende Handelsstadt war, um dort sein Glück zu suchen. Dabei gerät er, so will es der Zufall, in einen Schneesturm, findet aber glücklich Unterkunft in einem Kloster, wo die Mönche in einer Schreibstube mit der Hand Bücher abschreiben. Hier begeistert sich Gutenberg zum ersten Mal an der „Buchkunst", und sie wird ihn nicht mehr loslassen, auch wenn er in Straßburg zuerst sich dem Schleifen von Edelsteinen widmet. Der folgende Text zeigt, wie Gutenberg die alte Idee der Vervielfältigung von Büchern wieder aufnimmt.

Aufgabe 1
S. 227

Der Text kann mit einem entsprechenden Hörauftrag (Aufgabe 1) vorgelesen werden. Die Schüler sollten sich anschließend in Partnerarbeit über ihre Ergebnisse austauschen und diese so aufbereiten (Stichwortkonzept), dass sie in einem mündlichen Vortrag zusammengefasst werden können.
- Gutenberg erweist sich als Geschäftsmann, der schon vergleichsweise moderne Finanzierungsmethoden anwendet.
- Das Geschäft seiner Finanzierungsgesellschaft mit den Heilsspiegeln scheitert durch den Ausbruch der Pest.
- Gutenberg lässt sich von der allgemein herrschenden Angst vor der Pest nicht anstecken.
- Im Gespräch mit seinen unzufriedenen Geschäftspartnern hält er seinen neuen Plan zurück, weil er in zu vielen Details noch nicht ausgereift ist.
- Der Leser erfährt, dass Gutenberg mit beweglichen Buchstaben experimentiert, aber noch keine geeignete Legierung für ihre Herstellung gefunden hat.
- Durch Zufall findet er eine taugliche Druckerfarbe.
- Sein Plan, mit beweglichen Lettern aus Metall zu drucken, steht am Ende der Geschichte so klar vor ihm, dass er erneut die „Finanzierungsgesellschaft" einberufen kann. Man kann hier die Schülerinnen und Schüler Vermutungen anstellen lassen, über was Gutenberg mit seinen Geschäftspartnern sprechen will.

Aufgabe 2
S. 227

Am besten lässt man das Gespräch zuerst mit verteilten Rollen lesen. Die Schülerinnen und Schüler beschreiben dann die unterschiedlichen Reaktionen, die in einem **Tafelbild** festgehalten werden:

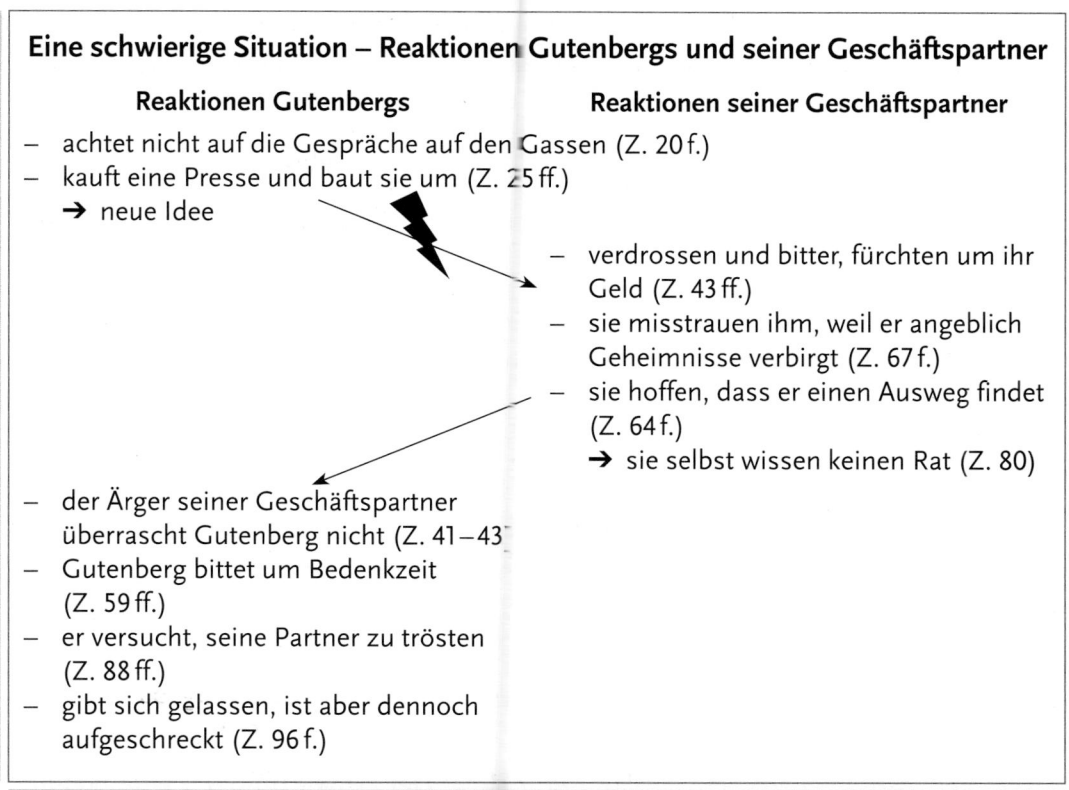

Aufgabe 3
S. 227

Die Schülerinnen und Schüler können die Schritte in selbstständiger Arbeit in einer Tabelle oder Grafik festhalten:

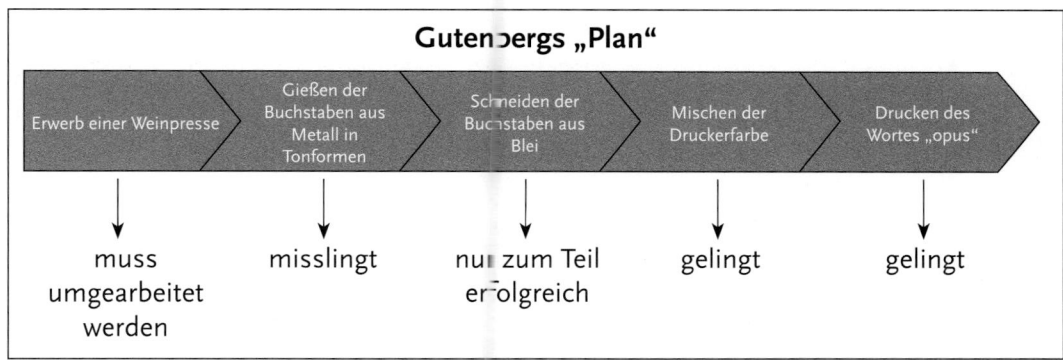

Aufgabe 4
S. 227

Sinnvoll ist es, die Schülerinnen und Schüler noch einmal die Zeilen 215 ff. lesen zu lassen. Vollständige Bücher kann Gutenberg noch nicht drucken, da sich Buchstaben aus Blei unter dem Druck der Presse als zu weich erwiesen haben, sodass sich die Notwendigkeit ergibt, ein anderes Verfahren zu entwickeln.

Aufgabe 5
S. 227

Dazu kann man die Schüler noch einmal auf die Zeilen 1–37 verweisen. Gutenberg zeigt sich in der allgemeinen Furcht vor der Pest gefasst und furchtlos, er verfolgt seinen neuen Plan weiter. Um seine Erfindung vor Nachahmern zu schützen, hält er sie geheim. Ernst und Gefasstheit seines Charakters sind auch im Bild-Porträt (S. 222) erkennbar. In den Händen hält Gutenberg die Zeichen seiner Tätigkeit: Stempel und Buchstaben.

Aufgabe 6
S. 227

Das Gespräch kann von Gruppen als eine gespielte Szene vorbereitet werden. Die Personen verkörpern Gutenberg, Anton Heilmann und seinen Bruder Ulrich, Hans Riffe und Andreas Dritzehn. Die Schülerinnen und Schüler sollten in einer Planungsphase zunächst Ideen für das Gespräch sammeln:

- Darlegung seines neuen Plans durch Gutenberg
- Bitte um neues Darlehen
- Reaktionen: Zweifel am Gelingen, Staunen über die Erfindung usw.
- Berechnen der Gewinnchancen
- Beteiligung am Gewinn
- Kalkulieren der erforderlichen Zeit bis zur Fertigstellung des Drucks
- ...

Dimiter Inkiow: Der arme Erfinder (S. 227–230)

Bei dem Text handelt es sich um eine Erzählung, in welcher der Erzähler in dem Kommentar am Anfang und in dem abschließenden Bericht am Ende deutlich hervortritt. Wegen ihres klaren Aufbaus (Kommentar – Dialog der Kontrahenten vor dem Richter – Bericht Gutenbergs über seine Erfindung – Dialog des Richters mit Schöffer – abschließender kurzer Bericht des Erzählers) und ihres spannenden Verlaufs eignet sich die Geschichte für die inhaltliche und formale Analyse mit den Schülerinnen und Schülern. Vom Inhalt her knüpft sie an den Text von Geske an, geht aber mit der Schilderung des Schicksals Gutenbergs und seiner Erfindung deutlich darüber hinaus.

Aufgabe 1 S. 230

Die Ergebnisse dieser Aufgabe können in einem **Tafelbild** festgehalten werden:

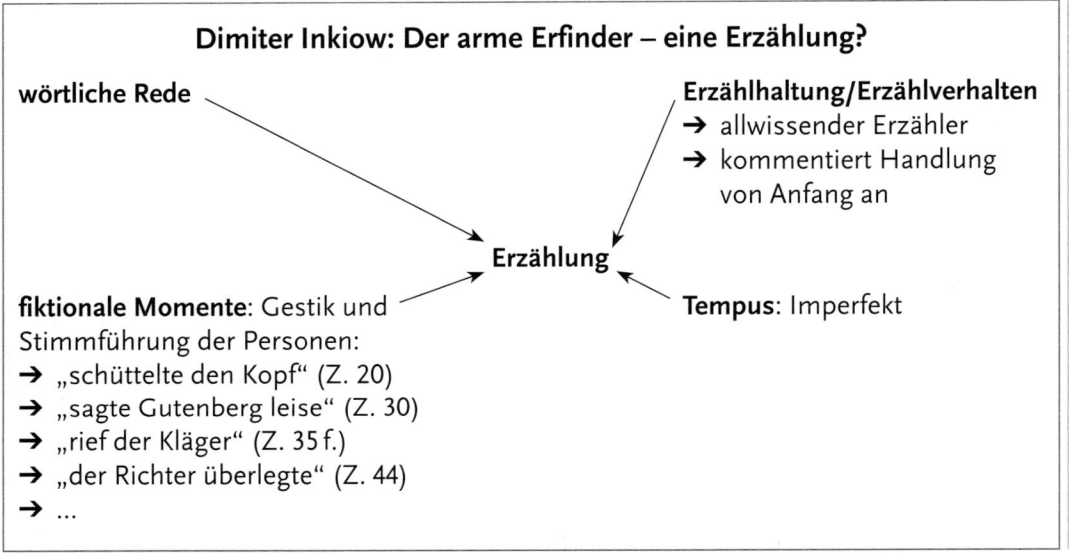

TAFELBILD

Aufgabe 2 S. 230

Der Aufbau der Geschichte kann folgendermaßen beschrieben werden:

Dimiter Inkiow: Der arme Erfinder – Textaufbau

I) Kommentar des Erzählers über die Schicksale großer Erfinder (Z. 1–14)

II) Gerichtsszene (Z. 15–110)
 - Dialog: Richter – Gutenberg – Fust (Z. 15–53)
 - Bericht Gutenbergs über die Geschichte der Druckkunst und seine Erfindung (Z. 53–104)
 - Vernehmung Schöffers (Z. 105–110)

III) Kurzer abschließender Bericht des Erzählers: Entscheidung des Richters und Besiegelung von Gutenbergs Schicksal (Z. 111–116)

TAFELBILD

Aufgabe 3 S. 230	Gutenberg erläutert zuerst dem Richter genau, wie man in der Zeit vor seiner Erfindung gedruckt hat. Erst dann schildert er alle Schritte seines eigenen neuen Verfahrens. Er geht also kontrastierend vor.
Aufgabe 4 S. 230	Folgende Lösung ergibt sich: 1-D, 2-H, 3-G, 4-B, 5-C, 6-A, 7-E, 8-F, 9-I
Aufgabe 5 S. 231	Die Aufgabe kann als Hausaufgabe gestellt werden. Mit den Texten von Geske und Inkiow sowie der Übung mit der bildlichen Darstellung des Druckverfahrens (S. 230) können die Schülerinnen und Schüler die Aufgabe bewältigen. Vor der gemeinsamen Besprechung sollten kurz einige Beurteilungskriterien zusammengetragen werden: – adressatengerechte Darstellung – klarer Aufbau – sachliche Richtigkeit – sachlich-informierender Darstellungsstil – …
Aufgabe 6 S. 231	Ein großer Erfinder wird kurz vor dem Ziel um den Erfolg, für den er sein ganzes Leben gekämpft hat, gebracht und andere – Fust und seine Gehilfen – tragen den Gewinn davon. Kränkend für Gutenberg ist auch, dass sein Gehilfe Peter Schöffer, dem er vertrauensvoll sein ganzes Wissen weitergegeben hat, wider besseren Wissens nicht zu seinen Gunsten vor Gericht aussagt, sondern sich auf die Seite seines Schwiegervaters Fust schlägt und mit ihm zusammen unter Anwendung von Gutenbergs Ideen und der von ihm erfundenen technischen Geräte die Bibeln druckt.
Aufgabe 7 S. 231	Der Druck ist stark den bis dahin üblichen Handschriften nachempfunden: – handgemalte Verzierungen – Rubrizierungen: rote oder gerötete Buchstaben; sie werden von Rubrikatoren erst nach dem Druck mit der Hand gezeichnet – zwei Kolumnen zu je 40 Zeilen → Obwohl alle Bibeln gedruckt sind, hat jede das Aussehen eines Unikats. Mit dem Druck von Bibeln erwarteten Gutenberg/Fust hohe Verkaufszahlen. Die Fertigkeit zu lesen verbreitete sich im Humanismus rasch. Die Reformation bestärkte die Gläubigen darin, selbst die Hauptquelle ihres Glaubens, die Heilige Schrift, zu studieren und nicht nur auf die Vermittlung von der Kirchenkanzel herab zu vertrauen.
Aufgabe 8a S. 231	Die Schreibwerkstatt des Bischofs in Passau ist berühmt, weil hier unter anderem die ältesten Handschriften des Nibelungenliedes entstanden sind. Man darf daher annehmen, dass man dort der Erfindung Gutenbergs die größte Aufmerksamkeit schenkte. Man sollte zuerst mit den Schülerinnen und Schülern eine Ideensammlung durchführen, wie sich der Dialog zwischen dem Mainzer und dem Mönch in Passau wohl gestalten könnte. Etwa: prahlerische Begeisterung des Mainzers – Beängstigung oder aber arrogante Demonstration von Überlegenheit des Passauers – Hinweis des Mainzers auf die Erschwinglichkeit von Büchern für alle – Skepsis des Passauers usw.
Aufgabe 8b S. 231	Freie Arbeit

Gutenberg in der Epoche der Renaissance (S. 232–235)

Manfred Mai: Wiedergeburt (S. 232)
Jostein Gaarder: Sofie und Alberto unterhalten sich über die „Renaissance" (S. 232)
Peter Groenewald/Harry Rours/Hans Würzner: Die Abwendung vom Mittelalter (S. 233)

Der erste und der dritte Text sind typische Texte aus Geschichtsbüchern, beim zweiten handelt es sich um einen literarischen (fiktionalen) Text. Alle drei enthalten im Kern vergleichbare Aussagen über die Renaissance und den Humanismus, setzen aber unterschiedliche Akzente. Das Lesen und das Verstehen der drei Texte kann man den Schülern und Schülerinnen erheblich erleichtern durch eine Synopse, die man mit einer **Tabelle** oder an der **Tafel** festhält:

Informationen zur Epoche der Renaissance – Vergleichskriterien	M. Mai	J. Gaarder	P. Groenewald/H. Rours/H. Würzner
Begriff der Renaissance	Wiedergeburt der Antike (Z. 6 f.)	kulturelle Blütezeit vom Ende des 14. Jahrhunderts an (Z. 1 ff.)	Renaissance ist die Wiedergeburt der Schönheit der antiken Kunst und Literatur (Z. 2 ff.)
Entstehung und Verbreitung	Ausgang: Italien (Z. 1)	Ausgang: Norditalien, Verbreitung nach Norden (Z. 3–5)	Ausgang: Italien (Z. 2)
Rolle des Menschen	Hinwendung zum Diesseits; Mensch wird Mittelpunkt der Kunst und Wissenschaft (Z. 13 f.)	Mensch steht im Mittelpunkt (Z. 13)	Mensch ist unabhängiges und selbstständig urteilendes Individuum (Z. 5 f.)
Verwirklichung des Menschen in der Kunst	Mensch ist Mittelpunkt des künstlerischen und wissenschaftlichen Interesses (Z. 13 f.)	Mensch wird wiedergeboren durch Kunst und Kultur der Antike (Z. 7 f.)	künstlerisch erscheint der Mensch vor allem im Porträt (Z. 12 f.)
Bedeutung des Humanismus	----	Studium des griechischen Humanismus auch mit pädagogischen Zielen (Z. 20 ff.)	Humanismus bedeutet eine neue Auffassung von Wissenschaft (Z. 16 f.)

TAFELBILD

Aufgabe 1
S. 234

Die Aufgabe kann als Hausaufgabe gestellt werden. Die notwendigen Informationsbereiche (Oberbegriffe) können gefunden werden, indem die Schülerinnen und Schüler zunächst Fragen formulieren, auf die die verschiedenen Texte Antworten geben.
– Renaissance: Erschließung von Oberbegriffen durch Leitfragen
– Was besagt der Ausdruck „Renaissance"?
– Wo entstand sie? Wie verbreitete sie sich?
– Auf welche Quellen greift die Renaissance zurück?

- Welche Rolle spielen der Mensch und die wirkliche Welt in dieser Epoche?
- Wie wird die neue Rolle des Menschen künstlerisch verwirklicht?
- Was bedeutet der Humanismus in der Epoche der Renaissance?
- ...

Aufgabe 2
S. 235

Der erste Teil der Aufgabe kann mit der Besprechung der Hausaufgabe (Aufgabe 1) bearbeitet werden.

Die Besprechung des zweiten Teils stellt auch eine Übung zur Bildbetrachtung dar und sollte daher in einem **Tafelbild** festgehalten werden:

Das Reiterdenkmal des Colleoni als künstlerischer Ausdruck der neuen Auffassung vom Menschen

- Verewigung in einem Denkmal
  - → erfolgreicher Feldherr
  - → zu seinem eigenen Ruhm
- mächtiges Pferd, Podest
  - → erhobene Position
  - → Ausdruck von Stärke und Selbstbewusstsein
- individuelles Aussehen Colleonis
- Blickrichtung: geradeaus
  - → auf eigene, von ihm selbst gesetzte Ziele
  - → nicht demütig zum Boden
  - → nicht andächtig zum Himmel
- Haltung: aufrecht, fast stehend in den Steigbügeln, aggressive Arm- und Schulterhaltung

Ausdruck des neuen menschlichen Selbstbewusstseins und der menschlichen Tatkraft
→ wird in der Kunst verherrlicht

TAFELBILD

Aufgabe 3
S. 235

In den Texten wird gesagt, dass der Mensch in den Mittelpunkt des Interesses rückt (Mai, S. 232, Z. 13 f.; Gaarder, S. 233, Z.13). Er behauptet sich als unabhängiges, selbstständig urteilendes Individuum (Groenewald et al., S. 233, Z. 5 f.). Darauf gründet er sein Selbstbewusstsein (ebd., Z. 9). Es geht darum, seine Persönlichkeit auszubilden. Seinen neuen Ausdruck in der Kunst findet der Mensch im Porträt (ebd., Z. 13). Mit Cecilia Gallerani erscheint als neues Sujet in der Kunst der Renaissance nicht etwa eine Heilige, sondern die Hofdame und Geliebte des Herzogs Ludovico il Moro. Sie wird in ihren individuellen Zügen vorgestellt, darin ganz ähnlich dem Colleoni. Haartracht mit Stirnband, Kettenschmuck, ausgeschnittenes Kleid mit weiten Ärmeln in prächtigen Farben entsprechen der Mode der Zeit und sollen die Schönheit der Frau unterstreichen. Mit dem (vom Betrachter aus) nach rechts gewandten Blick fängt Leonardo eine anscheinend konkrete Situation der Wirklichkeit bei Hofe ein. Vielleicht schaut Cecilia zu ihrem Geliebten hinüber und spielt dabei mit dem Hermelin in ihren Armen.

Aufgabe 4
S. 235

Diese Aufgabe kann als Hausaufgabe gestellt werden. Wichtig ist, dass in einer Planungsphase zunächst Informationen zu bestimmten Oberbegriffen (vgl. auch die Informationen in dem Methodenkasten, S. 235) stichwortartig zusammengetragen werden. Daraus kann z. B. auch eine Mindmap resultieren, die hilft, das Schreibprodukt zu strukturieren, oder die Grundlage für einen mündlichen Vortrag ist.

Bücher vom Mittelalter bis heute (S. 236–240)

Ilse Schröer: „Bücher" schon vor Gutenberg? (S. 236–237)

Die Autorin arbeitet als Museumspädagogin am Gutenberg-Museum in Mainz. Den vorliegenden (gekürzten) Text hat sie für den Ausstellungsführer für Kinder und Jugendliche verfasst; entsprechend einfach ist er formuliert und aufgebaut. Ebenfalls leicht ist er als Sachtext erkennbar. Er enthält wichtige Informationen über die Vorformen von Büchern vor der neuen Drucktechnik.

Aufgabe 1 S. 237
Die Aufgabe dient der Texterfassung. Keine der vorgeschlagenen Formulierungen erfasst das Thema vollständig – am ehesten noch die dritte; aber sie unterschlägt die bereits im Mittelalter bestehende Drucktechnik mit dem Holzschnitt.

Aufgabe 2 S. 237
Die Aufgabe dient ebenfalls der Texterfassung durch die Schülerinnen und Schüler. Im Wesentlichen geht es darum, dass sich die Bezeichnungen für die abgebildeten Buchformen aus dem Text erschließen.

Aufgabe 3 S. 237
Eine Gliederung kann z. B. wie folgt aussehen:

Z. 1–23	Anfertigung von Büchern in den Schreibstuben der Klöster
Z. 24–33	Inhalte und äußere Form der Bücher
Z. 34–44	Lesen und Schreiben im Mittelalter
Z. 45–69	eine mittelalterliche Technik des Druckens

Aufgabe 4 S. 237
Die gemeinsame Ordnung der Informationen gelingt am besten, wenn man sich am Textverlauf orientiert:
- Vor Gutenberg werden Bücher mit der Hand geschrieben. (Z. 2)
- Bücher sind selten und sehr teuer. (Z. 3)
- Bücher werden in den klösterlichen Schreibstuben geschrieben. (Z. 8–10)
- Sie werden auf Pergament und später auf Papier geschrieben. (Z. 11 f.)
- Man schreibt Bücher für den Gottesdienst und Texte aus der Antike. (Z. 26–27)
- Es gibt Beutelbücher und in den Universitäten Kettenbücher. (Z. 30 f. und Z. 40)
- Man kennt im Mittelalter schon das Druckverfahren des Holzschnitts, mit dem man Blockbücher herstellen kann. (Z. 54 und Z. 61)

Aufgabe 5 S. 237
Hier können von den Schülerinnen und Schülern folgende Merkmale genannt werden:
- es ist kein Erzähler erkennbar
- keine erfundenen/fiktiven Situationen – keine fiktiven Personen
- keine wörtliche Rede
- keine Spannung erzeugenden sprachlichen Mittel
- sachlich-informierende Sprache

Werner Pluta: Die Bi-Galaxis (S. 238)

Bei diesem und auch dem folgenden Text von Pluta handelt es sich um Sachtexte aus einer populär-wissenschaftlichen Zeitschrift. In dem Text „Die Bi-Galaxis" findet man eine Fülle von Informationen über die Drucktechnik vor Gutenberg im Fernen Osten. Die Themenformulierung (Aufgabe 1) und die Erstellung der Zeitleiste (Aufgabe 2) sind wichtig für die Texterfassung durch die Schülerinnen und Schüler. Der Hinweis des Autors auf die Vielzahl der Zeichen in der chinesischen Schrift als Grund dafür, dass man heute nicht von einer Bi-Galaxis spricht, greift in diesem Text zu kurz.

Gutenbergs Erfindung erwies sich als so folgenreich, weil sie in einer bestimmten Zeit geschah: In der Renaissance/dem Humanismus erlebten die Menschen einen unerhörten Aufschwung im Bereich des Lesens und des Schreibens, der Wissenschaften, der Technik, aber auch der religiösen und der philosophischen Neuorientierung. Erst in diesem Umkreis konnte Gutenberg mit seinem Druckverfahren eine Medienrevolution auslösen. Dies stellt Pluta im zweiten Text dar. Dort gibt er auch einen Ausblick auf die Zukunft des konventionellen Buchs angesichts der massenhaft entstehenden digitalen Informationsträger.

Aufgabe 1 S. 238

Mögliche Themenformulierung: „Die Entwicklung der Drucktechnik und die Herstellung des Papiers vor Gutenberg im Fernen Osten"

Aufgabe 2 S. 238

Die Aufgabe kann in Gruppen erarbeitet werden. Die Ergebnisse können im Heft, aber auch auf großformatigen Plakaten festgehalten werden.

Aufgabe 3 S. 238

Folgende Gründe können genannt werden:
- die vergleichsweise sehr große Anzahl der Schriftzeichen in der chinesischen Schrift
- das andere historische Umfeld in Europa: Die neue Zeit der Renaissance verbindet sich mit humanistischen Zielen und Absichten, die hauptsächlich mit dem neuen Medium des Buchs befördert werden konnten.

Gutenberg – „Mann des Jahrtausends" (S. 239–240)

Werner Pluta: Das Buch als Massenmedium – auch in Zukunft? (S. 239)

Aufgabe 1 S. 239

Folgende Gründe werden angegeben:
- Gutenberg löst eine „Medienrevolution" (Z. 1) aus.
- Wissen wird mit „einfachen Mitteln reproduzierbar" (Z. 2f.).
- Bücher werden mit Gutenbergs Drucktechnik „für breitere Schichten erschwinglich" (Z. 7).

Aufgabe 2 S. 239

Bei dieser Aufgabe sollten leistungsstarke Lerngruppen zuerst eine geeignete Leitfrage für ihre Diskussion entwickeln, etwa: „Wann und wo sind mithilfe gedruckter Schriften und Bücher große Veränderungen im Leben der Menschheit hervorgerufen worden?" Beiträge der Schülerinnen und Schüler könnten sein:
- Druck der Lutherbibel und der Reformationsschriften
- Schriften des Kopernikus oder Galileis über den Kosmos
- Charles Darwin: „Ursprung der Arten"
- Theorien von Karl Marx
- Theorien von Einstein
- ...

Die Schülerinnen und Schüler werden evtl. auch auf den pazifistischen Grundgedanken der Äußerung zu sprechen kommen. Die großen Veränderungen der Menschheit lassen sich nicht durch Krieg erzwingen, sondern bestehen in einer Erweiterung von menschlichem Wissen und einer Teilhabe möglichst vieler Menschen an dieser Entwicklung.

Aufgabe 3 S. 239

Die Druckkunst führte bald zur massenhaften Herstellung von Bibeln zu erschwinglichen Preisen. Die Reformatoren stellten das „Wort Gottes" in den Mittelpunkt aller Andachten

	in der Kirche, legten aber auch großen Wert darauf, dass sich die Gläubigen selbst mit den Schriften des Alten und Neuen Testaments befassten.
Aufgabe 4 S. 239	Die Bedeutung des Buchs gegenüber den digitalen Kommunikationstechniken darf nicht unterschätzt werden. Es stellt sich in der Gegenwart mehr und mehr das Problem der Haltbarkeit der digitalen Speicher. Ferner: Die Digitalisierung von Büchern und die fortschreitende Entwicklung von leistungsfähigen Druckern macht es möglich, dass man sich seltene oder nicht mehr greifbare Bücher selbst ausdruckt, vorausgesetzt, sie sind schon gescannt. Die digitalen Kommunikationstechniken nützen daher eher der Fortexistenz des konventionellen Buchs (vgl. dazu den Text auf dem **Arbeitsblatt 2, S. 330 f.**).

Das Leseverhalten Jugendlicher wandelt sich (S. 240)

Der Zeitungsbericht enthält Informationen zum sich ändernden Leseverhalten der Jugendlichen in der sich digitalisierenden Welt.

Aufgabe 1 S. 240	**Informationen zum Leseverhalten der Jugendlichen** – 42 % der Jugendlichen lesen wöchentlich in Büchern. (Z. 2 ff.) – Digitale Medien spielen eine immer größere Rolle. (Z. 12 ff.) – Jugendliche greifen zunehmend zur Erwachsenenliteratur. (Z. 15 f.) – Bücher befinden sich immer stärker im Wettbewerb mit modernen Medien. (Z. 21 ff.) – Digitale Medien bieten mögliche Motivation zum Lesen (Z. 27 ff.) – Größer werdendes Potenzial von E-Books. (Z. 37 f.)

TAFELBILD

Aufgabe 2 S. 240	Individuelle Lösungen
Aufgabe 3 S. 240	Vergleiche dazu die Informationen unter Aufgabe 1.
Aufgabe 4 S. 240	Freie Schüleräußerungen

Arbeitsblatt 1

Einen Sachtext gegliedert beschreiben

Stephan Füssel
Gutenberg und der Bibeldruck

Mit Enea Silvio Piccolomini (1405 – 1464) tritt in dem Text von Füssel ein äußerst interessanter Mann hervor. Er entstammt einer alten Adelsfamilie der Stadt Siena in der Toskana und wurde dann der bedeutendste Humanist seiner Zeit. Den engen Zusammenhang des Humanismus mit der Epoche der Renaissance findest du in deinem Lehrbuch dargestellt (vgl. S. 232 – 235). Die Humanisten, und allen voran Piccolomini, stellten ein neues Studium in das Leben ihrer Zeit: die studia humanitatis, d. h. die Studien über das menschliche Wesen. Dazu gehörten Grammatik, Rhetorik (Kunst der Rede), Geschichte, Philosophie und besonders die antiken Sprachen der Griechen und Römer. Das Ziel ihrer Studien war, sich nicht, wie bisher üblich, hinter den Klostermauern in alte Schriften zu versenken, sondern in die Welt hinauszugehen, um die Menschen mit ihren Reden und Schriften zu einem erfolgreichen Leben in Gesellschaft und Staat anzuleiten. Enea Silvio Piccolomini hat mit seiner berühmten und bewunderten Rhetorik fast alles erreicht, sogar eine kirchliche Karriere bis zur Erlangung des Papsttums im Jahre 1458. Nur in einem ist er gescheitert: Die Christen im Abendlande zu einem Kreuzzug gegen die Türken zu vereinen, die im Jahre 1453 bereits Byzanz erobert hatten und, alles erobernd, weiter nach Norden vorstießen. Aus Erbitterung über die Uneinsichtigkeit und den Geiz der Könige und Fürsten Europas starb Enea Silvio Piccolomini in Ancona, einer Küstenstadt in Italien.

In diesem Kontext ist ein weiteres äußerst wertvolles Briefdokument aus dem Jahre 1455 von Enea Silvio Piccolomini, dem damaligen Sekretär Kaiser Friedrichs III. und späteren Papst Pius II., zu
5 betrachten, aus dem man ersehen kann, dass die Bibeln [im Herbst] 1454 bereits fertiggestellt waren und wohl offensichtlich auch schon Käufer gefunden hatten. Piccolomini schrieb an den spanischen Kardinal Juan de Carvajal am 12. März 1455 aus
10 Wiener Neustadt nach Rom und berichtete davon, dass er in Frankfurt erfahren habe, man habe dort [...] einen „bewundernswerten Mann" („vir mirabilis") gesehen, der Quinternionen (Lagen mit je fünf einmal gefalteten Bogen) einer lateinischen Bibel in
15 „höchst sauberer und korrekter Schrift ausgeführt" den staunenden Betrachtern vorgelegt habe, die mühelos und „ohne Brille" zu lesen gewesen wären. Einige Lagen seien auch dem Kaiser zugesandt worden. Piccolomini habe in Erfahrung
20 bringen können, dass vor Vollendung der Bände bereits alle verkauft worden seien. Verschiedene Quellen hätten ihm erzählt, dass 158 oder 180 Exemplare gedruckt worden seien. Ob und wie die Geldzahlungen an die Geschäftspartner Gutenberg und Fust erfolgten, gegebenenfalls per Subskription[1], Anzahlung, Restzahlung bei Auslieferung et cetera, entzieht sich unserer Kenntnis. Zur Zeit des Helmaspergerschen Notariatsinstruments[2] am 6. November 1455 hätte es jedoch möglich sein
30 können, die Verpflichtungen abzulösen. Das erfolgreiche Geschäftsmodell Erfinder/Finanzier fand nun jedoch mit dem ersten bedeutenden Buch der Druckgeschichte sein Ende [...].
Zunächst soll jedoch noch auf den Druck der Bibel und auf ein weiteres Beispiel der herausragenden 35 Illuminierung eingegangen werden.
Bis heute sind 49 Exemplare der Bibel Gutenbergs bekannt, von denen einige offensichtlich auf Vermittlung von Fust und Schöffer ausgemalt wurden. Jedes dieser Exemplare ist ein Unikat[3], da 40 sie jeweils individuell rubriziert und illuminiert[3] wurden. Die Tätigkeit der Rubrikatoren bestand in erster Linie darin, durch feine rote Striche „nomina sacra"[4] hervorzuheben oder einzelne Großbuchstaben zu betonen und durch die so erfolgte Kenn- 45
zeichnung von Satzanfängen eine Leseerleichte-

---

[1] **Subskription**: Verpflichtung zur Abnahme eines noch nicht fertigen Buchs
[2] **Helmaspergersches Notariatsinstrument**: Gerichtsprotokoll über den Prozess, in dem Gutenberg zur Herausgabe seiner Werkstatt an Johannes Fust verurteilt wurde
[3] **Unikat**: Einzelstück
[4] **nomina sacra**: heilige, religiöse Begriffe

rung zu bieten. Die Illuminatoren versahen die gedruckten Texte mit Initialschmuck und gegebenenfalls mit weiterem Rankenwerk. Je nach Bedeutung eines Abschnittes wurden für die Initialen Platz über zwei, drei, vier oder gar zehn Zeilen freigehalten. Daher wurde es möglich, dass sich die Käufer je nach persönlichem, zeittypischem oder regionalem Geschmack ihre Exemplare selbst ausgestalten lassen konnten. Wie bei der Buchmalerei des hohen und späten Mittelalters, so lassen sich auch in der noch dreißig bis vierzig Jahre anhaltenden Praxis des Ausmalens gedruckter Bücher Malerschulen mit regionalen und zeitgebundenen Eigentümlichkeiten ermitteln.

(Aus: Stephan Füssel: „Johannes Gutenberg",
Copyright © 1999 by Rowohlt Taschenbuch Verlag GmbH, Reinbek bei Hamburg 2003, S. 45 f.)

1 **Fasse den Text schriftlich zusammen:**
- Gib in deiner **Einleitung** an, wer den Text verfasst hat, wo und wann er erschienen ist und welchen Titel er hat. Welches Thema greift der Text auf?
- Gliedere im **Hauptteil** den Text in seine wichtigen Abschnitte und gib dann die Informationen wieder, die in den Abschnitten enthalten sind. Halte dich dabei an die im Text vorgegebene Reihenfolge.
- Erkläre im Schluss das besondere Interesse des Humanisten Piccolomini an der Dokumentation von Teilen der Bibel in dem neuen Druckverfahren von Gutenberg.

2 Beschreibe die sprachlichen Mittel, die den vorliegenden Text als einen Sachtext ausweisen.

Einen Sachtext gegliedert beschreiben

Zusammenfassung des Textes:
- **Einleitung:** Autor des Textes „Gutenberg und der Bibeldruck" ist Stephan Füssel. Der Text ist seinem Buch „Johannes Gutenberg" aus dem Jahr 2013 entnommen.
- Als **Thema** erkennt man die Bewunderung in der Öffentlichkeit und den Verkaufserfolg der Gutenbergbibeln. Dennoch kann Gutenberg seinen Geldgeber nicht befriedigen.
- **Gliederung:**
    - I. Z. 1–23: Bericht des Humanisten Enea Silvio Piccolomini über die ersten Teile einer gedruckten Bibel von Gutenberg
    - II. Z. 23–36: Trotz des Verkaufserfolgs kann Gutenberg seine Schulden bei Fust nicht begleichen.
    - III. Z. 37–60: Die Herstellung der Gutenbergbibeln als Unikate durch die ausschmückenden Arbeiten von Rubrikatoren und Illuminatoren
- **Schluss:** Der Humanismus ist eine Bewegung, die nicht nur an den Höfen, sondern auch breit in dem aufkommenden Bürgertum wirken will. Die schnelle schriftliche Wirkung durch Drucktechniken ist dann ein enormer Vorteil.

Sprachliche Mittel, die auf einen Sachtext verweisen:
- Es fehlen fiktionale Situationen und Personen, fiktionale Momente wie etwa Gesten, Gedanken und Gefühle der Personen usw.
- Der Text ist überwiegend im Präsens geschrieben.
- Der Autor äußert sich in der ersten Person Plural, weil er sich einer Gruppe von Wissenschaftlern – Historikern – zugehörig fühlt.
- Er beruft sich in seiner Darstellung auf Quellen: Briefdokument des Humanisten Piccolomini.

Arbeitsblatt 2

Die Argumentation eines Sachtextes untersuchen

Umberto Eco (1932 – 2016)
Das Buch, ein technisches Meisterwerk

Ich gehöre zu denen, die nicht glauben, dass das Buch ein obsoleter[1] Gegenstand werden kann. Es bleibt ein technisch vollendetes Meisterwerk [...], das sich, so viel man auch noch erfinden mag, nicht mehr verbessern lässt und seine unersetzliche Funktion erfüllt. In einem Boot auf hoher See oder auf dem Rücken eines Kamels in der Sahara kann ich keinen Computer anschließen, mit dem Buch aber transportiere ich die gesamte Information, die ich haben will, von der „Göttlichen Komödie"[2] zum Lexikon. [...] Andererseits wäre es überaus praktisch, wenn man vielbändige Enzyklopädien[3] auf CD-ROM hätte. Das sind keine Bücher, die man sich mit ins Bett nimmt oder unter einen Baum, und per CD lassen sich auf einen Blick beispielsweise die Artikel über Platon und über Aristoteles[4] miteinander vergleichen, ohne dass man sich einen Tennisarm holt, indem man zwei dicke Wälzer auf einmal an den Schreibtisch schleppt, der womöglich zu klein dafür ist. Außerdem könnte man sich einen beträchtlichen Platz im Regal frei machen – und man bedenke, dass viele sich auch deshalb keinen Großen Brockhaus oder Meyer leisten können, weil sie nicht wissen, wohin damit. [...]

Nehmen wir also an, alle Bücher aller großen Bibliotheken würden mit einem Scanner aufgenommen (und man könnte mit einer einzigen gut bestückten Bibliothek beginnen). Das würde heißen, ihr ganzer Inhalt, samt Typografie[5] und Seitenumbruch, würde in das Gedächtnis eines zentralen Computers eingespeist. Erstes Ergebnis: Diese Bücher würden vor der fatalen Zersetzung des Papiers bewahrt, das bei manchen heutigen Ausgaben binnen weniger Jahrzehnte zu Staub zerfallen sein wird. Wer ein bestimmtes Buch braucht, geht einfach in die örtliche Stadtbibliothek, es kann auch eine Dorf- oder Schulbibliothek sein, sieht im Katalog nach, findet das gewünschte Buch, der Computer gibt es an einen Hochleistungsdrucker aus [...], und der druckt es in wenigen Minuten exakt so, wie es im Original war, und heftet und bindet es. War das Original in kleiner gotischer Schrift gedruckt und will man es mühelos lesen können, gibt man einen Befehl und die Maschine druckt einem das Buch in jeder gewünschten Schrift. Man zahlt den Preis für den Ausdruck, plus einen Prozentsatz für die Rechte des Autors und des Verlags, der automatisch aufgeschlagen wird [...], und nimmt das Buch mit nach Hause. Bei einem vielbändigen Nachschlagewerk kann man sich auch die gewünschten Seiten oder Abschnitte separat ausdrucken lassen. Hat man nach der Lektüre keinen Platz für das Buch oder betrachtet man es als erledigt, wirft man es weg. Man kann sich ja jederzeit ein neues ausdrucken lassen. Ein einziger Raum wird Säle, Regale, Personal und Kontrollen ersetzen. Wer seltene Bücher und Erstausgaben liebt, wird weiter in Antiquariate, zu Bouquinisten[6] oder in große Bibliotheken gehen. Und wer die neueste Neuerscheinung oder die Taschenbuchausgabe eines Klassikers haben will, begibt sich nach wie vor in die Buchhandlung. Aber wer ein vergriffenes oder schwer auffindbares Werk lesen oder in ihm nachschlagen will, bekommt das Äquivalent[7] eines Faksimile-Drucks[8] ins Haus geliefert, ohne sich in Lesesäle bemühen zu müssen. Mithin werden die Bücher nicht verschwinden, im Gegenteil: Sie werden leichter zugänglich sein.

(Aus: Umberto Eco: Streichholzbriefe. Aus dem Italienischen von Burkhart Kroeber. Mit Illustrationen von Wilfried Blecher © 1990 Carl Hanser Verlag, München)

---

[1] **obsolet:** veraltet
[2] **„Göttliche Komödie":** Epos von Dante Alighieri (1265 – 1321)
[3] **Enzyklopädie:** Nachschlagewerk
[4] antike Philosophen
[5] **Typografie:** Kunst der Gestaltung von Druckerzeugnissen
[6] **Bouquinist:** Straßenbuchhändler
[7] **Äquivalent:** gleichwertiger Ersatz
[8] **Faksimile:** genaue Wiedergabe eines Originals

Arbeitsblatt 2

■ Untersuche die Argumentationsweise des Textes:
- Was spricht für das herkömmliche Buch?
- Welche Argumente führt Umberto Eco für die Digitalisierung der Bücher an?
- Was ergibt sich daraus für die Zukunft des herkömmlichen Buches?
- Gib deine Meinung zu der Argumentation Umberto Ecos wieder.

Die Argumentation eines Sachtextes untersuchen

Für das herkömmliche Buch:
Es ist ein technisch vollendetes Meisterwerk, das überall verwendet werden kann, auch sogar auf dem „Rücken eines Kamels" (Z. 7) mitten in der Sahara.

Für die Digitalisierung spricht:
- Umfangreiche Enzyklopädien auf CD-ROM sind praktikabel und sparen Platz. (vgl. Z. 12 ff.)
- Gespeicherte Bücher werden von der „Zersetzung des Papiers" (Z. 32) bewahrt.
- Mit Computern und Druckern kann man rasch und preiswert nicht mehr im Handel greifbare Bücher nachdrucken.
- Ein kleiner Raum, gefüllt mit CD-ROMs, ersetzt ganze Büchersäle, Regale und Personal. (vgl. Z. 55 f.)

Meinungen zur Argumentation Ecos:
Freie Schüleräußerungen

Arbeitsblatt 3

Einen Zeitungstext mit einem Sachtext vergleichen

Mehr als 100 Meter Literatur auf einer DVD

So viel Buch passt auf eine Scheibe: 3 000 Werke mit 600 000 Seiten von 500 Autoren. Die „Deutsche Literatur" von Directmedia setzt neue Maßstäbe bei digitalem Lesestoff.

Die Idee, Bücher auf den Computer zu bringen, ist weder neu noch besonders erfolgreich. Als E-Book werde man künftig die Werke der Klassiker auf den kleinen Displays von Taschencomputern studieren, hieß es früher. Wer das nur einmal ausprobierte, war von diesem Wahn geheilt. Geht es indes um elektronische Bibliotheken zum Nachschlagen, ist vor allem Directmedia Publishing in Berlin seit Jahr und Tag ein großer Name mit spannenden Produkten. Die „Digitale Bibliothek" startete 1997 mit einem Paukenschlag: Auf nur einer CD präsentierte man „Deutsche Literatur von Lessing bis Kafka": 50 000 Buchseiten von 58 deutschen Autoren mit einer exzellenten Suchfunktion, einem Fundstellenregister und der Möglichkeit, eigene Notizen anzulegen. Nicht zum Lesen am Bildschirm war diese CD ein Knüller, sondern vor allem für das Erforschen, Erschließen der Texte und für das Finden von Zusammenhängen. Die Privatbibliothek auf einer Silberscheibe hätte einem Peter Kien[1] gewiss gefallen. Im Laufe der Zeit presste Directmedia weitere Schätze auf CD, nicht nur Goethes Werke, sondern auch die berüchtigten blauen Bände der Marx-Engels-Ausgabe. Es gab ein Bilderlexikon der Erotik, Karl May, Kirchengeschichte und unlängst Herders Conversations- sowie Pierer's Universallexikon, Meisterwerke der Malerei und vieles mehr.

Acht Jahre nach der Veröffentlichung des ersten Bandes der Digitalen Bibliothek ist nun die Anthologie[2] „Deutsche Literatur von Luther bis Tucholsky" abermals die umfangreichste digitale Sammlung deutschsprachiger Literatur. Auf mehr als 600 000 Bildschirmseiten präsentiert der Verlag 500 Autoren und fast 3 000 Werke, etwa 130 Regalmeter voller Bücher, die zeitlich vom 16. Jahrhundert bis in die Weimarer Republik reichen. Wer jeden Tag acht Stunden liest, benötigt nach den Berechnungen des Verlags mehr als vier Jahre, bis er diese Textfülle bewältigt hat. [...]

(Aus: Michael Spehr; in: Frankfurter Allgemeine Sonntagszeitung, Nr. 42, 23. Oktober 2005, © F.A.Z. GmbH, Frankfurt am Main, gekürzt)

---

[1] **Peter Kien:** Hauptfigur aus dem Roman „Die Blendung" von Elias Canetti. Der Wissenschaftler Peter Kien sagt allen weltlichen Interessen ab und verschanzt sich in seiner 25 000 Bände umfassenden Privatbibliothek.

[2] **Anthologie:** Sammlung

Arbeitsblatt 3

1. Bestimme die sprachlichen Merkmale, die den Text als Zeitungstext charakterisieren.

2. Vergleiche den Text mit dem Text „Das Buch, ein technisches Meisterwerk" von Umberto Eco (s. Arbeitsblatt 2, S. 330):
   - Welche Erwartungen Ecos hinsichtlich der technischen Fortentwicklung des Buches haben sich nach dem Zeitungstext erfüllt und wo ist der Fortschritt sogar noch darüber hinausgegangen?
   - Erkläre den Unterschied in der Argumentation für die Digitalisierung von Büchern in diesem Text und in dem vorangegangenen von Umberto Eco.

3. Erörtere, was ein digital hergestelltes Buch noch mit Gutenbergs Ideen vom Buchdruck zu tun hat.

Einen Zeitungstext mit einem Sachtext vergleichen

Aufgabe 1

Sachlich informative Sprache. Es gibt keine wörtlichen Reden, keine fiktiven Situationen, keine fiktiven Personen, keine fiktiven Gesten, keine Spannung erzeugenden Mittel.

Aufgabe 2

Vielbändige Enzyklopädien auf einer CD-ROM wären nach Meinung Ecos in der Zukunft überaus praktisch. Gerade aber diese Möglichkeit wird in dem Zeitungstext als bestehende Wirklichkeit beschrieben. Die „Digitale Bibliothek" etwa präsentiert auf „silbernen Platten" die Werke ganzer Literaturepochen, Gesamtwerke von Goethe, Marx und Engels u. a. Eco drückt hellsichtig Erwartungen für die Zukunft im Bereich der Digitalisierung aus. Der Zeitungstext zeigt, wie diese Erwartungen in wenigen Jahren von der Wirklichkeit geradezu überholt worden sind.

Aufgabe 3

Letztendlich gehen alle digital hergestellten Texte wie auch die von Gutenberg gedruckten Bibeln und seine übrigen Druckwerke auf die Erfindung beweglicher Lettern mit entsprechenden Druckverfahren zurück.

Arbeitsblatt 4

Einen Sachtext untersuchen

Es gilt das überwachte Wort

Die Erfindung des Druckens mit beweglichen metallischen Einzeltypen um die Mitte des 15. Jahrhunderts ermöglichte es zum ersten Mal in der Geschichte der Menschheit, Ideen und Erfahrungen zu Papier zu bringen und beliebig häufig mechanisch zu vervielfältigen. Dadurch ließ sich ein zahlloses Publikum, auch über große räumliche Distanzen hinweg, erreichen und mit Gedanken konfrontieren[1], die Bestehendes infrage stellten und auf Veränderungen hinwirkten. Dies musste jene Autoritäten auf den Plan rufen, die sich von den Verpflichtungen ihres Amtes her um die Stabilität der weltlichen und geistlichen Ordnung zu sorgen hatten. Noch weniger als das gesprochene Wort durfte die viel weiter reichende und deshalb gefährlichere Schrift unkontrolliert ihre Wirkung entfalten. Eine Zensur, abgeleitet vom lateinischen „censura", was so viel wie Prüfung eines Menschen und einer sittlichen Handlungsweise heißt, hat die Kirche zur Wahrung der „reinen Lehre" schon vor der Erfindung des Buchdrucks ausgeübt. Angesichts der nun zirkulierenden kirchenkritischen Druckschriften eröffnete sich ihr ein Tätigkeitsfeld, das sich mit dem Entstehen immer neuer Druckereien stetig erweiterte.

Auch die weltlichen Gewalten waren spätestens seit der Reformation und dem Bauernkrieg[2] gehalten, auf die Flugschriften, die offen und mitunter radikal soziale Fragen anschnitten, zu reagieren.

Schon bald nach der Erfindung des Buchdrucks wurde – zunächst ausschließlich von geistlichen Territorialfürsten – die Kontrolle des gedruckten Wortes juristisch institutionalisiert[3]. Im März 1479 verlieh Papst Sixtus IV. der Kölner Universität auf deren Antrag das Recht, gegen Drucker und Käufer verwerflicher Schriften vorzugehen. 1482 erließ der Bischof von Würzburg eine Verordnung zur Einführung der Vorzensur, 1486 folgte der Bischof von Mainz mit einem Edikt[4] über die präventive[5] Überwachung der Druckereien.

Nachdem der Kaiser und die Landesherren in Einzelfällen den Druck von bedenklichen Büchern und Schriften verboten hatten, wurde im Zeitalter der Reformation auch von weltlicher Seite die Einrichtung einer ständigen Zensur verfügt. 1524 wurde durch den Reichstagsabschied von Nürnberg den Reichsständen[6] die Pflicht auferlegt, in ihren Territorien die Druckereien zu beaufsichtigen. Die Einrichtung eigener Ämter mit fachlich befähigtem Personal zur Ausübung einer Vorzensur wurde erstmals mit dem Reichsabschied von Speyer im Jahre 1529 verbindlich im gesamten Reich verfügt. Es durfte keine Schrift gedruckt werden, die nicht zuvor durch eine „von jeder Obrigkeit darzu verordnete verstendige Person besichtiget" und genehmigt worden war.

(Aus: Der Weg zur freien Presse in Deutschland © Stiftung Deutsches Zeitungsmuseum im Gutenberg-Museum, Dr. Martin Welke, S. 4)

---

[1] **konfrontieren:** gegenüberstellen
[2] **Bauernkrieg:** 1524/1525 gegen die Vorrechte der Grundherren wie Leibeigenschaft, Abgabe des Zehnten usw.
[3] **institutionalisieren:** einrichten
[4] **Edikt:** kaiserlicher oder königlicher Erlass
[5] **präventiv:** vorbeugend
[6] **Reichsstände:** geistliche (geistliche Kurfürsten, Erzbischöfe usw.) und weltliche (Kurfürsten, Herzöge, Grafen usw.) Mitglieder des Reichstages

1 Stelle die Geschichte der Zensur in einer Zeitleiste dar.

2 Beschreibe, was man unter der Zensur versteht, und nenne die Gründe für ihre Einrichtung. Warum griff gerade die Kirche zu dieser Maßnahme?

3 Lies noch einmal die Texte auf S. 232 f. Wie mögen die Menschen, welche die neuen Bestrebungen der Renaissance und des Humanismus begeistert aufgenommen hatten, die durch Fürsten und Geistliche erlassene Zensur empfunden haben?

Einen Sachtext untersuchen

Aufgabe 1

Die Zeitleiste könnte folgendermaßen beginnen:

März 1779	1482	1486	1524	1529
Papst verleiht der Universität Köln das Recht zur Zensur	Zensur in Würzburg	...		

Aufgabe 2

Vgl. dazu den Text, Zeile 17 ff.

Aufgabe 3

Die Zensur durch die Kirchen und andere Institutionen empfanden die Menschen der Renaissance und des Humanismus als bevormundend und nicht gemäß der neuen angebrochenen Zeit. Die Epoche der aufblühenden Wissenschaften und der großen Entdeckungen etwa eines Columbus, Vasco da Gama u. a. war getragen von einem freiheitlichen Menschenbild.

Analyse eines literarischen Textes

Matthias Geske
Der Vertrag

Erst rechnete Gutenberg alles durch, bevor er Johann Fust ins Vertrauen zog. Fust musste ihm schwören, kein Wort ihres Gesprächs einem anderen zu erzählen, dann zeigte Gutenberg ihm die Druckerei, die Letternkästen, eine fertig gesetzte Seite, die Presse – zum Schluss führte er vor, wie die Donate[1] entstanden waren.

Anschließend führte er seinen Gast in den Raum, den er sich wohnlich eingerichtet hatte, und bot Fust Wein und Honiggebäck an. Fust hatte die ganze Zeit auf eine ausführliche Erklärung gewartet. Jetzt bekam er sie.

„Ihr wisst schon seit Langem, wie schnell ich liefern kann, Johann Fust. Dass ich Euch nun meine Werkstatt gezeigt habe, hängt mit dem Geschäft zusammen, das ich Euch vorschlagen will." Er trank etwas von dem dunkelroten Wein und brachte seine Berechnungen auf den Tisch.

„Ihr wollt weiterhin Donate von mir, nicht wahr? Was aber würdet Ihr dazu sagen, wenn ich Euch die Heilige Schrift bieten könnte? Ebenso schnell gedruckt und sauberer als jede Handschrift?" „Ein kühner Gedanke", sagte Fust zustimmend. „Doch Ihr könnt ein so umfangreiches Werk wohl kaum mit Eurem Gehilfen allein bewältigen, Gutenberg. Und was soll ich dabei?"

„Ich könnte Eure Hilfe gebrauchen, gegen ein Viertel des Gewinns. Allerdings muss ich eine ganz neue Werkstatt einrichten, wie Ihr vermutet habt. Dazu brauche ich noch achthundert Gulden, den Rest habe ich selbst."

„Bevor ich Euch so viel Geld leihe, seid mir nicht böse, muss ich Einsatz und Gewinn kennen. Andere Geschäfte mache ich nie." Gutenberg legte ihm seine Berechnungen der Reihe nach vor. Er hatte es nicht zum ersten Mal mit einem Geldverleiher zu tun. Und seine Unterlagen konnte er unbesorgt zeigen. Was er aufgeschrieben hatte, betraf nur die Herstellung der Bibel. Dass er in seiner kleinen Werkstatt nebenbei ein Wahrsagebuch drucken würde und Kalender – nicht eben große Werke, die er jedoch schnell und ohne Hilfe von Fust verkaufen konnte –, das ging nur ihn etwas an. Er brauchte eben mehr Geld als ein Schuster für seine Werkstatt.

„Ein gigantisches Unternehmen, das Ihr Euch vorgenommen habt, Gutenberg!", stellte Fust anerkennend fest. „Dergleichen hat die Welt noch nicht erlebt. Auf einen Schlag zweihundert Bibeln, davon fünfzig auf Pergament. Ich sehe, dass Ihr dafür dreitausendzweihundertundsiebzig Gulden in Anschlag bringt. Das scheint mir zu wenig. Ein Abschreiber braucht schon für eine Bibel zwei bis drei Jahre, und sein Lohn in der Zeit …"

„Ich drucke die Bibeln, Fust!", fuhr Gutenberg ärgerlich dazwischen. „Ihr werdet finden, dass ich auch die Kosten für Löhne und die Materialien aufgeführt habe!" Fust sah es und nickte. Er schob die Papiere beiseite – was er wissen wollte, fand er nicht darin.

„Und was bietet Ihr mir als Sicherheit?"

„Ich könnte Euch mein Haus bieten, wenn wir ein Geschäft vorhätten, wie es üblich ist. Ich denke, der Gewinn ist Sicherheit genug. Die Bibeln dürften achttausend Gulden wert sein. Und vergesst nicht: Wenn die Vorarbeiten einmal vollbracht sind, können wir immer wieder neue Bibeln drucken oder was immer wir wollen. Und wir können so viel dafür fordern, als wären sie mühsam mit der Hand geschrieben!" Dieser Gedanke gab bei Fust den Ausschlag.

„Ich leihe Euch das Geld, Gutenberg", beschloss er. Doch der schüttelte den Kopf. „Ich hatte Euch Teilhaberschaft geboten gegen ein Viertel des Gewinns!"

Fust lächelte schlau. Er ließ sich Wein nachgießen und überlegte gründlich. Gutenberg wartete mit Geduld.

---

[1] **Donat:** lateinische Grammatik des spätrömischen Grammatikers Aelius Donatus (ca. 310–380 n. Chr.). Sie ist für Schüler, die Latein lernen, ein hervorragendes Buch. Donate wurden von Gutenberg gedruckt und von Fust massenhaft verkauft.

Arbeitsblatt 5

Fust wog das Für und Wider lange, ehe er verkündete:
„Ich nehme an! Doch meine Bedingung ist: Sollte aus dem Geschäft nichts werden, so bekomme ich die Werkstatt und alles, was dazugehört oder in ihr hergestellt wurde, als Pfand."

„Dagegen ist nichts einzuwenden, Johann Fust. Lasst uns den Vertrag in den nächsten Tagen genau besprechen."

(Aus: Matthias Geske: Johannes Gutenberg. Der Kinderbuchverlag Beltz & Gelberg in der Verlagsgruppe Beltz, Weinheim & Basel)

1. Fasse zusammen, welche Informationen über das geplante Geschäft Gutenbergs mit Johannes Fust der Text enthält.

2. Woran erkennst du, dass es sich bei diesem Text um eine Erzählung und nicht um einen Sachtext handelt?

Bewertungsbogen 5

Bewertungsbogen zur Leistungsüberprüfung/Klassenarbeit

Name:	
Schulhalbjahr/Datum:	
Klasse:	
Fachlehrer/in:	
Thema der Unterrichtsreihe:	Gutenberg und die Folgen
Thema der Klassenarbeit:	Matthias Geske: Der Vertrag – Analyse eines literarischen Textes
Aufgaben:	s. Arbeitsblatt 5

A Inhaltliche Leistungen

Aufgabe 1

	Die Schülerin/der Schüler	maximale Punktzahl	erreichte Punktzahl
1	beschreibt, wie Gutenberg eine günstige Situation herstellt, um das Vertrauen Fusts zu gewinnen.	7	
2	stellt sachgerecht die Berechnungen Gutenbergs über den Gewinn mit Bibeldrucken dar.	7	
3	erkennt richtig die Argumentationsweise Gutenbergs für die Vorteile des Druckens gegenüber der herkömmlichen Art der Handschriften.	7	
4	nennt die Bedingungen des Vertrags zwischen Gutenberg und Fust und erkennt auch die Risiken dieses Abkommens.	7	
	Gesamtpunktzahl für Aufgabe 1	**28**	

Aufgabe 2

	Die Schülerin/der Schüler	maximale Punktzahl	erreichte Punktzahl
1	erkennt und beschreibt die Erzählweise eines neutralen Erzählers.	4	
2	verweist auf wörtliche Rede, das Tempus des Präteritums, auf die literarischen Merkmale wie Gestik, Gedanken und Gefühle der Personen als typische Kennzeichen der Erzählung.	10	
	Gesamtpunktzahl für Aufgabe 2	**14**	
A	**Gesamtpunktzahl**	**42**	

Bewertungsbogen 5

B Darstellungsleistungen

	Die Schülerin/der Schüler	maximale Punktzahl	erreichte Punktzahl
1	schreibt sachlich richtig, strukturiert und anschaulich.	10	
2	verwendet die richtige Zeitform: Präsens oder Perfekt.	3	
3	beherrscht Rechtschreibung, Zeichensetzung und Grammatik stufengemäß.	5	
B	**Gesamtpunktzahl**	**18**	
	Gesamtpunktzahl A und B	**60**	

Die Leistungsüberprüfung/Klassenarbeit wird mit der Note

bewertet.

Datum   Unterschrift

Zuordnung der Punkte zu den Notenstufen

Note	Punkte
sehr gut	60–53
gut	52–45
befriedigend	47–37
ausreichend	36–29
mangelhaft	28–21
ungenügend	20–0

© Schöningh Verlag

Leistungsüberprüfung – Selbstevaluation – Klassenarbeit

1. **Einen fiktiven Brief schreiben (1)**
   Text: Arbeitsblatt 1
   Aufgabe:
   Lies den Text „Gutenberg und der Bibeldruck" und stell dir vor, du hättest im Auftrag deines Landesherrn, des Grafen von Berg, an dem Reichstag im Oktober 1454 in Frankfurt teilgenommen. Bei der Gelegenheit hast du die neuesten Druckerzeugnisse Gutenbergs gesehen und ihn über ihr Zustandekommen befragt. Verfasse einen Brief, in dem du deinem Herrn darüber berichtest.

2. **Einen fiktiven Brief schreiben (2)**
   Aufgabe:
   Verfasse einen Brief an den Abt des Augustinerklosters in Wittenberg, in dem Gutenberg höflich um die Bezahlung zweier vor mehr als einem Jahr gelieferter Bibeln bittet. Zur Begründung beschreibt er seine Mühen bei der Herstellung der Heiligen Schrift und er verweist auch auf seine aktuelle schwierige geschäftliche Situation.

3. **Einen fiktiven Dialog verfassen**
   Text: Arbeitsblatt 4
   Aufgabe:
   Als Gutenberg im Herbst 1454 schon mit dem Druck der ersten Bibeln begonnen hat, wird er plötzlich zu einer Audienz beim Erzbischof von Mainz geladen. Zwischen den beiden kommt es zu einem Gespräch, bei dem Gutenberg die Vorteile erläutert, der Erzbischof aber die Gefahren der neuen Druckkunst darstellt und mit der Zensur droht. Benutze für den Dialog die Hinweise in dem Text auf dem Arbeitsblatt 4, S. 336.

4. **Einem Sachtext Informationen entnehmen und eine weiterführende Frage nach den Merkmalen der Textart beantworten**
   Text: Matthias Geske, Der Vertrag
   (Arbeitsblatt 5, S. 338 f., Bewerbungsbogen 5, S. 340 f.)

5. **Ein Porträt erstellen mit einer weiterführenden Frage nach dem Schicksal der porträtierten Person**
   Aufgaben:
   1. Verfasse ein Porträt von Gutenberg.
   2. Beschreibe, warum der große Erfinder als armer Mann starb.
   Bewertungsbogen: Bewertungsbogen 6, S. 343 f.

Bewertungsbogen 6

Bewertungsbogen zur Leistungsüberprüfung/Klassenarbeit

Name:	
Schulhalbjahr/Datum:	
Klasse:	
Fachlehrer/in:	
Thema der Unterrichtsreihe:	Gutenberg und die Folgen
Thema der Klassenarbeit:	Gutenberg – ein tragischer Held
Aufgaben:	1. Verfasse ein Porträt von Gutenberg. 2. Beschreibe, warum der große Erfinder als armer Mann starb.

A Inhaltliche Leistungen

Aufgabe 1

	Die Schülerin/der Schüler	maximale Punktzahl	erreichte Punktzahl
1	benennt aus dem Gedächtnis die wichtigsten Daten zur Biografie Gutenbergs.	5	
2	beschreibt richtig die einzelnen Schritte, die Gutenberg zur Erfindung des Buchdrucks mit beweglichen Lettern führen.	5	
3	verweist auf die besonderen Charaktereigenschaften Gutenbergs: Erfindungsgeist, Unerschrockenheit bei Gefahren, Hartnäckigkeit bei Verfolgung seiner Ziele, zu große Risikofreude beim Abschluss von Geschäften usw.	10	
4	beurteilt richtig die Bedeutung von Gutenbergs Erfindung bis in die heutige Zeit.	10	
	Gesamtpunktzahl für Aufgabe 1	**30**	

Aufgabe 2

	Die Schülerin/der Schüler	maximale Punktzahl	erreichte Punktzahl
1	nennt sachgerecht die Vertragsbedingungen des Kreditgeschäfts zwischen Gutenberg und Fust.	5	
2	führt den tragischen Verlust seiner Werkstatt und der Gewinne aus den Bibeldrucken auf das leichtsinnige Geschäftsgebaren Gutenbergs zurück, beurteilt seine menschlichen Enttäuschungen, besonders über seinen Gesellen, bei der Gerichtsverhandlung.	5	
	Gesamtpunktzahl für Aufgabe 2	**10**	

A	**Gesamtpunktzahl**	**40**	

© Schöningh Verlag

Bewertungsbogen 6

B Darstellungsleistungen

	Die Schülerin/der Schüler	maximale Punktzahl	erreichte Punktzahl
1	schreibt anschaulich und informativ, sodass man sich ein Bild von Gutenberg machen kann.	10	
2	gliedert ihren/seinen Text sinnvoll nach Abschnitten.	5	
3	beherrscht die Rechtschreibung, Zeichensetzung und Grammatik stufengemäß.	5	
B	**Gesamtpunktzahl**	**20**	

Gesamtpunktzahl A und B	**60**

Die Leistungsüberprüfung/Klassenarbeit wird mit der Note

_____ **bewertet.**

_____
Datum   Unterschrift

Zuordnung der Punkte zu den Notenstufen

Note	Punkte
sehr gut	60 – 53
gut	52 – 45
befriedigend	44 – 37
ausreichend	36 – 29
mangelhaft	28 – 21
ungenügend	20 – 0

„Dahinter steckt ein kluger Kopf" – Zeitungsleser wissen mehr (S. 242–265)

Vorüberlegungen zur Einheit

Die Beschäftigung mit dem Medium „Tageszeitung" stellt ein klassisches Thema für den Deutschunterricht der Jahrgangsstufe 8 dar. Im Mittelpunkt der Einheit stehen die unterschiedlichen Textsorten einer Tageszeitung, deren Spezifika zunächst analytisch erarbeitet und dann in einem textproduktiven Verfahren vertieft werden. Unter diesem Gesichtspunkt verbindet die Einheit also die beiden großen Bereiche des Deutschunterrichts: das Untersuchen von Texten und das Schreiben von Texten.

Die Einheit ist so aufgebaut, dass sich die Schülerinnen und Schüler zunächst mit der Titelseite einer Tageszeitung beschäftigen, dann mit den informierenden Textsorten Nachricht und Bericht. Im Übergang von den informierenden zu den meinungsbildenden Textsorten stehen das Interview und die Reportage. Als meinungsbildende Textsorten werden exemplarisch der Leserbrief, der Kommentar und die Fernsehkritik behandelt. Die Thematik „Tageszeitung" bietet sich besonders für einen handlungsorientierten Unterricht an. Viele Tageszeitungen bieten Projekte für Schülerinnen und Schüler an, etwa „Schule macht Zeitung" bzw. „Schüler machen Zeitung" (SchmaZ), „Klasse! – Schule macht Zeitung" oder „Zeus – Zeitung und Schule".[1] Im Rahmen dieses Projektes haben die Schüler die Möglichkeit, ihre Artikel in der Tageszeitung zu veröffentlichen. Gerade dieser Aspekt – der Öffentlichkeitscharakter – ist für viele Schülerinnen und Schüler ein Ansporn, besonders gelungene Texte zu verfassen. Sie erleben hier das ansonsten eher ungeliebte Überarbeiten von Texten als sinnvoll – eine Chance, die unbedingt genutzt werden sollte. Nicht fehlen sollte auch ein Besuch einer Redaktion und eines Druckhauses.

Die Einheit bietet weiterhin gute Möglichkeiten eines fächerverbindenden Unterrichts, insbesondere mit dem Politikunterricht. Die wichtigsten Kompetenzen, die in dieser Einheit vermittelt werden sollen, sind:
- informierende und meinungsbildende Texte hinsichtlich Inhalt und Sprache untersuchen und solche Texte selbst verfassen,
- elementare Merkmale einer Tageszeitung kennenlernen,
- Textsorten einer Tageszeitung unterscheiden (Nachricht, Bericht, Interview, Reportage, Kommentar, Leserbrief, Fernsehkritik),
- die Wirkung der unterschiedlichen Textsorten auf den Leser erkennen.

Die Abbildungen und Aufgaben auf der **Auftaktdoppelseite** (S. 242–243) bieten die Möglichkeit eines Einstiegs in die Unterrichtseinheit.

Aufgabe 1
S. 242
Die Grafik gibt Auskunft darüber, welches Medium als besonders glaubwürdig angesehen wird. Sie beruht auf einer repräsentativen Befragung der Bevölkerung ab 14 Jahren, durchgeführt von der Zeitungs Marketing Gesellschaft (ZMG). Die Befragung hat ergeben, dass die öffentlich-rechtlichen Fernsehanstalten mit Abstand als das glaubwürdigste Informationsmedium angegeben wurden; über 40 Prozent der Befragten gaben an, dass sie bei

---
[1] Informationen zu diesen Projekten finden sich im Internet oder sind bei der jeweiligen Tageszeitung erhältlich. Oft wird auch didaktisches Material zur Verfügung gestellt.

widersprüchlicher Berichterstattung am ehesten dem öffentlich-rechtlichen Fernsehen glauben. An zweiter Stelle steht bereits die klassische Zeitung (ca. 21 Prozent), gefolgt vom öffentlich-rechtlichen Radio (ca. 12 Prozent) und dem Internet (ca. 9,5 Prozent). Am wenigsten glaubwürdig wurden das private Fernsehen (ca. 3 Prozent) und das private Radio angegeben (ca. 1,5 Prozent). Auffällig ist, dass immerhin rund 12 Prozent der Befragten angegeben haben, dass sie bei widersprüchlicher Informationslage keine der angegebenen Alternativen als glaubwürdig erachten, was für eine sehr medienkritische Haltung dieser Befragtengruppe steht. Im Unterrichtsgespräch sollten die Schülerinnen und Schüler Gründe für das Ergebnis der Umfrage erörtern. Möglich ist auch, die Umfrage zunächst einmal in der Klasse durchzuführen und die Schüler ihre Antwort begründen zu lassen. Das Klassenergebnis kann dann mit dem Umfrageergebnis der ZMG verglichen werden.

Aufgabe 2 S. 242

Die Fotos zeigen vier unterschiedliche Situationen, in denen Menschen eine Tageszeitung (Print oder digital) lesen bzw. erwerben. An erster Stelle scheint dabei wohl das Informationsbedürfnis zu stehen. Hier könnte schon in einem ersten Vorgriff auf die gesamte Einheit erörtert werden, welche Informationen überhaupt in einer Tageszeitung vermittelt werden.

Aufgabe 3 S. 242

Diese Aufgabe ermöglicht es der Lehrkraft, sich einen Überblick zu verschaffen, welche Erfahrungen die Schülerinnen und Schüler mit dem Medium Tageszeitung haben. Die Erfahrung zeigt, dass in manchen Haushalten keine Tageszeitung abonniert ist, einige Schüler also nur wenig über dieses Medium wissen. Umso wichtiger ist es, dass gerade diese Schüler in dieser Einheit die Tageszeitung als wichtige Informationsquelle kennenlernen. Insofern stellt die Einheit auch einen Beitrag zur politischen Mündigkeit im weiteren Sinne dar.
Außerdem wird von Interesse sein, welche Ressorts der Tageszeitung überhaupt von den Schülern gelesen werden und wie, d. h., auf welchen Wegen die Informationen bezogen werden. Evtl. nutzen einige Schülerinnen und Schüler auch das Online-Angebot vieler Tageszeitungen.
Um die Arbeit mit diskursiven Texten zu intensivieren, besteht hier die Möglichkeit, die Grafik „Was in der Tageszeitung interessiert – Vergleich der 16- bis 29-Jährigen mit der Gesamtbevölkerung", **Arbeitsblatt 1, S. 358 f.,** einzubeziehen.

Didaktische Aufbereitung der Unterkapitel

1. Der Aufbau einer Tageszeitung (S. 244–245)

Die Gestaltung der Titelseite (S. 244–245)

Aufgabe 1 S. 244

Mit dieser Aufgabe lernen die Schülerinnen und Schüler typische Merkmale des Aufbaus der Titelseite einer Tageszeitung kennen. Dabei kann der Aufbau der Lippischen Landeszeitung durchaus als exemplarisch angesehen werden, da die meisten Tageszeitungen sehr ähnlich aufgebaut sind.[1] Lösung:
1 = Zeitungskopf
2 = Werbung

---
[1] Eine Ausnahme stellt z. B. die „Frankfurter Allgemeine Zeitung" dar, die ihren Leitartikel auf der Titelseite platziert.
Allerdings hat sich auch die „FAZ" dem allgemeinen Schema angepasst, indem sie auf der Titelseite ein Buntfoto abdruckt (Neuerung in 2007; zuvor gab es überhaupt kein Foto auf der Titelseite der „FAZ").

3 = Datum
4 = doppelspaltige Anreißer
5 = Inhaltsverzeichnis
6 = einspaltige Meldungen
7 = doppelspaltige Meldung mit Foto
8 = Aufmacher: wichtigster Artikel

Aufgabe 2 (oben) S. 245	Bei dieser Untersuchung werden die Schülerinnen und Schüler zum einen feststellen, dass der Aufbau der Titelseite von Tageszeitungen sehr ähnlich ist. Zum anderen werden sie feststellen, dass der Aufbau recht strikt festgelegt ist und sich nicht etwa von Tag zu Tag ändert. Die Schüler werden aber möglicherweise erkennen, dass in den verschiedenen Tageszeitungen unterschiedliche Themen auf der Titelseite angesprochen werden.
Aufgabe 3 (oben) S. 245	Bei dieser Aufgabe geht es um die Interpretation der Befunde aus Aufgabe 2. Eine wesentliche Funktion der Titelseite besteht darin, die Wertigkeit von Nachrichten festzulegen. Medienwissenschaftler sprechen dabei von der Funktion der „agenda setting". Gut zu beobachten ist diese Funktion, wenn unterschiedliche Tageszeitungen unterschiedliche Aufmacher präsentieren. Ein weiteres Prinzip des Aufbaus besteht darin, dass der Aufmacher in der Mitte der Titelseite platziert wird und somit als Blickfang dient. Noch genauer: Die Schlagzeile des Aufmachers befindet sich in der Regel etwas oberhalb der Mitte der Titelseite, sodass sie gut zu lesen ist, auch wenn die Zeitung zu Verkaufszwecken in der Mitte gefaltet ist. Nicht zuletzt bietet die Titelseite eine schnelle Übersicht über die Ereignisse, die die Redaktion der Zeitung als wichtig ansieht.
Aufgabe 4 (oben) S. 245	Mit dieser Aufgabe machen sich die Schülerinnen und Schüler noch einmal die zentrale Funktion des „agenda settings" bewusst. Indem sie eine Titelseite neu gestalten, geben sie den Meldungen eine andere Wertigkeit. Sie erfassen somit intuitiv, dass ihre Wahrnehmung dessen, was in der Welt passiert, wesentlich durch die Medien gesteuert ist.

Und das findet ihr noch in einer Tageszeitung (S. 245)

Aufgabe 1 (unten) S. 245	Auch hier werden die Schüler feststellen, dass der Aufbau der Tageszeitungen insgesamt sehr ähnlich ist. Möglicherweise lauten die Bezeichnungen der Ressorts etwas anders (etwa: statt „Aus aller Welt", „Panorama"); die Ressorts als solche werden sich aber in allen Tageszeitungen finden.
Aufgabe 2 (unten) S. 245	Mit dieser Aufgabe bestätigt sich ein Ergebnis, dass auch schon beim Aufbau der Titelseite zu beobachten war: Der Aufbau der Tageszeitung ist sehr konstant. Die wesentliche Funktion dieses konstanten Aufbaus besteht darin, dass die Leser unterschiedliche Lesegewohnheiten und Leseinteressen haben. So interessiert sich der eine eher für die Sportnachrichten, der andere für Nachrichten aus der unmittelbaren Region. Indem die Ressorts immer an der gleichen Stelle stehen, lassen sie sich leicht auffinden.
Aufgabe 3 (unten) S. 245	Im Wesentlichen sind alle Seiten der Tageszeitung (bis auf die Anzeigenseiten) nach dem Prinzip der Titelseite gestaltet. Es gibt in der Regel ein oder zwei Hauptartikel, die in der Mitte der Seite platziert sind (eventuell mit Fotos). Um diese Artikel herum finden sich ein- oder zweispaltige Nachrichten.
Aufgaben 4 und 5 (unten) S. 245	Diese beiden Aufgaben dienen dazu, dass sich die Schülerinnen und Schüler intensiv mit den vielfältigen Inhalten einer Tageszeitung beschäftigen. So erfahren sie, dass den Lesern

mit ihren unterschiedlichen Interessen ein entsprechend unterschiedliches Themenspektrum geboten wird. Zur Zuordnung der Überschriften:
- Politische Osterbotschaft des Papstes: Titelseite/Politik
- Zwei Punkte verschenkt: Sport
- 500 neue Bäume für Detmold: Lokalteil
- Vorstoß für höhere Steuern: Politik/Wirtschaft
- Katze rettet Findelkind: Lokalteil/Aus aller Welt
- Die Angst der Türkei vor einem blutigen Sommer: Politik
- Mythos vom Arbeitsplatzklau: Wirtschaft
- Sandsturm über Peking: Aus aller Welt
- Musik voller ernster Schönheit: Kultur

Die Zuordnung ist nicht immer eindeutig, da es durchaus Überschneidungen der Ressorts gibt (z. B. Politik und Wirtschaft).

2. Die Entstehung einer Nachricht im Lokalteil einer Tageszeitung (S. 246–248)

Aktuelle Nachrichten und Berichte (siehe dazu Kapitel 3) nehmen in der Tageszeitung einen breiten Raum ein. „Die Nachrichtensprache ist nüchtern und wertfrei. In einer Nachricht werden W-Fragen beantwortet. Wer macht was, wann, wo, wie, warum, welche Quelle hat dies der Zeitung mitgeteilt? [...] Man unterscheidet zwischen der kurzen Meldung und dem längeren Bericht."[1] Das Verfassen von Berichten haben die Schülerinnen und Schüler schon in den früheren Jahrgangsstufen geübt, sodass diese Teilsequenz eher eine Wiederholung darstellt.

Aufgabe 1
S. 246

Die Grafik fasst in sehr kurzer und abstrakter Form den Weg einer Nachricht vom Ereignis bis zum Leser zusammen. Die Verschriftlichung der Grafik stellt durchaus höhere Ansprüche an die Schüler, da passende Formulierungen gefunden werden müssen. Sinnvoll ist es, die Bearbeitung zunächst durch ein Unterrichtsgespräch vorzuentlasten, in dem z. B. Begriffe wie „Redaktion" oder „freie Mitarbeiter" geklärt werden können. Für schwächere Lerngruppen bietet es sich an, den Weg über das **Arbeitsblatt 2, S. 361f.,** zu gehen, da hier der Weg der Nachricht konkreter aufgezeigt wird.

Aufgabe 2
S. 246

Ergebnisse des Vergleichs:
- Aufgliederung der Überschrift in Schlagzeile und Unterzeile
- Verkürzung der Überschrift und Präzisierung (aus „junger Mann" wird „19-Jähriger")
- kein chronologisches Berichten wie im Polizeibericht, sondern Voranstellen des Kerns der Nachricht im ersten Satz
- überwiegend wörtliche Übernahmen, aber auch Veränderungen: Aus „die beiden Jugendlichen" in Zeile 8 des Polizeiberichts wird „Die Schläger" in Zeile 10 der Zeitungsnachricht
- die Täterbeschreibungen sind sprachlich etwas geglättet (Umformung der Aufzählung im Polizeibericht zu ganzen Sätzen in der Zeitungsnachricht)

Insgesamt zeigt sich in der Zeitungsnachricht eine Tendenz zur Dramatisierung des Geschehens, die den Wert der Nachricht erhöhen soll.

---
[1] Die ZEIT für die Schule: Medienkunde. Ein medienkundliches Projekt 2006/2007, S. 36

Aufgabe 3
S. 247

Wer? Ein 19-Jähriger
Was? Von zwei jungen Männern zusammengeschlagen
Wo? In Höhe der Bruchstraße 55
Wann? Am Samstag gegen 3 Uhr
Warum? Grundlos; nach einer kurzen verbalen Auseinandersetzung
Welche Folgen? Der 19-Jährige musste im Klinikum versorgt werden

Aufgabe 4
S. 247

Wesentliche Aufgaben der Überschriften sind die Kurzinformation über den Inhalt der Nachricht und der Anreiz für den Leser, den Artikel zu lesen. Sprachlich besonders ist die Verkürzung der Sätze (lässt sich gut im Vergleich zu dem Polizeibericht erkennen). Dies hat zum einen technische Gründe (bei einspaltigen Meldungen muss die Überschrift aus Platzgründen möglichst kurz sein), zum anderen dient es auch der schnellen Informationsaufnahme durch den Leser.

Aufgabe 5
S. 247

Die beiden Polizeiberichte bieten noch einmal eine gute Gelegenheit, die Schüler in das Verfassen eines sachlichen, aber gleichwohl lesergerechten Berichtes einzuüben. Umzuändern sind vor allem jeweils die Überschriften und der erste Satz der Polizeiberichte. Insbesondere aber der zweite Bericht über den Einbrecher mit Hund bietet sich für eine gänzliche Überarbeitung an, um als lesenswerte Nachricht in der Zeitung zu erscheinen. Auf dem **Arbeitsblatt 3, S. 363,** ist ein weiterer Polizeibericht abgedruckt, der von den Schülern – eventuell auch als Klassenarbeit – in eine Zeitungsnachricht umgeändert werden kann. Hier sollte die Lehrkraft aber auch auf die Notwendigkeit einer stilistischen Überarbeitung hinweisen (in dem Polizeibericht findet sich eine Anhäufung sehr kurzer, einfacher Hauptsätze, die z. T. in Satzgefüge umgewandelt werden sollten).
Weitere aktuelle Presseberichte finden sich im Internet unter der Adresse: www.presseportal.de/blaulicht/ (letzter Zugriff: August 2015). Reizvoll ist es, wenn die Schülerinnen und Schüler einen Polizeibericht umarbeiten und dann später in ihrer Tageszeitung verfolgen, was die Redaktion aus diesem Bericht gemacht hat.

3. Der Zeitungsbericht (S. 249–250)

Aufgabe 1
S. 249

Der Artikel kann aus unterschiedlichen Gründen das Interesse eines (potenziellen) Lesers wecken. Zum einen gehört das Auto zum Alltag der meisten Deutschen, weshalb Themen rund um den PKW, seine Technik oder Aspekte wie Verkehrsrecht und Verkehrssicherheit traditionell auf hohe Resonanz stoßen. Ferner handelt es sich bei dem in dem Artikel beschriebenen Vorgang um ein innovatives, etwas futuristisch anmutendes Verfahren, welches aufgrund dieser Eigenschaften das Interesse der – nicht nur technisch interessierten – Leserschaft anspricht.

Aufgabe 2
S. 249

In dem Artikel wird ein Verfahren vorgestellt, welches es der Polizei ermöglichen soll, Autos von Straftätern, z. B. während einer Verfolgungsjagd, ferngesteuert stoppen zu können. Diese Technik soll nach den Plänen einer auf EU-Ebene agierenden Arbeitsgruppe (ENLETS) serienmäßig in Neufahrzeugen innerhalb der Europäischen Union verbaut werden.

Der zustimmenden Meinung der Arbeitsgruppe stehen eine Reihe von Akteuren aus Politik und Gesellschaft gegenüber, die diese neue Technik aus unterschiedlichen

Gründen kritisch sehen. Die unterschiedlichen Positionen können von den Schülerinnen und Schülern dem Text entnommen und anschließend an der **Tafel** gesammelt werden:

„Polizei soll Autos auf Knopfdruck stoppen" – einen Zeitungsbericht untersuchen

Thema: Europaweite verbindliche Einführung einer neuen Technologie, die es der Polizei ermöglicht, Fahrzeuge von Kriminellen ferngesteuert zu stoppen

Unterschiedliche Positionen

Zustimmend	Ablehnend
ENLETS	Politik (Parteien aus GP; D: FDP)
→ empfiehlt Technik, auch schon „bei kleinen Vergehen"	→ „Missbrauchspotenzial" zu hoch
	Gewerkschaft der Polizei
	→ derzeitige Mittel „ausreichend"
	Autoclub Europa
	→ Zweifel an der Durchsetzbarkeit der Technik
	ADAC
	→ „haftungsrechtliche Probleme"

TAFELBILD

Aufgabe 3
S. 250

Die Überschriften und der fett gedruckte Vorspann bilden den Informationskern des Berichts. Er ist für die Leser gedacht, die sich nur kurz über das Wesentliche des Geschehens informieren wollen.

Die nächsten Absätze liefern nun Zusatzinformationen und Einzelheiten, die für die Leser gedacht sind, die sich genauer informieren wollen. Dabei sind die Zusatzinformationen ihrer Wichtigkeit entsprechend angeordnet. In der Medienliteratur hat es sich eingebürgert, dass diese Form des Aufbaus eines Zeitungsberichts, den man auch „Lead-Stil" nennt (to lead – führen: die wichtigsten Informationen führen den Bericht an), in Form einer „umgekehrten Pyramide" dargestellt wird. Diese Darstellungsform ist nicht ganz logisch; zumindest ist denkbar, die Grafik als normale Pyramide darzustellen. Die Form der umgekehrten Pyramide wird einleuchtender, wenn man sie mit dem Aspekt der Leserschaft verbindet.

Als Ergebnissicherung kann folgendes **Tafelbild** erstellt werden:

Der Lead-Stil eines Berichts

Informationskern
die Vielzahl der Leserschaft, die nur kurz informiert sein will

Zusatzinformationen
abnehmende Anzahl der interessierten Leserschaft

Einzelheiten wenige Leser, die vollständig informiert sein wollen

TAFELBILD

Aufgabe 4 S. 250	Die Lösung dieser Aufgabe ergibt sich aus den Überlegungen zu der vorhergehenden Aufgabe. Der Zeitungsbericht sollte so aufgebaut sein, dass er „von hinten" gekürzt werden kann, d. h., dass der jeweils letzte Absatz problemlos gestrichen werden kann, ohne dass der Nachrichtenwert insgesamt verloren geht.
Aufgabe 5 S. 250	Ein wesentliches Prinzip des Zeitungsberichts besteht darin, dass er – ebenso wie die kurze Zeitungsnachricht – keine persönliche Stellungnahme des Verfassers enthalten sollte. Im Idealfall sollte also nicht zu erkennen sein, welche Auffassung der Verfasser zu der im Bericht angesprochenen Thematik vertritt. In dem vorliegenden Artikel wird dieses Prinzip weitgehend eingehalten. Die Zitate sollen dabei die Objektivität der Berichterstattung unterstützen: Es geht nicht um die Meinung des Verfassers, sondern dieser führt die Auffassungen anderer an.
Aufgabe 6 S. 250	Der Info-Kasten liefert Zusatzinformationen, die das Verständnis des Artikels erleichtern. Gleichzeitig werden hier die wichtigsten Eckdaten der Technologie in verkürzter Form dargestellt.
Aufgabe 7 S. 250	Der Arbeitsauftrag soll noch einmal das Wesentliche zusammenfassen. Gemeinsam ist der Nachricht und dem Bericht, dass sie in möglichst sachlicher Weise den Leser über ein besonderes Ereignis informieren. Diese Gemeinsamkeit wird besonders deutlich, wenn man den fett gedruckten Vorspann des Zeitungsberichts genauer untersucht: Er beantwortet entsprechend der Zeitungsnachricht die zentralen W-Fragen. Im Unterschied zur Nachricht aber liefert der Bericht noch weitere Hintergrundinformationen zu dem Geschehen, weshalb er auch deutlich länger ist.
Aufgabe 8 S. 250	Die Aufgabe dient der Festigung des bisher Erarbeiteten. Möglich ist auch, den Bericht „Streit um die Abhör-Barbie" zu untersuchen **(Arbeitsblatt 4, S. 365 f.)**, da er zugleich als Vorbereitung für das Verfassen eines eigenen Berichts dienen kann (siehe Aufgabe 9, S. 250).
Aufgabe 9 S. 250	Bevor die Schülerinnen und Schüler einen eigenen Bericht verfassen, sollten sie auf den Methodenkasten (S. 250) verwiesen werden, in dem die notwendigen Schritte noch einmal verzeichnet sind. Die Schüler sollten eine angemessene Zeit für das Verfassen des Berichts bekommen, da er einige Recherchen voraussetzt. Die im Schülerbuch vorgeschlagenen Themen orientieren sich an Schülerinteressen, können natürlich aber noch erweitert werden.

4. Nachrichten aus aller Welt – Nachrichtenagenturen melden (S. 251–253)

Aufgabe 1 S. 251	Die in dem Vorspann angegebenen Nachrichtenagenturen sind alle im Internet vertreten und sehr leicht zu recherchieren: dpa (Deutsche-Presse-Agentur): www.dpa.de AP (Associated Press): www.ap.org Thomas Reuters Corporation: http://de.reuters.com AFP (Agence France Presse): www.afp.com/de (alle Internetadressen vom 23.8.2015) Interessant ist es auch, die Entstehung und die Entwicklung der einzelnen Nachrichtenagenturen zu verfolgen.

Aufgabe 2 S. 251	Artikel, die von Nachrichtenagenturen übernommen sind, finden sich in der Regel in den Teilen der Zeitung mit überregionalen Themen (Politik, Wirtschaft, Aus aller Welt ...).
Aufgaben 3 und 4, S. 251	Der Bericht stammt von der Presseagentur AP; diese wiederum stützt sich auf Mitteilungen von Polizei und Feuerwehr (vgl. Z. 4).
Aufgabe 5 S. 251	Der erste Bericht der Nachrichtenagentur bezieht sich hauptsächlich auf den Unfall, bei dem zwei Kranführer ums Leben gekommen sind. Welche weiteren Schäden die Windhose verursacht hat, scheint zu dem Zeitpunkt noch nicht bekannt gewesen zu sein.
Aufgaben 6 und 7 S. 253	Hinzugekommen sind die Angaben über weitere Schäden, die die Windhose verursacht hat. Und es wird über die Lage berichtet, nachdem das Unwetter abgeklungen ist. Sprachlich unterscheidet sich vor allem der Bericht von AP von der Zeitungsnachricht. Er dramatisiert die Ereignisse wesentlich stärker. Dies drückt sich vor allem in der Wortwahl aus: „Tornado zertrümmert" (Schlagzeile), „Tödliches Wetterchaos" (Z. 1), „der ganze Stadtteil versank nach Stromausfällen in der Dunkelheit" (Z. 3 f.), „Der Tornado wirbelte Trümmer durch die Luft auf Stromleitungen" (Z. 13 f.) u. a. Auch der Satzbau ist unterschiedlich, in dem AP-Bericht dominieren Satzreihen mit kurzen Hauptsätzen. Demgegenüber berichtet dpa wesentlich nüchterner. Hierzu kann folgendes **Tafelbild** erstellt werden:

Nachrichtenagenturen melden – Vergleich zweier Meldungen

AP	dpd
– tödliches Wetterchaos" (Z. 1)	– „ein schweres Unwetter" (Z. 1)
– „der ganze Stadtteil versank nach Stromausfällen in der Dunkelheit" (Z. 3 f.); „Der Tornado wirbelte Trümmer durch die Luft auf Stromleitungen, sodass die Elektrizitätsversorgung für 78 000 Haushalte zusammenbrach" (Z. 13 ff.)	– „sorgte für einen stundenlangen Stromausfall" (Z. 4)
– „Drei Kräne [...] hielten dem Winddruck nicht Stand, zwei Kranführer starben in den Trümmern" (Z. 11 ff.)	– „Zwei Menschen starben [...], als Baukräne umstürzten" (Z. 5 f.)
– „Es kam zu einem Verkehrschaos. Die Bahn musste 140 Züge stoppen, der gesamte Zugverkehr südlich von Hamburg brach bis 23 Uhr zusammen." (Z. 16–18)	– „Der komplette Bahnverkehr in Richtung Süden war nach Blitzeinschlägen stundenlang blockiert." (Z. 7 f.)
dramatisierende Berichterstattung	**nüchterne Berichterstattung**

TAFELBILD

Eine Auswertung des Befundes erfolgt in Aufgabe 9, Seite 253 (siehe unten).

Aufgabe 8 S. 253	Mit dieser Aufgabe werden die Schülerinnen und Schüler mit der Tätigkeit der Nachrichtenredakteure einer Zeitung konfrontiert. Diese müssen sich entscheiden, ob sie entweder einen Agenturbericht vollständig übernehmen (die Frage ist dann, für welchen Agenturbericht sie sich entscheiden) oder ob sie auf der Grundlage eines oder mehrerer Agenturberichte einen eigenen Bericht verfassen. In Tageszeitungen erscheinen immer wieder Berichte, die sich auf

mehrere Agenturberichte stützen (zu erkennen daran, dass zwei oder mehr Agenturen als Quellen am Anfang des Berichtes angegeben sind). Die Schüler müssen sich entscheiden, ob sie eher einen dramatischen Berichtstil oder eher einen nüchternen wählen.

Aufgabe 9
S. 253

Die Nachrichtenredakteure müssen zwei grundsätzliche Entscheidungen treffen. Die erste Entscheidung betrifft die Auswahl der Nachrichten: Welche Nachricht ist so lesenswert, dass sie in der Zeitung erscheinen soll? Die zweite Entscheidung betrifft die Auswahl des Nachrichtendienstes: Welcher Berichtstil erscheint angemessen?
Für beide Entscheidungen ist ausschlaggebend, wie die Redakteure die Leserschaft ihrer Zeitung einschätzen.
Die Schülerinnen und Schüler gewinnen also an dieser Stelle an einem sehr konkreten Fall die Einsicht, dass sowohl Themenauswahl als auch der Berichtstil wesentlich adressatengeprägt sind.

5. Und so berichtet die Boulevardpresse (S. 254)

Aufgabe 1
S. 254

Besonders deutlich wird bei der Aufmachung des Artikels, dass der Schwerpunkt nicht auf einer sachlich-nüchternen Berichterstattung liegt, sondern darin, Emotionen bei den Lesern zu wecken. Dafür steht schon die überdimensional große, in der Signalfarbe Rot gehaltene Schlagzeile „Tornado-ANGST!". Die emotionale Komponente wird noch dadurch unterstrichen, dass das Wort „Angst" in Großbuchstaben geschrieben ist. Das Hintergrundfoto selbst ist relativ undramatisch, es zeigt die Windhose von Weitem. Das Foto selbst würde keine besonderen Emotionen hervorrufen. Auch der kleine, sehr unscheinbare Text ist im Vergleich zum Artikel selbst recht sachlich-nüchtern gehalten. Weiterhin verstärkt wird die emotionale Komponente durch die Kurzfassung der Ereignisse in den drei Spiegelpunkten. Die Anzahl der Verletzten und Toten wird bewusst nicht genannt, während die hohe Anzahl der Menschen, die ohne Strom auskommen mussten, konkret benannt wird. Die Frage „Wird es jetzt wie in den USA?" soll an die Naturkatastrophe erinnern, bei der u. a. die Stadt New Orleans fast vollständig zerstört wurde. Diese Naturkatastrophe hatte ein ganz anderes Ausmaß als der Wirbelsturm über Hamburg.

Aufgabe 2
S. 254

Der Artikel weist deutlich erkennbar die Tendenz zur Dramatisierung des Geschehens auf. So wird aus dem Tornado oder Wirbelsturm der „Todessturm von Hamburg". In sehr kurzen, z. T. auch elliptischen Sätzen werden die Folgen aufgezählt, die wichtigsten davon sind noch unterstrichen. Der Artikel nimmt noch einmal die Schlagzeile „Tornado-Angst!" auf. Das Ausrufezeichen unterstreicht das Dramatische. Weiterhin nimmt der Artikel die Frage auf, ob es nun auch beim Leser „so schlimm" wird wie in Amerika. Für eine mögliche Antwort wird auf die Fortsetzung des Artikels auf der letzten Seite verwiesen.

Aufgabe 3
S. 254

Das Besondere der Boulevard-Zeitungen besteht darin, dass sie keinen festen Leserstamm wie die Abonnenten-Zeitungen haben. Sie müssen also Tag für Tag ihren Lesern einen Kaufanreiz bieten. Die Dramatisierung des Geschehens in Hamburg steht eindeutig im Zusammenhang mit dem Kaufanreiz. Das Thema ist im Grunde so angelegt, dass es auch noch zumindest für den nächsten Tag als Kaufanreiz dienen kann. Des Weiteren gilt auch für die BILD-Zeitung das Gestaltungsprinzip, dass die wesentliche Nachricht auf der oberen Hälfte der Titelseite platziert ist wegen der Faltung der Zeitung für den Verkauf.
Auf **Arbeitsblatt 5, S. 368,** findet sich die Fortsetzung des Artikels. An ihm können die Tendenzen zur Dramatisierung weiter nachgewiesen werden.

6. Nachgefragt – ein Interview führen (S. 255–256)

Die Textsorte „Interview" wird von den Schülern gerne bei Zeitungsprojekten gewählt (z. B. ein Interview mit einem prominenten Sportler aus der Region). Die Ergebnisse sind manchmal aber nicht befriedigend, weil die Interviewer sich nicht gründlich genug auf das Interview vorbereitet haben. Von daher bereitet diese Untereinheit die Methode des Interviews auf.

Aufgabe 1
S. 256

Es kommt nicht darauf an, dass die Schülerinnen und Schüler die genaue Formulierung des Originalinterviews treffen. Zur Orientierung sind hier aber die ausgelassenen Fragen notiert:

1. Was antwortet ihr? (Z. 15)
2. Wozu habt ihr ihm geraten? (Z. 28)
3. Ihr informiert bereits Fünf- bis Sechstklässler. Warum? (Z. 34)
4. Ihr opfert an drei Schultagen jeweils die erste große Pause für euren „Job". Warum? (Z. 56)

Aufgabe 2
S. 256

Diese Aufgabe dient v.a. der Inhaltssicherung. Medienberater sind Schülerinnen und Schüler, die ihren Mitschülern beim Umgang mit den neuen Medien (v.a. Smartphone, soziale Netzwerke) mit Rat und Tat zur Seite stehen. Dabei geht es z. B. um Beratung und Aufklärung über Datenschutz oder Mediensucht.

Aufgabe 3
S. 256

Die Interviewer müssen sich selbst auch gut in die Materie einarbeiten, um sinnvolle Fragen stellen und so möglichst viele Informationen von dem Interviewpartner bekommen zu können. Zudem müssen sie auch überlegen, mit welchem Ziel sie das Interview führen. In dem vorliegenden Interview wollte der Interviewer den Schülern ganz offensichtlich die Gelegenheit geben, ihr Programm vorzustellen. Denkbar und gängige Praxis – zumindest bei anderen Themen und Interviewpartnern – ist es natürlich aber auch, dass der Interviewer kritische Nachfragen stellt. Auch das wiederum ist nur bei einer sorgfältigen Vorbereitung auf das Interview möglich. Auf **Arbeitsblatt 6, S. 370f.,** findet sich ein weiteres Interview, hier zum Thema jugendliche Gewalttäter, das zu Übungszwecken bearbeitet werden kann. Möglich ist es, einer Schülergruppe den Auftrag zu geben, im Internet nach den sogenannten Erziehungscamps zu recherchieren und bei der örtlichen Polizei nach dem Umgang mit jugendlichen Straftätern nachzuforschen.

Aufgabe 4
S. 256

Das Interview als journalistische Darstellungsform dient dazu, den Befragten ausreichend Gelegenheit zu geben, direkt und ausführlich zu einem Sachverhalt Stellung zu nehmen oder – wie in diesem Fall – ein Projekt vorzustellen. Der Leser erhält dadurch Gelegenheit, sich mit den Aussagen der Befragten auseinanderzusetzen und sich eine eigene Meinung zu bilden.

Aufgabe 5
S. 256

Hierzu lässt sich an eine Reihe von Experten denken, die sicher Substanzielles zu dem Thema sagen könnten:
Datenschützer, Politiker der entsprechenden Ressorts, betroffene Schüler, Beratungsstellen für Mediensucht usw.

Aufgabe 6
S. 256

Interviews mit Film- oder Musikstars dienen oft der Selbstdarstellung der Personen. Natürlich kommt es auch vor, dass Stars zu umstrittenen Themen befragt werden, in der Regel aber ist das Thema des Interviews der Star selbst.

Aufgabe 7
S. 256

Alternativ kann natürlich auch das Interview zu einem anderen, möglichst aktuellen und umstrittenen Thema durchgeführt werden, das im Interessensbereich der Schüler liegt

(z. B. Handyverbot an Schulen?; Einführung von Kopfnoten?; Einführung eines Schulfachs „Benehmen"? ...).

7. Als Reporter unterwegs – eine Reportage verfassen (S. 257–259)

Aufgabe 1
S. 258

Kennzeichen der Reportage ist, dass der Reporter ein selbst miterlebtes Ereignis schildert und dabei auch seine persönlichen Eindrücke und Gefühle deutlich werden lässt. Dies steht im Gegensatz zur Zeitungsnachricht, die sachlich, objektiv und nüchtern von einem Ereignis berichtet. Thematisch ist die Reportage nicht an die Tagesaktualität gebunden. Sie stellt in der Regel besondere Menschen vor. Im vorliegenden Fall berichtet die Reportage über weibliche Fußballfans, die immer noch eindeutig in der Minderheit sind.
Der Leser einer Reportage soll das Gefühl haben, das geschilderte Ereignis selbst zu erleben.
Die Unterschiede zwischen einer Zeitungsnachricht und einer Reportage lassen sich in folgendem **Tafelbild** zusammenfassen:

	Zeitungsnachricht	*Reportage*
Thema:	tagesaktuelles Thema, keine spätere Veröffentlichung möglich	Thema von allgemeinem Interesse, nicht gebunden an Tagesaktualität; im Mittelpunkt stehen besondere Menschen
Aufbau:	strenge Orientierung an den W-Fragen	keine strenge Orientierung an W-Fragen; Wechsel von der Schilderung eines selbst miterlebten Ereignisses und allgemeinen Aussagen
Sprache:	sachlich nüchtern, ohne Ausschmückung; Tempus: Präteritum	anschaulich, abwechslungsreich; Tempus: Präsens → Der Leser soll den Eindruck haben, das Ereignis selbst mitzuerleben.

TAFELBILD

Aufgabe 2
S. 258

Die Reporterin muss sich vor dem Treffen genau überlegen, welche Fragen sie den Mädchen stellen will.
Solche Fragen können sein:
– Verfolgt ihr jedes Spiel?
– Seit wann geht ihr zu den Fußballspielen?
– Wo ist euer Platz im Stadion?
– Könnt ihr von eurem Platz das Spiel gut verfolgen?
– Interessiert ihr euch allgemein für Fußball?
– Spielt ihr selbst Fußball?
– Was war euer schönstes/aufregendstes/ärgerlichstes Erlebnis im Fußballstadion?
– ...

Aufgabe 3
S. 258

Durch die unmittelbare Darstellungsweise und sprachliche Anschaulichkeit einer Reportage soll der Leser am Geschehen teilhaben können. So kann er das Ereignis sowie die Gefühle und Einstellungen der beteiligten Personen besonders gut nachempfinden, sodass die Reportage neben ihrer Informationsfunktion häufig auch eine unterhaltende Funktion einnimmt.

Aufgabe 4
S. 258

Gemeinsamkeiten: Berichtet wird über besondere Menschen oder über ein besonderes Ereignis, und zwar so anschaulich, dass der Leser/Zuschauer den Eindruck hat, das Ereignis selbst mitzuerleben. Unterschiede: Das Fernsehen hat die Möglichkeit, die Eindrücke des Reporters über die Bilder zu vermitteln; Rundfunk- und Zeitungsreportagen sind noch viel mehr auf die sprachliche Anschaulichkeit angewiesen.

Aufgabe 5
S. 258

Das Verfassen einer eigenen Reportage stellt die Schülerinnen und Schüler vor große Ansprüche. Sie müssen zum einen ein Thema wählen, das von allgemeinem Interesse ist, zum anderen müssen sie das besondere Merkmal der Reportage beachten: die Anschaulichkeit der Darstellung. Auf **Arbeitsblatt 7, S. 373 f.**, ist eine weitere Reportage abgedruckt, an der die Schüler noch einmal die besonderen Kennzeichen der Reportage nachweisen können.

Aufgabe 6
S. 259

Eindeutig besser gelungen ist die erste Einleitung, weil sie den Leser direkt an den Ort des Geschehens führt und ihn seine Atmosphäre spüren lässt. Weiterhin werden auch die subjektiven Eindrücke des Reporters deutlich.
Die zweite Einleitung wäre eher angebracht für eine sachlich orientierte Tätigkeitsbeschreibung des Berufsfeldes „Hausmeister an einer Schule".

8. Meine Meinung – ein Ereignis kommentieren

Aufgaben 1 und 2
S. 261

Die drei Texte gehören zu den sogenannten meinungsbildenden Texten in der Zeitung. Sie unterscheiden sich von der Zeitungsnachricht/dem Zeitungsbericht dadurch, dass der Verfasser offen seine subjektive Meinung zu einem Ereignis kundtut.
Mit dem Leserbrief, dem Kommentar und der Fernsehkritik wurden für diese Einheit drei unterschiedliche Arten meinungsbildender Texte ausgewählt. Bei der Frage, in welchem Teil der Zeitung die Artikel jeweils erschienen sein könnten, können die Schüler auch auf das Inhaltsverzeichnis der Lippischen Landeszeitung zurückgreifen (S. 245 im Schülerbuch). Der Leserbrief könnte im Lokalteil der Zeitung veröffentlicht sein, da er auf ein lokales Ereignis Bezug nimmt („Junge Lemgoer helfen ..."). Möglich ist auch, dass er auf einer eigenen Leserbrief-Seite erschienen ist (das wird von den Tageszeitungen unterschiedlich gehandhabt).
Der Kommentar ist auf der Seite abgedruckt, die sich mit politischen Ereignissen befasst (in vielen Tageszeitungen die „Seite 2"). Die Fernsehkritik ist im Teil „Fernsehen" erschienen, im weiteren Sinne also im Feuilletonteil.

Aufgabe 3
S. 261

Zum Leserbrief:
Anlass des Leserbriefes ist das Interview in der Zeitung, in dem Lemgoer Schüler zu ihrer Funktion als „Medienberater" befragt werden (vgl. Schülerbuch, S. 255).
Der Verfasser steht dem Programm insgesamt kritisch gegenüber. Zwar könnten junge Medienberater die Zielgruppe evtl. besser erreichen als Erwachsene (vgl. Z. 7 ff.), jedoch sei ein solches Engagement angesichts der „mannigfachen Gefahren, die von den neuen Medien ausgehen" (Z. 11 f.) nicht ausreichend. Statt nur Beratung anzubieten, müssten „feste Regeln und Grenzen" (Z. 16) im Umgang mit den neuen Medien aufgestellt und eingehalten werden. Solche „Verbote" (Z. 28) müssten dann aber von Lehrern und Eltern, also erwachsenen Autoritätspersonen eingeführt und überwacht werden.
Der Verfasser legt seine Meinung also deutlich offen, was er auch durch entsprechende Phrasen kenntlich macht („Meiner Meinung nach ...", Z. 13). Seine insgesamt kritische Sichtweise auf die Mediennutzung junger Menschen wird gerade im letzten Teil des

Leserbriefes deutlich, etwa wenn er die Kommunikation über soziale Medien als „oberflächlich[.]" (Z. 25) bezeichnet oder wenn er den Jugendlichen vorwirft, den Bezug zum „wirklichen Leben" (Z. 22 f.) verloren zu haben.

Zur Fernsehkritik:
In der Fernsehkritik „Lustvolle Parodie" bewertet die Verfasserin eine Märchenparodie, die von dem Sender Pro 7 gesendet wurde, sehr positiv, da sie sowohl einfallsreich gewesen sei als auch mit guten Schauspielern besetzt. Deutlich wird der positive Eindruck der Verfasserin an den Formulierungen „freche, aufwendig produzierte und vor Einfällen strotzende Parodie" (Z. 11 f.), „Lustvoll spielte ..." (Z. 14) und vor allem an der Schlussformulierung: „Ein mit einer Stunde angemessene kurzes und recht unterhaltsames Spiel mit TV-Genres." (Z. 21 ff.)

Zum Kommentar:
Anlass des Kommentars ist der in einem Artikel der Zeitung vorgestellte EU-Plan, eine Technologie in Neuwagen einzuführen, die es ermöglichen soll, Autos von Straftätern auf der Flucht ferngesteuert zu stoppen (vgl. Schülerbuch, S. 249). Die Kommentatorin spricht sich deutlich gegen die Einführung einer solchen Technologie aus.
Als wesentliche Gründe für ihre Haltung führt sie den mangelnden Datenschutz sowie Sicherheitsbedenken an. Ihre Bedenken angesichts des Datenschutzes macht sie gleich zu Beginn des Textes – in Anlehnung an George Orwells dystopischen Roman *1984* – mit dem Zitat „Big Brother fährt mit" (Z. 3) deutlich. Außerdem verweist sie auf ein aktuelles Ereignis, um ihre Kritik zu stützen: „Wenn schon das Handy der Bundeskanzlerin ausspioniert wird, dürften Angriffe auf die Automobiltechnologie nicht lange auf sich warten lassen." (Z. 21 ff.) Ferner bezeichnet die Verfasserin den Plan als „absurd" (Z. 10) und „gefährlich" (Z. 10) und unterstreicht damit ihre ablehnende Haltung. Mit dem letzten Satz „Deshalb werden die Ideen kaum ungenutzt bleiben" (Z. 32 ff.) zeichnet sie ein düsteres Bild und appelliert gleichzeitig an den Leser, die weitere Entwicklung kritisch und aufmerksam zu begleiten.

Aufgabe 4 S. 261

Die Machart bestimmter Texte lernen Schülerinnen und Schüler dann am besten, wenn sie selbst solche Texte verfassen. Der Methodenkasten (S. 262) gibt ihnen dabei wichtige Hilfen zum Verfassen eines Leserbriefes. Man kann aber auch in der Klasse 8 schon den Arbeitsauftrag erweitern und die Schüler einen Kommentar oder eine Fernsehkritik verfassen lassen.
Die **Arbeitsblätter 8 bis 10, S. 376 ff.,** zeigen weitere Beispiele für die drei Arten der meinungsbildenden Texte auf.

Die Lösungen zu den **Übungen zur Lernkontrolle** (S. 264–265) befinden sich im Anhang des Schülerbandes auf den Seiten 404–405.

Eine Grafik untersuchen

Glaubwürdigkeit der Medien

Bei widersprüchlicher Berichterstattung vertraue ich am ehesten ...

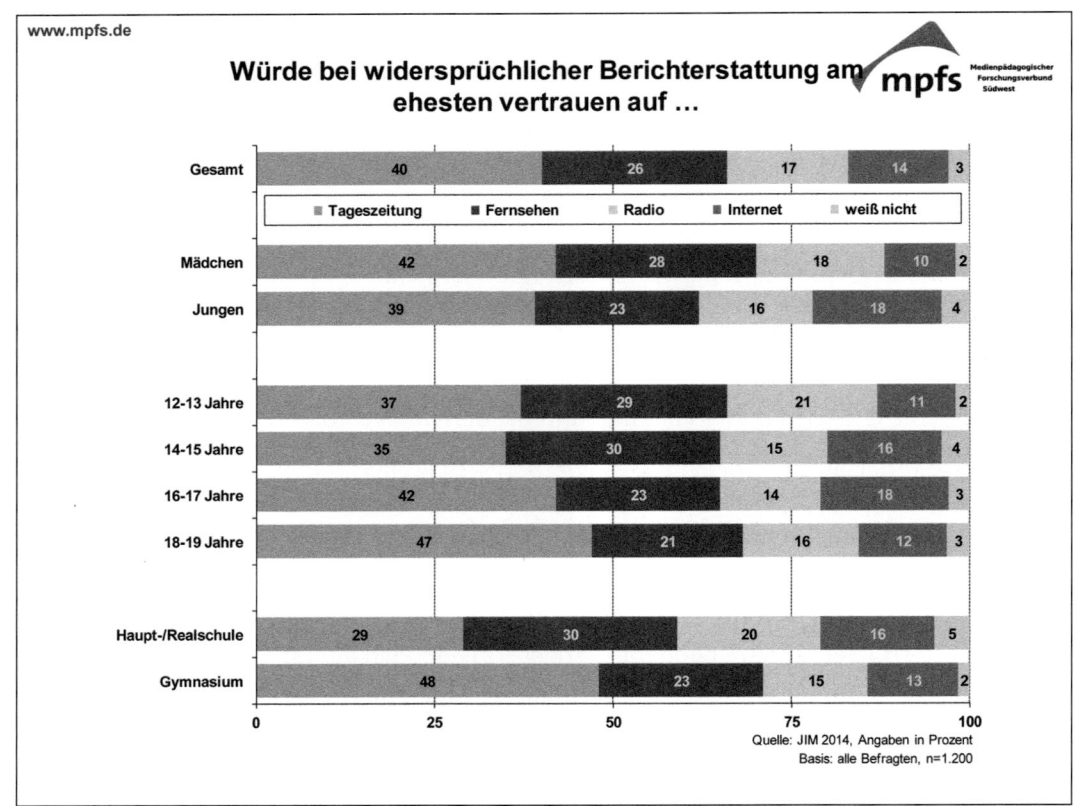

JIM-Studie 2014, Medienpädagogischer Forschungsverbund Südwest, www.mpfs.de
Anzahl der Befragten: 1200
Jahr der Befragung: 2014
Angaben in Prozent

Kreuze an, welche der Aussagen jeweils zutreffend sind.

☐ Die Grafik zeigt, welchen Medien Senioren eher vertrauen, wenn eine widersprüchliche Berichterstattung vorliegt.

☐ Die Grafik zeigt, welche Altersgruppen die Berichterstattung der Medien für widersprüchlich halten.

☐ Die Grafik zeigt, wie Jugendliche die Glaubwürdigkeit verschiedener Medien einschätzen, wenn eine widersprüchliche Berichterstattung vorliegt.

Die Ergebnisse der Umfrage sind in Form eines

☐ Kreisdiagramms dargestellt.
☐ Balkendiagramms dargestellt.
☐ Säulendiagramms dargestellt.

Arbeitsblatt 1

Die Zahlen beruhen auf

- [ ] einer Umfrage, die eine Schülerzeitung durchgeführt hat.
- [ ] einer Schätzung der Bundesregierung.
- [ ] Angaben der JIM-Studie.

- [ ] Die Altersgruppe der 12–13-Jährigen schätzt das Radio glaubwürdiger als die Tageszeitung ein.
- [ ] Mädchen vertrauen dem Medium Tageszeitung mehr, als dies Jungen tun.
- [ ] Die Glaubwürdigkeit der Tageszeitung ist bei den 18–19-Jährigen höher als bei den 16–17-Jährigen.
- [ ] Alle Altersgruppen schätzen die Glaubwürdigkeit des Internets höher ein als die des Fernsehens.
- [ ] Die Einschätzung der Glaubwürdigkeit der Medien unterscheidet sich nicht bei Jungen und Mädchen.

- [ ] Die Anzahl der befragten Mädchen ist höher als die der befragten Jungen.
- [ ] Die Anzahl der Befragten beträgt 2015.
- [ ] Die Anzahl der Befragten beträgt 1200.

- [ ] Die Grafik zeigt, dass 42 Mädchen die Tageszeitung lesen.
- [ ] Die Grafik zeigt, dass 23 % der Jungen das Radio als glaubwürdig einschätzen.
- [ ] Die Grafik zeigt, dass 10 % der Mädchen dem Internet eher vertrauen als den anderen Medien.

© Schöningh Verlag

Eine Grafik untersuchen

- [ ] Die Grafik zeigt, welchen Medien Senioren eher vertrauen, wenn eine widersprüchliche Berichterstattung vorliegt.
- [ ] Die Grafik zeigt, welche Altersgruppen die Berichterstattung der Medien für widersprüchlich halten.
- [x] Die Grafik zeigt, wie Jugendliche die Glaubwürdigkeit verschiedener Medien einschätzen, wenn eine widersprüchliche Berichterstattung vorliegt.

Die Ergebnisse der Umfrage sind in Form eines

- [ ] Kreisdiagramms dargestellt.
- [x] Balkendiagramms dargestellt.
- [ ] Säulendiagramms dargestellt.

Die Zahlen beruhen auf

- [ ] einer Umfrage, die eine Schülerzeitung durchgeführt hat.
- [ ] einer Schätzung der Bundesregierung.
- [x] Angaben der JIM-Studie.

- [ ] Die Altersgruppe der 12–13-Jährigen schätzt das Radio glaubwürdiger als die Tageszeitung ein.
- [x] Mädchen vertrauen dem Medium Tageszeitung mehr, als dies Jungen tun.
- [x] Die Glaubwürdigkeit der Tageszeitung ist bei den 18–19-Jährigen höher als bei den 16–17-Jährigen.
- [ ] Alle Altersgruppen schätzen die Glaubwürdigkeit des Internets höher ein als die des Fernsehens.
- [ ] Die Einschätzung der Glaubwürdigkeit der Medien unterscheidet sich nicht bei Jungen und Mädchen.

- [ ] Die Anzahl der befragten Mädchen ist höher als die der befragten Jungen.
- [ ] Die Anzahl der Befragten beträgt 2015.
- [x] Die Anzahl der Befragten beträgt 1200.

- [ ] Die Grafik zeigt, dass 42 Mädchen die Tageszeitung lesen.
- [ ] Die Grafik zeigt, dass 23 % der Jungen das Radio als glaubwürdig einschätzen.
- [x] Die Grafik zeigt, dass 10 % der Mädchen dem Internet eher vertrauen als den anderen Medien.

Vom Ereignis zur Nachricht

Ausschneidebogen

(Zeichnungen: Thomas Plaßmann; aus: ZeusKids, „Meine Reporterschule", © ZEUS, Zeitung und Schule, Essen 2007, S. 4)

Arbeitsblatt 2

1 Auf der vorigen Seite findest du Bilder zum Entstehungsweg einer Zeitungsmeldung. Schneide sie aus und klebe sie in der richtigen Reihenfolge in die Felder oben. Orientiere dich ggf. an den folgenden Bildunterschriften: • Zeitungsauslieferung • Reporter schreibt Artikel • Reporter befragt Zeugen • Zeitungsverkauf • Polizei informiert Zeitung • Seite wird gedruckt • Redakteurin legt Textlänge fest und sucht das passende Foto aus • Hilfsdienst Polizei/Feuerwehr rollt an • Notfall

2 Verfasse einen kurzen Informationstext über den Weg vom Ereignis zur Nachricht.

Einen Polizei-Pressebericht in eine Zeitungsnachricht umformen

26.12.2007|12:29 Uhr

Extertal. Auf eisglatter Straße ereignete sich ein Unfall, bei dem sich sechs Personen verletzten. Am 23.12.07, gegen 12.00 Uhr, befuhr ein 21-jähriger Mann mit seinem BMW die L 758 (Extertalstraße) aus Richtung Bösingfeld in Richtung Rinteln. Mit im Fahrzeug saßen noch weitere drei Personen. Ausgangs einer lang gezogenen Linkskurve verlor der Fahrer aufgrund von Eisglätte die Kontrolle über das Fahrzeug und rutschte quer in den Gegenverkehr. Auf der Gegenfahrbahn fuhr ein 26-jähriger Polofahrer. Er und sein Beifahrer fuhren dem BMW direkt in die Beifahrerseite. Nach dem Zusammenprall rutschten beide Fahrzeuge in den Straßengraben. Bei dem Unfall wurden alle Fahrzeuginsassen verletzt. Eine Person war mit ihrem Fuß im Fahrzeug eingeklemmt. Sie konnte sich nach kurzer Zeit jedoch selbstständig befreien. Die Personen wurden vor Ort durch einen Notarzt versorgt und anschließend durch Rettungswagen in das Klinikum nach Rinteln gebracht. Zwei Personen waren so stark verletzt, dass sie stationär dort verblieben. Die Straße war für die Dauer der Unfallaufnahme bis ca. 14.00 Uhr voll gesperrt. Die Fahrzeuge waren nicht mehr fahrbereit und wurden abgeschleppt. Es entstand ein Sachschaden von ca. 25 000 Euro.

(POL-Lip: Pressebericht vom 26.12.2007; aus: www.presseportal.de)

1 Schreibe zu dem Pressebericht der Polizei eine Zeitungsnachricht. Achte dabei auf den Aufbau und den Schreibstil. Ergänze eine Schlagzeile.

Vom Ereignis zur Nachricht
Einen Polizei-Pressebericht in eine Zeitungsnachricht umformen

Zu Arbeitsblatt 2

Reihenfolge der Bilder:
6, 4, 5, 3, 7, 8, 9, 1, 2

Zu Arbeitsblatt 3

Unfall auf eisglatter Straße – sechs Verletzte

Ein 21-jähriger BMW-Fahrer verlor gestern auf der L 758 (Extertalstraße) aufgrund der vereisten Fahrbahn die Kontrolle über seinen Wagen. Der BMW stieß auf der Gegenfahrbahn mit einem Polo zusammen. Bei dem Unfall wurden sechs Personen verletzt, zwei davon so schwer, dass sie in das Klinikum nach Rinteln gebracht werden mussten. Die Straße war für zwei Stunden vollständig gesperrt. Der Sachschaden beträgt ca. 25 000 Euro.

Arbeitsblatt 4

Einen Zeitungsbericht untersuchen

Streit um die Abhör-Barbie

Überwachung: In den USA sorgt eine interaktive Puppe, über die Tonaufnahmen direkt in ein Online-System gelangen, für Kritik von Anwälten und Datenschützern

Von Andrea Barthélémy

El Segundo. Eine interaktive Barbie, mit der man sich unterhalten kann: Pünktlich zum Weihnachtsgeschäft kommt die sprechende „Hello Barbie", mit Mikrofon und WLAN-Schnittstelle versehen, in die US-Läden. Sie soll für den seit Jahren schwächelnden Puppenklassiker des Spielzeugriesen Mattel Marktanteile zurückerobern. Denn derzeit haben Königin Elsa und Prinzessin Anna aus der „Eiskönigin"[1] den Rang abgelaufen.

Seit Mattel die „Hello Barbie" in New York auf der Spielzeugmesse vorstellte, reißt die Kritik von besorgten Eltern und Datenschützern nicht ab: Von einer „Abhör-Barbie" ist die Rede und vom Missbrauch kindlicher Privatsphäre. Auch eine Online-Petition läuft. Doch wie in Deutschland ist auch in den USA der allgemeine Trend zu mehr Hightech im Kinderzimmer stark. Auch mit dem Sprachassistenten steht „Hello Barbie" nicht allein. Das US-Start-up[2] Elemental Path nimmt Vorbestellungen für einen sprechenden und lernfähigen Mini-Dino entgegen.

„Hello Barbie" funktioniert ähnlich wie die Spracherkennung in vielen Smartphones: Ein Mikrofon, das im Nacken der Puppe sitzt, nimmt alles auf, was Barbies Gesprächspartner sagt. Die Daten werden via WLAN in eine Cloud geschickt, wo die passende Antwort aus rund 8.000 bereitgestellten Dialogsätzen ausgewählt wird. Den gewonnenen Input behält „Hello Barbie" dann für künftige Antworten „im Hinterkopf". In einem Testgespräch geht es etwa um spätere Berufswünsche. Barbie: „Hey, du hast mir erzählt, dass du gerne auf der Bühne stehst. Vielleicht wirst du also Tänzerin. Oder Politikerin. Hey, du kannst werden, was immer du willst."

Einer Sprecherin von Mattel zufolge ist ein Verkauf der „Hello Barbie" in Deutschland derzeit nicht geplant. Von den Datenschützern bei „Digitalcourage"[3] bekam die Barbie dennoch bereits den „Big Brother Award"[4] verliehen.

(Aus: Lippische Landeszeitung vom 10.11.2015)

---

[1] **Die Eiskönigin**: Disney-Verfilmung (2013) des Märchens „Die Schneekönigin" von Hans Christian Andersen
[2] **Start-up:** Unternehmen, das erst kürzlich gegründet wurde
[3] **Digitalcourage:** Verein, der sich insbesondere um Datenschutz und Schutz der Menschenrechte im Internet bemüht
[4] **Big Brother Award:** ein sogenannter Negativpreis, der an Personen oder Institutionen verliehen wird, die Aspekte des Datenschutzes zu wenig beachten

© Schöningh Verlag

Arbeitsblatt 4

1 Kreuze an, welche der folgenden Aussagen dem Zeitungsbericht zu entnehmen sind.

- [ ] Anwälte und Datenschützer kritisieren die interaktive Puppe „Hello Barbie" wegen des Missbrauchs der kindlichen Privatsphäre.
- [ ] „Hello Barbie" kann völlig selbstständig neue Sätze bilden.
- [ ] Im Gegensatz zu den USA gibt es in Deutschland einen Trend zu mehr Hightech in den Kinderzimmern.
- [ ] In der Cloud befinden sich 8.000 Dialogsätze, aus denen eine Antwort gewählt wird.
- [ ] Aktueller Anlass des Zeitungsberichtes ist die Premiere des Films „Eiskönigin".
- [ ] Ein Verkauf von „Hello Barbie" ist auch in Deutschland kurzfristig geplant.
- [ ] Ein weiteres US-Unternehmen stellt ein sprechendes und lernendes Kinderspielzeug her.

2 Schreibe eine wesentlich kürzere Fassung des Zeitungsberichts, die sich ausschließlich auf den aktuellen Anlass zu dem Bericht bezieht. Erläutere dann, welchen Zweck die zusätzlichen Aussagen in dem Zeitungsbericht erfüllen.

366 © Schöningh Verlag

Einen Zeitungsbericht untersuchen

Aufgabe 1

[X] Anwälte und Datenschützer kritisieren die interaktive Puppe „Hello Barbie" wegen des Missbrauchs der kindlichen Privatsphäre.

[ ] „Hello Barbie" kann völlig selbstständig neue Sätze bilden.

[ ] Im Gegensatz zu den USA gibt es in Deutschland einen Trend zu mehr Hightech in den Kinderzimmern.

[X] In der Cloud befinden sich 8.000 Dialogsätze, aus denen eine Antwort gewählt wird.

[ ] Aktueller Anlass des Zeitungsberichtes ist die Premiere des Films „Eiskönigin".

[ ] Ein Verkauf von „Hello Barbie" ist auch in Deutschland kurzfristig geplant.

[X] Ein weiteres US-Unternehmen stellt ein sprechendes und lernendes Kinderspielzeug her.

Aufgabe 2

Kritik an neuem Barbie-Modell
Anwälte und Datenschützer kritisieren den Verkauf der interaktiven Puppe „Hello Barbie" des US-Herstellers Mattel. Sie fürchten einen Missbrauch der kindlichen Privatsphäre. Die sprechende Puppe soll derzeit nicht in Deutschland verkauft werden.

Der Zeitungsbericht ist durch die Kurzfassung auf den wesentlichen Kern der Nachricht reduziert. Ergänzt wird dieser Kern mit zusätzlichen Informationen (Funktionsweise der Puppe, Konkurrenzprodukt, Lage auf dem Spielzeugmarkt, Verleihung eines Negativpreises).

© Schöningh Verlag

Einen Bericht einer Boulevard-Zeitung untersuchen

Klimaforscher in Sorge nach der furchtbaren Sturmkatastrophe von Hamburg

TODES-TORNADO

Es war, als hätte der Himmel plötzlich die Schleusen zur Hölle geöffnet! Der Monster-Tornado – er traf die Millionenstadt Hamburg ohne jede Vorwarnung. 18.58 Uhr, Dunkelheit fällt plötzlich über die
5 Stadt, ein Gewitter bricht los. Nur eine Minute später rast der Tornado mit 200 km/h durch den Stadtteil Harburg! Drei Baukräne knicken wie Streichhölzer ein, zwei Kranführer (41 und 45 Jahre) können sich nicht mehr retten. Sie stürzen in die
10 Tiefe, sind sofort tot. Fast zeitgleich fallen Hunderte Ampeln aus, am Hamburger Hauptbahnhof bleiben die Züge stehen, Chaos im Berufsverkehr. Im ganzen Viertel gehen die Lichter aus. Bis zum frühen Morgen bleiben 30 0000 Menschen in 80 000
15 Haushalten ohne Strom.

Es sind Bilder, wie wir sie eigentlich nur aus Amerika kennen. Wird es jetzt auch bei uns so schlimm? Klimaforscher Prof. Mojib Latif (51) von der Uni Kiel: „Ja. Langfristig müssen wir damit rechnen. Durch
20 die globale Erwärmung nimmt die Wahrscheinlichkeit extremer Wetterphänomene ganz klar zu." Ist der Tornado eine Folge des Extrem-Winters? Meteorologe Dr. Stefan Formayer (46) von der Uni Wien: „Durch den langen Winter sind die Tempe-
25 raturunterschiede zwischen dem Ozean und dem Land viel stärker als sonst um diese Jahreszeit. Das hat wahrscheinlich zur Entstehung des Tornados beigetragen." Gibt es besonders gefährdete Regionen in Deutsch-
30 land?

Ein Bild der Verwüstung! Ein Baukran ist umgekippt und in mehrere Autos gekracht. Die Straße ist überfüllt mit Trümmern. Der Tornado tötete zwei Kranführer (41 und 45 jahre). Beide waren verheiratet, der eine hinterlässt zwei Kinder.

Nein! Tornados (span. das sich drehende Gewitter) können überall entstehen! Voraussetzung: extreme Temperaturunterschiede in der Luft wie jetzt in Hamburg: minus 20 Grad in der Höhe und plus 19 Grad am Boden. In den Gewitterwolken bilden sich 35 starke Aufwinde, die Luft rotiert. Folge: Eine Art Rüssel beschleunigt die Luft mit gigantischer Geschwindigkeit.

Kann ich mich schützen?
Kaum. Tornados sind selbst für Wetter-Experten 40 nicht vorhersehbar! 15 bis 20 suchen bisher jährlich Deutschland heim. Doch keiner richtete bis jetzt solche Millionen-Schäden an wie der in Hamburg.
(Aus: BILD, 29.03.2006)

1 Beschreibe den Aufbau des Berichts.

2 Schreibe Formulierungen heraus, die der Dramatisierung des Geschehens dienen.

3 Verfasse einen Zeitungsbericht, der auf sachlichere Weise über den Tornado in Hamburg berichtet und dabei auf die Aussagen der Klimaforscher eingeht.

Einen Bericht einer Boulevard-Zeitung untersuchen

Aufgabe 1

Z. 1–15: Dramatische Darstellung der Situation in Hamburg bei Aufkommen des Tornados

Z. 16–43: Interviews mit dem Klimaforscher Prof. Mojib Latif und dem Metereologen Dr. Stefan Formayer zu extremen Wetterlagen

Aufgabe 2

Dramatische Formulierungen:
- „Todes-Tornado" (Schlagzeile)
- „Schleusen zur Hölle geöffnet" (Z. 1 f.)
- „Monster-Tornado" (Z. 2)
- „Dunkelheit fällt plötzlich über die Stadt" (Z. 4 f.)
- „Die Baukräne knickten wie Streichhölzer ein" (Z. 7 f.)
- „Sie stürzten in die Tiefe" (Z. 9 f.)
- „Im ganzen Viertel gehen die Lichter aus" (Z. 13)
- „Chaos im Berufsverkehr" (Z. 12)

Aufgabe 3

Ersetzt werden müsste die Schlagzeile und der erste Teil des Berichts:

Mehr extreme Wetterlagen in Deutschland?
Klimaforscher zur Sturmkatastrophe in Hamburg

Nachdem in Hamburg ein Tornado für Zerstörungen gesorgt hat, bei der auch zwei Menschen ums Leben gekommen sind, stellt sich die Frage, ob wir uns in Zukunft in Deutschland auf weitere extreme Wetterlagen einstellen müssen.

Arbeitsblatt 6

Ein Interview untersuchen

„Achtung vor den Mitmenschen fehlt"

Das Interview zum Intensivtäterkonzept mit Kurt-Peter Wolter und Lars Loges von der Kripo

Lage. Seit einem Jahr arbeiten Kurt-Peter Wolter, Jugendsachbearbeiter beim Kriminalkommissariat Bad Salzuflen/Lage, und die Jugendkontaktbeamten Sonja Bartelt, Lars Loges und Christian Dubbert nach dem Intensivtäterkonzept. LZ-Redakteurin Micaela Breder sprach mit Wolter und Loges über Inhalte dieser Präventivarbeit, eine erste Bilanz und Verbesserungsmöglichkeiten beim Jugendstrafrecht.

?...

Kurt-Peter Wolter: Jugendliche, die bereits mehrfach auffällig geworden sind, aufzuklären und von weiteren Straftaten abzubringen. Dazu halten wir mit unseren Kandidaten regelmäßig Kontakt – auch auf der Straße – und bieten uns als Gesprächspartner an.
Lars Loges: Wir versuchen, ein Vertrauensverhältnis zu den Jugendlichen aufzubauen, und möchten ihnen klarmachen, dass wir ihnen hilfreich zur Seite stehen. Wir vermeiden Druck von oben, lassen sie aber wissen, dass wir ein Auge auf sie haben – zum Beispiel, indem wir zu unterschiedlichsten Zeiten bei ihren Treffpunkten auftauchen.
Wolter: Dabei arbeiten wir eng mit den Bezirksbeamten zusammen, die Präventionsarbeit in den Schulen machen, und mit dem Jugendamt.

?...

Wolter: Die Statistik für die Stadt Lage weist für den Zeitraum Januar bis November 2006 185 Tatverdächtige im Alter unter 24 Jahren auf. Im gleichen Zeitraum des vergangenen Jahres waren es 145, wobei der Rückgang schwerpunktmäßig die 14- bis 17-Jährigen betraf, also das klassische Jugendalter. Auch wenn sich diese Reduzierung nicht mit Sicherheit auf die Einführung des Intensivtäterkonzeptes zurückführen lässt, können wir von positiven Erfahrungen berichten. So hat uns beispielsweise ein Jugendlicher, den wir frühzeitig wegen eines Gewaltdeliktes ins Programm genommen haben, kürzlich voller Stolz sein Zeugnis gezeigt. Er will jetzt etwas aus seinem Leben machen.
Loges: Wenn er weiter so Gas gibt, wird er locker den Realschulabschluss schaffen.

?...

Wolter: Wir orientieren uns an den Delikten, das heißt an der Schwere der Straftaten. Wer schon einen Raub oder eine gefährliche Körperverletzung auf dem Kerbholz hat oder mehrfach aufgefallen ist, kommt eher ins Programm als ein Jugendlicher mit einer eher geringfügigen Straftat.

? **Der hessische Ministerpräsident Roland Koch fordert Erziehungscamps für straffällig gewordene Jugendliche und eine Verschärfung des Jugendstrafrechtes. Wäre das der richtige Weg?**
Wolter: Meiner persönlichen Meinung nach reichen die bestehende Rechtsprechung und Gesetzgebung aus.
Loges: ... wobei geprüft werden sollte, wie man sie besser ausschöpfen und erfolgreicher anwenden könnte. Bootcamps wie in den USA lehne ich persönlich ab.
Wolter: Viel sinnvoller und effektiver wären tatzeitnahe Verfahren, wenn von der Vernehmung bis zum Richterspruch also möglichst wenig Zeit vergeht. Gerade habe ich von der Aktion „Gelbe Karte" in Remscheid gehört, bei der so verfahren wird und noch am Tag der Vernehmung der Urteilsspruch erfolgt. Die Rückfallquote soll bei nur acht Prozent liegen.
Loges: ... weil die Jugendlichen die Strafe mit ihrer Straftat direkt in Verbindung bringen können und sofort erfahren, welche Konsequenzen ihr unrechtmäßiges Verhalten hat.

? **Und was sagen Sie zu der Idee mit den Erziehungscamps, Herr Wolter?**
Wolter: Ob sie der Weisheit letzter Schluss sind, wage ich zu bezweifeln, wobei das meine ganz private Meinung ist und man viel genauer wissen

370

© Schöningh Verlag

müsste, wie diese Camps aussehen sollen – ist da eher ein Straflager oder ein pädagogisch begleitetes Resozialisierungsprojekt gemeint? Eine Bestrafung ohne Begleitung, und ohne den Jugendlichen
80 Perspektiven aufzuzeigen, reicht auf jeden Fall nicht aus.

> **Hat die Gewaltbereitschaft unter Jugendlichen zugenommen?**

Wolter: Ja, bedauerlicherweise. Vielen fehlt der gesunde Respekt und die Achtung vor dem Mitmenschen. Heute wird oft nachgetreten. Über die Gründe kann ich nur spekulieren, da müssten Sie einen Sozialwissenschaftler fragen. Frust auf der einen Seite und zu großer Leistungsdruck auf der anderen könnten Beweggründe sein.

Micaela Breder

(Aus: Lippische Zeitung, 11.01.2008)

1 In dem Interview sind die ersten drei Fragen ausgelassen. Schreibe auf, welche Fragen die Interviewerin gestellt haben könnte.

2 Schreibe einen kurzen Informationstext über das Intensivtäterkonzept.

3 Fasse zusammen, welche Auffassung die Interviewten zu der Forderung vertreten, Erziehungscamps für straffällig gewordene Jugendliche einzurichten und das Jugendrecht zu verschärfen.

© Schöningh Verlag

Ein Interview untersuchen

Aufgabe 1

Die drei ersten Fragen lauten im Originaltext:
- Welche Zielsetzung verfolgt das Konzept?
- Können Sie nach einem Jahr Intensivtäterkonzept bereits Erfolge verbuchen?
- Nach welchen Kriterien suchen Sie die Jugendlichen für das Intensivtäterkonzept aus?

Aufgabe 2

Das Intensivtäterkonzept

Das Intensivtäterkonzept dient der Vorbeugung von Straftaten durch Jugendliche, die schon mehrfach auffällig geworden sind. Dabei versuchen die mit der Jugendarbeit beauftragten Polizeibeamte, ein Vertrauensverhältnis zu den Jugendlichen aufzubauen und ihnen Hilfe anzubieten. Dazu besuchen sie unterschiedliche Treffpunkte der betroffenen Jugendlichen.

Aufgabe 3

Beide Interviewpartner stehen dem Erziehungskonzept der Bootcamps kritisch gegenüber. Für sie ist entscheidender, dass zwischen Straftat und Verurteilung möglichst wenig Zeit vergeht, damit die Jugendlichen die Straftat und die Verurteilung in Zusammenhang bringen. Außerdem befürchten sie, dass ein solches Camp eher ein „Straflager" sein könnte. Sie halten dagegen eine pädagogische Betreuung während der Resozialisierungsmaßnahme für absolut notwendig.

Arbeitsblatt 7

Eine Reportage untersuchen

Unfallopfer schildert vor Ort: Sebastian Pordom (l.) erzählt vor dem Mikrofon von Ulrich Krawinkel seine Leidensgeschichte. Im Hintergrund lauschen Schüler der Klassen 8 und 9 aufmerksam seinen Ausführungen.

„Lasst das Tunen sein"

Schwerbehinderter junger Mofa-Fahrer erzählt Hauptschülern sein Unfall-Schicksal

Von Andreas Götte

Wünnenberg-Fürstenberg. Eigentlich war es ein schöner Tag, als der 17-jährige Sebastian Pordom sich auf das Mofa eines Kumpels setzte, um sich mit Freunden zu treffen. Doch die Fahrt endet anders als erwartet: an einem Betonpfeiler eines Geschäftes.

Mucksmäuschenstill war es in der Aula der Hauptschule in Fürstenberg, als der heute 20-Jährige aus Bad Driburg seine Krankengeschichte erzählte.

Weil Sebastian keinen Helm trug, erlitt er schwere Kopfverletzungen, musste bereits vor Ort drei Mal reanimiert werden und ist bis heute schwerbehindert.

Das Mofa seines Kumpels war getunt, Sebastian wusste davon nichts, raste nach einem Fahrfehler mit 70 Stundenkilometern in das Geschäft. Später sahen sich beide sogar vor Gericht wieder. Drei bis vier Monate lag er unter anderem auch in der Aatalklinik im Koma, wurde dann in ein künstliches Koma versetzt. Als er nach einem halben Jahr erwachte, musste er das Gehen und Sprechen wieder mühsam erlernen. „Eigentlich wollte ich Fußball-Profi werden", sagt er. Heute verbringt er seine freie Zeit am Rechner und möchte im Oktober seinen Auto-Führerschein machen, den Hauptschulabschluss nachholen, um dann ein Berufsfortbildungsjahr in Angriff zu nehmen.

Arbeitsblatt 7

Neben den finanziellen Kosten, den gesundheitlichen Schäden zog der Unfall auch persönliche Folgen nach sich. „Meine damaligen Freunde und selbst meine Freundin wollten nichts mehr mit mir zu tun haben."

Sein Appell an die 120 aufmerksamen Acht- und Neuntklässler: „Bitte lasst das Tunen sein. Ihr sollt so etwas nicht durchmachen müssen." Für den Veranstalter, die Kreispolizeibehörde Paderborn, ist der Appell genau das Ziel. „Wir möchten damit die jungen Leute abschrecken, ihre Zweiräder zu frisieren", sagt Polizeisprecher Ulrich Krawinkel. Gerade auf dem Land wird sehr viel mit Mofas gefahren, durch die fehlenden Überwachungen nicht selten schneller, als die Polizei erlaubt. Diese schätzt die manipulierten Mofas auf über 75 Prozent.

Die Beamten klären die Schüler auch über den Anhalte- und Bremsweg auf. Diese staunen nicht schlecht, was eine doppelte Geschwindigkeit so alles auslösen kann. „Der Helm ist euer einziger Schutz", machte Verkehrssicherheitsberater Michael Eickhoff deutlich, „bitte haltet deshalb auch bei schönem Wetter den Helmriemen geschlossen."

Was passiert, wenn ein junger Fahrer mit seinem getunten Mofa erwischt wird, zählte Rainer Brockmann vom Verkehrskommissariat auf. Einzug der Betriebserlaubnis, Mängelkarte, Vorstellung beim TÜV und dem Straßenverkehrsamt, Bußgeld und beim Fahren ohne Schein sogar Sozialstunden sind die Folge. Dazu fordert die Unfall-Versicherung ihr Geld vom Fahrer zurück. Fünfstellige Summen sind keine Seltenheit. „Auch euer Kfz-Führerschein auf Probe kann von zwei auf vier Jahre verlängert werden", mahnt der Beamte.

Nachdenklich zeigt sich nach 90 Minuten Tino Heinemeier (14) aus Bad Wünnenberg. „Ich will bald Mofa fahren und wollte dann auch tunen, aber das lass ich jetzt lieber." Die Veranstaltung sei gut gewesen, findet Ferhat Tasceviren. Der 16-jährige Haarener macht gerade seinen Mofa-Schein, will aber trotzdem gerne tunen, „in Sachen Optik".

(Aus: Neue Westfälische, 06./07.05.2006)

---

1 Untersuche die Reportage „Lasst das Tunen sein". Gehe dabei auf folgende Aspekte ein:
- Was ist der Anlass der Reportage und womit beginnt sie? Worin besteht die Funktion des Beginns?
- Wodurch wird deutlich, dass der Reporter bei der Veranstaltung selbst anwesend war?
- Welche Aspekte der Veranstaltung erscheinen dem Reporter besonders erwähnenswert?

2 Schreibe eine kurze Zeitungsnachricht über die Veranstaltung der Kreispolizeibehörde Paderborn.

Eine Reportage untersuchen

Aufgabe 1

- Anlass zu der Reportage ist die Veranstaltung der Kreispolizeibehörde für 120 Acht- und Neuntklässler über Gefahren und Risiken beim Mofa-Fahren.
  Der Bericht beginnt mit der Wiedergabe der Erzählung eines 17-Jährigen über einen Unfall mit seinem Mofa, bei dem er schwere Kopfverletzungen erlitten hatte, weil er ohne Helm gefahren war.
  Die Funktion dieser Wiedergabe besteht darin, dem Leser die Notwendigkeit der Veranstaltung zu verdeutlichen und ihn somit zum Lesen der Reportage zu bewegen.
- Der Reporter beschreibt Details aus dem Ablauf der Veranstaltung, die die Atmosphäre verdeutlichen: „Mucksmäuschenstill war es in der Aula" (Z. 7), er spricht von „aufmerksamen" (Z. 35) und „nachdenklich[en]" (Z. 67) Teilnehmern und zitiert sowohl die Veranstaltungsleiter (Z. 50 ff.) als auch einen Besucher (Z. 68 ff.).
- Wichtige Aspekte für den Reporter sind:
  - das Ziel der Veranstaltung deutlich zu machen
  - selbst das Anliegen der Kreispolizei zu unterstützen (vgl. die Schlagzeile und die insgesamt sehr positive Darstellung der Veranstaltung)
  - das Verhalten der Zuschauer zu beschreiben

Aufgabe 2

Warnung vor frisierten Mofas
Veranstaltung der Kreispolizeibehörde in Hauptschule

Die Kreispolizeibehörde führte gestern in der Hauptschule Fürstenberg eine Informationsveranstaltung für Acht- und Neuntklässler durch über die Gefahren des Mofa-Fahrens. Insbesondere warnten die Polizisten die Jugendlichen vor dem Frisieren von Mofas. Die Jugendlichen verfolgten die Veranstaltung aufmerksam und zeigten sich am Ende nachdenklich.

Arbeitsblatt 8

Eine Fernsehkritik untersuchen

TV-Kritik

Heute: „Einmal Hallig und zurück", 20.15 Uhr, Arte

Quasselstrippe trifft Einsiedler

Sie ist immer noch die First Lady der deutschen Comedy: Anke Engelke. In dieser originellen Komödie verkörpert sie mit Spaß an der Kostümierung und Gespür fürs Tragikomische die Klatschreporterin Fanny, die mit schrillem Gebaren[1] ihr Bedürfnis nach Liebe und ihre Angst vorm Älterwerden übertüncht. Als Fanny
5 einen echten Wirtschaftsskandal ausgräbt und sich dabei mit bösen Buben anlegt, schickt ihr Chefredakteur sie zu ihrem Schutz auf eine Hallig. Dort trifft die Quasselstrippe auf den einsiedlerisch lebenden Vogelkundler Hagen (mal wieder eine Paraderolle für Charly Hübner) und findet bei ihm Unterschlupf. Herrlich, wie die preisgekrönte Paderborner Regisseurin Hermine Huntgeburth diesen Gegensatz auskostet, ohne ihn auszuwalzen. Die Story ist zwar ausrechenbar, aber amüsante Dialoge,
10 sehenswerte Hallig-Bilder und das tolle Ensemble entschädigen dafür.

Cornelia Wystrichowski

(Aus: Lippische Landeszeitung vom 20.11.2015)

Untersuche die Kritik zur Fernsehsendung „Einmal Hallig und zurück". Gehe dabei auf folgende Aspekte ein:
- Wie hat der Kritikerin die Sendung gefallen?
- Wodurch wird ihr Urteil in dem Text deutlich?

---
[1] **Gebaren:** Verhalten

Eine Fernsehkritik untersuchen

Die Kritikerin lobt die Sendung vor allem wegen der gelungenen Handlung, der schauspielerischen Leistung der beiden Protagonisten, der Umsetzung der Geschichte durch die Regisseurin und der schönen Filmaufnahmen.

Erster Hinweis auf die positive Kritik ist das Piktogramm mit dem erhobenen Daumen.

Weitere Merkmale sind die positiven Formulierungen: „originelle(n) Komödie" (Z. 2), „Spaß an der Kostümierung und Gespür fürs Tragikomische" (Z. 12 f.), „Paraderolle" (Z. 9), „Herrlich" (Z. 10), „amüsante Dialoge" (Z. 12), „sehenswerte Hallig-Bilder" (Z. 12), „tolle(s) Ensemble" (Z. 12).

Eine Einschränkung der positiven Beurteilung findet sich in Z. 12, in der die Kritikerin die Story als „ausrechenbar" bezeichnet.

Einen Zeitungsbericht und einen Kommentar untersuchen

Smartphones stressen Kinder und Jugendliche

Studie: Wer keines hat, ist raus. Doch moderne Handys setzen junge Leute unter Zugzwang.

Düsseldorf (dpa). Smartphones setzen Kinder unter Stress. Das geht aus einer Studie von Forschern der Uni Mannheim hervor. Jeder Vierte der befragten 8- bis 14-Jährigen gab an, sich durch die permanente
5 Kommunikation über Messengerdienste wie WhatsApp gestresst zu fühlen. Fast jeder zehnte (8 Prozent) junge Smartphone-Besitzer nutzt sein Gerät so exzessiv, dass er als suchtgefährdet gilt. Fast die Hälfte erklärte, durch das Handy etwa von
10 den Hausaufgaben abgelenkt zu werden (48 Prozent). Jeder Fünfte gab schulische Probleme durch seine starke Handynutzung zu (20 Prozent). Jeder Siebte (15 Prozent) bemängelt, dass die echten Kontakte zu Freunden zu kurz kommen. Jeder
15 Zehnte (11 Prozent) ist bereits Opfer digitalen Mobbings oder von Ausgrenzung aus WhatsApp-Gruppen geworden.
Dass der Anbieter WhatsApp junge Internetnutzer eigentlich von seinem Dienst ausschließt, zeigt
20 kaum Wirkung. Laut den Allgemeinen Geschäftsbedingungen sei der Service für Kinder unter 16 Jahren nicht bestimmt, heißt es dort.
Die exzessive Nutzung der Smartphones durch Kinder und Jugendliche sei auch durch die Angst
25 getrieben, aus dem Kommunikationsprozess des Freundeskreises ausgeschlossen zu werden, sagte Karin Knop von der Uni Mannheim. So entstehe „Kommunikationsdruck".

Hinzu kommen gesundheitliche Risiken: Der Berufsverband der Kinder- und Jugendärzte (BVKJ) 30 warnte vor psychischen und körperlichen Beeinträchtigungen. Mediziner beobachten demnach einen Anstieg an Überforderung, Kopfschmerzen oder ADHS, der mit der wachsenden Nutzung der digitalen Medien zusammenhänge. 35
Vergangene Woche wiesen Experten ferner auf eine zunehmende Kurzsichtigkeit bei Kindern und Jugendlichen hin. Schon heute seien mehr junge Leute betroffen als noch vor wenigen Jahrzehnten. Kurzsichtigkeit ist Folge eines zu starken Längen- 40 wachstums des Augapfels vor allem zwischen dem 6. und 18. Lebensjahr.

INFO
Die Studie
- Für die Erhebung haben die Forscher 500 Kinder und Jugendliche im Alter von 8 bis 14 Jahren, aber auch Eltern befragt.
- Die Studie sei damit repräsentativ für die Handybesitzer dieser Altersgruppe.

(Aus: Lippische Landeszeitung vom 01.10.2015)

Analysiere den Zeitungsbericht. Gehe dabei auf folgende Aspekte ein:

Anlass des Berichtes, Erläuterung von Schlagzeile und Unterschlagzeile, Aufbau des Berichts, Funktion der Zitate, Sprache des Berichts.

Smartphone-Nutzung von Kindern

Stress pur

STEFAN SCHELP

Eine entfernte Bekannte berichtete neulich, sie habe ihren Kindern verboten, das Smartphone mit in den Urlaub zu nehmen. War keine gute Idee. Es war kein schöner Urlaub. Auch für die Eltern nicht.

Machen wir uns nichts vor. Kaum ein junger Mensch erträgt es heute, länger als eine halbe Stunde vom Nachrichtenstrom diverser WhatsApp-Gruppen abgeschnitten zu sein. Wenn Arbeitnehmer über Fluten von Mails jammern, dann sollten sie erst einmal sehen, welche Massen von Nachrichten ihre Kinder abzuarbeiten haben.

Wer einen halben Tag lang nicht online gewesen ist, muss mit 300 bis 400 WhatsApp-Nachrichten rechnen. Mindestens. Da hilft es nichts, dass die meisten dieser Nachrichten aus hochgereckten Daumen, Herzchen oder Smileys bestehen. Abgearbeitet werden müssen auch sie. Schließlich kommunizieren längst die meisten Fußball-Vereine, Sinfonie-Orchester und Schulklassen samt Lehrer per WhatsApp. Nicht die Tatsache, dass diese Flut Stress bedeutet, ist das Überraschende. Sondern die Tatsache, dass diese Erkenntnis sich erst jetzt Bahn bricht.

Wie bewahrt man seine Kinder also vor dem Stress und vor der ständigen und keineswegs unbegründeten Angst, etwas Wichtiges zu verpassen? Jedenfalls nicht, indem man ihnen das Smartphone abnimmt. Die gute alte Vorbildfunktion könnte helfen. Wer selbst – wie der Autor dieser Zeilen – viel zu oft am Smartphone hängt, darf sich nicht wundern, wenn die Kinder es ihm nachtun.
Stefan.schelp@ihr-kommentar.de

(Aus: Lippische Landeszeitung vom 08.10.2015)

Analysiere den Zeitungskommentar. Gehe dabei auf folgende Aspekte ein:

Anlass des Kommentars, Meinung des Kommentators, Erläuterung der Schlagzeile und der Dachzeile, Aufbau des Kommentars, Erläuterung der sprachlichen Wendungen, die eine Wertung erkennen lassen.

Bewertungsbogen 9

Bewertungsbogen zur Leistungsüberprüfung/Klassenarbeit

Name:	
Schulhalbjahr/Datum:	
Klasse:	
Fachlehrer/in:	
Thema der Unterrichtsreihe:	„Dahinter steckt ein kluger Kopf" – Zeitungsleser wissen mehr
Thema der Klassenarbeit:	Analyse eines Zeitungsberichts und eines Zeitungskommentars
Aufgaben:	s. Arbeitsblatt 9

A Inhaltliche Leistungen

Aufgabe 1

		maximale Punktzahl	erreichte Punktzahl
1	Anlass: Erscheinen der Studie zum Gebrauch des Smartphones durch Kinder und Jugendliche	5	
2	Erläuterung von Schlagzeile (Hauptergebnis der Studie) und Unterschlagzeile (zusätzliche Erkenntnisse aus der Studie)	5	
3	Aufbau des Berichts: Sechs Absätze 1. Absatz: Vorstellen der Studie mit ihren Hauptergebnissen 2. Absatz: Stressfaktoren, die Kinder und Jugendliche in der Studie angegeben haben 3. Absatz: Nutzlosigkeit von Jugendschutzbestimmungen am Beispiel von WhatsApp 4. Absatz: Zitat einer der Verfasser der Studie zum Kommunikationsdruck durch die Smartphones 5. Absatz und 6. Absatz: gesundheitliche Risiken durch Nutzung der digitalen Medien	10	
4	Funktion der Zitate: Objektiver Berichtstil, es geht nicht um eine subjektive Meinung, sondern um objektive Information	5	
5	sachlich, neutrale Sprache; keine wertenden Formulierungen des Verfassers	5	
	Gesamtpunktzahl für Aufgabe 1	**30**	

Aufgabe 2

		maximale Punktzahl	erreichte Punktzahl
1	Anlass: Erscheinen der Studie zum Gebrauch des Smartphones durch Kinder und Jugendliche	5	
2	Meinung des Kommentators: Verbote helfen nicht, den Stress zu mindern, sondern die Vorbildfunktion der Erwachsenen	5	
3	Erläuterung von Schlagzeile (Hauptergebnis der Studie) und Dachzeile (Anlass des Kommentars)	3	

Bewertungsbogen 9

4	Aufbau des Kommentars: Vier Absätze 1. Absatz: Einführung in das Thema durch eine vom Kommentator selbst erlebte Situation: Kindern das Smartphone zu verbieten erzeugt Stress für alle Beteiligten 2. Absatz: Darlegung des Problems: Junge Menschen sind abhängig davon, Nachrichten empfangen und senden zu können. 3. Absatz: Ursachen für das Problem: Die Nutzung der digitalen Kommunikationsmittel erstreckt sich auf alle Bevölkerungsgruppen, sodass eine Flut von Nachrichten besteht. 4. Absatz: Überleitung zur Problemlösung durch Fragestellung 5. Absatz: Meinung des Kommentators	10	
5	Erläuterung sprachlicher Wendungen, z. B.: Z. 3–6: Aneinanderreihung kurzer, z. T. unvollständiger Sätze, Betonung der Wirkung des Smartphone-Verbots Z. 6–12: Dramatisierung der Situation („kaum ertragen", „länger als eine halbe Stunde", „abgeschnitten") Z. 13–24: Dramatisierung der Situation („Mindestens") Z. 25–27: Einbeziehung des Lesers durch Fragestellung Z. 29 f.: Aufwertung der Problemlösung („gute alte Vorbildfunktion") Z. 30 ff.: Erhöhung der Glaubwürdigkeit durch Hinweis auf eigenes Verhalten des Kommentators	7	
	Gesamtpunktzahl für Aufgabe 2	30	
A	**Gesamtpunktzahl**	60	

B Darstellungsleistungen

		maximale Punktzahl	erreichte Punktzahl
1	Verwendung einer klaren gedanklichen und verständlichen Sprache, deutliche Darstellung von Zusammenhängen und eindeutigen Bezügen	10	
2	Sprachliche Korrektheit (Rechtschreibung, Zeichensetzung, Satzbau)	5	
3	Übersichtliche Anordnung des Textes und ordentliches Schriftbild	2	
B	**Gesamtpunktzahl**	17	
	Gesamtpunktzahl A und B	77	

Die Leistungsüberprüfung/Klassenarbeit wird mit der Note

bewertet.

Datum   Unterschrift

Zuordnung der Punkte zu den Notenstufen

Note	Punkte
sehr gut	77–68
gut	67–57
befriedigend	56–45
ausreichend	44–36
mangelhaft	35–15
ungenügend	14–0

© Schöningh Verlag

Leistungsüberprüfung – Selbstevaluation – Klassenarbeit

1. Einen Zeitungsbericht und einen Kommentar untersuchen
   (Arbeitsblatt 9, S. 378 f., Bewertungsbogen 9, S. 380 f.)

2. Eine Reportage schreiben
   Aufgabe:
   Schreibe eine Reportage zum Thema „Schulpause".
   Denk daran, was du über den Aufbau und die Sprache einer Reportage gelernt hast.
   Vergiss die Schlagzeile nicht.

   Bewertungsbogen: Bewertungsbogen 10, S. 383 f.

Bewertungsbogen 10

Bewertungsbogen zur Leistungsüberprüfung/Klassenarbeit

Name:	
Schulhalbjahr/Datum:	
Klasse:	
Fachlehrer/in:	
Thema der Unterrichtsreihe:	„Dahinter steckt ein kluger Kopf" – Zeitungsleser wissen mehr
Thema der Klassenarbeit:	Verfassen einer Reportage
Aufgabe:	Schreibe eine Reportage zum Thema „Schulpause". Denk daran, was du über den Aufbau und die Sprache einer Reportage gelernt hast. Vergiss die Schlagzeile nicht.

A Inhaltliche Leistungen

		maximale Punktzahl	erreichte Punktzahl
1	Verfassen einer Einleitung, die den Leser bereits in das Geschehen führt und ihn neugierig auf die Reportage macht	10	
2	Beschreibung unterschiedlicher Aspekte der Schulpause (Lärm, unterschiedliche Aktivitäten der Schülerinnen und Schüler und der Lehrerinnen und Lehrer, Entspannungsmöglichkeiten, Spielmöglichkeiten, eventuelle Gefahrenpunkte u. a.)	20	
3	Verdeutlichung der Atmosphäre der Schulpause durch entsprechende Formulierungen	10	
4	Wiedergabe des persönlichen Eindrucks von der Schulpause	10	
5	Zitate als Belege	5	
6	Dem Leser wird das Gefühl vermittelt, die Pause mitzuerleben	10	
7	Formulierung eines abrundenden Schlusses	5	
A	**Gesamtpunktzahl**	**70**	

B Darstellungsleistungen

		maximale Punktzahl	erreichte Punktzahl
1	Verwendung einer klaren gedanklichen und verständlichen Sprache, deutliche Darstellung von Zusammenhängen und eindeutiger Bezügen	5	
2	Verwendung einer abwechslungsreichen, anschaulichen Schriftsprache/ zusammenhängender Text, variabler Satzbau, abwechslungsreiche Ausdrucksweise und Wortwahl hinsichtlich der Verwendung von Verben, Adjektiven, Nomen/Substantiven, Satzanfängen	5	
3	Verwendung von anschaulichen Verben der Redeeinleitung bei der Anführung von Zitaten	3	

Bewertungsbogen 10

4	Sprachliche Korrektheit (Rechtschreibung, Zeichensetzung, Satzbau)	5	
5	Übersichtliche Anordnung des Textes und ordentliches Schriftbild	2	
B	**Gesamtpunktzahl**	**20**	

Gesamtpunktzahl A und B	**90**

Die Leistungsüberprüfung/Klassenarbeit wird mit der Note

_____ **bewertet.**

_____
Datum   Unterschrift

Zuordnung der Punkte zu den Notenstufen

Note	Punkte
sehr gut	90–82
gut	81–70
befriedigend	69–57
ausreichend	56–44
mangelhaft	43–15
ungenügend	14–0

Das Lernen lernen – Sachtexte zusammenfassen (S. 266–279)

Vorüberlegungen zur Einheit

Bereits im Band 7 dieses Lehrwerks haben sich die Schülerinnen und Schüler mit Sachtexten befasst. In diesem Kapitel geht es vorrangig darum, zu lernen, die Informationen eines Sachtextes angemessen zusammenzufassen. Dabei können die Lernenden auf Methoden zurückgreifen, die sie bereits kennengelernt haben, und so ihre Selbstständigkeit im Umgang mit Texten weiter schulen. Inhaltlich orientiert sich die Einheit an dem Thema „Jobben neben der Schule", das der Altersgruppe entspricht und die Schülerinnen und Schüler zu einer persönlichen Auseinandersetzung animiert.

Folgende Kompetenzen werden in dieser Einheit geschult:
- einem Sachtext Informationen mithilfe geeigneter Methoden gezielt entnehmen,
- zentrale Informationen erkennen und markieren,
- einen Text als Verständnishilfe gliedern,
- Kernaussagen eines Abschnitts durch Setzen von Überschriften sprachlich reduziert zusammenfassen,
- einzelne Textabschnitte im Gesamtkontext funktionalisieren (Einführung der Analyseebene),
- Sachtexte schriftlich zusammenfassen.

Als Einführung in die Einheit ist es naheliegend, die Erfahrungen der Schülerinnen und Schüler mit Nebenjobtätigkeiten einzuholen (s. **Auftaktseite 266**). Bei offenen Lernsituationen ist es sicher möglich, diese im Unterrichtsgespräch zu ermitteln. Sollten sich aber Hemmungen bei den Jugendlichen zeigen, ist es auch sinnvoll, die Lerngruppe zu teilen und die Schülerinnen und Schüler in Kleingruppen ihren Austausch leisten zu lassen. Vorgestellt würde dann ein Gruppenresümee, das die hauptsächlichen Tätigkeiten neben der Schule, die Motivation zu einem Nebenjob, die Erfahrungen mit Nebenjobs und die Frage nach der Vereinbarkeit von Schule und Job aufgreifen sollte. Denkbar ist es auch, den Schülern zum Einstieg die Statistik auf S. 269 zu präsentieren und daran die Frage anzuknüpfen, wie ein Jugendlicher zu dem notwendigen Geld kommt, das er für seine Ausgaben benötigt.

Didaktische Aufbereitung der Unterkapitel

1. Die inhaltliche Zusammenfassung eines Sachtextes (S. 267–271)

Jugendliche suchen zunehmend Nebenjobs (S. 267–268)

Aufgabe 1 S. 268	Bei dieser Aufgabe soll zunächst das grundsätzliche Verstehen des Artikels sichergestellt werden; außerdem werden die Schülerinnen und Schüler schnell merken, dass der Text verschiedene Themenaspekte bündelt. Es geht um …

- die Zunahme von Nebenjobs bei Jugendlichen,
- die Begründung für die Nebenjobs: Selbstständigkeit,
- die Einschätzung der Nebenjobs als identitätsstiftend,
- gute Vereinbarkeit von Schule und Nebenjob.

Aufgabe 2 S. 268

Hier wird das Vorwissen der Lernenden aktiviert; mögliche Antworten sind:
- das Markieren von Kernaussagen durch Unterstreichen
- Einkreisen zentraler Begriffe
- Nummerierung der aufeinanderfolgenden Kernaspekte
- Randnotizen zu zentralen Aussagen – Überschriftencharakter

Aufgabe 3 S. 268

In diesem Fall wird eine Methode vorgegeben, die den Schülerinnen und Schülern vertraut ist. So ist eine nachfolgende Besprechung problemlos möglich. Die zentralen Aussagen des Berichts sind:
- Z. 3–5: Nachfrage nach Nebenjobs ist erheblich gestiegen, um 20 bzw. 25 %
- Z. 15 f.: Arbeitszeit der Jugendlichen liegt wöchentlich bei 6–8 Stunden
- Z. 25 f.: Jugendliche jobben, weil sie selbstständig sein wollen, nicht um ihr Taschengeld aufzubessern
- Z. 30 f.: Arbeit Jugendlicher ist identitätsstiftend
- Z. 33 ff.: Jugendliche mit Nebenjobs sind schulisch nicht schwächer als Mitschüler ohne Nebenjobs
- Z. 40 ff.: Eigenverantwortung ist für Jugendliche sehr wichtig

Aufgabe 4 S. 268

Bei dieser Aufgabe sollen die Schülerinnen und Schüler lernen, das Wesentliche eines Textabschnitts zu erfassen. Dabei ist es wichtig, dass der gesamte Inhalt bedacht wird und dass die gewählten Überschriften angemessen präzise sind. Deshalb ist der Überschrift „Art und Umfang der Nebenjobtätigkeit" der Vorzug zu geben, da die übrigen Überschriften nur Teilaspekte des Abschnitts berücksichtigen.

Aufgaben 5 und 6 S. 268

Die weiteren Abschnitte könnten mit folgenden Überschriften versehen werden:
Z. 15–16: durchschnittliche wöchentliche Arbeitszeit der Jugendlichen
Z. 17–31: Einschätzung der Nebenjobtätigkeit durch Prof. Mansel
Z. 31–42: Einfluss der Nebenjobtätigkeit auf die schulische und persönliche Entwicklung

Aufgabe 7 S. 268

Durch die Setzung von Überschriften und die Zuordnung von Einzelinformationen hat der Leser den Artikel für sich präsent und kann die Überschriften schnell mit Inhalt füllen. So kann es dann im Weiteren gelingen, den Text in konzentrierter Form wiederzugeben. Alternativ zu diesem Vorgehen ist es auch sehr sinnvoll, Fragen an den Text zu stellen, auf die dieser eine Antwort gibt. Im Unterricht könnten die Sitznachbarn so ihre Textkenntnis testen und gegebenenfalls über einzelne Aspekte intensiver sprechen.

Aufgabe 8 S. 268

Diese Aufgabe erfordert von den Schülerinnen und Schülern einen abstrahierenden Blick, da es nicht darum geht, die einzelnen Aspekte zu addieren, sondern dem Text ein Grundthema zuzuordnen. Denkbar wäre es, das Thema des Textes folgendermaßen zu benennen:
- Die Nebenjobtätigkeiten als identitätsstiftende Aktionen oder
- Immer mehr Jugendliche suchen den Weg der Eigenverantwortung durch Nebenjobtätigkeiten

Aufgabe 9 S. 268

Ziel der Textzusammenfassung ist, dass die Schülerinnen und Schüler schon früh eine genaue Wiedergabe der zentralen Inhalte leisten, ohne den Text abzuschreiben. Die eigene Wortwahl für die Zusammenfassung sowie die Kausalverknüpfung der Einzelabschnitte ist hier ein zentrales Erfordernis. Durch diesen ersten Schritt werden die Schülerinnen und Schüler an die nachfolgende, eher textanalytische Arbeit (vgl. S. 272 ff.) herangeführt. Sinnvoll ist es, wenn die Schülerinnen und Schüler nach der Formulierung der Zusammenfassung in eine Partnerkorrektur gehen: Jeder ist sich des Inhalts des Artikels bewusst, sodass es auch jedem möglich sein dürfte, die Zusammenfassung seines Nachbarn auf Vollständigkeit, Logik und die eigene Wortwahl hin zu überprüfen.

Aufgaben 1 und 2 S. 269

Mit diesen Aufgaben haben die Schülerinnen und Schüler die Gelegenheit, zum einen ihre eigenen Ausgaben mit den in der Statistik aufgeführten zu vergleichen, zum anderen werden sie aufgefordert, die einzelnen Angaben genau zu untersuchen: Sie ermitteln, worüber die Statistik informiert, sie bedenken, dass in der Statistik die Gesamtausgaben der Jugendlichen aufgeführt sind, und sie zeigen, dass bestimmte Einzelausgaben besonders schwer wiegen. So sind z. B. die Ausgaben für Kleidung und Accessoires, Essen und Trinken oder Ausgehen/Nachtleben bis zu sechsmal so hoch wie die Ausgaben für Möbel und Einrichtung oder Unterhaltungselektronik. Dabei ist natürlich zu bedenken, dass es sich bei dem Erwerb von Möbeln oder Unterhaltungselektronik häufig um einmalige Ausgaben handelt, während Ausgaben etwa für das Ausgehen regelmäßig getätigt werden müssen, wodurch sich die unterschiedlichen Ausgabenhöhen zusätzlich erklären lassen.

Aufgabe 3 S. 269

Beim Verfassen eines Kurzvortrags bzw. eines schriftlichen Textes werden die Schülerinnen und Schüler dazu angehalten, die Statistik in systematisierter Form auszuwerten. Dabei sollten sie das Thema der Statistik erfassen, die Quelle der Informationen angeben, die Extremzahlen benennen, einzelne Informationen in Relation zueinander stellen und auch zeigen, dass die Ausgaben für Kleidung in einem gewissen Abstand zu den anderen Ausgaben liegen (z. B. mehr als doppelt so hoch wie die Ausgaben für Zeitschriften und Bücher). Durch die genaue Darstellung der Statistikinformationen gelingt es, das eigene Ausgabeverhalten abschließend noch einmal mit den Angaben der Statistik zu vergleichen und Auffälliges oder Überraschendes aus der Statistik zu artikulieren.
Alternativ zu der unmittelbaren Beschäftigung mit der Statistik kann es auch reizvoll sein, den Schülerinnen und Schülern zunächst nur die Ausgabenbereiche (Kleidung, Essen und Trinken etc.) in unsortierter Form zu geben und sie selbst eine Rangfolge erstellen zu lassen. Der Arbeitsauftrag hieße dann:
- Erstellt eine Reihenfolge: Wofür geben Jugendliche zwischen 12 und 18 Jahren am meisten Geld aus, wofür am wenigsten? Bringt die einzelnen Bereiche in eine Reihenfolge.

Anschließend bietet sich ein Vergleich der eigenen Angaben mit denen der Statistik an.

Generation Job (S. 269–271)

Aufgabe 1 S. 271

Da der Artikel von Marcel Gluschak die gleiche Thematik aufweist wie der vorangegangene Text, bietet sich ein Vergleich der beiden Texte an. Anders als der erste Text (S. 267 f.) listet der Artikel aus dem Kölner Stadtanzeiger nicht nur Informationen auf, sondern er enthält auch Kommentierungen Jugendlicher und Erwachsener zum Stellenwert von Nebenjobs sowie Fakten aus statistischen Erhebungen. Dadurch wird es schwieriger, die einzelnen Informationen des Artikels zu ermitteln. Zudem ist der Text länger und sprachlich komplexer, was zusätzlich die Informationsentnahme „auf einen Blick" erschwert. Schließlich zeigt der Text eine ambivalente Beurteilung von Nebenjobtätigkeiten Jugendlicher, sodass eine Strukturierung des Artikels größere Konzentration erfordert.

Aufgabe 2 S. 271

Diese Aufgabe ermöglicht es dem Lehrer oder der Lehrerin zu ermitteln, inwieweit der Artikel grundsätzlich verstanden wurde und welche Informationen der Schüler bzw. die

Aufgabe 3
S. 271

Schülerin behalten hat. Die mündliche Wiedergabe des Textes sichert so das Erstverständnis des Textes.

Die Besprechung der Aufgabe kann in einem **Tafel-** bzw. **Folienbild** gebündelt werden. Dazu wird das Gerüst an der Tafel vorgegeben und die Schülerinnen und Schüler füllen es in einer Kreidestaffel aus, d. h., jeweils zwei Schüler gehen gleichzeitig nach vorne und notieren, was ihnen im Gedächtnis geblieben ist, danach reichen sie die Kreide an ihre Mitschüler weiter und diese schreiben weitere Punkte auf usw. Dabei könnte folgendes Bild entstehen:

„Generation Job" – Kölner Stadtanzeiger vom 7.7.03

Überschrift/Zeilen	Informationen
Erfahrungen eines Lehrers mit dem Konsumverhalten Jugendlicher (Z. 1–20)	Geldbedarf pro Monat: 250 Euro/ Ausgaben für Handy, Kleidung, Sonnenbank, Essen
Geändertes Konsumverhalten Jugendlicher macht Nebenjobtätigkeit erforderlich (Z. 21–37)	Handy, Markenkleidung, Ausgehen innerhalb der Woche – die Schüler müssen jobben, um ein ausgeglichenes Konto zu haben
Fakten zu Nebenjobtätigkeiten Jugendlicher (Z. 38–45)	1/3 der 15–19-Jährigen arbeitet regelmäßig; 42 % arbeiten gelegentlich oder in den Ferien
Bewertung der Nebenjobtätigkeit aus Lehrerperspektive (Z. 46–61)	Gefahr, Schule als Nebensache zu begreifen; Schüler sind motivationslos und müde; Verbindung zur Schule geht verloren; Verplanung durch Nebenjobs führt zu Stress
Bewertung der Nebenjobtätigkeit aus Schülerperspektive (Z. 62–76)	mit Disziplin und Organisation lassen sich Schule und Nebenjobs gut vereinbaren; Nebenjobtätigkeit fördert die Selbstständigkeit und erhöht den verantwortlichen Umgang mit Geld
Studienergebnisse zu der Frage nach dem Stellenwert von Nebenjobs (Z. 77–83)	Jugendliche können sicherer mit Geld umgehen; neigen eher zum Sparen
Reaktion einer Schule auf das Phänomen Nebenjob (Z. 84–100)	Verbindung von Schulwissen mit der Möglichkeit, Geld zu verdienen, als Form, sich den Realitäten zu stellen; wichtig muss aber die Erkenntnis bleiben, dass die eigene Zukunft vorrangig zum Geldverdienen ist

TAFELBILD

Alternativ können die Schülerinnen und Schüler das Strukturbild auch in Partnerarbeit vervollständigen bzw. füllen.

Aufgabe 4
S. 271

Nach der intensiven Besprechung der Schülerarbeiten zu Aufgabe 3 wird es der Lerngruppe leichtfallen, die Notizen von Maja auf ihre Vollständigkeit hin zu überprüfen. Bei der Frage, ob einige Informationen wegfallen können, sollte gezeigt werden, dass es sinnvoll sein kann, zentrale Zitate schon in die Stichwortsammlung aufzunehmen, dass darin aber auch die Gefahr liegt, einen Text abzuschreiben.

Aufgaben 5 und 6
S. 271

Die Themenformulierung stellt für Schülerinnen und Schüler erfahrungsgemäß eine Schwierigkeit dar, weil sie auf einer abstrakteren Ebene den Kern eines Textes erfassen müssen. Deshalb wurde sie hier hinter die Erfassung der Einzelinformationen gesetzt. Bei der Beurteilung der im Buch vorgegebenen Themenvorschläge sollte deutlich werden, dass nur der zweite Themenvorschlag Majas geeignet ist. Der erste Vorschlag bleibt ungenau, da zum einen die Quellenangabe fehlt und zum anderen die unterschiedliche Beurteilung von Nebenjobs, wie sie im Artikel aufgezeigt wird, unberücksichtigt bleibt. Der dritte Vorschlag ist nicht geeignet, weil dem uninformierten Leser einer solchen Themenformulierung die W-Fragen nicht beantwortet werden. Zudem wird durch eine solche Themenformulierung der Eindruck erweckt, es gehe im Artikel um Einzelbeispiele und nicht um eine generelle Thematisierung von Nebenjobtätigkeiten Jugendlicher.

2. Die Aufgaben von Textabschnitten erfassen (S. 272–274)

In diesem Unterkapitel sollen die Schülerinnen und Schüler lernen, Textaussagen auf einer metasprachlichen Ebene zu qualifizieren, um der Machart eines Textes näherzukommen. Die Funktionalisierung von Textaussagen stellt eine wichtige Aufgabe dar, um im Weiteren zu einer Textanalyse gelangen zu können.

Aufgabe 1
S. 272

Die Einzelsätze können folgendermaßen zugeordnet werden:
- Manfred Huschner [...] kann nicht fassen, was ihm die Schüler manchmal erzählen: **die Meinung einer Einzelperson anführen**
- Jugendliche haben ihr Konsumverhalten geändert [...] Nebenjob zum selbstverständlichen Bestandteil des Alltags geworden: **Fakten nennen**
- Rund ein Drittel der 15–19-Jährigen arbeitet regelmäßig, [...]. Das sind die vorläufigen Ergebnisse der Studie „Jugendliche in neuen Lernwelten" des Deutschen Jugendinstituts in München, die diesen Sommer veröffentlicht wird: **die Ergebnisse einer Studie einbringen**
- Zu Wochenbeginn hängen die Schüler motivationslos über den Tischen, noch ganz müde vom Job am Wochenende: **die Meinung einer Einzelperson anführen**
- Für Becker steht außer Frage, dass sich lukrativer Nebenverdienst und ertragreiche Bildung nicht vereinbaren lassen: **sich auf eine Autorität berufen, z. B. auf einen Experten**
- Auch Natascha (18) [...] verantwortlicher mit Geld umgehen: **ein Einzelbeispiel nennen**
- Nataschas Ansicht deckt sich mit dem Ergebnis einer aktuellen Studie [...] auch eher zum Sparen neigen: **die Ergebnisse einer Studie einbringen**

Aufgabe 2
S. 273

Je nach Abschnittsgliederung fallen die Ergebnisse möglicherweise leicht variierend aus. Die Tabelle lässt sich z. B. folgendermaßen vervollständigen:

Zeilen	Inhalt – Was wird gesagt?	Welche Aufgabe hat die Aussage?
...	...	...
38–45	Ein Drittel der 15–19-Jährigen arbeitet regelmäßig, 42 % arbeiten gelegentlich	Ergebnisse einer Studie
46–61	Schüler sind für die Schule nicht mehr motiviert, Nebenjob ist wichtiger, ertragreiche Bildung und lukrativer Nebenjob passen nicht zusammen	Sich auf eine Autorität berufen, z. B. auf einen Experten
62–76	Mit Disziplin und Organisation sind Schule und Nebenjob zu vereinbaren/ Nebenjob führt zu größerer Verantwortung im Umgang mit Geld	Aufgreifen der Schülerperspektive durch Anführen zweier Einzelmeinungen
77–83	Jugendliche mit Nebenjobs zeigen verantwortlichen Umgang mit Geld und neigen eher zum Sparen	Ergebnisse einer Studie
84–100	Schule sucht Verbindung von Nebenjob mit schulischem Wissen; Schüler sollen eigene Zukunft als wichtiger bewerten als die Möglichkeit, Geld zu verdienen durch Nebenjob	Einzelbeispiel geben, Meinung einer Einzelperson

Aufgabe 3
S. 274

Nach der Bearbeitung der Aufgaben der einzelnen Textabschnitte wird es den Schülerinnen und Schülern leichterfallen, die angefangene Zusammenfassung zu dem Zeitungsartikel fortzusetzen. Bei der Ausformulierung der Tabellenangaben (Aufgabe 2) ist es hilfreich, wenn vor der Verschriftlichung noch einmal auf mögliche Kausalverknüpfungen der Textabschnitte hingewiesen wird. Dann wird es möglich, zu zeigen, ob z. B. eine Aussage im Kontrast zu einer anderen steht oder ob z. B. eine Studie als Legitimierung für ein Einzelbeispiel angeführt wird etc.

Aufgabe 4
S. 274

Nach gemeinsam festgelegten Kriterien in der Gesamtgruppe (Vollständigkeit, Herstellen von Kausalverknüpfungen, Formulierung im Präsens, angemessene Zitierung von Textaussagen, sachgerechte Wiedergabe ...) können die Schüler in Kleingruppen in einer Art Redaktion ihre Texte besprechen und überarbeiten. Dabei werden ggf. Schwierigkeiten in der Ausformulierung sichtbar, die dann gemeinsam behoben werden können. Dadurch arbeiten die Schüler selbstständig und eigenverantwortlich und sind nicht sofort der Kritik der Gesamtgruppe ausgesetzt. Besonders gelungene Zusammenfassungen erhalten abschließend im Plenum ihre Würdigung.

3. Hier kannst du üben (S. 275–279)

Nadine Bös: Ferienjobs: Mehr als Kellnern (S. 275–276)

Aufgabe 1
S. 276

Hier sollen die Schüler den Kerngehalt des Textes ermitteln und so ihr Erstverständnis artikulieren. In der Einleitung des Artikels wird das Thema bereits angerissen.
Als Thema des Textes könnte festgehalten werden:
Es geht um die veränderte Wahrnehmung von Neben- bzw. Ferienjobs sowohl durch Schüler und Studenten als auch durch die Unternehmen: Ferienjobs werden von Arbeitnehmern und -gebern gleichermaßen nicht mehr nur als kurzzeitiges Arbeitsverhältnis verstanden, welches Geld einbringt (junge Leute) bzw. Ferienzeiten überbrückt (Unternehmen), sondern als Möglichkeit, einander kennenzulernen.

Aufgabe 2
S. 276

Analog zu der Bearbeitung des vorangegangenen Textes sollen die Aufgaben der einzelnen Textabschnitte ermittelt werden. Dabei müsste darauf hingewiesen werden, dass in einer jeweils bearbeiteten Passage mehrere Aufgaben/Funktionen enthalten sind. Diese Arbeit ist zwar etwas mühselig, stellt aber für die nachfolgende schriftliche Zusammenfassung eine hilfreiche Vorarbeit dar. Stichworte für die einzelnen Abschnitte sowie Aufgabenbenennungen der Aussagen könnten sein:

Zeilen	Inhalt – Was wird gesagt?	Welche Aufgabe hat die Aussage?
1–5	**Einleitung** *Ferienjobs werden unter Schülern immer beliebter; sind aber auch für Arbeitgeber in Zeiten des Bewerbungsmangels attraktiv, um junge Talente zu erreichen*	*(Einleitung dient der Zusammenfassung und kurzen Information des Lesers; sie soll ferner zum Lesen animieren)*
6–24	**Daten über Ferienjobs** Bundesagentur für Arbeit (BA) und Statistisches Bundesamt führen keine Statistiken über Ferienjobs, da diese meist informell vermittelt werden	Anführung von Fakten
	Autobauer Daimler sucht ganz offiziell 6500 Ferienbeschäftigte, um insbesondere in der Ferienzeit den Betrieb am Laufen zu halten → widerspricht der Aussage der BA und des Statistischen Bundesamtes	ein Einzelbeispiel nennen
25–53	**Vorteile der Ferienarbeit für Unternehmen** laut BA-Sprecherin profitieren Unternehmen von Ferienarbeit, da sie so Werbung z. B. für eine spätere Ausbildung machen können	Expertenmeinung
	Beratungsfirma Kienbaum (E. Bethkenhagen): Ferienarbeit als Möglichkeit für die Unternehmen, junge Talente kennenzulernen → bestätigt die Aussage der BA-Sprecherin	Expertenmeinung

54–76	**Auch Schüler und Studenten nutzen Ferienjobs für Berufsvorbereitung**	
	schuelerjobs.de (Geschäftsführer S. Ropertz): Schüler suchen gezielt nach Nebenjobs, die zu ihren Berufswünschen passen, um Erfahrungen zu sammeln; Bezahlung nicht mehr alleiniges Kriterium	Expertenmeinung
	E. Bethkenhagen: Gleiches gelte auch für Studenten → unterstützt die Aussage Ropertz'	Expertenmeinung
77–89	**Statistiken über Nebenjobs von Schülern und Studierenden**	
	Deutsches Studentenwerk: Zahl erwerbstätiger Studenten steigt: 2003 (63 %) → 2009 (67 %)	Fakten des Deutschen Studentenwerks
	Schülerjobs: keine gesicherten Statistiken; jedoch steigende Klickzahlen bei „schuelerjobs.de"	Fakten
90–117	**rechtliche Rahmenbedingungen für Schülerjobs**	
	T. Neuner-Jehle (Fachanwalt für Arbeitsrecht): ab 15 Jahren: nur zwischen 6–20 Uhr (Ausnahmen: Gastronomie, Landwirtschaft, Bäckereigewerbe); Vermeidung sittlicher Gefahren; Vermeidung von Überforderung; Arbeitsverträge mit Minderjährigen nur schwebend wirksam	Expertenmeinung

Stefanie Heider: Nebenjob Spendensammlerin: „Ich sollte das Vertrauen der Opfer gewinnen" (S. 277–278)

Aufgabe 1 S. 279

In dem Artikel wird der Nebenjob einer kommerziellen Spendensammlerin erläutert, wobei die Tätigkeit durchweg als negativ dargestellt wird, da es v. a. darum gehe, andere Menschen durch perfide Tricks an Spendenverträge zu binden.

Aufgaben 3 und 4 S. 279

Die Autorin bewertet ihren Nebenjob durchweg negativ, was sowohl in der Beschreibung der Tätigkeit selbst („am meisten gehassten Leute in Deutschland", Z. 7f.; „blöder", Z. 61; „Lügengerüst", Z. 66; „anzulabern", Z. 76; „taten mir alle Knochen weh", Z. 113f.) als auch in der Charakterisierung ihres Vorgesetzten („strikte Anweisungen", Z. 14; „äußert widerwillig", Z. 96f.; „scheuchte […] hinaus", Z. 99) und der Bezeichnung der Adressaten ihrer Arbeit („Opfer", Z. 34) deutlich wird. Entsprechend negativ fällt auch die Gesamtbewertung durch die Redakteurin aus, welche das kommerzielle Spendensammeln in der Einleitung ihres Artikels als „perfide" (Z. 6) bezeichnet, da es darauf abziele, Personen bewusst zu täuschen (vgl. „‚Mitmachblätter'", Z. 2).

Die Ergebnisse können auch in einem **Tafelbild** zusammengefasst werden:

Nebenjob Spendensammlerin – Wie bewertet Viviane Cismak ihren Nebenjob?

Tätigkeit als Spendensammlerin

Beschreibung der Tätigkeit selbst
- „am meisten gehassten Leute in Deutschland" (Z. 7 f.); „blöd[..]" (Z. 61)
- „Lügengerüst" (Z. 66)
- „taten mir alle Knochen weh" (Z. 113 f.)
- schlechte Bezahlung (vgl. Z. 110 f.)

Charakterisierung ihres „Teamleiter[s]" (Z. 96)
- „strikte Anweisungen" (Z. 14)
- „äußerst widerwillig" (Z. 96 f.)
- „scheuchte [...] hinaus" (Z. 99)

Umgang mit den Passanten
- „Suggestivfragen" (Z. 28 f.)
- „Opfer" (Z. 34) „anzulabern" (Z. 76)

- Viviane Cismak bewertet die Tätigkeit durchweg negativ → „Eindeutig nein!" (Z. 118)
- Dieser Bewertung schließt sich die Redakteurin an: Spendensammeln als „perfide" (Z. 6) Tätigkeit

TAFELBILD

Einen Sachtext zusammenfassen (1)

29. Januar 2014

Nebenjobs: Wenn das Taschengeld nicht reicht

Von Nicole Walter

Hundesitter, Komparse oder Zeitungsbote: Statt monatelang zu sparen, suchen sich viele Jugendliche nebenbei einen Job.

Ob mit dem Gassigehen von Hunden, als Komparse beim Fernsehen oder auch als Zeitungsbote – für Schüler gibt es zahlreiche Möglichkeiten, sich ihre Kasse etwa für den Führerschein oder den Campingurlaub aufzubessern.

Düsseldorf. Marika Reiter aus Düsseldorf versucht ihr Glück mit handgeschriebenen Zetteln, die sie in der Stadt aufhängt. Die 14-Jährige ist auf der Suche nach einem
5 Nebenjob und möchte gern sechs bis zehn Euro pro Stunde verdienen. Seit fünf Jahren hat Marika Kontakt zu einer Agentur für Nebenrollen in Kino- und TV-Filmen. Die Aufträge sind aber zu unregelmäßig, weshalb sie eine weitere Aufgabe sucht. Auch wenn die Düsseldorferin gern ihr Taschengeld mit kleinen Jobs aufstockt, geht es ihr nicht allein um das Geld: „Jobs, die mir keinen Spaß bringen, mache ich nicht."

10 **Jugendliche bekommen pro Monat 28 Euro von den Eltern**

Knapp 28 Euro Taschengeld pro Monat bekommen Kinder und Jugendliche im Durchschnitt. Das hat die jüngste KidsVerbraucherAnalyse gezeigt, eine repräsentative Studie, die das Konsumverhalten von Kindern erfragt. Wem das nicht reicht, der hält oft nach einem Job Ausschau, der sich mit der Schule vereinbaren lässt und trotzdem gutes Geld
15 bringt. Die Palette der Möglichkeiten ist groß. Und es muss nicht immer einer der Klassiker Babysitten, Hunde ausführen oder Nachhilfe sein, wie die folgenden Beispiele zeigen.

Marco Körber, Geschäftsführer der Casting-Agentur Producer's Friend, hat viele junge Leute in seiner Kartei. Er vermittelt sie als Statisten oder für kleine Nebenrollen in
20 Kino- und TV-Filmen, zum Beispiel für den Kino-Erfolg des Jahres 2013 „Fack ju, Göthe" oder für den neuen Kinofilm von Matthias Schweighöfer. „Wir locken dabei nicht mit dem Spruch ‚Hey Baby, ich bring dich groß raus', sondern wir vermitteln kleine, realistische Rollen", sagt Körber.

60 Euro bekomme ein Statist im Schnitt pro Drehtag, in einem Werbefilm wie etwa für
25 den Disney Channel seien auch 75 Euro drin. „Wir wünschen uns, dass sich jemand bei uns nicht nur wegen des Geldes meldet, sondern ein Interesse für Film und Fernsehen mitbringt."

Arbeitsblatt 1

Manche Traumjobs scheitern an den Arbeitszeiten oder den Versicherungsauflagen. Im Theater beispielsweise finden die meisten Aufführungen am Abend statt, auf dem
30 Reiterhof oder in der Skatehalle scheuen potenzielle Arbeitgeber oft vor den Versicherungskosten und Aufsichtspflichten zurück. Und von ihren Lebensrettern und Strandwächtern erwartet die Deutsche Lebens-Rettungs-Gesellschaft (DLRG) ehrenamtliches Engagement und zahlt nur eine Aufwandsentschädigung.

Regelmäßiges Einkommen durch einen Job vor Ort

35 *Für alle Schülerjobs gilt: Die Arbeitszeiten, erlaubte Beschäftigungen und die Anforderungen an den Arbeitsschutz sind im Jugendarbeitsschutzgesetz verankert. Dabei gelten für unter 15-Jährige strengere Regeln als für die Älteren. „Wer jünger als 15 Jahre ist, darf bis zu zwei Stunden täglich arbeiten, allerdings nicht vor Schulbeginn und nicht nach 18 Uhr", sagt Janin Gurtz, Anwältin für Arbeitsrecht in Rostock.*

40 Die Dauerbrenner Zeitungen austragen, Babysitten, Nachhilfe und Hunde ausführen sind vielleicht keine ausgefallene Tätigkeit, haben aber einige Vorteile: Die Jobs sind in nahezu jeder Stadt möglich, sie bieten ein regelmäßiges Einkommen, und wer Kinder und Hunde liebt, hat viel Freude dabei.

Es gibt viele verschiedene Wege, den passenden Schülerjob zu finden. Auf dem Internet-
45 portal www.schuelerjobs.de zum Beispiel werden deutschlandweit Jobs für Schüler angeboten. Sucht man einen Job in der Nähe, der zu den eigenen Vorlieben passt, lohnt es sich, persönlich auf die Pirsch zu gehen und nachzufragen.

(http://www.wz-newsline.de/home/ratgeber/verbraucher/nebenjobs-wenn-das-taschengeld-nicht-reicht-1.1541139 [Aufruf: 15.09.2015])

1 Markiere zentrale Aussagen zu den einzelnen Abschnitten und schreibe die Einzelinformationen stichwortartig heraus.

2 Formuliere dann das Thema des Textes.

3 Fasse den Inhalt des Artikels mit eigenen Worten zusammen und achte darauf, die Funktionen der einzelnen Aussagen/Abschnitte darzulegen.

Einen Sachtext zusammenfassen (1)

Aufgabe 1

Wesentliche Informationen des Textes können stichwortartig etwa folgendermaßen herausgestellt werden:
- Beispiel Marika als Aufhänger der Thematik: 14-Jährige sucht Möglichkeit, ihr Taschengeld aufzubessern
- sie will nur solche Jobs annehmen, die ihr Spaß machen
- Angaben zu durchschnittlicher Taschengeldhöhe Jugendlicher: 28 € im Schnitt
- es gibt Alternativen zu „klassischen" Nebenjobs, um Geld zu verdienen
- Beispiel Casting-Agentur – 60 € können Jugendliche als Statisten pro Tag verdienen
- nicht alle Jobs sind für Jugendliche möglich – einige sind zu falschen Zeiten verankert, andere brauchen besondere Voraussetzungen
- Angaben zu den Bestimmungen des Jugendschutzgesetzes: unter 15 Jahren nur zwei Stunden täglich erlaubt; nicht vor Schulbeginn und nicht nach 18 Uhr
- Vorzüge von typischen Nebenjobs, z. B. Zeitungen verteilen: in nahezu jedem Ort möglich, regelmäßiges Einkommen möglich
- Angabe der Internetadresse www.schuelerjobs.de als Hilfe, um einen geeigneten Job zu finden
- Tipp an die Jugendlichen: direktes Anfragen vor Ort nach einem Nebenjob

Aufgabe 2

Als Thema des Textes können die Schüler etwa Folgendes formulieren:
Der Artikel „Nebenjobs: Wenn das Taschengeld nicht reicht" thematisiert die Situation Jugendlicher, um Geld zu verdienen, und zeigt Möglichkeiten und Grenzen von Nebenjobs für Jugendliche auf.

Aufgabe 3

Der Artikel „Nebenjobs: Wenn das Taschengeld nicht reicht", verfasst von Nicole Walter und am 29.1.2014 in der „wz-newsline" online erschienen, beginnt mit dem Nennen eines Beispiels. Die Schülerin Marika Reiter auf ihrer Suche nach einem geeigneten Nebenjob wird als Aufhänger genannt, um das Interesse des Lesers zu wecken und um zu zeigen, dass der nachfolgende Inhalt des Artikels von einer Situation handelt, die viele Jugendliche kennen. Die Schülerin übernehme Nebenrollen im Fernsehen, sei aber auf der Suche nach einem regelmäßigen, zusätzlichen Einkommen. Es wird eine Äußerung der Schülerin angefügt (vgl. Z. 6 f.), die die Glaubwürdigkeit der Aussage erhöht und darüber informiert, dass Marika Reiter nicht jeden Nebenjob annähme, sondern auch Spaß bei der Ausübung eines Nebenjobs haben möchte.

Unter der Zwischenüberschrift „Jugendliche bekommen pro Monat 28 € von den Eltern" (Z. 10) werden dem Leser zunächst Informationen über die monatliche durchschnittliche Taschengeldhöhe gegeben, die bei 28 € liege. Dadurch, dass die Studie „KidsVerbraucher-Analyse" (Z. 12) als Quelle der Angabe genannt wird, erhöht sich die Glaubwürdigkeit der Angabe. Die genannte Studie untersuche das „Konsumverhalten von Kindern" (Z. 13), woraus die Verfasserin des Artikels ableitet, dass Jugendliche auf der Suche nach Nebenjobs seien, wenn dieses Geld in Höhe von ca. 28 € nicht ausreiche (vgl. Z. 11 ff.). Walter deutet auf den nächsten Abschnitt des Artikels hin, indem sie angibt, dass es zu den typischen Nebenjobs wie Hundesitten Alternativen gebe (vgl. Z. 15 ff.).

Der folgende Abschnitt (Z. 18–23) zeigt eine mögliche Alternative für Jugendliche, einen Nebenjob auszuüben. So wird als Möglichkeit dargestellt, dass Schüler kleine Rollen beim Film übernehmen und so ihr Taschengeld aufbessern könnten. Zur Erhöhung der Glaubwürdigkeit dieser Aussage wird die Meinung eines Experten in diesem Bereich genannt: Marco Körber, „Geschäftsführer der Casting-Agentur Producer's Friend" (Z. 18) wird wörtlich zitiert, um wiederum die Echtheit der Aussage zu garantieren. Körber gibt an, dass viele Jugendliche sich um kleine Rollen beim Fernsehen bewerben würden, dass er für bekannte Filme auch Jugendliche vermittelt habe und benennt die Höhe des Verdienstes für Jugendliche, wenn sie solche kleinen Rollen übernähmen. So sagt er, dass 60 € für Statistenrollen pro Tag gezahlt würden, für Werbefilme der Verdienst bis zu 75 € betragen könne. Körber betont in seinem Beitrag, dass es für ihn wichtig sei, dass die Jugendlichen nicht nur schnell Geld verdienen wollen, sondern dass er sich wünsche, dass die Jugendlichen Freude an ihrer Tätigkeit hätten. Durch diese letzte Angabe des Geschäftsführers wird zum Beginn des Artikels eine Brücke geschlagen, wenn auch Marika Reiter formuliert, sie wolle Spaß am Nebenjob haben (vgl. Z. 7 ff.).

Im folgenden Abschnitt (Z. 28–33) werden rechtliche Angaben sowie Einschränkungen für die Ausübung bestimmter Nebenjobs angegeben, um den Leser sachgerecht zu informieren. Zunächst nennt Walter die Einschränkung durch die Vorgaben der Arbeitszeit (vgl. Z. 28 f.) und nennt zur Veranschaulichung die Arbeit am Theater, geht dann auf Schwierigkeiten ein, die aus Versicherungsgründen resultieren (vgl. Z. 30 f.) und gibt schließlich am Beispiel der DLRG an, dass es auch Arbeitgeber gebe, die nur wenig Geld für Nebenjobs zahlten (vgl. Z. 32 f.).

Generelle gesetzliche Bestimmungen zu Nebenjobtätigkeiten für Schüler sind in dem gesondert markierten Abschnitt (Z. 35–39) eingefügt, um den Leser fundiert zu informieren. Die rechtlichen Bestimmungen, dass Jugendliche unter 15 Jahren täglich zwei Stunden arbeiten dürften und nicht vor Schulbeginn sowie nach 18 Uhr, werden durch die Autorität Janin Gurtz gestützt, die als Anwältin für Arbeitsrecht in Rostock als Expertin auf dem Gebiet der rechtlichen Bestimmungen gesehen werden kann.

Die Verfasserin gibt im vorletzten Abschnitt (Z. 40–43) die Vorteile an, die im Ausüben der typischen Nebenjobs wie Nachhilfe oder Hundesitten liegen können, indem sie darauf hinweist, dass solche Tätigkeiten zwar eventuell weniger besonders seien als die oben genannten Statistenrollen beim Fernsehen, dass sie aber den Vorteil böten, in nahezu jedem Ort angeboten zu werden und dass sie ein regelmäßiges Einkommen ermöglichten und auch viel Freude bereiten könnten.

Der letzte Abschnitt des Textes (Z. 44–47) bündelt zum einen die Textaussagen auf einer generellen Ebene und gibt zum anderen noch zwei Tipps an jobsuchende Schüler weiter. Die Verfasserin nennt eine Internetadresse, auf der man sich über Nebenjobmöglichkeiten informieren kann, und empfiehlt, sich bei einem potenziellen Arbeitgeber persönlich vorzustellen, um einen Nebenjob zu erhalten.

Insgesamt lässt sich der Text leicht lesen und ist auch sprachlich gut verständlich. Auf eine informierende Weise erhält der Leser Anregungen und Auskünfte über die Möglichkeiten, einen Nebenjob als Schüler auszuüben.

Einen Sachtext zusammenfassen (2)

SPIEGEL-ONLINE
20. Oktober 2012, 16:04 Uhr

Jugendliche und Nebenjobs

Endlich darf ich ins Büro

Den Schüler *Stephan Albrecht* treibt eine für Erwachsene sonderbare Frage um: Warum darf ich im Alter von zwölf Jahren nicht arbeiten, obwohl ich gerne würde? Im Dickicht aus Jugendschutz und Arbeitsrecht findet er eine Antwort – und sehnt sich nach seinem 13. Geburtstag.

5 Hin und wieder sitze ich zu Hause und frage mich, was ich nur machen soll. Jeden Tag fahre ich eine halbe Stunde in meine Schule. Der Unterricht ist normalerweise nach fünf Stunden vorbei. Am Mittag mache ich meist recht zügig Hausaufgaben. Und dann?

Soll ich bis zum Abend Computer spielen oder fernsehen? Ich könnte Schlagzeug oder Gitarre spielen. Samstage sind gut, da gehe ich zu den Pfadfindern. Auch an unserer
10 Schülerzeitung arbeiten macht mir viel Spaß. Aber obwohl ich schon so viel mache, würde ich gerne ein wenig arbeiten. Ich könnte mein Taschengeld aufbessern und hätte die Möglichkeit, anderen Leuten eine Freude zu machen.

An der Pinnwand an unserem Dorfplatz lese ich immer wieder, dass Familien einen Babysitter suchen, oder ältere Leute brauchen Hilfe mit ihrem Garten. Aber regelmäßig
15 so einen Job zu machen, verbietet mir das Jugendarbeitsschutzgesetz. Ich bin nämlich noch zwölf Jahre alt.

Das Jugendarbeitsschutzgesetz verbietet Kindern, die unter 13 Jahre alt sind, zu arbeiten, denn das wäre Kinderarbeit. Mich stört das sehr. Das Gesetz ist eigentlich dazu da, dass ich und andere Kinder geschützt werden. Es soll verhindern, dass Kinder beispielsweise
20 von ihren Eltern zur Arbeit gezwungen werden.

Alle Kinder haben ein Recht auf Freizeit

Klar, ich sehe ein, dass gefährliche Jobs für Kinder tabu sind. Aber wer will schon mit zehn oder elf Jahren in einem Atomkraftwerk oder einem Elektrizitätswerk arbeiten? Auch ein Kind sollte doch das Recht haben, wenn es selber will und großes Interesse
25 hat, einem Beruf nachgehen dürfen, um sich ein wenig Taschengeld zu verdienen.

Richtig wichtig ist das Kinderarbeitsverbot natürlich in Ländern, in denen Kinder so viel arbeiten müssen, dass sie nicht zum Lernen kommen oder durch die Arbeit sogar krank werden. In vielen armen Ländern arbeiten Kinder, obwohl es verboten ist, manche werden von den Eltern zur Arbeit gezwungen und einige müssen auch Wehrdienst
30 leisten. Manche müssen sich sogar prostituieren, damit die Familie ein wenig mehr Geld zum Leben hat. Das ist schlimm, denn alle Kinder haben ein Recht auf Freizeit und Unversehrtheit und sie sollten auch die Möglichkeit bekommen, etwas aus ihrem Leben zu machen, indem sie in die Schule gehen.

Arbeitsblatt 2

Aber darf ich denn wirklich gar nichts arbeiten, wenn ich noch keine 13 bin? Rechtsan-
wältin Sonja Riedemann sagt mir dazu, aus Gefälligkeit der Nachbarin mal den Rasen mähen sei in Ordnung. Allerdings ist es nur erlaubt, wenn das nicht regelmäßig passiert. Denn eine Vereinbarung fürs Rasenmähen einmal im Monat, das wäre dann unter Umständen bereits ein mündlicher Arbeitsvertrag. Wenn man den Eltern mal in deren eigenen Firma hilft, ginge das auch regelmäßig, sagt Riedemann. In einem Familienbetrieb gebe es mehr Möglichkeiten, mitzuhelfen, das könne dann auch eine erzieherische Maßnahme sein.

Minderjährige haben außerdem ein besonders geschütztes Recht auf Freizeit, man muss bestimmte Pausen einhalten. Im Jugendarbeitsschutzgesetz steht, dass nach einem Arbeitstag „nicht vor Ablauf einer ununterbrochenen Freizeit von mindestens zwölf Stunden" wieder gearbeitet werden darf. Das ist eine gute Regel, genau wie Regeln und Gesetze, die Kinder vor Ausbeutung schützen.

Für mich ist die Zeit des Wartens bald vorbei. Ich werde 13, dann darf ich arbeiten und verdiene eigenes Geld. Allerdings darf ich nur höchstens zwei Stunden am Tag jobben, mehr ist auch dann nicht erlaubt. Für noch mehr Arbeit müsste ich warten, bis ich 15 bin. Dann sind theoretisch acht Stunden am Tag möglich – wenn meine Schulpflicht zu Ende ist.

Stephan Albrecht *ist inzwischen 13 Jahre alt, er ist Chefredakteur der Unterstufenzeitung „Bazillus" am Ignaz-Kögler-Gymnasium in Landsberg am Lech. Im vergangenen Jahr erstritt er vor Gericht, dass der „Bazillus" an seiner Schule verteilt werden darf. Die Schulleitung hatte das mit der Begründung untersagt, es dürfe an Stephans Schule nur eine Zeitung geben. In den Sommerferien war Stephan in der Redaktion des Schulspiegel bei SPIEGEL ONLINE zu Besuch. Dabei ist dieser Text entstanden.*

(http://www.spiegel.de/forum/schulspiegel/jugendliche-und-nebenjobs-endlich-darf-ich-ins-buero-thread-73560-1.html; Aufruf: 18.12.2015)

1 Vorarbeiten:
Lies den Text mehrfach, gliedere ihn in Abschnitte und formuliere am Rand des Textes eine Überschrift für die einzelnen Abschnitte.
Formuliere das Thema des Artikels.

2 Schreibe eine inhaltliche Zusammenfassung des Artikels, indem du
- die Rahmendaten des Artikels benennst,
- das Thema des Textes nennst,
- die Informationen der einzelnen Abschnitte mit eigenen Worten wiedergibst und angibst, welche Funktion die einzelnen Abschnitte haben,
- abschließend kurz den Text in seiner Lesbarkeit oder in seiner Bedeutung für die Adressaten würdigst.

Bewertungsbogen 2

Bewertungsbogen zur Leistungsüberprüfung/Klassenarbeit

Name:	
Schulhalbjahr/Datum:	
Klasse:	
Fachlehrer/in:	
Thema der Unterrichtsreihe:	Das Lernen lernen – einen Sachtext zusammenfassen
Thema der Klassenarbeit:	Einen Sachtext zusammenfassen
Aufgaben:	s. Arbeitsblatt 2

A Inhaltliche Leistungen

Aufgabe 1

		maximale Punktzahl	erreichte Punktzahl
1	Du gliederst den Text in sinnvolle Abschnitte.	5	
2	Du findest geeignete Überschriften für die jeweiligen Abschnitte.	5	
3	Du benennst das Thema des Textes angemessen (z. B. Reflexion über die Sinnhaftigkeit der Jugendschutzbestimmungen zum Arbeitsrecht aus der Sicht eines Schülers).	5	
	Gesamtpunktzahl für Aufgabe 1	**15**	

Aufgabe 2

		maximale Punktzahl	erreichte Punktzahl
1	Du benennst die Rahmendaten des Textes (Autor, Erscheinungsort, -datum, Titel des Artikels).	4	
2	Du benennst das Thema des Textes angemessen, z. B. Reflexion über die Sinnhaftigkeit der Jugendschutzbestimmungen zum Arbeitsrecht aus der Sicht eines Schülers.	4	
3	Du bündelst die Informationen des Textes und nennst dabei auch die Funktion der Abschnitte, z. B.: • den Vorspann als Orientierung für den Leser – ein zwölfjähriger Schüler möchte gern arbeiten, darf dies aber nur sehr begrenzt • die Situationsbeschreibung, die der Schüler gibt (Z. 5–16: Stephan hat oft Langeweile, würde sein Taschengeld gern aufbessern, darf aber nicht regelmäßig jobben). Funktion des Abschnitts: Einführung des Lesers in die dargestellte Perspektive des Schülers Stephan • die Bestimmungen des Jugendarbeitsschutzgesetzes (Z. 17–20) und Stephans negative Einstellung dazu; Funktion des Abschnitts: Sachinformation für den Leser • die Zwischenüberschrift (Z. 21) als Bündelung nachfolgender Inhalte • die argumentative Auseinandersetzung des Schülers mit Sinn und Grenze des Gesetzes: Zugeständnis, dass gefährliche Jobs verboten sein müssen (vgl. Z. 22); Einwand/Plädoyer: interessierten Schülern sollte es erlaubt sein, zu jobben (vgl. Z. 24 f.)	Inhalt: 20 P. Funktion: 20 P.	

Bewertungsbogen 2

• Ausweitung der Frage nach dem Sinn des Jugendarbeitsschutzgesetzes durch Berücksichtigung der Situation von Kindern in anderen Ländern; hier Befürwortung der gesetzlichen Bestimmungen seitens des Schülers • das Aufgreifen der Anfangsfrage, ob man unter 13 Jahren nicht arbeiten darf; Hinzuziehen einer Expertenaussage zur Untermauerung (vgl. Z. 34–41): gelegentliche Gefälligkeiten seien erlaubt, regelmäßiges Arbeiten nicht; Veranschaulichung durch Beispiel „Rasen mähen" (vgl. ebd.) • weiterführende Informationen zu den Jugendarbeitsschutzbestimmungen – hier: Pausenregelung – Befürwortung dieser Bestimmung seitens des Schülers (vgl. Z. 42–46) • Ausblick auf die weitere Situation des Schülers und Information über Regelungen für Nebensjobs ab einem Alter von 13 Jahren (vgl. Z. 47–51)		
Du würdigst Lesart/Bedeutung des Artikels, z. B.: • gute Lesbarkeit durch einfache, anschauliche Sprache, leichter Nachvollzug durch Benennen von Beispielen • aufgrund der Schülerperspektive gute Identifikationsmöglichkeit für den Adressaten und • sinnvolle Form, sich mit dem Stellenwert der Jugendschutzbestimmungen selbst auseinanderzusetzen	5	
Gesamtpunktzahl für Aufgabe 2	**53**	
A Gesamtpunktzahl	**68**	

B Darstellungsleistungen

		maximale Punktzahl	erreichte Punktzahl
1	Du formulierst sachlich und klar, sodass die Ausführungen gut nachvollziehbar sind.	4	
2	Du gibst zu deinen Aussagen geeignete Textstellen in richtiger Zitierweise an.	4	
3	Du verwendest einen angemessen komplexen Satzbau.	4	
4	Du wendest die Regeln der Rechtschreibung, Zeichensetzung und Grammatik sicher an.	10	

B Gesamtpunktzahl — 22

Gesamtpunktzahl A und B — 90

Die Leistungsüberprüfung/Klassenarbeit wird mit der Note

_____ bewertet.

_____
Datum   Unterschrift

Zuordnung der Punkte zu den Notenstufen

Note	Punkte
sehr gut	90–80
gut	79–69
befriedigend	68–58
ausreichend	57–47
mangelhaft	46–23
ungenügend	22–0

Einen Sachtext zusammenfassen (3)

04.02.2010

Schüler mit Nebenjobs hundemüde zum Unterricht

Rasen mähen, Auto waschen oder babysitten – fast die Hälfte der Schüler verdient sich durch Nebenjobs etwas dazu. Das kann aber auch zu schlechteren Noten führen. Zwei Schüler berichten.

Von Lilia Stegemann und Rainer Schulze

Eine Stunde Englisch-Nachhilfe in der Woche: Die 17 Jahre alte Camilla Diefenbach (rechts) hat das richtige Maß gefunden

5 Ganz früh morgens, wenn ihre Mitschüler noch schlafen, ist Katharina Hecker (Name geändert) schon auf den Beinen. Von Dienstag bis Freitag klappert sie jede Woche die Briefkästen in ihrem Stadtteil ab, bevor die Schule beginnt. Zeitungen auszutragen füllt zwar das Portemonnaie der Achtzehnjährigen, die ein Frankfurter Gymnasium besucht. Aber es leert ihren Energiespeicher. Sie sei ständig müde und komme in der Schule
10 kaum mit, klagt Katharina. „Ich musste wegen des Nebenjobs die zehnte Klasse wiederholen, was echt hart für mich war."
Fast die Hälfte der Viert- bis Siebtklässler verdient sich mit Nebenjobs etwas dazu, vor allem durch einfache Tätigkeiten wie Rasenmähen und Putzen. Andere gehen babysitten oder tragen Prospekte aus. Das geht aus der „Kinderbarometer"Studie hervor, die die
15 Hessenstiftung „Familie hat Zukunft" in Zusammenarbeit mit dem Sozialministerium und dem Kultusministerium 2008 veröffentlicht hat. Bei den älteren Schülern dürfte der Anteil derjenigen mit Nebenjobs noch höher sein. In der Regel litten die Schüler nicht unter der Arbeit, heißt es in der Studie. Doch es gebe auch Ausnahmen.

Nicht mehr als vier Stunden in der Woche

20 Der Frankfurter Psychologe Thomas von Eisenhart Rothe rät den Eltern, darauf zu achten, dass die Arbeitszeit eines Schülers nicht drei bis vier Stunden in der Woche übersteigt. Andernfalls könnten nach einer Weile nicht nur Stress, sondern teilweise auch ernsthafte psychosomatische Probleme auftreten. Ein erstes Symptom für eine Überlastung des Schülers seien Probleme in der Familie. Hinzu kämen Misserfolge in

der Schule, da er vor Müdigkeit und Erschöpfung den Lernstoff nicht bewältigen und die Hausaufgaben nicht erledigen könne. Diese Konflikte führen zumeist zu Aggressivität und anderen Verhaltensproblemen, in seltenen Fällen zur Depression. Zumeist käme eine angemessene Reaktion von Eltern und Freunden, manchmal auch Verwandten zu spät.

In der Shell-Jugendstudie 2006 wurde untersucht, wie viel Zeit Jugendliche für einen Nebenjob investieren. Knapp ein Drittel der Jugendlichen arbeitet demnach bis zu fünf Stunden je Woche in der Freizeit. Genauso groß ist der Anteil derjenigen, die mehr als zehn Stunden arbeiten, um das Taschengeld aufzubessern. Kinder im Alter von neun bis 14 Jahren erhalten monatlich durchschnittlich 19 Euro Taschengeld. Pädagogen empfehlen für 17 Jahre alte Kinder monatlich 44,50 Euro und für Achtzehnjährige 53 Euro Taschengeld.

Jungen und Mädchen geben ihr Taschengeld laut „Kinderbarometer" für unterschiedliche Zwecke aus. Während Jungen Spielsachen und Computer kaufen, stehen bei Mädchen Kleidung und Zeitschriften im Vordergrund. Das Bedürfnis nach Anerkennung spielt nach Ansicht von Eisenhart Rothe für die Jugendlichen eine große Rolle. Sie kauften von Taschengeld und Lohn häufig Markenkleidung.

„Ferien sind auch zum Ausruhen da"

Der Psychologe empfiehlt Schülern, einen Job auf die Ferien zu beschränken. Dann könnten sie sich intensiv auf die Tätigkeit konzentrieren. „Aber die Ferien sind auch zum Ausruhen da. Höchstens die Hälfte oder ein Drittel der freien Zeit, vorzugsweise der Sommerferien, sollten zum Arbeiten genutzt werden", sagt der Psychologe. Camilla Diefenbach hat das richtige Maß gefunden. Die 17 Jahre alte Schülerin bessert ihr Taschengeld auf, indem sie ein Mal in der Woche Nachhilfe gibt. Eine Stunde lang erklärt sie englische Kommasetzung oder das „simple present". Zehn bis 15 Euro bekommt sie dafür. Steht eine wichtige Klausur an, muss der Nachhilfe-Job ausfallen. Camilla sagt, sie profitiere von der Arbeit, da sie Disziplin lerne. „Aber ich richte mich nach der Schule. Sie ist mein Alltagsjob." Dabei stehe die Unterstützung anderer für sie im Vordergrund. „Geld ist für mich unwichtig", behauptet sie sogar. Das Geld, das sie verdient, spart sie für den Führerschein. Und ein kleines Polster möchte sie auch schon für das Studium beiseitelegen.

(http://www.faz.net/aktuell/rhein-main/frankfurt/schueler-mit-nebenjobs-hundemuede-zum-unterricht-1939039.html [letzter Aufruf: 23.09.2015])

1 Vorarbeiten:
Lies den Text mehrfach, gliedere ihn in Abschnitte und formuliere am Rand des Textes eine Überschrift für die einzelnen Abschnitte.
Formuliere das Thema des Artikels.

2 Schreibe eine inhaltliche Zusammenfassung des Artikels, indem du
- die Rahmendaten des Artikels benennst,
- das Thema des Textes nennst,
- die Informationen der einzelnen Abschnitte mit eigenen Worten wiedergibst und angibst, welche Funktion die einzelnen Abschnitte haben,
- abschließend kurz den Text in seiner Lesbarkeit oder in seiner Bedeutung für die Adressaten würdigst.

Bewertungsbogen 3

Bewertungsbogen zur Leistungsüberprüfung/Klassenarbeit

Name:	
Schulhalbjahr/Datum:	
Klasse:	
Fachlehrer/in:	
Thema der Unterrichtsreihe:	Das Lernen lernen – Sachtexte zusammenfassen
Thema der Klassenarbeit:	Einen Sachtext zusammenfassen
Aufgaben:	s. Arbeitsblatt 3

A Inhaltliche Leistungen

Aufgabe 1

		maximale Punktzahl	erreichte Punktzahl
1	Du gliederst den Text in sinnvolle Abschnitte.	5	
2	Du findest geeignete Überschriften für die jeweiligen Abschnitte.	5	
3	Du benennst das Thema des Textes angemessen (z. B.: Ausmaß von und Gefahren durch Nebenjobtätigkeiten).	5	
	Gesamtpunktzahl für Aufgabe 1	**15**	

Aufgabe 2

		maximale Punktzahl	erreichte Punktzahl
1	Du benennst die Rahmendaten des Textes (Autor, Erscheinungsort, -datum, Titel des Artikels).	4	
2	Du benennst das Thema des Textes angemessen, z. B. Ausmaß von und Gefahren durch Nebenjobtätigkeiten.	4	
3	Du bündelst die Informationen des Textes und nennst dabei auch die Funktion der Abschnitte, z. B.: • Vorspann (Z. 1–3) als bündelnder Überblick über den Inhalt des Artikels: viele Schüler arbeiten neben der Schule; schulische Leistungen können sinken; Perspektive zweier Schüler als „Lesebrille" des Artikels • Beispiel als Aufhänger des Artikels (Z. 5–11) – Schülerin ist aufgrund von Nebenjobtätigkeit in schulische Schwierigkeiten geraten; Zitat einer Äußerung der Schülerin, um Glaubwürdigkeit des Gesagten zu erhöhen • Orientierung des Lesers (Z. 12–18)/Informationen darüber, wie viele Schüler neben der Schule jobben; Stützen der Angaben durch Autorität („Kinderbarometer"-Studie als Teil der Hessenstiftung „Familie hat Zukunft"; Kooperation mit Sozialministerium und Kultusministerium); Ergebnis der Untersuchung: i. d. R. litten Schüler nicht unter Nebenjobs, es gebe aber Ausnahmen • Zwischenüberschrift als orientierender Leseanreiz (Z. 19) und Aufgreifen des letzten Satzes des vorherigen Abschnitts	20 P. Inhalt 20 P. Funktion	

404 © Schöningh Verlag

Bewertungsbogen 3

	• Empfehlung eines Experten (Psychologe Thomas von Eisenhart Rothe) über Ausmaß potenzieller Nebenjobs: Schüler sollten laut Eisenhart Rothe nicht länger als 3–4 Std. wöchentlich arbeiten (vgl. Z. 20 ff.). Angabe möglicher Folgen bei längerer Arbeitszeit: „psychosomatische Probleme" (Z. 23), Nennen konkreter Beispiele: Misserfolge in der Schule, Müdigkeit, Aggression etc. (vgl. Z. 23–27) • Z. 30–36: Angaben über die reale Beschäftigungssituation von Schülern sowie Information über durchschnittliche reale Taschengeldhöhe und empfohlener Taschengeldhöhe; Argumentation mit Shell-Studie als Autorität • indirekte Begründung für die Nebenjobtätigkeiten (Z. 37–41): Jugendliche geben Geld für unterschiedliche Dinge aus, um Anerkennung zu erlangen. Begründung durch Rückgriff auf die Autorität Eisenhart Rothe und auf Studie „Kinderbarometer" • Zwischenüberschrift (Z. 42): Zitat aus dem nachfolgenden Abschnitt, das von dem Psychologen Eisenhart Rothe stammt/Leseanreiz • Angabe einer Empfehlung Eisenhart Rothes, Schüler sollten vorzugsweise in den Ferien jobben, aber darauf achten, in den Ferien auch auszuruhen (Z. 43–46) – Verhaltensempfehlung für Leser • Rückgriff auf „Aufhänger" zu Beginn des Artikels: Schülerin Camilla Diefenbach wird erneut erwähnt, sodass für den Leser ein Rahmen entsteht. Darlegen der Verhaltensweise Diefenbachs, die laut Textautor „das richtige Maß" (Z. 47) gefunden habe. Aussagen der 18-Jährigen werden wörtlich zitiert, um Glaubwürdigkeit der Angaben zu erhöhen		
4	Du würdigst Lesart/Bedeutung des Artikels, z. B.: • gute Lesbarkeit durch einfache, anschauliche Sprache, leichter Nachvollzug durch Benennen von Beispielen • Seriosität durch Nennen zahlreicher Autoritäten • Stellenwert für eigene Lebenssituation ist hoch, weil der Artikel sowohl die Realität über Nebenjobs zeigt als auch auf mögliche Gefahren hinweist, die mit einer zu starken Belastung durch Nebenjobs verbunden sind	5	
	Gesamtpunktzahl für Aufgabe 2	53	
A	**Gesamtpunktzahl**	**68**	

B Darstellungsleistungen

		maximale Punktzahl	erreichte Punktzahl
1	Du formulierst sachlich und klar, sodass die Ausführungen gut nachvollziehbar sind.	4	
2	Du gibst zu deinen Aussagen geeignete Textstellen in richtiger Zitierweise an.	4	
3	Du verwendest einen angemessen komplexen Satzbau.	4	
4	Du wendest die Regeln der Rechtschreibung, Zeichensetzung und Grammatik sicher an.	10	
	Gesamtpunktzahl	**22**	
	Gesamtpunktzahl A und B	**90**	

© Schöningh Verlag

Bewertungsbogen 3

Die Leistungsüberprüfung/Klassenarbeit wird mit der Note

_____ **bewertet.**

_____
Datum   Unterschrift

Zuordnung der Punkte zu den Notenstufen

Note	Punkte
sehr gut	90–80
gut	79–69
befriedigend	68–58
ausreichend	57–47
mangelhaft	46–23
ungenügend	22–0

Leistungsüberprüfung – Selbstevaluation – Klassenarbeit

1. **Einen Sachtext zusammenfassen (1)**
   Text: Nebenjobs: Wenn das Taschengeld nicht reicht
   (Arbeitsblatt 1, S. 394 f., Lösung 1, S. 396 f.)

2. **Einen Sachtext zusammenfassen (2)**
   Text: Endlich darf ich ins Büro
   (Arbeitsblatt 2, S. 398 f., Bewertungsbogen 2, S. 400 f.)

3. **Einen Sachtext zusammenfassen (3)**
   Text: Schüler mit Nebenjobs hundemüde zum Unterricht
   (Arbeitsblatt 3, S. 402 f., Bewertungsbogen 3, S. 404 ff.)

Was will ich werden? – Auf der Suche nach einem Praktikumsplatz (S. 280–289)

Vorüberlegungen zur Einheit

In vielen Schulen ist im Zuge der Schulzeitverkürzung das Betriebspraktikum von der zehnten auf die neunte Klasse vorverlegt worden. Das heißt, dass die Vorbereitung zu diesem Praktikum bereits in der achten Klasse stattfinden sollte.

Hilfe bei der Suche nach einem Praktikumsplatz und beim Verfassen der Bewerbung: Die Einheit nimmt beide Aspekte auf, indem sie auf der einen Seite Möglichkeiten vorstellt, die eigenen Interessen und Fähigkeiten zu erkunden und einen entsprechenden Beruf für das Praktikum auszuwählen, und auf der anderen Seite auf das Bewerbungsschreiben und das Vorstellungsgespräch vorbereitet.

Die Einheit ist so konzipiert, dass die Schülerinnen und Schüler sie weitgehend selbstständig bearbeiten können. Dafür muss ein Zeitraum von etwa vierzehn Tagen eingerechnet werden. Weitergehende Informationen zur Berufswahl stellt folgende Internetseite der Bundesagentur für Arbeit zur Verfügung:
www.planet-beruf.de/ (letzter Zugriff: August 2015)

Für die Thematik bietet sich ein fächerübergreifendes Arbeiten mit dem Fach Politik, Wirtschaft/Politik bzw. Gesellschaftslehre an.

Falls die Möglichkeit besteht, sollte auch der Besuch des BIZ (Berufsinformationszentrums), das den Arbeitsagenturen angegliedert ist, organisiert werden. Die Schüler lernen hier weitere Möglichkeiten kennen, ihre Fähigkeiten und Interessen einzuschätzen und entsprechende Berufsbilder zu ermitteln.

Schwerpunktmäßig geht es um folgende Kompetenzen:
- eigene Interessen und Fähigkeiten erkunden,
- Texten Informationen entnehmen,
- standardisierte Texte (Bewerbungsschreiben, Lebenslauf) verfassen.

Die **Auftaktseite** (S. 280) führt unmittelbar in die Thematik ein.

Aufgabe 1 S. 280	Das obere Foto zeigt eine Glaserei, das untere eine Tischlerei. Über die Tätigkeiten, die die Schüler in den beiden Betrieben ausüben könnten, kann natürlich nur spekuliert werden. Konzentrieren werden sie sich auf das Schulen handwerklicher Fähigkeiten. In der Regel arbeiten die Schüler in der Zeit des Praktikums an einem Übungsstück. Natürlich werden sie auch zu Hilfsarbeiten herangezogen.
Aufgabe 2 S. 280	Freie Aufgabe. Die Schüler überlegen aber schon an dieser Stelle, ob sie sich vorstellen können, in einem handwerklichen Beruf ihr Praktikum durchzuführen.

Didaktische Aufbereitung der Unterkapitel

1. Was interessiert mich? – Was kann ich?

Aufgabe 1
S. 281
Das Gespräch der Schüler dreht sich um zwei Aspekte: Welcher Betrieb soll für das Praktikum ausgewählt werden und worin besteht eigentlich der Sinn dieses Praktikums?

Aufgabe 2
S. 281
Diese Aufgabe knüpft an den zweiten Aspekt an: Die Schülerinnen und Schüler sollen sich Gedanken machen, welchen Zwecken das Praktikum dient. Genannt werden könnte hier:
- Einblick in die Arbeitswelt
- Erprobung von Fähigkeiten und Interessen
- Übung einer Bewerbung

Aufgabe 3
S. 281
Einerseits müssen sich die Schüler bewusst machen, über welche Fähigkeiten sie verfügen und welche Interessen sie haben; andererseits müssen sie überlegen, welche Berufe ihren Fähigkeiten und Interessen entsprechen.

Eigene Interessen und Fähigkeiten erkunden (S. 281–284)

Aufgabe 1
S. 282
Laura verfügt über ein gutes Vermögen, sich die Ausstattung eines Raumes, der im Moment noch zu ganz anderen Zwecken genutzt wird, vorzustellen. Sie sieht quasi vor ihrem geistigen Auge den zukünftigen Raum.
Simon hat handwerkliches Geschick; insbesondere besitzt er die Fähigkeit, mit sehr kleinen Teilen zu arbeiten, was viel Fingerspitzengefühl erfordert.

Aufgabe 2
S. 282
Freie Aufgabe. Wichtig ist es, hier in der Gruppe zu agieren, weil diese auf der einen Seite als Kontrollinstanz dient, auf der anderen Seite aber auch diejenigen stärken kann, die nicht ganz von ihren eigenen Fähigkeiten überzeugt sind.

Aufgabe 3
S. 282
Mit diesem Gedankenexperiment können sich die Schüler noch einmal gegenseitig ihre Fähigkeiten vorstellen und sie erhalten in der Gruppe dazu auch Rückmeldung.

Aufgabe 4
S. 282
Die Schülerinnen und Schüler werden überwiegend sehr konkrete Fähigkeiten angeführt haben (gut mit Kindern umgehen, handwerkliches Geschick etc.). Die Liste der Bundesagentur für Arbeit fasst dagegen die Fähigkeiten abstrakter zusammen.

Aufgabe 5
S. 282
Mit dieser Aufgabe soll den Schülern deutlich werden, dass bestimmte Tätigkeiten mehrere dieser Fähigkeiten verlangen. So muss jemand, der z. B. eine Jugendgruppe betreut, über Kontaktfähigkeit, Teamfähigkeit und Gewissenhaftigkeit verfügen.

Aufgabe 6
S. 282
Zu nennen wären hier etwa: räumliches Vorstellungsvermögen, Teamfähigkeit, Hand- und Fingergeschick.

Raumausstatter/Raumausstatterin – Aufgaben und Tätigkeiten (S. 283–284)

Aufgabe 8
S. 284
Lauras gutes Vorstellungsvermögen, was die zukünftige Ausstattung von Räumen betrifft, ist eine wichtige Voraussetzung für den Beruf einer Raumausstatterin. Daneben sind aber körperliche Leistungsfähigkeit, Konzentrationsfähigkeit und vor allem auch – wegen der Kundenberatung – Kontaktfähigkeit gefragt. Zudem wird eine gewisse Flexibilität bei der Arbeitszeit vorausgesetzt (nicht immer geregelte Arbeitszeiten), da sich die Raumausstatterin bei der Kundenberatung nach den Terminwünschen der Kunden richten muss.

2. Werbung in eigener Sache – Bewerbungsschreiben, Lebenslauf und Vorstellungsgespräch (S. 285–289)

Aufgabe 1
S. 285

Den Schülern sollte klar sein, dass auch für die Bewerbung um einen Praktikumsplatz das Bewerbungsschreiben den üblichen Normen gemäß sein muss.
Die Person, die über die Vergabe des Platzes zu entscheiden hat, erkennt zunächst durch die äußere Form, wie viel Mühe sich der Bewerber mit der Bewerbung gemacht hat, wie groß folglich das Interesse des Bewerbers an dem Platz ist. Weiterhin will diese Person wissen, warum sich der Bewerber gerade für dieses Berufsfeld interessiert und welche Fähigkeiten er dafür mitbringt. Nicht zuletzt möchte sich die Person ein allgemeines Bild von dem Bewerber machen, auch von seinem Werdegang und seinen persönlichen Neigungen und Interessen.

Aufgabe 2
S. 286

Beschreibung von oben nach unten:
- Absender mit Telefonnummer und – falls vorhanden – mit E-Mail-Adresse. Das Datum wird in der letzten Zeile der Absenderangabe nach rechts eingerückt (rechtsbündig abschließend).
- Adresse der Firma
- Betreff (Heute ist es nicht mehr üblich, die Abkürzung „Betr.:" zu benutzen.)
- Ist die Kontaktperson namentlich bekannt, wird sie auch direkt angesprochen; ansonsten: „Sehr geehrte Damen und Herren,"
- Einleitungssatz mit dem Zweck des Schreibens
- Angabe über den momentanen beruflichen bzw. schulischen Status
- Begründung, warum die Bewerbung für das Berufsfeld erfolgt, gegebenenfalls auch bei dem konkret angesprochenen Unternehmen
- Bitte um ein Vorstellungsgespräch
- Abschlussgruß
- eigenhändige Unterschrift
- Verzeichnis der Anlagen

Die Punkte bedeuten Leerzeilen; die angegebenen Abstände entsprechen den üblichen Normen.

Aufgabe 3
S. 286

Das Bewerbungsschreiben ist voll und ganz gelungen, da es sowohl den üblichen Normen entspricht als auch hinreichend das Interesse der Bewerberin an dem Berufsfeld deutlich macht. Insbesondere einer Achtklässlerin wird man zugutehalten, dass sie von einer sehr persönlichen Erfahrung ausgeht, um ihr Interesse deutlich zu machen.

Aufgabe 4
S. 286

Freie Aufgabe. Zu beachten ist, dass die Normen des Bewerbungsschreibens eingehalten werden.

Aufgabe 5
S. 286

Der Lebenslauf gibt in kurz gefasster Form wesentliche Hinweise auf den persönlichen schulischen und beruflichen Werdegang des Bewerbers. Auch hier gilt es wieder, die äußere Form ansprechend zu gestalten: bündige Spalten, gleichmäßige Verteilung der Angaben auf der Seite, übersichtliche Gliederung.

Aufgabe 6
S. 287

Wichtig ist der Hinweis auf die übersichtliche Gliederung des Lebenslaufs. Unterschiedlich gehandhabt wird die Frage, ob Angaben über die Eltern gemacht werden müssen, da dies eventuell zu Benachteiligungen führen könnte. Die übrigen Angaben ermöglichen dem Leser des Lebenslaufs, sich ein Bild von der Bewerberin zu machen. So hat z. B. die Betreuung einer Kindergruppe im engeren Sinne keinen Bezug zu dem Beruf der Raumausstatterin, zeigt aber, dass die Bewerberin bereit ist, Verantwortung zu übernehmen und eine gewisse Übung im Umgang mit Menschen hat. Handgeschriebene Lebensläufe sind heute nicht mehr üblich. Gerade bei der Bewerbung um einen Praktikumsplatz kommt es viel mehr darauf an, zu zeigen, dass der Bewerber oder die Bewerberin Erfahrung im Umgang mit Textverarbeitung hat.

Aufgabe 8
S. 288

Geeignet ist vor allem das zweite Foto von links, da auf diesem Foto die Bewerberin eine positive Ausstrahlung hat. Das erste Foto von links hat zu privaten Charakter; das zweite Foto von rechts hat einen zu unruhigen Hintergrund; das Foto ganz links zeigt einen zu großen Bildausschnitt.

Aufgaben 10 und 11
S. 289

Nach der schriftlichen Bewerbung ist das Vorstellungsgespräch der erste persönliche Eindruck, den die einstellende Person von dem Bewerber bekommt. Die entscheidende Frage für das Unternehmen ist, ob es dem Bewerber die Aufgaben, die zu erledigen sind, zutrauen kann. Sollte z. B. Laura auch mit Kunden in Kontakt kommen, so ist ihr persönliches Auftreten ganz entscheidend. Dies betrifft auch die Kleidung. Die allgemeine Regel lautet, dass die Kleidung weder exzentrisch noch nachlässig sein sollte. Zu beachten sind auf jeden Fall berufsspezifische Gepflogenheiten der Kleidung. So wird bei einer Bank häufig das Tragen eines Anzuges mit Krawatte bzw. eines Kleides oder Rockes mit Bluse erwartet. Für einen handwerklichen Beruf wird man eher eine zweckmäßige Kleidung wählen. Die Kleidung, die Laura auf dem Foto trägt, ist durchaus angemessen. Einstellen sollte der Bewerber sich darauf, dass sich das Unternehmen auf jeden Fall dafür interessieren wird, warum die Bewerbung gerade in dem Berufsfeld und gerade bei dem Unternehmen erfolgt.

Aufgabe 12
S. 289

Bei den Fragen, die Frau Zeidler zu Beginn des Gesprächs stellt, handelt es sich um sogenannte „Türöffner-Fragen". Sie ermöglichen eine Kontaktaufnahme der Gesprächspartner, ohne dass gleich das zentrale Thema zur Sprache kommt. Laura nimmt allerdings das Gesprächsangebot von Frau Zeidler kaum an. Eine Alternative wäre gewesen, dass Laura erzählt, welchen Weg sie zu dem Unternehmen genommen hat oder dass sie sich vorher genau nach dem Weg erkundigt hat.

Aufgabe 13
S. 289

Die oberen beiden Fotos zeigen Laura in einer Haltung des konzentrierten Zuhörens. Sie ist bereit, sich wichtige Informationen zu notieren. Die unteren beiden Fotos zeigen Laura dagegen in einer viel zu lässigen Haltung, die nicht genügend Interesse für den Gesprächspartner signalisiert. Insbesondere das rechte untere Foto zeigt eine sehr ungünstige Haltung, die geradezu Desinteresse signalisiert (zu beachten z. B. der Zeigefinger, der Langeweile signalisiert).

Arbeitsblatt 1

Sich um einen Ausbildungsplatz bewerben

Ihre Ausbildung 2016

Im Rahmen einer Kooperation regionaler Betriebe sucht der Kreis Ottenhausen zum 01.08.2016 junge, begeisterungsfähige Menschen für folgende Ausbildungsberufe:

- Bürokaufmann/-frau
- Kaufmann/-frau für Bürokommunikation
- Kaufmann/-frau im Groß- und Außenhandel
- Sportfachmann/-frau
- Kaufmann/-frau für Tourismus und Freizeit
- Verkäufer/in (Modebranche)
- Fachkraft für Lebensmitteltechnik
- Kraftfahrzeugmechatroniker/in
- Zerspanungsmechaniker/in
- Tischler/in

Voraussetzung ist eine solide Schul- und Allgemeinbildung. Für die Berufe im kaufmännischen Bereich ist die Fachoberschulreife notwendig.

Wir freuen uns auf Ihre aussagekräftige Bewerbung, die Sie bitte bis zum 31.05.2016 an folgende Adresse schicken:

Kreis Ottenhausen
Frau Müller

Märkische Str. 17
38976 Ottenhausen

1 Recherchiert im Internet nach Informationen zu den einzelnen Berufen: Um was für eine Tätigkeit handelt es sich, welche Voraussetzungen müssen erfüllt sein, wie sind die Verdienstmöglichkeiten?

2 Schreibt eine vollständige Bewerbung zu einem der angeführten Ausbildungsberufe. Ihr dürft bei eurer Bewerbung davon ausgehen, dass ihr die erforderlichen Schulabschlüsse mit Abschluss des Schuljahres erreichen werdet.

Ein Bewerbungsschreiben überarbeiten

---

markus Müller
35765 Kleinstadt
im Garten 7
05555/56565656
derkleinemüller@gtv.it
12.12.2015

An Herrn
Meier
35756 Kleinstadt
Marktplatz 5

Betr.: Praktikum

Lieber Herr Müller,

ich möchte bei Ihnen ein Praktikum machen.

Ich weiß von einem Bekannten meines Vaters, dass Sie Praktikanten einstellen.

Ich kann mir gut vorstellen, mit Holz zu arbeiten. Schon als Kind habe ich am liebsten mit Holzspielzeug gespielt.

In meiner Freizeit spiele ich am liebsten Fußball. Ich möchte einmal Fußballprofi werden.

Ich fände es total super, bei Ihnen mein Praktikum machen zu können.

Mit freundlichen Grüßen

P.S. Ich hab vergessen zu schreiben: Das Praktikum findet vom 2.2 –14.2.2015 statt und ich gehe zurzeit in die achte Klasse des städtischen Gymnasiums.

■ Dieses Bewerbungsschreiben ist nicht gelungen. Überarbeite es.

Ein Bewerbungsschreiben überarbeiten

markus Müller ①
35765 Kleinstadt
im Garten 7 ②
05555/56565656
derkleinemüller@gtv.it ③
12.12.2015 ④

An Herrn
Meier ⑤
35756 Kleinstadt ⑥
Marktplatz 5

Betr.: Praktikum ⑦

Lieber Herr Müller, ⑧/⑨

ich möchte bei Ihnen ein Praktikum machen. ⑩

Ich weiß von einem Bekannten meines Vaters, dass Sie Praktikanten einstellen. ⑪

Ich kann mir gut vorstellen, mit Holz zu arbeiten. Schon als Kind habe ich am liebsten mit Holzspielzeug gespielt. ⑫

In meiner Freizeit spiele ich am liebsten Fußball. Ich möchte einmal Fußballprofi werden. ⑬

Ich fände es total super, bei Ihnen mein Praktikum machen zu können. ⑭

Mit freundlichen Grüßen

P.S. Ich hab vergessen zu schreiben: Das Praktikum findet vom 2.2 – 14.2.2015 statt und ich gehe zurzeit in die achte Klasse des städtischen Gymnasiums. ⑮

① Großschreibung beachten.
Erst Straße und Hausnummer, darunter Postleitzahl und Ort nennen.

② Großschreibung beachten.

③ Zu überlegen ist, sich für offizielle Anlässe eine sprachlich neutralere E-Mail-Adresse zuzulegen.

④ Datum rechts neben E-Mail-Adresse

⑤ Geschäftsnamen,
darunter den Ansprechpartner (falls bekannt):

Herrn
Max Meier

⑥ Zuerst Straßennamen und Hausnummer, darunter Postleitzahl und Ort

⑦ Die Abkürzung „Betr." ist heute nicht mehr üblich, stattdessen:
Bewerbung um eine Praktikumsstelle

⑧ Zu persönliche Anrede: „Sehr geehrter Herr ..."

⑨ Richtigen Namen benutzen

⑩ Nicht zu fordernd auftreten: „Hiermit bewerbe ich mich bei Ihrem Unternehmen um eine Praktikumsstelle."

⑪ Etwas weniger forsch formulieren. „Von einem Bekannten meines Vaters habe ich erfahren ..."

⑫ Keine ausreichende Begründung für das Interesse an dem Berufszweig. Deutlich machen, warum ein Interesse für das Arbeiten mit Holz besteht.

⑬ Unrealistische Berufsvorstellung. Möglich ist, darauf hinzuweisen, dass das Spielen in einer Fußballmannschaft Teamgeist erfordert, der auch im Berufsleben notwendig ist.

⑭ Zu umgangssprachlich formuliert: „Ich würde mich freuen, mein Praktikum in Ihrem Unternehmen durchführen und mich dazu in einem persönlichen Gespräch vorstellen zu können."

⑮ Diese Angaben gehören an den Anfang des Bewerbungsschreibens.

Arbeitsblatt 3

Einen Lebenslauf überarbeiten

Persönliche Daten:

Name: Markus Müller
geburtsdatum: 13.5.2001
Geburtsort: Kleinstadt
Anschrift:
35765 Kleinstadt
im Garten 7

Eltern: Horst und Gabriele
keine Geschwister

Ich war von 2000 – 2004 auf der Grundschule am Markt, danach bin ich zum Gymnasium gegangen, auf dem es mir gut gefällt. Bald habe ich den mittleren Schulabschluss erreicht, aber ich will Abitur machen.

Sprachkenntnisse: Englisch und Französisch

Mein persönliches Interesse ist vor allem das Fußballspielen.

12.12.2015

■ Dieser Lebenslauf ist nicht gelungen. Überarbeite ihn.

Lösung 3

Einen Lebenslauf überarbeiten

Persönliche Daten: ①

Name: Markus Müller
geburtsdatum: 13.5.2001 ②
Geburtsort: Kleinstadt
Anschrift:
35765 Kleinstadt
im Garten 7

Eltern: Horst und Gabriele ③
keine Geschwister ④

Ich war von 2000–2004 auf der Grundschule am Markt, danach bin ich zum Gymnasium gegangen, auf dem es mir gut gefällt. Bald habe ich den mittleren Schulabschluss erreicht, aber ich will Abitur machen. ⑤

Sprachkenntnisse: Englisch und Französisch ⑥

Mein persönliches Interesse ist vor allem das Fußballspielen. ⑦

12.12.2015

① Es fehlt die Überschrift „Lebenslauf".

② – Man spricht von einem „tabellarischen" Lebenslauf, d. h., die Angaben sollten in zwei Spalten untereinander geordnet sein.
– Die Anschrift erfolgt vor dem Geburtsdatum.
– Geburtsdatum ist ein Nomen/Substantiv und wird großgeschrieben.
– Der Straßennamen steht vor Postleitzahl und Ort.
– Der Anfang des Straßennamens wird großgeschrieben.

③ – Der Nachname bzw. die Nachnamen des Vaters und der Mutter werden angegeben.
– Einordnung in Spalten

④ – Geschwister: keine
– Einordnung in Spalten

⑤ Oberbegriff „Schulischer Werdegang"
– 2000–2004: Grundschule am Markt
  Seit 2004: Namen des Gymnasiums angeben
– keine Wertung des Schulbesuchs abgeben
– angestrebter Schulabschluss: zunächst mittlerer Schulabschluss, danach Allgemeine Hochschulreife
– jeweils in Spalten anordnen

⑥ – Sprachenfolge angeben: Englisch seit Klasse 5
  Französisch seit Klasse 6
– in Spalten anordnen

⑦ – Persönliche Interessen: Fußball spielen
– in Spalten anordnen

Leistungsüberprüfung – Selbstevaluation – Klassenarbeit

1. **Sich um eine Ausbildungsstelle bewerben**

   (s. Arbeitsblatt 1, S. 412)

   Es empfiehlt sich nicht, das Verfassen einer Bewerbung als Klassenarbeit schreiben zu lassen. Unter Zeitdruck ist es kaum möglich, eine auch dem äußeren Erscheinungsbild nach angemessene Bewerbung zu verfassen, die in der Realität Erfolg versprechend wäre. Möglich ist aber, eine solche Bewerbung als längerfristige Hausaufgabe (oder auch in Arbeitsstunden in der Schule am Computer) zu geben und unter dem Bereich „Sonstige Mitarbeit" zu werten.

   Anhaltspunkt für die Bewertung ist die Lösung zum Arbeitsblatt 3, S. 417f.

2. **Ein Bewerbungsschreiben überarbeiten**

   (s. Arbeitsblatt 2, S. 413, Lösung 2, S. 414f.)

   Eine Überarbeitung ist als Klassenarbeit durchaus möglich.

   Aufgabe:
   Das vorliegende Bewerbungsschreiben ist noch nicht gelungen.
   Überarbeite es, indem du zu verbessernde Stellen anstreichst und kurz notierst, was verbessert werden muss.
   Schreibe dann das Bewerbungsschreiben neu auf.

   Bewertungsbogen:
   Als Bewertungsgrundlage kann die Lösung zu Arbeitsblatt 2, S. 414f., genommen werden. Zu prüfen ist, welche Stellen der Schüler/die Schülerin anstreicht, was als verbeserungswürdig beschrieben wird und wie die Verbesserung konkret ausgeführt wird.

3. **Einen Lebenslauf überarbeiten**

   (s. Arbeitsblatt 3, S. 416, Lösung 3, S. 417f.)

   Eine Überarbeitung ist als Klassenarbeit durchaus möglich.

   Aufgabe:
   Der vorliegende Lebenslauf ist noch nicht gelungen.
   Überarbeite ihn, indem du zu verbessernde Stellen anstreichst und kurz notierst, was verbessert werden muss.
   Schreibe dann den Lebenslauf neu auf.

   Als Bewertungsbogen:
   Bewertungsgrundlage kann die Lösung zu Arbeitsblatt 3, S. 417f. genommen werden. Zu prüfen ist, welche Stellen der Schüler/die Schülerin anstreicht, was als verbeserungswürdig beschrieben wird und wie die Verbesserung konkret ausgeführt wird.

Der Sturz des Ikarus – Ein literarisches Motiv (S. 290–303)

Vorüberlegungen zur Einheit

Dieses Kapitel greift mit der Sage „Dädalus und Ikarus" (in diesem Kapitel kommen auch die griechischen Namensformen Daidalos/Ikaros vor) einen der bekanntesten griechischen Stoffe auf, konzentriert sich dabei aber auf das Motiv vom Sturz des Ikarus, dessen unterschiedliche Ausformungen in Literatur und bildender Kunst mithilfe der Materialien dieses Kapitels verfolgt werden können. Am Rande spielt dabei auch das Thema „Der Menschheitstraum vom Fliegen" eine Rolle, in das die antike Sage sonst oft eingebettet wird. Die Projektvorschläge am Ende des Kapitels bieten die Möglichkeit, dieses Thema zu vertiefen. So ergeben sich zwei Möglichkeiten, mit diesem Kapitel zu arbeiten; die Bearbeitung der Materialien, konzentriert auf die Frage nach den unterschiedlichen Ausformungen des Motivs vom Sturz des Ikarus, ist ebenso möglich wie eine breiter angelegte Arbeit zu dem Thema „Der Menschheitstraum vom Fliegen".

Zentrale Kompetenzen, die in dieser Einheit geschult werden, sind:
- die Ausgestaltung eines literarischen Motivs und seine Neugestaltung in erzählenden und lyrischen Texten unterschiedlicher Zeitepochen untersuchen und vergleichen,
- Einleitung, Hauptteil und Schluss einer Bildbeschreibung verfassen,
- unterschiedliche Bilder zu einem Motiv vergleichen.

Die Schülerinnen und Schüler können mithilfe der **Auftaktdoppelseite** (S. 290–291) in das Thema eingeführt werden.

Aufgabe 1 S. 291	Die Aufgabe knüpft an das mögliche Vorwissen der Schülerinnen und Schüler an. Die Sage sollte noch nicht im Einzelnen nacherzählt werden, es ist aber wahrscheinlich, dass zumindest einzelne Schülerinnen und Schüler die Sage in Grundzügen kennen. Sollte dies nicht der Fall sein, können die Schülerinnen und Schüler, ausgehend von den Bildern, Vermutungen zum Inhalt der Sage und zur Figur Ikarus anstellen.
Aufgabe 2 S. 291	Diese Aufgabe bietet die Möglichkeit, das Kapitelthema von Beginn an in einen größeren thematischen Rahmen zu stellen; dieser Rahmen wird am Ende in den Projektvorschlägen wieder aufgegriffen. Als mögliche Erklärungen können hier z. B. genannt werden: Wunsch, die Welt von oben zu sehen; Vergleich mit den Vögeln; das Leben auf der Erde hinter sich lassen ...
Aufgabe 3 S. 291	Je nach Zusammensetzung der Lerngruppe werden die Ergebnisse sehr unterschiedlich sein. Die Ergebnisse des Erfahrungsaustausches im Unterrichtsgespräch können im Tafelbild gesichert werden, was zum Beispiel in dem Fall sinnvoll erscheint, da man sich für die thematisch breiter angelegte Bearbeitung des Kapitels entschieden hat. Die Ergebnisse können in folgendem Tafelbild gesichert werden:

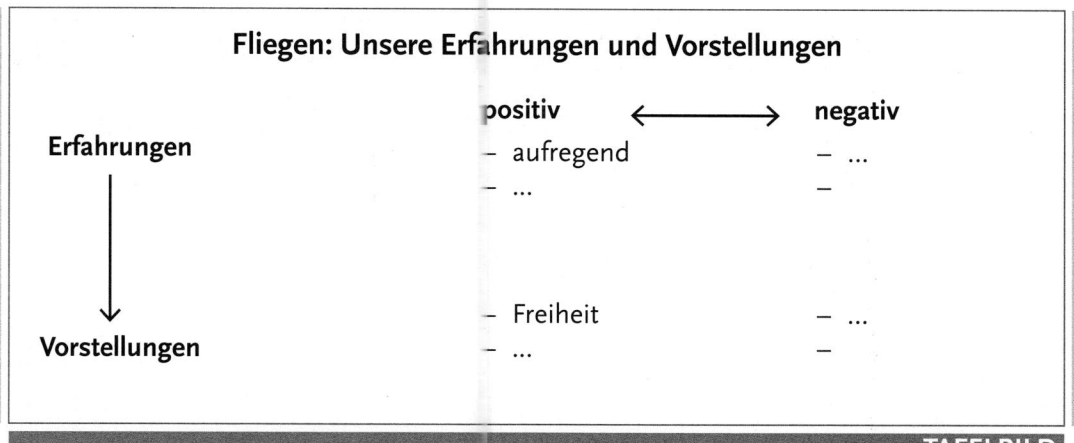

Fliegen: Unsere Erfahrungen und Vorstellungen		
	positiv ←——→	negativ
Erfahrungen	– aufregend – …	– … – …
↓ Vorstellungen	– Freiheit – …	– … – …

TAFELBILD

Aufgabe 4
S. 291

Beschreibung und Vergleich der beiden Bilder sollten von der Fragestellung, die die Aufgabenstellung abschließt, ausgehen; dabei sollten die folgenden Fragestellungen berücksichtigt werden: Welcher Teil der Handlung wird dargestellt? Wie wird Ikarus (im Vergleich zu Dädalus) dargestellt? Welchen Eindruck hinterlassen die Bilder beim Betrachter? Die Ergebnisse können in dem folgenden Tafelbild gesichert werden:

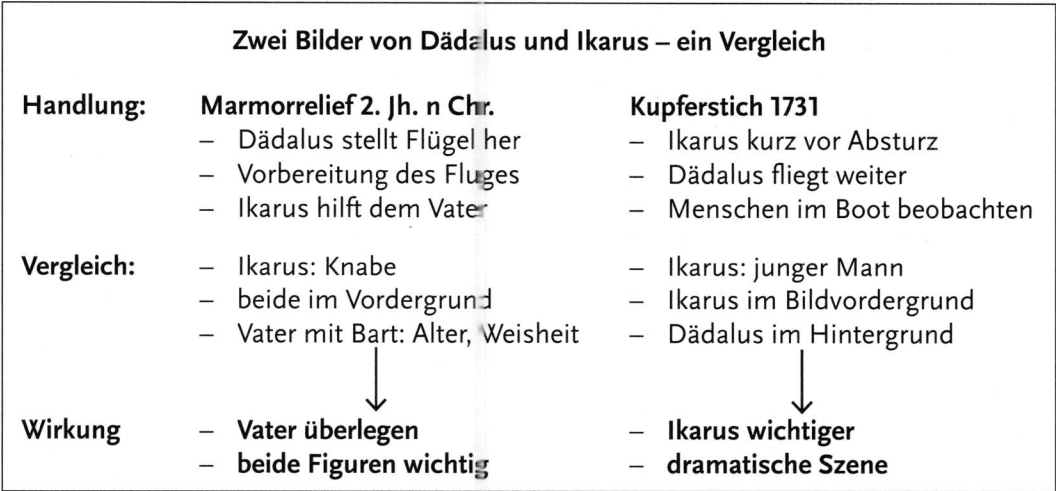

Zwei Bilder von Dädalus und Ikarus – ein Vergleich		
Handlung:	Marmorrelief 2. Jh. n Chr. – Dädalus stellt Flügel her – Vorbereitung des Fluges – Ikarus hilft dem Vater	Kupferstich 1731 – Ikarus kurz vor Absturz – Dädalus fliegt weiter – Menschen im Boot beobachten
Vergleich:	– Ikarus: Knabe – beide im Vordergrund – Vater mit Bart: Alter, Weisheit	– Ikarus: junger Mann – Ikarus im Bildvordergrund – Dädalus im Hintergrund
	↓	↓
Wirkung	– **Vater überlegen** – **beide Figuren wichtig**	– **Ikarus wichtiger** – **dramatische Szene**

Die beiden Bilder können, nachdem die Seiten 299–303 behandelt worden sind, auch als Übungsmaterial für die Bildbeschreibung eingesetzt werden.

Didaktische Aufbereitung der Unterkapitel

Ikarus – Ein Held? (S. 292–298)

Richard Carstensen: Daidalos und Ikaros (S. 292–293)

Die Nacherzählung von Richard Carstensen (1906–1992) folgt den antiken Quellen, vor allem der Darstellung bei Ovid in den „Metamorphosen" (entstanden im ersten Jahrzehnt n. Chr.), in denen der römische Dichter (43 v. Chr. – ca. 17 n. Chr.) eine große Zahl von griechischen und römischen Sagen verarbeitet und dabei immer wieder das Motiv der Verwandlung (Metamorphose) herausstellt. Ovids Werk hatte großen Einfluss auf Literatur und Kunst späterer Jahrhunderte.

Der Text kann den Schülerinnen und Schülern von der Lehrkraft laut vorgetragen werden (bei geschlossenen Büchern), die Schülerinnen und Schüler können sich den Text aber auch still lesend erarbeiten.

Aufgabe 1
S. 293

Die folgende Einteilung kann von den Schülerinnen und Schülern im Heft erstellt und/oder im **Tafelbild** festgehalten werden:

Die Sage von Daidalos und Ikaros: Übersicht über die Handlung

Abschnitt	Zeilen	Handlungsort	Handlung
1	1–9	Athen	Vorgeschichte, Flucht aus Athen
2	9–19	Kreta	Asyl bei König Minos, Daidalos baut Labyrinth für Minotaurus
3	20–30	Kreta	Heimweh, Verbot, die Insel zu verlassen
4	30–62	Kreta	Vorbereitung der Flucht, Bau und Test der Flügel, Warnung an Ikarus
5	63–105	Mittelmeer	Flucht über das Meer, Ikarus stürzt ab
6	105–118	Ikaria	Daidalos begräbt seinen Sohn, Trauer und Schuldgefühle

TAFELBILD

Aufgabe 2
S. 293

Dädalus: Eitelkeit und Neid führen zur Ermordung seines Schülers; aus Angst vor Bestrafung muss Dädalus nach Kreta fliehen. Dort wird er von Heimweh gequält und ersinnt, weil er die Insel nicht anders verlassen kann/darf, den Plan von der Flucht durch die Luft. Er sorgt sich um seinen Sohn Ikarus, deshalb ermahnt er ihn vor dem Flug. Die Sorge um den Sohn zeigt, wie viel der Sohn Dädalus bedeutet.

Ikarus: Er beobachtet und bewundert den Vater, während dieser die Flügel baut. Ikarus vertraut seinem Vater und befolgt zunächst dessen Anweisungen. Doch dann wird der Sohn übermütig; durch den erfolgreichen Verlauf des Fluges hat er zu großes Vertrauen in die eigenen Fähigkeiten gewonnen und setzt sich nun über die Anweisungen des Vaters hinweg, was zu seinem Absturz führt.

Aufgabe 3
S. 293

Der Ratschlag des Vaters bezieht sich zunächst konkret auf die Gefahren, die der Flügelkonstruktion durch Sonne/Hitze auf der einen und Wellen/Wasser auf der anderen Seite drohen. Die übertragene Deutung des väterlichen Ratschlages kann mit ganz unterschiedlicher Bewertung erfolgen. So kann der Vater positiv als derjenige gesehen werden, der den Sohn vor Hochmut und Übermut warnt und ihm ein sicheres Leben „in der Mitte" empfiehlt. Hier kann aber auch eine kritische Bewertung ansetzen, die dem Vater vorwirft, er wolle dem Sohn die Möglichkeit zu einer eigenständigen Entwicklung und zum Streben nach Höherem verwehren.

Die Ergebnisse können auch in einem **Tafelbild** gesichert werden:

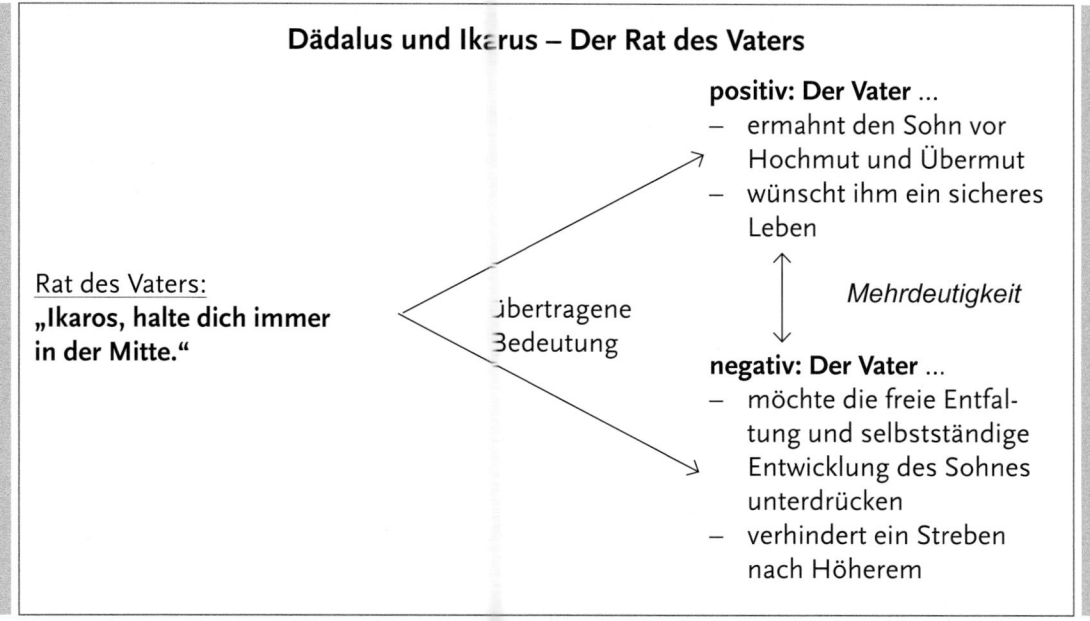

TAFELBILD

Aufgabe 4
S. 293

Die Schülerinnen und Schüler sollten zunächst durch eine sachliche Erklärung ihr Textverständnis überprüfen bzw. unter Beweis stellen, um anschließend die in Aufgabe 3 angedeutete Ambivalenz durch unterschiedliche Beurteilungen deutlich zu machen.

Aufgabe 5
S. 293

Der Autor legt eine Verbindung zwischen der Schuld, die der Vater durch die Ermordung seines Schülers Perdix auf sich geladen hat, und dem Tod Ikarus' nahe. Hier folgt er Ovid, dessen Darstellung Achim Aurnhammer und Dieter Martin im Nachwort zu ihrer Anthologie „Mythos Ikarus" so zusammenfassen: „Da Dädalus den zwölfjährigen Perdix um dessen Erfindungsgabe beneidete – dieser soll Säge und Zirkel erfunden haben –, stürzte er den Jungen von der Akropolis hinab. Wegen Totschlags verurteilt, musste Dädalus seine Heimat gegen das Exil auf Kreta tauschen. Indem er Perdix (in Gestalt eines Rebhuhns, Anm. d. Verf.) die Bestattung des Ikarus verlachen lässt, stiftet Ovid eine Beziehung zwischen den beiden Todesfällen. Der Tod des Ikarus wird zur Sühne der Schuld, die Dädalus mit der Ermordung des Perdix auf sich geladen hat. Der vordergründig harmonischen Vater-Sohn-Beziehung von Dädalus und Ikarus liegt als latenter Inhalt somit ein Konflikt zugrunde, dessen tragisches Ende sich gegensätzlich bewerten lässt: entweder als gerechte Strafe für den Sohn wegen Auflehnung gegen die väterliche Autorität oder als schuldhaftes Versagen des Vaters, der eigensüchtig den Sohn überfordert; eine Verurteilung des Dädalus legt die nachgeholte Vorgeschichte nahe. Denn die Schuld, die Dädalus durch den Totschlag eines verwandten Kindes auf sich geladen hat, lässt den Sturz des Ikarus als Wiederholungstat aus Strafbedürfnis oder als Sühne erscheinen."[1]

Aufgabe 6
S. 293

Die Schülerinnen und Schüler sollten ihre Einschätzungen, die die in den vorangegangenen Aufgaben deutlich gewordene Ambivalenz erkennen lassen, schriftlich fixieren (dies kann auch in einem Tafelbild geschehen; s. dazu auch Aufgabe 3), damit diese Einschätzungen für die weitere Arbeit zur Verfügung stehen.

Ernst Schnabel: Ich und die Könige (S. 294–295)
Der deutsche Schriftsteller Ernst Schnabel (1913 – 1986) schilderte in seinen Romanen eigene Erfahrungen, die er als Seemann gemacht hatte, versuchte sich aber auch, wie im vorliegenden Text, an der Neugestaltung antiker Mythen. Er arbeitete für verschiedene

---
[1] Achim Aurnhammer/Dieter Martin (Hg.): Mythos Ikarus, Reclam, Leipzig 1998, S. 247 – 248

Radio- und Fernsehanstalten, z. B. als Autor von Drehbüchern und Rundfunk-Features. Die Besprechung des Textes kann von der Abbildung auf S. 294 ausgehen, die dann in Aufgabe 5 auf S. 296 wieder aufgenommen wird.

Aufgabe 1 S. 295

Eine grundlegende Veränderung besteht darin, dass der Text von Dädalus als Ich-Erzähler erzählt wird. So verschiebt sich das Schwergewicht auf die Sichtweise und Wahrnehmung der Ereignisse durch den Vater sowie auf seine Empfindungen. Außerdem erzählt der Ich-Erzähler rückblickend und an seinen toten Sohn gerichtet. Ebenso wird das Verhältnis zwischen Vater und Sohn besonders beleuchtet.

Aufgabe 2 S. 295

Der Ich-Erzähler hebt besonders auf die Bedeutung der Sonne/des Sonnenaufgangs ab. Dieser wird als sehr bedrohlich beschrieben (vgl. Z. 82–90). Dabei betont der Ich-Erzähler durch zwei Vergleiche („Zange", Z. 88; „Käfig", Z. 89) den Aspekt des Gefangenseins, welches Ikarus nicht ertragen habe (vgl. Z. 92). Durch die Personifikation „Die Sonne fraß den Punkt" (Z. 95) macht der Ich-Erzähler noch einmal deutlich, dass die Sonne für Ikarus' Unglück verantwortlich sei. Die eigentlichen Abläufe werden nicht genau beschrieben, die Frage nach der Schuld Dädalus' oder Ikarus' wird nicht gestellt.

Aufgabe 3 S. 295

Die Rede an den toten Sohn könnte zunächst als ein Zeichen von Trauer und als ein Versuch, den Tod des Sohnes zu verarbeiten, gedeutet werden. Der Vater legt sich selbst Rechenschaft darüber ab, wie es zum Tode seines Sohnes kommen konnte. Dabei spielt auch die Frage nach der eigenen Schuld an dem Unglück eine Rolle; dieser Aspekt erscheint besonders wichtig, wenn man an die antike Überlieferung (zumindest bei Ovid in den Metamorphosen) denkt, die einen Zusammenhang zwischen Dädalus' Schuld (Ermordung Perdix') und Ikarus' Tod herstellt.

Aufgabe 4 S. 295

Dädalus erscheint zunächst als der Überlegene, der die Flucht vorbereitet hat und Ikarus auch während des Fluges Anweisungen gibt. Diese Überlegenheit wird auch darin deutlich, dass Ikarus sich mit Fragen an den Vater wendet. Zugleich wird deutlich, dass Ikarus unvorsichtiger und unbedachter handelt als sein Vater und sogar zu Überheblichkeit neigt (vgl. z. B. Z. 23 f.). Das Verhältnis zwischen Vater und Sohn wandelt sich im Laufe der Handlung (ab Z. 42, deutlicher ab Z. 54). Der Vater weicht der Frage des Sohnes nach seiner Identität aus und ist sich seiner selbst unsicher (vgl. Z. 70 f.); in der Folge entfernt sich der Sohn auch räumlich stärker vom Vater (vgl. Z. 71 f.) und hält sich nicht mehr so streng an die Gebote des Vaters. Er kehrt zwar noch einmal an seine Seite zurück (vgl. Z. 74 f.), löst sich aber dann von ihm, indem er mehr feststellt als fragt: „Und wer du bist – das weißt du selber nicht?" (Z. 79)

Aufgabe 5 S. 296

Der Vater erscheint hier als überlegen, da er größer, kräftiger und älter dargestellt wird. Zudem ist er gerade dabei, seinem Sohn die Flügel anzulegen, und hat dazu den rechten Arm um ihn gelegt. Ikarus dagegen ist deutlich kleiner, nicht mehr als ein Knabe, der seinen linken Arm um den Vater gelegt hat bzw. sich am Vater festhält. Zugleich hat er den Kopf vom Vater abgewandt, vermutlich, um zu sehen, wie der Vater die Flügel befestigt. Im Gegensatz zu Schnabels Roman ist hier der Vater deutlich überlegen, die Rollenverteilung zwischen Vater und Sohn ist eindeutig.

Aufgabe 6 S. 296

Die Menschen reagieren zunächst mit Erstaunen (vgl. Z. 12–18 und Z. 24–29), aber auch bald mit Aggression, was daran deutlich wird, dass die Hirten und Bauern laut schimpfen und Dädalus und Ikarus mit Steinen bewerfen (vgl. Z. 21 f., Z. 32–35, Z. 48–51).
Der Ich-Erzähler gibt als Erklärung an, dass die anderen Menschen Dädalus und Ikarus „für große Vögel oder für Gespenster" (Z. 40 f.) hielten.

Aufgabe 7
S. 296

Die hier aufgeführten Aufgaben dienen der Differenzierung am Ende der Erarbeitung des Textes von Ernst Schnabel. Die Schülerinnen und Schüler sollten in ihren Texten den Ablauf der Ereignisse aus der Sicht Ikarus' schildern und die Frage nach den Ursachen bzw. der Schuld für seinen Absturz aufwerfen und ggf. beantworten. Dabei könnte der Sohn das Verhältnis zum Vater ansprechen und auf die Antwort, die der Vater ihm noch schuldig ist, zurückkommen.

Ernst Jandl: Ikarus (S. 296)

Der österreichische Schriftsteller Ernst Jandl (1925–2000) wurde vor allem durch seine experimentelle Lyrik bekannt, in der er mit akustischen und visuellen Mitteln experimentierte. Jandl arbeitete in seinen Gedichten oft mit Sprachspielen und Sprachwitz. Er lässt sich keiner literarischen Strömung eindeutig zuordnen. Er gilt zum einen als Vertreter der sog. Konkreten Poesie, in seinem Werk finden sich aber auch in Sprache und Inhalt am Alltag orientierte Gedichte. Daneben verarbeitete er, wie in dem vorliegenden Gedicht, bekannte literarische Motive, z. B. aus der Antike.

Aufgabe 1
S. 296

Ernst Jandl wählt nur einen Ausschnitt aus der antiken Sage aus, nämlich den Flug (und Absturz) des Ikarus. Die Vorgeschichte fällt weg, ebenso wird auf die Ereignisse nach dem Tod des Ikarus verzichtet. Sein Vater taucht nur in einem Vergleich auf und tritt nicht als Handelnder in Erscheinung. Die Unterschiede zwischen Ikarus und den anderen Menschen werden besonders hervorgehoben.

Aufgabe 2
S. 296

Ernst Jandls Gedicht besteht aus 13 Versen, die nicht in Strophen unterteilt sind und auch nicht durch ein Reimschema verbunden werden. Die Länge der Verse ist sehr unterschiedlich, der siebte Vers besteht nur aus einem Wort. Es gibt mehrere Zeilensprünge, aber auch Zeilenstil. Ein regelmäßiges Versmaß ist nicht zu erkennen. Hinsichtlich der sprachlichen Gestaltung fallen z. B. die Stilmittel Anapher und Inversion wie auch die Bildhaftigkeit (vgl. z. B. die Metapher in V. 9) auf.

Aufgabe 3
S. 296

Die Wiederholungen strukturieren das Gedicht (vgl. z. B. die Anapher V. 10–12) und machen seine Aussage deutlich. Sie drücken zum Teil eine Steigerung aus („Er flog hoch" – „Er flog höher", V. 1 und V. 5), machen aber auch Gegensätze deutlich („Ikarus flog./ Ikarus ging unter.", V. 10–11). Vor allem wird der Gegensatz zwischen Ikarus und „den anderen" (V. 2) deutlich gemacht (vgl. auch V. 12–13), zu denen auch Ikarus' Vater gehört, den der Sohn wie die anderen Menschen übertrifft (vgl. V. 5–7). Die Wiederholung „aus seinen Flügeln" (V. 8–9) könnte innerhalb der inhaltlichen Entwicklung des Gedichts als eine Spannungssteigerung gedeutet werden, da der Sprecher im Gedicht auf den Sturz des Ikarus hinarbeitet, aber auch als retardierendes Moment, da der Ausgang der Ereignisse, der dem Leser vermutlich bekannt ist, hinausgezögert wird.

Aufgabe 4
S. 296

Ikarus erscheint zunächst als Scheiternder, denn er „ging unter" (V. 12); dieser Eindruck wird jedoch bereits durch das erste Wort des letzten Verses wieder aufgehoben (Gegensatz: „unter" – „über"). Trotz seines Sturzes steht er immer noch „über allen anderen" (V. 13, fast wörtliche Wiederholung von V. 2, durch das Indefinitpronomen „allen" noch gesteigert). Der Sprecher im Gedicht beurteilt Ikarus also nicht als Gescheiterten, sondern als überlegen und vielleicht sogar heldenhaft, weil er sich eben nicht auf den „Mittelweg" beschränkt hat (vgl. Aufgabe 3, S. 293).

Puhdys: Ikarus (S. 297)

Die Rockband Puhdys wurde 1969 gegründet und bis 1989 zwölfmal zur beliebtesten Rockband der DDR gewählt, war aber auch in der (alten) Bundesrepublik bekannt. Nach der Wiedervereinigung feierte die Gruppe 1992 ein Comeback. Weitere Informationen zu der Band findet man unter www.puhdys.com (Stand: August 2015). Die antike Sage von Ikarus und das Motiv vom Sturz des Ikarus werden auch in zahlreichen anderen Rock- und Popsongs verarbeitet. Für interessierte Schülerinnen und Schüler ließe sich ggf. ein entsprechender Rechercheauftrag formulieren, der den Vergleich verschiedener musikalischer Bearbeitungen des Stoffes umfasst.

Aufgabe 1
S. 298

Das Lied stellt Ikarus in den Vordergrund und verändert die Sage an einigen Stellen bzw. deutet sie um. Die Ergebnisse des kriteriengeleiteten Vergleichs können in dem folgenden **Tafelbild** festgehalten werden:

Puhdys: Ikarus – Vergleich mit dem Originalmythos

Vergleichsgesichtspunkt	Sage	Lied der Puhdys
Motive für den Flug	Heimweh, Flucht	jugendliche Ungeduld, Fernweh
Darstellung des Vaters	initiiert den Fluchtversuch, baut die Flügel, warnt Ikarus	warnt Ikarus, tritt nicht weiter in Erscheinung
Darstellung Ikarus'	folgt seinem Vater, entwickelt erst im Laufe der Handlung zu großes Vertrauen in sich	ergreift die Initiative, baut die Flügel, lacht über die Warnungen seines Vaters

→ Ikarus als jugendlicher Held
→ Ikarus' Verhalten als vorbildhaft

TAFELBILD

Aufgabe 2
S. 298

Das Lied zeigt Ikarus als Held, der als Erster den gefährlichen Flugversuch gewagt habe und, obwohl er damit scheiterte, durch seine Vorbildfunktion für spätere Generationen erfolgreich gewesen sei. Der Flugversuch Ikarus' lässt sich hier auch symbolisch mit einer politischen Implikation deuten, d. h., dass er es wagte, trotz der Risiken, sein gewohntes Lebensumfeld zu verlassen und seinem Fernweh nachzugeben.

Aufgabe 3
S. 298

Der Tempuswechsel vom Präteritum zum Präsens soll die zeitlose Bedeutung und Botschaft der Handlungen Ikarus' ausdrücken. Seine Ungeduld, seine Neugier und sein Fernweh erscheinen als jugendtypische Einstellungen, denen man folgen soll; Ikarus' Vorbild wird hier besonders betont, auch durch die Imperative im Refrain des Liedes. Eine politische Deutung des Liedes (vor dem Hintergrund der Verhältnisse in der damaligen DDR) ist möglich, aus dem Text selbst aber nicht unmittelbar abzuleiten.

Aufgabe 4
S. 298

Die Musik unterstützt das Gefühl der Ungeduld (schnelles Tempo) und wirkt etwas aggressiv. Sie soll das hier als typisch jugendliches Lebensgefühl gezeigte Beispiel Ikarus' deutlicher machen.

Aufgabe 5a
S. 298

Der Vergleich kann sich an den folgenden Vergleichsgesichtspunkten orientieren:
- Elemente (der Handlung), die besonders hervorgehoben werden
- Darstellung des Vaters Dädalus
- Darstellung des Sohnes Ikarus
- Verhältnis zwischen Vater und Sohn
- Frage nach den Ursachen von Ikarus' Sturz/Frage der Schuld am Tode Ikarus'
- Beurteilung der Figuren
- Botschaft/Lehre des Textes

Hinweise zur inhaltlichen Füllung des Vergleichs finden sich bei den Aufgaben zu den einzelnen Texten.

Aufgabe 5b S. 298
Die Aufgabe ist als Additum gedacht und kann auch von einer Gruppe von Schülerinnen und Schülern übernommen werden, die eine Präsentation vorbereiten. Dabei kann sowohl auf klassische als auch moderne Texte bzw. Filme eingegangen werden.

Im Anschluss an die Erarbeitung des Gedichtes von Ernst Jandl und des Songtextes können die **Arbeitsblätter 1, S. 430,** und **2, S. 432 f.,** eingesetzt werden. Diese bieten weitere lyrische Texte zum behandelten Motiv an. Arbeitsblatt 2 eignet sich auch als Klassenarbeit am Ende der Einheit.

Der Sturz des Ikarus im Bild (S. 299–303)

Carlo Saraceni: Dädalus und Ikarus (S. 299)
Der italienische Maler Carlo Saraceni (1579–1620) verarbeitete in vielen seiner Bilder mythologische Stoffe.

Aufgabe 1 S. 299
Die Schülerinnen und Schüler sollten in ihren Stellungnahmen auf die vorher erarbeiteten Ergebnisse Bezug nehmen und deutlich machen, welches Bild sie von den Figuren der Sage gewonnen haben. Ihr Vergleich könnte sich dabei auch auf die Vergleichsgesichtspunkte beziehen, die zu Aufgabe 5a, S. 298, genannt werden.

Aufgabe 2 S. 299
Die beiden Männer werden in ihrem Dialog vermutlich schildern, was sie sehen, und ihrem Erstaunen Ausdruck geben, evtl. äußern sie Furcht oder Besorgnis.

Aufgabe 3 S. 299
Verschiedene Erklärungsansätze sind denkbar. Möglicherweise wollte der Maler das Publikum seiner Zeit ansprechen und keine historisierende Darstellung schaffen, sondern evtl. auf die aus seiner Sicht aktuelle Bedeutung der Sage von Dädalus und Ikarus hinweisen. Vielleicht wollte er durch die Verlegung eines antiken Stoffes in seine Zeit die Bedeutung der antiken Kultur für seine Gegenwart deutlich machen.

Aufgabe 4 S. 300
An der Tafel kann während des mündlichen Beschreibens eine Stichwortsammlung angelegt werden, die als Grundlage für die Weiterarbeit (schriftliche Bildbeschreibung) dient. Die Schülerinnen und Schüler können auch ihre eigene mündliche Beschreibung mithilfe eines „Notizzettels" vorbereiten und ihre Stichpunkte dann während der Vorträge ergänzen. So haben sie ebenfalls eine Grundlage für die Weiterarbeit.

Aufgabe 5 S. 300
Mithilfe des Werkzeugkastens können die Schülerinnen und Schüler kriteriengeleitet die beiden Einleitungen überprüfen und beurteilen und entsprechende Verbesserungsvorschläge machen.

Aufgabe 6 S. 300
Es sind unterschiedliche Anordnungen denkbar. Wichtig ist z. B., dass deutlich wird, dass die Beschreibung an vielen Stellen noch zu wenig detailliert ist. Auch in den umfangreicheren Teilen a) und b) lassen sich Ergänzungen vornehmen. Da Teil c) den Bildhintergrund und eher Nebensächliches beschreibt, sollte er gegen Ende des Hauptteils stehen.

Aufgabe 7 S. 301
Der Schlussteil sollte sich an den Vorgaben des Werkzeugkastens orientieren; diese Vorgaben können dann auch als Kriterien für die Besprechung der Schülertexte dienen.

Pieter Brueghel d. Ä.: Landschaft mit Sturz des Ikarus (S. 302)

Ergänzend zur Erarbeitung des Gemäldes können die **Arbeitsblätter 3, S. 435,** und **4, S. 437,** eingesetzt werden. Diese bieten Texte an, in denen sich zwei Schriftsteller (Wolf Biermann, Marie Luise Kaschnitz) subjektiv mit dem Gemälde auseinandersetzen und es kommentieren.

Aufgabe 1 S. 302	Ikarus ist fast nicht mehr zu sehen, nur noch seine Beine ragen aus dem Wasser (s. unterer rechter Bildrand). Ohne den Titel des Gemäldes wüsste der Betrachter nicht, dass dieses Gemälde das Motiv vom Sturz des Ikarus verarbeitet; der größte Teil des Gemäldes widmet sich der Landschaft und den Menschen, die in ihr arbeiten.
Aufgabe 2 S. 302	Saraceni stellt Dädalus und Ikarus und dessen Sturz in den Mittelpunkt seines Gemäldes. Bei Brueghel werden Ikarus und sein Schicksal zur Nebensächlichkeit, die den Lauf der Welt nicht beeinflusst.
Aufgabe 3 S. 302	Das Ziel der Textproduktion und des Vergleichs sollte sein, dass die unterschiedlichen Schwerpunktsetzungen bei der Bearbeitung des Motivs deutlich werden. Die Männer in Saracenis Gemälde blicken zum Himmel, die Vorgänge dort beschäftigen sie. Die Menschen in Brueghels Gemälde gehen weiter ihrer Arbeit nach und kümmern sich nicht um Ikarus.
Aufgabe 4 S. 302	Während bei Saraceni Ikarus noch im Vordergrund steht, setzt Brueghel andere Schwerpunkte: „Als Helden sieht Brueghel nicht Icarus oder etwa Daedalus; der flugtüchtige Vater passt ihm gar nicht ins Konzept, wird deshalb einfach ausgespart. Die positiven Helden sind der Bauer und der Schäfer. Beide haben einen Vorzugsplatz. Der Bauer beherrscht als größte Figur den Vordergrund, der kleine Kopf des Schäfers befindet sich fast genau im Mittelpunkt des Bildes. Für Brueghel sind diese Gestalten positiv, weil sie im Rahmen ihrer Möglichkeiten etwas Nützliches tun. [...] Diese Alltags-Figuren repräsentieren ‚vita activa', ein pflichtbewusstes, arbeitserfülltes Leben unter Verzicht auf alle ‚großen Sprünge'."[1]
Aufgabe 5 S. 302	Zu denken wäre hier z. B. an die folgenden Bereiche, die den Schülerinnen und Schülern zum Teil aus dem Geschichtsunterricht bekannt sein könnten: die Niederlande als Handelsmacht, frühkapitalistische Strukturen in den Handelsstädten, Reformation und Glaubenskriege, Zeitalter der Entdeckungen, verändertes Weltbild.
Aufgabe 6 S. 303	Die Werkzeugkästen sollten auch für die Besprechung der Schülertexte genutzt werden. Die Schülerinnen und Schüler können sich mithilfe der Werkzeugkästen auch gegenseitig Rückmeldung zu ihren Bildbeschreibungen geben. Im Anschluss an die Erarbeitung der beiden Gemälde können die **Arbeitsblätter 6, S. 442,** und **7, S. 445,** eingesetzt werden, die jeweils eine weitere bildliche Gestaltung des Motivs anbieten. Beide Arbeitsblätter eignen sich auch als Klassenarbeit am Ende der Einheit.
Aufgabe 7a S. 303	In der zu den Projektvorschlägen genannten Literatur findet man weitere bildliche Darstellungen. Auch die Suche im Internet führt zu einer Vielzahl von Ergebnissen.
Aufgabe 7b S. 303	Die Geschichte ist zum einen aufgrund ihrer Ambivalenz spannend und wohl auch deshalb immer wieder Gegenstand künstlerischer Auseinandersetzung. Gleichzeitig sind der jugendliche Tatendrang, die Auflehnung, aber auch der Übermut des Ikarus zeitlose Themen, die unabhängig vom zeithistorischen Kontext aktuell sind.

---

[1] Aus: Ein Held geht baden. Pieter Brueghel der Ältere: Der Sturz des Icarus, 1558; in: Rose-Marie und Rainer Hagen: Meisterwerke im Detail, Band 1. Taschen, Köln 2005, S. 260–265, hier S. 265

Projektideen (S. 303)

Zu den Projektthemen liegt umfangreiche Literatur vor. Hilfreich für die Bearbeitung der Projektaufgaben könnten z. B. die folgenden Titel sein:
- Almond, Peter: Fliegen. Geschichte der Luftfahrt in Bildern, DuMont monte Verlag, Köln 2003
- Alte Fluggeschichten und Bilder, zusammengestellt von Norbert A. Werner, Verlag C. J. Bucher, Luzern/Frankfurt/Main 1978
- Aurnhammer, Achim/Martin, Dieter (Hg.): Mythos Ikarus. Reclam, Leipzig 1998
- Ott, Constance (Hg.): Märchen vom Fliegen, Verlag Christian Brandstätter, München/Wien 1988
- Ott-Koptschalijski, Constance/Behringer, Wolfgang (Hg.): Märchen und Mythen vom Fliegen, Fischer, Frankfurt/Main 1989
- Venzke, Andreas: Pioniere des Himmels. Die Brüder Wright, Patmos/Artemis & Winkler, Köln 2002

Ein Gedicht zum Motiv „Der Sturz des Ikarus" untersuchen

Theodor Fontane (1819–1898)
Ikarus

Immer wieder dieselbe Geschichte:
Siege, Triumphe, Gottesgerichte.

Wem jeder Sprung, auch der kühnste, geglückt,
Der fühlt sich dem Gesetz entrückt,
5 Er ist heraus aus dem Alltagstrott,
Fliegen will er, er ist ein Gott;
Er fällt dem Sonnengespann in die Zügel –
Da schmelzen dem Ikarus die Flügel,
Er flog zu hoch, er stürzt, er fällt,
10 Ein neu Spektakelstück hat die Welt:
Eben noch zum Himmel getragen ...
Apollo, zürnend, hat ihn erschlagen.

(um 1891)

(Aus: Theodor Fontane: Gesammelte Werke. Eine Auswahl in fünf Bänden, Band 1, S. Fischer Verlag, Berlin 1920, S. 159)

1 Wie beschreibt und beurteilt der Sprecher im Gedicht Ikarus?

2 Beschreibe den formalen Aufbau des Gedichts.

3 Zeige auf und beurteile, welche Aussage der Sprecher im Gedicht vermitteln will.

4 Vergleiche dieses Gedicht mit anderen dir bekannten Gedichten zum „Sturz des Ikarus".

Ein Gedicht zum Motiv „Der Sturz des Ikarus" untersuchen

Aufgabe 1

Der Sprecher im Gedicht ordnet die Geschichte von Ikarus in einen größeren Zusammenhang ein. So will er deutlich machen, dass Ikarus' Schicksal kein Einzelfall und er nicht einzigartig ist. Die Handlung der Sage wird stark verkürzt und im Wesentlichen auf Ikarus' Sturz reduziert. Der Sprecher im Gedicht beschreibt kurz den Flug des Ikarus, der ihn zu nahe an die Sonne heranführt, sodass die Flügelkonstruktion zerstört wird. Der Sprecher im Gedicht fasst dies in dem Vers „Er flog zu hoch, er stürzt, er fällt" (V. 9) prägnant zusammen. Die Beurteilung von Ikarus fällt eher negativ aus, dies wird z. B. daran deutlich, dass er als überheblich gekennzeichnet wird (vgl. V. 4–7). Sein Schicksal ist lediglich ein „Spektakelstück" (V. 10), keine Heldentat.

Aufgabe 2

Das Gedicht umfasst zwölf Verse, die durch Paarreim verbunden werden. Die beiden ersten Verse sind durch eine Leerzeile vom Rest des Gedichts getrennt. Ein einheitliches Metrum ist nicht zu erkennen. Die Verse umfassen jeweils 8–10 Silben.

Aufgabe 3

Der Sprecher im Gedicht macht am Beispiel von Ikarus deutlich, dass es in der Geschichte der Menschheit immer wieder vorkommt, dass Einzelne sich von ihren Erfolgen zu Überheblichkeit verleiten lassen und dann später metaphorisch gesprochen tief fallen; mit Blick auf Ikarus ist dies auch wörtlich zu verstehen. Dieser Ablauf wiederhole sich regelmäßig (vgl. V. 1). Der Sprecher im Gedicht will möglicherweise vor solcher Überheblichkeit warnen; die Menschen sollten demütig sein und nicht glauben, sie seien „dem Gesetz entrückt" (V. 4), womit sowohl die menschlichen Gesetze als auch die der Natur gemeint sein können.

Aufgabe 4

Im vorliegenden Gedicht erscheint Ikarus nur als Illustration für eine allgemeinmenschliche Beobachtung und Kritik des Sprechers. Das Bild von Ikarus ist hier eher negativ. In anderen Texten, z. B. in dem Gedicht von Ernst Jandl oder dem Songtext der Puhdys, erscheint Ikarus positiver, im Songtext sogar als vorbildlicher jugendlicher Held. Bei Ernst Schnabel dagegen ist auch der Aspekt der Überheblichkeit zu erkennen, allerdings wird Ikarus hier auch als jugendlich Fragender, der seine Identität sucht, gezeigt.

Einen Sachtext erschließen und zusammenfassen

Stephan Bernhard
Ikarus in eisigen Höhen

Angelo D'Arrigo will mit einem Drachensegler über den 8848 Meter hohen Mount Everest fliegen. Bereits kleine Fehler könnten ihn das Leben kosten.

Es ist der Berg der Berge – der Mount Everest, mit 8848 Metern der höchste Punkt der Erde. Bewunderer haben ihn voller Respekt den „dritten Pol" getauft. An diesem Wochenende bahnt sich ein Rekordversuch der besonderen Art an: Als erster Mensch will der 41 Jahre alte Italiener Angelo D'Arrigo mit einem Drachen den Gipfel überfliegen.

Auf perfektes Wetter warten
Das Basislager auf dem Syangboche Flugfeld in Nepal steht bereits, jetzt läuft der Countdown: „Wir müssen auf einen Tag mit blauem Himmel und schwachem Wind warten. Bedingungen, die am Everest nur selten vorkommen. Rein statistisch sollte es im Mai drei oder vier Tage mit perfektem Wetter geben", hofft D'Arrigo, dessen bisheriger offizieller Höhenrekord bei 7801 Meter liegt. Monatelange Vorbereitungen liegen hinter dem Drachenflieger und seinem Team. Denn: D'Arrigo muss sich von einem motorisierten Drachen – einem sogenannten Microlight –, der von Richard Meredith-Hardy gesteuert wird, auf Gipfelhöhe ziehen lassen.

Allein das ist schon ein riskantes Manöver, das die beiden auf dem Guidonia Militärflughafen nahe Rom geübt haben. Und immer wieder mit unvorhergesehenen Problemen konfrontiert wurden.

Eisklumpen in der Atemmaske
„Beladen mit Benzin- und Sauerstofftanks dauerte es lange, bis der Microlight abhob, dann stiegen wir schnell auf", erinnert sich Richard Meredith-Hardy an die Übungsflüge. „In 4500 Meter Höhe fiel die Temperatur auf minus 20 Grad, eine dünne Eisschicht überzog alle Metallteile und unsere Brillen." In 6600 Meter, bei minus 30 Grad, fror die Batterie des Funkgerätes ein und machte jegliche Kommunikation unmöglich. Bei 7814 Metern war es dann vorbei.

„An den Ventilen meiner Atemmaske bildeten sich Eisklumpen, mir blieb nur der schnelle Rückflug", erzählt Angelo D'Arrigo. Eine lebensgefährliche Situation: Wenn in dieser Höhe die Luftversorgung ausfällt, bleiben nur wenige Minuten bis zur Ohnmacht.

„Das Benzin könnte zu einem Problem werden." (Drachenflieger D'Arrigo)
Am Mount Everest erwarten die Piloten äußerst widrige Bedingungen. Die Temperatur am Gipfel kann auf minus 40 Grad und tiefer fallen. „Gegen die Kälte tragen wir elektrisch beheizbare Anzüge", erklärt Meredith-Hardy.
„Im Windkanal haben wir schon Temperaturen von minus 42 Grad ertragen. Die Kälte, die dünne Luft, das Wetter und alles andere haben wir hoffentlich unter Kontrolle. Viel eher könnte der Flug an einer Kleinigkeit scheitern."

Benzin aus Indien
Immerhin liegt das Basislager zehn Tagesmärsche von der nächsten Straße entfernt. „Sogar das Benzin könnte zu einem Problem werden", fürchtet Meredith-Hardy. Denn: „Benzin wird in Nepal oft mit Kerosin gemischt, das würde mein Motor nicht überleben. Vielleicht müssen wir noch Benzin aus Indien importieren."
Der Start ist eine der Schlüsselstellen. Die Startbahn liegt auf 3800 Meter Höhe; die Luft ist so dünn, dass die Startgeschwindigkeit sehr hoch sein muss. D'Arrigo: „Leider ist die Bahn nur 400 Meter lang, direkt dahinter liegt eine tiefe Schlucht. Motorprobleme wären fatal."

9000 Meter Flughöhe
Gelingt der für die nächsten Tage geplante Start, wird Richard Meredith-Hardy mit seinem Microlight Angelo D'Arrigo Richtung Mount Everest ziehen. In Gipfelnähe will sich der Drachenflieger dann ausklinken, aufsteigende Luftströmungen nutzen und den Gipfel des Mount Everest überfliegen – maximale Flughöhe: fast 9000 Meter.

Arbeitsblatt 2

Richard Meredith-Hardys Microlight ist zu schwer, um den Gipfel zu überfliegen. Alleine wird Angelo D'Arrigo aber dennoch nicht sein: Zwei Steppenadler werden den Drachenflieger begleiten; die
85 Vögel kennen D'Arrigo seit ihrer Geburt und akzeptieren den Drachenflieger als Leittier.

Den Vögeln den Weg zeigen

Die Adler sollen in Tibet ausgesetzt werden, um dort das Aussterben der Steppenadler zu verhin-
90 dern. Ihre jährliche Zugroute führt im Herbst von den Brutplätzen über den Himalaja nach Süden und im Frühjahr wieder nach Norden. „Normalerweise lernen die Vögel die Wanderrouten von ihren Eltern, diesen Part muss ich jetzt übernehmen", erklärt Angelo D'Arrigo seine Aufgabe. Bereits 2002 95 machte der Italiener mit einem ähnlichen Projekt weltweit Schlagzeilen: Er leitete einen Schwarm Kraniche von Sibirien über 5500 Kilometer bis in den Iran.

(Aus: Süddeutsche Zeitung vom 30.04.2004; hier zitiert nach: www.suedceutsche.de)

1 Kreuze an, welche Antwort jeweils richtig ist.
   a) Wie heißt der Autor des Zeitungsartikels?
      ☐ Angelo D'Arrigo
      ☐ Stephan Bernhard
      ☐ Richard Meredith-Hardy

   b) Aus welchem Anlass wurde der Zeitungsartikel geschrieben?
      ☐ Angelo D'Arrigo will als erster Mensch den Mount Everest mit einem Drachen überfliegen.
      ☐ Angelo D'Arrigo will als erster Mensch den Mount Everest besteigen.
      ☐ Angelo D'Arrigo wirbt für das Drachenfliegen im Himalaya.

   c) In welchem Land befindet sich Angelo D'Arrigo zurzeit?
      ☐ Indien
      ☐ Iran
      ☐ Nepal

   d) Welche Höhe will er mit seinem Drachen erreichen?
      ☐ 3800 Meter
      ☐ 8848 Meter
      ☐ fast 9000 Meter

   e) Warum ist das Drachenfliegen in so großen Höhen gefährlich?
      ☐ Raubvögel könnten den Drachenflieger angreifen.
      ☐ Durch Vereisung könnte die Luftversorgung ausfallen.
      ☐ Der Motor des Drachenfliegers könnte ausfallen.

2 Warum nennt der Autor den Namen Ikarus in der Überschrift seines Zeitungsartikels?

3 Welchen Bezug stellt er im Text zu Ikarus her, obwohl er dessen Namen außer in der Überschrift nicht mehr nennt?

4 Fasse den Inhalt des Artikels schriftlich zusammen.

© Schöningh Verlag

Einen Sachtext erschließen und zusammenfassen

Aufgabe 1

Richtig sind die folgenden Lösungen:
a) Stephan Bernard
b) Angelo D'Arrigo will als erster Mensch den Mount Everest mit einem Drachen überfliegen.
c) Nepal
d) Durch Vereisung könnte die Luftversorgung ausfallen.

Aufgabe 2

Der Autor will das Interesse der Leser wecken. Er tut dies zum einen dadurch, dass er mit der Nennung des Namens auf die antike Sage anspielt und damit Leser anspricht, die die Sage kennen bzw. eine Vorstellung mit der Figur Ikarus verbinden können. Außerdem spielt der Autor im Titel auf die Möglichkeit des Scheiterns an, die durch den Namen Ikarus angedeutet wird. Zugleich stellt der Zusatz „in eisigen Höhen" einen Kontrast zur antiken Sage her, da dort der Sturz des Ikarus durch die zu große Nähe zur Sonne und deren Hitze ausgelöst wird.

Aufgabe 3

Der indirekte Bezug zu Ikarus besteht darin, dass der Mann, von dem der Artikel hauptsächlich handelt, in großer Höhe mit einem von Menschen gebauten Gerät, aber ohne Motor, fliegen möchte und sich dabei in große Gefahr begibt und abstürzen könnte.

Aufgabe 4

Der Italiener Angelo D'Arrigo möchte mit einem Drachensegler den Mount Everest, den höchsten Berg der Welt, überfliegen. Er befindet sich bereits in Nepal und bereitet den Rekordversuch vor. Diesen hat er monatelang trainiert, insbesondere die Phase, in der er sich von einem Microlight, einem motorisierten Drachen, nach oben ziehen lässt. Dabei sind bereits die ersten Risiken des Fliegens in so großer Höhe deutlich geworden. Vor allem das Vereisen der Ausrüstung durch die extreme Kälte, vor allem das Vereisen der Atemmaske, stellt eine große Gefahr dar, zumal die Temperatur am Mount Everest auf mehr als minus 40 Grad Celsius fallen kann. Außerdem bereiten die Versorgung mit Benzin und die dünne Luft in großer Höhe Schwierigkeiten. Sollte das Unterfangen gelingen, würde D'Arrigo mit einer Flughöhe von fast 9000 Metern einen neuen Rekord mit einem Drachenflieger aufstellen. Der Rekordversuch D'Arrigos dient aber auch dem Zweck, zwei Steppenadler nach Tibet zu führen, wo die seltenen Vögel ausgewildert werden sollen.

Arbeitsblatt 3

Einen Sachtext zu einem Gemälde erschließen und untersuchen

Wolf Biermann (geb. 1936)
Der Sturz des Dädalus

Der deutsche Schriftsteller Wolf Biermann schildert in einem 1987 geschriebenen Text seine Eindrücke von Brueghels Gemälde „Landschaft mit Sturz des Ikarus" (Schülerbuch, S. 302):

Pieter Brueghel der Ältere, genannt Bauern-Brueghel. Er lebte in der Lutherzeit. Von ihm gibt es ein Bild: „Landschaft mit Sturz des Ikarus". Wir sehen eine viel gemalte Szene aus dem vorantiken Grie-
5 chenland. Und der Maler, wie es Mode war, zerrt den Mythos ungeniert ins moderne Flandern jener Tage.
Eine renaissanceweite Welt ist zu sehn. Überschwängliche Perspektive. Der See. Die See. Im
10 Hintergrund eine unwirklich geweißte Felsenlandschaft, die ins offene Meer übergeht. Auf großer Fahrt, schwerfällige Eleganz, ein Segelschiff, bauchig, eine niederländische Kogge. Und vorn, auf einer Anhöhe, großfarbig hingemalt ein Bauer.
15 Der Mann pflügt brav seine ebenmäßigen Furchen in den Acker. Als ob der Maler den Pflüger mit dem Pinsel nachäfft: Die Erdschollenwülste sind hingehandwerkelt mit manierierter Makellosigkeit – genau wie seines Rockes Falten. Dann noch breitär-
20 schig ein Angler, wie er seine Rute übers Wasser hält. Alles treu, wie Ovid es im VIII. Buch seiner Metamorphosen schildert. Im hinteren Vordergrund ein Hirte, steht da auf seinen Stock gestützt im Gewimmel der Schafherde – eine Idylle friedlicher Arbeit. Die katastrophale Hauptsache aber – 25
die Attraktion! – der stürzende Ikarus, avanciert beim älteren Brueghel zur nichtigsten Nebensache. Und eben diese Frechheit des Malers entzückt uns und macht uns das Bild so berühmt. Kein Mensch beachtet hier den Sturz des Ikarus. Auch der 30
Betrachter des Bildes entdeckt erst beim zweiten Hirsehn die nackten Beine ... ja, das isser! Ikarus, grad wie er versinkt. So was nenn ich Realismus in der Kunst. Und das nenne ich nobel und wirkliche Fantasie des Künstlers, er zeigt die fantastische 35
Wirklichkeit: Kein Aas kümmert sich groß.
Kein Pflug beibt stehn
einem Sterbenden zulieb
Das war um 1600 in Deutschland ein populäres Sprichwort. Alles übertrumpfend der gewaltige 40
Alltag. Und kleinklein die große Nummer des mythischen Helden. (1987)

(Aus: „Wolf Biermann – Klartexte im Getümmel. 13 Jahre im Westen",
hrsg. von Hannes Stein
© 1990 by Verlag Kiepenheuer & Witsch, Köln)

1 Beschreibe, wie der Autor seinen Text zu dem Gemälde aufgebaut hat.

2 Untersuche die sprachliche Gestaltung des Textes.

3 Wie beurteilt der Autor das Gemälde? Belege deine Aussagen am Text.

4 Vergleiche den Text Biermanns mit dem Gemälde und mit deiner eigenen Bildbeschreibung. Wie beurteilst du Biermanns Darstellung und Wertung?

Einen Sachtext zu einem Gemälde erschließen und zusammenfassen

Aufgabe 1

Der Autor beginnt mit einem einleitenden Absatz, in dem er den Namen des Künstlers und den Titel des Bildes nennt, dieses zeitlich kurz einordnet und eine erste Deutung des Bildes formuliert.
Es folgt der Hauptteil, in dem Biermann das Gemälde aus seiner Sicht beschreibt und einzelne Elemente des Bildes bereits bewertet.
Im Schlussteil fasst der Autor seine Deutung und Bewertung des Gemäldes zusammen.

Aufgabe 2

Im Satzbau fällt auf, dass der Autor überwiegend kurze Hauptsätze asyndetisch reiht und vielfach elliptische Sätze verwendet.
In stilistischer Hinsicht ist zu erwähnen, dass Biermann zwischen unterschiedlichen Stilebenen wechselt, insbesondere in der Wortwahl. So nutzt er zum Teil Fachbegriffe wie „manieriert" (Z. 18), andererseits aber auch alltagssprachliche und an den mündlichen Sprachgebrauch angelehnte Formulierungen, z. B. „ja, das isser!" (Z. 32), die vielfach salopp klingen, z. B.: „Kein Aas kümmert sich groß." (Z. 36) Dies bildet wiederum einen Kontrast zu bewusst altertümlich klingenden Ausdrücken wie z. B. „seines Rockes Falten" (Z. 19). Der Autor gestaltet seinen Text dadurch anschaulich, dass er zahlreiche Adjektivattribute verwendet. Oftmals sind dies wertende Begriffe.

Aufgabe 3

Der Autor beurteilt das Gemälde sehr positiv. Dies macht er dadurch deutlich, dass er die Wirkung des Bildes, wie er sie empfindet, mit dem positiven Verb „entzücken" (Z. 28) beschreibt. Außerdem lobt er die „Frechheit des Malers" (Z. 28), was hier positiv gemeint ist, auch wenn man die genannte Eigenschaft in anderem Zusammenhang negativ verstehen könnte. Der Autor gesteht dem Maler außerdem weitere positive Eigenschaften zu, z. B. „wirkliche Fantasie" (Z. 34 f.). Darüber hinaus lobt der Autor den „Realismus" (Z. 33) des Künstlers und die Art, wie dieser „die fantastische Wirklichkeit" (Z. 35 f.) zeige. All dies erklärt, weshalb der Autor das Gemälde positiv als „so berühmt" (Z. 29) bezeichnet.

Aufgabe 4

Hier könnte der eher alltagssprachliche und wenig sachliche Stil Biermanns erwähnt werden, welcher nicht den Konventionen der Bildbeschreibung als informativer Textsorte entspricht. Der Vergleich mit der Wertung, die Biermann vornimmt (vgl. Aufgabe 3), kann zustimmend, abwägend oder ablehnend erfolgen.

Einen wertenden Sachtext zu einem Gemälde untersuchen

Marie Luise Kaschnitz (1901–1974)
Wohin denn ich. Aufzeichnungen

Die deutsche Schriftstellerin Marie Luise Kaschnitz schildert in ihren autobiografischen Aufzeichnungen, aus denen der folgende Text stammt, ihre Eindrücke von Brueghels Gemälde „Landschaft mit Sturz des Ikarus".

Zum Drama gehört der Nebenmensch, gehört das Entsetzen des anderen, seine Teilnahme oder sein Triumph, da darf nicht ganz nebensächlich einer ins Wasser fallen, während der Bauer ruhig hinter seinem Pflug hergeht, der Schäfer mit frommen Blicken den Morgenhimmel betrachtet und der Fischer nichts anderes im Sinn hat, als ob ihm der Fisch an die Angel geht oder nicht. Was auf dem Bild dargestellt
5 werden sollte, war Sprichwortweisheit, also Binsenweisheit, in der nicht Wahrheit, nur Lebenserfahrung steckt. Kein Pflug steht still um eines Menschen willen, der stirbt, und wer hätte das nicht schon erlebt, wie unerbittlich das Leben darauf besteht, weitergeführt zu werden, den Trauernden zum Hohn. Das aber kann ich nicht ertragen, dass so wie sonst die Sonne lacht, auf dem Bild, das ich im Sinn habe, lacht sie tatsächlich, Morgenglanz in jedem Winkel, ein Sieg des Lebens, der über alle Sprichwortweisheit hinausgeht und
10 gerade damit die nicht einmal besonders schmerzliche Nebensächlichkeit dieses Todes enthüllt. Der Titel des Bildes ist dann verwirrend, Ikarus heißen die zappelnden Beine, kein Unbekannter ist da zufällig ins Wasser gefallen, sondern der geflügelte Jüngling, der der Sonne zu nahe kam und durch den ganzen riesigen Himmel stürzte und starb. Von dem Himmelssturz hat der gelehrte und vernünftige Brueghel nur den allerletzten Augenblick festgehalten, eben diese Beine, die lächerlich strampeln – so als habe er sich
15 lustig machen wollen über das jämmerliche Ende eines Traums.

(1965)

(Aus: Marie Luise Kaschnitz: Überall nie
© 1963 Claassen Verlag in der Ullstein Buchverlage GmbH, Berlin)

1 Fasse zusammen und beurteile, welche Aussage die Autorin in Brueghels Gemälde sieht und wie sie zu dieser steht.

2 Vergleiche die Darstellung der Autorin mit anderen dir bekannten Texten und Bildern zum Motiv vom „Sturz des Ikarus".

Einen wertenden Sachtext zu einem Gemälde untersuchen

Aufgabe 1

Die Autorin stellt fest, dass Brueghel nur den letzten Moment im Leben von Ikarus festgehalten hat, nämlich den, in dem er im Wasser untergeht. Der Betrachter sieht nur noch die zappelnden Beine Ikarus' aus dem Wasser hervorschauen. Marie Luise Kaschnitz kommt es vor, als wolle sich der Maler über Ikarus und „das jämmerliche Ende eines Traums" (Z. 15) von Freiheit und vom Fliegen lustig machen. Sie sieht in dem Bild außerdem die Aussage, dass das Sterben eines Menschen die anderen Menschen nicht rühre, jeder gehe weiter seiner Beschäftigung nach. Für Trauer und Mitgefühl sei da kein Platz.

Die Autorin sagt, sie könne dies „nicht ertragen" (Z. 8), und macht damit ihre kritische Einstellung zu der von ihr formulierten Aussage des Gemäldes deutlich. Die „Nebensächlichkeit" (Z. 10) des Todes eines Menschen ist für sie nur schwer auszuhalten. Sie will vermutlich ihre Einstellung vermitteln, dass das Leben nach dem Tod eines Menschen nicht einfach so wie bisher weitergehen könne. Es müsse mehr Raum für die „Trauernden" (Z. 7) sein, für die das unmittelbare Übergehen zur Tagesordnung wie „Hohn" (Z. 7) wirken müsse.

Aufgabe 2

Für den Vergleich bieten sich z. B. die folgenden Vergleichskriterien an:
- Verhältnis Sage/Bearbeitung (Schwerpunktsetzung, Übernahme bzw. Veränderung von Elementen der Sage)
- Darstellung und Bewertung von Ikarus
- Frage der Verantwortung/Schuld für seinen Sturz/Tod
- Darstellung und Bewertung des Vaters
- Darstellung der Vater-Sohn-Beziehung
- Perspektive, aus der der Sturz des Ikarus dargestellt wird
- Deutung des Motivs bzw. seiner Bearbeitung

Herauszustellen wäre im Vergleich z. B., dass sich Kaschnitz, da sie das Gemälde Brueghels zugrunde legt, nur auf den Sturz des Ikarus bzw. seinen Tod bezieht. Dädalus spielt bei ihr keine Rolle, auch die Ereignisse, die zum Sturz des Ikarus führen, sind hier nicht relevant. Ihre Bewertung von Ikarus ist eher positiv, was z. B. daran zu erkennen ist, dass sie ihn als „der geflügelte Jüngling" (Z. 12) bezeichnet. Er habe einen „Traum" (Z. 15) gehabt, über den man sich nicht lustig machen solle, auch wenn er gescheitert sei. Dies macht deutlich, dass sie die Vorgeschichte des Sturzes und die Handlung der Sage mit ihrer Ambivalenz nicht einbezieht.

Einen Liedtext zum Motiv „Der Sturz des Ikarus" untersuchen

Bettina Wegner (geb. 1947)
Ikarus

Die Liedermacherin Bettina Wegner schrieb mehrere Lieder für den DEFA-Film „Ikarus" (DEFA = Deutsche Film-AG, Filmgesellschaft der damaligen DDR), der 1974 gedreht wurde. In dem Film geht es um den jungen Matthias, dessen Eltern geschieden sind. Matthias lebt bei der Mutter, sieht seinen Vater aber regelmäßig. Der Vater hat ihm auch die Geschichte von Ikarus erzählt und versprochen, an seinem Geburtstag mit ihm einen Rundflug über die Stadt zu machen – denn Matthias will Pilot werden. Doch der Vater vergisst sein Versprechen und Matthias läuft enttäuscht von zu Hause fort.

War voll von Liebe und war voll Vertraun
und Wärme war um ihn und war viel Zeit
So konnte er sich große Flügel baun
und alles in ihm war unendlich weit.

5 Da war es schließlich möglich, dass er flog
die Erde ließ er unter sich zurück.
Bis man die Wärme von ihm nahm und ihn belog
da blieb vom Ganzen in ihm nur ein Stück

So fiel er nieder, stürzte und zerbrach.
10 Wer sagt, er wäre nie geflogen, lügt.
Man trug ihm die zerbrochnen Flügel nach
und jeder weiß, dass er nie wieder fliegt.

(1974)

(Aus: Bettina Wegner: Wenn meine Lieder nicht mehr stimmen, Rowohlt, Reinbek bei Hamburg 1979, S. 52)

1 Untersuche die in dem Liedtext angelegte Entwicklung von Strophe zu Strophe.

2 Wie verändert Bettina Wegner in ihrem Lied die Geschichte von Ikarus?

3 Was will sie mit diesem Lied möglicherweise ausdrücken?

Bewertungsbogen 5

Bewertungsbogen zur Leistungsüberprüfung/Klassenarbeit

Name:	
Schulhalbjahr/Datum:	
Klasse:	
Fachlehrer/in:	
Thema der Unterrichtsreihe:	Der Sturz des Ikarus – Ein literarisches Motiv
Thema der Klassenarbeit:	Einen Liedtext zum Motiv „Der Sturz des Ikarus" untersuchen
Aufgaben:	s. Arbeitsblatt 5

A Inhaltliche Leistungen

Aufgabe 1

	Du untersuchst die in dem Liedtext angelegte Entwicklung von Strophe zu Strophe.	maximale Punktzahl	erreichte Punktzahl
1	Strophe 1: Situation der beschriebenen Person wird sehr positiv dargestellt, erkennbar z. B. an positiven Nomen wie „Liebe", „Vertrauen", „Wärme" (V. 1 f.), Metapher „große Flügel" (V. 3) verdeutlicht positive Zukunftserwartung, Motiv des Fliegens verdeutlicht dies	10	
2	Strophe 2: Beginn weiter positiv, Fortsetzung der in Strophe 1 angelegten Entwicklung, Motiv des Fliegens wird wieder aufgenommen, Bruch in der Mitte der zweiten Strophe, Positives, hier: „Wärme" (V. 7), ist nicht mehr vorhanden, zentral: Wandel vom Positiven zum Negativen durch Lüge (vgl. V. 7), wobei Verantwortlichkeit hierfür unklar bleibt („man", V. 7), zerstörte Hoffnungen und Träume (vgl. V. 8) als Ergebnis, Lüge als Ursache für symbolischen Sturz	10	
3	Strophe 3: beschreibt negative Auswirkungen, Metapher „zerbrach" (V. 9) verdeutlicht psychische Auswirkungen der negativen Erfahrungen, lyrisches Ich legt aber trotz des negativen Fazits (vgl. V. 12) Wert darauf, dass die beschriebene Person Hoffnungen und Träume gehabt habe, wiederum durch das Motiv des Fliegens veranschaulicht	10	
	Gesamtpunktzahl für Aufgabe 1	**30**	

Aufgabe 2

	Du	maximale Punktzahl	erreichte Punktzahl
1	nennst Elemente der Sage von Ikarus, die in dem Lied aufgenommen werden, z. B.: Motiv des Fliegens, Sturz, zerbrochene Flügel.	5	
2	zeigst auf, wie die Sage in dem Lied verändert wird, z. B.: beschriebene Person baut Flügel selbst, was Ikarus nicht tut; Vater wird im Lied nicht ausdrücklich erwähnt; Ursache für den Sturz nicht die eigene Unbedachtheit oder Überheblichkeit, sondern Unehrlichkeit anderer.	5	
	Gesamtpunktzahl für Aufgabe 2	**10**	

Bewertungsbogen 5

Aufgabe 3

	Du	maximale Punktzahl	erreichte Punktzahl
1	entwickelst und begründest eine mögliche Deutung des Liedes, z. B.: symbolisch zu verstehen als Darstellung des Verhältnisses von Kindern und Eltern/Erwachsenen, Weg zum Erwachsenwerden, Ehrlichkeit als Wert im Umgang mit Kindern/Jugendlichen, deren Pläne und Hoffnungen man nicht enttäuschen bzw. zerstören sollte.	10	
	Gesamtpunktzahl für Aufgabe 3	10	

A	Gesamtpunktzahl	50	

B Darstellungsleistungen

		maximale Punktzahl	erreichte Punktzahl
1	Du baust deinen Text sinnvoll auf.	5	
2	Du formulierst anschaulich, sachlich und genau.	5	
3	Du wendest die Regeln der Rechtschreibung, Grammatik und Zeichensetzung sicher an.	15	

B	Gesamtpunktzahl	25	

Gesamtpunktzahl A und B	75	

Die Leistungsüberprüfung/Klassenarbeit wird mit der Note

_____ bewertet.

_____
Datum   Unterschrift

Zuordnung der Punkte zu den Notenstufen

Note	Punkte
sehr gut	75–66
gut	65–56
befriedigend	55–46
ausreichend	45–36
mangelhaft	35–15
ungenügend	14–0

© Schöningh Verlag

Arbeitsblatt 6

Ein Bild beschreiben

Hendrick Goltzius (1558–1617)
Ikarus (Kupferstich 1588)

1. Verfasse eine schriftliche Bildbeschreibung zu dem Kupferstich. Nutze dazu die Werkzeugkästen auf den Seiten 300 und 301 im Schülerbuch.

2. Auch in diesem Bild wird das Motiv vom Sturz des Ikarus verarbeitet. Vergleiche das Bild mit den Gemälden von Saraceni und Brueghel im Schülerbuch (S. 299 bzw. S. 302).

442 © Schöningh Verlag

Bewertungsbogen 6

Bewertungsbogen zur Leistungsüberprüfung/Klassenarbeit

Name:	
Schulhalbjahr/Datum:	
Klasse:	
Fachlehrer/in:	
Thema der Unterrichtsreihe:	Der Sturz des Ikarus – Ein literarisches Motiv
Thema der Klassenarbeit:	Ein Bild beschreiben
Aufgaben:	s. Arbeitsblatt 6

A Inhaltliche Leistungen

Aufgabe 1

	Du verfasst eine schriftliche Bildbeschreibung zu dem Kupferstich.	maximale Punktzahl	erreichte Punktzahl
1	Einleitung: Name des Künstlers (Hendrick Goltzius), Titel (Ikarus), Entstehungsjahr (1588), Art/Technik des Bildes (Kupferstich), Überblick über den Bildinhalt (stürzender Ikarus, der seinen Blick noch der Sonne zuwendet), Standpunkt/Perspektive (Betrachter nahe bei Ikarus, ungefähr auf seiner Höhe)	10	
2	Hauptteil: – Bildaufbau: Ikarus im Bildmittelpunkt und im Vordergrund, streckt dem Betrachter seine Füße entgegen, blickt nach oben zur Sonne; Sonne am rechten oberen Bildrand; Horizont und Himmel machen den größten Teil des Bildhintergrundes aus; im unteren Teil des Bildes Dädalus und Insel zu erkennen – Format des Bildes rund – Darstellung von Ikarus: nackt, muskulös, rechtes Bein nach oben gestreckt, linkes Bein angewinkelt, Unterschenkel nach unten gerichtet, auf den Rücken gedreht im Fallen, rechter Arm nach unten ausgestreckt, linker Arm angewinkelt, Hand geht zum Kopf, bedeckt etwas die Augen, da Ikarus zur Sonne hinaufschaut, erstaunter Gesichtsausdruck, Augen offen, Mund geschlossen, Kranz im Haar, Flügel sind schon verschwunden – Dädalus im Hintergrund, Flügel funktionsfähig, bewegt sich vorwärts, sehr klein dargestellt	15	
3	Schlussteil: Stimmung/Wirkung auf den Betrachter, mögliche Deutung des Bildes, subjektive Wertung	10	
	Gesamtpunktzahl für Aufgabe 1	**35**	

© Schöningh Verlag

Bewertungsbogen 6

Aufgabe 2

		maximale Punktzahl	erreichte Punktzahl
	Du vergleichst den vorliegenden Kupferstich mit den Gemälden von Saraceni und Brueghel.		
1	Saraceni: größere Szene, auch Dädalus deutlich zu sehen (bei Goltzius nur im Bildhintergrund), Ikarus am oberen Bildrand, aber nicht im Mittelpunkt, Betrachter am linken unteren Bildrand Zeitgenossen des Malers, Übereinstimmung mit Goltzius: Moment des Sturzes wird gezeigt, Ikarus auf den Rücken gedreht, Gesicht nach oben (bei Saraceni aber nicht zur Sonne schauend)	8	
2	Brueghel: bei Brueghel anders als bei Goltzius Sturz des Ikarus nur Nebensache, unwichtig für die Menschen, Betrachter sieht beim ersten Ansehen des Bildes vermutlich Ikarus gar nicht, nur noch seine Beine zu sehen, Absturz schon erfolgt, nur noch Endphase des Untergehens zu sehen, Szene verlegt in Gegenwart des Künstlers	7	
	Gesamtpunktzahl für Aufgabe 2	15	
A	**Gesamtpunktzahl**	50	

B Darstellungsleistungen

		maximale Punktzahl	erreichte Punktzahl
1	Du baust deinen Text sinnvoll auf.	5	
2	Du formulierst anschaulich, sachlich und genau.	5	
3	Du wendest die Regeln der Rechtschreibung, Grammatik und Zeichensetzung richtig an.	15	
B	**Gesamtpunktzahl**	25	
Gesamtpunktzahl A und B		75	

Die Leistungsüberprüfung/Klassenarbeit wird mit der Note

_____ **bewertet.**

_____
Datum   Unterschrift

Zuordnung der Punkte zu den Notenstufen

Note	Punkte
sehr gut	75–66
gut	65–56
befriedigend	55–46
ausreichend	45–36
mangelhaft	35–15
ungenügend	14–0

Arbeitsblatt 7

Einen Holzschnitt zum Motiv „Der Sturz des Ikarus" beschreiben

Der Sturz des Ikarus (Holzschnitt 1493)

■ Fertige eine schriftliche Bildbeschreibung an, indem du
- eine Einleitung verfasst, welche die hierfür notwendigen Angaben enthält,
- in einem Hauptteil das Bild möglichst genau beschreibst und dabei besonders darauf achtest, wie das Motiv vom Sturz des Ikarus umgesetzt wird,
- in einem Schlussteil deine Ergebnisse zusammenfasst und das Bild mit anderen dir bekannten Darstellungen des Motivs vergleichst.

Bewertungsbogen 7

Bewertungsbogen zur Leistungsüberprüfung/Klassenarbeit

Name:	
Schulhalbjahr/Datum:	
Klasse:	
Fachlehrer/in:	
Thema der Unterrichtsreihe:	Der Sturz des Ikarus – Ein literarisches Motiv
Thema der Klassenarbeit:	Ein Bild zum Motiv „Der Sturz des Ikarus" beschreiben
Aufgaben:	s. Arbeitsblatt 7

A Inhaltliche Leistungen

	Du fertigst eine schriftliche Bildbeschreibung an und vergleichst das Bild mit anderen dir bekannten Darstellungen des Motivs.	maximale Punktzahl	erreichte Punktzahl
1	Einleitung: Name des Künstlers unbekannt, Titel „Sturz des Ikarus", Entstehungsjahr 1493, Art/Technik des Bildes: Holzschnitt; Überblick über den Bildinhalt: beginnender Sturz des Ikarus, der zusammen mit seinem Vater Dädalus das Meer überquert Standpunkt/Perspektive: Betrachter steht entfernt, aber fast auf einer Höhe mit Dädalus und Ikarus	10	
2	Hauptteil: – Bildaufbau: stürzender Ikarus in der Bildmitte, Dädalus begleitet von zwei Vögeln am oberen Bildrand, Dädalus in der Mitte am oberen Bildrand, oberhalb von Ikarus, Wasserfläche zieht sich von der Bildmitte zum rechten unteren Bildrand, am rechten und linken Bildrand Inseln, auf der linken Seite in die Bildmitte hineinragend – dargestellte Handlung, Ausschnitt aus der Sage: Flucht von Vater und Sohn übers Meer, Ikarus' Flügel beginnen sich aufzulösen, einzelne Federn sind bereits heruntergefallen und er befindet sich in Abwärtsbewegung, Grund für das Zerfallen der Flügel allerdings nicht zu erkennen (Sonne fehlt in der Darstellung) – Darstellung von Ikarus: in Abwärtsbewegung befindlich, Arme voran, nach unten ausgestreckt, Beine in die Höhe gestreckt, wirkt hilflos, Flügel an den Armen befestigt, einzelne Federn haben sich gelöst, fallen herab – Darstellung von Dädalus: fliegt erfolgreich, begleitet von zwei Vögeln, fliegt höher als Ikarus, blickt zu diesem herab, streckt die Hand nach ihm aus, als ob er ihm helfen wolle, Bart (Alter, Weisheit)	20	
3	Schlussteil: Stimmung/Wirkung auf den Betrachter, mögliche Deutung des Bildes, subjektive Wertung	10	

Bewertungsbogen 7

| 4 | Vergleich orientiert an sinnvollen Vergleichskriterien, z. B.:
– Verhältnis Sage/Bearbeitung (Schwerpunktsetzung, Übernahme bzw. Veränderung von Elementen der Sage)
– Darstellung und Bewertung von Ikarus
– Frage der Verantwortung/Schuld für seinen Sturz/Tod
– Darstellung und Bewertung des Vaters
– Darstellung der Vater-Sohn-Beziehung
– Perspektive, aus der der Sturz des Ikarus dargestellt wird
– Deutung des Motivs bzw. seiner Bearbeitung | 10 | |

| A | Gesamtpunktzahl | 50 | |

B Darstellungsleistungen

		maximale Punktzahl	erreichte Punktzahl
1	Du baust deinen Text sinnvoll auf.	5	
2	Du formulierst anschaulich, sachlich und genau.	5	
3	Du wendest die Regeln der Rechtschreibung, Grammatik und Zeichensetzung richtig an.	15	

| B | Gesamtpunktzahl | 25 | |

| Gesamtpunktzahl A und B | 75 | |

Die Leistungsüberprüfung/Klassenarbeit wird mit der Note

bewertet.

Zuordnung der Punkte zu den Notenstufen

Note	Punkte
sehr gut	75 – 66
gut	65 – 56
befriedigend	55 – 46
ausreichend	45 – 36
mangelhaft	35 – 15
ungenügend	14 – 0

Datum   Unterschrift

© Schöningh Verlag

Leistungsüberprüfung – Selbstevaluation – Klassenarbeit

1. **Ein Gedicht zum Motiv „Der Sturz des Ikarus" untersuchen**
   Text: Theodor Fontane: Ikarus
   (s. Arbeitsblatt 1, S. 430, Lösung 1, S. 431)

2. **Einen Sachtext erschließen und zusammenfassen**
   Text: Stephan Bernhard: Ikarus in eisigen Höhen
   (s. Arbeitsblatt 2, S. 432 f., Lösung 2, S. 434)

3. **Einen Sachtext zu einem Gemälde erschließen und untersuchen**
   Text: Wolf Biermann: Der Sturz des Dädalus
   (s. Arbeitsblatt 3, S. 435, Lösung 3, S. 436)

4. **Einen wertenden Sachtext zu einem Gemälde untersuchen**
   Text: Marie Luise Kaschnitz: Wohin denn ich. Aufzeichnungen
   (s. Arbeitsblatt 4, S. 437, Lösung 4, S. 438)

5. **Einen Liedtext zum Motiv „Der Sturz des Ikarus" untersuchen**
   Text: Bettina Wegner: Ikarus
   (s. Arbeitsblatt 5, S. 439, Bewertungsbogen 5, S. 440 f.)

6. **Ein Bild beschreiben**
   Material: Hendrick Goltzius: Ikarus
   (s. Arbeitsblatt 6, S. 442, Bewertungsbogen 6, S. 443 f.)

7. **Einen Holzschnitt zum Motiv „Der Sturz des Ikarus" beschreiben**
   Material: Der Sturz des Ikarus
   (s. Arbeitsblatt 7, S. 445, Bewertungsbogen 7, S. 446 f.)

8. **Pieter Brueghel d. Ä.: Landschaft mit Sturz des Ikarus**
   Material: SB, S. 302
   Aufgabe: Begib dich in das Bild und schildere in der Ich-Form möglichst anschaulich, was du siehst, hörst, fühlst ...
   In deiner Darstellung sollte auch zum Ausdruck kommen, welche Bedeutung Ikarus in dem gesamten Geschehen zukommt.

Die deutsche Sprache und ihre europäischen Verwandten – Aus Sprachvergleichen lernen (S. 304–325)

Vorüberlegungen zur Einheit

Reflektierte Sprachkompetenz ist ein zentrales Ziel des Deutschunterrichts. In der Jahrgangsstufe 8 fokussieren die Lehrpläne u. a. die Sicherung und Vertiefung des grammatischen Wissens in Auseinandersetzung mit Sprachvarianten und sprachgeschichtlich erklärbaren Zusammenhängen zwischen dem Deutschen und anderen Sprachen, darunter vornehmlich die Sprachen, die den Schülerinnen und Schülern aus dem Fremdsprachunterricht (allen voran das Englische) zumindest in Grundzügen vertraut sind. Das so ermöglichte Lernen in Bezügen muss als besondere Gelegenheit für die Lernenden begriffen werden, fachübergreifende Kompetenzen zu erwerben und so dem oft Ausdruck verliehenen Unmut über das beziehungslose Nebeneinander der (sprachlichen) Fächer entgegenzuwirken.

Die Varianz des sprachlichen Ausdrucks im Deutschen spiegelt sich u. a. in seinem Wortschatz, der sich zusammensetzt aus dem sog. Erbwortschatz und den Wörtern, die aus anderen Sprachen in die deutsche Sprache übernommen wurden (Fremd- und Lehnwörter, Fachsprachen). Die Lexik des Deutschen ist aus diesem Grund bereits ein Phänomen des Sprachkontakts und der Sprachgeschichte, die sich auch auf der Ebene der niederdeutschen Dialekte noch deutlich sicht- und hörbar widerspiegelt. Durch den exemplarischen Vergleich des Wortschatzes indoeuropäischer Sprachen wird somit auch Wesentliches über die deutsche Sprachentwicklung bis auf den heutigen Tag gelernt. Dabei ist der Blick auf das Deutsche aus der Perspektive der verwandten Fremdsprache ein Mittel der Verfremdung, das hilft, die ursprünglich intuitiv aufgenommenen Regeln der Muttersprache in einem neuen Lichte zu sehen und zu bewerten. Grammatische Strukturen und Wortbedeutungen lassen sich so besser nachvollziehen und für die Arbeit am eigenen Stil nutzen. Außerdem können die auf diese Weise erworbenen Kenntnisse in der weiteren Schullaufbahn fruchtbar gemacht werden für das reflektierte Erlernen fremder Sprachen (z. B. durch die Berücksichtigung unterschiedlicher Satzbaumuster und ihrer Funktion in der jeweiligen Sprache). Dies kann später die Grundlage sein für die theoretische Auseinandersetzung mit dem Problem der literarischen Übersetzung, die im vorliegenden Kapitel nur in notwendiger Reduktion thematisiert werden kann.

Die Einheit gliedert sich in vier Teile. Im ersten Abschnitt steht die Stellung des Deutschen und seines Erbwortschatzes im Kontext der indoeuropäischen Sprachfamilie im Vordergrund. Die Erarbeitung dieses Unterkapitels zielt auf die Vermittlung grundlegender Einsichten in die (deutsche) Sprachgeschichte, mit deren Hilfe sowohl Wortgeschichtliches (zweites Unterkapitel mit besonderer Berücksichtigung der Wortentlehnung) als auch die Vielfalt der deutschen Sprache am Beispiel der Mundarten (drittes Unterkapitel) erschlossen werden kann. Der letzte Abschnitt widmet sich dem grammatischen Vergleich des Deutschen mit dem Englischen vorrangig am Beispiel der Syntax, in dessen Anschluss die Übersetzungsthematik über einen Wort-Wort-Vergleich und das Phänomen der „falschen Freunde" schülernah eingeholt werden soll.

Zur Vertiefung und für die Hand des Lehrers eignen sich besonders Jürgen Folz' „Wortgeschichte" (Schüler-Duden Wortgeschichte. Herkunft und Entwicklung des deutschen Wortschatzes. Mannheim u. a. 2002) und (für grammatische Spezialfragen) Hans Glinz' Studienbuch „Grammatiken im Vergleich" (Tübingen 1994).

Die wichtigsten Kompetenzen, die mit diesem Kapitel vermittelt werden sollen, sind:
- an Textbeispielen Unterschiede und Gemeinsamkeiten im Wortschatz europäischer Sprachen entdecken,
- die Geschichte der indoeuropäischen Sprachfamilie kennen,
- Erb- und Lehnwörter in der deutschen Sprache unterscheiden,
- ein wortgeschichtliches Lexikon benutzen,
- diskontinuierliche Texte wie z. B. sprachgeografische Karten verstehen,
- den Einfluss des Lateinischen auf das Deutsche bestimmen,
- Phasen der Entlehnung im Deutschen rekonstruieren,
- aktuelle Tendenzen des Sprachaustausches reflektieren,
- die Bedeutung von Anglizismen einschätzen,
- am Beispiel des Niederdeutschen den Unterschied zwischen Dialekt und Standardsprache kennenlernen,
- einen Überblick über die Mundarten des Deutschen gewinnen,
- das Niederdeutsche als Beleg der Verwandtschaft mit dem Englischen verstehen,
- die wichtigsten Satzbaumuster des Deutschen mit denen des Englischen und Französischen vergleichend bestimmen,
- die Schwierigkeiten der Übersetzung aus fremden Sprachen am Phänomen der „falschen Freunde" nachvollziehen,
- unter Berücksichtigung grammatischer und stilistischer Kriterien selbst aus dem Englischen übersetzen.

Mit Blick auf eine mögliche Leistungsüberprüfung ist es darüber hinaus denkbar, die Lerninhalte mit der Einübung der Kompetenz „Sachtexte zusammenfassen" zu verknüpfen. Hinweise dazu gibt das Kapitel „Das Lernen lernen – Sachtexte zusammenzufassen" (im Schülerbuch, S. 266–279).

Der Moderationstext auf der **Auftaktdoppelseite** (S. 304–305) verwendet Mark Twains humoristischen Essay „Die schreckliche deutsche Sprache" (1880) als Aufhänger, um möglichen Vorbehalten der Schülerinnen und Schüler gegen ein sprachgeschichtliches Thema zu begegnen.

Aufgabe 1
S. 305

Nach der deutschen Übersetzung des original in Griechisch überlieferten Gebets folgen von links nach rechts Niederländisch („Onze Vader"), Italienisch („Padre nostro"), Französisch („Notre Père"), Englisch („Our Father") und schließlich Lateinisch („Pater noster").

Die ersten fünf Verse des „Vater unser" wurden als Einstiegstext gewählt, weil das christliche Gebet zu den meistübersetzten der Welt gehört und bereits in den frühesten deutschen Sprachstufen bezeugt ist. Als Illustrationsbeispiel für die Verwandtschaft der indoeuropäischen Sprachen fungiert das Gebet auch in der wissenschaftlichen Literatur (vgl. z. B. David Crystal: Die Cambridge Enzyklopädie der Sprache. Frankfurt a.M. 1993, S. 298.). Als Bestandteil der christlichen Messe war der lateinische Text in allen christlichen Ländern Europas maßgeblich. Gerade in multireligiösen Lerngruppen wird dieser kulturgeschichtliche Hinweis zur Begründung der Textauswahl besonders wichtig sein, zumal die Bedeutung des Christentums als Kulturträger in Europa auch für Nicht-Christen nicht uninteressant sein mag.

Durch die laute Lektüre der Sprachversionen und den Vergleich mit der jeweiligen Druckversion werden Unterschiede in Sprech- und Schreibweise offensichtlich, die sich vor allem bei der niederländischen oder italienischen Übersetzung in einer für deutsche Leser erheblichen Differenz von Graphem und Phonem ausdrücken. Für unkundige Leser könnten hier Einhilfen sinnvoll sein.

Aufgabe 2
S. 305

Die Übersetzung des englischen und französischen Textes sollte den Schülerinnen und Schülern kaum Probleme bereiten, auch die Bedeutung vereinzelter italienischer („Padre"), lateinischer („Pater", „nomen") und niederländischer Wörter (z. B. „hemelen", „naam") sollte durch Vergleich mit dem deutschen Pendant relativ einfach zu bestimmen sein. Die so möglichen allmählichen Entdeckungen von Parallelen dienen der Vorbereitung von Aufgabe 3.

Aufgabe 3
S. 305

Hier können die Schülerinnen und Schüler zunächst durch Schreib- oder Lautähnlichkeit besonders hervorstechende Wortverwandte zusammenstellen (es ist sinnvoll, an dieser Stelle noch auf eine systematische Zusammenstellung zu verzichten), z. B.:
- Vater, Vader, Father
- Padre, Père, Pater
- unser, onze, our
- nostro, notre, noster
- Reich, rijk
- regno, règne, regnum
- Wille, wil, will
- fatta, volontà, voluntas

Deutlich werden sollte, dass alle Sprachen aufgrund ihrer gemeinsamen indoeuropäischen Wurzel auffallende Ähnlichkeiten aufweisen, doch sich auch einzeln oder in Gruppierungen voneinander unterscheiden (z. B. wegen des Wandels von p zu f während der sog. Ersten oder Germanischen Lautverschiebung). Beispielhaft zu nennen wäre hier die Herausbildung des romanischen Sprachzweigs (Lateinisch, Italienisch, Französisch) gegenüber dem germanischen (Deutsch, Niederländisch, Englisch), die darüber hinaus von Sonderentwicklungen (z. B. die im Vergleich singuläre Variante „kingdom" („Königtum, -reich") im englischen Text) ergänzt wird.

Ergebnis der Untersuchung könnte sein, dass die europäischen Sprachen vielfältig miteinander verwandt sind und eine Vielzahl von Beziehungen untereinander aufweisen, die historisch gewachsen sind und denen komplexe Entstehungsbedingungen zugrunde liegen.

Didaktische Aufbereitung der Unterkapitel

1. Die indoeuropäische Sprachfamilie und die deutsche Sprache (S. 306–308)

Die indoeuropäische (auch: indogermanische) Sprachfamilie umfasst eine Vielzahl von Sprachen, die in einem Gebiet vom Westen Europas bis über das heutige Indien hinaus verbreitet sind und die aufgrund ihrer gemeinsamen Geschichte eine Vielzahl von Parallelen aufweisen. Als Folge der Kolonisation des amerikanischen, afrikanischen und australischen Kontinents werden heute auch dort indoeuropäische Sprachen gesprochen, was die mit der Bezeichnung intendierte Ortsbestimmung überholt erscheinen lässt.

Indiz der indoeuropäischen Wurzel des Deutschen ist der sog. Erbwortschatz, der durch Vergleich mit anderen verwandten Sprachen und vor allem mit dem Gotischen als der ältesten germanischen Sprache ermittelt worden ist. Bei diesen Wörtern handelt es sich vor allem um Nomen, aufgrund deren Existenz bereits eine indoeuropäische Gemeinsprache vorausgesetzt werden kann. Direkte Zeugnisse für eine solche Gemeinsprache fehlen, sie kann nur im Rückschlussverfahren rekonstruiert werden.

Die Entdeckung des Indoeuropäischen um 1800 führte früh zur Annahme eines hypothetischen vorgeschichtlichen Volks. Die vor allem in Deutschland verwendete Bezeichnung „indogermanisch" hat einer ethnischen oder gar rassischen Lesart Vorschub geleistet, die heute von den meisten Forschern abgelehnt wird. Aufgrund fehlender historischer Nachweise könne nicht mehr von einem ‚Ur-Volk' gesprochen werden. Vielmehr sei der sprachliche Zusammenhang durch Prozesse der Sprachübertragung (z. B. nach kriegerischen Auseinandersetzungen/Eroberungen) oder räumliche Nachbarschaft zu erklären.

Hans Reichardt: Die Ursprache Europas (S. 306–307)

Der Sachtext wurde einem populärwissenschaftlichen Buch über die Germanen entnommen und behandelt das Indoeuropäische vornehmlich unter volkskundlicher Perspektive. Im ersten Teil (Z. 1–27) werden die sprachwissenschaftlichen Entdeckungen Franz Bopps (1791–1867) und William Jones' (1746–1794) am Beispiel der Wörter „Vater" und „Bruder" und seiner indoeuropäischen Verwandten vorgestellt. Im zweiten Teil (Z. 28–63) rücken die volkskundlichen Überlegungen in den Mittelpunkt, da die Forscher davon ausgingen, dass die „Ursprache" Europas (auch: „Proto-Indoeuropäisch") von einem „Ur-Volk" gesprochen worden sein müsse, dessen Geschichte und Lebensweise mithilfe der über alle indoeuropäischen Sprachen verstreuten Relikte ermittelt werden könnten. Tatsächlich ist der proto-indoeuropäische Wortschatz geprägt von Begriffen patriarchaler Familienbeziehungen und des Ackerbaus (für Beispiele siehe die Tabelle im Schülerbuch, S. 308), woraus sich Schlüsse über Sozialstruktur und Lebensraum eines möglichen „Ur-Volkes" halbnomadischen Ursprungs ziehen lassen, die heute allerdings sehr umstritten sind. Anschaulich ist im Text der Vergleich mit den Archäologen, die aus „Scherben" eine untergegangene Kultur zu rekonstruieren versuchen (vgl. Z. 45–50).

Aufgabe 1 S. 307
Die Antwort auf die Frage muss sich auf den Passus in den Zeilen 9 bis 27 beziehen. Die Entdeckung systematischer Ähnlichkeiten zwischen dem Sanskrit und europäischen Sprachen führte zur Vermutung, dass es eine gemeinsame Ursprache gegeben haben müsse.

Aufgabe 2 S. 307
Der Rückbezug der Skizze auf das Gelesene kann zur Überprüfung des Textverständnisses dienen: Das vermutete Ursprungsgebiet des Indoeuropäischen befindet sich zwischen Schwarzem und Kaspischem Meer, den „Steppen Südosteuropas und Vorderasiens" (Z. 62 f.), wie es im Text heißt. Von hier aus wanderten die indoeuropäischen Dialekte über den Balkan in Richtung Zentraleuropa sowie nach Iran und Indien, was erklärt, dass sowohl das Altpersische und Altindische als auch die europäischen Sprachen miteinander verwandt sind.

Aufgabe 3 S. 308
Ein ausführlicher Stammbaum der indoeuropäischen Sprachen wäre zu unübersichtlich, sodass nur die wichtigsten, den Schülerinnen und Schülern mehr oder weniger bekannten Sprachen aufgenommen werden sollten. Hinweise dazu finden sich sowohl im Internet als auch in einschlägigen sprachwissenschaftlichen Lexika, die u. U. in der Schulbibliothek

zur Verfügung stehen. Der folgende Lösungsvorschlag lehnt sich an das Stemma von David Crystal (Die Cambridge Enzyklopädie der Sprache, Frankfurt/M. 1993, S. 298) an:

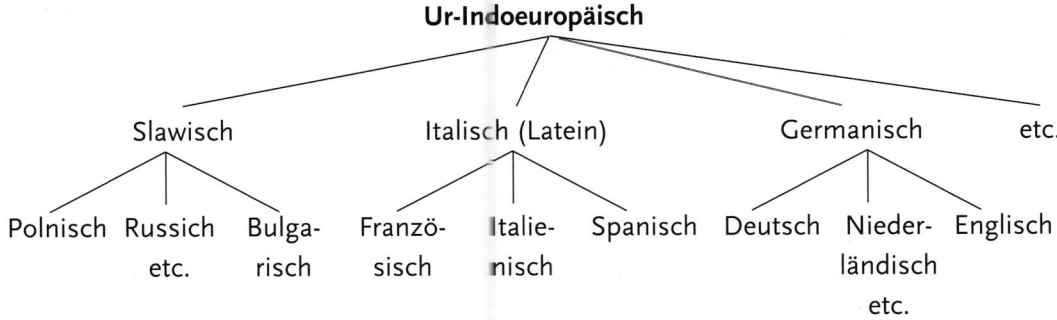

Zu dem slawischen Sprachzweig sind auch zu rechnen: Lettisch, Litauisch, Tschechisch, Slawisch, Sorbisch, Makedonisch, Serbo-Kroatisch, Slowenisch, Ukrainisch.

Als germanisch sind außerdem folgende Sprachen zu bezeichnen: Isländisch, Norwegisch, Schwedisch, Dänisch, Friesisch, Flämisch, Afrikaans, Jiddisch.

Zum italischen (romanischen) Sprachzweig gehören über die aufgeführten Sprachen hinaus: Katalanisch, Portugiesisch, Rumänisch u. a.

Die übrigen Sprachzweige des Indoeuropäischen umfassen Keltisch (Gälisch, Walisisch u. a.), Griechisch, Indo-Iranisch (z. B. Kurdisch, Iranisch) und Indo-Arisch (u. a. Hindi).

**Aufgabe 4
S. 308**

Mit den geforderten Ergänzungen sieht die Tabelle folgendermaßen aus:

Lateinisch	Französisch	Englisch	Deutsch
sal	sel	salt	*Salz*
decem	*dix*	ten	zehn
pes	pied	foot	*Fuß*
nox	*noit*	night	Nacht
mensis	mois	*month*	Monat
novus	nouveau	new	*neu*
piscis	poisson	*fish*	Fisch
agri cultio	*agriculture*	agriculture	Ackerbau
betula	bouleau	*birch*	Birke

Bei sämtlichen Beispielen handelt es sich um indoeuropäische Erbwörter. Der Vergleich der Schreib- und Sprechweisen kann zur Vertiefung der bereits durch die Doppelauftaktseite vermittelten ersten Einsichten in Gemeinsamkeiten und Unterschiede der genannten Sprachen dienen. Auffällig ist insbesondere der Lautwandel im konsonantischen Bereich (z. B. d – t – z, p – f, k – ch), der auf komplexe, zu unterschiedlichen Zeiten und in verschiedenen geografischen Räumen geschehene Lautverschiebungen zurückzuführen ist.

2. Wörter haben eine Geschichte: Wortverwandtschaften und Bedeutungsunterschiede erklären (S. 309–312)

Die Etymologie ist die Wissenschaft von der Herkunft der Wörter (Wortforschung). Nach dem Erbwortschatz im ersten werden in diesem Unterkapitel Lehn- und Fremdwörter des

Deutschen mit besonderem Augenmerk auf den Einfluss des Lateinischen behandelt. Dabei wird zunächst ein einfaches Verständnis der Begriffe „Lehnwort" und „Fremdwort" vermittelt. Der deutsche Wortschatz besteht insgesamt aus Erb-, Lehn- und Fremdwörtern; damit ist fast ausschließlich jedes Wort, das nicht aus dem Erbwortschatz stammt, einer anderen Sprache entnommen. Das Lehnwort, das ganz dem Deutschen in Aussprache und Grammatik angeglichen („eingedeutscht") wird, ist vom Fremdwort zu unterscheiden, das grammatisch oder phonetisch zumindest ein dem Deutschen fremdes Merkmal aufweist (z. B. „Antibiotika" als Pluralform von „Antibiotikum"). Sonderformen der Entlehnung (Lehnübersetzung, Lehnübertragung, Lehnschöpfung) werden mit der kleinen Ausnahme des (Pseudo-)Anglizismus („Handy"; vgl. Seite 312 im Schülerbuch) aus Gründen der besseren Übersicht nicht behandelt.

Aufgabe 1
S. 309

Entscheidend ist in dieser Aufgabe nicht die sprachliche Wurzel des Wortes („Preis" geht z. B. auf lat. „premium" zurück), sondern aus welcher Sprache der Begriff letztlich ins Deutsche übernommen wurde („Preis" etwa kommt von altfrz. „pris"). Die aufgelisteten Lehnwörter stammen demnach aus folgenden Sprachen:

– aus dem Lateinischen: Fenster (*fenestra*), Mauer (*murus*), Kamin (*caminus*), Kaiser (*Caesar*), Linie (*linea*), Schule (*schola*), studieren (*studere*), Kandidat (*candidatus*), Kelch (*calix*), Keller (*cellarium*), Wein (*vinum*), Kammer (*camera*)
– aus dem Englischen: Parlament (*parliament*), Keks (*cakes*), Detektiv (*detective*), Rekord (*record*), Reporter (*reporter*), Sprint (*sprint*)
– aus dem (Alt-)Französischen: falsch (*fals*), fein (*fin*), Manieren (*manière*), Preis (*pris*)
– aus dem Italienischen: Kredit (*credito*), Kasse (*cassa*), Post (*posta*, z. T. unter Einfluss von frz. *poste*)

Die Zusammenstellung verdeutlicht bereits den hohen Anteil von Wörtern, die direkt aus dem Lateinischen ins Deutsche übernommen wurden. Viele der genannten Begriffe werden im Folgenden wiederaufgenommen (vgl. Schülerbuch, Seite 311f.).

Aufgabe 2
S. 309

Es handelt sich um die Wörter „Kamin", „Kammer" und „Kandidatur", sämtlich Lehnwörter aus dem Lateinischen. Am Beispiel dieser Lexikoneinträge (entnommen aus: Schüler-Duden Wortgeschichte. Herkunft und Entwicklung des deutschen Wortschatzes, bearb. von Jürgen Folz, Mannheim u. a. 2002, S. 260) kann sowohl allgemein der Umgang mit einem Wörterbuch wiederholt als auch im Speziellen der Unterschied zwischen sprachlichem Ursprung und Lehnwortherkunft thematisiert werden. Das Wort „Kammer" z. B. wurde zwar aus dem Lateinischen entlehnt, ist aufs Ganze gesehen jedoch altgriechischen Ursprungs (kamára), von wo es von den Römern übernommen wurde. Die auf der abgedruckten Lexikonseite verwendete Raute (◊) steht vor Ableitungen und Zusammensetzungen mit dem entsprechenden Lemma. Der Pfeil (↑) verweist auf verwandte Einträge.

Aufgabe 3
S. 310

Ein Beispiel für Bedeutungsveränderung ist das Wort „Kammer". Das lateinische Wort „camera" bedeutet „Zimmer mit gewölbter Decke", während das Lehnwort im Deutschen einen sehr kleinen und u. U. fensterlosen Raum meint. Man spricht in einem solchen Fall von Bedeutungsverengung. Es ist lohnenswert, die Schülerinnen und Schüler darauf hinzuweisen, dass das Wort „Kamera" (z. B. in „Fotokamera") denselben Ursprung besitzt, jedoch von dem neulateinischen Wort „camera obscura" abgeleitet wurde, das einen Vorläufer des modernen Fotoapparats bezeichnet, in dem sich eine lichtdichte Kammer hinter dem Objektiv befindet.

Weitere Beispiele für Lehnwörter, die ihre Bedeutung verändert haben, sind: „Kammerjäger", „Kanal", „Kandidat". Weitere Wörter auf der abgedruckten Lexikonseite besitzen zwar heute auch eine veränderte Bedeutung im Vergleich zu ihrem etymologischen Ursprung, allerdings handelt es sich hierbei nicht um Lehnwörter.

| Aufgabe 4
S. 310 | Die Schülerinnen und Schüler sollten die einzelnen Wörter je nach Herkunft gruppieren und die wichtigsten Informationen aus etymologischen Lexika herausschreiben, vor allem das Ausgangswort und dessen Bedeutung. Für Näheres zu allen Wörtern siehe die Hinweise zu Aufgabe 1 auf Seite 309.
Es bietet sich an, die Begriffe auch nach Wortfeldern zu ordnen, z. B. Haus (Fenster, Mauer, Kamin, Keller, Kammer), Schule und Lernen (Schule, studieren, falsch), Politik (Kaiser, Parlament, Kandidat), Finanzen (Preis, Kredit, Kasse) oder Lebensmittel (Tomate, Wein). Hier kann bereits die Frage, aus welchen Bereichen und welchen Sprachen jeweils entlehnt wurde, fruchtbar sein. Aufgabe 3 auf Seite 312 im Schülerbuch vertieft diese Fragestellung. |
|---|---|
| Aufgabe 5
S. 310 | Es handelt sich hier um eine Mischung bereits bekannter und neuer lateinischer Wörter, die in das Deutsche übernommen wurden. Die unbekannten Begriffe können auch mithilfe des folgenden Textes von Jürgen Folz (Schülerbuch, S. 311) ergründet werden (vgl. Aufgabe 1, S. 311): *murus*: Mauer; *fenestra*: Fenster; *tegula*: Ziegel; *porta*: Pforte; *camera*: Kammer; *pila*: Pfeiler.

Jürgen Folz: Der lateinische Einfluss auf das Germanische (S. 311)
Der Text ist ein Auszug aus dem sprachgeschichtlichen Teil des Schüler-Dudens „Wortgeschichte" (Mannheim u. a. 2002), der auch ein Herkunftswörterbuch enthält, aus dem die Beispielseite (vgl. Schülerbuch, S. 309) stammt.
Folz illustriert den Sprachkontakt zwischen Latein und Deutsch anhand eines fiktiven Beispiels (die Geschichte der Germanenjungen Einhard und Dietmar). Das Konstruierte wird dabei vom Verfasser mit auktorialem Gestus zugegeben (vgl. Z. 36 f.), wodurch die lehrhafte Ausrichtung des Textes auch für Schülerinnen und Schüler akzeptabel erscheint. Für den Einfluss des Lateinischen auf das Deutsche lassen sich laut Folz zwei Phasen unterscheiden, die „[i]n den ersten nachchristlichen Jahrhunderten" (Z. 1) zu verorten sind.
Bei der ersten Phase (vgl. Z. 7–25) handelt es sich um die konkreten Auswirkungen der römischen Eroberung Germaniens, die am klassischen Beispiel des Lehnwortes „Kaiser" vorgestellt werden. Die kulturellen Einwirkungen „römische[r] Lebensart" (Z. 24) gelangen in der zweiten Phase des Sprachkontakts zwischen dem 6. und 9. Jh. n. Chr. (Zeit der Christianisierung) auf ihren Höhepunkt (vgl. Z. 26–35), der in Form einer Erzählung anschaulich vorgestellt wird (vgl. Z. 36–76): Der Autor begleitet die beiden Jungen bei ihrer Entdeckungsreise in ein benachbartes Römerlager. Hier erfahren sie vor allem einiges Wissenswertes über die römische Bautätigkeit (vgl. Z. 55–76), die der germanischen Bauweise gegenübergestellt wird (vgl. Z. 42–54). Fast beiläufig werden so die aus diesem Bereich stammenden Lehnwörter (u. a. die bereits bekannten „Mauer", „Fenster", aber auch neue wie „Meister" oder „Schindel") aufgeführt.
Einen weiteren Auszug aus Folz' Text mit weiteren Beispielen aus anderen Lebensbereichen (v. a. Handel und Lebensart) bietet **Arbeitsblatt 5, S. 477 f.**, das zur Vertiefung oder Leistungsüberprüfung genutzt werden kann. |
| Aufgabe 1
S. 311 | Der Text bietet vor allem Hilfen, die Lehnwörter zu den lateinischen Wörtern „tegula" (vgl. Z. 71) und „pila" (vgl. Z. 61–66) zu finden. |
| Aufgabe 2
S. 311 | Die Wortentlehnung aus dem Lateinischen wurde vor allem von politischen, wirtschaftlichen und technischen Faktoren begünstigt. Durch die militärische Eroberung Germaniens fanden zunächst politische Begriffe Eingang in das Deutsche (vgl. das Beispiel „Kaiser" in den Zeilen 16–20). Der Kulturaustausch machte die Germanen auch mit handwerklichen Neuerungen wie der römischen Steinbauweise bekannt, mit deren Übernahme auch die |

dazugehörigen Bezeichnungen in das Germanische bzw. Althochdeutsche entlehnt wurden (vgl. Z. 55–56). Wichtig ist es hier, die Schülerinnen und Schüler entdecken zu lassen, dass erst die Sachen, dann die Wörter aus Mangel eigener Bezeichnungen übernommen wurden. Schließlich bescherten Handlungsbeziehungen mit den Römern den Germanen eine Vielzahl von Lehnwörtern (vgl. dazu **Arbeitsblatt 5, S. 477f.**).

Aufgabe 3 S. 312

Um den Schülerinnen und Schülern den grundlegenden Prozess von Sprachkontakten nachvollziehbar vor Augen zu führen, wird im Folgenden nicht trennscharf zwischen Lehn- und Fremdwort unterschieden. Dies sollte jedoch unter Bezugnahme auf den Infokasten (im Schülerbuch, S. 312) spätestens bei Aufgabe 4 nachgeholt werden.
Die einzelnen Wortgruppen sind bereits chronologisch geordnet. Es bietet sich an, die Schülerinnen und Schüler arbeitsteilig in Gruppen vorgehen zu lassen und die Ergebnisse dann tabellarisch zusammenzutragen (z. B. als Wandplakat oder auf Folie), damit die einzelnen Gruppenmitglieder sich gegenseitig ergänzen und ihr Wissen teilen können. Etymologische Wörterbücher sollten zum Nachschlagen bereitgehalten werden. Bei der Ergebnispräsentation können die Vermutungen über die Gründe der Übernahme vorgestellt und diskutiert werden. Die Tabelle könnte dann folgendermaßen aussehen:

Wichtige Perioden der Wortentlehnung im Deutschen			
Zeit	Herkunftssprache	Gründe für die Übernahme	Wortbeispiele
Mittelalter (12.–14. Jh.)	Französisch	französischer Einfluss auf die höfische (Ritter-)Kultur	*Turnier, Lanze, Panzer, Preis, Visier, Manieren*
15./16. Jahrhundert	Italienisch	Fernhandel mit dem Orient über Italien	*Dattel, Marzipan, Melone, Muskat, Olive, Zitrone*
15./16. Jahrhundert	Lateinisch	Einführung des römischen Rechts im Dt. Reich (Latein war Fachsprache der Juristen)	*Akte, Advokat, Arrest, Jurist, Polizei, Konferenz*
17. Jahrhundert	Französisch	Auswirkungen des Dreißigjährigen Krieges (französische Militärsprache)	*Armee, Bande, Bataillon, Chef, Deserteur, Infanterie*
17. Jahrhundert	Französisch	Frankreich als kulturelles und gesellschaftliches Vorbild (sog. Alamodezeit)	*Garderobe, elegant, Parfum, Teint, Toilette*
19./20. Jahrhundert	Englisch	in Großbritannien einsetzendes Zeitalter der Industrialisierung	*Tunnel, Lokomotive, Tender, Lore*

19./20. Jahrhundert	Englisch, Amerikanisch	wachsender Kultureinfluss Großbritanniens und der USA	*Gentleman, Klosett, konservativ, Streik, Tennis, Trick*
zweite Hälfte des 20. Jahrhunderts	Englisch, Amerikanisch	Einfluss der amerikanischen Unterhaltungsindustrie	*Show, Hit, live, Trailer, Spot, Video*
seit dem Ende des 20. Jahrhunderts	Englisch, Amerikanisch	Beginn des Computerzeitalters	*chatten, E-Mail, Computer, Router, Internet*

Alternativ kann das **Arbeitsblatt 1, S. 468,** bearbeitet werden.

Aufgabe 4a S. 312

Diese und die folgende Aufgabe dienen der Thematisierung aktueller Tendenzen der Sprachentwicklung und des Sprachaustausches.

Bei „Handy" (Plural: „Handys") handelt es sich trotz gegenteiligem Anschein weder um ein Lehnwort noch um ein Fremdwort. Eine gängige These lautet, dass das Wort höchstwahrscheinlich eine Scheinentlehnung (auch: Pseudo-Anglizismus) ist, also ein Kunstwort, das sich in Schreibung und Klang an das Englische anlehnt.

Zwar kennt das Englische das Adjektiv „handy" (geschickt, praktisch, handlich), doch wird es dort nicht als Bezeichnung für Mobiltelefone verwendet. Im englischen Sprachraum wird das „Handy" vielmehr „cell(ular) phone" (USA, Südafrika) oder „mobile (phone)" (Großbritannien) genannt.

Das Wort „Handy" taucht in der deutschen Alltagssprache zum ersten Mal zu Beginn der 90er-Jahre des letzten Jahrhunderts auf und ist wahrscheinlich eine Erfindung von deutschen Werbe- und Medienfachleuten, die ihr Produkt auf diese Weise als modernes Konsumgut präsentieren wollten. Der Journalist Bastian Sick hingegen behauptet im ersten Band seiner Reihe „Der Dativ ist dem Genitiv sein Tod" (Köln 2004, S. 214), dass das Wort einen englischen Ursprung habe, da die amerikanische Firma Motorola während des Zweiten Weltkriegs tragbare Funkgeräte namens „Handie Talkies" entwickelt habe, deren Namen an „Walkie Talkies" angelehnt ist. Es bleibt dann allerdings zu fragen, warum eine Bezeichnung, die sich um 1940 nicht durchsetzen konnte, dies fünfzig Jahre später tun sollte. Ob eine kreative Anlehnung an das Englische, die sich für englische Muttersprachler wunderlich ausnehmen muss, eine Bedrohung oder Bereicherung der deutschen Sprache darstellt, kann im Rahmen dieser oder der folgenden Aufgabe mit den Schülerinnen und Schülern diskutiert werden.

Für die weitere Auseinandersetzung mit dem Phänomen von Scheinanglizismen und den Ergebnissen der Wortforschung zu „Handy" eignet sich das **Arbeitsblatt 2, S. 469 f.** Darüber hinaus bietet das Internet (z. B. über die Internet-Enzyklopädie Wikipedia) eine Fülle von Wortlisten.

Aufgabe 4b S. 312

Der Begriff „Anglizismus" sollte von der Lehrperson einleitend kurz erläutert werden: Man kann eine enge und weite Lesart unterscheiden. Im engeren Sinne handelt es sich bei einem Anglizismus um die Übernahme einer englischen Spracheigentümlichkeit in die deutsche Sprache (so die Definition des Dudens). Dabei ist z. B. an eigentlich falsche Pluralbildungen (z. B. „Parties" anstelle von „Partys") oder an dem Englischen nachgebildete Phrasen wie „keinen Sinn machen" (statt „keinen Sinn ergeben") zu denken. Im weiten Sinne sind mit Anglizismen alle Phänomene des Einflusses der englischen Sprache auf das Deutsche gemeint. In diesem Verständnis sind Lehnwörter, Lehnübertragungen,

Lehnübersetzungen und Fremdwörter allesamt Anglizismen. Für die intendierte Diskussion empfiehlt es sich, von diesem weiten Begriff des Wortes auszugehen.

Ohne die Aspekte der Fach- oder Szenesprachen an dieser Stelle vertiefen zu können, ist zur Vorbereitung der argumentativen Auseinandersetzung eine Gruppenarbeit denkbar, in der die Schülerinnen und Schüler mögliche Pro- und Kontra-Argumente sammeln. Bei der anschließenden Vorstellung (z. B. in Form einer Podiumsdiskussion oder Debatte; vgl. dazu S. 120 im Schülerbuch) sollten sowohl kritische als auch zustimmende Positionen möglichst gleichberechtigt diskutiert werden, um eine einseitige Verdammung oder Glorifizierung einer sprachgeschichtlich durchaus nicht einzigartigen Entwicklung zu vermeiden. Eine Erkenntnis eines Gesprächs könnte daher sein, dass vor allem Auswüchse im Gebrauch von Anglizismen skeptisch zu betrachten sind.

Als Alternative bietet sich auch ein Text des Amerikaners David Bergmann aus dem Jahr 2007 an (vgl. **Arbeitsblatt 3, S. 472f.**), der aus der Sicht des Nicht-Muttersprachlers das Phänomen der Anglizismen humoristisch beschreibt.

3. Die Sprachen in der Sprache – Dialekte des Deutschen (S. 313–314)

Die Dialekte des Deutschen sind direkte Zeugen der deutschen Sprachentwicklung. In ihnen manifestiert sich die Vielfalt der gesprochenen Sprache. An ihnen ist außerdem die Sprachverwandtschaft zwischen dem Deutschen und anderen indoeuropäischen Sprachen gut ablesbar. So können z. B. die Beziehungen zwischen Englisch und Deutsch besonders am Beispiel des Niederdeutschen, das ähnliche Formen und Lautungen aufweist wie das Englische, anschaulich aufgezeigt werden.

Im Unterkapitel werden erste Einsichten in die regionalen Varianten des Deutschen (Nieder-, Mittel- und Oberdeutsch) vermittelt. Dazu wird von einem fiktiven Beispiel ausgegangen und in Form einer Übersetzungsübung zugleich der ähnliche Zugriff auf das Englische vorbereitet (vgl. Schülerbuch, S. 319–321). Schließlich werden die Schülerinnen und Schüler auf mundartliche Phänomene ihrer Umwelt aufmerksam gemacht und auf die grundsätzliche Unterscheidung zwischen Dialekt und Standardsprache hingewiesen.

Wegen dumm Tüüg harr de Polizei veel to dohn (S. 313)

Aufgabe 1
S. 313

Es handelt sich hier um eine fiktive Zeitungsnachricht, die in Niederdeutsch („Plattdeutsch") verfasst ist. Der Bericht informiert über weitreichende Vorkehrungen zum Schutz vor einem möglichen Giftgasaustritt im niedersächsischen Weyhe (südwestlich von Bremen), der sich schließlich als Fehlalarm herausstellt, weil drei Jungen unsachgemäß mit einem Pfefferspray hantiert haben.

Aufgabe 2
S. 313

Die an einigen Stellen notwendigerweise freie Übersetzung könnte so lauten:

Wegen Dummheiten hatte die Polizei viel zu tun

Weyhe. Drei junge Burschen sorgten dafür, dass die Polizei viel zu tun hatte. Die Jungen jammerten in der Nähe des Bahnhofs in Weyhe, sie hätten irgendetwas in die Augen bekommen. Ein Doktor vermutete, dass dies wohl von Gas herrühren könnte. Die Polizisten haben gleich einige Straßen abgesperrt. Und auch die Züge durften für eine Zeit nicht in Weyhe halten (wörtlich: keinen Haltestopp machen). Später hat sich dann herausgestellt (wörtlich: gewiesen), dass die Burschen, vierzehn und fünfzehn Jahre alt, mit etwas herumhantiert haben, was sie Pfefferspray nannten.

Bei der Übertragung in das Hochdeutsche können folgende Wortverwandtschaften zwischen dem Englischen und Niederdeutschen hilfreich sein:
„för" (Z. 2): for; „dat" (Z. 2): that; „de" (Z. 2): the; „to" (Z. 2): to; „weer" (Z. 6): were; „Neegde" (Z. 3): near; „kamen" (Z. 7): come; „Straten" (Z. 8): streets; „maken" (Z. 9): make; „Laterhen" (Z. 10): later; „hett" (Z. 10): had; „veerteihn" (Z. 11): fourteen; „foffteihn" (Z. 11): fifteen; „oolt" (Z. 11): old; „wat" (Z. 12): what.

Außerdem werden in dem Text die nichtstandardsprachlichen Vergangenheitsformen „weern ... an't Jammern" (Z. 3 f.) und „weer vemoden" (Z. 6) verwendet, die den englischen Past-Progressive-/Continuous-Formen entsprechen.

Aufgabe 3
S. 313

Der niederdeutsche Sprachraum umfasst West- und Ostfalen, das Münsterland, Niedersachsen, Schleswig-Holstein, das Mecklenburgische und die Nord- sowie Mittelmark. Bei diesen Gebieten (grün markiert) handelt es sich grob gesprochen um den Norden Deutschlands. Außerdem zählt das Niederfränkische (Niederlande, Belgien) dazu, das sich allerdings zu jeweils selbstständigen Sprachen (Niederländisch, Flämisch) weiterentwickelt hat.

Neben dem Niederdeutschen sind auf der Karte die (staatsgrenzenüberschreitenden) Sprachräume des Mitteldeutschen und Oberdeutschen deutlich voneinander zu unterscheiden. Diese durch aufwendige Verfahren ermittelte Dialektgeografie (v.a. im Rahmen der Erstellung des Deutschen Sprachatlas in den Jahren 1926–1956) ist im Wesentlichen das Ergebnis der sog. Zweiten Lautverschiebung (oder: Hochdeutsche Lautverschiebung in der Phase des Übergangs vom Germanischen zum Althochdeutschen im 8./9. Jh. n. Chr.), die sich oberhalb der sog. Benrather Linie (also im Niederdeutschen) überhaupt nicht und südlich davon nur im Oberdeutschen vollständig durchgesetzt hat.

Das in der Karte rautiert hervorgehobene Friesische stellt einen Sonderfall dar und ist eine eigenständige Sprache westgermanischen Ursprungs (nicht zu verwechseln mit dem deutschen Dialekt des Ostfriesischen).

Aufgabe 4
S. 314

Am Wort „auf" lassen sich beispielhaft u. a. Veränderungen durch die Zweite Lautverschiebung nachweisen. Charakteristisch für die Zweite Lautverschiebung ist die Verschiebung von germ. *p, t, k* nach Vokal zu ahd. *ff, zz, hh* (im Auslaut zu *f, z, h* vereinfacht). Genau dieses Phänomen zeigt der Vergleich von niederdt. „op/up" mit mitteldt. „of"/„uf", der so die nicht erfolgte Durchführung dieses Lautwandels im Niederdeutschen einmal mehr belegt. Bei dem Wechsel des Vokals handelt es sich um komplementäre Varianten des ursprünglichen indoeuropäischen Vokals, wobei die südlichen Formen Vokaldehnung aufweisen. So wurde die oberdeutsche Variante „auf" in die Standardsprache übernommen.

Aufgabe 5a
S. 314

Diese Rechercheaufgabe kann der Vorbereitung auf die folgende Aufgabe dienen. Empfehlenswert ist bei vorhandenem Zeitfenster ein projektorientiertes Vorgehen, dessen Ergebnisse (etwa in Form von Interviews, Textzeugnissen, Büchern, Tonbandaufnahmen etc.) in der Klasse oder auch als Ausstellung der Schulöffentlichkeit vorgestellt werden können. Die Projektarbeit sollte dann die folgenden Aufgaben als weitere Anregungen aufnehmen.

Aufgabe 5b
S. 314

Mundarten spielen in der Kommunikation deutschsprachiger Menschen aufgrund einer Vielzahl von Faktoren keine so große Rolle mehr wie z. B. noch in der ersten Hälfte des letzten Jahrhunderts. Als ein Grund ist hier der Prozess der Modernisierung zu nennen, der die Menschen ortsungebundener gemacht und sie so aus ihrem traditionellen sprachlichen Kontext herausgehoben hat. Der sprachlich-kulturelle Unterschied wird zum anderen durch die allumfassende Einwirkung der Medien (allen voran das Fernsehen), in denen bis auf wenige Ausnahmen das Hochdeutsche/die allgemeine Alltagssprache vorherrscht, immer mehr eingeebnet, sodass in vielen Regionen nur noch alte Menschen den heimischen Dialekt wirklich beherrschen. Oft werden Mundarten gegenüber der Hochsprache als minderwertig angesehen. Ein weiterer Faktor ist der Schulunterricht, der als hochdeutsche Veranstaltung eine nicht zu unterschätzende Komponente in der Sprachentwicklung junger Menschen darstellt.

Dem zunehmenden Bedeutungsverlust der Mundarten stellen sich viele Menschen und Organisationen entgegen, weil sie befürchten, dass dialektales Wissen heute immer mehr verloren geht (vgl. Aufgabe 5c, S. 314).

Aufgabe 5c S. 314

Wie andere Sprachvarianten auch (z. B. Jugend- und Szenesprache) sind Dialekte ein Garant für die Lebendigkeit und Vielfalt der deutschen Sprache. Die Standardsprache zielt auf regionenübergreifende Verständlichkeit des Sprechers, während die Mundart die Ortsverbundenheit und Identität des Einzelnen sowie die Identität seiner Heimatregion verbürgt. Gerade auch im Austausch von Dialekt und Standardsprache ist eine Bereicherung des Hochdeutschen zu erwarten anstelle einer normierenden Vereinheitlichung, die schlussendlich zur sprachlichen Verarmung führen muss.

Aufgabe 5d S. 314

Es ist ratsam, die Schülerinnen und Schüler zuvor über geeignete Suchbegriffe diskutieren zu lassen, um die Internetrecherche zum Erfolg zu führen. Vielversprechend ist z. B. eine Kombination von Begriffen wie „Mundart", „Pflege" und auch „Verein", um entsprechende Treffer zu erhalten. In der Tat sind es neben Forschungsinstituten vor allem Vereine, die sich die Förderung einer Mundart auf die Fahne geschrieben haben. Ein Beispiel ist der u. a. von Künstlern und Forschern getragene Verein „schwäbische mund.art" (www.mund-art.de; letzter Aufruf: August 2015), der u. a. Pate steht für ein Projekt zur stärkeren Berücksichtigung des Schwäbischen in baden-württembergischen Schulen (vgl. http://www.mundart-in-der-schule.de; letzter Aufruf: August 2015). Weitere Vereine und Institutionen sind in jedem Bundesland zu finden. Allen gemein ist das Ziel, die jeweilige Mundart zu pflegen, ihre Geschichte und Eigenart zu erforschen und durch vielfältige Aktivitäten Sprechernachwuchs zu fördern.

4. Andere Sprachen, andere Satzbaumuster – Unterschiede erkennen und berücksichtigen (S. 315–323)

Dieses Unterkapitel stellt eine Rückkehr zur vergleichenden Sprachbetrachtung dar. Unter spezifisch grammatischem Blickwinkel werden die Satzbaumuster der drei wichtigsten Schulsprachen (Deutsch, Englisch, Französisch) vorgestellt, wobei Deutsch und Englisch als wichtigste Beispiele naturgemäß den größten Raum einnehmen. Darauf folgen die Betrachtung weiterer grammatischer Phänomene, die zur intensiveren Reflexion der eigenen Sprache führen soll, und die Vorstellung der komplexen Thematik des Übersetzens am Beispiel des Jugendromans „Holes" bzw. der deutschen Übersetzung „Löcher. Die Geheimnisse von Green Lake". Zum Abschluss können die Schülerinnen und Schüler anhand des Popsongs „We Are the World (USA for Africa)" selbst den Versuch des Übersetzens aus dem Englischen ins Deutsche unternehmen.

Bastian Sick: Weil das ist ein Nebensatz (S. 315–316)

Der Text stammt aus dem zweiten Band der dreiteiligen Reihe „Der Dativ ist dem Genitiv sein Tod" (Köln 2005 ff.), dessen Buchcover auf Seite 315 im Schülerbuch abgebildet ist.

Der Autor Bastian Sick (geb. 1965) arbeitet als Kolumnist für „Spiegel Online": Aus seiner sprachkritischen „Zwiebelfisch"-Kolumne, die seit Mai 2003 erscheint, stammen die im Durchschnitt zwei bis drei Seiten langer Kapitel, in denen sich der Verfasser mehr oder weniger humorvoll Stilblüten, Sprachfehlern und grammatischen Fallstricken des Deutschen widmet. Der „Zwiebelfisch" und die folgenden Buchpublikationen sind ein großer Erfolg geworden. Dabei ist der Ton Sicks durchaus elitär und stellenweise sogar arrogant. Doch hat gerade dies mithilfe des Internets dazu geführt, dass seine Bücher im Unterschied zu seinen zahlreichen Vorgängern zu Bestsellern werden konnten. Neben den inhaltlichen Anregungen bietet also auch der Stil des Autors Gelegenheit zur Auseinandersetzung mit Strategien der Sprachkritik.

Der mit nur wenigen Auslassungen abgedruckte Kolumnenbeitrag „Weil das ist ein Nebensatz" bettet die Auseinandersetzung mit der möglichen Übernahme englischer Satzbaumuster ins Deutsche in einen recht ausschweifenden erzählerischen Rahmen ein, der konstruiert wirkt und ein kaum realistisches Gespräch wiedergibt: Ausgangssituation ist ein gemeinsames Abendessen eines Ich-Erzählers ohne Namen (die Leser sollen davon ausgehen, dass es sich um Sick selbst handelt) und seiner drei Freunde an einem Freitagabend (vgl. Z. 1–4). Eine besondere Rolle spielt die Figur des Henry. Er kommt später als die anderen und bringt nach der Begrüßung gleich das Gespräch auf das grammatische Problem, das im Folgenden im Mittelpunkt stehen soll (vgl. Z. 7–9).

Es schließt sich ein Vortrag Henrys an, in dem die Freunde Maren und Philipp fast ausschließlich als Stichwortgeber für die Ausführungen ihres Freundes fungieren (vgl. Z. 9–74). Der Ich-Erzähler selbst spielt in diesem Gesprächsabschnitt noch keine Rolle: Geschickt legt Sick die zunehmend oberlehrerhaft wirkenden Ausführungen einem fiktiven Dritten (Henry) in den Mund. Dieser grenzt den (durchaus nicht allgemein üblichen) Begriff der „Inversion" (Z. 8) zunächst von dem naiv eingeworfenen Wort „Invasion" (Z. 10 f.) ab, um wortreich und mit umso klügerem Anschein die Wortstellung des finiten Verbs in deutschen Frage- und Nebensätzen zu erläutern (vgl. Z. 11–46).

Nach der grundsätzlichen Klärung des grammatischen Phänomens wendet sich das Gespräch der allgemeineren Frage zu, wie die Entwicklung, die „Inversion" im Nebensatz zugunsten der Wortstellung wie im Hauptsatz fallenzulassen, zu beurteilen sei (vgl. Z. 47–74). Als Wortführer gibt Henry zu bedenken, dass nur durch die penible Berücksichtigung der korrekten Syntax der seiner Meinung nach falsche Trend, der allein mit Bequemlichkeit zu erklären sei, aufgehalten werden könne, bevor ihn die Sprachforscher in ihre Regelwerke aufnähmen (vgl. besonders Z. 59–62). Hier wird der elitär-arrogante Grundton der Aufsätze Sicks – wenn auch nur über eine fiktive Figur vermittelt – sehr deutlich vernehmlich.

Im darauf folgenden Abschnitt (vgl. Z. 75–105) diskutieren Henry und Philipp, dem die Rolle des advocatus diaboli zufällt und der die Diskussion durch eine Äußerung in Gang gesetzt hat (vgl. Z. 5–9), Möglichkeiten und Grenzen des Sprachwandels. Dies nutzt der Ich-Erzähler, um sich zum ersten Mal in das Gespräch einzuschalten. Wie ein deus ex machina greift er zugunsten von Henrys Position ein (vgl. Z. 86) und preist den angeblichen syntaktischen Reichtum der deutschen Sprache, der im Vergleich zur starren SPO-Regelung des Englischen eine Vielzahl von stilistischen Möglichkeiten eröffne (vgl. Z. 86–102).

Im vorletzten Teil (vgl. Z. 106–128) wirft die sonst auf den Part der Naiven festgelegte Figur Maren das wichtige Stichwort „Anglizismus" ein. Am Beispiel eines englischen Songtitels wird dieser Befund verifiziert, eine strukturgleiche Übersetzung nach dem Muster SPO wird jedoch aus sprachrhythmischen und eufonischen Gründen abgelehnt (vgl. Z. 112–124).

Der Schluss (vgl. Z. 129–134) spiegelt die Ermüdung durch die Diskussion sowohl bei den Figuren als auch bei den realen Lesern. Insgeheim sollen sie dankbar dafür sein, dass die Intervention des Ich-Erzählers (also Sicks) dazu geführt hat, dass Langeweile vermieden wird und endlich das Thema gewechselt werden kann (vgl. Z. 129).

Sicks Text ist in sich informativ und eignet sich wegen seiner narrativen Form durchaus als eine etwas andere Einführung in die komplizierte Thematik der Syntax. Zugleich offenbart der Beitrag auf den zweiten Blick seine recht einfach gestrickte Strategie, die die naturgemäß trockenen Belehrungen einer fiktiven Figur zuweist und trotzdem die eigene Autorität als Kolumnist nicht untergräbt. So versucht Sick, weniger genaue Leser glauben zu machen, er sei mehr Unterhalter als Belehrender. Bei leistungsstarken Lerngruppen sollten diese Implikationen bei einer abschließenden Bewertung des Textes thematisiert werden.

Aufgabe 1 S. 316

Wahrscheinlich werden die meisten Schülerinnen und Schüler diese Frage bejahen. Ein mögliches Ergebnis der sich daran anschließenden Besprechung könnte sein, dass das von Sick gegeißelte Phänomen vorrangig eine Auffälligkeit der Sprechsprache darstellt und als solches wegen der Medien (etwa in Politikerinterviews) vielleicht größere Aufmerksamkeit erfährt, als es ihm in Wirklichkeit zukommt.

Aufgabe 2 S. 316

Diese Aufgabe intendiert die begründete Bewertung des Textes auf Basis der in Aufgabe 1 gewonnenen Ergebnisse. Es ist möglich, dass die Schülerinnen und Schüler vom elitären Ton des Textes abgestoßen werden (immerhin sind sie als Lernende täglich mit der Korrektur ihres Sprechens und Schreibens konfrontiert und reagieren empfindlich auf jegliches Überlegenheitsgebaren). In diesem Fall kann die genaue Untersuchung der Textstrategie (vgl. die einführenden Erläuterungen zu Sicks Beitrag) fruchtbar sein, um den grammatischen Befund von der Form seiner Vermittlung getrennt sehen zu können.

Aufgabe 3 S. 317

Der Text beschreibt die deutschen Satzbaumuster des Fragesatzes (Entscheidungsfrage nach dem Muster „finites Verb – Subjekt – [weitere] Ergänzung[en]"), des Aussagesatzes (Muster „Vorfeld – finites Verb – [weitere] Ergänzung[en]") und des Neben-/Gliedsatzes (Muster „Konjunktion – Subjekt – [weitere] Ergänzung[en] – finites Verb an Schlussposition"). Für das Englische wird allein die „immer gültige[.] [...] Formel SPO" (Z. 90), also das Muster „Subjekt – Prädikat – Objekt" genannt, ungeachtet der Tatsache, dass es auch Ausnahmen (u. a. die englische Entscheidungsfrage) von dieser Regel gibt. Einen Überblick über die Satzbaumuster des Deutschen im Vergleich mit dem Englischen und Französischen bietet der Infokasten auf Seite 318 im Schülerbuch.

Aufgabe 4 S. 317

Diese Aufgabe ist vor allem für eine multikulturelle Lerngruppe eine hervorragende Gelegenheit, die jeweilige Sprachkompetenz in einer nicht deutschen Sprache unter Beweis zu stellen. In (fortgeschrittenen) Lateinklassen können darüber hinaus die aufgrund der Flexionsvielfalt eher freien Möglichkeiten des lateinischen Satzbaus thematisiert werden. Für das Englische und Französische können bisherige Ergebnisse bestätigt oder differenziert werden (vgl. Aufgabe 3). Wie beim Lateinischen sollte die Lehrperson für das Spanische und Italienische über genügend eigene Kompetenz verfügen, um die entsprechenden Beobachtungen sachgerecht moderieren zu können.

Aufgabe 5 S. 317

Die Beispiele aus dem Deutschen, Englischen und Französischen machen auf weitere grammatische Parallelen und Unterschiede zwischen den Sprachen aufmerksam: Die erste Zusammenstellung demonstriert den jeweiligen Stellenwert des grammatischen Genus, wie er in der unterschiedlichen Formvielfalt des Artikels aufscheint; der zweite Aspekt kontrastiert die Flexionsvielfalt des Deutschen mit der Flexionsarmut der beiden anderen Sprachen, die ein Grund für die relativ festen Satzbaumuster des Englischen und Französischen sind; die abschließenden Beispiele illustrieren die im Unterschied zum Deutschen schematische Markierung des Adjektivs in attributivem und adverbialem Gebrauch. Durch Hinzufügung des Suffix -ly erhalten die Ableitungen im Englischen den Status der Wortart Adverb.

Aufgabe 6 S. 317

Diese Aufgabe kann Anstoß zur Öffnung des Deutschunterrichts auf die Fremdsprachen hin sein und erfordert die intensive Zusammenarbeit mit den jeweiligen Fachkollegen.

Aufgabe 7 S. 317

Rückwärts nach Hause (S. 317)

Es handelt sich hier um die Transformation eines Zeitungsartikels. Dabei wurde der Satzbau strikt nach dem starren SPO-Schema gestaltet, mit der Folge, dass Stil und Verständlichkeit des Artikels massiv leiden. Die Beschäftigung mit der Texttransformation soll die verständnisleitende und stilbestimmende Funktion einer abwechslungsreichen Syntax im Deutschen vor Augen führen.

Aufgabe 7 S. 317

Die Rückübersetzung des Textes erfordert die Berücksichtigung vor allem der Stellungsregeln b) und c) der Zusammenfassung (auf Seite 318 im Schülerbuch): Nur so kann der Leser und Hörer genau zwischen Haupt- und Nebensatz unterscheiden. Bei der Überarbeitung sollte beachtet werden, dass die Prädikatsklammer entweder wiederhergestellt oder aufgelöst werden muss. Korrekt lautet der Text:

Perth. Weil die Gangschaltung seines Wagens auf dem Weg nach Hause *streikte*, *wollte* ein junger Australier 500 Kilometer im Rückwärtsgang *fahren*. Nach 50 Kilometern *musste* er seine Fahrt *beenden*, da die Polizei ihn *stoppte* und ihm einen Strafzettel wegen rücksichtslosen Fahrens *aufbrummte*.
Auf dem Weg nach Perth *war der 23-Jährige*, als die Patrouille ihn in der Nähe von Kalgoorlie auf einem Highway durch das australische Hinterland *aufspürte*. Er erklärte den Polizisten, dass seine Gangschaltung kaputt *sei* und dass er nur noch den Rückwärtsgang *habe* einlegen können. Mit Nachdruck versicherte er, dass er nach Hause nach Perth *wollte*, welches etwa 450 Kilometer entfernt *liegt*.

Louis Sacher: Holes (S. 319–321)
Louis Sacher: Löcher. Die Geheimnisse von Green Lake (S. 319–321)
Zum Inhalt des Romans:
„Der Roman ‚Löcher' von Louis Sachar, erschienen 1998, beschäftigt sich mit Themen wie Freundschaft, Schicksal, Gerechtigkeit.
Stanley Yelnats, ein Jugendlicher, der kaum Anschluss hat, aber eine liebevolle, seit Generationen verfluchte Familie, gelangt durch unglückliche Umstände vor Gericht. Dort wird er verurteilt und vor die Wahl gestellt, seine Strafe in einem Gefängnis oder einem Erziehungslager abzuleisten.
Das Erziehungslager Camp Green Lake gelegen in Texas, scheint die bessere Alternative zu sein und so kommt der etwas dickliche und gutmütige Junge in eine entfernte, raue Umgebung. Schnell erkennt Stanley, dass das Leben im Lager weder leicht noch von Freundschaft geprägt ist. Die Jungen, die sich im Camp nur mit Spitznamen ansprechen und einer Rangfolge unterliegen, handeln nach dem Motto: Jeder ist sich selbst der Nächste. Folglich ist jeder, der physisch wie psychisch nicht stark genug ist, im Nachteil. Oberhaupt des Camps ist ‚der Boss', eine Frau. Jeder fürchtet sich vor ihr, auch die beiden Aufseher Mr. Sir und Pendanski, die sich beide, in Abwesenheit der jeweils anderen, ebenfalls für den Boss halten. Die drei Erwachsenen im Lager zeichnen sich durch Boshaftigkeit und Geltungsbedürfnis aus. Alle drei verfolgen ein gemeinsames

Ziel: Sie wollen einen Schatz finden. Das ist auch der Grund dafür, dass die Jungen, die natürlich keine Ahnung von der Existenz eines Schatzes haben, täglich unter den schwersten Bedingungen (Hitze, wenig Wasser, giftige Eidechsen) Löcher im ausgetrockneten See des Camps graben müssen.

Stanley, der sich dem Lagerleben gezwungenermaßen anpasst, schließt Freundschaft mit Zero, einem Leidensgenossen. Zero ist ein schweigsamer Junge, den alle für dumm halten. Er kann am schnellsten Löcher graben. Mit der Zeit sucht er Kontakt zu Stanley, der sich nach anfänglicher Ablehnung dazu überreden lasst, Zero das Lesen und Schreiben beizubringen. Im Gegenzug hilft ihm Zero beim Löchergraben. Diese Übereinkunft wird von den anderen Jungen nicht gern gesehen. Als Zero aus dem Lager wegläuft, braucht Stanley eine geraume Zeit, bevor auch er flieht und sich auf die Suche nach seinem Freund macht. Er findet Zero und beide kämpfen sich durch, überleben die Trockenheit und Hitze. Sie kehren eines Nachts ins Camp zurück, um den Schatz zu holen, den der Boss sucht. Stanley ist dahintergekommen, dass es um einen Schatz geht, und er weiß, an welchem Ort sich dieser mit großer Wahrscheinlichkeit befindet, da er einst beim Graben etwas gefunden hat, das einen Hinweis darauf gibt. Allerdings hat er damals seinen Fund X-Ray, dem Anführer seiner Gruppe, geben müssen, sodass an der vermeintlichen und nicht der eigentlichen Fundstelle intensiv weitergegraben worden ist. Die Jungen finden den Schatz und werden dabei vom Boss überrascht. Wie sich dann herausstellt, hat der Schatz einem Vorfahren Stanleys gehört, der von der schönen Banditin Kate Barlow überfallen und ausgeraubt worden ist. Während die beiden Jungen auf der Flucht sind, bricht Stanley, ohne es zu wissen, den alten Fluch, der seit ewigen Zeiten auf der Familie gelegen hat und durch den er auch mit Zero verbunden ist. Im Zuge dieser Ereignisse kehrt das Glück wieder in die Familie Yelnats zurück. Die Jungen können sich retten, sie heben den Schatz, eine Anwältin kommt ins Camp und Stanley ist frei, ebenso Zero. Des Weiteren hat Stanleys Vater endlich Erfolg mit einer Erfindung und zu guter Letzt taucht auch die Mutter von Zero wieder auf."

(Aus: Juliane Hopka: EinFach Deutsch Unterrichtsmodell. Louis Sacher: Löcher. Die Geheimnisse von Green Lake, hrsg. v. Johannes Diekhans, Schöningh Verlag, Paderborn 2012)

Der vorliegende Textauszug handelt von Stanleys Festnahme und ihren kuriosen Umständen – ihm fallen aus heiterem Himmel die Turnschuhe des Baseball-Stars Clyde Livingston auf den Kopf –, welche er einem Mithäftling erläutert.

Aufgabe 1
S. 319

Der Text ist trotz der „falschen Freunde" (vgl. Aufgabe 5, S. 322) und vereinzelt auftretender schwieriger Vokabeln (z. B. „foot odor", Z. 39) in seinen Grundzügen gut verständlich. Als Lesestrategie empfiehlt es sich, die Bedeutung von Unbekanntem aus Bekanntem zu erschließen und dabei den Kontext zu berücksichtigen. Bei leistungsschwächeren Klassen können ersatzweise die ersten Zeilen (Z. 1–19) in Kleingruppen- oder Partnerarbeit präpariert und dann im gemeinsamen Unterrichtsgespräch detailliert geklärt werden. Im Anschluss daran sollte in beiden Fällen der deutsche Text zum Vergleich hinzugezogen werden.

Aufgabe 2
S. 321

Stanleys Pech, gepaart mit den äußert kuriosen Umständen seiner Festnahme, weckt beim Leser unweigerlich Sympathien für den jungen Protagonisten. Der Text besticht durch seine Situationskomik: Stanley, dessen Vater offensichtlich erfolglos an einer Technik zum Recyceln von alten Turnschuhen arbeitet, fallen ebensolche Schuhe aus heiterem Himmel auf den Kopf. Der Junge fasst dies fälschlicherweise als „Omen" auf (Z. 37); in seinen Augen müssen die Schuhe „irgendwie der Schlüssel zur Erfindung seines Vaters sein" (Z. 50 f.). Tatsächlich handelt es sich aber um Diebesgut, welches nur deshalb bei Stanley landet, da es von einer Überführung, die er gerade passiert, geworfen wurde.

Aufgabe 3
S. 321

Die Beispiele bestätigen die in der Zusammenfassung erläuterten Grundregeln der deutschen und englischen Syntax. Das Ergebnis der Untersuchung kann in einem **Tafelbild** zusammengefasst werden (S = Subjekt, P = Prädikat, O = Objekt):

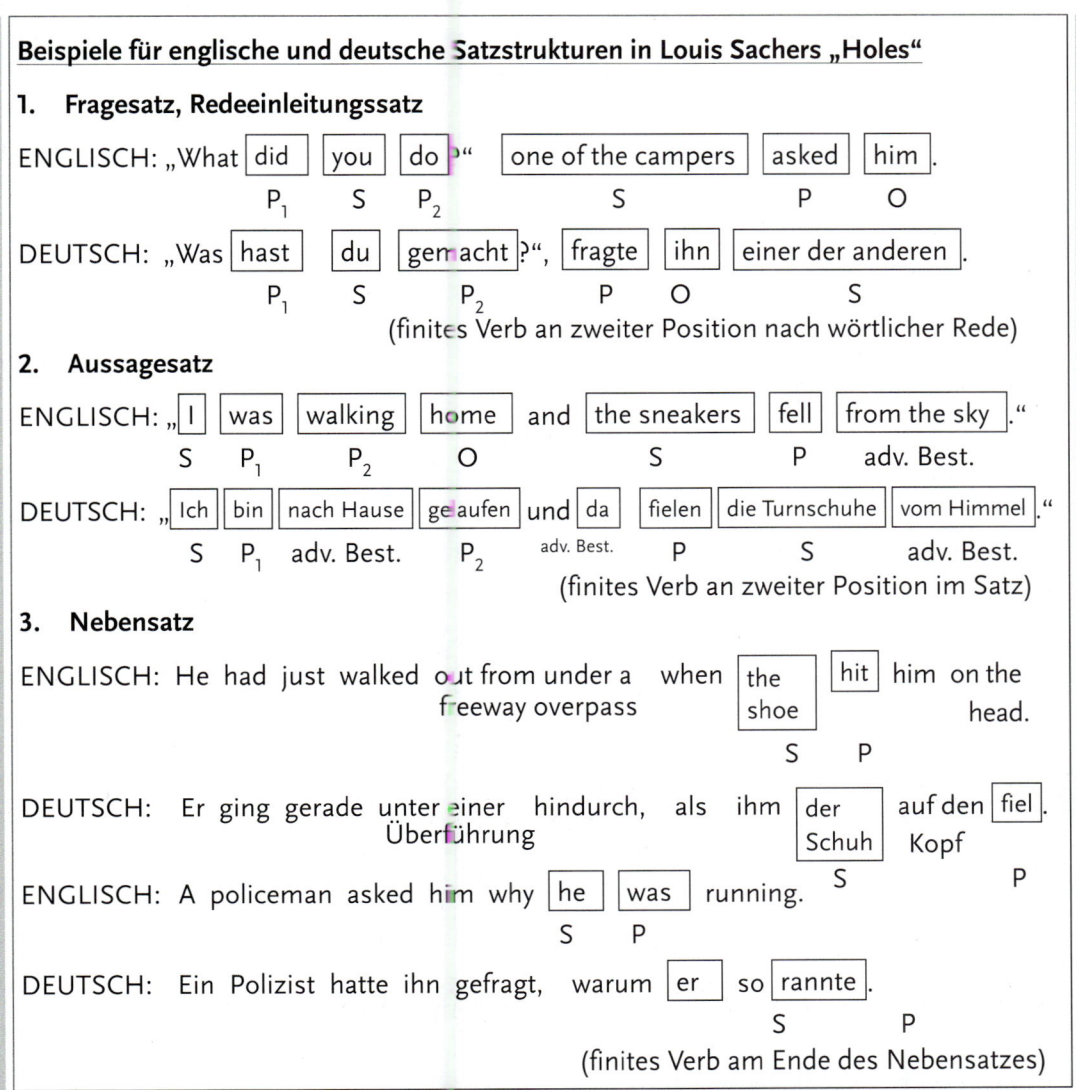

TAFELBILD

Falls gewünscht, kann zur Vertiefung ein Ausschnitt aus Twains Text „Die schreckliche deutsche Sprache" (1880) (vgl. **Arbeitsblatt 4, S. 475**) gelesen werden, der sich mit dem Phänomen der Prädikatsklammer im Deutschen beschäftigt. Dabei sollte allerdings berücksichtigt werden, dass die vom Autor verwendeten grammatischen Begriffe nicht mehr den gängigen der deutschen Schulgrammatik entsprechen.

Aufgabe 4
S. 321

Die unterstrichenen Wörter sind Beispiele für sog. „falsche Freunde" (vgl. Infokasten auf Seite 322 oben im Schülerbuch): Trotz großer formaler oder lautlicher Ähnlichkeit sind diese Wörter nicht gleichbedeutend mit ihren deutschen „Freunden" (z. B. „who", das „wer" und eben nicht „wo" bedeutet). Anhand der deutschen Fassung werden die Schülerinnen und Schüler schnell merken, dass die Übersetzerin diese Wörter nie so übersetzt, wie sie es vielleicht erwarten. Der Blick in ein Wörterbuch kann darüber Auskunft geben, dass ihre Entscheidungen lexikalisch korrekt sind.

Aufgabe 5
S. 322

Bekannte englische „falsche Freunde" sind u. a. „actually" (korrekte Übersetzung: „wirklich", „tatsächlich"), „also" („auch"), „boot" („Stiefel"), „chips" („Pommes Frites"), „eye" („Auge"), „fast" („schnell"), „hardly" („kaum"), „hell" („Hölle"), „kind" („Art und Weise"; „freundlich"), „rat" („Ratte"), „rest" („Pause"), „sin" („Sünde"), „taste" („Geschmack"), „turn" („wenden"), „wall" („Mauer", „Wand") und „who" („wer"). Für weitere Beispiele, auch aus anderen Sprachen, stehen im Internet ausführliche Listen zur Verfügung, die man mithilfe einer Suchmaschine und dem Stichwort „falsche Freunde" schnell finden kann.

Michael Jackson/Lionel Richie: We Are the World (USA for Africa) (S. 322)

Das Lied „We Are the World", an dessen Realisierung zahlreiche internationale Musikstars der 1980er-Jahre beteiligt waren (u. a. Stevie Wonder, Tina Turner, Diana Ross, Bruce Springsteen, Ray Charles und Bob Geldof), wurde von Michael Jackson und Lionel Richie geschrieben und am 7. März 1985 veröffentlicht. Der Erlös der bis heute über 20 Millionen Mal verkauften Single kam der Hungerhilfe zugute. Anlass war die damalige Hungersnot auf dem afrikanischen Kontinent, die den afrikanischen Binnenstaat Äthiopien ganz besonders hart traf.

Aufgaben 6 und 7
S. 323

Die Übersetzungsübung erfordert die Berücksichtigung der behandelten syntaktischen und lexikalischen Besonderheiten beider Sprachen. Gleichzeitig schult es stilistische Fertigkeiten: Neben einer Wort-für-Wort-Übersetzung sollten auch freiere, für deutsche Ohren schönere Varianten erprobt werden, ohne den ursprünglichen Sinn zu verfälschen. Im Internet finden sich zahlreiche Übersetzungsbeispiele (s. u.) von unterschiedlicher Qualität. Eine – auch singbare, dafür aber sehr freie – Version stammt z. B. von Nina Hagen. Der Text ist nicht veröffentlicht, jedoch ist ein entsprechender Auftritt der Künstlerin über das Videoportal YouTube einsehbar (www.youtube.com/watch?v=segzEXaaX20, letzter Aufruf: August 2015).

Übersetzungsvorschlag (entnommen aus: http://www.songtexte.com/uebersetzung/michael-jackson/we-are-the-world-deutsch-7bd682f8.html; letzter Aufruf: August 2015):

WIR SIND DIE WELT

Es kommt die Zeit, wenn wir einen bestimmten Aufruf brauchen
Wenn die Welt als Ganzes zusammenkommen muss
Es sterben Leute
Oh, und es ist Zeit, dem Leben zu helfen
Das größte Geschenk von allen

Wir können uns nicht Tag für Tag weiter vortäuschen
Dass irgendjemand, irgendwie bald etwas verändern würde
Wir sind alle ein Teil von Gottes großer Familie
Und die Wahrheit ist, wie Du weißt, Liebe ist alles, was wir brauchen

Wir sind die Welt, wir sind die Kinder
Wir sind diejenigen, die einen strahlenderen Tag machen
So lasst uns anfangen zu geben
Da gibt es eine Wahl, die wir treffen
Wir retten unsere eigenen Leben
Es ist wahr, wir werden einen besseren Tag machen
Nur du und ich

Also, schicke ihnen Dein Herz
Sodass sie wissen, dass sich jemand um sie kümmert
Und ihre Leben werden stärker und frei sein
Wie Gott es uns gezeigt hat
Als er Stein zu Brot verwandelte
Und so müssen wir alle helfen

Wenn Du am Boden und ausgebrannt bist
Es scheint überhaupt keine Hoffnung mehr zu geben
Aber wenn du nur glaubst
Da gibt es keine Weise, wie wir fallen können
Nun, nun, nun, lasst uns realisieren
Dass diese eine Veränderung nur kommen kann
Wenn wir zusammenhalten wie eins

Die Lösungen zu den **Übungen zur Lernkontrolle** (S. 324–325) befinden sich im Anhang des Schülerbandes auf den Seiten 405–406.

Arbeitsblatt 1

Wichtige Perioden der Wortentlehnung im Deutschen

Zeit	Herkunftssprache	Gründe für die Übernahme	Wortbeispiele
Mittelalter (12.–14. Jh.)		französischer Einfluss auf die höfische (Ritter-)Kultur	
15./16. Jahrhundert	Italienisch	Fernhandel mit dem Orient über Italien	
15./16. Jahrhundert	Lateinisch	Einführung des römischen Rechts im Dt. Reich (Latein war Fachsprache der Juristen)	
17. Jahrhundert	Französisch	Auswirkungen des Dreißigjährigen Krieges (französische Militärsprache)	
17. Jahrhundert		Frankreich als kulturelles und gesellschaftliches Vorbild (sog. Alamodezeit)	
19./20. Jahrhundert	Englisch	in Großbritannien einsetzendes Zeitalter der Industrialisierung	
19./20. Jahrhundert		wachsender Kultureinfluss Großbritanniens und der USA	
zweite Hälfte des 20. Jahrhunderts	Englisch, Amerikanisch	Einfluss der amerikanischen Unterhaltungsindustrie	
seit dem Ende des 20. Jahrhunderts		Beginn des Computerzeitalters	

1 Vervollständige die Spalte „Herkunftssprache" und trage die Wortbeispiele passend ein:
- chatten, E-Mail, Computer, Router, Internet
- Armee, Bande, Bataillon, Chef, Deserteur, Infanterie
- Dattel, Marzipan, Melone, Muskat, Olive, Zitrone
- Tunnel, Lokomotive, Tender, Lore
- Gentleman, Klosett, konservativ, Streik, Tennis, Trick
- Show, Hit, live, Trailer, Spot, Video
- Akte, Advokat, Arrest, Jurist, Polizei, Konferenz
- Turnier, Lanze, Panzer, Preis, Visier, Manieren
- Garderobe, elegant, Parfum, Teint, Toilette

(Lös. s. S. 456 f.)

„Handy" – ein Anglizismus?

Dietmar Pieper
Ein Wort und seine Geschichte: Woher kommt das Handy?

Wer hat's erfunden? Nach dem Beginn des digitalen Mobilfunks vor 15 Jahren eroberte ein eigentümliches Wort die deutsche Sprache: Handy. Sowohl Motorola als auch Telekom beanspruchen
5 die Urheberschaft, aber dennoch bleibt der Ursprung des Begriffs im Dunkeln.
Was hat fünf Buchstaben und nervt? Natürlich das Handy. Und wer hat's erfunden (nein, nicht das Gerät, das Wort)? Um es gleich zu sagen: Niemand
10 weiß es genau. Kein Sprachwissenschaftler, Firmenarchivar oder Telefonfetischist hat es bisher geschafft, die Mutter oder den Vater des Wörtchens „Handy" zweifelsfrei ausfindig zu machen.
Das ist sehr erstaunlich. Denn erst 15 Jahre ist es
15 her, dass der digitale Mobilfunk in Deutschland den Betrieb aufnahm. Aus ein paar Tausend belächelten, verfluchten (und heimlich auch beneideten) Typen, die ihre teuren und klobigen Elektronik-Knochen immer zur falschen Zeit klingeln ließen,
20 ist in dieser kurzen Zeit ein gewaltiges Millionenheer geworden.
Mittlerweile gibt es mehr Handys als Menschen im Lande. So ist das Handy jünger und aufregender als der PC, die CD oder der Punk-Rock. Aber wer um
25 alles in der Welt hatte zuerst die Idee, ein mehrere Hundert Gramm schweres Gerät als „Handy" zu bezeichnen, was englisch klingt und also irgendwie international, obwohl es so deutsch ist wie „Bratwurst" oder „Blitzkrieg"? In der englischsprachigen
30 Welt heißen die kleinen Dinger bekanntlich „cell phone" oder „mobile".

Die heißeste Spur führt zur Telekom, die einmal ein Teil der Deutschen Bundespost war. Wir schreiben das Jahr 1988. Es ist eine fremde, kommunikationsfeindliche Welt, in der Funktelefone gewöhn- 35
lich in Autos eingebaut werden, weil sie zu schwer sind, als dass ein vernünftiger Mensch sie mit sich herumschleppen würde. [...]
Und hier beginnt die Geschichte von Josef Kedaj, einem leitenden Postbeamten, der heute 72 Jahre 40
alt ist und in St. Augustin bei Bonn lebt. 1988 fällt in der Generaldirektion Telekom der Entschluss, 10 000 Stück des Telefongeräts „Alcatel Poctel C3/ SEM 340" anzuschaffen und zu Preisen von rund 10 000 D-Mark an die werte Kundschaft zu bringen. 45
Für Deutschland ist das etwas völlig Neues, denn man kann das „Alcatel Poctel", das ein gutes Pfund wiegt, überall mit sich herumtragen und notfalls in die Jackentasche stecken – im Unterschied zu Autotelefonen oder kiloschweren „Portables". In 50
einigen anderen Ländern, zum Beispiel in England, sind die neuen „Handheld"-Telefone schon etwas länger auf dem Markt.
„Handheld", das ist das Stichwort „In einer internen Brainstorming-Runde", so erinnert sich Josef 55
Kedaj, sucht man in der Generaldirektion Telekom nach einem griffigen Namen für das neue Mobilfunk-Gerät. Irgendwer, vielleicht eine Sekretärin, murmelt das Wörtchen „Handy". Und damit, sagt Kedaj, wäre also der Name gefunden, der in der 60
deutschen Sprache bald eine enorme Karriere machen wird.
Jedenfalls habe er „in internen Rundschreiben an den Vertrieb" die neue Wortschöpfung offiziell verwenden lassen. „Ich hatte die Möglichkeit, das 65
anzuordnen." Es gibt auch einen früheren Kollegen Kedajs, der diese Geschichte bestätigt.

Wie kam das „Handy" in die Umgangssprache?
Trotzdem hat die Sache zwei Schönheitsfehler. Erstens: Die Post schreibt nicht „Handy" auf ihr 70
schönes neues Gerät, sondern „Pocky". Zweitens: Niemand, weder Josef Kedaj, noch die alten

Arbeitsblatt 2

Kollegen, noch die freundliche Pressestelle von T-Mobile, kann irgendein Schriftstück aus der damaligen Zeit auftreiben, in dem ein Funktelefon als „Handy" bezeichnet wird.

Wie also kam das „Handy" in die Umgangssprache? Es gibt noch ein paar andere Vermutungen, die bis auf eine völlig vage bleiben. Diese eine geht so: 1940 stellt die US-Firma Motorola ein neues Funkgerät vor, das vor allem im Krieg zum Einsatz kommt. Weil es relativ leicht ist und an einem Schultergurt getragen werden kann, wird der neue Sendeempfänger als „Handie-Talkie" bezeichnet, im Unterschied zum schwereren „Walkie-Talkie", das für den Rucksack gebaut ist. In der PR-Abteilung von Motorola ist man überzeugt, dass so ein halbes Jahrhundert später auch das deutsche Wörtchen „Handy" in die Welt kommt: „Da ein Handy vom Grundprinzip nichts anderes ist als ein Funkgerät, ist uns der Name erhalten geblieben."

Wirklich? Die Experten des Instituts für Deutsche Sprache in Mannheim haben die Motorola-Geschichte vom „Handie-Talkie" geprüft – und verworfen. „Wir haben nicht geglaubt, dass dieser Zusammenhang Anfang der Neunzigerjahre noch bekannt war und demzufolge eine Rolle gespielt haben kann", sagt Doris Steffens vom „Projekt Neologismen" des Sprachinstituts.

Eine bessere Erklärung können die Mannheimer Linguisten aber auch nicht anbieten. Sie mutmaßen nur ganz allgemein, „Handy" sei entweder von dem englischen Adjektiv „handy" abgeleitet, das „praktisch" oder „handlich" bedeutet, oder von englisch „hand" wie „Hand". Schlauer wird man dadurch eigentlich nicht.

Bleibt leider nur noch die schwäbische Theorie. „Handy" kommt danach von der Frage: „Hen die koi Schnur?"

(Dietmar Pieper, SPIEGEL ONLINE, 29.06.2007
http://www.spiegel.de/kultur/gesellschaft/0,1518,491413,00.html)

1 Welche möglichen Erklärungen für die Herkunft des Wortes „Handy" nennt der Text? Notiere sie in Stichworten.

2 Wie beurteilt der Autor die Behauptungen der erwähnten Unternehmen, das Wort „Handy" erfunden zu haben? Stelle direkte und indirekte Hinweise zusammen.

3 Erörtere ausgehend von dem Text die Frage, ob es sich bei „Handy" um einen Anglizismus handelt.

„Handy" – ein Anglizismus?

Aufgabe 1

Der Text nennt vier mögliche Erklärungen für die Herkunft des Wortes „Handy":
- Erfindung von Telekom-Mitarbeitern im Kontext der Einführung des Mobilfunkgeräts „Alcatel Poctel" (1988) in Anlehnung an englische „Handheld"-Telefone
- Name eines Funkgeräts der Firma Motorola im Jahr 1940 mit dem Namen „Handie-Talkie" (in Anlehnung an „Walkie-Talkie")
- Ableitung vom englischen Adjektiv „handy" (dt.: „praktisch, handlich") oder dem englischen Nomen „hand"
- Herkunft von der schwäbischen Frage „Hen die koi Schnur?" („Haben die kein Kabel?")

Aufgabe 2

Der Autor beurteilt zwei der vier Erklärungsversuche kritisch, wobei der vierte Versuch offensichtlich nicht ernst gemeint ist und daher unkommentiert bleibt.
Die Telekom-Version (Z. 32–76) sei die „heißeste Spur" auf der Suche nach der Herkunft des Wortes „Handy". Basis der Vermutung sind Erinnerungen von zwei früheren Postbeamten (vgl. Z. 39 ff. und Z. 66 f.), doch fehlten offizielle Schriftstücke, die deren Aussagen bestätigen könnten (vgl. Z. 71–76). Außerdem habe die Telekom das neue Mobilfunk-Gerät nicht als „Handy", sondern als „Pocky" bezeichnet (vgl. Z. 70 f.).
Die Behauptung, Motorola sei dafür verantwortlich, dass der Begriff in die Umgangssprache eingegangen sei, wird aus einem ähnlichen Grund verworfen. Mit dem Institut für Deutsche Sprache (Mannheim) zweifelt der Autor an, dass sich dieser Begriff 50 Jahre später im deutschen Sprachgebrauch wegen des „Handie-Talkies" aus dem Jahr 1940 eingebürgert haben könne. Daher bleibe nur die allgemeine Erklärung, dass „Handy" eine Ableitung von dem englischen Adjektiv „handy" oder dem Nomen „hand" sei, doch der Autor räumt ein: „Schlauer wird man dadurch eigentlich nicht." (Z. 105 f.)

Aufgabe 3

„Handy" ist nur im weitesten Sinne als Anglizismus zu begreifen, da hier offensichtlich aus werbestrategischen Gründen in Anlehnung an die Formulierung „handheld phone" ein englisches Wort gefunden wurde, das Weitläufigkeit signalisiert und mit dem das Mobiltelefon wie die meisten technischen Neuerungen als Errungenschaft aus dem englischsprachigen Raum deklariert wird. Mit dem englischen Adjektiv „handy" hat es nur im übertragenen Sinne zu tun, zumal US-Amerikaner und Engländer nicht „handy", sondern „cell" oder „mobile phone" sagen. Die Bezeichnung für die in den vergangenen Jahren zum Standard gewordenen „Smartphones" ist dahingegen sowohl im englisch- als auch im deutschsprachigen Raum identisch.

Deutsch-englische Sprachbeziehungen

David Bergmann (geb. 1971)
Doinglish

Der Amerikaner David Bergmann, Sohn einer deutschstämmigen Familie in den USA, schildert in seinem Buch „Der, die, was? Ein Amerikaner im Sprachlabyrinth" (2007) auf humorvolle Weise und voller Begeisterung seine Erfahrungen mit der deutschen Sprache. Bergmann war 1996 nach Deutschland gereist, um die Sprache seiner deutschen Vorfahren zu lernen. Er lebt heute in Hamburg und arbeitet dort als Wirtschaftsprüfer. In dem Auszug hält er deutschen Sprechern den Spiegel vor, indem er aus der Sicht des Muttersprachlers seine Verwunderung über die Vielzahl von Anglizismen im Deutschen („Doinglish") äußert.

Eine der unvergesslichsten Fernsehwerbungen der Achtzigerjahre in den USA war diejenige von Volkswagen, die das Wort Fahrvergnügen dem amerikanischen Volk beibrachte. Das Wort Fahrvergnügen machte einen großen Eindruck auf uns. In der Werbung flitzte ein schnittiger, kleiner Volkswagen durch die amerikanische Landschaft. Dazu erklang im Hintergrund ein fröhliches deutsches Lied. Ein deutsches Lied im amerikanischen Fernsehen war schon etwas Exotisches, aber der Klang des Wortes Fahrvergnügen wirkte noch exotischer.
Fahrvergnügen ist nur eins von vielen tollen deutschen Wörtern, die ihren Weg über die Jahrhunderte in den englischen Sprachschatz gefunden haben. Andere sind „Realpolitik", „Hintergrund", „Poltergeist", „Schadenfreude", „Kindergarten", „Zeitgeist", „Angst", „Wanderlust", „kaputt" und „Meister". Wie der Redakteur einer großen amerikanischen Zeitung einmal schrieb: „Die Deutschen scheinen ein Wort für alles zu haben!" Amerikanern ist die Herkunft dieser Wörter häufig gar nicht bewusst. Meine Mutter fragte mich beispielsweise, nachdem ich geniest hatte: „David, how do you say ‚Gesundheit' in German?"
[...]
Wenn sich Menschen zusammensetzen, um etwas zu besprechen, wieso heißt das dann nicht mehr Besprechung, sondern *Meeting*?  Wer braucht denn schon ein Meeting, wenn die folgenden Wörter zu Diensten stehen: Konferenz, Diskussion, Treffen, Tagung, Sitzung und Besprechung. Fehlt nur noch, dass man sich auch nach Feierabend mit Freunden zum Speaking statt zum Klatsch und Tratsch, Klönschnack, Plaudern oder Schwatzen trifft. [...] Inzwischen habe ich aus Neugier einige Bücher über dieses Thema gelesen: Manche finden die Entwicklung des Doinglishen faszinierend, manche irritierend, manche entsetzlich und manche witzig. Ich finde sie all dies. [...]
Aber nicht nur Anglizismen kommen immer häufiger vor, sondern auch deutsche Wörter im „englischen Stil", die sich über die Synchronisation englischer Filme und Fernsehsendungen wie *Dallas* eingeschlichen haben. Daher wird diese Ausdrucksweise auch als *Dallasdeutsch* bezeichnet. Formulierungen wie „nicht wirklich", „ich habe keine Idee", „das ist ein guter Punkt" oder „wenn ich du wäre" hätten vor einigen Jahren in deutschen Ohren noch komisch geklungen, aber werden heute nicht mehr belächelt. Meistens werden sie nicht einmal als etwas Besonderes wahrgenommen. Für mich persönlich ist dies natürlich von Vorteil, denn so bin ich nicht der Einzige, der beim Deutschsprechen versehentlich manche Sachen direkt aus dem Englischen übersetzt.
Teilweise bringt aber auch mich die Entwicklung des Doinglishen durcheinander. Schließlich bekommen zahlreiche englische Wörter so eine ganz neue Bedeutung: In den USA ist ein *Beamer* der Spitzname für einen BMW, *Handy* heißt eigentlich nur „handlich" und *Mobbing* „sich auf etwas stürzen", wie zum Beispiel bei einem Sommerschlussverkauf. Streng genommen ist ein *Freak* eine

„Missgeburt". Am irritierendsten aber finde ich den Gebrauch von *checken* wie in „Nee, lass mal, die neue Bedeutung checke ich eh nicht". Diese neue Bedeutung würde niemand außerhalb des deutschsprachigen Raumes „checken". (Im Englischen heißt es schließlich „kontrollieren", „nachprüfen", „abhaken" oder „aufhalten".)
[...]
Manchmal finde ich die Entwicklung des Doinglishen richtig entsetzlich, beispielsweise wenn die deutsche Sprache dadurch so vernachlässigt wird, dass man praktische Wörter vergisst. Wenn ich mich bei neuen Mandanten erkundige, wo die einzelnen Abteilungen sind, wird dies oft durch das Doinglish erschwert
„Wo ist hier die EDV-Abteilung?"
„So was haben wir hier nicht."
„Haben Sie denn einen IT-Support?"
„Erste Etage." [...]
Zum Glück finde ich die Entwicklung des Doinglishen ab und zu auch sehr witzig. Fremdwörter haben oft etwas Exotisches, das so mancher unwiderstehlich findet. Und zugegebenermaßen klingt es in einigen Fällen schnittiger, wie zum Beispiel bei den *Hamburg Freezers* (eine Eishockeymannschaft). Die *Hamburger Gefrierschränke* hätten bestimmt nicht dieselbe Wirkung. [...]
Am schlimmsten finde ich die Werbung von Coca-Cola: „It's your Heimspiel." Mit diesem inkonsequenten Satz zeigt man lediglich, dass man nicht weiß, wie man „Heimspiel" ins Englische übersetzen soll. [...]
Einige Deutsche kämpfen mit mir gegen die Entwicklung des Doinglishen an: zum Beispiel eine Freundin von mir namens Petra, die sogar einem Verein zum Schutz der deutschen Sprache beigetreten ist. Dabei merkt sie oft gar nicht, dass sie selbst fließend Doinglish spricht. So blieb ihr auch die Ironie ihrer Antwort auf meine Frage verborgen, wie es bei dem Verein läuft: „Es ist nicht so easy, immer bei den Meetings dabei zu sein, da die mir vom Timing her oft nicht passen." Ich bin inzwischen fast überzeugt, dass nur noch Englischmuttersprachler „reines" Deutsch sprechen können. Auf den ersten Blick mag diese Behauptung vielleicht keinen Sinn „machen", aber dies ist leicht zu erklären: Wenn wir in unseren Deutschkursen willkürlich englische Begriffe in deutsche Sätze einbauen, wird unsere Note unweigerlich mit jedem Mal schlechter. Diese sehr effektive Lehrmethode sollte man eigentlich auch bei Deutschen einführen.
Mir ist bekannt, dass es diese Entwicklung nicht nur in Deutschland gibt. Eigentlich wird Englisch in jedem Land der Welt zunehmend wichtiger – ironischerweise abgesehen von den USA, denn dort gewinnt das Spanische immer mehr an Bedeutung.

(Aus: David Bergmann: „Der, die, was? Ein Amerikaner im Sprachlabyrinth", Copyright © 2007 by Rowohlt Verlag GmbH, Reinbek bei Hamburg)

1 Bergmann stellt Beispiele für Germanismen im Amerikanischen vor. Vergleiche diese mit den darauf folgenden Ausführungen über das „Doinglishe". Welche Beobachtungen sind möglich?

2 „Manche finden die Entwicklung des Doinglishen faszinierend, manche irritierend, manche entsetzlich und manche witzig. Ich finde sie all dies." (Z. 43–46)
Gib die wichtigsten Gedanken des zweiten Textabschnitts (Z. 27–126) ausgehend von diesem Satz mit eigenen Worten wieder.

3 Bergmann schlägt vor, sinnverwandte deutsche Wörter anstatt Anglizismen zu verwenden (vgl. Z. 27 ff.). Besorgt euch ein Wörterbuch für sinn- und sachverwandte Wörter des Deutschen und prüft seinen Vorschlag an ausgewählten Beispielen.

4 Wie beurteilst du die vom Autor kritisierte Entwicklung? Nimm begründet Stellung.

Lösung 3

Deutsch-englische Sprachbeziehungen

Aufgabe 1

In den USA gelangten viele deutsche Wörter in den Wortschatz, weil sie für die Bevölkerung exotisch klängen und Phänomene und Dinge bezeichneten, für die die US-Amerikaner bislang keine Wörter besaßen. Bergmann nennt als Beispiele Wörter wie „Fahrvergnügen", „Realpolitik" oder „Kindergarten" (vgl. Z. 3 und Z. 16–19). Im Unterschied dazu übernähmen deutschsprachige Menschen häufig englische Wörter, obwohl es im Deutschen genügend Alternativen gäbe. Als einen unter vielen nennt der Autor den Begriff „Meeting" (vgl. Z. 27–37). Bergmann hat für dieses Phänomen ein eigenes Wort: „Doinglish" (vgl. Z. 44).

Aufgabe 2

Neben der Verwendung von unnötigen Fremdwörtern wie „Meeting" (vgl. Z. 27–37) treibe die Anglizismus-Manie laut Bergmann noch seltsamere Blüten: So seien durch wenig fachmännische Synchronisation von Filmen und Fernsehserien englische Wendungen einfach wortwörtlich übersetzt worden und so in den deutschen Sprachschatz eingegangen (vgl. Z. 47–52). Als Beispiele dienen u.a. „nicht wirklich" oder „das ist ein guter Punkt" (vgl. Z. 53 f.). Für den Muttersprachler Bergmann wird der Trend dann problematisch, wenn englische Wörter ohne Rücksicht auf ihre eigentliche Bedeutung in das Deutsche übernommen werden. Amerikaner bezeichneten lediglich einen BMW als „Beamer", kennten „Handy" nur als Adjektiv, verstünden unter „checken" allein die Prüfung von Dingen (vgl. Z. 71–77) und können sich unter den „Hamburg Freezers" bloß Gefrierschränke vorstellen (vgl. Z. 93 ff.). Die übertriebene Verwendung von Fremdwörtern aus Modegründen, besonders wenn sie zu einem kruden Sprachmix führten (vgl. Z. 98 f.), wirke auf englischsprachige Menschen nur lächerlich, weil sie als Unkenntnis des Englischen verstanden werden müsse (vgl. Z. 99 ff.) und die deutschen Sprecher dies noch nicht einmal merkten (vgl. Z. 106–111).

Aufgabe 3

Es empfiehlt sich, im Vorgriff englische Wörter, die im Deutschen häufig verwendet werden, zu sammeln und dann mögliche Synonyme aus dem deutschen Wortschatz zu finden, wobei diese durchaus aus anderen Sprachen entlehnt sein können. Das Ergebnis, mit Beispielen aus einem Wörterbuch für sinn- und sachverwandte Wörter angereichert, könnte in Tabellenform so zusammengefasst werden:

Anglizismus	Deutsche „Ersatz"-Wörter
shoppen	einkaufen (gehen), sich etwas zulegen, Besorgungen machen
Business	Geschäft, Unternehmen, Firma
Event	Feier, Fest, (Fest-)Veranstaltung, Ereignis
(Personal-)Computer	Rechner
Power	Kraft, Energie, Fähigkeit, Stärke
Fast Food	Schnellimbiss, Schnellgericht
Insider	Kenner, Fachmann, Experte, Sachkundiger, Eingeweihter
Update	Aktualisierung, Auffrischung, Erneuerung, Modernisierung, Verbesserung
Look	Erscheinungsbild, Stil, Aussehen
…	…

Aufgabe 4
Freie Aufgabe

Arbeitsblatt 4

Deutsche Sprache, schwerer Satzbau?

Mark Twain (1835–1910)
Die schreckliche deutsche Sprache (Auszug)

Ein durchschnittlicher Satz in einer deutschen Zeitung ist eine unübertrefflich eindrucksvolle Kuriosität; er nimmt ein Viertel einer Spalte ein [...]; er ist hauptsächlich aus zusammengesetzten Wörtern aufgebaut, die der Schreiber an Ort und Stelle hergestellt hat, sodass sie in keinem Wörterbuch zu finden sind – sechs oder sieben Wörter zu einem zusammengepackt, und zwar ohne Gelenk und Naht, will sagen: ohne Bindestriche; er handelt von vierzehn bis fünfzehn verschiedenen Themen, die alle in ihre eigene Parenthese[1] eingesperrt sind, und jeweils drei oder vier dieser Parenthesen werden hier und dort durch eine zusätzliche Parenthese abermals eingeschlossen, sodass Pferche innerhalb von Pferchen entstehen; schließlich und endlich werden alle diese Parenthesen und Überparenthesen in einer Hauptparenthese zusammengefasst, die in der ersten Zeile des majestätischen Satzes anfängt und in der Mitte seiner letzten aufhört – *und danach kommt das VERB*, und man erfährt zum ersten Mal, wovon die ganze Zeit die Rede war; und nach dem *Verb* hängt der Schreiber noch „haben sind gewesen gehabt worden sein" oder etwas dergleichen an – rein zur Verzierung, soweit ich das ergründen konnte – und das Monument ist fertig. Dieses abschließende Hurra entspricht wohl dem Schnörkel an einer Unterschrift – nicht notwendig, aber hübsch. Deutsche Bücher sind recht einfach zu lesen, wenn man sie vor einen Spiegel hält oder sich auf den Kopf stellt, um die Konstruktion herumzudrehen, aber eine deutsche Zeitung zu lesen und zu verstehen wird für den Ausländer wohl immer eine Unmöglichkeit bleiben. [...] Die Deutschen kennen noch eine weitere Form der Parenthese[2], die sie herstellen, indem sie ein Verb spalten und die eine Hälfte an den Anfang eines spannenden Kapitels setzen und die andere Hälfte an den Schluss. Kann man sich etwas Verwirrenderes vorstellen? Diese Dinger heißen „trennbare Verben": Die deutsche Grammatik strotzt von trennbaren Verben, und je weiter die beiden Teile auseinandergerissen werden, desto zufriedener ist der Urheber des Verbrechens mit seiner Leistung. Eines der beliebten trennbaren Verben ist „abreisen". Hier ist ein Beispiel, das ich in einem Roman auflas: „Die Koffer waren gepackt, und er REISTE, nachdem er seine Mutter und seine Schwester geküsst und noch ein letztes Mal sein angebetetes Gretchen an sich gedrückt hatte, das in einfachem weißen Musselin und mit einer einzigen Tuberose[3] im wallenden braunen Haar kraftlos die Treppe herabgetaumelt war, immer noch blass von dem Entsetzen und der Aufregung des voraufgegangenen Abends, aber voller Sehnsucht, ihren armen schmerzenden Kopf noch einmal dem Mann an die Brust zu legen, den sie mehr als ihr eignes Leben liebt, AB."

(© Vandenhoeck & Ruprecht GmbH & Co. KG: Mark Twain: Bummel durch Deutschland Göttingen)

[1] **Parenthese:** hier: Satzeinschub
[2] **Parenthese:** hier: Bezeichnung für die Prädikatsklammer
[3] **Tuberose:** Zierpflanze

1 Lies den Text. Wie wirkt er auf dich? Nenne sprachliche Einzelheiten, an denen du diese Wirkung festmachen kannst.

2 Was ist eine Prädikatsklammer (bei Mark Twain „Parenthese")? Erläutere dieses grammatische Phänomen der deutschen Sprache an Twains Beispielen.

3 Welche Nachteile erkennt der amerikanische Schriftsteller bei der „typisch deutschen" Prädikatsklammer? Sind demgegenüber auch Vorteile denkbar?

© Schöningh Verlag

Deutsche Sprache, schwerer Satzbau?

Aufgabe 1

In seinem Text macht sich Mark Twain über die „schreckliche deutsche Sprache", insbesondere über die Wortbildung (vgl. Z. 4–9), die Vorliebe für verschachtelte Sätze (vgl. Z. 9–33) sowie die Prädikats- bzw. Satzklammer (vgl. Z. 34–61) in milder Weise lustig. Die komische Wirkung entsteht dabei vor allem durch die ironischen Übertreibungen, die in angeblichen Beispielen für die langen deutschen Sätze (vgl. indirekt Z. 9–25 und direkt Z. 49–61) am deutlichsten greifbar werden. Durch die Wortwahl wird dies unterstützt: Der „durchschnittliche" deutsche Satz sei eine „unübertreffliche eindrucksvolle Kuriosität" (Z. 2 f.), der Schlusspunkt ein „abschließendes Hurra" (Z. 26). Twain nimmt es dabei mit den grammatischen Regeln bewusst nicht so genau: So behauptet er u. a., dass in diesen langen Sätzen erst am Ende das Verb komme (vgl. Z. 19 f.), was nur für Fragesätze oder für den abschließenden Teil der Prädikatsklammer in Aussagesätzen stimmt. Zu bedenken ist, dass Twain für ein englischsprachiges Publikum schreibt, für das das Deutsche mit seinen grammatischen Sonderregeln schwer zu erlernen ist. Ihnen gilt die rhetorische Frage „Kann man sich etwas Verwirrenderes vorstellen?" (Z. 42 f.).

Aufgabe 2

In den Zeitstufen Perfekt, Plusquamperfekt und Futur besitzen die deutsche Verben zumeist zwei Prädikatsteile, wobei das finite Hilfsverb (haben, sein, werden) im Aussagesatz an zweiter Stelle steht und der zweite Teil (Partizip und/oder Infinitiv) den Satz abschließt. Bei Verben mit Zusatz (wie z. B. ab-reisen, vgl. Z. 50–61) ist dies ähnlich, wobei im Präsens und Präteritum die Verbbasis an die zweite Position rückt und der Zusatz am Ende des Satzes steht. In den anderen Tempora bleibt der Zusatz mit der Basis verbunden.

Beispiele: „Er |reiste| nach einer Woche |ab|." (Beispielverb aus dem Text)

　　　　　　　　P_1　　　　　　　　P_2

„Er |ist| nach einer Woche |abgereist|." (Perfekt)

„Er |wird| nach einer Woche |abreisen|." (Futur)

Aufgabe 3

Für Twain begünstigt die Prädikatsklammer lange und unübersichtliche Sätze. Da das Prädikat, das wesentliche Informationen enthält, vor allem in den zusammengesetzten Tempora am Ende steht, wird der Kern der Aussage erst dann vermittelt, sodass insbesondere Nicht-Muttersprachler vor Verständnisprobleme gestellt werden können.

Ein möglicher Vorteil ist die Zusammenfassung von kleineren Einheiten innerhalb eines Satzes, da zugehörige Angaben (z. B. in Form von adverbialen Bestimmungen) eingeklammert werden. Unter der Voraussetzung, dass die Sätze nicht unnötig aufgebläht werden, kann durch die Prädikatsklammer darüber hinaus ein Spannungsbogen erzeugt werden, der die Zuhörer bzw. Leser dazu zwingt, sämtliche Informationen eines Satzes konzentriert aufzunehmen.

Der Einfluss des Lateinischen auf die deutsche Sprache

Jürgen Folz
Einhard und Dietmar im römischen Soldatenlager

Die beiden Germanenjungen [...] trieben einige Kälber von ihrem Dorf zum nahen befestigten Römerlager.

Endlich kamen sie aus dem Wald heraus. Vor ihnen zog sich jetzt über die baumlose Hochfläche die Grenzbefestigung, die die Römer hier errichtet hatten. Sie hatten zu Hause schon viel gehört vom mächtigen Limes. Das lateinische Wort bedeutet „Grenze, Grenzbefestigung". Staunend betrachteten die beiden Jungen die gewaltige hölzerne Mauer, die dadurch gebildet worden war, dass man einen schweren, dicken Pfahl (lateinisch *palum*) in den Boden gerammt hatte, und den hohen Wall (lateinisch *vallum*) aus gestampftem Lehm dahinter. Der Grenzwall war an einer Stelle durchbrochen. Eine *Straße* (lateinisch *via strata* „gepflasterter Weg", althochdeutsch *strazza*) führte von hier zum befestigten Lager. Die Römer nannten diese Befestigung *castellum* „kleine Burg, kleines Fort". Das ist eine Verkleinerung von lateinisch *castrum* „Lager, Festung". Dieses lateinische Wort findet man heute noch in den Ortsnamen Bern*kastel*, Mainz-*Kastel*, *Kassel*. Wir sehen daran, dass hier einmal römische Militärlager waren.

Am Lagertor wurden sie von einem bedrohlich aussehenden *Legionär* (lateinisch *legionarus* „Angehöriger einer *legio*" [das ist die größte römische Heeresabteilung]) angehalten. Wir haben heute diese Wörter noch, z. B. in der Zusammensetzung Fremden*legion*, dem Namen einer französischen Söldnertruppe. Fußballstars, die bei ausländischen Vereinen spielen, werden heute ebenfalls scherzhaft *Legionäre* genannt, wenn sie wieder in den Reihen ihrer Nationalmannschaft stehen. Bevor aber Dietmar und Einhard ihre Kälber zum Verkauf ins Lager treiben durften, mussten sie der Wache am Tor *Zoll* zahlen, das heißt eine Abgabe im Voraus für den Preis, den sie später für die Tiere bekommen würden. Über lateinisch *tolonium*, *telonium* wurde das Wort mit verändertem Anfangslaut in unsere Sprache entlehnt (althochdeutsch *zol*). [...] Im Lager wurden die beiden Jungen bereits vom römischen Händler Pecunius erwartet. In seinem Auftrag hatten sie die Tiere

Rekonstruktionszeichnung des Limes

45 hierhergetrieben. Bei den römischen Soldaten wurde der Händler als *caupo* bezeichnet. Im späteren Althochdeutschen wurde daraus *koufo* und schließlich über die verdeutlichende Zusammensetzung *kauf man* unser *Kaufmann*.
50 Pecunius begrüßte sie und ließ sie die Kälber zu seinem Stall treiben. Da der Römer im Laufe der Zeit eine ganze Reihe von Wörtern aus der Sprache der in der Nähe wohnenden Germanen gelernt hatte, klappte die Verständigung ganz gut. Dann
55 konnten die beiden sich im Lager einmal umsehen. Denn hier gab es schließlich eine ganze Menge Sachen, die ihnen in ihrem Dorf noch niemals begegnet waren. [...]
Pecunius hatte inzwischen die Kälber in seinem
60 Stall untergebracht und rief die beiden Jungen zu seinem Haus. Hier zeigte er den beiden seinen großen Lagerraum. Alles, womit er handelte, war hier untergebracht. So viele verschiedene Waren und überhaupt so einen riesigen Lagerraum hatten
65 die beiden noch nicht gesehen. Da stand ein *Sack* (lateinisch *saccus*) neben dem anderen, gefüllt mit getrockneten *Früchten* (lateinisch *fructus*) oder mit Gewürzen wie *Kümmel* (lateinisch *cuminum*) und *Fenchel* (lateinisch *feniculum*). [...]

Sie gingen dann alle drei in das Haus des Römers. 70
Die beiden Germanen sollten bei Pecunius zu Abend essen und auch übernachten.

Flava, die Frau des Kaufmanns, war in der *Küche* (lateinisch *coquina, cocina*) mit der Zubereitung der Mahlzeit beschäftigt. Sie stand an einem gemau- 75
erten Herd und war dabei, in einem kupfernen Kessel (lateinisch *catillus*) ein dampfendes Gemüse zu *kochen* (lateinisch *coquere, cocere*). Es war *Kohl* (lateinisch *caulis*). Die meisten unserer Kohlarten stammen nämlich aus dem Mittelmeergebiet. Die 80
Germanen lernten dieses Gemüse von den Römern kennen und übernahmen mit der Pflanze auch das Wort.

(Aus: Jürgen Folz: Der lateinische Einfluss auf das Germanische; in: Schülerduden Wortgeschichte. Herkunft und Entwicklung des deutschen Wortschatzes, Bibliographisches Institut & F. A. Brockhaus, Mannheim 1987, S. 40 f., 43 f. orthografisch modernisiert)

■ Fasse den Sachtext schriftlich zusammen.
Gehe dabei so vor:
- Gliedere den Text in Sinnabschnitte und formuliere Zwischenüberschriften.
- Notiere das Thema und die Art des Textes.
- Lege eine Tabelle an, in der du die Sinnabschnitte und deren wortgeschichtlichen Informationen stichwortartig festhältst.
- Fasse nun den Inhalt des Sachtextes zusammen. Bestimme dazu in der Einleitung Thema und Art des Textes, erläutere seine Gliederung und gib dann seine wesentlichen Sachinformationen zum Einfluss des Lateinischen auf das Deutsche mit eigenen Worten wieder.
- Erläutere anschließend, in welchen Bereichen die lateinische Sprache die germanische und damit auch die deutsche Sprache besonders beeinflusst hat. Nenne Wortbeispiele und gehe dabei über den gegebenen Text hinaus.

Bewertungsbogen 5

Bewertungsbogen zur Leistungsüberprüfung/Klassenarbeit

Name:	
Schulhalbjahr/Datum:	
Klasse:	
Fachlehrer/in:	
Thema der Unterrichtsreihe:	Die deutsche Sprache und ihre europäischen Verwandten – Aus Sprachvergleichen lernen
Thema der Klassenarbeit:	Wörter haben eine Geschichte – einen Sachtext zusammenfassen
Aufgaben:	s. Arbeitsblatt 5

A Inhaltliche Leistungen

	Du	maximale Punktzahl	erreichte Punktzahl
1	gliederst den Text in Sinnabschnitte und formulierst Zwischenüberschriften, etwa: Z. 1–3: Einhard und Dietmar auf dem Weg zum Römerlager Z. 4–15: Die Jungen passieren den Limes mit seinen Befestigungen Z. 16–24: Eine Straße führt zum befestigten Lager Z. 25–34: Kontrolle am Lagertor durch einen Legionär Z. 35–42: Zoll für die mitgeführten Kälber Z. 42–58: Treffen mit dem römischen Kaufmann Pecunius, für den die Tiere bestimmt sind Z. 59–69: Besichtigung der Waren des Kaufmanns Z. 70–83: Abendessen und Übernachtung im Haus des Pecunius	6	
2	notierst Thema und Art des Textes, z. B.: Einfluss des Lateinischen auf das (Germanische und) Deutsche, veranschaulicht durch die Erzählung von den Germanenjungen.	4	
3	stellst die Sinnabschnitte und deren wortgeschichtliche Informationen in Form einer Tabelle zusammen, etwa:	14	

Sinnabschnitt	Funktion
Z. 1–3	(Einleitung)
Z. 4–15	lateinische Herkunft der deutschen Wörter „Pfahl" (‚palum') und „Wall" (‚vallum')
Z. 16–24	„Straße" (‚via strata') und Ortsnamen wie „Bernkastel" und „Kassel" (‚castellum') als Lehnwörter aus dem Lateinischen
Z. 25–34	lateinische Herkunft der Wörter „Legion" (‚legio') und „Legionäre" (‚legionarus')
Z. 35–42	römische Herkunft des Zollwesens und des damit einhergehenden Lehnwortes „Zoll" (‚tolonium')
Z. 42–58	der lateinische ‚caupo' als Vorbild des deutschen „Kaufmanns"
Z. 59–69	Bezeichnungen der Waren und Behältnisse eines Kaufmanns gingen in das Deutsche ein: „Sack" (‚saccus'), „Früchte" (‚fructus'), „Kümmel" (‚cuminum') und „Fenchel" (‚feniculum')
Z. 70–83	die deutschen Wörter „Küche" (‚coquina'), „Kessel" (‚catillus'), „kochen" (‚coquere') und „Kohl" (‚caulis') als Lehnwörter aus dem Lateinischen

© Schöningh Verlag

Bewertungsbogen 5

4	benennst in der Einleitung die wesentlichen Textdaten (Autor, Titel, Textsorte, Erscheinungsort und -jahr), nennst Thema und Form des Textes.	5	
5	gibst an, wie der Text gegliedert ist, etwa durch die einzelnen Stationen der Germanenjungen auf ihrem Weg zum Lager und im Lager.	3	
6	fasst mit eigenen Worten und auf Grundlage deiner Vorarbeiten die Informationen der einzelnen Abschnitte mit Blick auf den Einfluss der lateinischen Sprache auf das Deutsche zusammen.	14	
7	erläuterst weiterführend und mit Beispielen, dass die lateinische Sprache vor allem in den Bereichen Politik (z. B. „Kaiser", „Kandidat"), Wirtschaft und Handel („Wein" und Beispiele aus dem Text) sowie (Bau-)Technik („Mauer", „Fenster", „Ziegel" u.v.m.) einen großen Einfluss auf das Germanische und damit auf das Deutsche hatte.	9	
	gelangst zu weiteren, individuellen Ergebnissen.	(4)	
A	**Gesamtpunktzahl**	**55**	

B Darstellungsleistungen

	Du	maximale Punktzahl	erreichte Punktzahl
1	baust deinen Text entsprechend der Aufgabenstellung sinnvoll auf.	4	
2	zitierst Textbelege in korrekter Form.	3	
3	formulierst sachlich und stilistisch sicher.	6	
4	verwendest korrekt die Fachsprache.	3	
5	wendest die Regeln der Rechtschreibung, Zeichensetzung und Grammatik sicher an.	9	
B	**Gesamtpunktzahl**	**25**	

Gesamtpunktzahl A und B	**80**

Die Leistungsüberprüfung/Klassenarbeit wird mit der Note

_____ **bewertet.**

Zuordnung der Punkte zu den Notenstufen

Note	Punkte
sehr gut	80–71
gut	70–61
befriedigend	60–51
ausreichend	50–40
mangelhaft	39–18
ungenügend	17–0

_____
Datum   Unterschrift

Standardsprache und Dialekt

Bezeichnungen für „Mädchen" in den Mundarten des ehemaligen deutschen Sprachgebiets

1
- Erläutere die oben abgedruckte Sprachkarte: Welche Informationen lassen sich ihr entnehmen? Nenne Beispiele.
- Nieder-, Mittel- oder Oberdeutsch – welchem deutschen Sprachgebiet ist der Dialekt deines Wohnortes zuzuordnen? Wie unterscheidet er sich von den anderen Mundarten des deutschen Sprachgebiets? Erläutere dies mithilfe der Karte.

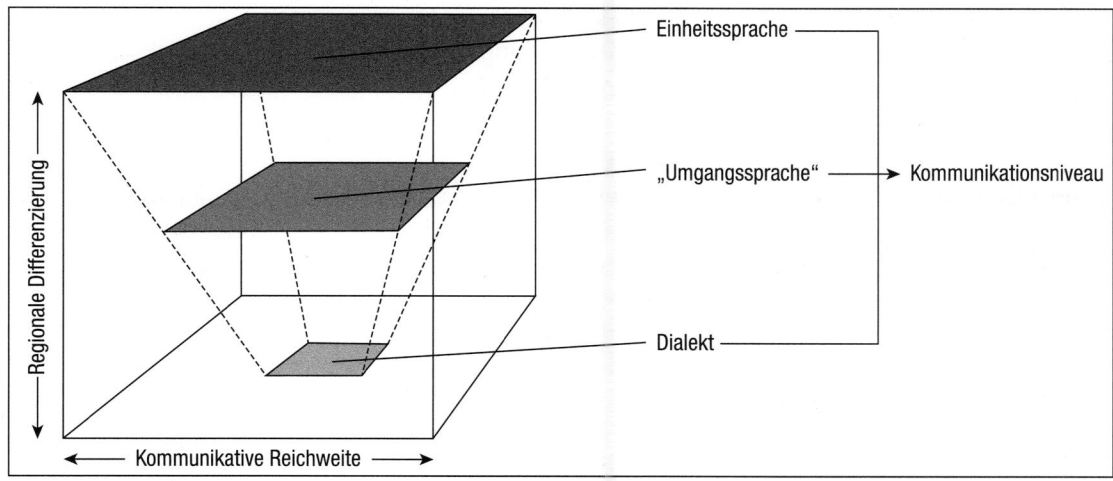

(Nach: Hermann Bausinger: Deutsch für Deutsche: Dialekte, Sprachbarrieren, Sondersprachen, Frankfurt/M. 1972, S. 35)

2 Das Modell stellt eine Möglichkeit dar, die deutsche Sprache zu gliedern. Gib mit eigenen Worten wieder, wie es die einzelnen Ebenen des Deutschen mit Blick auf regionale Verbreitung (lokale Alltagssprache – überregionales Hochdeutsch) und mit Blick auf die kommunikative Reichweite (wie viele Menschen sich mit einer der genannten Sprachvarianten verständigen können) anordnet.

3 Überprüfe mithilfe der Sprachkarte oben, inwieweit das Modell zutrifft.

© Schöningh Verlag

Bewertungsbogen 6

Bewertungsbogen zur Leistungsüberprüfung/Klassenarbeit

Name:	
Schulhalbjahr/Datum:	
Klasse:	
Fachlehrer/in:	
Thema der Unterrichtsreihe:	Die deutsche Sprache und ihre europäischen Verwandten – Aus Sprachvergleichen lernen
Thema der Klassenarbeit:	Die Sprachen in der Sprache – Dialekte des Deutschen (Diskontinuierliche Texte auswerten)
Aufgaben:	s. Arbeitsblatt 6

A Inhaltliche Leistungen

Aufgaben 1–3

	Du	maximale Punktzahl	erreichte Punktzahl
1	gibst einleitend an, dass die Sprachkarte die mundartlichen Bezeichnungen für das standardsprachliche „Mädchen" darstellt, wobei die einzelnen Gebiete mit ihren Varianten grafisch u. a. durch Grenzen und die Angabe der jeweils gebräuchlichen Bezeichnung hervorgehoben sind.	5	
	nennst Beispiele für die unterschiedlichen Bezeichnungen in den Dialekten (z. B. das niederdeutsche „Deern" im Unterschied zum mitteldeutschen „Mädchen").	3	
	ordnest den Dialekt deines Wohnortes zutreffend einem deutschen Sprachraum zu und erläuterst seine mundartliche Besonderheit im Unterschied zu anderen Dialekten mithilfe der Karte am Beispiel der Bezeichnung für „Mädchen".	6	
2	gibst mit eigenen Worten wieder, wie das Modell die einzelnen Ebenen des Deutschen anordnet: • Die deutschen Einheitssprache besitzt die größte regionale Verbreitung und damit die größte kommunikative Reichweite; logische Voraussetzung dafür ist, dass sie am wenigsten regional differenziert ist. • Auf dem Kommunikationsniveau der deutschen „Umgangssprache" findet sich dahingegen eine größere regionale Differenzierung und daher eine im Vergleich zur Einheitssprache eingeschränktere kommunikative Reichweite. • Dialekte sind das regional am meisten differenzierte Kommunikationsniveau und weisen die geringste kommunikative Reichweite im Vergleich zu den anderen Ebenen des Deutschen auf.	9	
3	belegst die Tragfähigkeit des Modells, indem du es mit der Sprachkarte vergleichst und die eingegrenzte Verbreitung einzelner regionaler Varianten für das standardsprachliche „Mädchen" aufzeigst (z. B. ist die Variante „Wicht" allein im deutsch-niederländischen Grenzgebiet bezeugt und nur dort für die heimischen Dialektsprecher ohne Probleme verständlich). Für die Reichweite und Differenzierung der „Umgangssprache" kann die Sprachkarte keine eindeutigen Hinweise liefern.	7	
	gelangst zu weiteren, individuellen Ergebnissen.	(4)	
A	**Gesamtpunktzahl**	**30**	

B Darstellungsleistungen

	Du	maximale Punktzahl	erreichte Punktzahl
1	baust deinen Text entsprechend der Aufgabenstellung sinnvoll auf.	3	
2	formulierst sachlich und stilistisch sicher.	5	
3	verwendest korrekt die Fachsprache.	3	
4	wendest die Regeln der Rechtschreibung, Zeichensetzung und Grammatik sicher an.	9	
B	**Gesamtpunktzahl**	**20**	

Gesamtpunktzahl A und B	**50**

Die Leistungsüberprüfung/Klassenarbeit wird mit der Note

_____ **bewertet.**

Datum   Unterschrift

Zuordnung der Punkte zu den Notenstufen

Note	Punkte
sehr gut	50 – 45
gut	44 – 38
befriedigend	37 – 31
ausreichend	30 – 24
mangelhaft	23 – 12
ungenügend	11 – 0

Leistungsüberprüfung – Selbstevaluation – Klassenarbeit

1. **Der Einfluss des Lateinischen auf die deutsche Sprache**
   Text: Jürgen Folz: Einhard und Dietmar im römischen Soldatenlager
   (s. Arbeitsblatt 5, S. 477 f.; Bewertungsbogen 5, S. 479 f.)

2. **Standardsprache und Dialekt**
   (s. Arbeitsblatt 6, S. 481, Bewertungsbogen 6, S. 482 f.)

„Kopfkino" – Hörspiele untersuchen, verstehen, produzieren (S. 326–339)

Vorüberlegungen zur Einheit

Vor dem Hintergrund des schwindenden Interesses der Öffentlichkeit an dem (literarischen) Hörspiel nimmt diese Gattung auch in der Deutschdidaktik eher eine Randnische ein, besonders wenn man ihren Stellenwert mit der Berücksichtigung der Neuen Medien (Film, Internet) im Deutschunterricht vergleicht. In der Mehrzahl der Schulbücher spielt das Hörspiel wenn überhaupt nur eine untergeordnete Rolle. Doch seine fortwährende Popularität als Unterhaltungsmedium von Kindern und Jugendlichen auf der einen und die wachsende Bedeutung des Hörbuchs auf der anderen Seite zeigen die ungebrochene medienpädagogische Relevanz der Gattung, die in der achten Klasse zu ersten medienkritischen Reflexionen Anlass geben kann.

Das „Hörspiel"-Kapitel von „P.A.U.L. D. 8" reiht sich in die Folge der bisherigen Theatereinheiten der Klassen 5–7 ein, wohlwissend, dass das Hörspiel eine Literaturform sui generis ist, die zwar einige (wichtige) Merkmale mit dem Drama gemein hat, doch letztendlich davon zu unterscheiden ist. Es ist eine „Aussageform, die ihre eigenen Gesetze hat" (H. Pleticha, vgl. Schülerbuch, S. 332, Z. 91f.). Diese „Gesetze" (v. a. der intensive Einsatz von Sprache und Geräuschen) werden gerade im Vergleich mit dem Drama besonders augenfällig. Umgekehrt werden zentrale Aspekte des Theaters, wie sie in den bisherigen Bänden von „P.A.U.L. D." vermittelt wurden, auf neue Weise ins Bewusstsein gerückt.

Die Einheit gliedert sich in drei Teile. Im ersten Abschnitt (S. 328–333) werden die Schülerinnen und Schüler mithilfe des Beispiels „Krieg der Welten" (1938) an das Phänomen der Gattung Hörspiel und ihrer Wirkmächtigkeit herangeführt. Orson Welles' Hörspielfassung des Fantasyromans (1898) von H. G. Wells gilt als epochemachend. An einem Ausschnitt aus diesem Stück können die Schülerinnen und Schüler sowohl die historischen Rezeptionsbedingungen von Hörspielen als auch ihre besonderen Gattungsmerkmale kennenlernen, die im Anschluss daran anhand eines Sachtextes systematisch erarbeitet werden. Im zweiten Unterkapitel (S. 334–336) steht das Verfahren einer Hörspielproduktion unter besonderer Berücksichtigung des Herstellens von Geräuschen im Vordergrund. Ein plastischer Erfahrungsbericht soll die Schülerinnen und Schüler vor dem Hintergrund ihrer eigenen Bekanntschaft mit Hörspielen in dieses Feld einführen. Gleichzeitig werden sie auf die Bedeutung kooperativer Arbeitsformen für die Hörspielproduktion hingewiesen. Im letzten Teil der Einheit (S. 337–339) geht es dann vorrangig um die selbstständige Erarbeitung und Aufnahme einer Hörspielfassung von Friedrich Schillers Ballade „Die Bürgschaft", die in dem Kapitel „‚Wer wagt es …'?! – Schillers Balladen" aufbereitet wird (vgl. Schülerbuch, S. 190–193). Wenn dieses Kapitel nicht zuvor mit den Schülerinnen und Schülern behandelt wurde, empfiehlt sich zunächst die Bearbeitung der Textaufgaben auf der Seite 193 im Schülerbuch. Die **Arbeitsblätter 2 und 3, S. 499–504,** bieten alternativ die Ballade „Die Füße im Feuer" vom C. F. Meyer an, deren Umarbeitung zu einem Hörspiel aufgrund ihrer Komplexität jedoch nur einer besonders leistungsstarken Lerngruppe vorbehalten sein sollte.

Für die Vorbereitung des Lehrenden stehen auf der Internetplattform „MediaCulture-Online. Das Portal für Medienpädagogik und Medienkultur" (http://www.mediacultureonline.de/audio.html, letzter Aufruf: August 2015) eine Fülle an Informationen rund um das Hörspiel zur Verfügung.

Eine Möglichkeit der Lernerfolgsüberprüfung, die auf die Kompetenz abzielt, aus diskontinuierlichen Texten Informationen zu entnehmen, stellt **Arbeitsblatt 5, S. 506,** vor.

Falls im Anschluss an die Bearbeitung des Kapitels die Beschäftigung mit einem klassischen literarischen Hörspiel der jungen Bundesrepublik Deutschland gewünscht wird, sei das Stück „Das Schiff Esperanza" (1953) von Fred von Hoerschelmann empfohlen, zu dem im Schöningh Verlag Unterrichtsmaterialien erhältlich sind.

Die wichtigsten Kompetenzen, die mit diesem Kapitel vermittelt werden sollen, sind:
- die Formenvielfalt der Hörmedien (vor allem Hörspiele und Hörbücher) kennenlernen,
- einen Hörspieltext als solchen erkennen,
- einen Hörspieltext angemessen und in verschiedenen Rollen vortragen,
- einen Sachtext zusammenfassen,
- die Geschichte des Hörspiels in Grundzügen verstehen,
- Merkmale der Textsorte „Hörspiel" im Unterschied zu anderen Textformen bestimmen,
- einem Sachtext systematisch Informationen entnehmen,
- Geräusche mit einfachen Mitteln herstellen,
- einen Hörspielvortrag mit Geräuschen unterlegen,
- eine literarische Vorlage in ein Hörspiel umwandeln,
- ein Hörspielmanuskript verfassen und
- ein Hörspiel produzieren.

Die **Auftaktdoppelseite** (S. 326–327) bietet in ihrer Zweiteilung zum einen Einblick in die Produktion eines Hörspiels (Bilder aus einem Hörspielstudio mit einem Sprecher, einem Geräuschmacher, einer Schülergruppe und einem Produzenten) und zum anderen Beispiele für produzierte Hörliteratur: das klassische Radio-Hörspiel „The War of the Worlds" (1938) von Orson Welles, das bereits erwähnte literarische Hörspiel „Das Schiff Esperanza" (1951) von Fred von Hoerschelmann, das Kinderhörspiel „Die drei ??? und der Super-Papagei" sowie das Hörbuch „Der Hobbit" zu dem Roman von J.R.R. Tolkien. Während die linke Hälfte der Auftaktseite den Prozess der Hörspielerstellung vorstellt, macht die zweite Hälfte mit verschiedenen Erzeugnissen der Hörliteratur bekannt, von denen u. a. die deutsche Version von „Krieg der Welten" im ersten Unterkapitel im Ausschnitt vorgestellt wird.

Aufgabe 1 S. 327	Die Bilder zeigen sowohl Bekanntes als auch Fremdes: Den Schülerinnen und Schülern werden vor allem Kinderhörspiele und Hörbücher bekannt sein, klassische literarische Hörspiele dahingegen wohl weniger. Die technischen und personellen Bedingungen der Hörspielaufnahme bergen gänzlich den Reiz des Neuen in sich und können Anlass für erste Vermutungen sein, wie ein Hörspiel entsteht und – am Beispiel des Geräuschmachers – welche Wirkung es besitzen kann. Diese Vermutungen lassen sich im Unterrichtsgespräch mit den sicherlich vorhandenen Erfahrungen auf dem Feld der Kinderhörspiele verknüpfen.
Aufgabe 2 S. 327	Es ist zu erwarten, dass die Schülerinnen und Schüler in erster Linie die Unterhaltungsmedien Kinderhörspiel und Hörbuch nennen werden. An dieser Stelle kann bereits der Unterschied zwischen diesen beiden Arten ‚hörbarer Literatur' diskutiert werden (vgl. dazu den Infokasten auf S. 333 im Schülerbuch). Weitere Formen sind das genuin literarische Hör-

spiel, die Klang- und Wortcollage (experimentelle Geräuschhörspiele), das Hördrama (für Radio oder Tonträger aufbereitetes Theaterstück), hörspielähnliche Werbespots, Hörspiele bestimmter Genres (Kriminal- oder Science-Fiction-Hörspiel) u. v. m. Eine normative Systematisierung von Hörspielen ist kaum möglich.

Aufgabe 3
S. 327

Diese Aufgabe kann in schriftlicher Form bearbeitet werden oder als Blitzlicht (jede Schülerin/jeder Schüler äußert kurz und ohne weiteren Kommentar ihre/seine Erfahrungen) in das Unterrichtsgespräch eingebunden werden. Auch eine Gruppenarbeit ist denkbar: Im Rahmen dieser werden die zuvor schriftlich festgehaltenen Erfahrungen verglichen und für eine abschließende Präsentation auf mögliche Schlussfolgerungen untersucht. Folgende Aspekte können hier von Interesse sein:
- Welche Art von Hörspielen wurden (werden) gehört?
- Wie wurde der Zugang zu diesen Hörspielen eröffnet?
- Was wurde (wird) an ihnen geschätzt?
- Welche Nebenbeschäftigungen begleiteten das Hören?
- Welchen Zweck verfolgte das Hören (Unterhaltung, Hörspiele zum besseren Einschlafen ...)?
- Welche Wirkung hatten die Hörspiele (Spannung, Gruseleffekte, träumen, fantasieren ...)?

Das Festhalten der Ergebnisse ermöglicht die spätere Aufnahme bei der Besprechung von Julia Stärks Text, die von den eigenen Hörspielerfahrungen in Kindertagen ausgeht (vgl. S. 334, Z. 1–9 im Schülerbuch).

Didaktische Aufbereitung der Unterkapitel

1. Was ein Hörspiel alles bewirken kann: das Beispiel „Krieg der Welten" (1938) nach H. G. Wells

Das Phänomen Hörspiel erschließt sich vornehmlich durch das Hören, das Lesen eines Hörspielmanuskripts kann dies nur unvollkommen ersetzen. Doch im Unterschied zu einer bloß theoretischen Einführung in die Gattung erlaubt der abgedruckte Hörspieltext eine zumindest erfahrungsnahe Rezeption, die die Schülerinnen und Schüler über ein konkretes Beispiel mit dieser Literaturform bekannt machen will. Vermutungen über den weiteren Inhalt und die hörspieltechnische Umsetzung des Textes können sich motivierend auf die Erarbeitung von zentralen Merkmalen der Gattung auswirken, da die Schülerinnen und Schüler bereits gedanklich den kreativen Prozess antizipieren sollen. Das Beispiel „Krieg der Welten" (1938) nach H. G. Wells bietet darüber hinaus Gelegenheit, das Manipulationspotenzial von Medien an einem historischen Fall einschätzen zu lernen.

Howard Koch: Krieg der Welten (S. 328–330)

Howard Kochs Adaption des berühmten Science-Fiction-Romans „The War of the Worlds" von H. G. Wells (1898) ist heute fast ebenso legendär wie seine gesellschaftskritische Vorlage. Die spektakuläre Hörspielproduktion des Mercury Theatres in New York machte den damals 23-jährigen Regisseur und Schauspieler Orson Welles (1915–1985) gleichsam über Nacht berühmt. Neben dem Hörspiel gibt es eine Verfilmung aus dem Jahre 1953 (Regie: Byron Haskin), deren visuelle Effekte als wegweisend für den modernen Science-Fiction-Film gelten. Das Remake „War of the Worlds" (Regie: Steven Spielberg) mit Tom Cruise in der Hauptrolle (2005) konnte dahingegen die Erwartungen nur bedingt erfüllen.

Der Hollywood-Erfolg „Independence Day" von Roland Emmerich (1996) baut auf Motiven von „The War of the Worlds" auf.

Die deutsche Übersetzung des Ausschnitts, der die erste Szene der Handlung nach täuschend echten Unterbrechungen einer Musiksendung durch Nachrichtenmeldungen darstellt, wurde bezeichnenderweise in einer medienkritischen Publikation der 1970er-Jahre („Kritik des Fernsehens. Handbuch gegen Manipulation", Darmstadt 1973) abgedruckt und stammt von B. Kirchhoff. Die gerne zitierten Berichte über eine Massenpanik in New York und New Jersey während und nach der Erstausstrahlung des Stücks am 30.10.1938 sind nicht unumstritten, allerdings ist die grundsätzliche manipulative Wirkung des Hörspiels nicht von der Hand zu weisen. Es existiert eine deutsche Fassung des Hörspiels (WDR 1977) von Klaus Schöning, die über die englische Originalaufnahme Übersetzungen durch bekannte Radionachrichtensprecher legt. Auch diese Radiosendung soll zu besorgten Reaktionen unter Zuhörern geführt haben.

Der Textauszug belegt die täuschend echte Fiktion einer Radio-Reportage, in deren Verlauf die Situation außer Kontrolle gerät. Während Wells' Roman die Invasion Großbritanniens durch Marsmenschen beschreibt, die nach erfolglosen militärischen Bemühungen nur durch Bakterien der Erde aufgehalten werden, verlegt Koch die Handlung nach New Jersey (USA): Der angebliche Meteoriteneinschlag bei einer Farm in New Jersey entpuppt sich als Beginn der Invasion von Marsmenschen, die sich ihren Weg gewaltsam und ohne Rücksicht auf die Erdbevölkerung bahnen. Hörspieltechnisch ist das Kippen der Situation vor allem an der Sprecherrolle des Reporters Phillips und der zunehmenden Bedeutung der Geräuscheffekte (die in Form von Regieanweisungen wiedergegeben werden) ablesbar. Die anschauliche und detaillierte Schilderung des Geschehens in Monolog und Dialog spiegelt sowohl die grundlegende Beschaffenheit einer Radiosendung als auch die spezifische Ausrichtung der Hörspielgattung auf allein durch Sprache und Geräusch hervorgerufene Imagination.

Aufgabe 1 S. 330	Es sollte deutlich werden, dass die stille Lektüre die Wirkung des Sprechtextes nur annähernd vermitteln kann, wenngleich Regieanweisungen (Z. 92 f., 104, 121 f., 131, 133 und 138) wesentliche Informationen zur Geräuschkulisse geben. Dennoch erlaubt auch der Dialogtext einen ersten Eindruck von dem dramatischen Geschehen, so z. B. die Unterbrechungen und unvollendeten Sätze (vgl. Z. 5, 25 f., 100 ff., 134 f.), der groteske Kontrast von Komik (Mr. Wilmuths unbeholfene Schilderung des angeblichen Meteoriteneinschlags; vgl. Z. 44–75) und Panik angesichts der sich überstürzenden Ereignisse mit dem immer hektischeren Augenzeugenbericht des Reporters, der mit dem Krachen des Mikrofons abrupt abbricht (vgl. Z. 83–138).
Aufgabe 2 S. 330	Diese Aufgabe führt hin zum Vortrag des Auszugs (vgl. Aufgabe 3, S. 330): Der Sprechtext simuliert täuschend echt eine Radio-Live-Reportage, wie sie auch heute noch in Informationssendungen des Radiorundfunks üblich ist. Durch den Dialog und die Geräusche erhalten die Zuhörer das Gefühl, ganz nah am realen Geschehen zu sein. Die im letzten Drittel immer stärker werdende Panik des Reporters muss sich daher zwangsläufig auch auf die Rezipienten des Hörspiels übertragen, da jedes Anzeichen einer Relativierung der Darstellung als Fiktion fehlt. Die Reaktionen auf die Erstausstrahlung des Stücks in den USA schildert Pleticha in seinem Text „Hörspiel" (vgl. S. 331 f., Z. 1–9 im Schülerbuch): Die Menschen alarmierten zu Tausenden die Polizei, sodass die Notrufleitungen zusammenbrachen. Viele ergriffen Hals über Kopf die Flucht, was zu Unfällen und einem Verkehrschaos geführt haben soll.

Aufgabe 3
S. 330

Hier liegt der Hauptaugenmerk auf dem Vortrag des Auszugs, der mit einigen Geräuschbeispielen ergänzt werden kann. Sollte eine gründlich vorbereitete Aufnahme der Hörspielszene gewünscht sein, sollte diese Aufgabe jedoch übersprungen werden, um zunächst das Unterkapitel „Wie ein Hörspiel entsteht – ein Blick hinter die Kulissen" zu erarbeiten, an dessen Ende die Möglichkeit besteht, das erworbene Wissen an der Hörspielfassung von „Krieg der Welten" zu erproben (vgl. Aufgabe 6 auf S. 336 im Schülerbuch). Zur Vorbereitung des Vortrags können in Gruppen die jeweiligen Sprechweisen der einzelnen Figuren (z. B. Sprechweise eines professionellen und souveränen Radioreporters, der Schritt für Schritt seine Fassung verliert und dessen Stimme sich schließlich geradezu überschlägt) erarbeitet und eingeübt werden. Die besten Sprecher aus diesen Gruppen können in einer weiteren Gruppenphase den Text gemeinsam proben, während sich die übrigen Schülerinnen und Schüler um die Geräusche beim Vortrag kümmern. Für erste Schritte im Geräuschemachen eignen sich folgende Passagen: Z. 92 f. („Geräusch eines großen Stücks fallenden Metalls"; die Regieanweisung ist hier gleichzeitig die Anleitung, wie man dieses Geräusch herstellen kann), Z. 104, 121 f. und 131 (die menschliche Stimme als Geräuschquelle). Bei Aufnahmen im Klassenraum sollten Halleffekte und die Stellung zum Aufnahmegerät (z. B. größere Entfernung vom Mikrofon bei hoher Lautstärke) bedacht werden.

Aufgabe 4
S. 330

Diese Übung eignet sich vor allem für Lerngruppen, die den Inhalt von Roman und Hörspiel noch nicht kennen und insbesondere die Spielberg-Verfilmung (2005) nicht gesehen haben. Erwünscht ist jedoch nicht die exakte Vorhersage des kommenden Geschehens, sondern die besondere Beachtung von textimmanenten Hinweisen, aus denen sich die zukünftige Handlung schlussfolgern lässt. Dies betrifft zum einen die Mimikry des Hörspiels als Radiosendung: Es darf davon ausgegangen werden, dass die Berichterstattung über die Furcht einflößenden Ereignisse auf der Farm weitergehen wird. Zum anderen macht der Auftakt bereits deutlich, dass die auf der Erde gelandeten Marsianer den Menschen nicht friedlich gesinnt sind und Todesgefahr von ihnen ausgeht, die apokalyptisches Ausmaß annehmen könnte. Beide Elemente sollten in den von den Schülerinnen und Schülern angefertigten Arbeiten enthalten sein und in der gegenseitigen Vorstellung von allen erkannt werden.

Aufgabe 5
S. 330

Über den Roman von H. G. Wells und die Hörspielfassung gibt es einige brauchbare deutsche Webseiten, die über Suchmaschinen oder Internetenzyklopädien angesteuert werden können. Der Vergleich der Schülerarbeiten mit dem Inhalt des gesamten Hörspiels wird zeigen, dass sich der Verlauf der Handlung aus dem Auftakt des Stücks organisch entwickelt, sodass von einer Vielzahl von Parallelen und Übereinstimmungen auszugehen ist.
Zum weiteren Inhalt des Hörspiels: Phillpps wird von den Waffen der Marsmenschen getroffen, die Übertragung bricht ab. Im Staat New Jersey wird der Ausnahmezustand ausgerufen, während man im Studio fortfährt, hektisch über das Geschehen zu berichten. Wiederum gibt es real wirkende Telefoninterviews mit Armee, Polizei und Politikern, zwischendurch werden immer wieder aktuelle Meldungen verlesen. Zunächst spricht man von 40 Toten. Als es der Armee auch mit Kampfflugzeugen nicht gelingt, die Außerirdischen aufzuhalten, rücken die unheimlichen Eindringlinge weiter in Richtung New York vor. Zur gleichen Zeit geht vom Mars eine riesige Gaswolke auf die Erde nieder, die Tausenden Menschen das Leben kostet. Schließlich erreichen die Marsmenschen das Zentrum New Yorks, als letzter Zeuge berichtet ein Reporter vom Dach des Funkhauses vom massenhaften Sterben in der Stadt. An dieser Stelle bricht das Hörspiel ab, ausdrücklich betont ein Studiosprecher, dass es sich bei der Sendung um die Hörspielfassung des Romans „Krieg der Welten" von H. G. Wells handelt.

Im Anschluss an den Vergleich empfiehlt es sich, noch einmal die historische Wirkung des Hörspiels zu erörtern, die vor dem Hintergrund des Gesamtinhalts noch plausibler wird. Auch eine Parallele zu den Terroranschlägen vom 11.09.2001 könnte von Schülerinnen und Schülern gezogen werden.

Aufgabe 6
S. 330

Die englische Originalfassung des Hörspiels ist in Deutschland auf CD erhältlich (der Hörverlag 2014) oder in Internetarchiven verfügbar. Es handelt sich hier um die alte Audio-Aufnahme in nur mäßiger Qualität. Abgesehen von den ein wenig antiquierten Soundeffekten ist die Simulation einer Radiosendung recht authentisch. Die Reporterstimme zeigt die erwartete Veränderung vom sachlich berichtenden Ton hin zur panischen Steigerung in sich überschlagender Syntax. Der nur schwer verständliche englische Originalton ermöglicht das genaue Hinhören auf die Geräusche und die Stimmmodulation.

Aufgabe 7
S. 330

Folgende Stellen zeigen, dass es sich bei dem Text um das Manuskript eines Hörspiels handelt und nicht um die Textfassung eines Theaterstücks:

Zeilen	Hinweise dafür, dass es sich um ein Hörspiel handelt
2 f.	Ort der Handlung wird von Figur benannt
5–10	Reporter weiß nicht, wie er den Ort beschreiben soll
12–23	sehr genaue Beschreibung des angeblichen Meteors
28–32	Erwähnung der neugierigen Zuschauer, die dem Reporter die Sicht nehmen
35 f.	Einführung von Mr. Wilmuth
78–82	sehr genaue Beschreibung des „Dings", das sich zu bewegen beginnt
83–95	„Stimmen" kommentieren, was sie sehen
92 f.	Regieanweisung beschreibt Geräusch
96–103	sehr genaue Beschreibung der weiteren Vorgänge
104	Regieanweisung beschreibt „Schreckensrufe"
105–120	sehr genaue und anschauliche (Adjektive, Vergleiche) Beschreibung eines „Monsters"
121 f.	Regieanweisung beschreibt Zisch- und Summgeräusch
123–137	Fortsetzung der Beschreibung der „bucklige[n] Gestalt", unterbrochen von Regieanweisungen, zunehmend unzusammenhängender Sätze

Resümee: Als verkleidete Radio-Reportage wird in diesem Hörspiel all das, was man bei einer Theateraufführung sehen könnte, durch Worte und Geräusche „sichtbar" gemacht, d. h. umgekehrt, dass durch die Zunahme zusammenhangsloser Äußerungen des Reporters auch der Zuhörer nur noch bruchstückhaft erfährt, was wirklich geschieht (Spannungsmoment). Auf die Bedeutung von Geräusch, Wort und Klang für das Hörspiel weist auch Pleticha im folgenden Text hin.

Heinrich Pleticha: Hörspiel (S. 331–332)

Es handelt sich hier um einen Auszug aus dem von Pleticha herausgegebenen „dtv junior Literatur-Lexikon" ([16]2004, [1]1986). Der Aufgabe eines Schülerlexikons gemäß wird die Geschichte des Hörspiels in verständlicher und systematisch klarer Weise beschrieben. Der Rekurs auf die Ereignisse während der Erstausstrahlung von „War of the Worlds" (1938), die der Autor als Aufhänger verwendet, eignet sich als Bindeglied zwischen dem historischen Beispiel und der fachwissenschaftlich fundierten Gattungsgeschichte. Der Text erlaubt außerdem eine erste Differenzierung der Form in die Zweige „Unterhaltungsmedium" und „ernste Literaturform", zu der das Radiohörspiel angesichts der starken Konkurrenz des Fernsehens immer mehr wurde. Von hier aus erhalten auch die detailliert aufgeführten technischen Weiterentwicklungen ihre besondere Bedeutung, da sie zugleich auf diesem Feld versierten Schülerinnen und Schülern ein interessantes Betätigungsfeld eröffnen können (vgl. dazu die folgenden Unterkapitel). Das völlige Verschweigen der immensen Masse von Kinderhörspielen kann zur Diskussion der Bewertung von einzelnen Hörspielformen führen.

Aufgabe 1 S. 332

Eine mögliche Gliederung des Sachtextes, die an der Tafel festgehalten werden kann, ist die folgende:

Zeilen	Überschrift für den Abschnitt
1–19	Die Wirkkraft eines Hörspiels in den ersten Jahrzehnten der Gattungsgeschichte am Beispiel von „Krieg der Welten" (1938)
20–32	In der Anfangszeit des Rundfunks nur beschränkt geeignete Hörspielfassungen dramatischer Werke
32–47	Entwicklung des Hörspiels im eigentlichen Sinne als bedeutende Geräusch- und Wortkunstform
48–56	Erfolg des klassischen Hörspiels nach dem Zweiten Weltkrieg als Unterhaltungsmedium
56–60	Durch Aufkommen des Fernsehens Entwicklung anspruchsvollerer Hörspielformen
60–88	Auswirkungen technischer Errungenschaften auf die Produktion von experimentellen Hörspielen
89–95	Bleibende Bedeutung des Hörspiels als faszinierende und fantasiefördernde Aussageform

TAFELBILD

Aufgabe 2 S. 332

Es ist ungeklärt, ob Welles und seine Mitarbeiter bewusst eine Manipulation der Zuhörer beabsichtigten. Offensichtlich ist jedoch die manipulative Wirkung des Stücks, die aus heutiger Sicht vielleicht lächerlich, aber bei genauerem Hinsehen durchaus selbstverständlich erscheint. Aktuelle Beispiele für Manipulation durch Medien (vor allem visueller Art) gibt es genug, z. B. die Macht der Bilder im Rahmen der Kriegsberichterstattung, die Möglichkeiten der Veränderung von Bildmedien durch digitale Werkzeuge, die Bewusstseinslenkung durch Werbung oder die stillenkende Funktion von Daily Soaps. Dass Medien wesentlich mithelfen, ‚Wirklichkeit' zu konstruieren, ist inzwischen selbst von Film und Fernsehen thematisiert worden (vgl. z. B. den Film „Die Truman Show" von 1998).

Aufgabe 3 S. 333

Die Aufgabe bezieht sich auf die Zeilen 20–47 des Textes. Eine Systematisierung der Ergebnisse kann in dieser Weise an der Tafel erfolgen:

Theaterstück vs. Hörspiel – ein Vergleich

Theaterstück		Hörspiel
Zuschauer, Leser	← Adressaten →	Zuhörer
Worte, Bühnenbild, (Regieanweisungen), Gestik und Mimik der Schauspieler u. a.	← vermittelt durch →	Worte (Stimmen der Sprecher), Geräusche → besondere Bedeutung des Sprechtextes
alle Sinne, besonders aber Seh- und Hörsinn	← angesprochene Sinne →	Hörsinn muss alle übrigen Sinne, besonders den Sehsinn, ersetzen
begrenzte Möglichkeiten bei der Theateraufführung	← Stellenwert der Technik →	Geräusch- und Klangeffekte, Aufnahmetechnik → Vervielfachung der Ausdrucksmöglichkeiten

Wenn in der Lernerfolgsüberprüfung die Transformation von einem diskontinuierlichen Text in einen ausformulierten Sachtext im Mittelpunkt stehen soll (vgl. **Arbeitsblatt 5, S. 506**), kann das Ergebnis auch in Form von zwei Mindmaps visualisiert werden.

Die besondere Bedeutung des Sprechtextes und der Geräusche im Hörspiel kann an sämtlichen unter Aufgabe 7 (S. 330 im Schülerbuch) aufgeführten Belegstellen nachgewiesen werden.

Aufgabe 4 S. 333

Die aktuellen technischen Neuerungen (digitale Aufnahme- und Bearbeitungsverfahren mit dem PC, die drastische Reduktion des Speichervolumens von Audiodateien, die einfache Transformation von diesen Dateien, die für Geübte relativ unproblematische Herstellung von CDs oder DVDs oder Audiodateien z. B. auf dem Smartphone) machten es möglich, dass Hörspiele auch mit relativ bescheidener Ausrüstung ansprechend produziert werden können, z. B. in der Schule. Für die professionellen Hörspielmacher hingegen bedeutet diese Entwicklung ein erhöhtes Maß an Experimentiermöglichkeiten.

2. Wie ein Hörspiel entsteht – ein Blick hinter die Kulissen (S. 334–336)

Der Faszination, als Zeuge in einem (Radio-)Studio der Produktion eines Hörspiels beizuwohnen, wird sich kaum ein Jugendlicher entziehen können. Der Text, der in diesem Unterkapitel im Zentrum steht, wurde ausgewählt, weil er sich gerade diese Perspektive zu eigen macht und die Schülerinnen und Schüler auf eigenes kreatives Tun (vgl. das folgende Unterkapitel) vorzubereiten vermag. Gleichzeitig wird die Arbeit mit einem Sachtext geübt, dessen Informationen auf unterschiedliche Art und Weise extrahiert werden können. Zur Kontrolle der Lernleistung können die Schülerinnen und Schüler in Partnerarbeit auch zur Rückübersetzung ihrer tabellarisch oder anders festgehaltenen Ergebnisse angehalten werden, die ähnlich der Kugellagerübung wiederum von Dritten auf ihre Aussagekraft überprüft werden können.

Julia Stärk: Kopfkino (S. 334–335)

Die Diplom-Sprecherin und Sprecherzieherin Julia Stärk hat diesen Erfahrungsbericht 2004 verfasst und auf der Internetplattform MediaCulture-Online veröffentlicht. Der Text entstand im Rahmen eines Seminars für Kreatives Schreiben an der Staatlichen Hochschule für Musik und Darstellende Kunst in Stuttgart, für das die damalige Studentin Stärk das Hörspiel „Das Gurkenfass" verfasste und gemeinsam mit Kommilitonen aufnahm.

Anders als das etwas bemüht pädagogische Hörspiel selbst ist Stärks Erfahrungsbericht aus zwei Gründen für die Verwendung im Deutschunterricht geeignet: Er geht zum einen von der persönlichen Vorliebe der Autorin für diese Gattung aus (vgl. Z. 1–11), in der sich die Schülerinnen und Schüler u. U. wiederfinden können, und entfaltet recht lebendig und anschaulich den Arbeitsprozess der Hörspielproduktion von der ersten Idee bis zur Aufnahme von Sprechtexten und Geräuschen (vgl. Z. 21–94). Zum anderen enthält der Text wichtige Hinweise zur Bedeutung der Teamarbeit und des Feedbacks (vgl. Z. 37–68), die zum Nutzen kooperativer Lernformen im Deutschunterricht aufgenommen werden können.

Alternativ oder zum Vergleich bietet **Arbeitsblatt 1, S. 496 f.**, einen kürzeren Sachtext zur Einführung in die Hörspielproduktion.

Aufgabe 1
S. 335

Viele Schülerinnen und Schüler werden vor allem in Kindergarten- und Grundschulzeit intensive Hörspielerfahrungen gesammelt haben, über die sie mithilfe der Aufgabe 1 ins Gespräch kommen sollen. Vielleicht ist die Vorliebe sogar bis heute erhalten geblieben, sodass auch aktuelle Hörerlebnisse in das Gespräch einfließen können. Stärks anschauliche Schilderungen des „Kopfkinos", das Hörspiele bei ihr ausgelöst haben (vgl. Z. 3–9), bieten dabei einmal mehr Gelegenheit, sowohl die besonderen Merkmale der Gattung (Wort und Geräusch als Assoziationswerkzeuge) als auch ihre Auswirkungen auf die menschliche Fantasie zu thematisieren.

Aufgabe 2
S. 335

Folgende Aufgabenbereiche und technische Mittel (in chronologischer Folge der Produktion) stellt der Text vor (Punkt 6 ergibt sich aus dem Text heraus):

	Aufgabenbereich	benötigte technische Ausstattung
1	Verfassen des Hörspielmanuskripts (vgl. Z. 13 f.)	–
2	Auswahl geeigneter Sprecher (vgl. Z. 23–26)	–
3	Organisation (Termine, Räumlichkeiten etc.) (vgl. Z. 26–31)	–
4	Sprechaufnahmen unter Regieanleitung (vgl. 31–81)	Aufnahmegeräte, Studioausrüstung: Computer, Mikrofone
5	Geräuschaufnahmen (vgl. Z. 81–94)	CDs, Haushaltsgegenstände, Mikrofone, Aufnahmegeräte
6	Abschlussbearbeitung: Verknüpfung von Sprechtext und Geräuschen	Computer

Aufgabe 3
S. 335

Diese Aufgabe zielt sowohl auf die Sicherung des Inhaltsverständnisses eines wichtigen Textabschnittes (vgl. Z. 37–68) als auch auf die Vorbereitung kooperativer Arbeitsformen im dritten Unterkapitel. Die Richtlinien für erfolgreiche Teamarbeit und konstruktives Feedback lassen sich direkt dem Text entnehmen oder davon ableiten:
– Gruppenleiter bestimmen
– Aufgaben mit klarer Aufgabenstellung verteilen
– Rückmeldung geben, was verbessert werden kann und was gelungen ist
– eigene Vorstellungen und Wünsche anschaulich und verständlich vermitteln
– offen sein für Vorschläge anderer
– Kritik aushalten können
– gutes Arbeitsklima schaffen

Wichtig ist das abschließende Resümee der Autorin: „Wir haben uns durch unsere individuellen Fähigkeiten im Team wunderbar ergänzt und sind durch die gemeinsame Arbeit richtig zusammengewachsen." (Z. 100–104)

Aufgabe 4
S. 336

Im Text werden zwei Möglichkeiten genannt, Geräusche für ein Hörspiel zu gewinnen: das Selbstherstellen mit einfachen Mitteln (vgl. Z. 81–92) oder der Rückgriff auf eine CD mit Geräuschbeispielen (vgl. Z. 92–94).

| Aufgabe 5 S. 336 | Die Schülerinnen und Schüler können die Ergebnisse ihrer Überlegungen ausprobieren und dann in ähnlicher Form wie im Werkzeugkasten auf S. 336 festhalten, z. B.: |

...	...
Regen	– Knete eine volle Bonbontüte. – Knistere mit Zellophan. – Lasse getrocknete Erbsen auf einem Sieb herumrollen.
...	...

Bei Bedarf und Möglichkeit kann zur Wiederholung oder Vertiefung das Unterkapitel „Eine Welt ohne Geräusche? – Von Hörenden und Nichthörenden" der Film-Einheit „Wenn ihr nicht hören könntet ... – Der Spielfilm ‚Jenseits der Stille' als Fenster zu einer fremden Welt" aus „P.A.U.L. D. 7" (s. dort S. 332–333) hinzugezogen werden.

| Aufgabe 6 S. 336 | Hier können die Schülerinnen und Schüler das neu erworbene Wissen praktisch anwenden und ihre ersten Versuche, den Hörspieltext umzusetzen (vgl. Aufgabe 3, S. 330), vertiefen. |

3. Eine Ballade in ein Hörspiel verwandeln: „Die Bürgschaft" von Friedrich Schiller (S. 337–339)

In Ergänzung der theoretischen Beschäftigung mit der Gattung stellt die kreative Aneignung dieser Literaturform eine sehr gute Möglichkeit für Schülerinnen und Schüler dar, die vielfältigen Anforderungen und Besonderheiten des Hörspiels zu begreifen. Der Rückgriff auf Schillers Ballade ist mit dem hohen Dialog- und Spannungsanteil dieses Gedichts begründet. Außerdem lassen sich so vertiefend verschiedene Bereiche des Deutschunterrichts mithilfe von „P.A.U.L. D." miteinander verschränken. Der hohe, aber bei entsprechender schulischer Ausstattung durchaus zu bewältigende Aufwand wird gerechtfertigt durch die Motivation, die dieses Projekt bei den Schülerinnen und Schülern hervorrufen wird, und durch die damit ebenfalls intendierte Förderung kooperativen Lernens.

Als Alternativen bieten sich die Umarbeitung der Ballade „Die Füße im Feuer" von C. F. Meyer oder (bei geringerem Zeitbudget) die Option für einen der im Schülerbuch auf S. 339 vorgestellten Projektvorschläge an.

| Aufgabe 1 S. 337 | Didaktische Hinweise zu diesen Aufgaben finden sich in diesem Lehrerhandbuch im Kapitel „‚Wer wagt es ...' – Schillers Balladen", S. 261 ff. |

| Aufgabe 2 S. 337 | Erste Anhaltspunkte, wie die Ballade bearbeitet werden könnte, enthält das Bild auf Seite 338, das vier diskutierende Schüler zeigt. Folgende Hinweise können außerdem hilfreich sein:
– Szenen- und Ortswechsel sollten deckungsgleich sein, die einzelnen Stationen auf dem Weg nach Syrakus konstituieren ebenfalls Szenen
– Sprechrollen: Damon, Dionys, Polizisten („Häscher"), Damons Freund, Räuber, zwei Wanderer, Philostratus, Menschenmenge, Bote, u. U. Schwester Damons und ihr zukünftiger Mann sowie Erzähler (Funktionen: zeitraffende Übergänge, Beschreibung stummer/geräuschloser Geschehnisse) |

- Sprechweise der Personen: die Figuren sollten modernes gehobenes Deutsch sprechen (nur partielle Übernahme des Balladentextes); Charakter und Sprechweise sollten aufeinander abgestimmt sein
- Zusätzliche Inhalte: u. U. Vorgeschichte, Trauung der Schwester Damons
- Geräusche: Schritte, Kampfgeräusche (Überwältigung Damons, Überfall der Räuber), Regen, Wasserfluten, einstürzende Brücke, Sprudeln einer Quelle, lärmende Menschenmenge, Vorbereitungen der Kreuzigung etc.
- (Instrumental-)Musik als Mittel zur Überbrückung von Szenen oder zur Herstellung einer bestimmten Atmosphäre

Aufgabe 3
S. 338

Für die Ergebnissicherung kann die Kopiervorlage für das Hörspielmanuskript auf **Arbeitsblatt 4, S. 505,** verwendet werden. Bei der arbeitsteiligen Erstellung sollte eine Gruppe die Gesamtredaktion der einzelnen Szenen koordinieren.

Aufgabe 4
S. 338

Die Richtlinien für gute Teamarbeit und konstruktives Feedback (vgl. Aufgabe 3, S. 335) sollten spätestens hier umgesetzt werden, um ein entspanntes und produktives Arbeiten zu ermöglichen.

Arbeitsblatt 1

Die Produktion eines Hörspiels

Folgende Schritte sind bei der Planung einer Hörspiel-Produktion zu berücksichtigen:

1. Auswahl des Drehbuchs/Manuskripts

Entweder eine Geschichte wird von den Schülern selbst erfunden und in ein Manuskript überführt oder ein bestehendes Manuskript wird verwendet. Die Aufgabe des Hörspielautors ist es, aus einer Romanvorlage ein Manuskript zu entwickeln. Dies ist nicht einfach, daher sollte man sich für die Schulpraxis mit kleinen Geschichten zunächst begnügen. Einfache Handlungsstränge und nicht zu viele Sinnebenen sowie Zeit- und Raumwechsel sind zu bevorzugen.

2. Lektorat

Der Lektor prüft die Manuskripte nach ihrer Verwendbarkeit für eine Hörspiel-Produktion. Ist die Story wirklich spannend, lohnt sich also der Aufwand, ist die Geschichte als Hörspiel umsetzbar?

3. Dramaturgie

Der Dramaturg feilt gemeinsam mit dem Autor an dem Manuskript, um so Spannungsbögen evtl. zu intensivieren und das Drehbuch produktionsgerecht zu verändern. Die Dramaturgie trägt zudem die Verantwortung für das Gesamtprogramm der entsprechenden Hörspielabteilung und setzt die Schwerpunkte in der Programmarbeit.

4. Regiearbeit

Die Regiearbeit besteht darin, das Manuskript zu interpretieren und die Regieanweisungen nach eigenen Vorstellungen umzusetzen, gegebenenfalls in enger Absprache mit dem Autor. Charaktere eines Stücks können unterschiedliche akustische Insignien bekommen. Sie nehmen z. B. immer einen bestimmten akustischen Raum ein, indem sie einem spezifischen Ortungspunkt im Stereobild zugeordnet sind. Oder sie werden verfremdet oder anderweitig klanglich bearbeitet (Equalizer, Kompressor, Hall- oder Echobearbeitung). Figuren und deren Handlungen sind mitunter an bestimmte andere typisierende oder hinweisende Schallereignisse gekoppelt (Geräusche, Musik, Tierstimmen, Klänge). Darüber hinaus entscheidet sich die Regie, wie Räumlichkeit im Hörspiel erzeugt werden soll, mit Effektgeräten oder durch den Kontext.

Dies alles kann der Regisseur in die Planung einbringen. Die verschiedenen Rollen müssen auf die Sprecherinnen und Sprecher verteilt werden. Der Regisseur sollte die Fähigkeiten und Möglichkeiten der Schauspieler gut einschätzen können. Das Manuskript sollte im Detail verstanden sein, sodass Handlungsstränge, Spannungen und Betonungen sinngemäß richtig umgesetzt werden. Welche Technik (Effekte, Mikrofonierung) eingesetzt wird, spricht der Regisseur mit dem Toningenieur ab.

5. Regieassistenz

Alle Zulieferarbeiten wie Zeitplanung, Beschaffung von Geräuschen, O-Tönen, Musik und Requisiten für die Spielhandlung (Telefonapparat, Schreibmaschine und dergleichen benötigte Geräusche-Quellen) erledigt die Regieassistenz. Sie ist sozusagen die rechte Hand des Regisseurs, schreibt Regieanweisungen, die den späteren Schnitt und Mischung betreffen, mit und sorgt im Allgemeinen für einen reibungslosen Ablauf der Produktion. Nach der Produktion wird das Band beschriftet und sendefertig gemacht.

6. Toningenieur

Die Mikrofonierung, die Arbeit am Mischpult erledigt der Toningenieur. Er steuert das Lautstärkeverhältnis der einzelnen Mikrofone und Zuspieler, setzt Effekte ein und macht die Endmischung.

7. Tontechniker

Der Tontechniker ist für die Überwachung der Aufnahme- und Zuspielgeräte verantwortlich. Er bedient direkt die Maschinen, ist also so etwas wie der verlängerte Arm des Toningenieurs.

Ist die Aufnahme fertig, dann schneidet er nach den Anweisungen des Toningenieurs und des Regisseurs in Zusammenarbeit mit der Regieassistenz das Band oder die Bänder oder das digital vorgefertigte Material. Die verschiedenen Aufgaben innerhalb einer Hörspiel-Produktion lassen sich auf verschiedene Schüler oder Schüler-Gruppen verteilen.

Die Auswahl der Vorlage oder des Manuskripts sowie die dramaturgische Arbeit am Manuskript lassen sich gut in der Gemeinschaft realisieren. Für die Regiearbeit bei der Aufnahme, also Regisseur und Regieassistenz sowie Toningenieur und

Tontechniker im Hörspiel-Studio des SWR

Tontechniker, sind wenige Personen sinnvoller, da lassen sich besser einzelne Schüler oder kleine Gruppen einsetzen.

(Landesmedienzentrum Baden-Württemberg (LMZ), www.lmz-bw.de/produktion-hoerspiel.html; 20.05.2016)

1 Lest den Text, der einer Internet-Einführung in die Gattung des Hörspiels für Schülerinnen und Schüler entnommen wurde. Fasst seinen Inhalt in Form einer Mindmap o. Ä. zusammen.

2 Vergleicht eure Ergebnisse und versucht gemeinsam, unbekannte Begriffe zu klären und eure Mindmaps zu verbessern.

3 Welche Hinweise aus der Einführung könnt ihr für eine eigene Hörspielproduktion nutzen, welche eher nicht?

Die Produktion eines Hörspiels

Aufgabe 1

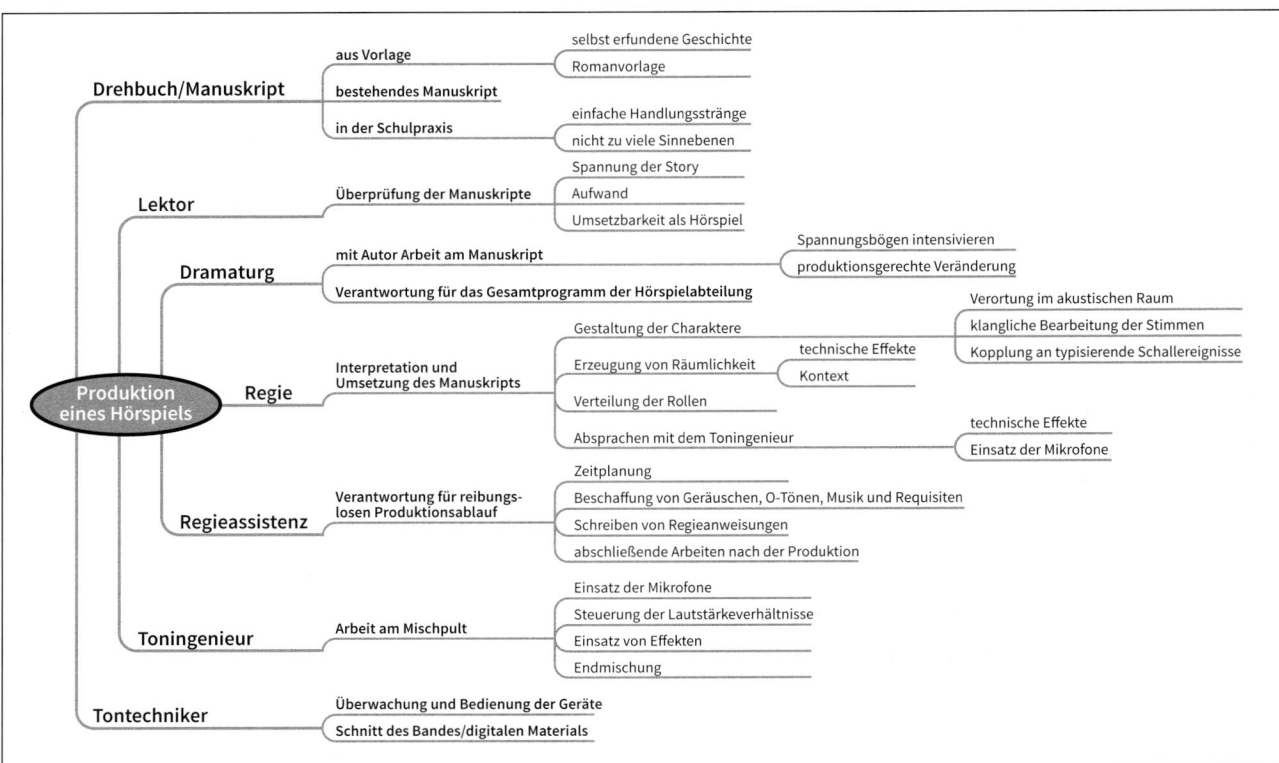

Aufgabe 2

Ebenfalls denkbar ist der Abgleich mit der Musterlösung, auch unter der Fragestellung, ob die Schülerinnen und Schüler zu besseren Lösungen gelangt sind.
Unbekannte oder ungewöhnliche Begriffe für die Schülerinnen und Schüler sind u. U. „Sinnebenen" (Z. 10, hier: unterschiedliche Möglichkeiten, Äußerungen zu verstehen) und „Mikrofonierung" (Z. 52 und 66: Einsatz der Mikrofone). Darüber hinaus können technische Fachbegriffe (vgl. z. B. Z. 35 f.: „Equalizer, Kompressor, Hall- oder Echobearbeitung") mithilfe eines Fremdwörterlexikons bzw. durch Erklärungen technikaffiner Mitschülerinnen und Mitschüler erläutert werden.

Aufgabe 3

Obwohl der Text für Schülerinnen und Schüler geschrieben worden ist, eignet er sich nur bedingt als Hilfe für die eigene Hörspielproduktion, auch weil er fast gänzlich auf anschauliche Beispiele verzichtet. Die detaillierten Angaben machen deutlich, dass die Arbeit in einem professionellen Hörspielstudio nicht eins zu eins kopiert werden kann. Das liegt zum einen an dem fehlenden Fachwissen der Beteiligten und zum anderen an der technischen Ausstattung. Die versprengten Hinweise im Text, dass im schulischen Rahmen mit einfacheren Mitteln gearbeitet werden muss (vgl. Z. 7–11 und 79–91), sollten daher beherzigt und im Klassengespräch weiter diskutiert werden.

Arbeitsblatt 2

Eine Ballade in ein Hörspiel verwandeln (1) – Textarbeit

Im Hintergrund der folgenden Ballade „Die Füße im Feuer" von Conrad Ferdinand Meyer steht die Verfolgung der Hugenotten (so wurden die calvinistischen Protestanten in Frankreich genannt). Diese wurden besonders unter Ludwig XIV. wegen ihrer religiösen Überzeugungen unterdrückt. Den Höhepunkt der Verfolgungen bildet die sogenannte Bartholomäusnacht (23./24. August 1572), in der etwa 30 000 Hugenotten ermordet wurden. Viele flohen daraufhin in das Ausland, u. a. auch nach Holland und Deutschland.

Conrad Ferdinand Meyer (1825 – 1898)
Die Füße im Feuer

Wild zuckt der Blitz. In fahlem Lichte steht ein Turm.
Der Donner rollt. Ein Reiter kämpft mit seinem Ross,
Springt ab und pocht ans Tor und lärmt. Sein Mantel saust
Im Wind. Er hält den scheuen Fuchs[1] am Zügel fest.
5 Ein schmales Gitterfenster schimmert goldenhell
Und knarrend öffnet jetzt das Tor ein Edelmann ...

– „Ich bin ein Knecht des Königs, als Kurier geschickt
Nach Nimes. Herbergt mich! Ihr kennt des Königs Rock!"
– „Es stürmt. Mein Gast bist du. Dein Kleid, was kümmert's mich?
10 Tritt ein und wärme dich! Ich sorge für dein Tier!"
Der Reiter tritt in einen dunkeln Ahnensaal,

Verfolgung der Hugenotten in Frankreich 1621 (Kupferstich)

---
[1] **Fuchs:** Pferd mit bräunlichem, rötlichem oder gelbem Fell

© Schöningh Verlag

499

Von eines weiten Herdes Feuer schwach erhellt,
Und je nach seines Flackerns launenhaftem Licht
Droht hier ein Hugenott im Harnisch[1], dort ein Weib,
15 Ein stolzes Edelweib aus braunem Ahnenbild ...
Der Reiter wirft sich in den Sessel vor dem Herd
Und starrt in den lebendgen Brand. Er brütet, gafft ...
Leis sträubt sich ihm das Haar. Er kennt den Herd, den Saal ...
Die Flamme zischt. Zwei Füße zucken in der Glut.

20 Den Abendtisch bestellt die greise Schaffnerin[2]
Mit Linnen blendend weiß. Das Edelmägdlein hilft.
Ein Knabe trug den Krug mit Wein. Der Kinder Blick
Hangt schreckensstarr am Gast und hangt am Herd entsetzt ...
Die Flamme zischt. Zwei Füße zucken in der Glut.

25 –„Verdammt! Dasselbe Wappen! Dieser selbe Saal!
Drei Jahre sind's ... Auf einer Hugenottenjagd
Ein fein, halsstarrig Weib ... ‚Wo steckt der Junker? Sprich!'
Sie schweigt. ‚Bekenn!' Sie schweigt. ‚Gib ihn heraus!' Sie schweigt.
Ich werde wild. *Der* Stolz! Ich zerre das Geschöpf ...
30 Die nackten Füße pack ich ihr und strecke sie
Tief mitten in die Glut ... ‚Gib ihn heraus!' ... Sie schweigt ...
Sie windet sich ... Sahst du das Wappen nicht am Tor?
Wer hieß dich hier zu Gaste gehen, dummer Narr?
Hat er nur einen Tropfen Bluts, erwürgt er dich."
35 Eintritt der Edelmann. „Du träumst! Zu Tische, Gast ..."

Da sitzen sie. Die drei in ihrer schwarzen Tracht
Und er. Doch keins der Kinder spricht das Tischgebet.
Ihn starren sie mit aufgerissnen Augen an –
Den Becher füllt und übergießt er, stürzt den Trunk,
40 Springt auf: „Herr, gebet jetzt mir meine Lagerstatt!
Müd bin ich wie ein Hund!" Ein Diener leuchtet ihm,
Doch auf der Schwelle wirft er einen Blick zurück
Und sieht den Knaben flüstern in des Vaters Ohr ...
Dem Diener folgt er taumelnd in das Turmgemach.

45 Fest riegelt er die Tür. Er prüft Pistol und Schwert.
Gell pfeift der Sturm. Die Diele bebt. Die Decke stöhnt.
Die Treppe kracht ... Dröhnt hier ein Tritt? ... Schleicht dort ein Schritt? ...
Ihn täuscht das Ohr. Vorüberwandelt Mitternacht.
Auf seinen Lidern lastet Blei, und schlummernd sinkt
50 Er auf das Lager. Draußen plätschert Regenflut.

---

[1] **Harnisch:** Rüstung
[2] **Schaffnerin:** Bedienstete

Er träumt. „Gesteh!" Sie schweigt. „Gib ihn heraus!" Sie schweigt.
Er zerrt das Weib. Zwei Füße zucken in der Glut.
Aufsprüht und zischt ein Feuermeer, das ihn verschlingt ...
– „Erwach! Du solltest längst von hinnen sein! Es tagt!"
55 Durch die Tapetentür[4] in das Gemach gelangt,
Vor seinem Lager steht des Schlosses Herr – ergraut,
Dem gestern dunkelbraun sich noch gekraust das Haar.

Sie reiten durch den Wald. Kein Lüftchen regt sich heut.
Zersplittert liegen Ästetrümmer quer im Pfad.
60 Die frühsten Völein zwitschern, halb im Traume noch.
Friedsel'ge Wolken schwimmen durch die klare Luft,
Als kehrten Engel heim von einer nächt'gen Wacht.
Die dunkeln Schollen atmen kräft'gen Erdgeruch.
Die Ebne öffnet sich. Im Felde geht ein Pflug.
65 Der Reiter lauert aus den Augenwinkeln: „Herr,
Ihr seid ein kluger Mann und voll Besonnenheit
Und wisst, dass ich dem größten König eigen bin.
Lebt wohl. Auf Nimmerwiedersehn!" Der andre spricht:
„Du sagst's! Dem größten König eigen! Heute ward
70 Sein Dienst mir schwer... Gemordet hast du teuflisch mir
Mein Weib! Und lebst! ... Mein ist die Rache, redet Gott."[5]

(Aus: Conrad Ferdinand Meyer: Die Füße im Feuer; in: Ders.: Sämtliche Werke. Historisch-kritische Ausgabe. Besorgt von Hans Zeller und Alfred Zäch, Bd. 1: Gedichte, Benteli Verlag, Bern 1963, S. 382 f.; orthografisch modernisiert)

1 Lest den Text. Gebt in Form eines Blitzlichts wieder, wie die Ballade auf euch wirkt.

2 Fasst den Inhalt abschnittweise zusammen.

3 Die Ballade erzählt die Geschichte aus der Sicht des Reiters. In ihr sind Rückblenden (Erinnerung an vergangenes Geschehen) und Gedanken des Reiters eingestreut. Entwerft gemeinsam eine Grafik, die den Aufbau der Ballade verdeutlicht.

4 Was haben die in der Ballade beschriebenen Ereignisse mit der oben skizzierten Hugenottenverfolgung zu tun?

5 Klärt mithilfe der Anmerkungen zur Ballade, wer mit „Dem größten König" (V. 69) gemeint ist.

6 Wie beurteilt ihr das Verhalten des Edelmannes?

---

[4] eine hinter Tapete verborgene Tür
[5] „Mein ist die Rache" (5. Mose 32,35 in der Übersetzung Martin Luthers)

Eine Ballade in ein Hörspiel verwandeln (1) – Textarbeit

Aufgabe 1

Freie Aufgabe

Aufgaben 2 und 3

Aufbau der Ballade

Gegenwartshandlung

V. 1–16: Ein Reiter findet bei einem Sturm Unterschlupf in einem Schloss. — V. 20–23: Am Abendtisch I — V. 35–50: Am Abendtisch II, Angst des Reiters in der Nacht — V. 54–71: Übereilter Aufbruch am Morgen; der Verzicht des Edelmanns auf Rache

V. 18–19: Wiedererkennen des Schlosses und Andeutung der Folterszene — V. 24–34: Erinnerung an die Folter der Ehefrau eines Hugenotten (des Edelmanns) — V. 51–53: Albtraum über die Geschehnisse im Schloss während der Hugenottenverfolgung

Rückblenden/Gedanken

Aufgabe 4

Die furchtbaren Ereignisse, an die in den Rückblenden erinnert wird, stellen ein Einzelschicksal der religiösen Verfolgung in der damaligen Zeit dar: Die Frau des hugenottischen Gastgebers ist durch die grausame Folter, bei der sie den Aufenthaltsort ihres Mannes verraten sollte, ums Leben gekommen (vgl. V. 26–32 und V. 70 f.). Drei Jahre später (vgl. V. 26) gewähren der Witwer und seine zwei Kinder dem ehemaligen Peiniger während eines Gewitters Unterschlupf. Der Edelmann lässt ihn am nächsten Morgen ungeschoren ziehen, ohne den Tod seiner Frau zu rächen.

Aufgabe 5

Als „größten König" (V. 67) bezeichnet der Gast den König von Frankreich, in dessen Dienst er als Kurier steht (vgl. V. 7 f.). Mit dem Hinweis möchte er seinen Gastgeber einschüchtern, weil er fürchtet, nun selbst ermordet zu werden (vgl. V. 34: „Hat er nur einen Tropfen Bluts, erwürgt er dich."). Für den frommen Edelmann allerdings verweist die Formulierung auf Gott, als dessen Diener er sich begreift. Die Bibel verbietet ihm, Mord mit Mord zu vergelten, da Gott sich die „Rache" im Jüngsten Gericht vorbehalte (vgl. 5. Mose 32,35).

Aufgabe 6

Die Beurteilung des Verhaltens sollte auf gut durchdachten, ausgewogenen Argumenten beruhen, besonders wenn die Haltung des Edelmannes nicht nachvollzogen werden kann. Generell zu berücksichtigen ist, dass dem Gastgeber die Entscheidung, den Mörder seiner Frau nicht zu töten, sichtlich schwergefallen ist, da er über Nacht ergraut, also wegen seines Gewissenskampfes rapide gealtert ist. Der Mann kann nur mit Mühe der Neigung widerstehen, sich für das seiner Frau und seiner Familie zugefügte Leid zu rächen. Weiterführende Aspekte könnten Fragen nach Selbstjustiz und gesetzlicher Strafverfolgung sein.

Arbeitsblatt 3

Eine Ballade in ein Hörspiel verwandeln (2) – Umsetzung

1 Überlegt, wie man Conrad Ferdinand Meyers Ballade als Hörspiel umsetzen könnte. Berücksichtigt dabei auch die Aussage der Ballade und folgende Aspekte:
- In wie viele Szenen kann man den Text einteilen?
- Welche Rollen sind zu verteilen?
- Wie müssen die Personen sprechen?
- Kann man noch zusätzliche Stimmen einbauen und inhaltliche Einzelheiten dazufinden?
- Wo kann der Balladentext übernommen, wo muss er verändert oder ergänzt werden?
- Welche Geräusche sind notwendig?
- Sind Musikeinspielungen sinnvoll?
- Sollte es einen Erzähler geben?

Conrad Ferdinand Meyer (1825–1898)

Bildet Gruppen, die einzelne Szenen des Hörspiels schreiben. Hilfestellung dazu gibt euch der Werkzeugkasten „Ein Hörspiel verfassen und produzieren" auf S. 339 im Schülerbuch. Ihr könnt so beginnen:

Szene	Rolle/Stimme	Sprechtext	Sprechanweisung	Geräusch, Musik, Blenden
1				Unwetter (Blitz, Donner); zunächst kaum vernehmbares, dann deutlicheres Pferdegetrappel
	DER REITER	Teufel, ein Wetter wie zum Jüngsten Gericht! Ich muss schnell ein Dach über dem Kopf finden, sonst ist es aus!	raue, vom Sturm fast erstickte Stimme, verzweifelt	zu den o.g. Geräuschen tritt düstere Musik hinzu
	...			

2 Fasst eure Ideen in einem Hörspielmanuskript für alle Szenen zusammen.

3 Nehmt das Hörspiel nun im Team auf. Verteilt zuvor die Aufgabenbereiche (Regisseur, Verantwortliche für die Technik wie Aufnahmegerät, PC und CDs, die Stimmen sowie eine Gruppe, die für die Geräusche zuständig ist) und sucht euch einen ruhigen Raum, der eine gute Akustik (z. B. ohne Rückhalleffekte) bietet.

© Schöningh Verlag

Eine Ballade in ein Hörspiel verwandeln (2) – Umsetzung

Aufgabe 1

Für die Umsetzung bietet sich an, der Gliederung der Ballade zu folgen und den Wechsel von Gegenwartshandlung und Rückblenden szenisch aufzunehmen. Es empfiehlt sich ggf., die Zahl der Wechsel zu reduzieren (so könnten z. B. erste und zweite Rückblende zusammengefasst werden).

Gast und Edelmann stellen die Hauptrollen dar, wobei der Erstgenannte zugleich Erzähler sein kann, wenn auch das Hörspiel wie das Gedicht das Geschehen aus seiner Sicht wiedergeben soll. Weitere kleinere Sprecherrollen können sein: die Bediensteten (vgl. V. 20 f. und V. 41) sowie die zwei Kinder (vgl. V. 21 f. und V. 36–38), deren stummes Entsetzen sicherlich schwer umzusetzen ist. Besondere Beachtung verdient in diesem Zusammenhang der Umstand, dass in der Ballade der Sohn dem Vater etwas in das Ohr flüstert (vgl. V. 43). Dies lässt sich weiter ausgestalten.

Auch die Rolle der gefolterten Frau kann Fragen aufwerfen, da in diesem Falle Schmerzensschreie im Vordergrund stehen. Hier sollte diskutiert werden, ob es nicht reicht, dass der Gast sich diese Situation allein mit Worten vor gedämpfter Geräuschkulisse (etwa das Knistern des Feuers) in Erinnerung ruft, anstatt die grausame Folter selbst explizit hörbar zu machen.

Große Teile des Balladentextes können übernommen werden, wenn sich die Schülerinnen und Schüler dazu entscheiden, das Geschehen aus der Sicht des Mörders wiederzugeben. Zu diesem Zweck sollte der Text jedoch behutsam modernisiert und in Prosa übertragen werden. Wichtig ist, die eigentlich stummen Passagen (z. B. das Betrachten der Ahnenbilder im Saal oder das Entsetzen, das den Gast erfasst, als er merkt, wo er sich befindet; vgl. V. 12–18) in Sprechtext zu verwandeln, z. B. in ein Selbstgespräch des Mannes. Die Ballade bietet eine Vielzahl von Hinweisen auf Geräusche bzw. geräuschbegleiteter Handlungen (in chronologischer Reihenfolge des Textes): Blitz und Donner, Sturm, Pferdeschnauben, Türknarren, Kaminfeuer, Tischgeräusche, Turmaufstieg, Türverriegeln, Knarren von Dielen und Balken, Krachen der Treppe, Schritte, Regen, Öffnen einer leichten Tapetentür, Pferdegalopp, Vögelgezwitscher. Musikeinspielungen können die gruselige Atmosphäre der Handlung effektvoll verstärken.

Aufgabe 2

Arbeitsblatt 4 (S. 505) bietet als Kopiervorlage ein Raster für das Manuskript.

Aufgabe 3

Freie Aufgabe

Arbeitsblatt 4

Ein Theaterstück zu einem Hörspieltext umarbeiten
(Kopiervorlage)

Szene	Rolle/Stimme	Sprechtext	Sprechanweisung	Geräusch, Musik, Blenden

© Schöningh Verlag

Arbeitsblatt 5

Aus einer Mindmap einen Sachtext erstellen

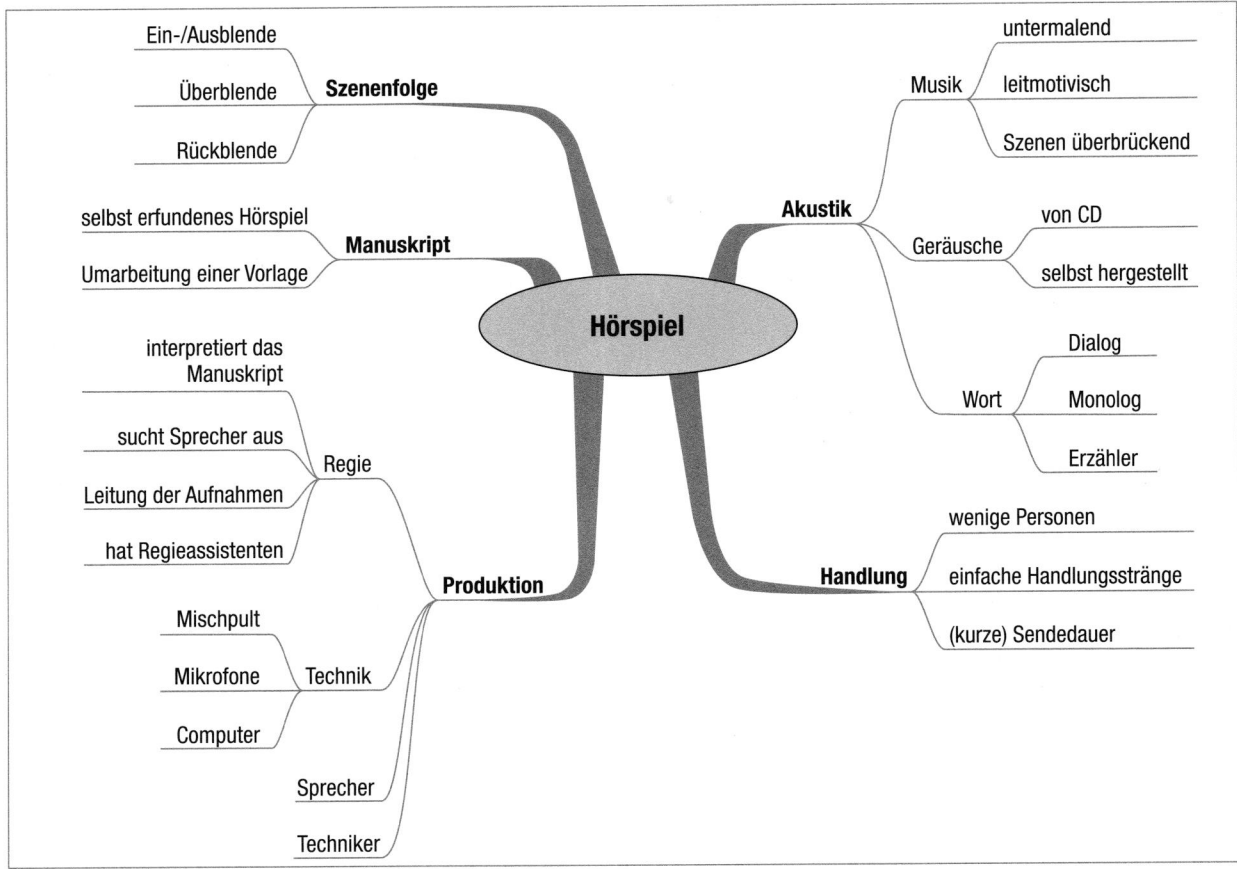

1. Schau dir die Mindmap und ihre Struktur genau an. Markiere ggf. besonders wichtige Zweige der Gedankenlandkarte.

2. Schreibe einen informativen Sachtext über die Gattung des Hörspiels, dem die Mindmap zugrunde liegt.

3. Erkläre abschließend, was das Hörspiel von einem Theaterstück unterscheidet.

Bewertungsbogen 5

Bewertungsbogen zur Leistungsüberprüfung/Klassenarbeit

Name:	
Schulhalbjahr/Datum:	
Klasse:	
Fachlehrer/in:	
Thema der Unterrichtsreihe:	„Kopfkino" – Hörspiele untersuchen, verstehen, produzieren
Thema der Klassenarbeit:	Was ist ein Hörspiel? – Einen Sachtext verfassen
Aufgaben:	s. Arbeitsblatt 5

A Inhaltliche Leistungen

Aufgaben 1–3

	Du	maximale Punktzahl	erreichte Punktzahl
1	markierst besonders wichtige Zweige der Mindmap, z. B. „Geräusche", „Sprecher", „Technik" und „Regie".	3	
2	schreibst einen zusammenhängenden informativen Text über die Gattung des Hörspiels, der sämtliche Angaben der Mindmap aufnimmt (30 Punkte) und einen sinnvollen Aufbau besitzt (2 Punkte), z. B.: 1. Manuskript als Grundlage 2. Handlung 3. Produktion mit den Bereichen Regie, Technik und Sprecher 4. Szenenfolge und Akustik	32	
3	erklärst, was das Hörspiel von einem Theaterstück unterscheidet, etwa: • Hörspiele werden gehört, Theaterstücke angesehen. • Die Handlung eines Hörspiels wird allein durch Geräusche und Worte vermittelt, während im Theater zusätzlich Bühnenbild sowie Gestik und Mimik der Schauspieler eine große Rolle spielen. • In Hörspielen muss der Hörsinn alle anderen Sinne „ersetzen", Theaterstücke sprechen alle Sinne der Zuschauer an. • Akustische Effekte und Aufnahmetechnik sind für Hörspielaufnahmen unverzichtbar, um die Fantasie der Zuhörer anzuregen, während die Technik bei Theaterstücken in der Regel keine zentrale Rolle spielt.	10	
	gelangst zu weiteren, individuellen Ergebnissen.	(4)	
A	**Gesamtpunktzahl**	**45**	

© Schöningh Verlag

Bewertungsbogen 5

B Darstellungsleistungen

	Du	maximale Punktzahl	erreichte Punktzahl
1	baust deinen Text entsprechend der Aufgabenstellung sinnvoll auf.	4	
3	formulierst sachlich und stilistisch sicher.	6	
4	verwendest korrekt die Fachsprache.	4	
5	wendest die Regeln der Rechtschreibung, Zeichensetzung und Grammatik sicher an.	9	
B	**Gesamtpunktzahl**	**23**	

Gesamtpunktzahl A und B	**68**

Die Leistungsüberprüfung/Klassenarbeit wird mit der Note

_____ **bewertet.**

_____
Datum   Unterschrift

Zuordnung der Punkte zu den Notenstufen

Note	Punkte
sehr gut	68–60
gut	59–51
befriedigend	50–42
ausreichend	41–33
mangelhaft	32–15
ungenügend	14–0

Leistungsüberprüfung – Selbstevaluation – Klassenarbeit

1. Aus einer Mindmap einen Sachtext erstellen
   (s. Arbeitsblatt 5, S. 506, Bewertungsbogen, S. 507 f.)

Üben, wiederholen und mehr ... (S. 340–399)

Vorüberlegungen zur Einheit

Wie in den Schülerbänden zuvor greift auch dieses Schlusskapitel Themen aus dem vorliegenden und vor allem aus den vorhergehenden Bänden auf, differenziert und vertieft sie und bietet auf diesem Weg die Möglichkeit, z. B. im Rahmen individueller Fördermaßnahmen Defizite zu kompensieren und Lernergebnisse dauerhaft zu sichern.
Im Einzelnen geht es um folgende Bereiche:

1. Zuhören und Informationen verarbeiten (S. 342–347)
2. Wortarten (S. 348–352)
3. Aktiv und Passiv (S. 353–356)
4. Satzglieder (S. 357–359)
5. Keine Nebensache – Nebensätze (S. 360–369)
6. s-Laute (S. 370–372)
7. Lang ausgesprochene Vokale (S. 373–376)
8. Nominalisierungen/Substantivierungen (S. 377–379)
9. Zusammen- und Getrenntschreibung (S. 380–388)
10. Das Komma (S. 389–399)

Die einzelnen Übungen können im Unterricht besprochen werden oder aber je nach Bedarf von den Schülerinnen und Schülern selbstständig und unterrichtsbegleitend zu Hause ausgeführt und anschließend in Partnerarbeit abgeglichen werden.
Im Bedarfsfall können die in diesem Lehrerkommentar abgedruckten Lösungen den Lernenden als Kopie oder auf Folie zur Verfügung gestellt werden.

Didaktische Aufbereitung der Unterkapitel

1. Zuhören und Informationen verarbeiten (S. 342–347)

Das Kapitel vermittelt den Schülerinnen und Schülern Kompetenzen im Aufgabenbereich „Zuhören und Informationen verarbeiten". Dabei geht es zunächst darum, gehörten Texten mit einem bestimmten Informationsinteresse zu begegnen, wesentliche Informationen mithilfe von Stichwortkonzepten herauszuschreiben und diese zu ordnen, z. B. in einer Mindmap. Im weiteren Verlauf werden unterschiedliche Protokollarten erarbeitet. Die erworbenen Kompetenzen sollten immer wieder im Verlauf unterschiedlicher Unterrichtsreihen und auch in anderen Fächern gefestigt werden.

Informationen gezielt heraushören (S. 342–343)

Aufgabe 1
S. 342

Aufgabe der Schülerinnen und Schüler ist es, Informationen zu einem klar umrissenen Bereich herauszuhören und diese tabellarisch anzuordnen. Die Tatsache, dass es ausschließlich um Daten aus Schillers Leben geht, erleichtert den Auftrag im Sinne einer didaktischen Reduktion und ermöglicht die Konzentration auf das stichwortartige Herausschreiben.

Folgende Daten sollten herausgehört und mit den entsprechenden Ereignissen verknüpft werden:
- 10.11.1759 in Marbach geboren
- 09.05.1805 in Weimar gestorben
- 1781 „Die Räuber"
- 1782 „Kabale und Liebe"
- 1787 „Don Carlos"
- 1787 gescheiterter Versuch, sich in Weimar niederzulassen
- 1794 Beginn der Freundschaft mit Goethe
- 1823 Vertonung des Gedichts „Das Lied von der Glocke" durch Beethoven
- 1799 Übersiedlung von Jena nach Weimar
- 1799 „Wallenstein"
- 1804 „Wilhelm Tell"

Die Daten können nun chronologisch in eine Tabelle eingeordnet werden. Im weiteren Verlauf geht es um einen Sachtext (S. 178 f.), der stärker als der zuvor gehörte die Charaktereigenschaften des Autors in schülergerechter Sprache in den Mittelpunkt rückt. An diesem Schwerpunkt orientiert sich auch der Hörauftrag.
Folgende Eigenschaften können die Schülerinnen und Schüler während des Vorleseprozesses – der Textchronologie folgend – zunächst stichwortartig herausschreiben:
- ein sehr emotionaler Mensch
- „offene und überschäumende Art"
- zweifelt als junger Mensch an sich
- strenge Erziehung
- fühlt sich dadurch benachteiligt
- sensibel
- kann als Dozent seine Studenten begeistern
- glaubt an die „Bildbarkeit" und „Vervollkommnung" des Menschen
- Dichtung im „gewählten Ton", Trennung von Ernstem und Unterhaltsamem
- von Beginn an überzeugt, zum Dichter geboren zu sein
- Disziplin und Ausdauer, aber auch Genussmensch
- Feinschmecker
- von Krankheiten geplagt
- Kampf gegen Ungerechtigkeit
- findet sich nicht mit „Mittelmaß" ab
- Themen seiner Werke: Freiheit, Freundschaft, Liebe, Visionen ...

In Partnerarbeit sollten die Schülerinnen und Schüler die Stichworte bestimmten Informationsbereichen zuordnen, um anschließend in einem mündlichen Kurzvortrag die gesammelten Informationen der Klasse zur Verfügung zu stellen. Folgende Oberbegriffe könnten festgelegt werden: Lebensdaten, Aussagen zur Jugend, Schillers „Lebensphilosophie", Schiller als Dichter, besondere Wesensmerkmale ...

Aus dem zweiten Text (Schülerbuch, S. 106 f.) können u. a. folgende Informationen herausgeschrieben werden:
Merkmale eines guten Lehrers/einer guten Lehrerin:
- humorvoll
- nicht alles zu ernst nehmen
- Rücksicht nehmen
- ausreichend Zeit lassen

- guter Geschichtenerzähler
- aufmerksam
- einfühlsam
- interessiert
- Mut machen
- Fehler verzeihen
- jung, cool
- verständnisvoll
- ...

Aufgaben 2 bis 4 S. 343

Die Fernsehprogramme bieten zahlreiche Sendereihen, die Sachthemen schülergerecht aufbereiten. Ziel des Auftrags ist es, dass die Schülerinnen und Schüler diese Sendungen nicht nur konsumieren, sondern den Informationsgehalt für sich und andere verfügbar machen. Methodisch geht es hier v. a. um das Anlegen einer Mindmap (s. Werkzeugkasten, SB S. 343) die sodann als Grundlage für einen Kurzvortrag dienen kann.

Einen Stichwortzettel anlegen (S. 344)

Im Folgenden geht es darum, stärker als zuvor mit einem Stichwortkonzept zu arbeiten, eine Kompetenz, die den Schülerinnen und Schülern in fast allen Schulfächern und darüber hinaus abverlangt wird.

Aufgabe 1 S. 344

Das Schülerbeispiel enthält einige generell sinnvolle Merkmale einer stichwortartigen Mitschrift:
- die Verwendung von Spiegelstrichen
- Markierungstechniken wie unterstreichen, umrahmen ...
- Pfeile, um Abläufe oder Ursache-Folge-Beziehungen zu verdeutlichen
- Hervorhebung besonders wichtiger Informationen durch Ausrufezeichen
- Hervorhebung unklarer Detailinformationen durch Fragezeichen
- Verwendung von Klammerausdrücken für Zusatzinformationen
- ...

Aufgaben 2 und 3 S. 344

Hier geht es darum, die Detailinformationen zu systematisieren, indem Unergiebiges gestrichen wird und Informationsbereiche (Oberbegriffe) festgelegt werden. Im Einzelnen können dieses sein: zentrale Lebensdaten, Borcherts Kindheit und Jugend, Borchert als Schriftsteller, Reaktionen auf sein Schreiben, Borcherts Leidensgeschichte und Tod ...

Aufgabe 4 S. 344

Um die Funktionsfähigkeit der Systematisierungen zu testen, sollten die erstellten Übersichten unbedingt für einen mündlichen Vortrag (auch in Partnerarbeit) verwendet werden.

Ein Protokoll anfertigen (S. 345–347)

In diesem Erarbeitungsteil geht es um die häufig verwendeten Protokollarten Ergebnis- und Verlaufsprotokoll. Dabei werden konkrete Normen (Kopf, äußerer Aufbau, Unterschrift...) vorgestellt, die jedoch zunehmend variabel angewandt werden. So gibt es auch Verlaufsprotokolle, die im Präteritum verfasst sind. Es überwiegt jedoch die Norm, im Präsens zu schreiben.

Aufgabe 1 S. 345

Identisch sind vor allem der Kopf und die Unterschrift. Die Protokolle unterscheiden sich in der Ausführlichkeit. Protokoll 1 hält im Wesentlichen die Ergebnisse einzelner Phasen fest, Protokoll 2 beschreibt differenziert den Verlauf mit der Hervorhebung namentlich gekennzeichneter Redebeiträge.

Aufgabe 2
S. 346
Protokoll 1: Ergebnisprotokoll
Protokoll 2: Verlaufsprotokoll

Aufgabe 3
S. 346
Eine Verkürzung könnte vor allem mithilfe nominalisierter/substantivierter Verbformen erfolgen, z. B.:
1. Vorlesen des Textes und Abrufen erster Schülereindrücke ...

Aufgabe 4
S. 346
Die Erörterung der Aufgabe setzt die Frage nach dem Zweck des jeweiligen Protokolls voraus. Für die Wiedergabe einer Unterrichtsstunde oder einer Konferenz dürfte die Konzentration auf die zentralen Ergebnisse reichen, eine Zeugenvernehmung muss detaillierter protokolliert werden, weil der Urheber/die Urheberin einzelner Aussagen von Bedeutung ist. Das Verlaufsprotokoll als Stundenprotokoll hat den Nachteil, dass der Verfasser/die Verfasserin am Unterrichtsgeschehen nicht mehr oder nur sehr schwer teilnehmen kann.

Aufgabe 5
S. 346
Sinnvoll ist es, wenn die Lehrperson der protokollierenden Schülerin/dem protokollierenden Schüler als Hilfe zunächst eine kurze Übersicht zur geplanten Stunde im Sinne einer „Tagesordnung" gibt (Thema, geplante Phasen).

2. Wortarten (S. 348–352)

Wortarten im Überblick (S. 348–350)

Mithilfe des Kapitels können die Schülerinnen und Schüler noch einmal die zentralen Wortarten wiederholen. Das Reflexivpronomen und das Adjektiv mit seinen unterschiedlichen Aufgaben im Satzzusammenhang werden dabei besonders unter die Lupe genommen.

Wie Tarzan im Urwald (S. 349)

Aufgabe 1
S. 350
Bei dem Zeitungstext handelt es sich aufgrund der lebendigen Darstellungsweise um eine Reportage, die den Leser unmittelbar an den Ort des Geschehens führt.

Aufgabe 2
S. 350
In dieser Reihenfolge werden die Wortarten erfragt:
– Possessivpronomen
– Verb
– Adverb
– Adjektiv
– Demonstrativpronomen
– Relativpronomen
– Numerale
– Personalpronomen
– unterordnende Konjunktion
– nebenordnende Konjunktion
– Artikel
– Präposition
– Interjektion

Aufgabe 3
S. 350

Nomen/Substantiv	Verb	Adjektiv	Adverb	Präposition	Personalpronomen
Stephanie	entsteht	hölzerne	endlich	auf	es
Höhenmeter	sein	verschiedenen	immer	an	wir
Profis	geht	grünen	wieder	mit	Wir
im Freien	führt	wackelige	teilweise	über	
Parcours	unterstreichen	extragroßen	einmal	vom	
Clou	wollen	besonderer	allerdings	per	
Könner	öffnen	lange	immer	während	
Inbetriebnahme		erneuter	ebenfalls	von	
Euro		höher	freitags	für	
		reiner	samstags		
		viel	sonntags		
		wetterabhängigen	werktags		

Possessivpronomen	Demonstrativpronomen	Relativpronomen	nebenordnende Konjunktion	unterordnende Konjunktion	Numerale
ihren	diesen	die	oder	dass	zwölf
ihre	das	der	und		sechs
		die	sowohl – als		sieben
		die	auch		
		das	sowie		

Unter die Lupe genommen – das Reflexivpronomen (S. 351)

Im Sinne einer didaktischen Reduktion wird in diesem Unterkapitel auf die Unterscheidung von echten (nicht austauschbaren) und unechten (austauschbaren) Reflexivpronomen verzichtet.

Aufgabe 1
S. 351
- Die Klasse 8 c freut sich diesmal besonders auf den Wandertag.
- Habt ihr euch schon einmal überlegt, wie anstrengend so ein Kletterparcours ist?
- Wir können uns aber auch gut vorstellen, wie interessant das Unternehmen wird.
- Erinnert ihr euch noch an die letzte Wanderung durch den Habichtswald?
- Daran erinnere ich mich nicht besonders gern, weil es so langweilig war!
- Vier Parcours schlängeln sich durch den grünen Stadtwald.
- Die Schülerinnen und Schüler verhalten sich auf dem Gelände äußerst diszipliniert und bedanken sich anschließend bei den Organisatoren.

Subjekt, Reflexivpronomen

Aufgabe 2
S. 351
- Leonas hat **sich** in der letzten Sportstunde am Arm verletzt, weil er **sich** beim Sprung auf die Bodenmatte nicht richtig abgerollt hat.
- Bei dem Versuch, die Situation im Strafraum zu klären, behinderten **sich** der Verteidiger und der Torwart gegenseitig.
- Wenn wir **euch** wiedersehen, werdet ihr **euch** verändert haben.
- Ihr solltet **euch** beim nächsten Mal besser absprechen, damit nicht wieder solche Missverständnisse entstehen.

- Ein altes Sprichwort sagt: Was **sich** liebt, das neckt **sich**.
- Wenn man **sich** gut versteht, wird man **sich** nach einem kleinen Streit schnell wieder vertragen.
- Hast du **dich** schon einmal gefragt, warum es immer so schnell zu Konflikten zwischen dir und deiner Schwester kommt?
- Kümmere **dich** darum!

Aufgabe 3
S. 351

Es handelt sich um folgende Sätze:
- Paderborn. Stephanie Reker legt ihren Kopf in den Nacken und zeigt auf eine hölzerne Plattform, die sich an einen dicken Baumstamm schmiegt.
- Vier Parcours unterschiedlicher Schwierigkeitsgrade, die sich immer wieder auf verschiedenen Höhen queren, schlängeln sich durch den grünen Stadtwald [...].
- Über wackelige Brücken mit teilweise (gewollt) schiefen Brettern und extragroßen Lücken, über baumelnde Reifen oder auch einmal ganz Tarzan-like per Tau – allerdings mit Gurt statt mit Lendenschurz – bewegen sich die Kletterer von Plattform zu Plattform.

Unter die Lupe genommen – die unterschiedlichen Aufgaben eines Adjektivs (S. 352)

Aufgabe 1
S. 352

- Der Eintrittspreis für den Erlebnispark ist durchaus <u>angemessen</u>. (Prädikativum)
- Immerhin erhält jeder einen <u>individuellen</u> Begleiter. (Attribut)
- Die Trainerin legt den Kopf in den Nacken und zeigt auf eine <u>hölzerne</u> Ebene. (Attribut)
- <u>Vorsichtig</u> klettern die Schüler von Plattform zu Plattform. (Adverbiale Bestimmung)
- Der Parcours, der gerade erst eröffnet worden ist, gilt als <u>sicher</u>. (Prädikativum)
- Die Betreiber wollen den <u>wetterabhängigen</u> Saisonbetrieb auch im Winter <u>zugänglich</u> machen. (Attribut, adverbiale Bestimmung)
- Wenn es jedoch zu <u>kalt</u> wird, bleibt der Parcours <u>geschlossen</u>. (Prädikativum, Prädikativum)
- Heute ist es <u>angenehm warm</u> und die Klasse 8 c wandert <u>vergnüglich</u> durch den <u>grünen</u> Stadtwald zu dem Parcours. (Prädikativum, adverbiale Bestimmung, Attribut)
- Weil dieses Ziel so <u>attraktiv</u> ist, entscheiden sich die Schülerinnen und Schüler dafür, auch den <u>kommenden</u> Wandertag dort zu verbringen. (Prädikativum, Attribut)

Aufgabe 2
S. 352

- hölzerne: Attribut
- verschiedenen: Attribut
- grünen: Attribut
- wackelige: Attribut
- extragroßen: Attribut
- besonderer: Attribut
- lange: Attribut
- erneuter: Attribut
- höher: Attribut (nachgestelltes Adjektivattribut zum Nomen Plattform)
- reiner: Attribut
- viel: Attribut
- wetterabhängigen: Attribut

3. Aktiv und Passiv (S. 353–356)

Aufgabe 1
S. 353

Schulfest am Heinrich-Heine-Schulzentrum (S. 353)

Aktiv	Passiv
– müssen sich einigen (Z. 3 f.)	– wird gefeiert (Z. 1–3)
– gibt (Z. 4)	– abgelehnt werden (Z. 8)
– einigen sich (Z. 9)	– akzeptiert wird (Z. 11)
– geht (Z. 12)	– berücksichtigt werden müssen (Z. 13 f.)
– überschneidet (Z. 17)	– wird gesucht (Z. 14 f.)
– zustande kommen können (Z. 19 f.)	– wird abgesprochen (Z. 17 f.)
– sich überlegen soll (Z. 21–23)	– wird beschlossen (Z. 20)
– übernehmen (Z. 24)	– soll organisiert werden (Z. 24–26)
– entstehen (Z. 26)	– werden ausgeglichen (Z. 26–28)
– beginnen (Z. 30)	– wird angesprochen (Z. 28 f.)
	– werden erwartet (Z. 31 f.)

Aufgabe 2
S. 354

Bei der Umformung vom Aktiv ins Passiv wird das Akkusativobjekt des Aktivsatzes zum Subjekt des Passivsatzes. Das ursprüngliche Subjekt kann im Passivsatz entweder weggelassen oder durch eine Präpositionalgruppe mit „von" wiedergegeben werden.

Aufgabe 3
S. 354

Die einzelnen Akkusativobjekte lauten: „ein Schulfest", „einige eher ungewöhnliche Themenvorschläge", „Das Thema ‚Leben im Mittelalter'", „einen passenden Termin", „Überschneidungen mit anderen wichtigen Ereignissen", „ein besonderes Angebot", „die Kosten", „niedrige Eintrittsgelder" und „Spenden".

Aufgabe 4
S. 354

– <u>Ein Schulfest</u> wird vom Heinrich-Heine-Schulzentrum gefeiert.
– Von manchen Schülern werden <u>einige eher ungewöhnliche Themenvorschläge</u> gemacht.
– Schließlich wird von allen <u>das Thema „Leben im Mittelalter"</u> akzeptiert.
– Von Schülern und Lehrern wird <u>ein passender Termin</u> gesucht.
– <u>Überschneidungen mit anderen wichtigen Ereignissen</u> werden von ihnen dabei vermieden.
– Von jeder Klasse wird <u>ein besonderes Angebot</u> vorbereitet.
– <u>Die Kosten</u> können teilweise auch vom Förderverein übernommen werden.
– Ansonsten müssen von den Schülern <u>niedrige Eintrittsgelder</u> verlangt oder <u>Spenden</u> erbeten werden.

Naheliegend ist die Umformung ins Passiv beim dritten, vierten und fünften Satz, da hier die Angaben der handelnden Personen („von allen", „von Schülern und Lehrern", „von ihnen") unnötig sind und daher auch gut wegfallen können. Beim zweiten, sechsten und siebten Satz ist die Umformung möglich, bringt aber keine wesentliche Verbesserung. Der erste Satz klingt im Passiv eher ungelenk, der achte Satz wird sogar doppeldeutig (als müssten die Schüler selbst Eintrittsgelder zahlen oder Spenden geben).

Das diesjährige Schulfest (S. 355)

Aufgabe 6
S. 355

wurde erwartet (Präteritum), ist gemunkelt worden (Perfekt), gemacht worden waren (Plusquamperfekt), ist geredet worden (Perfekt), kritisiert wurde (Präteritum), abgelehnt worden waren (Plusquamperfekt), wurden gelöst (Präteritum), werden umworben (Präsens), (werden) angefleht (Präsens), (werden) bedroht (Präsens), werden vorgeführt (Präsens), werden aufgeführt (Präsens), werden präsentiert (Präsens), wurden angesteckt (Präteritum), werden angenommen werden (Futur II)

Aufgabe 7
S. 356
- Von manchen Schülern waren eigene teilweise sehr originelle Vorschläge eingebracht worden. (Plusquamperfekt)
- Von einigen Lehrern waren die Themenvorschläge der Schüler als unpassend kritisiert worden. (Plusquamperfekt)
- Von einem Herold wurden die Namen derjenigen Lehrer ausgerufen, die vom König zu Rittern geschlagen worden waren. (Präteritum/Plusquamperfekt)
- Während die Besucher in den Gängen von Händlern umworben wurden, wurden die Gäste auf dem Schulhof von Gauklern unterhalten. (Präteritum/Präteritum)
- Obwohl die Hexen vom Lehrer vorher ermahnt worden waren, wurden einige Kleinkinder von ihnen erschreckt. (Plusquamperfekt/Präteritum)
- Weil aber von vielen Klassen auch Süßigkeiten und Getränke angeboten wurden, konnten die weinenden Kinder von ihren Eltern wieder getröstet werden. (Präteritum/Präteritum)
- Vor allem von älteren Besuchern sind die bunten Kostüme der Schüler gelobt worden. (Perfekt)
- Das Engagement der Schüler ist von fast allen gewürdigt worden. (Perfekt)
- Von der 10. Klasse wird auf dem Schulhof ein atemberaubendes Turnier durchgeführt, bei dem vom Klassenlehrer als erfolgreichstem Ritter einige Schüler vom Pferd geworfen werden. (Präsens/Präsens)
- Im nächsten Jahr wird von der Klasse 8a das Thema „Leben im Jahr 2222" vorgeschlagen werden. (Futur I)

Aufgabe 8
S. 356

Planung des Schulfestes (S. 356)

Eine erfolgreich überarbeitete Fassung des Textes könnte etwa so lauten:
Schüler und Lehrer des Heinrich-Heine-Schulzentrums bereiten gerade das für nächsten Juli geplante Schulfest vor. Im letzten Monat ist das Thema „Leben im Jahr 2222" festgelegt worden. Dafür bereiten wieder alle Klassen eigene Beiträge vor, wobei der Fantasie der Teilnehmer fast keine Grenzen gesetzt sind. Geplant werden z. B. eine „Weltraum-Disco", eine Aufführung mit dem Thema „Eine Schulstunde im Jahr 2222" und ein „Jugendzimmer 2222". Die Lehrer beurteilen das diesjährige Motto recht unterschiedlich: Während einige den Vorschlag „Leben im Jahr 2222" gleich begeistert aufgenommen haben, kritisieren manche Kollegen die Themenwahl als ungeeignet. Trotzdem bereiten sich inzwischen alle gemeinsam auf das große Ereignis vor, damit den Gästen wieder ein unvergessliches Erlebnis geboten wird.

Bei den ins Passiv umgeformten Sätzen ist die Angabe der handelnden Personen unnötig und kann daher weggelassen werden.

4. Satzglieder (S. 357–359)

Wird das Kapitel im Klassenverband erarbeitet, sollte noch einmal auf die Umstellprobe hingewiesen werden, die neben der Fragemethode relativ einfach ermitteln lässt, welche Wörter jeweils ein Satzglied bilden.

Aufgabe 1
S. 358

Kabeljau mit dritten Zähnen (S. 358)
Ein Holländer hatte sich <u>während einer Angeltour auf der Nordsee</u> **(Temporaladverbiale)** übergeben müssen und hatte dabei <u>sein künstliches Gebiss</u> **(Akkusativobjekt)** verloren. In den Nachrichten hörte er <u>von einem Angler aus Amsterdam</u> **(präpositionales Objekt)**, der hatte <u>einen Kabeljau</u> **(Akkusativobjekt)** gefangen, in dessen Magen sich <u>ein Gebiss</u>

(Subjekt) befand. Der Holländer nahm mit dem Sender (präpositionales Objekt) Kontakt auf und besuchte schließlich (Temporaladverbiale) den Angler. Die Zähne (Subjekt) passten ihm (Dativobjekt) tadellos (Modaladverbiale).

Junge reiste um die halbe Welt (S. 358)
Peter Kerry, 14-jähriger Brite (Subjekt), hat sich mithilfe der Kreditkarte seiner Eltern (Instrumentaladverbiale) kurzentschlossen nach Malaysia (Lokaladverbiale) abgesetzt. Nach einem Streit mit seinem Vater kaufte er heimlich (Modaladverbiale) ein Ticket (Akkusativobjekt) und flog nach Kuala Lumpur (Lokaladverbiale). Dann (Temporaladverbiale) reiste (Prädikat) er (Subjekt) fast 500 Kilometer weiter bis an die Grenze zu Singapur. Von einem Hotel aus (Lokaladverbiale) rief er schließlich seine Mutter (Akkusativobjekt) an, um ihr (Dativobjekt) zu sagen, dass er (Subjekt) kein Geld mehr (Akkusativobjekt) habe.
(Aus: Süddeutsche Zeitung, 27.02.1995)

Was alles vom Himmel fällt … (S. 358)
Ein Eisblock, der offenbar aus einer Flugzeugtoilette stammte, hat das Dach einer Schule (Akkusativobjekt) in Kalifornien durchschlagen und beinahe einen Lehrer (Akkusativobjekt) getroffen. Der Eisblock landete genau auf dem Pult (Lokaladverbiale), doch stand der Lehrer zufällig gerade etwas weiter weg (Lokaladverbiale).
(Aus: Neue Osnabrücker Zeitung, 23.03.1995)

Neun Tage im Schnee überlebt (S. 358)
Ein in der Türkei verschollener amerikanischer Offizier und sein zehnjähriger Sohn (Subjekt) haben tagelang Schnee und Eis (Dativobjekt) trotzen können, weil der 37-jährige Oberstleutnant bei der US-Luftwaffe ein Überlebenstraining (Akkusativobjekt) erfolgreich (Modaladverbiale) absolviert hatte (Prädikat). Wegen dichten Schneetreibens (Kausaladverbiale) verloren er und sein Sohn Matthew die Orientierung (Akkusativobjekt). Als es dunkel wurde, baute der Offizier ein schützendes Iglu (Akkusativobjekt). Am nächsten Tag (Temporaladverbiale) suchten sie (Subjekt) Zuflucht (Akkusativobjekt) in einer Höhle in der Nähe. Feste Nahrung (Akkusativobjekt) gab es nicht. Ihren Durst (Akkusativobjekt) stillten sie mit Schnee, den sie im Mund auftauten (Instrumentaladverbiale). In etwa zwei Kilometern Entfernung von der Höhle (Lokaladverbiale) stieß der Vater dann auf eine Waldhöhle (präpositionales Objekt). Dort (Lokaladverbiale) fanden ihn schließlich Bergbauern (Subjekt).
(Aus: Hannoversche Allgemeine, 01.02.1995)

Schneeriese (S. 358)
Das nordjapanische Dorf Okura ist Heimat des größten Schneemanns der Welt (Prädikativum). Der eisige Geselle, den die Dorfbewohner (Subjekt) in zehntägiger Arbeit bauten, ist 29,43 Meter hoch (Prädikativum). 30 000 Tonnen Schnee (Subjekt) waren notwendig, um die riesige Figur (Akkusativobjekt) zu errichten.
(Aus: Neue Osnabrücker Zeitung, 13.03.1995)

Unter die Lupe genommen – das Attribut (S. 359)

Aufgabe 1
S. 359

Rauchen ist ungesund (S. 359)
Ein **24-jähriger** Kölner bekam einen **gehörigen** Schrecken, als er sich aus einem Automaten Zigaretten holen wollte. Nachdem er Geld hineingeworfen und in den Schacht gefasst hatte, wurde er nämlich gebissen. Übeltäter war eine Vogelspinne, **bei der es sich um eine weniger giftige Art handelte**. Der **verletzte** Raucher konnte nach Stunden aus dem Kran-

kenhaus entlassen werden. Wie das Tier in den Automaten gelangen konnte, ist unklar. Bewiesen wurde jedoch erneut, dass Rauchen ungesund ist.

Aufgabe 2
S. 359

400 Jahre alte Münzen

Den größten (**Adjektivattribut**) Münzschatz Mecklenburg-Vorpommerns (**Genitivattribut**) entdeckten im Jahre 1995 Archäologen in Anklam. Bei Ausschachtungsarbeiten bargen sie insgesamt 2200 Silbermünzen, die aus dem 16. und 17. Jahrhundert stammten (**Attributsatz/Relativsatz**). Der wertvolle (**Adjektivattribut**) Schatz war in der Nische einer alten Kellermauer (**Genitivattribut**) verborgen.

Geisterschiff auf dem Ozean

Ein australischer (**Adjektivattribut**) Langustenfischer kann eine Geschichte erzählen, die jeder als Seemannsgarn abtun würde (**Attributsatz/Relativsatz**). Diese kuriose (**Adjektivattribut**) Geschichte ist jedoch wahr. Im Jahre 1994 machte sich sein Boot, ein 25000 Euro teurer Kutter (**Apposition**), im Hafen vor Perth (**präpositionales Attribut**) selbstständig, nachdem sich die Festmacherleine gelöst hatte. Ohne dass es jemand bemerkte, trieb das herrenlose (**Adjektivattribut**) Boot aus dem Hafen. Sieben Monate später tauchte der Kutter vor der Küste Mosambiks (**Genitivattribut**) auf, die 8000 Kilometer von Perth entfernt ist (**Attributsatz/Relativsatz**). Das Boot des Australiers (**Genitivattribut**) war völlig unbeschädigt. Eine Strömung hatte es dorthin getrieben.

5. Keine Nebensache – Nebensätze (S. 360–369)

Mit diesem Kapitel können die Schülerinnen und Schüler noch einmal systematisch die unterschiedlichen Nebensätze/Gliedsätze und deren inhaltliche und stilistische Funktion im Textzusammenhang erarbeiten bzw. wiederholen.

Aufgabe 1 (oben) S. 360

Das Vorwissen der Schülerinnen und Schüler soll mit dieser Aufgabe einbezogen werden, im Einzelnen geht es um:
– Erkennungsmerkmale: Einleitungswörter, Endstellung des finiten Verbs, grammatische Abhängigkeit vom Hauptsatz
– unterschiedliche Arten: Relativ-/Attributsatz, Adverbialsatz, Subjektsatz, Objektsatz
– Einleitungswörter: Relativpronomen, unterordnende Konjunktion, W-Fragewort
– Begriff des Gliedsatzes: Übernahme der Funktion eines Satzgliedes
– Verbindung aus Hauptsatz und Nebensatz: Satzgefüge
– Zeichensetzung: Komma zwischen Haupt- und Nebensatz, Kommasetzung in komplexen Satzgefügen

Kurioses aus der Welt der Tiere – Attributsätze/Relativsätze (S. 360–362)

Aufgabe 1 (unten) S. 360

Relativsätze übernehmen häufig die Aufgabe eines Attributs und erklären ein Nomen näher. In diesen Fällen sind sie Attributsätze.

Aufgabe 2 S. 360

Geckos, die ein feuchtes Klima lieben, haben muskuläre Saugnäpfe an den Füßen.

Aufgabe 3
S. 360
– Geckos haben muskuläre Saugnäpfe an den Füßen, sie lieben ein feuchtes Klima.
– Geckos haben muskuläre Saugnäpfe an den Füßen und (sie) lieben ein warmes Klima.
– …

Aufgabe 4
S. 361
Die Schülerinnen und Schüler sollten nicht nur mit Satzgefügen arbeiten, sondern auch mit der Ersatzprobe, und die Einzelaussagen zusätzlich z. B. durch nebenordnende Konjunktionen stärker aufeinander beziehen. Um die attributive Funktion zu verdeutlichen, kann das Bezugsnomen zusätzlich farbig markiert werden.

Freeclimber – die Geckos (S. 361)

<u>Geckos</u> sind tropische Echsen, die <u>auf der Jagd nach Insekten oft auch in Wohnungen kommen</u>. Sie sind echte „Freikletterer" und können **Wände** erklimmen, die <u>allerdings ein wenig uneben sein müssen</u>. Geckos können auch kopfüber an der Decke hängen. <u>Denn sie haben kräftige</u> **Saugnäpfe** an den Füßen, die <u>ihnen Halt geben</u>. <u>Sie besitzen außerdem winzige</u> **Borsten,** mit denen <u>sie sich in jede Unregelmäßigkeit der Oberfläche einkrallen können</u>. **Geckos,** die <u>vor allem in Südostasien vorkommen</u>, <u>sind gern gesehene Besucher in den Wohnungen der Einheimischen</u>. <u>Mancher Tourist dürfte sich jedoch auch angesichts der</u> **Tiere,** die <u>sich in feuchten Badezimmern wohlfühlen, erschrocken haben</u>. Sie sind interessant anzusehen und halten lästige Insekten wie Moskitos in Schach. <u>Etwas lästig ist der laute</u> **„Gecko"-Ruf,** dem <u>die Tiere ihren Namen verdanken</u>. <u>Auch andere</u> **Echsen,** mit denen <u>der Gecko verwandt ist, geben zischende Laute von sich</u>. Jedoch nur Geckos haben eine richtige „Stimme".

Aufgabe 5
S. 361

Welches Tier kann in zwei Richtungen gleichzeitig sehen? (S. 361)

Das Chamäleon ist eine seltsame, bedächtige Tierart, **die vorwiegend auf Bäumen nach Insekten jagt.** Seine Augen befinden sich an der Spitze kleiner Türmchen, **die die Form von Kegeln haben;** sie können unabhängig voneinander in jede Richtung bewegt werden. Ein Auge mag gerade nach oben gerichtet sein und Ausschau nach Nahrung halten, während das andere die Geschehnisse am Boden beobachtet. Das Chamäleon besitzt noch eine andere Eigentümlichkeit. Die Zehen haben sich zu leistungsfähigen Klammern entwickelt, **die Äste und Zweige fest im Griff halten.** Zudem kann das Chamäleon seine Farbe ändern. Haut und Körperzeichnung passen sich seiner Umgebung an; beim Klettern in den Bäumen ist es nur schwer zu entdecken.
Wenn das Chamäleon Beute erspäht, schießt es seine Zunge, **die lang und klebrig ist,** auf das Opfer ab. Die Beute haftet an der Zunge und wird rasch ins Maul gezogen. Der Vorgang dauert nur einen Sekundenbruchteil.

(Nach: Klaus Jansen: Allgemeinwissen für Schüler © 2005 ARENA Verlag GmbH, Würzburg, leicht geändert)

Aufgabe 6
S. 362
Bei dieser Übung geht es u. a. darum, Attributsätze zu einfachen Attributen umzuformen, um den Text stilistisch zu entlasten. Dies ist ein Vorschlag:

Der Trick der Eidechsen (S. 362)

Eidechsen leben z. B. im Mittelmeerraum, der über ein trockenes, warmes Klima verfügt. Sie beherrschen eine kuriose Methode, um Raubtieren zu entwischen. Zunächst verstecken sie sich im oft dornigen Gestrüpp und schützen sich auf diese Weise. Doch wenn sie am Schwanz gepackt werden, verbleibt ihnen noch eine weitere Möglichkeit, um zu entfliehen.
Ein bestimmter, besonders schwacher Schwanzknochen bricht sehr leicht ab, und das Tier, das die dem Tod geweihte Eidechse packen wollte, steht ohne Beute da. Mit der Zeit wächst der Eidechsenschwanz nach.

Die Meinungsecke – Adverbialsätze (S. 362–365)

Aufgaben 1 und 3, S. 362
Der Adverbialsatz übernimmt die Funktion der adverbialen Bestimmung und umgekehrt. In beiden Fällen wird für die zentrale Aussage eine Begründung gegeben.

Aufgabe 2 S. 362
Adverbialsatz: unterordnende Konjunktion
adverbiale Bestimmung: Präposition

Aufgabe 4 S. 362
In schwächeren Lerngruppen kann auch konkret erfragt werden, in welchen Adverbialsätzen es um eine Begründung, eine Zeitangabe, eine Folge, einen Zweck ... geht.

Aufgabe 5 S. 364
Wichtig ist bei dieser Übung, dass die Schülerinnen und Schüler die Kennzeichnung mit der inhaltlichen Leistung in Zusammenhang bringen und nicht rein formal nach der Konjunktion vorgehen.

Meine Meinung (S. 363)

– Wandertage sind unbedingt notwendig, weil dadurch die Klassengemeinschaft gestärkt wird. Das kann z. B. geschehen, indem man gemeinsam entscheidet und dann alles plant. (Jonas K.)
Kausalsatz, Modalsatz

– Obwohl ich persönlich gern in einen Vergnügungspark fahre, halte ich dieses nicht für ein sinnvolles Ziel. Wir machen ja nicht wirklich etwas gemeinsam. Außerdem steht man an manchen „Attraktionen" so lange an, dass kaum noch Zeit für anderes zur Verfügung steht. (Marie B.)
Konzessivsatz, Konsekutivsatz

– Während des letzten Wandertags haben wir ein Technikmuseum besucht. Das fand ich so interessant, dass ich eine Woche später noch einmal mit meinem Freund und meiner Familie da war. Es kommt also auf das Ziel an. (Lukas D.)
Konsekutivsatz

– Dorthin, wo wir am letzten Wandertag waren, würde ich jederzeit wieder fahren, nämlich zu den Lippeseen. Dort kann man unter Anleitung Wasserski laufen. Davon waren alle begeistert. Wenn also das Ziel gut ist, ist auch der Wandertag gut. (Gunnar R.)
Lokalsatz, Konditionalsatz

– Falls ein Schulhalbjahr sehr kurz ist, sollte man den Wandertag ausfallen lassen. Manche tun allerdings so, als ob davon eine gute Klassengemeinschaft abhinge. Von einem Tag?!? Das kann doch nicht sein. (Sylvie M.)
Konditionalsatz, Komparativsatz

– Wandertage machen nur Sinn, wenn die Schülerinnen und Schüler über das Ziel selbst bestimmen können. Während unsere Nachbarklasse in einem Vergnügungspark war, mussten wir fünf (!) Stunden durch den Sander Forst wandern. Das war natürlich nicht unsere Idee! (Anna D.)
Konditionalsatz, Adversativsatz

– Da wegen der Schulzeitverkürzung angeblich zu wenig Zeit zum Lernen zur Verfügung steht, wird in einigen Bundesländern über die Streichung der Wandertage nachgedacht. Das finde ich überhaupt nicht gut! (Ella D.)
Kausalsatz

– Von Wandertagen halte ich nichts. Sie finden doch meistens nur statt, damit Lehrer ihre Wanderwut austoben können. Anstatt dass wir mal in eine schöne Stadt fahren, steht bei denen immer nur „Natur erleben" auf dem Programm. Natur habe ich jeden Morgen, bevor ich in die Klasse komme. Ich fahre nämlich immer mit dem Fahrrad. (Judith L.)
Finalsatz, Adversativsatz, Temporalsatz

– Wandertage sollten nicht für die ganze Schule an einem Termin stattfinden, <u>weil einige Ziele oft völlig überfüllt sind.</u> Als wir im letzten Winter unseren Schneewandertag hatten, war die Schlittschuhhalle völlig ausgebucht. Es müsste für jede Klasse ein individueller Termin möglich sein. <u>Wenn z. B. gerade keine Klassenarbeiten geschrieben werden oder das Wetter gut ist</u>, kann sich dann eine Klasse spontan für einen Wandertag entscheiden. (Sinem T.)

Kausalsatz, Temporalsatz, Temporalsatz/Konditionalsatz

Aufgabe 6
S. 364

Die Schülerinnen und Schüler sollen in jedem Einzelfall die stilistische Leistung des Satzgefüges bzw. des Hauptsatzes mit einfacher adverbialer Bestimmung beurteilen und auf diesem Weg ihre Schreib- bzw. Sprechkompetenz schulen. Beispiele:
– Wandertage sollten nicht für die ganze Schule zu einem Termin stattfinden, weil einige Ziele oft völlig überfüllt sind.
  Wegen der oft überfüllten Ziele sollten Wandertage nicht für die ganze Schule zu einem Termin stattfinden.
– Wenn also das Ziel gut ist, ist auch der Wandertag gut.
  Im Falle eines guten Ziels ist auch der Wandertag gut.
– …

Aufgabe 7
S. 365

Die Texte können ausgetauscht und anschließend von den Banknachbarn beurteilt werden. Dabei sollten die funktionale Verwendung der Adverbialsätze und deren fachsprachliche Kennzeichnung im Mittelpunkt stehen.

Aufgabe 8
S. 365

Konjunktionen, die einen Adverbialsatz mit dem Hauptsatz verbinden	Präpositionen, mit denen eine adverbiale Bestimmung beginnen kann
als	bei
bevor	vor
obgleich, obwohl	trotz
weil	wegen
damit; dass; auf dass	zum Zwecke
während	während
indem; dadurch, dass	durch
nachdem	nach

Die Abteilung Vermischtes – Subjekt-, Objekt-, indirekter Fragesatz, … (S. 365–369)

Subjekt- und Objektsatz (S. 365)

Aus Gründen der didaktischen Reduktion werden hier nur die „dass-Sätze" thematisiert. Der Lehrperson bleibt es überlassen, den Zusammenhang von Objektsatz und indirektem Fragesatz im folgenden Unterkapitel zu thematisieren.

Aufgabe 1
S. 365

– Mich freut, dass du so ausgeglichen bist.
  (Wer) oder was freut mich? – dass du so ausgeglichen bist = Subjektsatz
– Die Lehrerin erwartet, dass sich alle beteiligen.
  (Wen) oder was erwartet die Lehrerin? – dass sich alle beteiligen = Objektsatz

Aufgabe 2
S. 365

Wie bei den Umformungen der Adverbialsätze gibt es auch hier keine falschen oder richtigen Lösungen. Die Bewertung ist im Wesentlichen dem Sprachgefühl anheimgestellt.
– Mich freut deine Ausgeglichenheit.
– Die Lehrerin erwartet die Beteiligung aller.

Aufgabe 3
S. 365
- Die Klasse 8d setzt sich dafür ein, dass der Wandertag stattfindet. **(Objektsatz)**
  Die Klasse 8d setzt sich für das Stattfinden des Wandertags ein.
- Dass es regnet, stört niemanden. **(Subjektsatz)**
  Der Regen stört niemanden.
- Schließlich hat jeder dafür gesorgt, dass er wetterfeste Kleidung dabeihat. **(Objektsatz)**
  Schließlich hat jeder für wetterfeste Kleidung gesorgt.
- Auch dass die Klasse sich im Wald verlaufen hat, findet keiner schlimm. **(Objektsatz)**
  Auch das Verlaufen der Klasse im Wald findet keiner schlimm.
- Lediglich der Klassenlehrer befürchtet, dass es zu früh dunkel wird. **(Objektsatz)**
  Lediglich der Klassenlehrer fürchtet die frühe Dunkelheit/das frühe Dunkelwerden.
- Am Schluss sind alle froh darüber, dass sie den Zug noch rechtzeitig erreichen. **(Objektsatz)**
  Am Schluss sind alle froh über das rechtzeitige Erreichen des Zugs.
- Dass der nächste Wandertag eventuell ausfallen soll, führt zu Protesten. **(Subjektsatz)**
  Der eventuelle Ausfall des nächsten Wandertags führt zu Protesten.

Der indirekte Fragesatz (S. 366)

Aufgaben 1 und 2
S. 366
Da die Schülerinnen und Schüler den Begriff der direkten (wörtlichen) Rede kennen, dürften sie den Begriff „indirekter Fragesatz" ableiten können.
- Der Klassensprecher stellte die Frage, ob der nächste Wandertag nicht in einem Vergnügungspark stattfinden könne.
  Der Klassensprecher stellte die Frage: „Kann der nächste Wandertag nicht in einem Vergnügungspark stattfinden?"

Bei der umgeformten Entscheidungsfrage beginnt der indirekte Fragesatz mit der Partikel „ob".
- Anna wollte wissen, wie teuer so eine Fahrt sei.
  Anna wollte wissen: „Wie teuer ist so eine Fahrt?"

Bei der umgeformten Ergänzungsfrage beginnt der indirekte Fragesatz mit einem W-Fragewort. Der Konjunktiv ist in den aufgelisteten Fällen erforderlich, weil es sich um die indirekte Rede handelt.

Aufgabe 3
S. 366
- Lukas stellte die Frage: „Wann beginnt eigentlich der Wandertag?"
  Lukas stellte die Frage, wann eigentlich der Wandertag beginne.
- Anna erwiderte: „Hast du dir das gestern nicht notiert?"
  Anna erwiderte, ob er sich das gestern nicht notiert habe.
- Lukas antwortete mit der Frage: „Hast du noch nie etwas vergessen?"
  Lukas antwortete mit der Frage, ob sie noch nie etwas vergessen habe.
- Anna fragte: „Warum bist du eigentlich immer so empfindlich?"
  Anna fragte, warum er eigentlich immer so empfindlich sei.

Aufgabe 4
S. 366
Eine staatstragende Rolle (S. 366)
Ein Lehrer fragt seinen Kollegen: „Wie geht es denn bei dir zu Hause zu?" Der antwortet: „Meine Familie ist straff organisiert wie ein Staat. Meine Frau ist Finanzministerin, unsere Oma ist die Präsidentin und meine Tochter ist Außenministerin." Der Lehrer will nun wissen: „Hast du auch eine staatstragende Rolle inne?" Der antwortet: „Ich bin das Volk!"

Aufgabe 5
S. 366
Auf den Versuch kommt es an (S. 366)
Ein sehr reicher Mann fragt am Ende seines Lebens einen Pastor, ob er das ewige Leben erhalte, wenn er der Kirche 1 Million Euro spende. Der Geistliche antwortet: „Ich weiß es nicht, aber ich würde es einmal ausprobieren!"

Komplexe Satzgefüge (S. 367)

Aufgabe 1 (links) S. 367

Nachdem das Ziel, über das sich die Klasse zunächst nicht einigen konnte, festgelegt war, begann die konkrete Planung der Fahrt.

Aufgabe 2 (links) S. 367

Die untere Grafik ist korrekt, da der Hauptsatz am Ende des Satzgefüges steht.

Aufgabe 3 S. 367

– Der Besuch im Technikmuseum lohnte sich vor allem auch deshalb, weil die Führung, die die Klassenlehrerin vorab gebucht hatte, die Schülerinnen und Schüler zu begeistern wusste.
Hauptsatz
    Gliedsatz 1   Gliedsatz 1
        Gliedsatz 2

– Dass sie jedoch anschließend ein Handwerk, das sie frei wählen konnten, in einem kurzen Text beschreiben sollten, fanden die meisten nicht gut.
            Hauptsatz
  Gliedsatz 1   Gliedsatz 1
    Gliedsatz 2

– Sie waren nämlich der Meinung, dass eine Klassenfahrt, die natürlich keine Vergnügungsreise sein solle, nicht mit einer solchen Hausarbeit verbunden sein dürfe.
Hauptsatz
    Gliedsatz 1   Gliedsatz 1
       Gliedsatz 2

Verkürzte Nebensätze/Gliedsätze (S. 367)

Aufgabe 1 (rechts) S. 367

Auch hier geht es wieder um eine stilistische, nicht um eine inhaltliche Variante. Der Gliedsatz wird zu einer Infinitivgruppe verkürzt, was vielfach eleganter klingt. (Zur Zeichensetzung vgl. im Schülerbuch S. 394 f.)

Aufgabe 2 (rechts) S. 367

– Im Technikmuseum trafen sich zunächst alle am Eingang, um den konkreten Ablauf besprechen zu können/zu besprechen.
– Die Schülerinnen und Schüler versprachen(,) sich in Ruhe die Führung anhören zu wollen.
– Die Museumsführerin hielt ihren Vortrag, ohne auch nur einmal unterbrochen zu werden.
– In der Seilerei wurden einige dazu aufgefordert, selbst ein Seil zu drehen.
– Der pensionierte Handwerksmeister bat die Schüler darum, für die gedrehten Seile einen geringen Geldbetrag zu zahlen.
– Am Schluss äußerten viele die Meinung, noch nie ein so interessantes Museum besucht zu haben.

Übungen (S. 368–369)

Aufgabe 1 S. 368

Die Kurzgeschichte „Nachts schlafen die Ratten doch", die unmittelbar nach dem Zweiten Weltkrieg von Wolfgang Borchert geschrieben wurde, handelt von einem kleinen Jungen, der in den Trümmern einer zerstörten Stadt seinen verschütteten Bruder bewacht, und einem alten Mann, der ihm neue Hoffnung geben möchte, was ihm gelingt.
[...]

Gerade in einer Zeit größter Not sind die Menschen auf gegenseitige Hilfe angewiesen, weil sie neuen Mut erhalten müssen und eine Perspektive benötigen (damit sie neuen Lebensmut und eine Perspektive erhalten). Das verdeutlicht diese Kurzgeschichte.

Aufgabe 2
S. 368

[...] **Weil** er in der Schule gelernt hat, **dass** sich Ratten auch von Toten ernähren, sitzt Jürgen – so heißt der Junge in der Kurzgeschichte – in den Trümmern seines Elternhauses, **das** durch eine Bombe zerstört wurde. **Als** ein ärmlich gekleideter Mann erscheint, reagiert der Junge zunächst verängstigt. Dem Erwachsenen gelingt es jedoch im Verlauf eines Gesprächs, **dass** Jürgen langsam seine Zurückhaltung aufgibt. Dem Mann geht es vor allem darum, zu erfahren, **warum** der Junge in den Trümmern sitzt. Zunächst stellt er einige Fragen, **auf die** dieser eher abweisend antwortet. Schließlich erfährt der Mann jedoch, **dass** der Junge auf seinen toten Bruder aufpasst, **damit** dieser nicht von den Ratten gefressen wird. **Da** er das Kind aus dieser deprimierenden Lage befreien will, erfindet der Mann eine Notlüge. Er sagt ihm, **dass** Ratten nachts schliefen und er ruhig nach Hause gehen könne. [...]

Aufgabe 4
S. 368

Myron Levoy: Der gelbe Vogel – Eine Inhaltsangabe (S. 368–369)

Naomi Kirschenbaum ist die Tochter eines französischen Widerstandskämpfers, der während des Zweiten Weltkriegs im von den Deutschen besetzten Frankreich von den Nationalsozialisten vor ihren Augen erschlagen worden ist. Die beiden haben noch erfolglos versucht, belastende Pläne vor dem Eindringen der Gestapo (Geheime Staatspolizei) zu vernichten. Das seelisch völlig verstörte Mädchen lebt nun, etwa vier Jahre später, mit ihrer Mutter in New York. Alan, ein jüdischer Nachbarjunge, übernimmt die Aufgabe, sich um sie zu kümmern und ihr zu helfen, weil seine Eltern ihn darum gebeten haben. Das gelingt ihm zunächst auch. Er gewinnt Vertrauen zu ihr und befreit sie mithilfe seiner Bauchrednerpuppe Charlie aus ihrer Isolation, sodass sich die beiden schließlich sogar anfreunden. Seinen Kameraden gegenüber verschweigt er diese Freundschaft, weil er um seine Anerkennung fürchtet. Sie sollen nicht erfahren, dass er sich mit einem „verrückten Mädchen" abgibt. Da Naomis Heilungsprozess gut voranschreitet, kann sie sogar wieder die Schule besuchen. Es kommt jedoch zu einer dramatischen Situation, als ein Mitschüler aggressiv und rassistisch auf Naomi reagiert, sodass sich Alan deshalb sogar mit ihm prügelt. Naomi verfällt im Angesicht der Gewalt erneut in einen Schockzustand und flüchtet in einen Kohlenkeller. Anschließend wird sie in eine psychiatrische Klinik eingeliefert.

Aufgabe 5
S. 369

„Der mit dem Wolf tanzt" – Eine Filmbeschreibung (S. 369)

Der Film „Der mit dem Wolf tanzt", in dem Kevin Costner die Hauptrolle spielt **(Relativsatz/Attributsatz)**, erzählt die Geschichte eines amerikanischen Mannes, der seine Heimat und seine Liebe in einem fremden Land findet **(Relativsatz/Attributsatz)**. Da er seinen außerordentlichen Mut im amerikanischen Bürgerkrieg bewiesen hat **(Kausalsatz)**, darf sich Lieutenant John J. Dunbar einen Traum erfüllen, den er sein Leben lang gehegt hat **(Relativsatz/Attributsatz)**. Er möchte nämlich Dienst an der Grenze zum Indianerland leisten, obwohl damit zahlreiche Gefahren verbunden sind **(Konzessivsatz)**, von denen er sich jedoch nicht abhalten lässt **(Relativsatz/Attributsatz)**. Durch eine schicksalhafte Kette von Ereignissen gelangt er in ein abgelegenes Fort in der Prärie Dakotas. Sein Pferd und ein neugieriger Wolf sind dabei seine einzigen Gefährten, bis ihn die benachbarten Sioux (Indianerstamm) entdecken **(Temporalsatz)**. Dass die Indianer zunächst sehr misstrauisch sind **(Objektsatz)**, versteht Dunbar. Als er ihnen jedoch seinen Mut und seine Menschlichkeit beweist **(Temporalsatz)**, wird er im Stamm akzeptiert, sodass es schließlich sogar zu einer innigen Freundschaft mit den Indianern kommt **(Konsekutivsatz)**. Am Ende fällt er eine Entscheidung, die ihn fast verzweifeln lässt

(Relativsatz/Attributsatz), weil er sich wieder von den Indianern trennen muss (Kausalsatz). Gelernt hat er jedoch, dass das Bild der Weißen von den Indianern völlig falsch ist (Objektsatz).

6. s-Laute (S. 370–372)

Aufgabe 1
S. 370

Das Wissen um die Entwicklung des Menschen (S. 360–371)
Wissen (Überschrift), dass (Z. 1), dass (Z. 3), Sichtweise (Z. 8), wissen (Z. 11), dass (Z. 11), dass (Z. 18), Wissenschaftler (Z. 20), beeinflusste (Z. 21), Wissen (Z. 21), Schlussfolgerungen (Z. 25), unser (Z. 25 f.), großes (Z. 28), Interesse (Z. 28), Interessen (Z. 31), intensiv (Z. 33), Besonders (Z. 33), interessante (Z. 34), diesen (Z. 35), Forschungsreisen, Galápagos-Inseln (Z. 36), dieselbe (Z. 38), Inseln (Z. 39), besaß (Z. 40), schlussfolgerte (Z. 41), dass (Z. 41), Insel (Z. 43), angepasst (Z. 43 f.), Erkenntnisse (Z. 44), Aussagen (Z. 47), lösten (Z. 47), Kontroversen (Z. 48), Wissen (Z. 52), diese (Z. 53), Gotteslästerung (Z. 53 f.)

Aufgabe 2
S. 371

s-Laute aus dem Text „Das Wissen um die Entwicklung des Menschen":

stimmhafter s-Laut	stimmloser s-Laut s	stimmloser s-Laut ss	stimmloser s-Laut ß
Sichtweise	Aussagen (Aus-sagen!)	Wissen	Großes
unser	lösten	dass	
intensiv	Gotteslästerung	wissen	Floß
Besonders		Wissenschaftler	heiß
diesen	Raster	beeinflusste	Spaß
Forschungsreise	Fenster	Schlussfolgerungen	außen
Galapagos-Inseln	flüstern	Interesse	Fußball
dieselbe	Pflaster	Interessen	
Inseln	Maske	interessante	
Aussage (Aus-sage!)		schlussfolgerte	
Kontroversen		angepasst	
diese		Erkenntnisse	
Lösungen		Passagier	
Glasur		russisch	
Pose		hassen	
Pausieren		messen	
Faser		Massage	

Aufgabe 3
S. 371

Wortverwandte:
– die Laus – Läuse, verlaust, lausig, Entlausung, Lausbefall …
– sie hausten – hausen, Behausung, Hausbesetzer, Hausierer …
– er bremste – bremsen, Vollbremsung, Bremsverhalten, Bremsklötze …
– der Eistaucher – Eis, eisig, Eisbrecher, eiskalt …

Aufgabe 4
S. 371

Person Singular Präteritum:
– verreisen – sie verreisten
– fräsen – sie frästen

- brausen – sie brausten
- speisen – sie speisten
- blasen – sie bliesen

Aufgabe 5
S. 371

Wortverwandte:
- Muße – müßig, Müßiggang, Müßiggänger, müßiggehen ...
- Floß – Floßfahrt, Flößer, flößen, Flößerei ...
- mäßig – Maß, maßvoll, maßlos, Mittelmaß ...
- Süße – Süßigkeit, süß, süßlich, Süßholz, Süßkartoffel ...
- fließen – Fließgeschwindigkeit, Fließband, Fließarbeit, Fließheck ...

Aufgabe 6
S. 371

Infinitiv	3. Person Singular Präsens	3. Person Singular Präteritum
fließen	es fließt	es floss
gießen	es gießt	es goss
messen	sie misst	sie maß
sprießen	es sprießt	es spross
reißen	es reißt	es riss
lassen	er lässt	er ließ

Aufgabe 7
S. 371

Beispielsätze:
- Sie hatte **bereits** einen Ausbildungsplatz, noch bevor andere sich bewarben.
- Aufgrund des erarbeiteten Vorsprungs kam der Läufer ohne **Hast** ins Ziel.
- Der Knoten saß sehr **fest** und ließ sich kaum lösen.
- Es dauert lange, **bis** misshandelte Tiere wieder Vertrauen fassen können.
- Der **Bus** hält direkt vor dem Stadion.
- Er hätte den Zug **fast** verpasst.
- **Meistens** finden die Spiele draußen statt.
- Die Eltern müssen für ihr Kind zum neuen Schuljahr einen **Atlas** anschaffen.
- Der **Zirkus** macht in drei Wochen für einige Tage bei uns Halt.
- Ein **Kaktus** benötigt nur sehr wenig Wasser.

Aufgaben 8 und 9
S. 372

- kennen – Kenntnis, Kenntnisse
- erlauben – Erlaubnis, Erlaubnisse
- sparen – Ersparnis, Ersparnisse
- sich ereignen – Ereignis, Ereignisse
- ergeben – Ergebnis, Ergebnisse

→ Verdopplung des s-Lautes bei Pluralbildung

Aufgabe 10
S. 372

waagerecht:
Delikatesse, losen, Moos, Glas, Muskatnuss, Passagier, Atlas, Fassade, Massage, Raffinesse, interessant

senkrecht:
Ass, See, Sause, es, Eisbrecher, Pasteten, Dose

Aufgabe 11
S. 372

Die Diktate dienen der Selbstkontrolle. Die Schülerinnen und Schüler diktieren sich die kurzen Texte und kontrollieren sie anschließend. Bei Unsicherheiten sollten die Regeln kurz wiederholt und angewendet werden.

7. Lang ausgesprochene Vokale (S. 373–376)

Aufgabe 1 **Warum ist die Schule doof? (S. 373)**
S. 373

einfacher langer Vokal ohne Dehnungszeichen	h nach langem Vokal (Dehnungs-h)	verdoppelter Vokal	ie
Schule	Mehrzahl	doof	viel
Frage	ohne	Doofheit	die
Schule	ihr	beseelt	wie
gehören	sehr		sie
grüne	Lehrer	leer	diese
Tafel	ihrem	Aal	Charakterisierung
Einmaleins	wählen	Paar	lieber
Alphabet	zunehmend	leer	spielt
Hausaufgaben	Wahrscheinlichkeit	Moos	vielen
Schulzeit			reagieren
später	Mehl		wieder
große	Pfahl		
Naturgesetz	Hehl		Tier
späten	verfehlen		Riegel
Frage	gähnen		besiegeln
Benotung			kontrollieren
so			Miene
spontan			
Aussage			
befragt			
geben			
Großteil			
befragten			
Beruf			
spüren			
späteren			
Leben			
Tag			
Losbude			
Name Spaß langsam			

Wörter mit lang ausgesprochenem Vokal ohne Dehnungszeichen (S. 374)

Aufgabe 1 (links) S. 374
— Unter Devisen versteht man ausländische Zahlungsmittel, als Devise bezeichnet man dagegen einen Leitspruch.
— Ich habe heute einen Zahnarzttermin.

- Das K<u>i</u>noprogramm ist in der Ferienzeit besonders gut, da viele Filme wiederholt werden.
- Die Benz<u>i</u>npreise sind in den vergangenen Wochen stark angestiegen.
- Die Turb<u>i</u>nen wurden per Schiff an ihren Bestimmungsort gebracht.
- Die Tar<u>i</u>fverhandlungen mussten vorerst unterbrochen werden.
- Die Regierung steckt in einer tiefen Kr<u>i</u>se.
- Zur Konfirmation bekam Sina eine besonders schön gestaltete B<u>i</u>bel geschenkt.
- Der Fotograf arbeitete ohne Stat<u>i</u>v, um verschiedene Perspektiven ausprobieren zu können.
- Auf Anraten des Musikschullehrers entschied sich Lasse für die Viol<u>i</u>ne.
- Der Fr<u>i</u>seur hatte große Bedenken, das Haar zu blondieren.
- Die B<u>i</u>bliothek schließt heute um 17.00 Uhr.
- Die Suche nach heimtückischen Landm<u>i</u>nen erweist sich in den Krisengebieten als äußerst schwierig.
- In dem Campingurlaub verwenden wir zum Kochen einen Spirituskocher.
- Einige Schauspieler werden aufgrund ihres Kleidungsstils als St<u>i</u>likonen bezeichnet.
- Aufgrund eines Masch<u>i</u>nenschadens musste der Flug um einige Stunden verschoben werden.

Aufgabe 2 (links) S. 374

Verwürfelte Wörter:
- Elite
- Risiko
- Ventil
- Appetit
- Bikini
- Minus

Aufgabe 3 S. 374

Reimwörter:
- geboren – verloren ...
- hören – zerstören ...
- Nation – Ration ...
- Qual – Wal ...
- Schnur – Flur ...
- Spur – nur ...
- stur – Kur ...
- Ton – Megaphon/Megafon ...
- Tran – Kran ...
- Tüte – Hüte ...
- Zone – Krone ...

Aufgabe 4 S. 374

wider und wieder; Beispielwörter und -sätze, die auch diktiert werden können:

wieder:
Wiedersehen, Wiederholung, wiederholen, Wiederkäuer, Wiedergeburt, Wiedergabe, Wiederkehr, Wiederbeginn, Wiederbelebung, wiederentdecken
- Alle freuten sich auf das Wiedersehen.
- Im Sommer senden viele Sender Wiederholungen.
- Um sich Vokabeln zu merken, muss man sie oft wiederholen.
- Kühe zählt man zu den Wiederkäuern.
- In einigen Religionen glaubt man an die Wiedergeburt.
- Die Wiedergabe des Films mithilfe des Rekorders funktionierte nicht auf Anhieb.

- Die Wiederkehr der Zugvögel deutet sich durch lautes Geschrei an.
- Wiederbeginn des Unterrichts nach den Ferien ist um 8.00 Uhr.
- In einem Erste-Hilfe-Kurs erlernt man auch wichtige Kenntnisse zur Wiederbelebung.
- Viele Urlauber haben das Wandern wiederentdeckt.

wider:

Widersacher, widerlich, Widerstand, widerstehen, widerspiegeln, Widerspruch, widernatürlich, Widerruf, widerrechtlich, angewidert
- Er schaffte es nicht, seinen Widersacher abzuhängen.
- Viele Menschen finden allein den Gedanken, Heuschrecken zu verzehren, widerlich.
- Tills Urgroßvater arbeitete früher in einer Widerstandsorganisation.
- Ich kann Süßigkeiten nur sehr schwer widerstehen.
- Im Wasser spiegelte sich die Sonne wider.
- Der Rechtsanwalt legte gegen das Urteil Widerspruch ein.
- Für Fische ist der Aufenthalt an Land widernatürlich.
- Die Zeitung druckte nach der Falschmeldung einen Widerruf.
- Das widerrechtliche Betreten des Geländes wird strafrechtlich verfolgt.
- Die Mutter blickte angewidert auf ihre völlig verdreckten Kinder.

Der Buchstabe h als Dehnungszeichen (S. 374)

Aufgabe 1 (rechts) S. 374

Kran – Zahn

Flur – Ruhr

spülen – fühlen

stören – Möhren

bequem – zehn

Schwan – Hahn

Aufgabe 2 (rechts) S. 374

Beispielwörter, die auch diktiert werden können:
Lehne, Föhn, Lohn, Mahnung, mahlen, Mähne, Sohle, Sehne, zählen, rahmen

Aufgabe 3 (rechts) S. 374

Infinitiv	3. Person Plural Präsens	3. Person Plural Präteritum
nähen	sie nähen	sie nähten
flehen	sie flehen	sie flehten
fliehen	sie fliehen	sie flohen
ruhen	sie ruhen	sie ruhten
stehlen	sie stehlen	sie stahlen
mähen	sie mähen	sie mähten
wählen	sie wählen	sie wählten

Wörter mit doppeltem Vokal (S. 375)

Aufgabe 1 (oben) S. 375

Reimwörter und Sätze, die auch diktiert werden können:
- Aal – Saal: Der Aal kam als Delikatesse in den Saal.
- Meer – Teer: Leider finden sich immer wieder Reste von Teer im Meer.
- Idee – Klee: Der Gärtner hat eine Idee, wie man den Klee im Rasen eindämmen kann.
- Fee – See: Der See sieht aus, als gehörte er einer Fee aus einem Märchen.
- Speer – Heer: Heere verwendeten früher auch Speere als Waffen.
- Haare – Paare: Es gibt Paare, die haben sehr ähnliche Haare.
- Tournee – Allee: Auf der diesjährigen Tournee findet ein Konzert auch in einer großen Allee statt.
- Püree – Schnee: Um zu erreichen, dass das Püree cremig wird, schlägt es der Koch mit einem Schneebesen.

Aufgabe 2 (links) S. 375

Beispielsätze, die auch diktiert werden können:

Paar:
- Die Schauspielerin behauptete, sie besitze über fünfhundert Paar Schuhe.
- Beim Training mussten für einige Übungen Paare gebildet werden.
- Partnerarbeit kann in der Schule sehr effektiv sein, wenn das Paar sich ergänzt.
- Für die Projektarbeit müssen sich Paare bilden, die über mehrere Wochen gemeinsam arbeiten.
- Ich brauche dringend ein Paar neue Turnschuhe.
- ...

paar:
- Vor dem Wettkampf übten sie ein paarmal (paar Mal) zusammen.
- Ein paar Schüler kamen verspätet zum Unterricht.
- Ich verpasste den Bus um ein paar Minuten.
- Ben hat sich vorgenommen, in den Ferien ein paar Freunde zu besuchen.
- Zum neuen Weltrekord haben dem Weitspringer nur ein paar Zentimeter gefehlt.
- ...

Wörter mit ie (S. 375)

Aufgabe 1 (unten) S. 375

waagerecht:
hier, Liebe, Tier, Diebe, Schiene, frieren, viel, Melodie, Klavier, erziehen, dienen, Liege, ziemlich, Zierde, vier

senkrecht:
fliegen, Hieb, fiebrig, Knie, Niere, Friede, Diele, kriechen, wieder, Phantasie, schmieren, Giebel

Aufgabe 2 (links) S. 375
- Kasse – kassieren
- Addition – addieren
- Export – exportieren
- Telefon – telefonieren
- Kontrolle – kontrollieren
- Spaziergang – spazieren
- Marsch – marschieren
- Rasur – rasieren
- Regierung – regieren
- Ruine – ruinieren
- Frisur – frisieren
- Import – importieren
- Probe – probieren
- Diskussion – diskutieren
- Dirigent – dirigieren
- Studium – studieren
- Buchstabe – buchstabieren
- Subtraktion – subtrahieren
- Diktat – diktieren
→ Die entsprechenden Verben enden alle auf -ieren.

Aufgabe 3
S. 375
- rufen – ich rief
- vermeiden – ich vermied
- laufen – ich lief
- blasen – ich blies
- heißen – ich hieß
- stoßen – ich stieß
- preisen – ich pries
- schreiben – ich schrieb
- schlafen – ich schlief
- fallen – ich fiel
- treiben – ich trieb
- schweigen – ich schwieg
- steigen – ich stieg

Texte zum Üben (S. 376)

Die Texte dienen der Selbstkontrolle. Die Schülerinnen und Schüler können sich Abschnitte gegenseitig diktieren oder in Einzelarbeit Teile selbstständig abschreiben. Bei Unsicherheiten sollten die Regeln kurz wiederholt und angewendet werden.

Die Entstehung der Schule (S. 376)

Früher (Z. 1), Mädchen (Z. 1), Vater (Z. 2), sehr (Z. 2), übernahmen (Z. 3), taten (Z. 4), Sohn (Z. 4), Schmieds (Z. 5), Schmied (Z. 5), dagegen (Z. 6), Fähigkeiten (Z. 6), späteres (Z. 7), benötigte (Z. 8), nähen (Z. 8), hüten (Z. 8), Ähnliches (Z. 9), gaben (Z. 9), direkt (Z. 10), Familienberuf (Z. 12), tätig (Z. 13), Zudem (Z. 14), Geburt (Z. 15), hineingeboren (Z. 17), blieb (Z. 17), Jahren (Z. 18), unterschied (Z. 19 f.), Tag (Z. 21), Schule (Z. 22), diesem (Z. 22), früheren (Z. 23), Jahrhunderten (Z. 23 f.), Frage (Z. 25), zunehmend (Z. 27), anstiegen (Z. 27), Zusammenleben (Z. 29 f.), Buchdruck (Z. 31), Webstuhl (Z. 32), Eisenbahn (Z. 32), Berufe (Z. 33), Handwerksbetrieben (Z. 33 f.), Fabriken (Z. 34), große (Z. 35), Zudem (Z. 36), Bücher (Z. 36), mehr (Z. 36), mehr (Z. 37), nehmen (Z. 39), mehr (Z. 40), mehr (Z. 44), Obwohl (Z. 45), Schule (Z. 45), vielen (Z. 46), Jahren (Z. 46), Schulen (Z. 47), staatliche (Z. 47), ungefähr (Z. 48), größeren (Z. 49), anschließend (Z. 49), Jahren (Z. 51), Besuch (Z. 51), Schule (Z. 51), Einführung (Z. 52), Schulpflicht (Z. 52), Obwohl (Z. 53), wehrten (Z. 54), Einführung (Z. 55), Schulen (Z. 55), Schwere (Z. 57), Schule (Z. 58), ohne (Z. 59)

8. Nominalisierungen/Substantivierungen (S. 377–379)

Auch in dieser Sequenz können die Texte „Faszination Feuer" und „Vulkane" und die differenzierenden Übungen von den Schülerinnen und Schülern allein oder zu zweit in Eigenregie bearbeitet werden. Durch das Diktieren oder Abschreiben festigen sich die Kenntnisse. Bei Schwierigkeiten können die Regeln besprochen und angewendet werden.

Aufgabe 1
S. 377
Faszination Feuer (S. 377–387)
Aufregendes (Z. 2), Besonderes (Z. 2), Lodern (Z. 8), Züngeln (Z. 9), Reizvolles (Z. 11), Geheimnisvolles (Z. 17), Beeindruckendes (Z. 40), Ausbrechen (Z. 59 f.), Erstaunliches (Z. 67), Auftauchen (Z. 68), Griechischen (Z. 77), Abkühlen (Z. 85)

Aufgabe 2
S. 378
- etwas Aufregendes und Besonderes – ursprüngliche Wortarten Adjektive
- dem Lodern und Züngeln – ursprüngliche Wortarten Verben
- nichts Reizvolles – ursprüngliche Wortart Adjektiv

- etwas Geheimnisvolles – ursprüngliche Wortart Adjektiv
- etwas besonders Beeindruckendes – ursprüngliche Wortart Adjektiv
- ein Ausbrechen – ursprüngliche Wortart Verb
- etwas besonders Erstaunliches – ursprüngliche Wortart Adjektiv
- das Auftauchen – ursprüngliche Wortart Verb
- aus dem Griechischen – ursprüngliche Wortart Adjektiv
- durch Abkühlen – ursprüngliche Wortart Verb

Aufgabe 3
S. 378

Verben und Adjektive in ihrer ursprünglichen Form und nominalisiert; Beispielsätze, die auch diktiert werden können:

kalt
- Dieser Sommer erweist sich leider als ausgesprochen kalt und nass.
  Bei empfindlichen Zähnen wird Kaltes und Heißes als sehr unangenehm oder schmerzhaft empfunden.

stehen
- Während des Gottesdienstes mussten wir stehen, da wir aufgrund unserer Verspätung keinen Platz mehr bekommen konnten.
  Das lange Stehen während der Rede fiel besonders den Kindern schwer.

besonders
- Während des Sommerfestes waren die Kinderattraktionen besonders beliebt.
  Die Klassenfahrt wurde von allen als etwas Besonderes empfunden.

schwimmen
Mein Vater geht jeden Morgen schwimmen.
Das Schwimmen im Freibad macht den meisten nur Spaß, wenn das Wetter schön ist.

dunkel
- Ab September merkt man deutlich, dass es immer früher dunkel wird.
  Das Dunkle in Piets Zimmer machte seiner Schwester Angst.

speziell
- Für den Wandertag hatte sich der Erdkundelehrer etwas Spezielles ausgedacht.
  Für die Arbeit in dem Labor benötigen die Arbeiter spezielle Schutzanzüge.

extrem
- In den Bergen herrschen zur Zeit extreme Witterungsbedingungen.
  Zwei Teilnehmer der Wandergruppe waren dem Extremen der Tour nicht gewachsen und mussten frühzeitig abbrechen.

tauchen
- Beim Spielen im Pool hat Jana ihre Kette verloren. Jonah hilft ihr suchen und taucht immer wieder auf den Grund.
  In der Südsee kann man beim Tauchen beeindruckende Tiere und Pflanzen entdecken.

Aufgabe 4
S. 378

Beispielsätze, die auch diktiert werden können:

nominalisierte Verben
- Das häufige Essen von sauren Süßigkeiten kann zu gravierenden Schäden an den Zähnen führen.
- Aufgrund der langen Arbeit kamen die Schüler gar nicht mehr zum Essen.
- Der Schüler fiel durch wiederholtes Fehlen und zahlreiche Verspätungen auf.
- Das Baden in unbekannten Gewässern ist gefährlich.
- Aufgrund seines kontinuierlichen Arbeitens im Training konnte Philipp in die höhere Gruppe aufsteigen.

nominalisierte Adjektive
- Die Organisatoren der Jugendreise versuchten, den Teilnehmern immer <u>etwas Besonderes</u> zu bieten.
- <u>Im Wesentlichen</u> besteht die Suppe aus Kartoffeln und unterschiedlichen Gemüsesorten.
- Zu Weihnachten bekomme ich von meiner Tante zu meinem Leidwesen immer <u>etwas Nützliches</u>.
- Bei großer Hitze wünschen sich alle <u>etwas Kaltes</u> zu trinken.
- Der Freizeitpark bietet <u>viel Neues</u> und <u>Spannendes</u>.

Aufgabe 5 S. 379

Vulkane (S. 379)

direkte (Z. 1), Innere, (Z. 2f.), <u>ein Eindringen</u> (Z. 3), massive (Z. 5), <u>im Wesentlichen</u> (Z. 5), erkalteter (Z. 6), steinharter (Z. 6), aktiven (Z. 7), harte (Z. 11), grauschwarz (Z. 17), <u>Interessantes</u> (Z. 22), <u>Aufschlussreiches</u> (Z. 22), innen (Z. 28), weicherer (Z. 23), <u>etwas Normales</u> (Z. 35), flüssigem (Z. 35f.), <u>im Wesentlichen</u> (Z. 39), flüssig (Z. 41, fest (Z. 41), <u>des Bestehens</u> (Z. 42)

9. Zusammen- und Getrenntschreibung (S. 380–388)

Die einzelnen Unterkapitel sollten in keinem Fall in einem zeitlichen Kontinuum bearbeitet werden, da die Vielzahl an Einzelregelungen für diesen Rechtschreibbereich, aus dem nur die wichtigsten ausgewählt wurden, eher zu einer Verwirrung der Schülerinnen und Schüler führen würde. Bewusst steht zunächst ein einfaches Verfahren im Mittelpunkt – die Berücksichtigung von „Betonung und Bedeutung" –, das in vielen Fällen (leider nicht in allen) helfen kann, Probleme in diesem Bereich zu lösen.

Auf die Betonung und die Bedeutung kommt es an (S. 380–382)

Aufgabe 1 S. 380

Mit der Übung sollen die Schülerinnen und Schüler erfahren, dass der semantische Wert einer getrennt geschriebenen Wortgruppe sich auch daraus erschließt, dass die einzelnen Wörter jeweils für sich betont werden, während bei einer Zusammensetzung häufig nur ein Wortbestandteil (oft, aber nicht immer der erste) betont ist. Daher sollten die Satzpaare laut gesprochen werden.
- Ich möchte dich unbedingt **wiedersehen**.
  Nach der Operation konnte er sehr schnell **wieder sehen**.
- Der Schnee lag **meterhoch** auf dem Dach.
  Der Schnee lag bestimmt **einen Meter hoch** auf dem Dach.
- Der Staub lag **einen Finger dick** auf dem Regal.
  Er strich die Butter **fingerdick** aufs Brot.
- Nach der Fahrt möchte ich mich erst einmal **richtig ausruhen**.
  Das solltest du unbedingt **richtigstellen**, damit kein falscher Eindruck entsteht.
- Der Redner trat sehr **selbstbewusst** auf.
  Den Joghurt habe ich **selbst hergestellt**.
- Der Schüler hat bei dem Referat **frei gesprochen**.
  Die Richterin hat den Angeklagten **freigesprochen**.
- Bei **nasskaltem** Wetter sollte man lieber im Haus bleiben.
  Ist es draußen **nass und kalt**, geht keiner gern aus dem Haus.
- Über den Witz hätte er sich **kranklachen** können.
  Du darfst nicht **krank fahren**, erhole dich lieber erst noch ein paar Tage.

- Wenn du so **groß schreibst**, passt kaum etwas auf die Seite.
  Nominalisierte Adjektive musst du **großschreiben**.
- Wir müssen uns **wieder zusammenraufen**, um erfolgreich zu sein.
  Müsst ihr immer **zusammen raufen**, könnt ihr nicht mal **zusammen spielen**?
- Kurz vor dem Ziel ist der Marathonläufer **schwer gestürzt**.
  Die Deutscharbeit ist ihr nicht **schwergefallen**.
- Maja jubelt: „Die Arbeit ist mir **super gelungen**!"
  Vincenz bemerkt: „Du bist ja auch **superschlau**!"
- Vor der letzten Mathearbeit haben Anne und Paul **zusammen gelernt**.
  Am Detmolder Tor sind zwei Autos **zusammengestoßen**.
- **Von Angst erfüllt** stand er allein im dunklen Tunnel.
  Sie rief **angsterfüllt** die Polizei an.
- Er ist noch einmal **davongekommen**.
  Die Erkältung ist **davon gekommen**, dass ich mir nicht die Haare geföhnt habe.
- Hast du das **bewusst gemacht** oder ist es dir einfach so passiert?
  Ihr solltet euch **bewusstmachen**, welche Konsequenzen euer Verhalten nach sich ziehen kann.

Aufgabe 2
S. 381

abhandenkommen, abwärts laufen, anreißen, auflegen ...
Die von den Schülerinnen und Schülern formulierten Sätze können auch als Partnerdiktat verwendet werden.

Aufgabe 3
S. 381

In den folgenden Satzpaaren werden Verbindungen mit den aufgelisteten Bestandteilen einmal zu einer Zusammensetzung und zum anderen zu einer Wortgruppe. Die Betonung liegt bei den Wortgruppen deutlich auf allen Wörtern:
- Wir müssen uns **wieder zusammenraufen**, um erfolgreich zu sein.
  Müsst ihr immer **zusammen raufen**, könnt ihr nicht mal **zusammen spielen**?
- Er ist noch einmal **davongekommen**.
  Die Erkältung ist **davon gekommen**, dass ich mir nicht die Haare geföhnt habe.
- Vor der letzten Mathearbeit haben Anne und Paul **zusammen gelernt**.
  Am Detmolder Tor sind zwei Autos **zusammengestoßen**.

Aufgabe 4
S. 382

Bei der Erststellung im Satz erfolgt Getrenntschreibung, die Betonung liegt auf beiden Bestandteilen.

Vieles ist geregelt (S. 382–387)

Verbindungen aus einem Nomen/Substantiv und einem Verb (S. 382–383)

Aufgabe 1
S. 382

Rad fahren, Auto fahren, Hunger leiden, Ski laufen ...

Aufgabe 2
S. 382

- Wenn du **Rad/Motorrad** fahren willst, solltest du unbedingt einen Helm tragen.
- Im nächsten Winterurlaub werde ich nicht nur **Ski/Schlittschuh** laufen, sondern auch eine Eishöhle besichtigen.
- Wenn du **Bus/Fahrrad** fährst, anstatt das Auto zu benutzen, schützt du die Umwelt.
- Ich helfe dir ganz bestimmt, wenn du **Not leidest.**
- Willst du eine **Pizza essen**, rufe „Pizza-Toni" an.

Aufgabe 3
S. 382

Bei der Nominalisierung wird groß- und zusammengeschrieben.

Aufgabe 4
S. 383

- standhalten – Die Abwehr hält den Angriffen stand.
- kopfstehen – Er steht kopf.

- stattfinden – Obwohl es stürmt, findet der Umzug statt.
- ...

Aufgabe 5
S. 383

Die Option, bei adjektivischem Gebrauch getrennt oder zusammenzuschreiben, gilt nicht nur für die Verbindung aus Nomen und Verb (vgl. allein erziehende/alleinerziehende Väter ...), wird hier jedoch ausschließlich auf diesen Fall bezogen.

- Einige Schülerinnen und Schüler wollten am Wandertag Ski laufen.
  Es sind Ski laufende/skilaufende Schülerinnen und Schüler.
- In vielen Ländern leiden Menschen Not.
  Es sind Not leidende/notleidende Menschen.
- Zahlreiche Umweltgifte können Krebs erzeugen.
  Es sind Krebs erzeugende/krebserzeugende Umweltgifte.
- Es gibt einige Pflanzen, die Fleisch fressen.
  Es sind Fleisch fressende/fleischfressende Pflanzen.
- Im Zirkus treten manchmal Artisten auf, die Feuer schlucken.
  Es sind Feuer schluckende/feuerschluckende Artisten.
- Viele Berufstätige fahren mit dem Auto zur Arbeit.
  Es sind Auto fahrende/autofahrende Berufstätige.

Verbindungen mit dem Hilfsverb sein (S. 383–384)

Aufgabe 1 (oben)
S. 384

Wenn du fort bist

Wenn du fort bist,
ist nichts, wie es ist.
Wenn du fort bist,
ist alles nichts.

Seit du wieder da bist,
Seit du wieder hier bist,
Seit du nicht mehr fort bist,
Seit du zurück bist,

Ist nichts,
wie es war.
Ist alles!

(Originalbeitrag)

Verbindungen aus zwei Verben (S. 384)

Aufgabe 1 (unten) S. 384

spielen dürfen, spazieren gehen, schreiben können, laufen lernen, singen üben, sprechen können, tanzen gehen ...

Aufgabe 2 S. 384

- Pauline würde morgens lieber noch im Bett **liegen bleiben**.
  Die Arbeit ist mehrere Wochen **liegen geblieben/liegengeblieben**. (übertragene Bedeutung: unerledigt geblieben)
- Du kannst mich doch nicht wie einen Gegenstand einfach **stehen lassen/stehenlassen**! (übertragene Bedeutung: schlecht behandeln, im Stich lassen)
  Seine Tasche hat er an der Bushaltestelle **stehen gelassen**.
- Viele bekannte Männer und Frauen sind einmal in der Schule **sitzen geblieben/sitzengeblieben**. (übertragene Bedeutung: nicht versetzt worden)
  Möchtest du noch etwas **sitzen bleiben** oder sollen wir schon gehen?

- Im Stadtpark darf man Hunde nicht einfach **laufen lassen**.
  Wenn die Organisation perfekt läuft, können wir alles einfach so **laufenlassen**.
  (übertragene Bedeutung: nicht eingreifen)

Verbindungen aus einem vorangestellten Adjektiv und einem Verb (S. 385)

Aufgabe 1
S. 385

Der im Regelkasten (S. 385) genannte Fall 3 wurde bewusst auf die „Betonungsregel" reduziert. Wenn die Schüler – davon ausgehend – zusammenschreiben, liegen sie in jedem Fall richtig. Die genaue Regel ist in Klammern hinter den Beispielsätzen vermerkt. Die Unterscheidung zwischen ursprünglicher Bedeutung der Wörter innerhalb einer Wortgruppe und der neuen bzw. übertragenen Bedeutung bei einer Zusammensetzung (vgl. die Fälle 1 und 2 im Regelkasten) muss jedoch geleistet werden, weil es hier keine optionale Schreibweise gibt.
- Über den Witz hätte er sich **kaputtlachen** können. (neue, übertragene Bedeutung)
- Ihr ist es nicht **schwergefallen**, die Prüfung zu bestehen. (neue, übertragene Bedeutung)
- Unmittelbar nach seinem Tod wurde vorgeschlagen, den verstorbenen Papst **heiligzusprechen**. (neue, übertragene Bedeutung)
- Wenn du Bratkartoffeln machst, musst du sie zunächst **kleinschneiden/klein schneiden**. (Entsprechend dem Regelwerk kann getrennt oder zusammengeschrieben werden, wenn das Adjektiv ein Ergebnis des im Verb ausgedrückten Geschehens verdeutlicht.)
- Er war stolz darauf, sein Fahrrad **blankgeputzt/blank geputzt** zu haben. (s. Anmerkung zuvor.)
- Wer **schnell fährt**, kommt nicht immer als Erster ans Ziel. (Wortgruppe)

Verbindungen mit einem Adjektiv oder Partizip als zweitem Bestandteil (S. 386–387)

Aufgabe 1
S. 386

- Die Party war **superlangweilig** und deshalb trafen sich die meisten Jugendlichen danach noch in einem **uralten** Lokschuppen. **(3)**
- Zur Abschlussfeier wollte er natürlich ein **frisch gebügeltes/frischgebügeltes** Hemd tragen. **(4)**
- Wegen der vielen niveaulosen Shows am Nachmittag sind viele Zuschauer **fernsehmüde**. **(1)**
- Leguane bevorzugen eine **feuchtwarme** Umgebung. **(2)**
- Die Wärmeplatte besteht aus **hitzebeständigem** Material. **(1)**
- Die CD, die mir Jule zum Geburtstag geschenkt hat, ist **brandaktuell**. **(3)**
- **Allein erziehende/alleinerziehende** Elternteile haben es in unserer Gesellschaft nicht leicht. **(4)**
- Unser Deutschlehrer verfügt über eine **leicht verständliche/leichtverständliche** Ausdrucksweise. **(4)**
- Die Erklärungen unseres Mathelehrers sind manchmal sehr **schwer verständlich**. **(5)**
- Die Brosche besitzt ein **fein geschliffenes/feingeschliffenes** Ornament. **(4)**

Übungen – Wissenswertes und Kurioses aus der Natur (S. 387–388)

Aufgabe 1
S. 387

Verstehen Papageien, was sie sagen? (S. 387)
Graupapageien sind die sprachbegabtesten Tiere überhaupt. Jedoch ist man allgemein der Meinung, dass sie nur einfach so **daherplappern** oder Kommandos **ausführen**. Neue Forschungen zeigen aber, dass man Papageien auch **dazu bringen kann**, Gegenstände

richtig zu benennen. Wenn das so stimmt, dann kann ein Papagei also doch eine geistige Verbindung zwischen einem Ding und einem Wort **herstellen**; er „weiß", was er sagt. Auf jeden Fall ist das Sprachgedächtnis von Papageien **verblüffend genug**. Sie können bis zu 300 Wörter in ihren Sprachschatz **aufnehmen** und auf Geheiß wiedergeben.

(Aus: Nikolaus Lenz: Das megadicke Buch des Wissens. Loewe Verlag, Bindlach 2005, S. 179)

Was hat ein Holzfeuer mit Sonnenenergie zu tun? (S. 387–388)

Energie geht niemals verloren; sie kann aber ihre Form und ihre „Verpackung" ändern und sie kann gespeichert werden. Pflanzen brauchen Licht, um **wachsen zu können**. Sie verwandeln Sonnenenergie und speichern sie. Als Nahrungsquelle sind sie dann eine Energiequelle für die Menschen und Tiere, die diese Pflanzen verzehren – und die **darin steckende** Energie **wieder verwandeln** (auch: **wiederverwandeln**, wenn der erste Bestandteil wie bei wiederverwerten betont werden soll), zum Beispiel in Muskelkraft. Aber auch wenn wir einen Holzstoß entzünden, wird beim Verbrennen Energie **freigesetzt**, die zunächst einmal von der Sonne stammt.

So gesehen sind auch Kohle, Erdöl und Erdgas gespeicherte Sonnenenergie. All diese **energiegeladenen** Brennstoffe bestehen aus den Überresten von Tieren und Pflanzen, die vor **urlanger** Zeit gelebt haben und sich durch den **übermäßigen** Druck und die Hitze im **Erdinnern** in eben diese Brennstoffe verwandelt haben.

(Aus: Nikolaus Lenz: Das megadicke Buch des Wissens, Loewe Verlag, Bindlach 2005, S. 185 f.; leicht geändert)

Lebenslange Tiergemeinschaft (S. 388)

Im Tierreich ist es eher die Ausnahme, dass Männchen und Weibchen **ein Leben lang zusammenbleiben**. Häufig kommt es vor, dass die Tiere bereits nach der ersten Paarung **wieder auseinandergehen**.

Treue Ehepaare gibt es zum Beispiel bei den Pinguinen. Bei den Kaiserpinguinen ist es sogar so, dass die Männchen **monatelang** auf das Ei **aufpassen** und dabei an einem Ort **stehen bleiben**, während die Weibchen **fort sind** und nach Nahrung **Ausschau halten**. Erst kurz vor dem Schlüpfen der Jungen kehren die Weibchen zurück und ernähren nun ihr Junges mit **frisch herausgewürgtem** Futter. Nun dürfen die abgemagerten Väter mit letzter Kraft zum Meer watscheln, um **schwimmen zu gehen** und dabei für ihr eigenes leibliches Wohl zu sorgen. Wenn sie danach ihr **liebgewonnenes** Weibchen **wiedertreffen**, geht das Ganze **von vorne** los. Beim **Zurückkommen** erkennen sie nämlich ihren „Lebenspartner" problemlos wieder.

(Aus: Nikolaus Lenz: Das megadicke Buch des Wissens, Loewe Verlag, Bindlach 2005)

Sind Fledermausvampire Vorbilder für Dracula? (S. 388)

Die Sage von **Blut saugenden/blutsaugenden**, fledermausartigen Gestalten gab es in Europa bereits **zu einer Zeit**, als Amerika noch nicht entdeckt war und man von dortigen „echten" Vampiren noch nichts wissen konnte.

(Aus: Nikolaus Lenz: Das megadicke Buch des Wissens, Loewe Verlag, Bindlach 2005, S. 158 f.)

Erkennen sich Tiere im Spiegel? (S. 388)

Bei Schimpansen und Gorillas haben Forscher folgenden **Erkenntnis gewinnenden/ erkenntnisgewinnenden** Versuch gemacht: Man hat schlafenden Tieren einen weißen Fleck auf die Stirn gemalt. Später ließ man die Affen in einen Spiegel blicken. Schimpansen und Gorillas, auch **nicht trainierte/nichttrainierte** Tiere, griffen sich verwundert an den Kopf. Man kann **daraus schließen**: Die Tiere wussten, dass sie selbst es waren, die sie da im Spiegel sahen. Sie haben also im Gegensatz zu anderen Tieren ein Bewusstsein von sich selbst. Sie wissen, dass es sie gibt. Hunde hingegen wissen mit ihrem Spiegelbild überhaupt nichts **anzufangen**, aber auch nicht mit den Bildern anderer Hunde, wenn sie mit diesen zusammen sind. Sie müssen ihre Artgenossen schon **beschnüffeln können**. Viele Forscher halten Delfine und Wale für jene Tiere, deren geistige Fähigkeiten der menschlichen Intelligenz am nächsten kommen. Allerdings ist es weitaus schwieriger, mit Delfinen zu „sprechen" als mit den uns verwandtschaftlich **viel näher stehenden** Menschenaffen.

(Aus: Nikolaus Lenz: Das megadicke Buch des Wissens, Loewe Verlag, Bindlach 2005, S. 177f.; leicht geändert)

10. Das Komma (S. 389–399)

Dieses Unterkapitel dient der Festigung und im Rahmen der „P.A.U.L D."-Reihe der ersten systematischen Zusammenschau sämtlicher Kommaregeln des Deutschen (vgl. Übersicht im Schülerbuch, S. 399). Von einem humoristischen lyrischen Text ausgehend soll zunächst der pragmatische Rahmen der Kommasetzung plausibel gemacht werden, um dann die wichtigsten Regeln darzubieten und Übungsmaterial zur Verfügung zu stellen.

Zeichensetzung hilft, Texte zu verstehen (S. 389–399)

Manfred Sestendrup: das komma (reminiszenz an 1978) (S. 389)

Sestendrups Gedicht ist eine humoristische Reflexion der sinnbeeinflussenden Funktion des Kommas im Satz. Der Text ist konsequent kleingeschrieben und bis auf die letzte Verszeile ohne Interpunktion, sodass die Funktion des Kommas im letzten Vers umso deutlicher hervortritt. Hierbei wird in der ersten Strophe (V. 1–5) die vergleichbare Wirkung von „zeichen" sowohl beim (Recht-)Schreiben als auch in der Liebe hervorgehoben. Diese Parallele erhebt die Frage der Zeichen-Setzung zu einem auch lebensweltlich interessanten Thema. Dass es wie „aus dem Leben gegriffen" zu sein scheint, legt auch der Untertitel des Gedichts, „reminiszenz an 1978", nahe.

Die zweiten Strophe (V. 6–11) illustriert die nicht zu unterschätzende Bedeutung der Zeichensetzung für das Schreiben und Leben am Beispiel des Satzes „er will sie nicht" (V. 7). Ohne Komma ist dies zunächst eine offenbar eindeutige Aussage in Liebesdingen: „paul" (V. 3) interessiert sich nicht für sein weibliches Gegenüber, lässt sie u. U. abblitzen. Diese Aussage wird durch Hinzufügen des fast unscheinbaren Kommahäkchens in ihr völliges Gegenteil verkehrt: „er will, sie nicht" (V. 11), sodass deutlich wird, dass die „schlicht[e]" Bemerkung des genauen Hinsehens bedarf, will man sie völlig verstehen und sich nicht blamieren. Für die Ohren freilich ist die Bedeutung klar, da sich die Intonationsmuster der beiden Sätze eben wegen des Kommas (als Pausenzeichen) deutlich unterscheiden (vgl. V. 8 f.).

Aufgabe 1
S. 389

Das Komma verkehrt die Bedeutung des ursprünglichen Satzes in sein genaues Gegenteil. In einem kurzen Unterrichtsgespräch sollte ausgehend von V. 8 der Gegensatz von Schreiben und Sprechen diskutiert werden, da die unscheinbare Interpunktion für das Sprechen eine große Bedeutung besitzt – im vorliegenden Beispiel wird die Stimme vor dem Komma gehoben und eine kleine Pause wird eingelegt. Dies sind die vorrangigen Lautsignale für das Verständnis von V. 11 als Abfuhr, die eine „sie" ihrem Verehrer „paul" erteilt.

Aufgabe 2
S. 389

– Jan versprach seiner Freundin, bald zu schreiben. (Der Adressat des Briefs bleibt offen.)
  Jan versprach, seiner Freundin bald zu schreiben. (Wem Jan das verspricht, wird nicht gesagt.)
– Laura hofft, zusammen mit den anderen Kindern einen Ausflug machen zu können. (Dies hofft nur Laura.)

Laura hofft zusammen mit den anderen Kindern, einen Ausflug machen zu können. (Laura teilt ihre Hoffnung mit den anderen Kindern.)
- Die Klasse fasste den Entschluss, im Jahr 2013 am Schüleraustausch teilzunehmen. (Der Schüleraustausch fand 2013 statt.)
Die Klasse fasste den Entschluss im Jahr 2013, am Schüleraustausch teilzunehmen. (Der Entschluss wurde 2013 gefasst.)
- Es gelang dem Kommissar, nicht über den aktuellen Fall zu plaudern. (Der Kommissar verrät nichts.)
Es gelang dem Kommissar nicht, über den aktuellen Fall zu plaudern. (Der Kommissar ist nicht in der Lage, über den Fall zu reden.)
- Ich riet, ihm die Wahrheit zu sagen. (Der Angesprochene soll „ihm" die Wahrheit sagen.)
Ich riet ihm, die Wahrheit zu sagen. („Er" soll generell die Wahrheit sagen, wem, bleibt offen.)
- Die Frau bat, mich sofort anzurufen. (Mit „mich" ist der Anzurufende gemeint.)
Die Frau bat mich, sofort anzurufen. (Der Sprecher soll jemanden anrufen.)

Aufgabe 3
S. 389
- Ich mag Eis, Schokolade, Zuckerwatte und Kekse. (Das Komma trennt Wörter in einer unverbundenen Aufzählung.)
- Julian, kannst du mir bitte helfen? (Das Komma trennt Anreden und Ausrufe vom übrigen Satz ab.)
- Unser Urlaub war so schön, weil wir viel erleben konnten. (Das Komma trennt Haupt- und Gliedsatz.)
- Felix kann Italienisch sprechen, und zwar fließend. (Das Komma steht vor nachgestellten Erläuterungen.)
- Ich freue mich darauf, euch in zwei Wochen wiederzusehen. (Mit Hinweis angekündigte Infinitivgruppen werden mit Komma vom übergeordneten Satz abgetrennt.)

Das Komma bei Aufzählungen (S. 390–391)

Aufgaben 1 und 2
S. 390
- Caesar kam, sah und siegte. **(W)**
- Sie liest gerne Bücher von Tolkien, Rowling, Steinhöfel und Kästner. **(W)**
- Sie kaufen vier Äpfel, ein Päckchen Butter, drei Eier, zwei Bananen, drei Flaschen Milch und einen Kasten Wasser. **(WG)**
- Der Hausmeister ärgert sich über den Müll, die Schmierereien und die eingeworfene Fensterscheibe. **(WG)**
- Ob stürmisch oder windstill, warm oder kalt, bei Regen oder Sonne – wir genießen immer unseren Urlaub am Meer. **(WG)**
- Obwohl Felix im letzten Jahr bereits in München war, obwohl Jana dort arbeitet und obwohl wir diese Stadt schon immer besuchen wollten, konnten wir bis heute keinen gemeinsamen Ausflug organisieren. **(N)**
- Vor einer Klassenarbeit sollte man üben, üben und nochmals üben. **(W)**
- Sie verreist immer mit der Bahn, weil sie keine Staus mag, entspannt reisen will und die Umwelt schonen möchte. **(N)**
- Mit den Buchstaben a, b, c beginnt das Alphabet. **(W)**
- Punkt, Punkt, Komma, Strich – fertig ist das Mondgesicht! **(W)**

Aufgaben 3
S. 390
Der folgende Regelkasten (S. 391) enthält die Lösung für die Aufgabe. Bei den Sätzen ohne Komma bilden das zweite Adjektiv und das Bezugsnomen jeweils eine begriffliche Einheit

(z. B. „gelungene gemeinsame Leistung" – die gemeinsame Leistung ist gelungen), während das Komma den gleichrangigen Bezug der Adjektive auf das Nomen signalisiert.

Aufgabe 4
S. 391

Fälle, in denen ein Komma möglich, aber nicht notwendig ist, sind durch eckige Klammern markiert. Die durch das Satzzeichen hervorgerufene Bedeutungsverschiebung kann besonders an solchen Beispielen erläutert werden.

Jagd auf das Riesenkaninchen (S. 391)

<u>Aufgeregte englische</u> Schrebergärtner in der Grafschaft Northumberland haben die Jagd auf ein <u>angebliches, Furcht einflößendes</u> „Kaninchenmonster" eröffnet, das die <u>berühmten[,] üppigen</u> Gemüsegärten der Gegend leer zu räumen droht. In der <u>kleinen ländlichen</u> Gemeinde Felton bei Newcastle wurden zwei Jäger angestellt, die das <u>seltene, kaum gesehene</u> Nagetier mit „diabolisch geformten Ohren" und unersättlichem Appetit zur Strecke bringen sollen. Wie die „Times" am Freitag berichtete, räubert das <u>schwarzbraune, große</u> Kaninchen nachts hemmungslos und in großen Mengen Lauch, Karotten, Steckrüben und Kohlkopfe aus den Gärten.

Das <u>geheimnisvolle[,] gefräßige</u> Kaninchen soll so groß wie ein Hund sein, nach <u>anderen, abweichenden</u> Angaben sogar so groß wie ein Reh.

(Nach einer Meldung der dpa vom 7.4.2006)

Das Komma in Satzreihen (S. 391)

Aufgabe 1
S. 391

- Wir warten auf euch, und die anderen nehmen den Bus.
- Sie traf sich mit seinem Bruder, und dessen Freundin war eifersüchtig.
- Hannah sprach mit ihrer Trainerin, und deren Freund musste lange auf sie warten.

Das Komma vor entgegengesetzten Konjunktionen (S. 392)

Aufgabe 1
(oben) S. 392

- Liam trinkt einen eklig grünen, jedoch leckeren Milchshake.
- Julia und Tamar kommen nicht nur aus derselben Stadt, sondern auch aus derselben Straße.
- In den Sommerferien werden wir sowohl tauchen als auch schwimmen gehen. (**kein** Komma)
- Heute ist Essen eine große Stadt, doch war das nicht immer so.
- Wir gehen schwimmen oder lesen ein Buch am Strand. (**kein** Komma)
- Sie kennen sich zwar seit der frühesten Kindheit, aber sie mochten sich anfangs gar nicht.
- Weder der Arzt noch die Krankenschwester konnten sich die plötzliche Genesung der Patientin erklären. (**kein** Komma)

Das Komma bei Anreden und Ausrufen (S. 392)

Aufgabe 1
(unten) S. 392

- Du, stell dir das mal vor! (Anrede)
- Danke, ich möchte keinen Kuchen. (Stellungnahme)
- Du hast das Tor nicht getroffen, schade. (Stellungnahme)
- Oh, das habe ich ganz vergessen! (Ausruf)
- He, was machen Sie denn da? (Ausruf)
- Jan, gibst du das bitte deiner Mutter? (Anrede)
- Ich möchte nicht mitmachen, nein. (Stellungnahme)

Das Komma bei Einschüben und nachgestellten Erläuterungen (S. 393)

Aufgabe 1
S. 393
- Dieses Haus, es ist sehr alt, steht unter Denkmalschutz.
- Benny, unser Hund, ist sehr kinderlieb.
- Lea und Alexander treiben gerne Wintersport, besonders Langlauf.
- Am Donnerstag, und zwar um 14 Uhr, geht es los.
- So, mit einem Stapel Bücher beladen, kam sie aus der Bibliothek.
- Wir beide, du und ich, kennen die Regeln.
- Dies, eine Band zu gründen, ist der größte Wunsch vieler junger Musiker.
- Sie schwimmt leidenschaftlich gern, vor allem im Meer.

Aufgabe 2
S. 393

Betrug statt Fluch (S. 393)

Auf eine Betrügerin ist eine 25-jährige Verkäuferin, angestellt in einem Modegeschäft in Soest, hereingefallen. Eine Frau, etwa 40 Jahre alt und von mittlerer Größe, so lauten die Polizeiangaben, war am Freitag, und zwar gegen 9 Uhr, in dem Geschäft erschienen und hatte von einem Fluch gesprochen, der über dem Geschäft liege. Bereitwillig ging die Verkäuferin auf das Angebot der Frau ein, die mit 150 Euro dreimal um das Geschäft laufen und damit den Fluch vom Laden nehmen wollte. Zurück kam die Unbekannte mit dem Geld aber nicht.

(Nach einer Meldung der dpa vom 31.03.2006)

Das Komma bei Infinitivgruppen (S. 394–395)

Aufgabe 1
S. 394
- Die Kinder fanden die Idee, mit den Eltern in den Urlaub zu fahren, großartig.
- Ich habe den Versuch, meinen Streckenrekord zu überbieten, aufgeben müssen.
- Es ist gar nicht leicht, Slalom zu fahren.
- Den Wunsch, alt zu werden und gesund zu bleiben, haben viele Menschen.
- Seinen Freund vom Bahnhof abzuholen, daran hatte er gar nicht mehr gedacht.
- Die Behörden rechnen damit, den Übeltäter bald gefasst zu haben.
- Mit der Ankündigung, den Wettbewerb zu gewinnen, erregte Maximilian großes Aufsehen.

Aufgabe 2
S. 394
- Ich bin nicht viele Tausend Kilometer weit gereist, um dies zu erfahren.
- Außer in den Louvre zu gehen, haben wir auch noch die Gelegenheit, den Eiffelturm zu besteigen.
- Du findest immer Ausreden, anstatt deine Aufgaben zu erledigen.
- Ohne den Fall richtig zu kennen, fällen sie ein Urteil.
- Lisa geht in das Hallenbad, um zu schwimmen.
- Es gibt nichts Schöneres, als gemeinsam etwas zu unternehmen.
- Statt untätig zu sein, engagierte er sich für den Umweltschutz.
- Leider hat er ein Smartphone gekauft, ohne sich beraten zu lassen.
- Anstatt in die Berge zu fahren, möchte ich in diesem Jahr am Strand spazieren gehen.
- Um ganz sicherzugehen, schließe ich die Tür lieber zweimal ab.

Aufgabe 3
S. 395
Kommas, die gesetzt werden *können*, stehen in eckigen Klammern:
- Der Fernsehstar lehnte es ab, fotografiert zu werden.
- Ich habe die Absicht, ins Kino zu gehen.
- Sie plant[,] in Heidelberg zu studieren.
- Ich glaube daran, es schaffen zu können.
- Es ist verboten, den Rasen zu betreten.
- Es ist meine Pflicht, darauf hinzuweisen.

- Die beiden Passanten behaupten[,] den Hund angeleint zu haben[,] und leugnen[,] ihn jemals aus den Augen gelassen zu haben.
- Den Dingen ihren Lauf zu lassen, das ist auch keine Lösung.
- Im Unterricht sprechen wir Englisch, um die Sprache besser zu beherrschen.
- Ich fühle mich verpflichtet[,] dir beizustehen.

Aufgabe 4 **Deutsche sind Bewegungsmuffel (S. 395)**
S. 395
Die Deutschen gehören zu den schlimmsten „Bewegungsmuffeln" in Europa. Sie zeichnen sich dadurch aus, besonders träge zu sein. Das haben neue Studien erwiesen. In diesen Umfragen gaben nur 21 Prozent der Deutschen an[,] regelmäßig Sport zu treiben. In anderen europäischen Ländern liegt dieser Wert dagegen bei 42 Prozent. Nur wenige versuchen[,] durch körperliche Betätigung fit zu bleiben. Anstatt zu laufen oder Fahrrad zu fahren, sehen die Deutschen lieber fern. Sie verbringen ihre Freizeit eher in den eigenen vier Wänden, als auf ausgedehnten Spaziergängen frische Luft zu tanken. Deshalb sind die Deutschen auch bei der Fettleibigkeit führend: 22 Prozent räumen ein[,] großes Übergewicht zu haben. Damit liegen sie vier Prozentpunkte vor dem europäischen Durchschnitt. Viele der deutschen Befragten haben jedoch den Wunsch, wieder ihr Idealgewicht zu erreichen. Um dieses Ziel erreichen zu können, müssten sie sich jedoch weitaus mehr bewegen als sonst.

(Nach einer Meldung der dpa vom 10.04.2006)

Kommasetzung in einfachen und komplexen Satzgefügen (S. 396–398)

Aufgabe 1
S. 396
- Das Fahrrad, das gestern entwendet wurde, ist eben gefunden worden.
- Ich frage mich, wie oft du diesen Witz noch erzählen willst.
- Dass wir uns im nächsten Jahr wiedersehen, ist so gut wie sicher.
- Der Wecker klingelt um sechs Uhr, damit wir den Zug noch rechtzeitig erreichen.
- Als Großvater achtzig wurde, haben wir ein großes Fest gefeiert.
- Ich bin ein guter Volleyballspieler, obwohl ich so klein bin.
- Wenn ihr euch anstrengt, bekommt ihr eine Belohnung.
- Er rannte so schnell, dass er als Zweitbester ins Ziel kam.
- Emma sah aus, als ob sie laut loslachen wollte.

Aufgabe 2
S. 397
- Nachdem wir uns einige Male verlaufen hatten, sodass wir befürchten mussten nicht mehr pünktlich anzukommen, fand Jan einen Wegweiser.

Satzbauschema:

Nachdem wir uns einige Male verlaufen hatten, [NS 1]

sodass wir befürchten mussten, nicht mehr pünktlich anzukommen, [NS 2]

fand Jan einen Wegweiser. [HS]

- Die Fahrgäste legten die Schwimmwesten an, die sie erhalten hatten, bevor sie auf das Schiff gegangen waren.

Satzbauschema:

Die Fahrgäste legten die Schwimmwesten an, [HS] | die sie erhalten hatten, [NS 1] | bevor sie auf das Schiff gegangen waren. [NS 2]

- Das Gesetz schreibt vor, dass man sich im Auto anschnallen muss, wenn man losfährt.
- In der Jugendherberge empfing sie der Herbergsvater, der ihnen, nachdem sie über die Hausordnung aufgeklärt worden waren, ihre Zimmer zeigte.
- Erdbeeren, die, obwohl sie noch nicht reif sind, verzehrt werden, schmecken nicht so gut wie reife.
- Lina bedauert, dass sie Anna, mit der sie seit Jahren sehr gut befreundet ist, nur noch einmal in der Woche treffen kann.
- Der Zaun ist so hoch, dass man Hilfe braucht, wenn man über ihn klettern will.

Aufgabe 3 S. 397

- Der Direktor lobte, dass Miriam sich für das Projekt einsetzte und sie die anderen für die Sache begeistern konnte.
- Die Kerze brannte, obwohl das elektrische Licht eingeschaltet war, und niemand bemerkte es.
- Weil das Radio immer mehr vom Fernsehen verdrängt und das Internet immer populärer wird, müssen sich die Radiomacher etwas Neues einfallen lassen.
- In seinem Film erzählt der Regisseur die Geschichte eines Mannes, der das Lachen verlernt hat, und er zeigt dessen Schicksal in ergreifenden Bildern.

Aufgabe 4 S. 397

„Der Narr, der in den Himmel wollte" (S. 397–398)

Das Märchen „Der Narr, der in den Himmel wollte" stammt aus Indien. Es handelt von dem vergeblichen Versuch einer Gruppe einfältiger Klosterbrüder, mithilfe eines Stiers in den Himmel zu fliegen.

Das Oberhaupt eines Klosters, in dem ausschließlich dumme Männer wohnen, hat in einem Buch gelesen, dass derjenige, der zu Lebzeiten einen Teich anlegt, nach dem Tod dafür belohnt wird. Deshalb beschließt er[,] dieses zu tun.

Weil der fertiggestellte Teich in der Folgezeit mehrfach von einem unbekannten Wesen zerstört wird, legt sich der Mann in einer Nacht auf die Lauer, um die genaue Ursache hierfür herauszufinden.

Tatsächlich sieht er einen Stier, der aus der Luft herabfliegt und das Ufer des Teichs aufwühlt. Er hält den Stier für ein himmlisches Geschöpf, ergreift seinen Schwanz und fliegt mit ihm zu einem paradiesischen Ort. Weil er sich jedoch nach seinen Klosterbrüdern sehnt, begibt er sich einige Tage später mithilfe des Stiers zur Erde zurück und berichtet von seinem Erlebnis.

Die Klosterbrüder sind von seiner Erzählung so angetan, dass sie beschließen[,] in der folgenden Nacht ebenfalls mitzufliegen. Als der Stier kommt, hängen sie sich an einer langen Kette an seinen Schwanz und werden auf diese Weise in die Luft getragen. Kurz bevor sie den paradiesischen Ort erreichen, fragt einer aus der Kette den Ersten, wie groß die Pfannenkuchen gewesen seien, die er dort gegessen habe. Dieser will mit den Händen die Größe andeuten und lässt dabei den Stier los; mit dem Ergebnis, dass die gesamte Gruppe abstürzt.

Aesop: Der törichte Bock (S. 398)

Ein Fuchs fiel in einen tiefen Brunnen und wusste nicht, wie er wieder herauskommen sollte. Da kam ein durstiger Ziegenbock zum Brunnen, sah den Fuchs und fragte ihn, ob das Wasser gut sei. Der aber verhehlte sein Missgeschick und sagte: „Oh, das Wasser ist ausgezeichnet, klar und wohlschmeckend, komm nur auch herunter!" Da sprang der Bock, ohne sich zu besinnen, hinab. Als er nun seinen Durst gelöscht hatte, fragte er den Fuchs: „Wie wollen wir aber wieder herauskommen?" Da sagte der Fuchs: „Oh, das werde ich schon machen. Stelle dich auf deine Hinterbeine, stemme die Vorderbeine gegen die Wand und mache deinen Hals lang. Dann werde ich über deinen Rücken und deine Hörner auf den Rand des Brunnens klettern und auch dir heraushelfen." Der Bock tat, wie ihm befohlen war, streckte sich aus und der Fuchs kletterte auf seine Hörner und sprang von dort mit einem gewaltigen Satz auf den Brunnenrand. Dort blieb er, tanzte vor Freude und verhöhnte den Bock. Der aber machte ihm Vorwürfe, dass er den Vertrag nicht eingehalten hätte. Da sagte der Fuchs: „O Bock, wenn du so viele Gedanken im Kopfe hättest wie Haare im Bart, so wärst du nicht hinuntergestiegen, ohne vorher zu untersuchen, wie du wieder herauskönntest.

(Nach: Aesop: Aesopische Fabeln. Zusammengestellt und ins Deutsche übertragen von August Hausrath, München 1940)